PAULO OTERO
Prof. Catedrático da Faculdade de Direito da Univ. de Lisboa

DIREITO CONSTITUCIONAL PORTUGUÊS

II

Organização do Poder Político

Reimpressão da edição de Abril de 2010

DIREITO CONSTITUCIONAL PORTUGUÊS - II

AUTOR

PAULO OTERO

EDITOR
EDIÇÕES ALMEDINA SA
Rua Fernandes Tomás, 76 a 80
3000-167 Coimbra
Tel.: 239 851 904
Fax.: 239 851 901
www.almedina.net
editora@almedina.net

IMPRESSÃO | ACABAMENTO

DPS - DIGITAL PRINTING SERVICES, LDA

Agosto, 2019

DEPÓSITO LEGAL
308082/10

Os dados e as opiniões inseridos na presente publicação
são da exclusiva responsabilidade do(s) seu(s) autor(es).

Toda a reprodução desta obra, por fotocópia ou outro qualquer
processo, sem prévia autorização escrita do Editor, é ilícita
e passível de procedimento judicial contra o infractor.

Biblioteca Nacional de Portugal – Catalogação na Publicação

OTERO, Paulo, 1963-

Direito constitucional português. – 2 v.
2º v. : Organização do poder político. -   p.
ISBN 978-972-40-4185-8

CDU 342

DIREITO CONSTITUCIONAL PORTUGUÊS

II

CAPÍTULO II
Organização do Poder Político

SECÇÃO 1.ª
Princípios Fundamentais

SUBSECÇÃO A

*Princípios materiais da regulação constitucional
da organização do Poder político*

§12.º
Princípios de organização e funcionamento do poder político

12.1. Princípio da separação e interdependência de poderes

BIBLIOGRAFIA: GOMES CANOTILHO, *Direito Constitucional e Teoria...*, pp. 551 ss.; JORGE MIRANDA, *Manual...*, III, pp. 373 ss.; IDEM, *Manual...*, VII, pp. 82 ss.; CARLOS BLANCO DE MORAIS, *Curso...*, I, pp. 39 ss.; NUNO PIÇARRA, *A separação de poderes na Constituição de 76. Alguns aspectos*, in JORGE MIRANDA (org.), *Nos Dez Anos da Constituição*, Lisboa, 1987, pp. 145 ss.; ALEXRANDE SOUSA PINHEIRO/PEDRO LOMBA, *Princípios Gerais da Organização do Poder Político*, in PAULO OTERO (coord.), *Comentário...*, III, 1.º tomo, pp. 55 ss.

(a) O sentido imediato da separação de poderes

I. Consagrado no artigo 111.º, n.º 1, o princípio da separação e da inter-dependência de poderes, apesar de formulado exclusivamente para os órgãos de soberania, deve ter-se, enquanto elemento sobre o qual se edifica o Estado de Direito democrático (artigo 2.º), como aplicável a todas as estruturas deci-sórias públicas[1], significando isto, desde logo, o seguinte:

- (*i*) Nenhuma autoridade pode, por iniciativa própria, concentrar em si todo o poder correspondente a uma função do Estado, nem invadir a esfera decisória de autoridade integrante de diferente função do Estado;
- (*ii*) A separação de poderes pressupõe uma pluralidade de estruturas decisórias no exercício de diferentes funções do Estado, não ex-

---

[1] Neste sentido, cfr. ALEXANDRE SOUSA PINHEIRO/PEDRO LOMBA, *Princípios Gerais da Organização do Poder Político*, in PAULO OTERO (coord.), *Comentário...*, III, 1.º tomo, p. 55.

Princípios fundamentais

cluindo, por força da flexibilidade que a interdependência de poderes lhe confere à luz da Constituição, a intervenção de estruturas decisórias correspondentes a diferentes funções do Estado num mesmo procedimento decisório;

(iii) A separação de poderes determina, segundo uma ideia de adequação funcional[2], que o "núcleo essencial do sistema de competências" caracterizador de determinada função[3] seja atribuído, a título principal ou prevalecente, a determinado órgão ou complexo de órgãos:

  – A função legislativa é confiada pelo texto da Constituição, a nível principal, à Assembleia da República e ao Governo;

  – A função administrativa, no âmbito dos órgãos de soberania, é confiada ao Governo;

  – A função jurisdicional constitui reserva dos tribunais;

(iv) A separação de poderes exige que esse "núcleo essencial do sistema de competências caracterizador da função"[4], sendo confiado pela Constituição a um determinado órgão ou complexo de órgãos, não possa ser esvaziado ou descaracterizado pela intervenção das estruturas decisórias a quem está confiado o "núcleo essencial" de um outro sistema de competências identificador de diferente função do Estado:

  – A função jurisdicional, tendo sido atribuída em exclusivo aos tribunais, é insusceptível de envolver qualquer interferência ou esvaziamento por estruturas orgânicas da função política, legislativa ou administrativa;

  – A função administrativa confiada ao Governo, compreendendo uma reserva de decisão normativa e individual, não é passível de ser suprimida, esvaziada ou neutralizada pela intervenção legislativa da Assembleia da República;

  – O controlo judicial da actividade legislativa e da actividade administrativa, devendo sempre circunscrever-se aos aspectos de conformidade com a juridicidade, nunca pode conduzir os tribunais a uma apreciação do mérito político ou administrativo das decisões, enquanto espaço decisório reservado pela Constituição ao legislador e à Administração Pública;

---

[2] Cfr. GOMES CANOTILHO, *Direito Constitucional e Teoria...*, p. 554.

[3] Cfr. Acórdão do Tribunal Constitucional n.° 677/95, de 23 de Novembro de 1995, relativo ao processo n.° 358/94, in http://www.tribunalconstitucional.pt/tc/acordaos.

[4] Cfr. Acórdão do Tribunal Constitucional n.° 677/95, de 23 de Novembro de 1995, cit.

§12.º *Princípios de organização e funcionamento do poder político* 13

(v) O legislador encontra-se impedido de, ainda que se verifique uma situação de estado de excepção constitucional (artigo 19.º, n.º 7), conferir a qualquer autoridade a titularidade ou o exercício de poderes situados fora da respectiva área funcional traçada pela Constituição ou que envolvam a modificação das normas constitucionais relativas a poderes atribuídos a outras autoridades;

(vi) A violação da separação de poderes, envolvendo o exercício de uma competência caracterizadora do "núcleo essencial" de uma função do Estado por uma estrutura decisória a quem está confiada uma diferente função do Estado, isto sem que exista qualquer habilitação constitucional para o efeito, gera sempre uma situação de usurpação de poderes, reconduzível a uma inconstitucionalidade orgânica da decisão, sem prejuízo da inconstitucionalidade material da eventual norma legislativa "habilitadora" de uma tal intervenção;

(vii) Os actos violadores do princípio da separação de poderes encontram-se feridos de nulidade, significando isto que, apesar de aparentarem o contrário, nunca produzem quaisquer efeitos jurídicos, não lhes sendo devida obediência, nem se consolidam na ordem jurídica pelo simples decurso do tempo, podendo ser impugnados a todo o momento e nunca sendo passíveis de aplicação coactiva através de recurso à força pública.

(b) Interdependência e "governo moderado": a concepção de Montesquieu

II. Remonta a Montesquieu o entendimento de que a liberdade pressupõe a limitação do poder[5], sendo necessário que "o poder limite o próprio poder"[6], razão pela qual a separação entre os poderes legislativo, executivo e judicial se torna uma condição de liberdade[7]: se numa mesma pessoa ou num mesmo corpo de magistratura se reúne o poder legislativo e o poder executivo a liberdade estará perdida, o mesmo sucedendo se o poder de julgar não está separado do poder legislativo e do poder executivo.

Se a separação entre os poderes é condição de liberdade em Montesquieu, o certo é que a verdadeira limitação do poder, sem se alcançar através de uma formulação rígida da separação entre os poderes, exige, bem pelo con-

---

[5] Cfr. PAULO OTERO, *Legalidade e Administração Pública*, pp. 47 ss..

[6] Cfr. MONTESQUIEU, *Del Espíritu de las Leys*, Alianza Editorial, Madrid, 2003, Liv. XI, Cap. IV, p. 205.

[7] Cfr. MONTESQUIEU, *Del Espíritu de las Leys*, Liv. XI, Cap. VI, pp. 206 ss.

14 *Princípios fundamentais*

trário, segundo a fórmula indicada, que "o poder limite o próprio poder": é, por conseguinte, na conjugação de um equilíbrio entre a separação e a interdependência dos poderes que reside o segredo da limitação do poder.

Montesquieu preconiza, neste contexto, um sistema de cooperação mútua entre os diversos poderes, confiando-se a cada um deles (salvo ao poder judicial, entendido como nulo para efeitos políticos) uma *faculté de statuer* e, simultaneamente, uma *faculté d'empêcher*[8] ou, segundo a formulação norte-americana, um sistema de *checks and balances*.

Esse é também o sentido acolhido pelo artigo 111.º, n.º 1, da Constituição.

III. E como se manifesta, à luz da Constituição de 1976, a interdependência entre os diversos poderes, segundo o modelo que, oriundo de Montesquieu, envolve a atribuição a cada um deles de uma *faculté de statuer* e de uma *faculté d'empêcher*?

Observemos três exemplos ilustrativos da concretização constitucional do modelo limitativo do poder herdado de Montesquieu:

(i) No que se refere ao poder legislativo, a Assembleia da República, o Governo e as assembleias legislativas das regiões autónomas são titulares da designada *faculté de statuer*, encontrando-se no poder de veto confiando ao Presidente da República e, no âmbito das regiões autónomas, ao representante da República a *faculté d'empêcher*, sem prejuízo desta última se encontrar igualmente confiada aos tribunais – incluindo o Tribunal Constitucional –, através da possibilidade de controlo da constitucionalidade e, se necessário, recusar a aplicação dos actos legislativos considerados inconstitucionais;

(ii) No diz respeito ao poder executivo, se é verdade que o Governo goza aqui de uma *faculté de statuer*, a sua sujeição a fiscalização política parlamentar e, bem mais importante, a fiscalização da legalidade da sua actuação pelos tribunais, podendo estes anular as decisões administrativas governamentais, configura a existência de uma *faculté d'empêcher*;

(iii) O próprio poder judicial, sendo os tribunais titulares exclusivos da *faculté de statuer* em matéria jurisdicional, o certo é que os respectivos meios financeiros que permitem o seu funcionamento se en-

---

[8] Cfr. MONTESQUIEU, *Del Espíritu de las Leys*, Liv. XI, Cap. VI, p. 211.

§12.° Princípios de organização e funcionamento do poder político

contram dependentes do orçamento do Estado, aprovado por lei da Assembleia da República, sob proposta do Governo, além de que, ainda segundo a lógica típica de uma *faculté d'empêcher*, o poder executivo tem o monopólio do exercício da força policial que permite conferir exequibilidade às sentenças judiciais.

Na conjugação entre a separação e a interdependência dos poderes, segundo um modelo de cooperação mútua e equilíbrio entre as diversas estruturas decisórias, à luz de freios e contrapesos reveladores de um equilíbrio entre os poderes de decidir e de controlo da decisão, reside a chave de um "governo moderado" que é a fonte da liberdade[9].

(c) Interdependência e "poder moderador": o contributo de Benjamin Constant

IV. Trilhando o caminho antes traçado por Montesquieu, igualmente para Benjamin Constant a limitação da soberania apenas será possível através da divisão do poder e de combinações engenhosas em que o mesmo seja distribuído e encontre como limite o próprio poder[10], defendendo que a clássica tricotomia entre os poderes executivo, legislativo e judicial deve assentar num princípio de cooperação[11].

Pode dizer-se, neste contexto, que também em Constant a separação de poderes surge articulada com a sua interdependência.

No entanto, ao contrário de Montesquieu, Benjamin Constant fala ainda na existência de um poder real que, sendo a "chave de toda a organização política"[12], é o elemento que, exterior aos restantes poderes e, por isso, neutro, garante o equilíbrio em caso de conflito entre os demais poderes[13]: trata-se, segundo a terminologia portuguesa, do designado poder moderador.

Sintomaticamente, a Constituição de 1976, ao invés dos anteriores textos constitucionais portugueses, não identifica os poderes da designada tricotomia clássica[14], sendo certo que a história constitucional portuguesa revela

---

[9] Neste último sentido, cfr. MONTESQUIEU, *Del Espíritu de las Leys*, Liv. XI, Cap. IV, p. 205.

[10] Cfr. BENJAMIN CONSTANT, *Cours de Politique Constitutionnelle*, I, Paris, 1861, pp. 15, 16 e 282.

[11] Cfr. BENJAMIN CONSTANT, *Cours...*, I, p. 176.

[12] Cfr. BENJAMIN CONSTANT, *Cours...*, I, pp. 18-19 e 175-176.

[13] Cfr. BENJAMIN CONSTANT, *Cours...*, I, p. 19.

[14] Cfr. ALEXANDRE SOUSA PINHEIRO/PEDRO LOMBA, *Princípios Gerais da Organização do Poder Político*, in PAULO OTERO (coord.), *Comentário...*, III, 1.° tomo, p. 67.

ser dominante o contributo do pensamento de Benjamin Constant[15]: nenhum outro autor exerceu uma influência tão marcante e durante tanto tempo nos diversos textos constitucionais portugueses.

Cabe perguntar, neste sentido, o seguinte: será que o princípio da interdependência de poderes consagrado no artigo 111.°, n.° 1, ainda se mostra tributário do pensamento de Benjamin Constant?

V. Já anteriormente deixámos indícios da influência sobre a Constituição de 1976 do artigo 71.° da Carta Constitucional de 1826, isto na instituição de um poder moderador, enquanto instrumento de "manutenção da independência, equilíbrio e harmonia dos demais poderes políticos" (v. *supra*, n.° 10.4., I).

Naturalmente que, bem longe do modelo inicial ligado à figura do rei e ao princípio monárquico, a existência hoje de um poder moderador, entendido como poder neutro em termos de condução ou gestão dos negócios públicos, numa posição de superioridade face às demais estruturas orgânicas e dotado de uma função reguladora de equilíbrios ou conflitos institucionais, mostra-se perfeitamente compatível com a ideia de interdependência de poderes, podendo entender-se acolhida pela Constituição de 1976 a três níveis:

(i) Há um poder moderador político, titulado pelo Presidente da República, enquanto garante do "regular funcionamento das instituições democráticas" (artigo 120.°);

(ii) Há um poder moderador da conformidade jurídico-constitucional dos actos normativos, confiado ao Tribunal Constitucional (artigo 221.°), enquanto última instância de resolução de todos os conflitos sobre a validade de tais actos;

(iii) Há, por último, um poder moderador garantístico dos particulares e da juridicidade, protagonizado pelo Provedor de Justiça, enquanto autoridade independente, passível de dirigir a todos os poderes públicos recomendações destinadas a prevenir e reparar injustiças (artigo 23.°).

Nesta pluralidade de órgãos em que se distribui o poder moderador se, por um lado, se reforça a interdependência dos poderes, por outro, observa-se a separação que dita nenhuma autoridade ser passível de concentrar em si todo o poder correspondente a uma função do Estado.

---

[15] Para mais desenvolvimentos, cfr. PAULO OTERO, *Legalidade e Administração Pública*, pp. 116 ss.

§12.° *Princípios de organização e funcionamento do poder político*   17

12.2. Princípio da equiordenação dos órgãos constitucionais

BIBLIOGRAFIA: GOMES CANOTILHO, *Direito Constitucional e Teoria...*, p. 561; PEDRO LOMBA, *Princípios Gerais da Organização do Poder Político*, in PAULO OTERO (coord.), *Comentário...*, III, 1.° tomo, pp. 41 e 42; JORGE MIRANDA, *Manual...*, V, pp. 72 ss.; PAULO OTERO, *Conceito e Fundamento da Hierarquia Administrativa*, pp. 235 ss.

(a) Formulação do princípio e exemplificação

I. O princípio da equiordenação dos órgãos constitucionais, envolvendo a insusceptibilidade de um órgão criado ou previsto na Constituição dar ordens ou instruções a outros órgãos com igual estatuto, revela existir, salvo disposição constitucional em sentido contrário, uma regra geral de paridade jurídica entre todas as estruturas orgânicas previstas na Constituição.

Mostra-se impossibilitado, deste modo, que entre órgãos criados ou previstos pela Constituição se estabeleça um vínculo hierárquico ou um relacionamento de supremacia/subordinação jurídica, sendo possível recortar, todavia, duas grandes categorias de órgãos constitucionais:

(i) Os órgãos constitucionais que são órgãos de soberania (artigo 110.°, n.° 1);

(ii) E, por outro lado, os órgãos constitucionais que não são órgãos de soberania (: todos os restantes previstos na Constituição).

Em ambas as situações, o princípio da separação de poderes e a identidade de legitimidade político-constitucional, uma vez que todos esses órgãos são uma emanação directa da soberania constitucional do Estado ou por ela são aceites, leva a excluir, por princípio, o estabelecimento de vínculos jurídicos de subordinação hierárquica: nenhum órgão constitucional pode exercer sobre os demais órgãos constitucionais poder de direcção, encontrando-se-lhes vedado dispor da vontade decisória de tais órgãos e, por essa via, esgotar ou esvaziar o respectivo campo de discricionariedade decisória ou liberdade conformadora conferida pela Constituição.

II. O princípio da equiordenação dos órgãos constitucionais, determinando que cada um destes órgãos exerce a sua competência com independência jurídica face aos restantes órgãos, envolve os seguintes principais exemplos ilustrativos:

(i) O Presidente da República, apesar de obrigado a promulgar diplomas legislativos provenientes da Assembleia da República que fo-

ram objecto de veto político e posterior confirmação parlamentar (artigo 136.°, n.os 2 e 3), não é subalterno da Assembleia da República;

(ii) Nem pelo facto de o Presidente da República ser competente para arbitrar um conflito entre um juízo jurídico do Tribunal Constitucional em sede de fiscalização preventiva de diploma proveniente da Assembleia da República e, num momento posterior, uma confirmação política parlamentar do diploma em causa, nos termos do artigo 279.°, n.° 2, se pode concluir que o Presidente da República é superior hierárquico do Tribunal Constitucional ou da Assembleia da República;

(iii) O Tribunal Constitucional, tendo competência para se pronunciar pela inconstitucionalidade de qualquer diploma legislativo parlamentar e governamental enviado para promulgação do Presidente da República (artigos 278.° e 279.°) ou mesmo para declarar a inconstitucionalidade com força obrigatória geral de qualquer lei ou decreto-lei (artigo 281.°, n.° 1, alínea a)), não é superior hierárquico da Assembleia da República ou do Governo;

(iv) O Governo, apesar de "responsável perante o Presidente da República e a Assembleia da República" (artigo 190.°), não é subalterno destes dois órgãos;

(v) Não obstante o ascendente político do Primeiro-Ministro sobre os restantes membros do Governo, todos os seus membros (: Primeiro-Ministro, Ministros, Secretários e Subsecretários de Estado) se encontram juridicamente equiordenados, não existindo entre eles qualquer hierarquia administrativa, nem do Conselho de Ministros sobre cada um dos membros do Governo;

(vi) O facto de o Provedor de Justiça e o Presidente do Conselho Económico e Social, por exemplo, serem eleitos pela Assembleia da República (artigo 163.°, alínea h)) não significa que sejam órgãos subalternos do parlamento, tal como a nomeação pelo Presidente da República, sob proposta do Governo, do Presidente do Tribunal de Contas e do Procurador-Geral da República (artigo 133.°, alínea m)) se mostra insusceptível de revelar qualquer relação de dependência hierárquica destes órgãos face ao Presidente da República ou ao Governo;

(vii) A sujeição das autarquias locais a tutela administrativa do Governo (artigos 199.°, alínea d), e 242.°), incluindo a subordinação do poder regulamentar autárquico aos regulamentos da entidade tutelar (artigo 241.°), não traduz a existência de qualquer vínculo hie-

§12.° *Princípios de organização e funcionamento do poder político* 19

rárquico entre o Governo, os municípios e as freguesias, tal como estas últimas entidades, apesar de os seus órgãos terem o respectivo campo funcional inserido no âmbito do território municipal, nunca se podem considerar subalternas dos municípios.

Em regra, conclua-se, a hierarquia jurídica entre órgãos tem sempre como estruturas subalternas órgãos não constitucionais, apesar de nem todos estes últimos se inserirem em relações jurídicas de subordinação hierárquica.
Será, porém, que uma tal regra conhece excepções? Será que existem casos de hierarquia entre órgãos constitucionais?
Vamos, seguidamente, analisar a questão.

(b) Limites e excepções

III. A ausência de um relacionamento jurídico de supremacia/subordinação hierárquica entre os órgãos constitucionais, antes entre eles vigorando um princípio de equiordenação ou paridade jurídica, não significa a ausência de vinculações jurídicas entre os órgãos em causa.
Observemos alguns exemplos de vinculações jurídicas entre órgãos constitucionais:

(i) As decisões dos tribunais, sendo obrigatórias para todas as entidades públicas e privadas, prevalecem sobre as decisões de quaisquer outras autoridades (artigo 205.°, n.° 2), incluindo-se aqui, neste último domínio, também todos os restantes órgãos de soberania – o Presidente da República, a Assembleia da República e o Governo devem obediência às decisões dos tribunais, apesar de não serem subalternos dos tribunais;

(ii) Os tribunais (incluindo o Tribunal Constitucional) encontram-se, todavia, sujeitos à lei (artigo 203.°) e, se a mesma não for inconstitucional ou ilegal, não podem recusar a sua aplicação, verificando-se a sua vinculação à inerente vontade político-legislativa da Assembleia da República, do Governo e das assembleias legislativas das regiões autónomas;

(iii) O Governo, sem prejuízo da sua competência legislativa, enquanto órgão administrativo, encontra-se também subordinado à lei (artigo 266.°, n.° 2);

(iv) No âmbito do exercício da competência legislativa autorizada, o Governo encontra-se vinculado a respeitar a lei de autorização legislativa conferida pela Assembleia da República (artigo 112.°, n.° 2);

20 *Princípios fundamentais*

(*v*) Os órgãos das regiões autónomas, sem prejuízo da sua autonomia político-administrativa, encontram-se subordinados, à luz do princípio da prevalência do Direito do Estado, a actos legislativos da Assembleia da República e do Governo e ainda a regulamentos do Governo;

(*vi*) Os órgãos das autarquias locais, apesar da sua autonomia, estão sujeitos à intervenção intra-administrativa do Governo, exercendo poderes tutelares de controlo ou fiscalização (artigos 199.°, alínea d), e 242.°).

IV. Em igual sentido, tal como existem vinculações jurídicas entre órgãos constitucionais, sem colocarem em causa o princípio da equiordenação, a verdade é também podem existir vínculos de subordinação política sem subordinação hierárquica entre órgãos constitucionais.

É o que sucede verificando-se a existência de um vínculo de responsabilidade política entre dois órgãos, tal como é o exemplo da relação entre o Governo e a Assembleia da República ou, numa outra hipótese, entre o Primeiro-Ministro e os Ministros ou entre estes e os Secretários de Estado (v. *supra*, II).

V. Diferentemente das referidas situações de limitação jurídica ou política do princípio da equiordenação dos órgãos constitucionais, pode suceder que, a título excepcional, a própria Constituição, por via directa ou indirecta, consagre um vínculo hierárquico entre certos órgãos constitucionais.

A situação, apesar de ser excepcional, repita-se, ocorre, nas seguintes hipóteses:

(*i*) Os agentes do Ministério Público, sendo magistrados hierarquicamente subordinados (artigo 219.°, n.° 4), têm como órgão superior a Procuradoria-Geral da República (artigo 220.°, n.° 1): existe aqui um vínculo hierárquico;

(*ii*) As chefias militares, sendo nomeadas e exoneradas pelo Presidente da República, sob proposta do Governo (artigo 133.°, alínea p)), encontram-se, por força do poder de direcção governamental sobre a Administração directa do Estado de natureza militar (artigo 199.°, alínea d)), sujeitas a uma relação de subordinação hierárquica directa perante o Governo, sem prejuízo também de uma formal subordinação política e militar ao Presidente da República, enquanto Comandante Supremo das Forças Armadas (artigo 120.°)[16];

---

[16] Está ainda por esclarecer a configuração concreta desta dupla subordinação das chefias militares, tal como o alcance operativo do estatuto do Presidente da República como "Comandante Supremo das Forças Armadas" (v. *infra*, n.° 17.1. (c)).

§*12.° Princípios de organização e funcionamento do poder político*   21

(iii) Em igual sentido, todas as forças armadas, segundo o artigo 275.°,
n.° 3, "obedecem aos órgãos de soberania competentes, nos termos
da Constituição e da lei", significando isto, independentemente da
sua subordinação hierárquica interna, a sujeição ao poder de direcção do Governo (artigo 199.°, alínea d)).

12.3. Princípio da pluralidade de vinculações institucionais: solidariedade, cooperação e respeito institucional

(a) Conceito e fundamento

I. A separação de poderes e a inerente independência de actuação dos
órgãos constitucionais nunca pode fazer esquecer que, por imposição constitucional ou meras circunstâncias políticas, tais estruturas orgânicas estabelecem entre si múltiplas e diversas formas de relacionamento: a própria interdependência dos poderes envolve a existência de uma pluralidade de relações
entre os órgãos constitucionais.

Não existindo uma única modalidade de relacionamento inter-orgânico,
observa-se, todavia, que essa diversidade de convivência funcional entre os
diferentes órgãos constitucionais pressupõe sempre o respeito por regras de
lealdade, boa fé e civismo democrático entre os protagonistas das instituições:
a organização do poder político não pode deixar de postular uma exigência de
dignidade no relacionamento entre as pessoas que vivificam as instituições,
desde logo fundada na idêntica legitimação constitucional do título de intervenção de que gozam.

Há aqui lugar a que se fale num princípio de pluralidade de vinculações
institucionais: a diversidade de relacionamentos inter-orgânicos determina
que não exista uma única forma de os órgãos constitucionais se relacionarem
entre si, antes se assiste a múltiplas expressões institucionais de materializa-
ção dos valores da lealdade, boa fé e civismo democrático.

II. O princípio da pluralidade de vinculações institucionais, assentando
em graus diferentes de envolvimento no relacionamento entre as estruturas
decisórias da Constituição, pode dizer-se que se desdobra em três subprincípios autónomos, correspondendo às ideias de solidariedade, cooperação e respeito institucional:

(i) A solidariedade, pressupondo um estreito e intenso relacionamento
político decorrente de um vínculo de confiança que se pretende

recíproca, gera uma responsabilidade mútua ou co-responsabiliza-
ção decisória, traduzida no postulado "um por todos e todos por
um", compreendendo um dever positivo de se associar ou deixar
que o associem a determinada conduta;

(ii) A cooperação, sem determinar qualquer abdicação do exercício das
competências de intervenção das estruturas orgânicas em causa,
resulta da existência de poderes entrecruzados envolvendo diferentes órgãos e consubstancia-se num esforço positivo de viabilização
ou colaboração, exigindo um operar conjunto, ou, pelo menos, cria
um dever de não gerar obstáculos gratuitos ao regular funcionamento das instituições;

(iii) O respeito institucional, por último, sendo a fórmula mais ténue e
descomprometida de relacionamento entre os órgãos constitucionais, tem o seu fundamento na igual dignidade e legitimidade de
todas essas estruturas serem criadas ou previstas pela Constituição,
revelando a expressão de um dever de convivência democrática e
de civilidade educacional dos titulares em causa – há aqui um derradeiro apelo a regras de trato social entre os protagonistas de todas
as instituições constitucionais.

Em suma, o respeito institucional é tudo o que resta no relacionamento
entre órgãos constitucionais se entre eles não existe identidade ou confiança
política que justifique a solidariedade, nem um entrecruzar de poderes que
imponha a cooperação institucional.

*(b) Configuração operativa dos princípios da solidariedade, da coope-
ração e do respeito institucional*

III. A Constituição fala em solidariedade, a propósito do relacionamento entre os membros do Governo (artigo 189.°), e permite extrair, quando
se refere ao Presidente da República como garante do "regular funcionamento
das instituições democráticas" (artigo 120.°), a ideia de cooperação[17], sendo
o respeito institucional deduzível de próprio princípio democrático e da igual
dignidade inerente à legitimidade constitucional dos órgãos em causa.

Não obstante a formulação constitucional das ideias de solidariedade e
de cooperação a propósito, respectivamente, do funcionamento interno do
Governo e do seu relacionamento com o Presidente da República, sendo até

---

[17] Falando a este propósito em "lealdade constitucional", cfr. GOMES CANOTILHO/VITAL
MOREIRA, *Os Poderes do Presidente da República*, Coimbra, 1991, pp. 71 ss.

§12.° Princípios de organização e funcionamento do poder político 23

nas relações entre estes dois órgãos que assume particular relevo a ideia de cooperação, o certo é que o princípio da pluralidade de vinculações institucionais, segundo os seus subprincípios da solidariedade, cooperação e respeito institucional, tem um campo de operatividade mais geral: ele deverá reger, enquanto expressão dos valores da lealdade, da boa fé e do civismo democrático, e sem prejuízo da esfera decisória própria de cada órgão, todas as relações funcionais e institucionais entre as diferentes estruturas orgânicas fundadas na Constituição.

O princípio da pluralidade de vinculações institucionais, segundo as ideias de solidariedade, cooperação e respeito institucional, consubstancia uma expressão-síntese dos termos impostos pela Constituição no relacionamento entre as estruturas orgânicas, sabendo-se, todavia, o seguinte:

(*i*) O respeito institucional não conhece excepções ou limites, nem confere relevância à excepção do não cumprimento: nenhum órgão se encontra habilitado a dirigir-se ou a tratar outro com menor respeito, isto atendendo à dignidade constitucional das funções envolvidas;

(*ii*) A cooperação institucional, pressupondo a existência de competências de exercício partilhado entre diferentes órgãos, exige um relacionamento que, sem envolver uma necessária identidade ou recíproca confiança política, permita o regular funcionamento das instituições;

(*iii*) A solidariedade, por último, é expressão de uma sintonia política entre os órgãos em causa: assim, por exemplo, apesar de se exigir a solidariedade entre os membros de um mesmo Governo, encontra--se afastada qualquer ideia de solidariedade entre a oposição parlamentar e o Governo, apesar de se poder suscitar uma questão política de solidariedade entre a maioria parlamentar e o Governo por ela sustentado, desde logo se o Primeiro-Ministro for, simultaneamente, o líder dessa maioria.

IV. A configuração do princípio da pluralidade de vinculações institucionais permite, neste contexto, e a título meramente exemplificativo, extrair as seguintes ilações:

(*i*) Os titulares de todos os órgãos constitucionais têm um especial dever de contenção pública na forma e no conteúdo das afirmações que fazem sobre os titulares de outros órgãos constitucionais – a própria intervenção parlamentar dos deputados e dos membros do Governo não pode deixar de estar submetida a pautas de respeito institucional;

(ii) Com excepção dos deputados no exercício da respectiva competência parlamentar de fiscalização política do executivo, os restantes titulares de órgãos constitucionais devem abster-se de fazer comentários ou apreciações públicas à actividade desenvolvida por outros órgãos constitucionais dentro da respectiva esfera de acção funcional e sendo conformes com a Constituição: o Presidente da República ou o Primeiro-Ministro não devem comentar decisões do Tribunal Constitucional, tal como os juízes se devem abster de comentar o mérito político de leis ou de actos da Administração Pública;

(iii) Nenhum membro do Governo poderá enjeitar responsabilidades ou dessolidarizar-se relativamente a medidas adoptadas que já constassem do programa de governo ou que tenham sido tomadas em Conselho de Ministros, nem dirigir em público críticas à actuação do Primeiro-Ministro ou de qualquer outro colega governamental (v. *supra*, n.º 19.1.3., (a)): a ideia de um ministro se demitir por carta dirigida aos meios de comunicação social, sem prévia comunicação ao Primeiro-Ministro, tecendo críticas a este último, é um exemplo extremo de quebra da solidariedade governamental – a impossibilidade de um membro do Governo ser solidário envolve o dever de demissão ou de ser demitido;

(iv) O Presidente da República não deverá fazer em público críticas ao Governo que, no âmbito do dever de ser informado pelo Primeiro-Ministro acerca dos assuntos respeitantes à condução da política interna e externa do país (artigo 201.º, n.º 1, alínea c)), não tenha antes feito chegar ao chefe ao Governo: a ruptura da cooperação institucional entre o Presidente da República e o Governo, restando apenas o respeito institucional, mostra ser uma situação de grande debilidade para o regular funcionamento destas estruturas decisórias que têm poderes entrecruzados;

(v) Os órgãos constitucionais de fiscalização não podem adoptar comportamentos contrários a anteriores condutas sobre o mesmo assunto dirigidas a órgãos sujeitos ao seu controlo, envolvendo as mesmas circunstâncias subjectivas e objectivas, e que tenham suscitado confiança nestes últimos, revelando-se aqui a operatividade da proibição do *venire contra factum proprium* (v.g., a Assembleia da República não pode aprovar uma resolução exortando o Governo a adoptar determinada conduta e, tendo esta sido tomada, tal como a Assembleia havia prescrito, aprovar, por esse mesmo facto, uma moção de censura a esse mesmo Governo; o Presidente da Repú-

§12.° *Princípios de organização e funcionamento do poder político*   25

blica não pode vetar politicamente um diploma que lhe tenha sido enviado para promulgação como decreto-lei e, depois de o Governo o ter modificado, acolhendo integralmente as razões do veto, vir a usar de novo o veto político, agora por discordar das soluções que antes havia sugerido na fundamentação do primeiro veto);

(vi) Os órgãos que se encontram sujeitos a uma situação de responsabilidade política perante outros têm, face a estes últimos, e desde que pautem a sua conduta dentro da Constituição, um especial dever de respeito institucional que decorre da natureza do respectivo relacionamento funcional: o Governo não deve dirigir em público criticas ao Presidente da República, nem criticar a acção fiscalizadora da Assembleia de República, desde que esteja em causa o exercício de uma conduta ainda permitida pela Constituição:

(vii) Em termos semelhantes, os órgãos constitucionais que não são órgãos de soberania têm também um especial dever de respeito institucional perante a actuação dos órgãos de soberania dentro dos parâmetros constitucionais, agora atendendo ao maior peso legitimador e decisório da autoridade que expressa a soberania constitucional do Estado através dos protagonistas dos seus poderes constituídos: é de todo impensável, à luz do princípio do respeito institucional, que o presidente de um governo regional venha criticar em público uma decisão do Tribunal Constitucional ou o veto político do Presidente da República a uma lei que aprova alterações ao respectivo Estatuto Político-Administrativo – já, porém, o líder regional do partido governamental poderá, nessa qualidade, fazê-lo.

(c) Pós-eficácia do princípio?

V. Poder-se-á até discutir se, após a cessação de funções dos respectivos titulares dos órgãos em causa, ainda se projectará uma pós-eficácia do princípio da pluralidade de vinculações institucionais.

Neste domínio, sendo certo que a cooperação se extingue com o termo do exercício das funções e a solidariedade com a desvinculação política, deve entender-se que o respeito institucional, apesar de expressar um vínculo decorrente do exercício da função, goza de uma pós-eficácia: sem prejuízo do respeito devido, segundo os termos gerais de Direito, à honra e ao bom nome dos ex-titulares dos órgãos em causa, deve entender-se que há ainda uma vinculação dos novos titulares ao respeito institucional face a quem já cessou o exercício das funções constitucionais.

Essa pós-eficácia do respeito institucional a quem exerceu uma função constitucional, traduzindo uma regra de trato social decorrente da civilidade educacional entre novos e antigos titulares de órgãos constitucionais, alicerça--se ainda numa homenagem à dignidade das funções exercidas por aquele que já não as exerce e também num tributo à dignidade do modo como o novo titular as está a exercer: os novos titulares devem abster-se de criticar em público ou, em alternativa, de usar de contenção extrema na apreciação pública da conduta subjectiva de antigos titulares de órgãos constitucionais.

A pós-eficácia do respeito institucional, criando uma restrição à liberdade de expressão dos titulares de órgãos constitucionais, enquanto verdadeira situação funcional, envolve um genuíno problema de educação e cultura democrática de tais titulares.

12.4. Princípio da continuidade dos serviços públicos

BIBLIOGRAFIA: Paulo Otero, *O Poder de Substituição...*, II, pp. 453 ss. e 648 ss.

I. Todas as estruturas decisórias do poder político têm no seu interior serviços públicos, enquanto organizações humanas que, exercendo uma actividade preparatória e de execução das decisões provenientes de tais órgãos, concorrem para o seu funcionamento.

Não será exagero afirmar que hoje, atendendo à complexidade e multiplicidade de matérias, nenhum órgão constitucional poderá funcionar sem ter o suporte logístico de serviços públicos: o poder político, sem prejuízo de dirigir juridicamente tais serviços públicos, encontra-se, em termos factuais, numa verdadeira dependência funcional dos serviços públicos que lhe fornecem os meios necessários à prossecução da respectiva actividade.

Assim, a título exemplificativo, o Presidente da República desenvolve a sua actividade tendo como base auxiliar os serviços da Presidência da República, a Assembleia da República tem ao seu dispor um conjunto de serviços públicos parlamentares, o mesmo sucedendo com o Governo, falando-se em serviços administrativos governamentais, ou ainda com os Tribunais, designados agora de serviços públicos judiciais.

Não há estrutura orgânica formal prevista na Constituição que não tenha a funcionar consigo um conjunto de serviços públicos de apoio: todos os órgãos constitucionais têm junto de si ou envolvem a coadjuvação por uma determinada organização administrativa.

§12.º *Princípios de organização e funcionamento do poder político*   27

II. Num Estado de Direito democrático, dotado de uma cláusula constitucional de bem-estar social e vinculado a garantir uma tutela jurisdicional efectiva, segundo um modelo garantístico de direitos fundamentais decorrente de um Estado de direitos humanos, torna-se impensável que o Poder, em qualquer das suas manifestações, sofra paralisações ou interrupções na sua actividade: os serviços públicos desempenham aqui uma função essencial na garantia da continuidade da actividade das estruturas decisórias do Poder.

A continuidade dos serviços públicos torna-se uma exigência constitucional inerente ao modelo de Estado acolhido pela Constituição e aos postulados de eficiência da sua actuação na prossecução dos respectivos fins.

E, neste domínio, sem prejuízo da indispensável garantia da justiça decorrente de uma pronta intervenção dos tribunais, é pelo exercício da função administrativa, protagonizada pelo Governo e pela restante Administração Pública, que passa hoje a necessidade de uma diária implementação do Estado de Direito democrático: a Administração Pública nunca pára na procura de meios tendentes à satisfação das necessidades colectivas de segurança, liberdade e bem-estar, visando garantir prestações inerentes a uma existência humana condigna – a continuidade dos serviços públicos administrativos (e judiciais) revela-se hoje uma questão constitucional nuclear.

O próprio texto da Constituição reflecte este mesmo entendimento da continuidade dos serviços públicos e do inerente protagonismo administrativo, devendo entender-se, por força do artigo 186.º, n.º 4, que os membros do Governo demitido se mantêm em funções até serem substituídos pela nomeação e posse do novo Primeiro-Ministro[18], podendo daqui extrair-se duas ilações justificativas de uma generalização da figura da *prorogatio* ao nível dos órgãos constitucionais:

(i) Salvo circunstâncias em sentido contrário, o princípio da continuidade dos serviços públicos determina que os membros do Governo demitidos permaneçam em funções até à posse de quem os vier substituir;

(ii) Por identidade de razões decorrentes do princípio da continuidade dos serviços públicos, igualmente qualquer titular de outro órgão constitucional deverá permanecer em funções até ao momento da

---

[18] Note-se que, nos termos do artigo 189.º, n.º 4, do texto originário da Constituição se estipulava o seguinte: "em caso de demissão, os membros do Governo cessante permanecerão em funções até à posse do novo Governo", verificando-se não existirem quaisquer razões para impedir que continue vigente uma norma consuetudinária com igual conteúdo dispositivo.

tomada de posse de quem o vier substituir, salvo se a cessação de funções em causa foi determinada por autoridade judicial, a título sancionatório, ou se estamos perante o titular de um órgão colegial.

Note-se, porém, que a continuidade do exercício de funções durante o período de *prorogatio* gera, por efeito do princípio geral decorrente dos artigos 186.º, n.º 5, e 234.º, n.º 2, uma *capitis deminutio* do órgão em causa: ele deverá limitar-se a praticar os actos estritamente necessários à condução dos negócios públicos.

III. A continuidade dos serviços públicos, determinando que as estruturas do poder político não possam interromper a sua actividade, justificando até situações em *prorogatio*, tem ainda projecção ao nível do exercício do direito de greve, isto nos seguintes termos:

(i) Os titulares de estruturas decisórias constitucionais, desde que não exerçam essas funções a título profissional, não gozam da faculdade de fazer greve[19]: o exercício de tais funções é um poder-dever e não uma actividade laboral;

(ii) Se, pelo contrário, se tratar do exercício de funções no âmbito de órgãos constitucionais a título profissional (note-se que, no âmbito dos titulares dos órgãos de soberania, só os juízes exercem funções a título profissional) ou ainda se disser respeito a todos os serviços públicos de natureza administrativa existentes no interior das estruturas decisórias do Poder político, o exercício do direito de greve exige, em nome do princípio da continuidade dos serviços públicos, a prestação de serviços mínimos ou, na sua falta, justifica a requisição civil;

(iii) Poderá suceder ainda que, por expressa habilitação constitucional, o exercício a título profissional de certo tipo de funções públicas com relevância constitucional seja, por via legal, objecto de uma exclusão do exercício do direito de greve: é o que sucede, à luz do artigo 270.º, com os militares e agentes militarizados dos quadros permanentes em serviço efectivo e ainda com os agentes dos serviços e das forças de segurança.

---

[19] Especificamente sobre a possibilidade de os juízes, enquanto titulares de órgãos de soberania, fazerem greve, cfr. JOSÉ DE MELO ALEXANDRINO, *A greve dos juízes – segundo a Constituição e a dogmática constitucional*, in *Estudos em Homenagem ao Professor Doutor Marcello Caetano no Centenário do seu Nascimento*, II, Coimbra, 2006, pp. 747 ss.; JORGE MIRANDA, *Os juízes têm direito à greve?*, in *Homenagem ao Prof. Doutor André Gonçalves Pereira*, Coimbra, 2006, pp. 287 ss.

§12.º Princípios de organização e funcionamento do poder político

12.5. Princípio da auto-organização interna

BIBLIOGRAFIA: JORGE MIRANDA, *Manual...*, V, pp. 82 ss.; PAULO OTERO, *O Poder de Substituição...*, II, pp. 642 e 643; IDEM, *Legalidade e Administração Pública*, pp. 456 e 889 ss.

I. No respeito pelas normas externas definidoras do seu estatuto, todos os órgãos públicos têm um poder interno que, assumindo uma natureza inerente, lhes confere uma liberdade conformadora de emanar normas que, completando ou integrando as ausências normativas da regulação externa, disciplinem a organização e o funcionamento dos seus serviços e departamentos e ainda a afectação dos respectivos meios materiais e humanos. Nisto consiste o cerne do princípio da auto-organização interna.

Visa-se, deste modo, conferir a cada órgão a faculdade de encontrar a melhor e a mais racional adequação das suas estruturas e a afectação dos meios à prossecução da respectiva actividade: há no fundamento último do princípio da auto-organização interna das estruturas orgânicas uma ideia de eficiência ou eficácia organizativa e funcional.

O princípio da auto-organização interna, sendo certo que não se esgota nos órgãos constitucionais, uma vez que todas as entidades públicas e todos os respectivos órgãos gozam dessa faculdade, a verdade é que abrange todos os órgãos constitucionais: nenhum órgão criado pela Constituição, apesar de possuir regras constitucionais e legais reguladoras da sua organização e funcionamento, deixa de ser titular de um poder de auto-organização interna que, salvo disposição em sentido contrário, se expressa em regulamentos internos.

Sem prejuízo da existência de normas externas prevendo a sua existência e até o elenco de matérias compreendidas, esse poder de auto-organização interna não depende de expressa previsão jurídico-positiva, encontrando o seu fundamento num princípio geral de Direito não escrito.

II. A verdade, todavia, é que a Constituição integra, a título de afloramento de um correspondente princípio geral, diversas normas definidoras de poderes de auto-organização interna de estruturas orgânicas, procurando, por esta via, conferir-lhes uma natureza externa:

(i) A Assembleia da República tem reconhecida competência para elaborar e aprovar o seu Regimento (artigo 175.º, alínea a)), verificando-se que a Constituição, sem embargo da liberdade conformadora do parlamento para integrar no âmbito da sua auto-organi-

30 · Princípios fundamentais

zação regimental o tratamento de outras matérias situadas fora da reserva de lei, definiu uma reserva de regimento quanto aos seguintes domínios:

– Configuração dos poderes dos deputados (artigo 156.º, alíneas c) e g)) e ainda dos direitos e garantias mínimos dos Deputados não integrados em grupos parlamentares (artigo 180.º, n.º 4);

– Fixação do limite máximo de faltas dos Deputados (artigo 160.º, n.º 1, alínea b));

– Definição da prioridade das matérias da ordem do dia das reuniões plenárias (artigo 176.º, n.º 1) e ainda dos critérios de determinação potestativa da ordem do dia pelos grupos parlamentares (artigo 176.º, n.º 3);

– Marcação da periodicidade mínima da presença dos membros do Governo em reuniões para responder a perguntas e pedidos de esclarecimento dos Deputados (artigo 177.º, n.º 2);

– Estabelecimento do número e tipo de comissões parlamentares (artigo 178.º, n.º 1) e a definição dos termos da participação em comissão de representantes da assembleia legislativa da região autónoma proponente de iniciativas legislativas regionais (artigo 178.º, n.º 7);

(ii) O Governo goza de uma competência legislativa exclusiva no que diz respeito à sua organização e funcionamento (artigo 198.º, n.º 2), devendo entender-se que, além de um poder de auto-organização interna governamental sem expressão legislativa (v.g., elaboração do Regimento do Conselho de Ministros), essa reserva absoluta de decreto-lei abrange:

– A organização e o funcionamento do Governo no seu conjunto, compreendendo a tradicional "lei orgânica do Governo";

– A organização e o funcionamento do Governo através dos seus órgãos singulares, integrando a matéria respeitante às designadas "leis orgânicas dos Ministérios";

– A organização e o funcionamento do Governo em termos colegiais, isto é, através do Conselho de Ministros[20];

(iii) O Conselho de Estado tem, igualmente reconhecido pela Constituição, um poder de auto-organização interna, segundo decorre da

---

[20] Cfr. Paulo Otero, *O Poder de Substituição...*, II, p. 643. Em sentido contrário a este entendimento ampliativo da reserva legislativa do Governo em matéria de organização e funcionamento, cfr. Jorge Miranda, *Manual...*, V, p. 186, nota 2.

§12.° Princípios de organização e funcionamento do poder político

competência atribuída para elaborar o seu regimento (artigo 144.°, n.° 1);

(iv) As assembleias legislativas das regiões autónomas gozam, nos termos da Constituição e do respectivo estatuto político-administrativo, de competência para elaborar e aprovar o seu regimento (artigo 232.°, n.° 3);

(v) Os governos regionais têm definida uma competência exclusiva quanto à sua própria organização e funcionamento (artigo 231.°, n.° 6), traduzindo, igualmente aqui, apesar de não possuir natureza legislativa, um poder de auto-organização interna semelhante ao que possui o Governo da República.

O elenco destas situações constitucionais de poderes de auto-organização das diversas estruturas orgânicas, visando retirar natureza interna aos respectivos actos reguladores, isto sempre sem prejuízo de nunca esgotar um espaço mínimo de exercício ainda de uma regulação interna, confere publicidade e transparência a tais regras organizativas e funcionais.

III. Mostra-se possível recortar duas diferentes vertentes do poder de auto-organização interna das estruturas constitucionais:

(i) Há um poder de auto-organização interna fundado directamente na Constituição, revestindo a forma de acto objecto de publicação no Jornal Oficial;

(ii) Há ainda, por outro lado, um poder de auto-organização interna que, incidindo sobre matérias fora do elenco constitucional, se fundamenta num princípio geral de Direito não escrito, expresso em regulamentos internos que, neste sentido, se encontram afastados de publicação no Jornal Oficial.

Pode discutir-se, neste domínio, se os actos que disciplinam as matérias objecto da reserva constitucional são passíveis de também regular matérias que se situam fora desse elenco, conferindo a estas últimas a publicidade própria das primeiras.

Ora, atendendo à importância do princípio da publicidade de qualquer regulação jurídica num Estado de Direito, a resposta ao problema colocado deve ser em sentido afirmativo.

IV. Cumpre ainda referir, por último, que a Constituição estabelece um tipo de poder de auto-organização interna que, configurado como verdadeiro direito fundamental, exerce uma inequívoca função limitativa do grau de densificação normativa do legislador: é o que sucede, nos termos do artigo 76.°, n.° 2, com a autonomia estatutária das universidades[21].

Neste âmbito, em vez de ser a reserva de lei a limitar o espaço de intervenção regulamentar auto-organizativa, observa-se que, por força de expressa disposição constitucional configuradora de uma reserva de auto-organização universitária, é a autonomia estatutária das universidades que limita a intensidade ou o grau de densificação da intervenção do legislador[22].

Sucede, porém, que, em termos idênticos, sempre que o poder de auto--organização de uma estrutura orgânica se fundamente em normas constitucionais, se assiste a uma limitação da esfera de intervenção da lei: o legislador nunca pode disciplinar as matérias que, fora da reserva de lei, a Constituição integrou no domínio da reserva de um poder de auto-organização interna.

Pode aqui falar-se numa reserva constitucional de um poder de auto--organização interna de certos órgãos constitucionais que exerce, reflexamente, uma função limitativa da intervenção do legislador.

12.6. Princípio da responsabilidade

BIBLIOGRAFIA: PEDRO LOMBA, *Princípios Gerais da Organização do Poder Político*, in PAULO OTERO (coord.), *Comentário...*, III, 1.° tomo, pp. 447 ss.

(a) Formulação do princípio

I. O princípio democrático diz-nos que, residindo no povo a soberania (artigo 3.°, n.° 1) e a titularidade do poder político (artigo 108.°), os titulares dos cargos políticos, sendo representantes ou mandatados pelo povo, devem "prestar contas" perante o titular originário do poder ou um seu outro representante sobre o modo como exerceram o poder que lhe foi confiado: administrando algo que não lhes pertence, os representantes do povo respondem pela forma como administraram esse Poder, tal como os administradores perante o "Senhor da vinha".

---

[21] Para mais desenvolvimentos, cfr. LUÍS PEDRO PEREIRA COUTINHO, *As Faculdades Normativas Universitárias no Quadro do Direito Fundamental à Autonomia Universitária – O caso das universidades públicas*, Coimbra, 2004.

[22] Cfr. PAULO OTERO, *Institutos Públicos*, in *Dicionário Jurídico da Administração Pública*, V, Lisboa, 1993, pp. 268 e 269; IDEM, *O Poder de Substituição...*, II, pp. 549 e 603.

§12.° Princípios de organização e funcionamento do poder político 33

É nesse dever de prestar contas, nesse "responder" por aquilo que se fez ou que não se fez devendo ter sido feito, assumindo a autoria e os efeitos ou consequências das acções e omissões praticadas no exercício das suas funções, que reside o princípio da responsabilidade.

O princípio da responsabilidade é, deste modo, um efeito do princípio democrático, traduzindo a ideia de que o exercício do Poder é sempre um serviço, um mandato, sujeito a prestação de contas, e não um privilégio outorgado em benefício do seu titular: responsabilizar quem exerce o Poder pelo modo como esse mesmo Poder é exercido revela também uma forma de interdependência limitativa do Poder.

Não há Poder limitado sem mecanismos de responsabilização do Poder: no princípio da responsabilidade reside a primeira e, simultaneamente, a última garantia do Estado de Direito democrático.

Compreende-se, neste sentido, que o princípio da responsabilidade dos titulares de cargos políticos, sendo uma manifestação ilustrativa da limitação do Poder, se encontre sintomaticamente formulado nos princípios gerais da organização do Poder político: esse é o alcance do artigo 117.°, n.° 1.

Porém, uma vez que o exercício do Poder não se esgota na actividade desenvolvida pelos titulares de cargos políticos, o princípio da responsabilidade tem um âmbito subjectivo de operatividade muito mais amplo: todos os intervenientes no exercício do Poder, exerçam ou não cargos políticos, são responsáveis pelas respectivas condutas – esse é agora o sentido do artigo 271.°, n.° 1, que, completando e alargando o alcance ao artigo 117.°, n.° 1, comporta uma genérica formulação de semelhante regra de responsabilidade para os funcionários e agentes do Estado e das demais pessoas colectivas públicas.

Confirma-se, deste modo, o entendimento que torna a responsabilidade dos Poderes Públicos um eficaz mecanismo limitativo do Poder.

II. Uma vez que através do princípio da responsabilidade se materializa um mecanismo limitativo do Poder, isto ao nível de quem o exerce e da forma como ele é exercido, a Constituição permite que se formulem três ideias nucleares:

(i) Primeira: todo o exercício do Poder se encontra sujeito aos princípios da responsabilidade civil e da responsabilidade criminal (artigos 117.°, n.° 1, e 271.°, n.° 1);

(ii) Segunda: os titulares de cargos políticos encontram-se ainda sujeitos a responsabilidade política (artigo 117.°, n.° 1);

(iii) Terceira: os funcionários e agentes públicos (que não são titulares de cargos políticos) estão ainda sujeitos a responsabilidade disciplinar (artigo 271.°, n.° 1).

Independentemente de tais formulações, cumpre ter presente que o artigo 214.º, n.º 1, alínea c), a propósito da competência do Tribunal de Contas, confere-lhe o poder de efectivar a responsabilidade por infracções financeiras: aqui reside o fundamento justificativo da autonomia constitucional da responsabilidade financeira que, segundo a configuração prevista na lei, se mostra passível de abranger todos os titulares de cargos públicos competentes para a prática de actos financeiros públicos.

(b) Manifestações: política, civil, criminal, disciplinar e financeira

III. O princípio geral da responsabilidade do Poder, sendo passível de envolver condutas por acção ou omissão praticadas no exercício das respectivas funções, desdobra-se em cinco distintas manifestações:

(1) Responsabilidade política;
(2) Responsabilidade civil;
(3) Responsabilidade criminal;
(4) Responsabilidade disciplinar;
(5) Responsabilidade financeira.

IV. (1) A *responsabilidade política*, envolvendo sempre uma apreciação ou um juízo sobre a conveniência, a oportunidade e o mérito substantivo de condutas políticas, determina que o sujeito a ela vinculado tenha a obrigação de informar, explicar, justificar ou apenas assumir os efeitos dessa conduta, encontrando-se ainda adstrito a ter de suportar a crítica, a rectificação da conduta ou até a perda sancionatória do respectivo cargo.

A responsabilidade política, traduzindo uma forma de responsabilidade jurídica[23], pois "nada que esteja inscrito na Constituição deve ser alheio ao domínio do jurídico"[24], mostra-se independente, todavia, de qualquer conceito de ilicitude ou de um apuramento da culpa do sujeito responsável: a responsabilidade política é totalmente alheia às ideias de dolo ou negligência do titular do órgão, assumindo-se sempre como uma forma de responsabilidade objectiva.

---

[23] Cfr. PEDRO LOMBA, *Teoria da Responsabilidade Política*, Coimbra, 2008, pp. 147 ss. Em sentido contrário, cfr. GIUSEPPE UGO RESCIGNO, *La Responsabilità Politica*, Milano, 1967, pp. 45 ss. Para um desenvolvimento da noção de responsabilidade política, cfr. JOSÉ DE MATOS CORREIA/RICARDO PINTO LEITE, *A Responsabilidade Política*, Lisboa, 2010, pp. 25 ss.

[24] Cfr. PEDRO LOMBA, *Princípios Gerais da Organização do Poder Político*, in PAULO OTERO (coord.), *Comentário...*, III, 1.º tomo, p. 463.

§12.° Princípios de organização e funcionamento do poder político 35

É o que se passa, desde logo, com a responsabilidade política dos membros do Governo perante a Assembleia da República ou, numa situação análoga, a responsabilidade dos membros do governo regional ante a assembleia legislativa da respectiva região autónoma ou ainda, por último, a responsabilidade política do órgão executivo autárquico perante o respectivo órgão deliberativo.

A verdade, porém, é que, num modelo de Estado de Direito democrático, alicerçado no valor do pluralismo e no princípio democrático, todas as estruturas decisórias políticas são responsáveis politicamente. Nem todas as formas de efectivação dessa responsabilidade política são, todavia, iguais.

Mostra-se possível, neste sentido, diferenciar dois modelos distintos de responsabilidade política:

(i) A *responsabilidade política concentrada* – traduz um modelo de responsabilidade que, encontrando-se regulado pela Constituição, se efectiva, única e exclusivamente, no quadro de relações interorgânicas tipificadas e objecto de procedimentalização na sua tramitação de meios e efeitos sancionatórios. Poder-se-á aqui ainda diferenciar, por seu lado, duas diferentes situações:

1.ª) Casos em que a responsabilidade não permite ao órgão responsabilizador, por simples quebra de confiança política face ao órgão responsabilizado, determinar a cessação de funções deste último, falando-se em mera *responsabilidade institucional* – é o caso, desde 1982, da responsabilidade do Primeiro-Ministro perante o Presidente da República (artigo 191.°, n.° 1) ou, ao nível da legislação ordinária, a responsabilidade dos órgãos executivos autárquicos perante a assembleia titular de poderes deliberativos (artigo 239.°, n.° 1);

2.ª) Pode, pelo contrário, a responsabilidade política envolver a susceptibilidade de o órgão responsabilizador fazer cessar, por ausência ou quebra de confiança política, o exercício de funções do órgão responsabilizado, falando-se agora em *responsabilidade política stricto sensu* – é o que se encontra fixado para a responsabilidade do Governo junto da Assembleia da República (artigo 190.°) ou a responsabilidade dos Ministros perante o Primeiro-Ministro e, no âmbito da responsabilidade política do Governo, perante a Assembleia da República (artigo 191.°, n.° 2);

(ii) A *responsabilidade política difusa* – revelando um modelo situado fora dos quadros institucionais definidos pela Constituição, a presente modalidade diz-nos que os protagonistas da vida política são também responsáveis perante toda a comunidade, encontrando-se as suas condutas sujeitas à apreciação crítica da opinião pública e à influência atípica que esta pode exercer, desde a reorientação da conduta já adoptada ou meramente projectada, até à possível determinação da cessação de funções[25], usando para o efeito as liberdades de expressão e de manifestação e ainda o voto[26] – é o que sucede, a título exemplificativo, com a responsabilidade do Presidente da República perante o eleitorado, negando-lhe a reeleição para um segundo mandato, ou a permanente responsabilidade do Governo perante a opinião pública mediada pelos meios de comunicação social, tal como a responsabilidade dos partidos políticos diante da sociedade ou, num derradeiro exemplo, com a responsabilidade dos deputados perante os eleitores.

V. (2) Como já antes tivemos oportunidade de salientar, a propósito da *responsabilidade civil* dos poderes públicos como mecanismo de garantia do Estado de Direito democrático (v. *supra*, n.º 3.6. (c)), se a actuação das estruturas decisórias públicas lesa, por acção ou omissão, a esfera jurídica de terceiros, causando-lhe prejuízos, surge aqui uma obrigação de indemnizar: o Poder, em qualquer função do Estado que se encontre a exercer, constitui-se em responsabilidade civil.

Significa isto que, atendendo ao respeito devido pelos direitos pessoais ou patrimoniais dos destinatários da actividade do Poder, não é indiferente o modo como esse mesmo poder é exercido: se o exercício do Poder é fonte de danos ou prejuízos, esse mesmo Poder encontra-se vinculado, sem necessidade de ser accionado para o efeito pelo interessado, a proceder ao seu ressarcimento.

Nem de outro modo poderia ser: se os particulares se encontram entre si sujeitos a um princípio de responsabilidade civil pelos danos que resultem das suas condutas, os princípios do Estado de Direito e da igualdade determinam que nunca os governantes pudessem estar sujeitos a um princípio geral de imunidade à responsabilidade civil pelas respectivas condutas lesivas[27].

---

[25] Para mais desenvolvimentos, cfr. GIUSEPPE UGO RESCIGNO, *La Responsabilità Politica*, pp. 113 ss.

[26] Cfr. JORGE MIRANDA, *Manual...*, VII, p. 79.

[27] Cfr. PEDRO LOMBA, *Princípios Gerais da Organização do Poder Político*, in PAULO OTERO (coord.), *Comentário...*, III, 1.º tomo, p. 468.

§12.º *Princípios de organização e funcionamento do poder político*   37

A responsabilidade civil dos Poderes públicos visa o ressarcimento dos danos gerados pela sua actuação, independentemente da licitude (ou validade) ou ilicitude (ou invalidade) da conduta adoptada, sendo de salientar as seguintes disposições constitucionais:

(i) O artigo 22.º, formulando o princípio geral da responsabilidade das entidades públicas, e o artigo 62.º, n.º 2, no que especificamente diz respeito aos casos de actuação lícita lesiva de direitos de conteúdo patrimonial, definem as situações objectivas geradoras de responsabilidade civil;

(ii) Os artigos 117.º, n.º 1, quanto aos titulares de cargos políticos, e o 271.º, n.º 1, no que respeita aos funcionários e agentes administrativos, traçam o âmbito subjectivo de incidência da responsabilidade civil, reforçando o alcance do princípio geral que já resultava do artigo 22.º.

Todo esse quadro constitucional de responsabilidade civil extracontratual dos Poderes públicos veio, entretanto, a ser desenvolvido pela Lei n.º 67//2007, de 31 de Dezembro, sendo muito discutível, todavia, a integral conformidade do novo regime traçado com a Constituição.

Por apurar fica ainda os termos da repartição do dever de indemnizar que, à luz do artigo 22.º, se configura como envolvendo uma responsabilidade solidária entre as entidades públicas e os titulares dos seus órgãos, funcionários e agentes (v. *infra*, n.º 13.4.).

Igualmente neste último domínio, a responsabilidade civil dos próprios titulares das estruturas decisórias públicas mostra-se um importante mecanismo limitativo do Poder: antes de decidir ou de se recusar a decidir, cada titular de um órgão público deve sempre fazer um juízo de prognose sobre os possíveis efeitos lesivos da conduta que vai adoptar e, ante os resultados desse juízo, configurar a sua actuação à luz do princípio da necessidade ou da proibição do excesso.

VI. (3) Também ao nível dos mecanismos de garantia do Estado de Direito democrático foi já feita referência à *responsabilidade criminal* dos titulares de cargos políticos (v. *supra*, n.º 3.6. (d)).

Urge sublinhar, no entanto, que essa responsabilidade criminal não se limita aos titulares de cargos políticos (artigo 117.º, n.º 1), compreendendo ainda todos os restantes funcionários e agentes do Estado e das demais entidades públicas (artigo 271.º, n.º 1): pode falar-se, neste sentido, em responsabilidade criminal dos titulares do Poder público.

38   *Princípios fundamentais*

Não obstante a sujeição de todos os titulares do Poder a responsabilidade criminal, torna-se inequívoco que a Constituição pretendeu instituir um regime específico para os titulares de cargos políticos (artigo 117.°, n.° 3), afastando-o do regime próprio a que se encontram sujeitos os restantes titulares de órgãos do Estado e demais entidades públicas que não se reconduzem ao conceito de "cargo político". A especificidade do regime da responsabilidade criminal dos titulares de cargos políticos nunca poderá conduzir, todavia, a uma tipificação de crimes ou de sanções menos exigente do que aquela a que se encontram sujeitos os titulares de cargos não políticos: a maior legitimidade democrática dos titulares de cargos políticos, sendo acompanhada de um reforço de poderes decisórios, deverá sempre envolver um grau mais exigente de responsabilidade – a responsabilidade criminal não pode ser aqui excepção.

A responsabilidade criminal de todos os titulares do Poder, encontrando-se reservada para as condutas tomadas no exercício de funções públicas cuja gravidade envolva um juízo de reprovação ética sancionado penalmente, apresenta, porém, algumas especificidades face aos restantes tipos de responsabilidade já analisados:

    (i) Trata-se de uma responsabilidade sujeita aos princípios da legalidade e da tipicidade: só existe se prevista na lei e nos termos previstos pela lei – se a lei é omissa na identificação da ilicitude de certa conduta ou dos termos da sua punibilidade nunca existe responsabilidade criminal;

    (ii) É um tipo de responsabilidade que, além de ser pessoal, assenta na apreciação de elementos subjectivos: a identificação da culpa do agente surge como pressuposto da sua responsabilização;

    (iii) As sanções da responsabilidade criminal, além de envolverem a natural privação da liberdade, podem incluir a destituição do cargo ou a perda do mandato (artigo 117.°, n.° 3).

VII. (4) A *responsabilidade disciplinar*, por outro lado, incidindo sobre titulares de órgãos que não assumem funções políticas, revela uma forma específica de apreciação da conformidade de condutas de funcionários e agentes administrativos, juízes e magistrados do Ministério Público, sendo necessário para o efeito seguir-se um procedimento específico, o qual poderá envolver, se se provarem os factos alegados, a aplicação de sanções disciplinares aos infractores.

A responsabilidade disciplinar, traduzindo um tipo de responsabilidade exclusiva de quem exerce o Poder a título profissional, sendo susceptível de envolver um juízo sobre o efectivo cumprimento ou os termos do cumpri-

§12.° *Princípios de organização e funcionamento do poder político*   39

mento da legalidade externa e/ou da legalidade interna vinculativa, mostra-se passível de assumir três diferentes configurações:

(i) Poderá ser a responsabilidade disciplinar de titulares de órgãos e agentes da Administração Pública, sendo essa responsabilidade efectivada, sem prejuízo de impugnação judicial, através de actos das estruturas administrativas que exercem poderes de supremacia intra-administrativa sobre quem está sujeito ao poder disciplinar;

(ii) Pode, em sentido diferente, tratar-se da responsabilidade disciplinar de juízes, efectivada agora pelo Conselho Superior da Magistratura, tratando-se de juízes dos tribunais judiciais (artigo 217.°, n.° 1)[28], ou perante o Conselho Superior dos Tribunais Administrativos e Fiscais, se forem juízes dessa ordem judicial (artigo 217.°, n.° 2), ou ainda, se se tratar de juízes dos restantes tribunais, perante quem a lei definir (artigo 217.°, n.° 3);

(iii) Poderá ainda, por último, dizer respeito à acção disciplinar sobre os magistrados do Ministério Público que, nos termos do artigo 219.°, n.° 5, compete à Procuradoria-Geral da República.

VIII. (5) A *responsabilidade financeira*, envolvendo a prestação de contas, o sancionamento das infracções financeiras e o dever de reparar, assume uma natureza autónoma face a todas as restantes modalidades de responsabilidade[29], atendendo à respectiva natureza mista[30]: trata-se de uma responsabilidade punitiva e, simultaneamente, reintegratória.

O seu fundamento constitucional, encontrando-se numa norma definidora da competência do Tribunal de Contas (artigo 214.°, n.° 1, alínea c)), remetendo para a lei a sua exacta configuração, deve considerar-se, todavia, expressão de um princípio geral: todo aquele que gere património público, envolvendo-se na prática de actos financeiros públicos, tem sempre de prestar contas da respectiva actividade desenvolvida.

Por esta via se materializa também, em termos financeiros, o entendimento de que todo o titular do Poder administra bens alheios, devendo prestar contas dessa mesma administração.

---

[28] Igualmente o exercício da função disciplinar sobre os funcionários da justiça se encontra confiada pela Constituição ao Conselho Superior da Magistratura (artigo 218.°, n.° 3).

[29] Cfr. GUILHERME D'OLIVEIRA MARTINS, *Responsabilidade financeira*, in *Dicionário Jurídico da Administração Pública*, VII, Lisboa, 1996, pp. 275 ss.

[30] Cfr. ANTÓNIO L. DE SOUSA FRANCO, *Finanças Públicas e Direito Financeiro*, I, 4.ª ed., 4.ª reimp., Coimbra, 1996, pp. 481 ss.

40 *Princípios fundamentais*

A responsabilidade financeira consubstancia, neste sentido, um dever e uma sujeição de todos aqueles a quem foram confiados dinheiros públicos[31], assumindo-se sempre como uma responsabilidade pessoal e não institucional: a obrigação de reposição de dinheiros gastos de modo ilegal ou irregular constitui a forma típica de efectivação da responsabilidade financeira, sem prejuízo da susceptibilidade de tais condutas de índole financeira gerarem, paralelamente, responsabilidade criminal, disciplinar e política.

(c) Limites

IX. O estudo até agora realizado permitiu observar que existe um primeiro grupo de limites ao princípio da responsabilidade que, respeitando à exclusão de se acumularem todos os tipos de responsabilidade, se formula nos seguintes termos:

(i) Os titulares de cargos políticos não estão sujeitos a responsabilidade disciplinar;

(ii) Os funcionários e agentes da Administração Pública que não são titulares de cargos políticos, assim como os juízes e os magistrados do Ministério Público, não estão sujeitos a responsabilidade política;

(iii) Todos os titulares de cargos públicos (políticos e não políticos) que não se encontrem envolvidos na prática de actos financeiros públicos estão excluídos de responsabilidade financeira.

X. São ainda limites ao princípio da responsabilidade, nos termos da Constituição, as seguintes situações:

(i) Os Deputados gozam de irresponsabilidade pelos votos e opiniões que emitem no exercício das suas funções, não podendo ser objecto de responsabilidade civil, criminal ou disciplinar (artigo 157.°, n.° 1)[32], sendo possível extrair três ideias complementares:

1.ª) Os votos e opiniões emitidos pelos Deputados no exercício das suas funções são sempre susceptíveis de gerar responsabilidade política;

2.ª) A irresponsabilidade circunscreve-se, única e exclusivamente, à actividade que os Deputados emitirem no exercício das suas

---

[31] Cfr. ANTÓNIO L. DE SOUSA FRANCO, *Finanças Públicas e Direito Financeiro*, I, p. 469.

[32] Sobre o regime da irresponsabilidade dos deputados, cfr. JORGE MIRANDA, *Direito Constitucional III – Direito Eleitoral e Direito Parlamentar*, AAFDL, 2003, pp. 254 ss.

§12.° *Princípios de organização e funcionamento do poder político* 41

funções: tudo aquilo que estiver fora ou para além das suas funções é passível de gerar responsabilidade civil e criminal[33];

3.ª) A irresponsabilidade dos Deputados não exclui a responsabilidade civil do Estado por danos produzidos pela Assembleia da República no exercício da função política e da função legislativa, sem embargo da ausência de direito de regresso relativamente aos Deputados;

(ii) Os juízes não podem ser responsabilizados pelas suas decisões, salvas as excepções previstas na lei (artigo 216.°, n.° 2), isto sem prejuízo da possível responsabilidade civil do Estado por danos decorrentes do exercício da função jurisdicional.

12.7. Princípio maioritário

BIBLIOGRAFIA: JORGE CORTÊS, *O princípio da maioria. Natureza e limites*, in *Revista da Faculdade de Direito da Universidade de Lisboa*, 1995, pp. 493 ss.; PEDRO LOMBA, *Princípios Gerais da Organização do Poder Político*, in PAULO OTERO (coord.), *Comentário...*, III, 1.° tomo, pp. 433 ss.; JORGE MIRANDA, *Manual...*, VII, pp. 85 ss.; PAULO OTERO, *A Democracia Totalitária*, pp. 169 ss.

(a) Os alicerces do princípio da maioria: a paradoxal força da minoria

I. Já antes se fez a necessária articulação entre o princípio democrático e o princípio maioritário, reconduzindo este último a um simples mecanismo vocacionado a obter a formação do sentido decisório de uma pluralidade de intervenientes (v. *supra*, n.° 3.3.3., II): a maioria não é critério de verdade ou justiça, nem ilumina a validade do conteúdo decisório.

O estudo do princípio maioritário deve deslocar-se, por conseguinte, dos alicerces axiológicos do Estado de Direito democrático para a zona dos princípios relativos à organização e funcionamento do Poder político, esvaziando-o de qualquer pretensa divinização que, alicerçada nos postulados de Rousseau identificativos da maioria com a vontade geral[34], conduzem a um

---

[33] No exercício das suas funções como Deputados, uma vez que também se encontram vinculados à aplicabilidade directa das normas sobre direitos, liberdades e garantias, nos termos do artigo 18.°, n.° 1, eles devem abster-se de expressar votos e opiniões que possam lesar direitos, liberdades e garantias de pessoas individualmente consideradas.

[34] Cfr. JEAN-JACQUES ROUSSEAU, *O Contrato Social*, Liv. 4.°, Cap. II, pp. 104 ss.

poder absoluto[35]: só uma concepção formal ou processual da democracia poderá fazer identificar o princípio maioritário com o princípio democrático, sabendo-se que a História ilustra a instrumentalização do princípio maioritário ao serviço de regimes totalitários.

O princípio maioritário, sendo um mero critério de decisão, mostra-se axiologicamente neutro: a maioria serve qualquer senhor ou regime, tanto alicerçando o bem e o justo como fundamentando o mal e o injusto – o exemplo de Pilatos, perguntando à multidão se pretendia que soltasse Barrabás ou Jesus Cristo, e a resposta da multidão, persuadida pelos príncipes dos sacerdotes, gritando e clamando a crucificação de Jesus[36], ilustram a plasticidade ou instrumentalidade do princípio maioritário.

A interrogação de Pilatos à multidão e a resposta desta não traduzem uma condenação bíblica da democracia, antes ilustram que a vontade da maioria e, neste sentido, o princípio maioritário, podendo ser contrários à verdade e à justiça, traduzindo uma total indiferença face ao conteúdo daquilo que se decide, nunca podem deixar de ser vistos como simples realidades organizativas e funcionais, despojadas de qualquer carga axiológica: a maioria é um simples critério neutro de decisão, permeável a qualquer conteúdo e aberto a todo o tipo de influências e instrumentalizações.

Se um Estado identifica a maioria com a democracia, aceitando como válido tudo aquilo que a maioria quer e expressa em lei, tal como o positivismo legalista reclama ao negar que a validade da lei dependa da justiça do seu conteúdo[37], admitindo, por isso, que "todo e qualquer conteúdo pode ser Direito"[38], estaremos então diante de um modelo de Estado de Direito formal "com as portas abertas para um Estado de não-direito"[39]: o totalitarismo poderá então reclamar-se democraticamente legitimado e a maioria um instrumento de afirmação de uma "democracia totalitária"[40].

II. A dissociação entre o princípio maioritário e a democracia permite compreender que a maioria é uma simples realidade procedimental, um critério de decisão baseado numa ficção de um prévio acordo, tendencialmente

---

[35] Cfr. L. CABRAL DE MONCADA, *Filosofia do Direito e do Estado*, I, 2.ª ed., Coimbra, s.d., p. 235.

[36] Cfr. Mt. 27, 15-26; Mc. 15, 1-15; Lc. 23, 18-25; Jo. 18, 39-40.

[37] Cfr. HANS KELSEN, *A Justiça e o Direito Natural*, 2.ª ed., Coimbra, 1979, p. 171.

[38] Cfr. HANS KELSEN, *Teoria Pura do Direito*, 6.ª ed., Coimbra, 1984, p. 273.

[39] Cfr. ROGÉRIO EHRHARDT SOARES, *Direito Público...*, p. 167.

[40] Para mais desenvolvimentos, cfr. PAULO OTERO, *A Democracia Totalitaria*, pp. 169 ss.

§12.º Princípios de organização e funcionamento do poder político 43

unânime, sobre a aceitabilidade de que a vontade do maior número de opiniões ou votos num determinado sentido seria obedecida por todos.

É neste acordo prévio e tácito, expressão de um entendimento ficcionado ou de um "consenso de sobreposição" entre todos os membros da sociedade, visando ultrapassar a necessidade de se encontrar um critério para apurar a decisão envolvendo uma pluralidade de vontades e que por todos deva ser obedecida, que se alicerça o princípio maioritário: se, à luz da ficção pressuposta, não tivesse existido esse prévio acordo tácito ou se o mesmo não fosse unânime ou consensual, nunca o princípio maioritário seria critério de decisão obedecida por todos.

Aliás, fenómenos como o terrorismo ou a desobediência civil em Estados democráticos, envolvendo a contestação da obediência a decisões tomadas à luz do princípio maioritário, traduzem rupturas na unanimidade ou no consenso do acordo prévio sobre o valor decisório e o sentido vinculativo do princípio maioritário.

III. O princípio maioritário, enquanto critério de uma decisão que irá ser obedecida por todos, tem alicerces débeis, fundando-se numa ficção de um acordo consensual que pode a todo o momento ruir.

Todavia, por paradoxal que possa parecer, a força do princípio maioritário encontra-se numa tripla circunstância relacionada com a minoria:

(i) Por um lado, sendo o princípio maioritário um puro mecanismo formal ou procedimental de decisão, ele encontra-se sempre aberto a uma reversibilidade decisória (v. *supra*, n.º 3.4.2., (a)) decorrente da natureza contingente e variável do seu substrato (: a maioria de hoje poderá ser a minoria de amanhã e a minoria de hoje poderá virar a maioria de manhã), existindo uma permanente aspiração da minoria a que no futuro a obediência se faça a uma decisão que, aprovada por uma maioria diferente, tenha um conteúdo diferente – a minoria aceita obedecer hoje a uma solução na esperança de amanhã mudar essa solução;

(ii) Por outro lado, o princípio maioritário passou a ter de admitir que nem sempre lhe é legítimo impor a obediência às decisões dele resultantes, tornando-se legítima a desobediência à vontade da maioria e, deste modo, evitando o poder absoluto a que conduziriam as teses de Rousseau: a maioria teve de reconhecer um espaço de operatividade à objecção de consciência (artigo 41.º, n.º 6), ao direito de resistência (artigo 21.º) e até à desobediência civil perante decisões tomadas através do princípio maioritário (v. *supra*, n.º 3.6., (e));

(iii) Por último, o princípio maioritário, envolvendo certas hipóteses de exigência da sua ampliação a uma maioria reforçada deliberativa (v.g., maioria de dois terços ou maioria de quatro quintos), visa integrar as minorias na formação da decisão, reforçando a legitimidade consensual do resultado final e sua própria estabilidade ou perdurabilidade.

Em suma, é no respeito que a maioria tenha pela minoria que reside a força decisória do princípio maioritário.

IV. É a minoria que, paradoxalmente, confere força e permanência ao princípio maioritário como critério de decisão: se a minoria não acreditasse na possibilidade da reversibilidade decisória, se a minoria não tivesse a esperança de vir a ser maioria, tal como se a maioria tivesse a certeza de que nunca viria a ser minoria e as suas decisões seriam imutáveis, todo o consenso tácito que está na base da aceitabilidade do princípio maioritário, enquanto critério de decisão por todos obedecido, ruiria.

E se isso sucedesse, se o princípio maioritário deixasse de ser aceite como critério deliberativo por todos obedecido, a democracia tornar-se-ia uma forma de governo sem critério de decisão: a anarquia ou a ditadura substituiria uma ordem constitucional fundada na obediência à vontade da maioria.

(b) Os órgãos colegiais e a dupla maioria do artigo 116.°, n.ᵒˢ 2 e 3

V. Como se materializa ou efectiva o princípio maioritário como critério procedimental de decisão?

A Constituição estabelece uma dupla presença do princípio maioritário ao nível do procedimento de tomada da decisão por todos os órgãos colegiais:

(i) Exige, em primeiro lugar, uma maioria de funcionamento ou, vulgarmente designada, *quorum*, enquanto número mínimo de membros necessários para que o órgão funcione ou se considere regularmente constituído para funcionar[41], consistindo na maioria do número legal dos membros do órgão em causa (artigo 116.°, n.° 2), identificada normalmente com a metade mais um dos seus titulares:

---

[41] Traçando a origem histórica do termo *quorum*, localizando-a no Direito parlamentar britânico, cfr. João Maria Tello de Magalhães Collaço, *A Constituição e o Quorum*, Coimbra, 1916, pp. 7 ss.

§12.º *Princípios de organização e funcionamento do poder político*   45

- Trata-se de uma maioria que se aplica a todos os órgãos colegiais e não apenas aos previstos na Constituição ou, em termos ainda mais restritivos, aos mencionados no n.º 1 do artigo 116.º[42];
- Essa maioria de funcionamento apenas se encontra exigida na Constituição para o momento deliberativo do órgão colegial, sendo, todavia, muito discutível que a lei, o costume ou um regulamento interno possam dispensar o *quorum* em momentos anteriores ou posteriores à deliberação do colégio;
- Desde que, no momento da abertura da reunião exista *quorum*, deve presumir-se, sem prejuízo de prova em sentido contrário, que essa maioria do número legal de membros do órgão se mantém durante toda a reunião;
- Não é possível determinar o *quorum* se se desconhece o número legal dos membros do órgão ou o número daqueles que não se encontram em exercício efectivo de funções;
- A determinação do *quorum* exige a presença física dos titulares do órgão no local da reunião, sendo duvidoso que, sem expresso reconhecimento ou equiparação em lei, a videoconferência possa equivaler a essa presença física no local;
- A falta de *quorum* determina a nulidade da deliberação[43], salvo se se tiver formado uma normatividade "não oficial" que, em sentido contrário ao disposto no artigo 116.º, n.º 2, o torne inaplicável[44];

(ii) O princípio maioritário envolve, em segundo lugar, uma maioria de deliberação mínima, estipulando que as deliberações dos órgãos colegiais são tomadas à pluralidade de votos, excluindo-se as abstenções para o apuramento da maioria (artigo 116.º, n.º 3):
- A maioria simples ou relativa é, deste modo, o critério-regra de decisão dos órgãos colegiais: o sentido deliberativo é apurado tendo em conta a proposta que reuniu o maior número de votos a favor ou, tratando-se de uma única proposta, ela será aprovada se

---

[42] Em sentido contrário, considerando que esse preceito apenas se aplica aos órgãos de assembleia que funcionem como órgãos de soberania, das regiões autónomas ou do poder local, cfr. Acórdão do Tribunal Constitucional n.º 364/94, de 4 de Maio de 1994, relativo ao processo n.º 425/93, in www.tribunalconstitucional.pt/acordaos.

[43] Aflorando este mesmo entendimento, cfr. Código do Procedimento Administrativo, artigo 133.º, n.º 2, alínea g).

[44] Neste sentido, especificamente sobre a situação da Lei da Programação Militar, aprovada, em 2001, sem que estivesse presente o *quorum* na Assembleia da República, cfr. PAULO OTERO, *Legalidade e Administração Pública*, p. 420, nota n.º 316.

46 *Princípios fundamentais*

> o número de votos nesse sentido for superior ao número de votos no sentido da sua rejeição ou modificação;
>
> – Admite a Constituição, todavia, excepções em sentido ampliativo da maioria necessária para que exista deliberação: casos em que, exigindo-se mais do que a maioria simples para deliberação, se impõe uma maioria agravada;
>
> – As fontes ampliativas da exigência de maioria simples ou relativa, conferindo natureza residual ao artigo 116.°, n.° 3, podem ser a própria Constituição, a lei ou os regimentos internos dos órgãos colegiais, sendo certo que estas duas últimas fontes têm sempre de, por força da hierarquia das normas, respeitar as soluções consagradas em normas hierarquicamente superiores.

Resta saber quais são as excepções que a própria Constituição estabelece à regra da maioria simples para, em sentido derrogatório ao artigo 116.°, n.° 3, se apurar o sentido deliberativo de um órgão colegial.

(c) Idem: as excepções constitucionais à maioria simples

VI. Sem prejuízo de situações criadas por lei ou previstas nos regimentos internos dos órgãos colegiais (artigo 116.°, n.° 3), são três os grupos de excepções ao princípio da maioria simples (ou maioria relativa) para a determinação do sentido decisório de um órgão colegial que a Constituição estabelece[45]:

> (i) O primeiro grupo de excepções diz respeito aos casos em que a Constituição determina a exigência de *maioria absoluta*, sendo o que ocorre nas seguintes hipóteses:
>
> – A aprovação, em votação final global, das leis orgânicas (artigo 168.°, n.° 5);
>
> – A aprovação da lei-quadro das reprivatizações (artigo 293.°, n.° 1);
>
> – A aprovação, na especialidade, em plenário, das normas sobre a delimitação territorial das regiões administrativas, integrante da lei prevista no artigo 255.° (artigo 168.°, n.° 5);
>
> – A rejeição do programa do Governo (artigo 192.°, n.° 4);
>
> – A aprovação de uma moção de censura ao Governo (artigo 195.°, n.° 1, alínea f));

---

[45] Cfr. Pedro Lomba, *Princípios Gerais da Organização do Poder Político*, in Paulo Otero (coord.), *Comentário...*, III, 1.° tomo, pp. 440 ss.

§12.º Princípios de organização e funcionamento do poder político   47

– A confirmação dos decretos da Assembleia da República que, enviados para promulgação como lei, foram objecto de veto político pelo Presidente da República (artigo 136.º, n.º 2);
– A confirmação dos decretos da assembleia legislativa da região autónoma que, enviados para assinatura do Representante da República, tenham sido vetados politicamente (artigo 233.º, n.º 3);

(ii) O segundo grupo de excepções unifica as situações em que a Constituição, visando alargar o consenso decisório, impõe a exigência de uma *maioria de dois terços* para se apurar um sentido deliberativo da Assembleia da República:

– A aprovação das alterações à Constituição, integrando a inerente lei de revisão constitucional (artigo 286.º, n.º 1);
– A aprovação das leis e das normas a que se refere o artigo 168.º, n.º 6[46];
– A confirmação dos decretos da Assembleia da República que, enviados para promulgação como lei, foram objecto de veto político pelo Presidente da República e que respeitam às matérias elencadas no artigo 136.º, n.º 3[47];

---

[46] Neste domínio se integram as seguintes matérias:
a) A lei referente à entidade de regulação da comunicação social;
b) As normas que disciplinam a limitação à renovação sucessiva de mandatos de titulares de cargos políticos executivos;
c) A lei que regula o exercício do direito de voto dos cidadãos portugueses residentes no estrangeiro para a eleição do Presidente da República;
d) As normas da lei eleitoral para a Assembleia da República que fixam o número de deputados, a definição dos círculos eleitorais e do respectivo modelo configurativo e ainda o método da proporcionalidade;
e) As normas relativas ao sistema e método de eleição dos órgãos deliberativos e executivos colegiais das autarquias locais;
f) As normas reguladoras das restrições ao exercício de direitos por militares e agentes militarizados dos quadros permanentes em serviço efectivo, bem como por agentes dos serviços e forças de segurança;
g) As disposições dos estatutos político-administrativos das regiões autónomas que enunciam as matérias que integram o respectivo poder legislativo.
Para mais desenvolvimentos, cfr. CARLOS BLANCO DE MORAIS, *As Leis Reforçadas*, pp. 761 ss.; IDEM, *Curso...*, I, pp. 291 ss.

[47] O veto político presidencial exige a confirmação por dois terços da Assembleia da República sempre que incide sobre as seguintes matérias:
a) Decretos respeitantes a leis orgânicas;
b) Relações externas;

48 *Princípios fundamentais*

– As normas constantes de tratado internacional enviado para ratificação, assim como os decretos da Assembleia da República sujeitos a promulgação, que, objecto de pronúncia de inconstitucionalidade em sede de fiscalização preventiva, podem ser, respectivamente, aprovadas ou confirmados pela Assembleia da República, nos termos do artigo 279.°, n.os 2 e 4;

– A eleição de dez juízes do Tribunal Constitucional, do Provedor de Justiça, do Presidente do Conselho Económico e Social, de sete vogais do Conselho Superior de Magistratura, dos membros da entidade de regulação da comunicação social e, nos termos da lei, de outros titulares de órgãos constitucionais (artigo 163.°, alínea h));

– A aprovação do processo de responsabilização criminal do Presidente da República por crimes praticados no exercício das suas funções (artigo 130.°);

(iii) O terceiro grupo de excepções constitucionais à regra da maioria simples ou maioria relativa para a deliberação de um órgão colegial compreende os casos de *maioria de quatro quintos*, sendo a situação que a Constituição prevê para a assunção pela Assembleia da República de poderes extraordinários de revisão constitucional (artigo 284.°, n.° 2).

VII. Uma nota complementar, ainda a título de excepção ou limitação às regras em torno do princípio maioritário como critério de decisão colegial, importa formular: trata-se do procedimento decisório do Conselho de Ministros.

O Conselho de Ministros, apesar de ser um órgão colegial, uma vez que obedece ao princípio da solidariedade governamental (artigo 189.°), conferindo-lhe unidade e coesão de acção e decisão, não tem o seu procedimento deliberativo normalmente sujeito ao princípio maioritário: o consenso é, ao invés da maioria, o critério normal de decisão do Conselho de Ministros.

Pode mesmo afirmar-se que, a partir do momento em que o Conselho de Ministros passe a funcionar com base no princípio maioritário, rapidamente a deterioração do relacionamento intragovernamental conduzirá à demissão do

---

c) Limites entre o sector público, o sector privado e o sector cooperativo e social da propriedade dos meios de produção;

d) Regulamentação dos actos eleitorais previstos na Constituição, que não revista a forma de lei orgânica.

Governo, por iniciativa do Primeiro-Ministro, ou, em alternativa, à demissão dos ministros não sintonizados com a linha política definida pelo Primeiro--Ministro.

12.8. Princípio da imodificabilidade da competência

> BIBLIOGRAFIA: GOMES CANOTILHO, *Direito Constitucional e Teoria*, pp. 542 ss.; PEDRO LOMBA, *Princípios Gerais da Organização do Poder Político*, in PAULO OTERO (coord.), *Comentário...*, III, 1.º tomo, pp. 49 ss. e 63 ss.; JORGE MIRANDA, *Manual...*, V, pp. 57 ss.; PAULO OTERO, *O Poder de Substituição...*, I, pp. 256 ss., II, pp. 470 ss.

(a) Recorte constitucional da competência

I. A competência de todas as estruturas decisórias integrantes do Poder formal encontra sempre o seu referencial numa norma da Constituição, sendo possível recortar três modelos distintos de intervenção constitucional sobre a definição da competência:

(*i*) Pode suceder que a própria Constituição chame a si o monopólio ou o exclusivo de definição da competência de determinadas estruturas decisórias, criando aqui uma reserva constitucional de competência que permite extrair um determinado equilíbrio institucional de poderes – é o que sucede com os órgãos de soberania (artigo 110.º, n.º 2);

(*ii*) Pode a Constituição, apesar de traçar o quadro genérico de funções em que se move o órgão, remeter para a lei a definição da competência da estrutura orgânica em causa – é agora o que acontece, a título de exemplo, com os órgãos do poder local (artigo 237.º), a entidade de regulação da comunicação social (artigo 39.º, n.º 2) ou o Conselho Superior de Defesa Nacional (artigo 274.º, n.º 2);

(*iii*) Pode, por último, a Constituição limitar-se, por simples norma de competência, a definir o órgão que tem poderes para definir a competência de outros órgãos – é o que se verifica com a competência legislativa da Assembleia da República e do Governo para, a título de exemplo, definir os poderes das múltiplas estruturas orgânicas que integram a Administração Pública e que, sendo expressão da liberdade conformadora do legislador, não têm previsão constitucional.

50   *Princípios fundamentais*

Urge sublinhar, no entanto, que, apesar de o artigo 110.°, n.° 2, reservar para a Constituição a definição da competência dos órgãos de soberania, se se exceptuar o Presidente da República[48], nenhum outro órgão constitucional tem os seus poderes única e exclusivamente definidos pela Constituição, isto no sentido de a lei se encontrar excluída de uma intervenção ampliativa da sua competência.

II. Não obstante o artigo 110.°, n.° 2, e a situação específica do Presidente da República, é impossível dizer que a lei se encontra totalmente excluída de intervir na definição da competência dos órgãos de soberania: a Constituição criou diversas cláusulas gerais habilitadoras de uma intervenção da lei em sentido ampliador dos poderes dos órgãos de soberania.

É o que, por expressa disposição constitucional, se verifica com as seguintes situações de reconhecimento da intervenção ampliativa da lei nos poderes de órgãos de soberania:

    (i) Permitindo que a Assembleia da República possa desempenhar outras funções no âmbito político (artigo 161.°, alínea o));

    (ii) Admitindo que a Assembleia da República possa eleger outros órgãos constitucionais (artigo 163.°, alínea h));

    (iii) Habilitando o Governo a praticar outros actos no domínio da função política (artigo 197.°, n.° 1, alínea j));

    (iv) Facultando que o Conselho de Ministros possa deliberar sobre assuntos da competência (individual) dos membros do Governo (artigo 200.°, n.° 1, alínea g));

    (v) Atribuindo ao Primeiro-Ministro novas funções (artigo 201.°, n.° 1, alínea d));

    (vi) Conferindo novos poderes de intervenção ao Tribunal de Contas (artigo 214.°, n.° 1, alínea d)) e ao Tribunal Constitucional (artigo 223.°, n.° 3).

A existência de múltiplas cláusulas gerais remissas para a lei da configuração ampliativa dos poderes dos órgãos de soberania permite observar que

---

[48] Sublinhando o carácter taxativo dos poderes do Presidente da República, cfr. Acórdão do Tribunal Constitucional n.° 403/2009, de 30 de Julho de 2009, relativo aos processos n.os 111/09, 116/09 e 320/09, publicado no *Diário da República*, I série, n.° 180, de 16 de Setembro de 2009.

Em igual sentido, em termos doutrinais, cfr. GOMES CANOTILHO/VITAL MOREIRA, *Os Poderes do Presidente da República*, pp. 34 ss.

§12.° Princípios de organização e funcionamento do poder político 51

o princípio geral definido no artigo 110.°, n.° 2, reservando para a Constituição a definição da sua competência, tem um valor tendencial: a tipicidade constitucional da competência dos órgãos de soberania não exclui a possibilidade de exercerem também poderes criados por lei, desde que estes tenham ainda fundamento ou base constitucional expressa.

Não goza aqui o legislador, todavia, de uma completa liberdade de conformação[49]: a ampliação legal de competência dos órgãos de soberania tem sempre de ser feita à luz do estatuto e da função do órgão em causa e nunca pode conduzir a uma descaracterização da sua competência constitucional preexistente ou de qualquer outro órgão constitucional.

III. Nos termos do artigo 19.°, n.° 7, a competência conferida pela Constituição aos órgãos de soberania e de governo próprio das regiões autónomas não pode ser afectada pela declaração do estado de sítio ou do estado de emergência. Significa isto o seguinte:

(i) Se a competência constitucional dos órgãos de soberania e de governo próprio das regiões autónomas nem em situações de estado de excepção constitucional pode ser afectada, então a sua competência constitucional, revelando sempre um princípio de equilíbrio institucional de poderes, nunca pode sofrer qualquer tipo de alteração ou modificação por via diversa de lei de revisão constitucional[50] ou, segundo um processo informal, de costume *contra constitutionem*;

(ii) Por outro lado, segundo o argumento *a contrario*, a competência que os órgãos de soberania e de governo próprio das regiões autónomas recebem da lei ordinária poderá ser afectada, desde que isso se mostre adequado e necessário, através da declaração do estado de excepção constitucional;

(iii) De igual modo, a competência constitucional de quaisquer outros órgãos constitucionais pode, uma vez mais *a contrario*, ser objecto de alterações pela declaração de estado de excepção constitucional;

(iv) E, por maioria de razão, a declaração de estado de excepção constitucional não se encontra condicionada a respeitar as regras de competência de órgãos não constitucionais.

---

[49] Cfr. PEDRO LOMBA, *Princípios Gerais da Organização do Poder Político*, in PAULO OTERO (coord.), *Comentário...*, III, 1.° tomo, p. 50.

[50] Cfr. Acórdão do Tribunal Constitucional n.° 403/2009, de 30 de Julho de 2009, cit.

IV. Tendo em consideração o quadro traçado, verifica-se que o regime da competência obedece, em termos jurídico-positivos, a três regras nucleares:

(*i*) Toda a competência que resulta de uma norma constitucional não é modificável por lei: nenhuma lei pode, sob pena de inconstitucionalidade, conferir o poder de um órgão agir sobre a esfera funcional conferida pela Constituição a um outro órgão, significando isto, por outras palavras, que o legislador se encontra proibido de despojar o órgão a quem tal competência foi conferida dos inerentes poderes de intervenção, tal como as matérias que são objecto de poderes atribuídos pela Constituição nunca podem ser desdobradas ou repartidas por novos órgãos criados por lei[51], impedindo-se, deste modo, o esvaziamento da competência conferida por normas constitucionais;

(*ii*) Toda a competência – seja de fonte normativa constitucional ou infraconstitucional – nunca pode ser modificável pela simples vontade do órgão a quem se encontra confiada: nenhum órgão pode alienar, ceder, transferir ou renunciar ao exercício dos poderes que uma norma lhe conferiu, salvo se uma norma com valor idêntico ou superior à que lhe confere esses poderes o permitir (artigo 111.°, n.° 2);

(*iii*) A competência também não é modificável pela intervenção de um terceiro órgão sobre tais poderes: se um órgão avoca ou invade a área material de competência pertencente a um outro órgão, praticando actos sobre os poderes deste, ele não produz qualquer modificação da competência, antes os seus actos estarão feridos de invalidade orgânica.

V. A imodificabilidade da competência não exclui a susceptibilidade de, segundo os termos operativos da teoria dos poderes implícitos, se extrair de uma norma constitucional expressa dois tipos de competência implícita:

(*i*) Os poderes necessários para a prossecução de um propósito estabelecido: se a norma constitucional fixa um determinado fim, torna-se lícito dela extrair, à luz do critério teleológico definido, os meios jurídicos aptos à sua realização – assim, por exemplo, se o artigo 18.°, n.° 1, vincula as entidades públicas à aplicabilidade directa das nor-

---

[51] Neste sentido, cfr. Acórdão do Tribunal Constitucional n.° 403/2009, de 30 de Julho de 2009, cit.

§12.º Princípios de organização e funcionamento do poder político 53

mas constitucionais respeitantes a direitos, liberdades e garantias, deve daí retirar-se que os órgãos de tais entidades gozam de um conjunto de poderes implícitos destinados à prossecução desse fim;
(ii) Os poderes implicados ou inerentes à definição de certo perfil funcional: se a norma constitucional traça uma caracterização genérica do estatuto de certo órgão, mostra-se admissível dela deduzir os instrumentos jurídicos adequados à sua efectivação – é o que sucede, a título de exemplo, com a norma que nos diz que o Presidente da República é também o Comandante Supremo das Forças Armadas (artigo 120.º), sendo possível dela deduzir implícitos poderes de intervenção do Chefe de Estado no domínio das forças armadas[52].

Observa-se, neste contexto, que existem normas expressas da Constituição que, definindo propósitos de actuação ou a caracterização genérica de um órgão, escondem no seu interior verdadeiras normas de competência que, segundo uma interpretação de raiz teleológica, permitem extrair os inerentes poderes instrumentais: aqui reside o fundamento da competência implícita

(b) A flexibilidade das normas de competência: delegação e substituição

VI. Como já se deixou entendido, o princípio da imodificabilidade da competência, vedando que a simples vontade de um órgão seja passível de alterar o modelo normativo de definição e atribuição de poderes, não significa a proibição da existência de uma norma que, tendo uma força jurídica igual ou superior à norma que fixa esse modelo inicial de distribuição da competência, permita modificar ou alargar o número de órgãos passíveis de exercer tais poderes, flexibilizando a ideia de que há uma única estrutura orgânica competente sobre determinada matéria.

Pode suceder, com efeito, que a ordem jurídica faça surgir normas que alarguem os órgãos competentes para decidir determinada matéria, impedindo, deste modo, que sobre essa matéria exista um único órgão competente: em tais situações, em vez de um único órgão competente, podem existir dois ou vários órgãos competentes sobre a mesma matéria.

É o que sucede com as situações de delegação de poderes e de poder de substituição que, exigindo sempre habilitação normativa, procedem a uma flexibilização das regras iniciais de distribuição do exercício da competência.

---

[52] Neste último sentido, cfr. PEDRO LOMBA, *Princípios Gerais da Organização do Poder Político*, in PAULO OTERO (coord.), *Comentário...*, III, 1.º tomo, p. 51.

54 *Princípios fundamentais*

VII. A delegação de poderes, traduzindo o acto pelo qual um órgão (delegante) exerce a faculdade, que uma norma lhe atribui, de permitir que um outro órgão (delegado) pratique um ou vários actos sobre competência normalmente atribuída ao primeiro com a possibilidade de não ser por ele exercida em termos exclusivos, encontra expressa referência no artigo 111.º, n.º 2.

O artigo 111.º, n.º 2, referindo-se aos órgãos de soberania, das regiões autónomas e do poder local, numa formulação que se mostra compreender todas as estruturas orgânicas, estabelece duas ideias centrais:

– (1.ª) Nenhum órgão pode delegar os seus poderes noutros órgãos (princípio da imodificabilidade da competência);
– (2.ª) A delegação de poderes poderá, todavia, ser efectuada "nos casos e nos termos expressamente previstos na Constituição e na lei".

Sistematicamente relacionada com os princípios da separação e interdependência dos poderes, a admissibilidade constitucional da delegação de poderes permite, à luz do artigo 111.º, n.º 2, extrair diversas ilações:

(i) A delegação de poderes, tendo sempre de se harmonizar com a separação e a interdependência dos poderes, nunca pode colocar em causa o equilíbrio institucional de poderes definido pela Constituição ou pela lei:
  (1) A delegação de poderes não pode envolver uma concentração de poderes num único órgão, encontrando-se proibidas as delegações genéricas ou totais de poderes, assim como as delegações por tempo ilimitado;
  (2) A delegação de poderes nunca pode privar o órgão delegante de exercer os poderes delegados, significando isto que, durante a vigência da delegação, ambos os órgãos são competentes sobre a matéria delegada;
  (3) O delegante, enquanto titular normal da competência, tem sempre uma posição de supremacia que lhe permite orientar o modo como o delegado deve exercer os poderes delegados e, no limite, pode, a todo o momento, revogar a delegação, chamando a si a exclusividade do exercício dos poderes;
(ii) A delegação de poderes não se pode fazer ao abrigo de normas implícitas: a Constituição exige para a delegação a existência de uma expressa previsão normativa habilitante;
(iii) Os poderes conferidos pela Constituição a um órgão só podem ser delegados, por esse órgão, num outro órgão se existir uma norma

§12.° *Princípios de organização e funcionamento do poder político*   55

constitucional habilitante: a falta de permissão constitucional expressa torna a delegação inconstitucional. São sete as situações de delegação de poderes constitucionais expressamente previstas na Constituição:

(1) As autorizações legislativas da Assembleia da República ao Governo no âmbito das matérias do artigo 165.°, n.° 1;

(2) As autorizações legislativas da Assembleia da República para as assembleias legislativas das regiões autónomas, nos termos do artigo 227.°, n.° 1, alínea b);

(3) A submissão pelo Governo à Assembleia da República da apreciação, para efeitos de aprovação, de acordos internacionais sobre matérias situadas fora da reserva parlamentar (artigos 161.°, alínea i), *in fine*, e 197.°, n.° 1, alínea c), *in fine*), consubstancia uma verdadeira delegação de poderes do Conselho de Ministros na Assembleia da República (artigo 200.°, n.° 1, alínea d), 2.ª parte)[53];

(4) A delegação nos Conselhos de Ministros especializados da competência do Conselho de Ministros (artigo 200.°, n.° 2);

(5) A possibilidade de delegação de competência (administrativa) do Governo da República nos governos regionais (artigo 229.°, n.° 4);

(6) O juiz de instrução de um processo criminal pode delegar em outras entidades a "prática dos actos instrutórios que se não prendam directamente com os direitos fundamentais" (artigo 32.°, n.° 4);

(7) Os órgãos da freguesia podem delegar a realização de tarefas nas organizações de moradores (artigo 265.°, n.° 3);

(iv) Os poderes conferidos por lei a um órgão podem ser delegados num outro órgão, desde que exista lei habilitadora e não envolva violação da separação de poderes;

(v) A subdelegação de poderes, traduzindo uma delegação de poderes já delegados, exige expressa norma habilitante, inexistindo previsão normativa de subdelegação de poderes conferidos pela Constituição.

---

[53] No mesmo sentido, considerando estar-se aqui diante de uma delegação do Governo na Assembleia da República, cfr. EDUARDO ANDRÉ FOLQUE FERREIRA, *Os poderes do Presidente da República na conclusão de tratados e acordos internacionais*, in *Estudos em Homenagem ao Prof. Doutor Joaquim da Silva Cunha*, Coimbra, 2005, pp. 268 e 273.

56 Princípios fundamentais

VIII. No que se refere à figura da substituição, compreendendo também as situações de suplência e de interinidade[54], enquanto permissão conferida pela ordem jurídica de um órgão (substituto) agir em vez de outro (substituído), praticando actos sobre matérias cuja competência normal pertence a este último, pode dizer-se que a Constituição permite extrair, salvo disposição expressa em sentido contrário, as seguintes coordenadas sobre o poder de substituição:

(i) Nenhum órgão de soberania e, por maioria de razão, nenhum órgão de diferente natureza, pode substituir-se ao exercício de poderes atribuídos pela Constituição ou por lei a um outro órgão de soberania;

(ii) Todavia, dentro de cada função do Estado, a competência dos órgãos de soberania resultante de lei ordinária pode ser objecto de intervenção substitutiva por parte de outros órgãos que desenvolvam ou se integrem em igual função do Estado;

(iii) Por via de regra, nenhuma lei pode conferir a qualquer órgão o poder normal de agir a título substitutivo sobre matérias atribuídas pela Constituição a um órgão constitucional;

(iv) Porém, em situações de estado de excepção constitucional, é possível que a competência constitucional dos órgãos que não são de soberania, nem de governo próprio das regiões autónomas, sofram o exercício de um poder extraordinário de substituição (artigo 19.º, n.º 7, *a contrario*);

(v) Já a competência dos órgãos constitucionais (que não são órgãos de soberania) resultante de lei pode ser objecto de intervenção substitutiva por terceiros órgãos;

(vi) A Constituição não impede, por último, o exercício de poderes de substituição sobre a competência de qualquer órgão não constitucional.

IX. Procurando agora recortar as situações de substituição previstas na Constituição, podem indicar-se as seguintes principais:

(i) A substituição do Presidente da República, desde que se verifique impedimento temporário ou a vagatura do cargo e até à posse do novo Presidente eleito, pelo Presidente da Assembleia da República (artigo 132.º, n.º 1)[55];

---

[54] Para um desenvolvimento da recondução da suplência e da interinidade a formas de substituição, cfr. PAULO OTERO, *O Poder de Substituição...*, II, pp. 470 ss e 479 ss.

[55] Cfr. PAULO OTERO, *O Poder de Substituição...*, II, pp.473-474.

§12.º *Princípios de organização e funcionamento do poder político* 57

(ii) A substituição do Presidente da Assembleia da República como substituto do Presidente da República, verificando-se impedimento do primeiro, pelo seu substituto parlamentar (artigo 132.º, n.º 1)[56];

(iii) A substituição do Primeiro-Ministro, durante as suas ausências e impedimentos, pelo Vice-Primeiro-Ministro ou, não existindo, pelo Ministro que indicar ao Presidente da República ou, na falta de tal indicação, pelo Ministro que o Presidente da República designar (artigo 185.º, n.º 1)[57];

(iv) Na ausência ou impedimento de cada Ministro, a sua substituição será feita pelo Secretário de Estado que indicar ao Primeiro-Ministro ou, na falta de tal indicação, pelo membro do Governo que o Primeiro-Ministro designar (artigo 185.º, n.º 2);

(v) Em caso de vagatura do cargo, ausência ou impedimento, o Representante da República na região autónoma é substituído pelo Presidente da assembleia legislativa da região autónoma em causa (artigo 230.º, n.º 3).

12.9. Princípio da competência dispositiva

(a) A amplitude da competência dispositiva

I. A competência que traduz o exercício de poderes decisórios, tenham eles natureza normativa ou não normativa, é sempre passível de compreender, salvo preceito em sentido contrário, as seguintes faculdades ao órgão seu titular:

(i) Num momento inicial, o órgão pode escolher entre emanar um primeiro acto jurídico sobre a matéria, traduzindo uma forma de exercício positivo desse poder, ou, pelo contrário, poderá recusar emanar esse acto, deixando a matéria sem disciplina jurídica ou sem exercício positivo: em qualquer dos casos, porém, deparamos com o exercício da competência dispositiva – exemplificando, a competência que o artigo 164.º, alínea b), confere à Assembleia da Repú-

---

[56] Note-se, no entanto, que a substituição dos deputados, regulada por remissão pelos artigos 153.º, n.º 3, e 154.º, n.º 1, não se configura como verdadeira substituição, traduzindo antes uma suplência de titulares (cfr. PAULO OTERO, *O Poder de Substituição...*, II, em especial, pp. 475-476).

[57] Cfr. PAULO OTERO, *O Poder de Substituição...*, I, pp. 251-252; II, pp. 481 ss.

58   *Princípios fundamentais*

blica para legislar sobre os regimes dos referendos, tanto lhe permite aprovar como rejeitar um projecto ou uma proposta de lei sobre a matéria, sabendo-se que, na primeira hipótese, o decreto pode tornar-se lei, enquanto na segunda, se tiver sido rejeitado, não haverá lei, existindo um exercício negativo do poder em causa;

(ii) Num segundo momento, a competência dispositiva permite também revogar (ou, por maioria de razão, suspender) o acto emanado: a revogação de um acto pelo seu autor traduz ainda o exercício da mesma competência que lhe permitiu emanar o acto revogando, configurando-se o poder de revogar como sendo "o inverso do poder de emanar"[58] – assim, a título de exemplo, a norma que permite a Assembleia da República conceder autorizações legislativas ao Governo (artigo 161.°, alínea d)), também permite ao parlamento revogar as autorizações legislativas concedidas.

A competência dispositiva envolve, ao lado de um poder positivo ou de "edificar" (ou negativo de recusar a "edificação") de efeitos jurídicos, um paralelo poder negativo-resolutivo ou de "destruir" os efeitos já produzidos.

Mostra-se susceptível afirmar, em síntese, que o princípio da competência dispositiva confere sempre ao órgão titular de um poder de decisão a faculdade de exercer todas as manifestações possíveis de expressão de conteúdo decisório, excepto aquelas que se encontram vedadas pela ordem jurídica.

Há aqui uma verdadeira presunção sobre a amplitude dos poderes integrantes da competência dispositiva que apenas será afastada diante de disposição em sentido contrário.

II. Como se verificou, o princípio da competência dispositiva permite sempre presumir, salvo norma em sentido inverso, que o órgão dotado de poderes decisórios sobre determinada matéria tem três faculdades nucleares ao seu alcance:

– O poder de praticar o acto;
– O poder de recusar a prática do acto;
– O poder de revogar o acto.

O recorte da dimensão operativa do princípio da competência dispositiva exige, no entanto, que se proceda ao levantamento das principais manifesta-

---

[58] Cfr. JOSÉ ROBIN DE ANDRADE, *A Revogação dos Actos Administrativos*, 2.ª ed., Coimbra, 1985, p. 273.

§12.° Princípios de organização e funcionamento do poder político 59

ções limitativas ou derrogatórias desta amplitude da competência dispositiva: quais as razões pelas quais quem pode praticar um acto não tem a faculdade de recusar a sua prática ou, tendo-o praticado, não pode depois proceder à sua revogação?

É o que importa agora averiguar.

(b) Os limites ao poder de praticar um acto: os pressupostos de exercício da competência dispositiva

III. A competência dispositiva, se é certo que permite sempre ao órgão que dela é titular a faculdade de praticar o acto decisório, optando, deste modo, pela acção, em vez da omissão, a verdade é que o exercício de um tal poder é susceptível de se encontrar sujeito a pressupostos que, por esta via, o limitam na sua base.

Os pressupostos, enquanto realidades de facto ou de direito a cuja verificação se encontra condicionado o exercício da competência relativa à prática de um acto, determinando a sua subsequente validade, podem assumir uma tripla configuração constitucional:

(i) Pressupostos de facto: é possível que o exercício de uma competência se encontre condicionado à verificação histórica de um determinado evento ou, pelo contrário, à sua não ocorrência no mundo social – é o que acontece, por exemplo, com a demissão do Governo pelo Presidente da República que, nos termos do artigo 195.°, n.° 2, só pode ser feita se estiver em causa o regular funcionamento das instituições democráticas; ou, num outro exemplo, só é possível a declaração de estado de excepção constitucional se se verificar alguma das situações de facto previstas no artigo 19.°, n.° 2 (v.g., calamidade pública, agressão por forças estrangeiras);

(ii) Pressupostos de direito: diversas vezes, o poder de praticar um acto pressupõe a existência (ou a inexistência) de determinadas realidades jurídicas anteriores (v.g., uma iniciativa, uma proposta, um parecer, uma audição, uma lei) – assim, por exemplo, a nomeação ou exoneração de um Ministro ou de um Secretário de Estado pelo Presidente da República só pode ser feita sob proposta do Primeiro-Ministro (artigo 133.°, alínea h)); ou, num outro exemplo, o exercício da competência legislativa do Governo prevista no artigo 198.°, n.° 1, alínea c), pressupõe que sobre a matéria exista uma lei de bases;

60 *Princípios fundamentais*

(iii) Pressupostos de facto e de direito: não se pode excluir que, num cenário de cumulação de pressupostos, se exija para a prática de certo acto a verificação de pressupostos de direito e de facto – é o que, uma vez mais, a título ilustrativo, acontece com o acto de declaração de guerra pelo Presidente da República que, nos termos do artigo 135.°, alínea c), só pode ser adoptado em caso de agressão efectiva ou iminente (pressuposto de facto), verificando-se ainda ser uma proposta do Governo, existir audição do Conselho de Estado e autorização parlamentar (pressupostos de direito); ou, num outro exemplo, com o acto de nomeação do Primeiro-Ministro pelo Presidente da República que, nos termos do artigo 187.°, n.° 1, devendo ser precedido da audição dos partidos com representação parlamentar (pressuposto de direito), tem de tomar em conta os resultados eleitorais (pressuposto de facto).

Em qualquer dos casos, sublinhe-se, a não verificação dos respectivos pressupostos ou um erro sobre a sua verificação determinará sempre a inconstitucionalidade do acto adoptado, isto por falta de um (ou vários) pressuposto(s) de exercício da respectiva competência. Não significa isto, todavia, que existam sempre mecanismos judiciais fiscalizadores ou certificativos dessa invalidade: os tribunais, por via de regra, não controlam a validade de actos políticos.

(c) Os limites ao poder de recusar a prática de um acto: vinculação de agir e actos de emanação obrigatória

IV. Igualmente a recusa da prática de um acto, traduzindo uma manifestação possível de exercício da competência dispositiva, enquanto expressão da liberdade conformadora do órgão competente sobre determinada matéria, não se mostra sempre ilimitada: a ordem jurídica cria situações em que deixa de ser permitido ao órgão competente sobre determinada matéria recusar praticar o correspondente acto, impondo-lhe, ao invés, a adopção de um dever de agir – a prática do acto torna-se obrigatória.

Em tais situações, verificando-se que a inércia ou a omissão decisória, traduzida na recusa da prática do acto, se consubstancia num modo proibido de exercício da competência dispositiva, deparamos com uma vinculação de actuação: a ordem jurídica impõe a obrigação de o órgão competente agir, proibindo-lhe estar ou continuar numa situação de inércia decisória.

Uma vez que deparamos aqui com actos de emanação obrigatória, a competência dispositiva deixa de integrar qualquer margem de discriciona-

§12.° Princípios de organização e funcionamento do poder político 61

riedade quanto à recusa de adopção do acto em causa: a recusa em agir será aqui sempre manifestação de uma forma de exercício inválido da competência dispositiva.

Não significa isto, porém, que o conteúdo do acto se tenha tornado integralmente vinculado: vinculação existe apenas quanto à ausência de liberdade de o titular da competência dispositiva recusar a sua prática, passando a verificar-se um "dever de existência" do acto que, por isso, se torna um acto de existência obrigatória no ordenamento jurídico.

V. Quais são as principais vinculações de agir que, tendo fundamento na Constituição, limitam o poder de recusar a prática de um acto ao titular da competência dispositiva?

Entendemos que, à luz da normatividade constitucional, as principais situações de vinculação de agir ou, em termos sinónimos, os actos de emanação obrigatória, revelando os limites mais expressivos à liberdade de recusa da sua prática, constam do seguinte elenco:

(i) As normas constitucionais não exequíveis por si mesmas vinculam o legislador a praticar os actos legislativos necessários à sua implementação, obrigação essa que surge ainda reforçada se, entretanto, o Tribunal Constitucional tiver verificado que existe uma situação de inconstitucionalidade por omissão, dando conhecimento ao respectivo órgão legislativo competente (artigo 283.°);

(ii) O dever de o Estado respeitar as obrigações internacionais, especialmente no âmbito da União Europeia, atendendo à cláusula constitucional de empenhamento na construção e aprofundamento da União Europeia (v. *supra*, n.° 4.3.), vincula os órgãos a não comprometer, por uma inércia ou omissão, a implementação de tais obrigações;

(iii) Uma vez que os Tribunais nunca podem recusar decidir os litígios que lhe são submetidos, devendo a decisão ser proferida em prazo razoável (artigo 20.°, n.° 4), também aqui deparamos com actos de emanação obrigatória;

(iv) No exercício das suas funções, o Presidente da República encontra-se vinculado, igualmente, a adoptar actos que são de emanação obrigatória:

(1) A promulgação das leis de revisão constitucional (artigo 286.°, n.° 3);

(2) A promulgação de uma lei depois de, obtida a maioria exigida, a Assembleia da República ter ultrapassado o veto político presidencial (artigo 136.°, n.os 2 e 3);

62   *Princípios fundamentais*

(3) O veto por inconstitucionalidade, sempre que o Tribunal Constitucional, em sede de fiscalização preventiva, se pronuncie pela inconstitucionalidade do diploma, e consequente devolução do diploma ao órgão que o aprovou (artigo 279.°, n.° 1);

(4) Sempre que é enviado pela Assembleia da República ou o Governo um diploma para promulgação ou assinatura, o Presidente da República não tem o poder de decidir nada fazer (artigo 136.°), apesar de não se encontrar vinculado a promulgar;

(5) Verificando-se a demissão do Governo, o Presidente da República não pode recusar-se a agir;

(v) A existência de um conjunto de actos de apresentação obrigatória pelo Governo à Assembleia da República permite também extrair que a respectiva emanação se tem como obrigatória, sendo o que ocorre com os seguintes exemplos:

(1) O programa de governo (artigo 192.°);

(2) A proposta de lei do Orçamento (artigo 106.°);

(3) As contas do Estado e demais pessoas colectivas públicas, até 31 de Dezembro do ano subsequente a que respeitam (artigos 162.°, alínea d), e 197.°, n.° 1, alínea h));

(4) A informação referente ao processo de construção da União Europeia (artigo 197.°, n.° 1, alínea i));

(vi) A execução pelo Governo do Orçamento de Estado (artigo 199.°, alínea b));

(vii) As situações de referenda ministerial que, incidido sobre actos presidenciais vinculados, têm natureza obrigatória[59];

(viii) O Primeiro-Ministro encontra-se vinculado a exercer os poderes intragovernamentais previstos no artigo 201.°, n.° 1, alíneas a) e b), assim como não se pode abster de informar o Presidente da República acerca dos assuntos respeitantes à condução da política interna e externa do país (artigo 201.°, n.° 1, alínea c));

(ix) A obrigatoriedade de sujeição a fiscalização preventiva da constitucionalidade e da legalidade dos referendos nacionais, regionais e locais junto do Tribunal Constitucional (artigo 223.°, n.° 2, alínea f));

(x) Os órgãos de soberania encontram-se vinculados a ouvir os órgãos de governo regional nas questões da competência daqueles respeitantes às regiões autónomas (artigo 229.°, n.° 2);

---

[59] Para um elenco exemplificativo, cfr. DIOGO FREITAS DO AMARAL/PAULO OTERO, *O Valor Jurídico-Político da Referenda Ministerial*, Lisboa, 1997, p. 56.

§12.º *Princípios de organização e funcionamento do poder político*   63

(xi) O Representante da República encontra-se vinculado a assinar os diplomas cujo veto político foi ultrapassado pelo parlamento regional (artigo 233.º, n.º 3), tendo ainda a obrigação de vetar os diplomas que, em sede de fiscalização preventiva, foram objecto de pronúncia no sentido da sua inconstitucionalidade (artigo 279.º, n.º 1);

(xii) Assume também natureza vinculada a interposição pelo Ministério Público de recurso para o Tribunal Constitucional das decisões dos outros tribunais, nos casos previstos no artigo 280.º, n.ᵒˢ 3 e 5.

(d) Os limites ao poder de revogar um acto: exclusão da competência revogatória e actos irrevogáveis

VI. Compreende a competência dispositiva também a faculdade de o autor de um acto poder revogá-lo: a revogação ainda é, afinal, um modo de decidir sobre a matéria em causa, determinando a pura cessação de efeitos jurídicos de um anterior acto (revogação simples) ou a introdução de uma nova solução material que, fazendo cessar a anterior, provocará a produção de novos efeitos (revogação substitutiva).

E, uma vez que a revogação é um acto em tudo idêntico ao acto que primariamente disciplinou a situação material em causa, pode também o exercício da respectiva competência decisória encontrar-se sujeito a pressupostos de direito e de facto ou a ambos (v. *supra,* III).

É o que sucede, desde logo, com o objecto de todo o acto de revogação: se o acto revogando nunca produziu efeitos, não há lugar a qualquer revogação, pois não se podem extinguir ou fazer cessar os efeitos que nunca chegaram a existir – essa produção de efeitos torna-se, deste modo, num verdadeiro pressuposto de direito do exercício do poder de revogar.

VII. Será que o poder de revogar não conhece limites?

Poder-se-á dizer que o titular da competência dispositiva, sendo autor do acto, goza sempre do poder de o revogar? Ou, pelo contrário, existem situações que negam ao autor de um acto a possibilidade de, em momento posterior, vir a revogar o acto antes emanado?

Independentemente das situações resultantes da extinção do órgão e que, por consequência, determinam que os actos em causa já não podem ser revogados pelo seu autor (v.g., os decretos-leis emanados pelo Conselho da Revolução deixaram de, a partir do seu desaparecimento, através da Lei Constitucional n.º 1/82, poder ser revogados pelo seu autor), observa-se que as limitações ao poder de revogar um acto podem ter duas diferentes proveniências:

- Podem ser limitações que decorrem de vicissitudes ocorridas ao nível da competência do autor do acto;
- Ou, podem ser limitações que resultam do acto a revogar.

VIII. Tomando em consideração a normatividade constitucional, mostra-se possível extrair diversas situações que, traduzindo limitações ao poder de revogar um acto, excluem que o órgão seu autor possa proceder à respectiva revogação:

(i) Pode acontecer, em primeiro lugar, que o autor do acto tenha, entretanto, perdido a competência dispositiva sobre a matéria, segundo dois diferentes cenários:

(1) Mediante a ocorrência de uma alteração constitucional ou legal nas normas de distribuição da competência, tendo a matéria transitado do órgão *x* para o órgão *y* – competente agora para a revogação do anterior acto praticado por *x* só poderá ser *y*;

(2) Através de um esgotamento da competência por efeito da emanação do acto revogando, encontrando-se vedada a possibilidade de esse órgão voltar a decidir a matéria – é o que sucede com a preclusão da competência do juiz, após proferir a sentença final, tal como é o que acontece com o exercício da competência legislativa autorizada, pois as autorizações legislativas não podem ser utilizadas mais de uma vez (artigo 165.°, n.° 3);

(ii) Pode, em segundo lugar, o acto revogando ter uma existência obrigatória, tutelando valores considerados essenciais pelo ordenamento jurídico, e, neste sentido, a sua revogação simples e global encontra-se excluída, sem prejuízo da possibilidade de ser objecto de uma revogação substitutiva. É o que, a título exemplificativo, ocorre nas seguintes situações:

(1) Tratando-se da implementação de uma norma constitucional não exequível por si mesma, a revogação da lei que a implementa nunca pode significar um retrocesso que volte a colocar a norma constitucional numa situação de inexequibilidade – há aqui um "princípio de proibição de recriar omissões inconstitucionais"[60];

---

[60] Cfr. Jorge Pereira da Silva, *Dever de Legislar e Protecção Jurisdicional Contra Omissões Legislativas*, Lisboa, 2003, pp. 282 ss.

§12.° *Princípios de organização e funcionamento do poder político*   65

(2) O cumprimento por acto interno de obrigações internacionais do Estado, especialmente tratando-se da implementação do Direito da União Europeia, não é passível de ser objecto de uma revogação que traduza um retrocesso no grau de execução já existente;

(3) No âmbito de direitos fundamentais atinentes à inviolabilidade da vida humana e das condições mínimas inerentes à dignidade humana, encontra-se excluída qualquer revogação que envolva um retrocesso do grau de protecção jusfundamental alcançado[61];

(4) A lei do orçamento vigente e o decreto-lei de execução orçamental não podem ser objecto de uma pura revogação global;

(5) O desenvolvimento de uma lei de bases ou de um regulamento de execução de uma lei também não podem ser revogados em termos globais, tornando o diploma a montante, por essa via, inexequível;

(6) O programa do Governo em exercício de funções não pode, igualmente, ser objecto de revogação;

(iii) A revogação pode, em terceiro lugar, encontrar-se totalmente excluída perante actos que, assumindo natureza instantânea, esgotaram os seus efeitos no momento em que foram emanados, sendo o que sucede nos seguintes exemplos:

(1) A promulgação e a assinatura de diplomas;

(2) A ratificação de tratados internacionais;

(3) A referenda ministerial;

(4) A dissolução da Assembleia da República ou das assembleias legislativas das regiões autónomas;

(5) O veto político ou jurídico de diplomas;

(6) A aprovação de convenções internacionais;

(7) A aprovação de uma moção de censura ao Governo ou a rejeição de uma moção de confiança;

(iv) A revogação encontra-se ainda excluída, em quarto lugar, dos actos que, apesar de não assumirem natureza instantânea, já caducaram ou, por qualquer outro modo, cessaram a produção dos seus efeitos, deixando de ter objecto a revogação, tal como ocorre nas seguintes hipóteses:

(1) A lei de autorização legislativa, depois de ter sido utilizada ou do termo do seu prazo;

---

[61] Neste sentido e para mais desenvolvimentos, cfr. PAULO OTERO, *Instituições...*, I, pp. 595 ss.; IDEM, *Personalidade e Identidade Pessoal e Genética do Ser Humano: um perfil constitucional da bioética*, Coimbra, 1999, pp. 59 ss.

66 *Princípios fundamentais*

(2) A autorização parlamentar para o Governo contrair e conceder empréstimos, após a realização destes;

(3) O decreto que marcou o dia de eleições, após a sua efectiva realização;

(4) O assentimento parlamentar à ausência do Presidente da República do território nacional, durante ou após a realização da viagem;

(5) Qualquer norma depois de ter sido declarada inconstitucional ou ilegal com força obrigatória geral;

(6) Os actos já revogados ou anulados judicialmente;

(*v*) Deve, em quinto lugar, considerar-se também proibida, atendendo à tutela dos valores da confiança e da segurança jurídica, a revogação dos actos dotados de operatividade imediata e individual que, sendo válidos, investem os seus destinatários numa posição jurídica favorável de raiz constitucional, sendo possível diferenciar, todavia, três situações à luz da Constituição:

– Os actos de designação de titular de órgão constitucional;

– Os actos de graça;

– Os restantes actos constitutivos de direitos e de interesses protegidos.

A complexidade da matéria exige o seu tratamento autónomo.

(*e*) *Idem: os actos de designação de titular de órgão constitucional, os actos de graça e os restantes actos constitutivos de direitos e de interesses protegidos*

IX. Começando pelos actos de designação de titular de órgão constitucional, observa-se que, sem tomar agora em consideração as situações de eleição directa por sufrágio universal, a Constituição estabelece quatro diferentes modos de designação de tais titulares:

(*i*) Nomeação – v.g., do Primeiro-Ministro e dos restantes membros do Governo pelo Presidente da República (artigos 133.º, alíneas f) e h), 187.º), dos membros do Conselho de Estado designados pelo Presidente da República (artigo 133.º, alínea n));

(*ii*) Eleição – v.g., a eleição pela Assembleia da República do Provedor de Justiça, do Presidente do Conselho Económico e Social, de dez juízes do Tribunal Constitucional (artigo 163.º, alínea h)), de cinco membros do Conselho de Estado (artigo 163.º, alínea g));

§12.° Princípios de organização e funcionamento do poder político 67

(iii) Cooptação – v.g., três juízes do Tribunal Constitucional (artigo 222.°, n.° 1) e alguns dos membros da entidade administrativa independente reguladora da comunicação social (artigo 39.°, n.° 2);

(iv) Inerência – v.g., os membros do Conselho de Estado previstos nas alíneas a) a e) do artigo 142.°.

Se exceptuarmos as situações de inerência que, pela sua natureza, apenas são passíveis de revogação ao nível das normas que as consagram, o problema da revogação dos restantes actos de designação de um titular de órgão constitucional pelo seu autor coloca-se nos seguintes termos:

– Pode o acto de nomeação de *x* ser revogado pelo seu autor?
– Poderá o acto de eleição parlamentar do titular do órgão *y* ser objecto de uma posterior revogação pela Assembleia da República?
– Será o acto de cooptação passível de ser revogado?

Atendendo a que o princípio da equiordenação exclui a admissibilidade de relações de supremacia jurídica entre órgãos constitucionais (v. *supra*, n.° 12.2.), a existência de um poder geral de revogação dos actos de designação dos titulares de órgãos constitucionais pelo seu autor pressupõe sempre, enquanto seu único fundamento, que exista uma prévia responsabilidade política ou, pelo menos, um vínculo de confiança política permanente entre aquele que foi designado e o autor do acto de designação. Mostra-se possível, neste sentido, formular os dois seguintes princípios gerais:

(i) Se existir um vínculo de confiança política permanente entre quem designa e quem é designado, o órgão que procedeu a essa designação pode sempre, excepto norma em sentido inverso, revogar a designação efectuada, demitindo-o ou exonerando-o;

(ii) Se, pelo contrário, não existir qualquer vínculo de confiança política ou, existindo, ele não assumir natureza permanente entre os dois órgãos, aquele que procedeu a essa designação nunca pode revogar a designação efectuada, salvo preceito em sentido contrário.

Tudo se resume, por conseguinte, em determinar a existência e o nível da responsabilidade política entre os órgãos em causa.

X. Já no que respeita aos actos de graça, visando nesta designação compreender todos aqueles actos que inicialmente traduziam prerrogativas do monarca no campo da justiça e na concessão de honras e privilégios, eles cir-

68   *Princípios fundamentais*

cunscrevem-se hoje aos poderes do Presidente da República que, radicando numa típica tradição real, se materializam em dois domínios:

- O indulto e a comutação de penas;
- A concessão de condecorações.

Será que a competência dispositiva do Presidente da República sobre a matéria compreende o poder de revogar tais actos de graça?

Sem prejuízo da susceptibilidade de se introduzirem, cautelarmente, cláusulas acessórias de natureza resolutiva em tais actos, o certo é que, se não existirem quaisquer cláusulas de revogabilidade ou caducidade, os actos válidos de indulto, comutação de penas e concessão de condecorações, uma vez praticados e publicitados, se devem ter como irrevogáveis: eles investem os seus destinatários em direitos que, não sendo precários, nunca podem estar na disponibilidade do livre arbítrio do seu autor. E, se assim era, antes da Revolução de 1820, à luz do princípio da imodificabilidade dos direitos adquiridos[62], por maioria de razão não poderá ser diferente na vigência de um Estado de Direito[63].

XI. No que diz respeito aos restantes actos constitutivos de direitos e de interesses protegidos, desde que sejam válidos, a mesma interrogação: serão tais actos revogáveis pelo seu autor?

Importa aqui diferenciar três hipóteses:

(i) Se, em primeiro lugar, a fonte de tais actos se encontra numa decisão do poder judicial, desde que tenha transitado em julgado, são os mesmos irrevogáveis: a imutabilidade do caso julgado garante a irrevogabilidade do reconhecimento de tais direitos e interesses;

(ii) Se, em segundo lugar, a fonte dos actos constitutivos de direitos e de interesses protegidos se encontra em decisões administrativas dotadas de operatividade imediata e individual, o legislador goza de liberdade constitucional para, nos limites decorrentes dos princípios da tutela da confiança e da segurança jurídica, permitir a sua revogação por decisões administrativas contrárias, desde que acompanhada de um dever de indemnizar os prejuízos emergentes dessa

---

[62] Cfr. PAULO OTERO, *O Poder de Substituição...*, I, p. 192.

[63] Essa irrevogabilidade dos actos de graça não exclui, todavia, que o Chefe de Estado possa exteriorizar a sua opinião no sentido daquilo que faria se, atendendo a factos supervenientes, tivesse a faculdade de revogar uma condecoração anteriormente atribuída à individualidade em causa que praticou ou esteve envolvida em tais factos que a fizeram desmerecer a distinção recebida.

§12.° *Princípios de organização e funcionamento do poder político* 69

revogação, tal como pode definir um princípio geral de proibição de revogabilidade[64]: sublinhe-se, no entanto, que a tutela da confiança e da segurança jurídica circunscrevem sempre a margem de liberdade conformadora do legislador na definição do regime administrativo de revogação deste tipo de decisões;

(iii) Se, em terceiro lugar, a fonte dos direitos e interesses se encontra num acto legislativo válido e de conteúdo individual, a sua revogação pode sempre operar-se por acto legislativo posterior em sentido contrário, sem embargo, uma vez mais, de nunca essa revogação ser passível, à luz da Constituição, se atentar contra o princípio da confiança e da segurança, devendo sujeitar-se ainda, sob pena de colocar em causa os princípios da igualdade e da unidade do sistema jurídico, ao regime geral vigente para a revogação dos actos administrativos válidos que sejam constitutivos de direitos ou de interesses protegidos.

12.10. Princípio do autocontrolo da validade

(a) Fundamento e formulação

I. A determinação de que a validade de todos os actos de quaisquer entidades públicas se encontra na sua conformidade com a Constituição (artigo 3.°, n.° 3), traduzindo uma expressão da vinculatividade geral do princípio da juridicidade, manifestada ainda na afirmação da subordinação de todos os órgãos à Constituição e à lei (artigo 266.°, n.° 2), permite alicerçar um conjunto de vinculações comuns a todas as estruturas orgânicas públicas:

(i) Todas devem agir em conformidade com a juridicidade;

(ii) Todas se encontram impedidas de, sob pena de invalidade dos seus actos, violar a juridicidade;

(iii) Todas têm o dever de fiscalizar a conformidade da sua própria actuação com a juridicidade;

(iv) E, em caso de verificarem a existência de invalidade, a todas é reconhecida a faculdade de repor a juridicidade.

O princípio do autocontrolo da validade reside, precisamente, no âmbito destas duas últimas vinculações: cada órgão público tem o poder de fiscalizar

---

[64] Esta última é hoje, aliás, a solução geral definida no artigo 140.°, n.° 1, alínea b), do Código do Procedimento Administrativo.

70 *Princípios fundamentais*

a validade da sua conduta e, caso entenda existir violação da juridicidade, deverá promover a reposição da juridicidade violada.

II. O princípio do autocontrolo da validade da actuação dos órgãos públicos, fundando-se genericamente no artigo 3.º, n.º 3, encontra ainda os seguintes afloramentos constitucionais:

(*i*) A Assembleia da República goza de uma competência genérica para vigiar pelo cumprimento da Constituição e das leis (artigo 162.º, alínea a)), devendo entender-se que, não se limitando a uma fiscalização sobre a conduta de terceiros órgãos, compreende, igualmente, um autocontrolo da sua própria actuação como órgão legislativo e político;

(*ii*) O Governo, sendo dotado de uma competência de defesa da legalidade democrática (artigo 199.º, alínea f)), exerce também um papel de guardião da juridicidade administrativa e, enquanto órgão legislativo, não pode deixar de também se encontrar investido de um poder de autocontrolo da validade dos seus actos;

(*iii*) Os tribunais, sem prejuízo da sua genérica posição de passividade, tendo como incumbência o "reprimir a violação da legalidade democrática" (artigo 202.º, n.º 2), recusando a aplicação de quaisquer normas inconstitucionais (artigo 204.º), não podem também deixar de possuir um poder de autocontrolo da validade dos seus actos a emanar.

III. O princípio do autocontrolo da validade pode envolver, no entanto, dois momentos distintos de exercício dos inerentes poderes fiscalizadores:

(*i*) A fiscalização da validade da conduta e, sendo o caso, a reposição da juridicidade podem ocorrer antes da conclusão do procedimento de feitura do acto em causa, sendo em momento anterior à sua aprovação ou à respectiva formalização definitiva, hipótese esta em que o seu autor não conhece limites ao exercício do princípio do autocontrolo da validade;

(*ii*) Pode suceder, no entanto, que, só em momento posterior ao acto se encontrar aprovado ou concluído e exteriorizado, o seu autor se aperceba da sua invalidade, registando-se que aqui, num tal cenário, ele só poderá repor a juridicidade, revogando ou corrigindo o acto, se mantiver a competência dispositiva, inexistindo qualquer preclusão do seus poderes decisórios (v. *supra*, n.º 12.9., VIII).

§12.° Princípios de organização e funcionamento do poder político 71

IV. Se é verdade que o princípio do autocontrolo da validade habilita sempre o autor de um acto a fiscalizar a conformidade da sua própria conduta com a juridicidade, permitindo ainda, salvo ocorrendo preclusão da competência dispositiva, que reponha a juridicidade violada, o certo é que a invalidade se pode localizar ao nível da autoria do acto.

Num tal cenário, se a invalidade está no facto de o acto ter sido emanado por quem não tinha competência para o efeito, dois principais problemas jurídicos se podem colocar:

– Se o acto se encontra ferido de incompetência (ou inconstitucionalidade orgânica), será que o seu autor efectivo, não tendo competência dispositiva para o emanar, terá competência para o revogar?
– Será que, num tal cenário, ainda aquele órgão que é o titular da competência dispositiva, entretanto objecto de "invasão" por um órgão incompetente, tem competência para revogar o acto inválido?

Tudo se resume, afinal, em determinar as coordenadas constitucionais do problema da competência para a reposição da juridicidade de actos feridos de incompetência.

(b) Incompetência do acto e reposição da juridicidade

V. Nos casos em que o exercício da competência dispositiva não determina a preclusão da competência do autor do acto, o primeiro problema consiste em saber se, apercebendo-se o autor do acto que não tinha competência para o emanar, lhe deve ser reconhecida, todavia, uma competência excepcional para, revogando esse acto, repor a juridicidade.

Exemplificando: verificando a Assembleia da República que legislou sobre a organização do Governo, será que ela poderá emanar uma lei que, revogando aquela anterior, reponha a constitucionalidade na ordem jurídica? Ou, verificando o Governo que emanou um decreto-lei sobre matérias integrantes da reserva absoluta de competência legislativa da Assembleia da República, poderá emanar um novo decreto-lei cujo conteúdo seja a pura revogação do anterior decreto-lei ferido de inconstitucionalidade orgânica?

Uma primeira solução, procurando fugir ao problema, seria considerar que, encontrando-se o acto ferido de inconstitucionalidade, ele não produz quaisquer efeitos jurídicos, razão pela qual não haveria aqui que discutir a sua revogação, pois esta seria juridicamente impossível.

Sucede, porém, que os actos feridos de inconstitucionalidade orgânica, independentemente da discussão em torno da produção ou não de efeitos jurí-

72   *Princípios fundamentais*

dicos, são passíveis de gozar de uma presunção de constitucionalidade e, pelo menos *de facto* e até que um tribunal diga o contrário, produzem efeitos que exigem uma intervenção certificativa da ausência de produção de efeitos jurídicos ou, em alternativa, de um acto de revogação: a revogação ou a certificação da sua ausência de produção de efeitos por motivo de inconstitucionalidade colocam, em termos idênticos, o problema da admissibilidade da intervenção do órgão incompetente que foi seu autor.

Será admissível, segundo a Constituição, que um órgão autor de um acto ferido de incompetência tenha a faculdade, por efeito do princípio da autocontrolo da validade, proceder à reposição da juridicidade, revogando ou certificando a inconstitucionalidade orgânica do acto por si produzido?

O problema em análise, não sendo desconhecido ao nível do Direito Administrativo[65], carece de uma reflexão no âmbito do Direito Constitucional.

A Constituição, impondo o princípio que faz depender a validade dos actos da sua conformidade com a Constituição (artigo 3.°, n.° 3), habilita todos os órgãos a controlarem a juridicidade das suas condutas e, implicitamente, se verificarem que tais condutas são desconformes com a juridicidade, a repor a juridicidade violada, isto é, a revogarem os actos praticados: os órgãos incompetentes adquirem, por esta via, competência para, repondo a conformidade com a ordem jurídica, colocarem termo aos actos inválidos por si emanados.

Em termos semelhantes, o artigo 19.°, n.° 8, permitindo que em estado de excepção constitucional todas as autoridades tenham competência para tomar as providências necessárias e adequadas ao pronto restabelecimento da normalidade constitucional, traduz o afloramento de um princípio geral que se pode formular nos seguintes termos: estando em causa garantir a efectividade da Constituição, a todos os órgãos é reconhecida competência para tomarem as medidas necessárias e adequadas.

O órgão autor de um acto ferido de inconstitucionalidade orgânica, uma vez que se encontra vinculado a repor a juridicidade, impedindo a manutenção na ordem jurídica de um acto inválido de que foi autor, adquire a necessária e adequada competência para, revogando o acto por si emanado, agir em conformidade com a garantia de efectividade da Constituição: uma tal revo-

---

[65] Cfr. José Robin de Andrade, *A competência para a revogação de actos administrativos*, in *Estudos de Direito Público em Honra do Professor Marcello Caetano*, Lisboa, 1973, pp. 62 ss.; Diogo Freitas do Amaral, *Curso de Direito Administrativo*, II, Coimbra, 2001, pp. 452 ss.; Paulo Otero, *Direito Administrativo – Relatório*, sep. da *Revista da Faculdade de Direito da Universidade de Lisboa*, Coimbra, 2001, p. 332.

§12.° Princípios de organização e funcionamento do poder político 73

gação, atendendo ao fim que a justificou e à habilitação de autocontrolo da legalidade que o artigo 3.°, n.° 3, confere ao seu autor, não se encontra ferida de inconstitucionalidade.

VI. E, por último, será que o acto praticado por órgão incompetente poderá ser revogado pelo órgão que, nos termos da Constituição, é titular da competência dispositiva sobre a matéria em causa?

Exemplificando: se a Assembleia da República aprova uma lei que viola a reserva de competência do Governo, será que essa lei só pode ser revogada pela Assembleia, ao abrigo do autocontrolo da legalidade, ou, por outro lado, poderá também ser revogada pelo Governo, enquanto titular da competência sobre a matéria? Num segundo exemplo: se o Governo invade a esfera de competência legislativa reservada da Assembleia da República, poderá a Assembleia revogar esse decreto-lei ou, ao invés, só o Governo o poderá fazer?

Entendemos, tal como já tivemos oportunidade de escrever face a idêntico problema em Direito Administrativo[66], que a incompetência de um terceiro órgão nunca pode fazer precludir o poder revogatório do órgão dotado de competência dispositiva sobre a matéria, isto sob pena de se atribuir relevância positiva a uma invalidade: o órgão competente nunca pode perder a sua competência revogatória por efeito da intervenção inválida de um outro órgão, pois, se assim não fosse, cada órgão passaria a ter o exercício da sua competência dependente de não verificação de uma conduta inválida de todos os restantes órgãos sobre os seus poderes.

Vem isto demonstrar, no entanto, que o autocontrolo da validade não se limita aos actos que cada órgão emana, antes se estende ao modo com a competência dispositiva que possui é efectivamente exercida: o artigo 3.°, n.° 3, habilita cada órgão a fiscalizar a conformidade constitucional dos seus próprios actos e ainda dos actos de quaisquer órgãos que, feridos de incompetência, produzam efeitos ou visem produzir efeitos sobre a esfera material da sua competência dispositiva.

E não significa isto, note-se, o reconhecimento de qualquer poder de superioridade de um órgão face aos restantes: todos os órgãos gozam, em circunstâncias de perfeita reciprocidade, de um poder de autocontrolo sobre o modo de exercício da competência dispositiva sobre as matérias que a ordem jurídica lhes confiou a responsabilidade decisória. É que, no limite, afastar da ordem jurídica um acto inválido é sempre repor a juridicidade violada e,

---

[66] Cfr. Paulo Otero, *Direito Administrativo – Relatório*, p. 332.

74 Princípios fundamentais

por essa via, garantir o Estado de Direito: cada órgão tem, neste contexto, um poder de fiscalização ou controlo da validade do exercício da esfera de matérias integrantes da sua competência, seja esse exercício feito por si ou por terceiros órgãos não habilitados para o efeito.

(c) Retroactividade da reposição da juridicidade: os limites

VII. Em princípio, a integral reposição da juridicidade exige que seja conferida uma eficácia retroactiva ao respectivo acto de revogação ou sanação: não basta que a juridicidade seja reposta a partir da data da prática do acto de revogação ou sanação, antes se mostra necessário que essa reposição "apague" os efeitos produzidos pela conduta inválida, devendo essa intervenção retroagir à data do acto inválido.

A retroactividade da reposição da juridicidade poderá suscitar, no entanto, delicados problemas face à eventual consolidação de situações pelo simples decurso do tempo: se está em causa a reposição da juridicidade de um diploma que já tem cinco, dez ou vinte anos de pacífica aplicação, tendo ao seu abrigo sido proferidas múltiplas sentenças judiciais e emanados dezenas ou centenas de actos administrativos, será que a reposição da juridicidade, produzido a sua destruição retroactiva, não coloca em causa a segurança jurídica e a confiança legítima?

Obviamente que sim.

Além da argumentação que decorre do princípio da intangibilidade do caso julgado, justifica-se, à luz dos princípios subjacentes ao preceituado pelo artigo 282.º, n.ºs 3 e 4, uma limitação da retroactividade da reposição da juridicidade.

Vejamos os termos limitativos da retroactividade.

VIII. Deve entender-se que a reposição da juridicidade, segundo os traços definidos pelo princípio do autocontrolo da validade, tem a sua eficácia *ex tunc* condicionada nos seguintes termos:

(i) Se o acto cuja invalidade exige a reposição da juridicidade nunca produziu efeitos, nenhum obstáculo existe à retroactividade da sua revogação, antes a mesma se torna imperativa, tudo se passando como se o acto inválido nunca tivesse sido emanado;

(ii) Se os efeitos produzidos pelo acto inválido foram desfavoráveis aos destinatários e sobre eles não existe caso julgado, a reposição da juridicidade deverá ser retroactiva, gerando a destruição de tais efeitos;

§12.° *Princípios de organização e funcionamento do poder político* 75

(iii) Se o acto inválido alicerça sentenças judiciais transitadas em julgado ou actos administrativos já insusceptíveis de impugnação contenciosa, a reposição da juridicidade nunca pode ser dotada de uma retroactividade que lese tais situações jurídicas firmes: o artigo 282.°, n.° 3, permite extrair que só o Tribunal Constitucional, e a título excepcional, pode colocar em causa a intangibilidade do caso julgado;

(iv) Se, pelo contrário, existem situações jurídicas consolidadas ao abrigo do acto inválido sem qualquer título judicial transitado em julgado ou acto administrativo firme, só razões de segurança jurídica, equidade ou de interesse público de excepcional relevo, sempre passíveis de controlo judicial, podem habilitar que a reposição da juridicidade não seja retroactiva à data da emanação do acto inválido;

(v) No entanto, o decurso do tempo e os valores da segurança jurídica e da tutela da confiança decorrente da boa fé podem alicerçar posições jurídicas que, apesar de fundadas numa normatividade *contra legem* ou *contra constitutionem*, limitem a integral reposição da juridicidade, permitindo (ou até impondo) a manutenção na ordem jurídica de tais efeitos inválidos ou, em alternativa, a criação de um dever de indemnizar os danos decorrentes da frustração da confiança: as figuras da *suppressio* e da *surrectio* não se mostram alheias ao Direito Constitucional[67].

---

[67] Para mais desenvolvimentos, partindo de uma análise vocacionada para o Direito Administrativo, cfr. PAULO OTERO, *Legalidade e Administração Pública*, pp. 919 ss.

§13.º
Princípios respeitantes aos titulares
do poder político

13.1. Princípio da legitimação democrática

> BIBLIOGRAFIA: PEDRO LOMBA, *Princípios Gerais da Organização do Poder Político*, in PAULO OTERO (coord.), *Comentário...*, III, 1.º tomo, pp. 11 ss.; ALEXRANDE SOUSA PINHEIRO, *Ibidem*, pp. 297 ss.

I. Já antes, a propósito do princípio democrático subjacente ao Estado de Direito democrático (v. *supra*, n.º 3.3.2.), se aflorou o tema da legitimidade político-democrática da decisão pública.

Cumpre agora centrar a análise, única e exclusivamente, na legitimação democrática dos titulares do poder político.

A legitimação democrática dos titulares do poder político encontra o seu fundamento no artigo 108.º, definindo que o poder político pertence ao povo, encontrando no sufrágio universal, igual, directo, secreto e periódico o modo por excelência pelo qual o povo exerce o poder político (artigo 10.º, n.º 1), concretizando-se, deste modo, a configuração da vontade popular como base da República (artigo 1.º), residindo no povo a soberania (artigo 3.º, n.º 1), e fazendo da participação política directa e activa dos cidadãos uma condição e um instrumento de consolidação do sistema democrático (artigo 109.º).

Essa "relação de necessidade entre democracia e eleição"[68] encontra ainda afloramento expresso no artigo 113.º, n.º 1, que estabelece o princípio da electividade dos protagonistas do poder político: "o sufrágio directo, secreto e periódico constitui a regra geral de designação dos titulares dos órgãos electivos de soberania, das regiões autónomas e do poder local".

---

[68] Cfr. ALEXANDRE DE SOUSA PINHEIRO, *Princípios Gerais da Organização do Poder Político*, in PAULO OTERO (coord.), *Comentário...*, III, 1.º tomo, p. 299.

Igualmente em termos internacionais, a legitimidade democrática dos titulares do poder político (alargada a todas as autoridades titulares de poderes públicos) é hoje uma exigência dotada de vocação universal[69], expressão de uma regra de *ius cogens*, consagrada pelo artigo 21.°, n.° 3, da Declaração Universal dos Direitos do Homem: a autoridade dos poderes públicos tem como fundamento a vontade do povo e esta exprime-se através de eleições honestas, periódicas e por sufrágio universal e igual, sendo reconhecido a todas as pessoas o direito de tomar parte na direcção dos negócios públicos do seu país (artigo 21.°, n.° 1).

A legitimidade democrática dos titulares do poder político tornou-se, progressivamente, um problema de legitimidade de todos os titulares do poder público.

II. Os titulares do poder público, desde que dotados de uma legitimidade democrática, tornam-se representantes políticos do povo, agindo com base numa delegação de quem, sendo o titular do poder político (artigo 108.°), não o pode exercer por si directa e imediatamente: os titulares do poder público, investidos de uma legitimidade representativa e de poderes provenientes do povo, devem agir no interesse e por conta do povo que é, por mediação constitucional e renovação periódica em eleições, a fonte da sua legitimação, da sua competência e autoridade.

A radicação no povo da legitimidade política das autoridades titulares do poder público, conferindo-lhes natureza democrática, pode assumir diferentes graus ou níveis de incidência:

(i) A legitimidade democrática é directa, imediata ou de primeiro grau sempre que nos encontramos perante titulares eleitos por sufrágio directo, universal e periódico da população – é o que sucede com o Presidente da República, os Deputados da Assembleia da República e das assembleias legislativas das regiões autónomas e ainda os membros das assembleias municipais, das câmaras municipais e das assembleias de freguesia;

(ii) A legitimidade democrática revela-se semi-directa ou quase directa, ocupando um segundo grau de legitimação, sempre que, utilizando-se um processo eleitoral destinado à eleição de deputados, o motivo principalmente determinante da escolha do eleitorado acaba por ser a escolha do líder do governo, sendo isso o que hoje se passa quanto à escolha do Primeiro-Ministro, do Presidente do

---

[69] Para mais desenvolvimentos, cfr. PAULO OTERO, *Instituições...*, I, pp. 426 ss.

§13.º Princípios respeitantes aos titulares do poder político 79

governo das regiões autónomas ou do Presidente da câmara municipal, todos titulares dotados, por isso, de uma legitimidade democrática semi-directa;

(iii) Um terceiro grau de legitimidade democrática, revelando-se já de natureza indirecta ou mediata, compreende todos os titulares que são designados, por via electiva ou de nomeação, por órgãos cujos titulares gozam de legitimidade democrática directa – assim sucede, por exemplo, com os titulares de órgãos eleitos pela Assembleia da República (v.g., Provedor de Justiça, dez juízes dos Tribunal Constitucional, Presidente do Conselho Económico e Social) ou com os titulares nomeados pelo Presidente da República (v.g., Ministros e Secretários de Estado, as Chefias Militares, o Presidente do Tribunal de Contas e o Procurador-Geral da República);

(iv) Num quarto grau de legitimidade democrática, agora dotado de uma natureza indirecta e secundária, encontram-se os titulares que são designados por órgãos cujos titulares são também portadores de uma legitimidade indirecta ou mediata (v.g., um director-geral nomeado por um Ministro, um adjunto nomeado por um Secretário de Estado, um assessor ou adjunto nomeado pelo Procurador-Geral da República);

(v) Mostra-se ainda possível, em graus sucessivos de legitimidade democrática descendente, a existência de titulares de órgãos e agentes designados por órgãos dotados de uma, cada vez menor, legitimidade política indirecta, segundo um modelo que conduz a níveis mínimos de legitimidade política.

Compreende-se, neste contexto de níveis sucessivamente descendentes de legitimidade político-democrática dos titulares dos órgãos em causa, que, em sentido inverso ao postulado constitucional da desconcentração de poderes, a legitimidade democrática justifique a concentração de poderes nos órgãos cujos titulares são dotados de maior legitimação política: o princípio da legitimidade política ascendente, alicerçando-se no princípio democrático, conduz a que as principais decisões devam sempre ser tomadas pelos órgãos dotados de maior representatividade, isto é, que, sendo representantes directos e imediatos da vontade do povo, se situem mais perto da sua fonte de legitimação – aos órgãos cujos titulares têm uma legitimidade democrática directa e imediata justifica-se a atribuição de poderes reforçados ou, pelo menos, as principais decisões políticas da colectividade.

III. A temática da legitimação democrática dos titulares dos órgãos do poder público não se circunscreve, porém, ao respectivo acto designativo, envolvendo também duas áreas complementares de projecção:

(i) A legitimidade político-democrática de qualquer titular exige sempre uma permanente fiscalização ou controlo do modo como o poder é exercido: a legitimidade do titular nunca autoriza a violação da juridicidade, nem justifica decisões inconvenientes e inoportunas na óptica do interesse público da colectividade – ao titular de um órgão do poder público não basta a legitimidade democrática do título que o investe no exercício da autoridade, exigindo-se também que exerça o poder de forma legítima;

(ii) A legitimidade política envolve, por outro lado, responsabilidade do titular do órgão, seja por aquilo que fez e não deveria ter feito ou não deveria ter feito como fez, seja por aquilo que não fez e se impunha, em termos de juridicidade ou de boa conduta, que tivesse feito: a responsabilidade é a outra face ou o custo político da legitimidade, podendo aqui afirmar-se que quanto maior for a legitimidade democrática do titular maior deverá ser o grau da sua responsabilidade, até por concentrar em si as mais importantes decisões políticas – a antecipação do termo do seu mandato, demitindo-se ou sendo demitido, pode bem ser a resposta que a responsabilidade acrescida dita ao insucesso da conduta do titular dotado de uma legitimidade democrática reforçada.

IV. A intervenção de órgãos cujos titulares são dotados de legitimidade democrática na definição dos critérios normativos de decisão confere uma inerente ou consequente legitimidade democrática: esses critérios normativos passam a ser, utilizando a linguagem de Rousseau, expressão da vontade geral manifestada pelos representantes do povo.

É o que sucede, por exemplo, quando a Assembleia da República ou o Governo aprovam um diploma que é depois promulgado pelo Presidente da República: esse acto legislativo traduz a conjugação de duas vontades orgânicas dotadas de legitimidade democrática directa ou semi-directa – a vontade de quem o aprovou e a vontade de quem o promulgou.

Aqui reside o cerne da ideia de legalidade democrática: trata-se de uma normatividade dotada da legitimidade política de quem a aprovou e permitiu a sua plena produção de efeitos jurídicos.

E, uma vez que os actos legislativos são executados pela Administração Pública e aplicados pelos Tribunais, verifica-se que as decisões administrati-

§13.º *Princípios respeitantes aos titulares do poder político* 81

vas e as decisões judiciais, desde que fundadas na aplicação da lei, encontram-se "contaminadas", à luz de um processo derivado ou subsequente aplicativo das leis, da legitimidade democrática de quem definiu os respectivos critérios normativos de decisão: a legitimidade democrática dos titulares dos órgãos públicos acaba sempre por se transmitir às suas decisões, dotando-as de uma inerente legitimação política.

A legalidade democrática não se circunscreve, deste modo, aos actos legislativos, antes se mostra susceptível de abarcar todos os actos jurídicos intencionais do Poder.

Compreende-se, neste último sentido, que as decisões administrativas e judiciais, sendo dotadas de legitimidade política, por aplicarem critérios normativos que expressam a "vontade geral" e resultarem ainda de órgãos cujos titulares são dotados de legitimidade política, traduzam sempre um produto final representativo da pertença ao povo da titularidade última do poder político: a legitimidade política do decisor alicerça a legalidade democrática.

13.2. Princípio da renovação

> BIBLIOGRAFIA: PEDRO DELGADO ALVES, *O princípio republicano*, in *Revista da Faculdade de Direito da Universidade de Lisboa*, 2007, pp. 231 ss.; PEDRO LOMBA, *Princípios Gerais da Organização do Poder Político*, in PAULO OTERO (coord.), *Comentário...*, III, 1.º tomo, pp. 481 ss.; JORGE MIRANDA, *Manual...*, VII, pp. 142 ss.; JORGE MIRANDA/RUI MEDEIROS, *Constituição...*, II, pp. 326 ss.; RICARDO LEITE PINTO, *Tradição republicana e estatuto dos políticos: o princípio da renovação (breve nota ao art. 118.º da Constituição da República Portuguesa)*, in *Francisco Salgado Zenha – Liber Amicorum*, Coimbra, 2003, pp. 597 ss.; IDEM, *Neo-Republicanismo, Democracia e Constituição*, Lisboa, 2006, pp. 81 ss.

(a) Renovação de cargos públicos e princípio republicano

I. O princípio democrático próprio de uma forma republicana de governo, por um lado, e a exigência de legitimação democrática dos titulares dos cargos públicos, por outro, implicando a realização periódica de eleições, determinam que não existem titulares vitalícios, impondo-se a temporalidade e, por essa via, implementa-se a mudança dos titulares de todos os órgãos políticos e a alternância democrática (v. *supra*, n.º 7.4., III): esse é o sentido do artigo 118.º, n.º 1, consagrando o princípio da renovação.

82   *Princípios fundamentais*

E o princípio da renovação, uma vez que não se circunscreve aos titulares de órgãos políticos designados por eleição, abrangendo também aqueles que são nomeados, torna-se um comando constitucional que tem como destinatário primordial o legislador.

Numa República genuinamente republicana, ninguém pode exercer a título vitalício qualquer cargo público[70]. O princípio da renovação, enquanto proibição da vitaliciedade, abrange todos os titulares de órgãos nacionais, regionais ou locais: a ninguém pode ser conferido o exercício, por toda a vida, de uma parcela de qualquer das funções do Estado.

O exercício do Poder pelos seus detentores assume sempre, numa forma de governo republicana, uma natureza transitória e precária: os titulares de cargos públicos, enquanto meros representantes do povo, não possuem a titularidade da soberania ou do Poder que pertence ao povo (artigos 3.º, n.º 1, e 108.º), razão pela qual a autoridade daqueles é sempre efémera.

Os titulares de cargos públicos são meros administradores da "vinha do Senhor" que é, neste caso, o titular último da soberania e do Poder Político – o povo. O exercício pelos administradores das suas funções, sendo feito em nome do povo, nunca pode assumir natureza vitalícia: o Senhor pode sempre mudar os administradores, substituindo-os por outros mais diligentes e qualificados para o exercício das funções em causa.

O princípio da renovação dos titulares dos cargos públicos reforça a precariedade e a efemeridade do Poder, justificando que o seu exercício garanta, sob pena de responsabilidade do seu titular, transparência, imparcialidade e respeito pela juridicidade.

II. Qual é o fundamento do princípio da renovação dos titulares de cargos públicos?

Entendemos serem sempre razões de interesse público que, resultantes ainda de manifestações do princípio republicano, justificam o princípio da renovação, salientando-se as três seguintes principais:

    (i) A renovação, evitando a personalização do exercício do poder e a sua aristocratização, combate o abuso do poder, limitando-o, além de diminuir as possibilidades de corrupção: aqui se filia uma tradi-

---

[70] Para uma associação entre o princípio da renovação e o princípio republicano, cfr. Acórdão do Tribunal Constitucional n.º 364/91, de 31 de Julho de 1991, in *Diário da República*, I Série-A, n.º 193, de 23 de Agosto de 1991 (e também, in www.tribunalconstitucional.pt). E, em termos doutrinários, cfr. GOMES CANOTILHO, *Direito Constitucional e Teoria...*, p. 229.

§13.° Princípios respeitantes aos titulares do poder político 83

ção oriunda das magistraturas da Grécia Antiga ou da República Romana, posteriormente renascida nas Repúblicas de Veneza e Florença[71];

(ii) A renovação permite ainda, por outro lado, que um maior número de pessoas participe na vida pública da colectividade, envolvendo o acesso de mais cidadãos a cargos de decisão pública: a renovação, ampliando a participação e potenciando a alternância, reforça a democraticidade da democracia;

(iii) A renovação habilita, por último, a adopção de novas soluções de prossecução do interesse público, permitindo condições para se promover uma melhoria da eficiência e uma mudança ou actualização dos critérios de decisão, gestão e administração, fazendo emergir novas políticas e novas formas de execução de antigas políticas: a renovação dos titulares também comporta uma renovação de soluções decisórias.

É ainda uma preocupação com o bem da República – e, por essa via, com o bem da colectividade – que justifica, em suma, o princípio da renovação dos titulares de cargos públicos.

III. A proibição de exercício vitalício de cargos públicos, determinando que a ninguém pode ser confiado o exercício de um cargo público por toda a vida e traduzindo uma manifestação da forma republicana de governo, envolve três corolários decorrentes da exigência constitucional de renovação dos titulares[72]:

(i) A proibição da hereditariedade ou de qualquer privilégio dinástico na designação de titulares de órgãos públicos: só a modificação do limite de revisão constitucional resultante do artigo 288.°, alínea b), fará desaparecer uma tal proibição;

(ii) A proibição de existirem cargos políticos de exercício por tempo indeterminado: o legislador encontra-se habilitado, por força do artigo 118.°, n.° 1, a limitar a duração do mandato de todos os cargos políticos cuja duração não resulte do texto da Constituição;

---

[71] Cfr. RICARDO LEITE PINTO, *Tradição republicana...*, pp. 599 ss.; IDEM, *Neo-Republicanismo...*, pp. 81 ss.

[72] Cfr. RICARDO LEITE PINTO, *Algumas hipóteses sobre a "República" e o "republicanismo" no constitucionalismo português*, in JORGE MIRANDA (org.), *Perspectivas Constitucionais. Nos 20 Anos da Constituição de 1976*, III, Coimbra, 1998, p. 227.

84 Princípios fundamentais

(iii) A proibição de exercício de cargos políticos por períodos ilimitadamente renováveis: a limitação do número de mandatos sucessivos do mesmo titular no exercício do mesmo cargo é ainda um corolário do princípio da renovação.

Observemos com mais detalhe esta última manifestação.

(b) Idem: os limites à renovação sucessiva de mandatos

IV. O princípio da renovação não se basta com a garantia de que ninguém exerce um cargo a título vitalício, apesar de periodicamente renovar a sua legitimidade político-democrática: o princípio da renovação mostra-se passível de impor limites ao exercício sucessivo de mandatos por uma mesma pessoa e num mesmo cargo[73].

É o que sucede, desde logo, com o Presidente da República que, nos termos do artigo 123.°, n.° 1, não pode ser reeleito para um terceiro mandato consecutivo (nem durante o quinquénio imediatamente subsequente ao termo do segundo mandato consecutivo). Ou, numa outra situação, com os juízes do Tribunal Constitucional que têm um mandato que não é renovável (artigo 222.°, n.° 3).

Fora dos casos expressamente previstos na Constituição, tais cláusulas de não reelegibilidade ou de reelegibilidade limitada, apesar de traduzirem um corolário do princípio da renovação, encontrar-se-iam, segundo uma mera interpretação literal do artigo 118.°, n.° 2, remetidas para a margem da liberdade conformadora do legislador: o n.° 2 do artigo 118.° concederia uma mera faculdade discricionária ao legislador de criação de limites à renovação sucessiva de mandatos dos titulares de cargos políticos executivos, traduzindo, neste sentido, uma restrição da amplitude do princípio da renovação formulado no n.° 1 do mesmo preceito.

Sucede, no entanto, que a Constituição passou apenas a permitir que o legislador fixasse, se assim entendesse, limites à renovação sucessiva de mandatos de titulares de cargos políticos executivos (artigo 118.°, n.° 2): há aqui, no que respeita aos titulares de cargos políticos executivos, um poder discricionário do legislador.

Nada é dito, porém, quanto aos titulares dos cargos políticos sem natureza executiva e ainda quanto aos titulares de cargos públicos de natureza não política.

---

[73] Negando a existência de um princípio geral de limitação de mandatos acoplado ao princípio da renovação, cfr. Acórdão do Tribunal Constitucional n.° 364/91, de 31 de Julho de 1991, cit.

§13.º *Princípios respeitantes aos titulares do poder político* 85

V. Será que o artigo 118.º, n.º 2, proíbe o legislador de criar cláusulas de não reelegibilidade ou de reelegibilidade limitada dos titulares de cargos políticos não executivos ou de cargos públicos sem natureza política?
A resposta não se mostra simples.

À luz de um postulado decorrente da forma de governo republicana, os titulares do Poder nunca têm direitos adquiridos em matéria de ausência de limites temporais ao exercício do poder ou à renovação sucessiva de mandatos, antes se encontram subordinados à vontade do titular último do Poder político, tal qual essa mesma vontade geral se expressa em normas limitativas do exercício desse mesmo poder pelos respectivos titulares: o artigo 118.º, n.º 1, habilita a existência de tais limites.

A discricionariedade da competência do legislador quanto à limitação da renovação sucessiva dos mandatos dos titulares de cargos políticos executivos, nos termos do artigo 118.º, n.º 2, mostra-se uma solução excepcional face à imperatividade da limitação do número de mandatos sucessivos que resulta do n.º 1 do artigo 118.º: se o n.º 2 não existisse, o princípio da renovação, formulado no n.º 1, vincularia o legislador a fixar, imperativamente, limites à renovação sucessiva de mandatos dos titulares de cargos políticos executivos.

Significa isto, por outras palavras, o seguinte:

(i) A excepcionalidade da solução do n.º 2 reside em, afastando a imperatividade da limitação do número de mandatos sucessivos de cargos políticos executivos, conferir aqui ao legislador um poder discricionário: é que a natureza executiva dos cargos políticos, conferindo-lhe menor relevância político-democrática face aos restantes cargos políticos decisórios, flexibiliza a exigência de renovação dos titulares de tais órgãos;

(ii) Por maioria de razão, a limitação do número de mandatos sucessivos de titulares de cargos públicos sem natureza política igualmente se situa na zona da liberdade conformadora do legislador;

(iii) Já no que diz respeito aos titulares de cargos políticos não executivos, atendendo ao papel político preponderante que assumem em termos decisórios, a solução deverá ser inversa: a limitação à renovação sucessiva de mandatos é aqui um imperativo da lei e não uma opção discricionária, segundo resulta do princípio geral do artigo 118.º, n.º 1, e ainda, *a contrario*, do n.º 2 do mesmo artigo, servindo a solução constitucional quanto ao Presidente da República de afloramento de um princípio geral da vinculação de o legislador consagrar cláusulas de não reelegibilidade ou de reelegibilidade limitada dos titulares de cargos políticos não executivos.

86 *Princípios fundamentais*

Em qualquer caso, as limitações resultantes de tais cláusulas nunca podem ser perpétuas ou vitalícias, nem impedir a possibilidade de os titulares em causa exercerem mandatos em outros órgãos públicos.

(c) A excepção à renovação: os titulares vitalícios

VI. Não se pode dizer que os juízes, apesar de terem o seu estatuto constitucional fundado num princípio de inamovibilidade (artigos 216.°, n.° 1, e 222.°, n.° 5), enquanto garantia da sua própria independência face ao Poder político, tenham um exercício vitalício de poderes: a inamovibilidade é na carreira, verificando-se que só podem ser transferidos de tribunal nos casos previstos na lei (artigo 216.°, n.° 1).

Independentemente das situações de duração fixa de mandato, tal como sucede com os juízes do Tribunal Constitucional (artigo 222.°, n.° 3), a verdade é que os juízes, apesar de titulares de um cargo público, acabam por encontrar na idade conducente à sua aposentação um limite que, à semelhança de todos os trabalhadores que exercem funções públicas com base num vinculo estável, nega a vitaliciedade do exercício do cargo público.

Se exceptuarmos a situação específica do Tribunal Constitucional, os juízes são os únicos titulares de órgãos de soberania que exercem funções a título profissional: à inamovibilidade típica do seu estatuto adiciona-se, tal como sucede com os restantes trabalhadores que exercem funções públicas, a preocupação de estabilidade do vínculo laboral.

Nenhuma excepção existe aqui, todavia, ao princípio da renovação que, no respeitante a todos os trabalhadores que exercem funções públicas, e apesar de envolver o exercício de cargos públicos, nunca pode colocar em causa as situações de estabilidade do vínculo laboral.

VII. Já no que diz respeito aos antigos presidentes da República que, tendo sido eleitos durante a vigência da Constituição, não foram destituídos do cargo, o artigo 142.°, alínea f), determina que são membros do Conselho de Estado, verificando-se, por efeito do disposto no artigo 143.°, que exercem esse cargo a título vitalício.

Aqui reside a única excepção constitucional ao princípio da renovação dos titulares de cargos políticos, numa paradoxal e irónica derrogação do princípio republicano face aos anteriores presidentes da República: transformados por inerência em membros do Conselho de Estado, sem possibilidade de renunciar a um tal cargo, os antigos presidentes da República passam a corporizar a vitaliciedade do exercício de um cargo político da República.

13.3. Princípio da fidelidade à Constituição

I. A Constituição, a propósito do conteúdo do juramento do Presidente da República no acto de tomada de posse, determina que, na sua declaração de compromisso, jure "defender, cumprir e fazer cumprir a Constituição da República Portuguesa" (artigo 127.°, n.° 3).

Existe aqui a clara formulação de um princípio de fidelidade à Constituição[74] que, vinculando directamente o Presidente da República a respeitar e a proteger a Lei Fundamental, lhe impõe, por efeito do juramento que lhe subjaz, uma exigência de cumprimento pontual e honroso de deveres: a fidelidade à Constituição é, antes de tudo, fonte de deveres constitucionais.

Não obstante extrair-se, expressamente, a fidelidade à Constituição do conteúdo do juramento do Presidente da República, o certo é que duas imediatas interrogações se suscitam:

– Será que a imposição de um dever de fidelidade à Constituição apenas vincula o Presidente da República ou, pelo contrário, mostra-se passível de compreender todos os titulares de cargos públicos?
– Qual o conteúdo passível de compreender o princípio da fidelidade à Constituição? Ou, por outras palavras, como se materializa o compromisso de "defender, cumprir e fazer cumprir a Constituição da República Portuguesa"?

II. Circunscrita a análise aos temas identificados, e uma vez que tratamos exclusivamente dos princípios referentes aos titulares de cargos políticos ou, em termos mais amplos, do Poder, deixamos de fora a questão de saber se também os particulares têm, tal como preceitua expressamente a Constituição italiana, um dever de fidelidade à Constituição (ou, na terminologia usada, um "dever de ser fiel à República"[75]).

A vinculação dos titulares de cargos públicos ao princípio da fidelidade à Constituição revela-se, atendendo à maior gravidade das consequências decorrentes de uma sua infidelidade, qualitativamente mais importante do que a vinculação da generalidade dos cidadãos[76].

---

[74] Negando que a Constituição consagre um tal dever, cfr. José Casalta Nabais, *Por uma Liberdade com Responsabilidade – Estudos sobre direitos e deveres fundamentais*, Coimbra, 2007, p. 280.

[75] Cfr. Vezio Crisafulli/Livio Paladin, *Commentario Breve alla Costituzione*, Padova, 1990, pp. 353 ss.

[76] Cfr. Giuseppe de Vergottini, *Diritto Costituzionale*, p. 393.

Registasse como sintomático, neste preciso contexto, que a Constituição tenha formulado, a propósito do Presidente da República, enquanto primeiro titular de um órgão constitucional referenciado na "Organização do Poder Político", o princípio da fidelidade à Constituição: há aqui um claro indício de que todos os restantes titulares de cargos públicos se encontram vinculados, em diferentes graus ou níveis de incidência, a um dever de "defender, cumprir e fazer cumprir a Constituição da República Portuguesa".

Eis o que importa comprovar.

(a) Fidelidade e subordinação à Constituição: os deveres da fidelidade

III. A circunstância de o exercício do poder político se fazer nos termos da Constituição (artigo 108.°), enquanto corolário do postulado que determina exercer-se a soberania "segundo as formas previstas na Constituição" (artigo 3.°, n.° 1), permite alicerçar que os titulares das estruturas decisórias a quem se encontra confiado o exercício do poder, sendo representantes do povo, devem sempre respeitar a Constituição.

Neste último sentido, o artigo 266.°, n.° 2, apesar de se referir especificamente aos órgãos e agentes administrativos, traduz o afloramento de um princípio geral que determina encontrarem-se os titulares de todas as estruturas decisórias públicas subordinados à Constituição (v. *supra*, n.° 3.4.2. (c)): o princípio da fidelidade dos titulares de cargos públicos à Constituição traduz, em primeiro lugar, uma regra de subordinação da sua conduta à Constituição.

A própria existência de um mecanismo de fiscalização da constitucionalidade das normas produzidas pelo Poder público confirma esse mesmo entendimento: o princípio da fidelidade à Constituição resulta da supremacia da força jurídica do texto constitucional, razão pela qual nenhum titular dos órgãos do Poder pode, sob pena de invalidade dos seus actos, violar a Constituição.

Ilustrando isso mesmo, num propósito garantístico da força normativa da Constituição, o artigo 3.°, n.° 3, preceitua que a validade de todos os actos do poder depende da sua conformidade com a Constituição: os autores de quaisquer actos jurídicos, sob pena de invalidade, têm o dever de se vincular positivamente pela Constituição, conformando a sua actuação com o preceituado pela normatividade constitucional.

A fidelidade à Constituição começa por envolver, deste modo, uma subordinação à Lei Fundamental: a todos os titulares de cargos públicos é imposto o dever de respeitar a Constituição.

§13.º *Princípios respeitantes aos titulares do poder político*

IV. Se, numa primeira manifestação, o princípio da fidelidade à Constituição vincula todos os titulares de cargos públicos a subordinarem-se às regras e princípios constitucionais, urge salientar que um tal imperativo se desdobra em seis principais deveres:

(*i*) A fidelidade envolve uma obrigação de não atentar contra a Constituição – a nenhum titular de cargo público é lícito agir em sentido contrário à normatividade constitucional, nem de actuar, sob um aparente cumprimento dos seus preceitos, em fraude à Constituição;

(*ii*) A fidelidade vincula a agir em conformidade com a Constituição – todos os titulares de cargos públicos têm o dever de garantir a força normativa da Constituição, fazendo o que ela impõe e abstendo-se de fazer o que ela proíbe;

(*iii*) A fidelidade impõe o dever de implementar a Constituição – todos os titulares de órgãos públicos, segundo a competência de cada um, devem promover a efectivação legislativa, administrativa e judicial das normas constitucionais;

(*iv*) A fidelidade determina que a interpretação evolutiva do texto constitucional, actualizando e adaptando um mesmo enunciado linguístico às exigências de mudança dos tempos modernos (v.g., a tutela da internet, da procriação mediamente assistida, da homossexualidade), se faça sempre sem desvirtuar o sentido global da leitura contextualizada da Constituição[77];

(*v*) A fidelidade obriga a respeitar a interpretação judicial da Constituição – a existência de uma pluralidade de intérpretes do texto constitucional (v. *supra*, n.º 7.5.1.), facultando a qualquer titular de cargo público a interpretação da Constituição, nunca deve conduzir a uma anarquia interpretativa contrária aos postulados definidos pelos tribunais, especialmente à interpretação já conhecida do Tribunal Constitucional;

(*vi*) A fidelidade postula um dever de educar a favor da Constituição – os titulares de cargos públicos devem possuir e transmitir, segundo as condutas factuais que assumem e as decisões jurídicas que tomam, uma cultura de respeito pelas instituições constitucionais.

---

[77] Para mais desenvolvimentos, cfr. LAWRENCE LESSIG, *Understanding changed readings: fidelity and theory*, in *Stanford Law Review*, vol. 47, 1994-1995, pp. 395 ss.

90 Princípios fundamentais

(b) Fidelidade e protecção da Constituição: outros deveres de fidelidade

V. Se, em termos judiciais, todos os tribunais se encontram vinculados a garantir a Constituição, impedindo a aplicação de normas inconstitucionais (artigo 204.°), tendo mesmo o Tribunal Constitucional o poder de fazer erradicar da ordem jurídica todas as normas inconstitucionais, declarando essa inconstitucionalidade com força obrigatória geral (artigo 282.°), o artigo 3.°, n.° 3, habilita, por seu lado, todos os órgãos a controlarem a juridicidade das suas condutas e, se verificarem que tais condutas são desconformes com a juridicidade, a repor a juridicidade violada (v. *supra*, n.° 12.10. V)).

Há aqui como que uma garantia de protecção da Constituição estabelecida pela própria Constituição: a fidelidade à Constituição passa também, neste sentido, pela imposição a todos os titulares de cargos públicos de um dever de protecção da Lei Fundamental.

A própria existência de normas constitucionais dotadas de aplicabilidade directa (v.g., artigo 18.°, n.° 1), transformando todas as autoridades em destinatários aplicativos dos seus comandos, reforça o intuito de protecção de tais sectores normativos da Constituição: a fidelidade constitucional passa aqui pela motivação dos titulares de cargos públicos a implementarem as normas dotadas de aplicabilidade imediata[78].

Isso mesmo é passível de ser extraído do artigo 19.°, n.° 8: em cenários de estado de excepção constitucional, a Constituição investe imediatamente todas as autoridades de uma competência que, envolvendo a adopção de providências necessárias e adequadas, tem o propósito de alcançar o pronto restabelecimento da normalidade constitucional.

Esse restabelecimento da normalidade constitucional, apesar de expresso a propósito de situações de estado de sítio ou de emergência, traduz ainda uma forma de fidelidade à Constituição: mesmo em situações de excepção, os titulares de cargos públicos nunca podem deixar de tentar repor a normalidade constitucional.

A reposição da Constituição, verificando-se casos efectivos da sua violação, é ainda uma manifestação de protecção constitucional subjacente ao princípio da fidelidade à Constituição.

VI. Mostra-se possível afirmar, atendendo ao exposto, que, envolvendo o princípio da fidelidade à Constituição uma obrigação genérica de protecção

---

[78] Neste sentido, apesar de especificamente se referir aos funcionários administrativos, cfr. PAULO OTERO, *Hierarquia administrativa*, in *Dicionário Jurídico da Administração Pública*, V, Lisboa, 1993, p. 76.

§13.° Princípios respeitantes aos titulares do poder político   91

da Lei Fundamental pelos titulares de todos os cargos públicos, se podem recortar aqui outros deveres específicos de fidelidade:

(i) A fidelidade envolve a possibilidade de aplicação imediata das normas constitucionais que são dotadas de aplicabilidade directa – é essa aplicabilidade pelos titulares dos cargos públicos que garante a protecção dos valores subjacentes a tais normas fundamentais;

(ii) A fidelidade determina um dever de fiscalizar o respeito pela Constituição – cada titular de um cargo público tem o poder de controlar a validade constitucional da sua conduta e a de terceiros que incida sobre a sua esfera funcional (v. *supra*, n.° 12.10., VI) e ainda, se tiver habilitação para o efeito, poderá controlar a validade das demais condutas de terceiros;

(iii) A fidelidade postula a remoção da ordem jurídica dos actos inconstitucionais – os titulares de cargos públicos devem exercer o auto-controlo da validade das suas condutas, repondo a juridicidade violada (v. *supra*, n.° 12.10. (a)) e, se tiverem competência para o efeito, revogar, anular ou declarar a invalidade de actos de terceiros;

(iv) A fidelidade exige a reposição da vigência da Constituição – sempre que a normatividade constitucional se encontre ameaçada ou já lesada na sua vigência, a todos os titulares de cargos públicos é conferido o poder de tentar restabelecer a normalidade da vigência constitucional;

(v) A fidelidade proíbe a subversão ou a instigação a que seja subvertida a ordem constitucional vigente – todo o comportamento de titular de cargo político que procure alterar, suspender ou fazer cessar a vigência da Constituição, desde que utilize meios violentos ou adopte meios não previstos no seu texto, preenchendo a tipicidade criminal, deve ser judicialmente punido[79].

(c) Fidelidade, pluralismo e neutralidade

VII. A fidelidade à Constituição dos titulares de cargos públicos não pode deixar de ser articulada, numa perspectiva diferente, com a opção partidária ou ideológica do titular em causa: a fidelidade à Constituição traduz uma vinculação que se realiza no contexto de um Estado de Direito democrático que, como se sabe, se fundamenta no pluralismo.

---

[79] Cfr. artigo 8.° da Lei n.° 34/87, de 16 de Julho, referente à responsabilidade dos titulares de cargos políticos.

92 *Princípios fundamentais*

Significa isto que o titular do cargo público, apesar de vinculado pelo princípio da fidelidade à Constituição, é livre de perfilhar uma ideologia contrária ao modelo político e/ou ao sistema económico definido pela Constituição[80]: o artigo 269.º, n.º 2, concretizando o postulado do artigo 13.º, n.º 2, formula o princípio geral de que os titulares de cargos públicos não podem ser prejudicados, nem beneficiados, pelo exercício de quaisquer direitos políticos previstos na Constituição, designadamente pela respectiva opção partidária.

Deste modo, e a título exemplificativo, o princípio da fidelidade à Constituição não impede que um monárquico seja titular de um cargo público, nem veda que um marxista, um anarquista ou um salazarista, revelando uma oposição ao modelo pluralista da Constituição, assuma idêntico cargo: a fidelidade à Constituição é uma vinculação no exercício das funções e não uma limitação no acesso ao exercício de tais funções.

O disposto na Constituição confirma este mesmo entendimento: o exercício de direitos políticos (artigo 50.º, n.ºs 1 e 2) e, por maioria de razão, as convicções políticas ou ideológicas de cada pessoa (artigo 13.º, n.º 2), nunca podem prejudicar o acesso a cargos públicos.

VIII. Se as opções ideológicas do titular do cargo público não impedem, nem o isentam da vinculação ao princípio da fidelidade à Constituição, o certo é que, obrigado a motivar-se exclusivamente pela prossecução do interesse público (artigos 268.º, n.º 1, e 269.º, n.º 1), o exercício das suas funções deve sempre pautar-se, salvo tratando-se de deputado (nacional, regional ou autárquico) no exercício de funções de fiscalização política, por uma regra de isenção político-partidária, agindo de forma apartidária, segundo os postulados inerentes ao princípio da imparcialidade (artigo 266.º, n.º 1).

A neutralidade político-partidária dos titulares de cargos públicos no exercício de funções decisórias, sem prejuízo das opções pessoais de natureza ideológica e partidária de cada um, se, por um lado, revela um esforço constante de imparcialidade no exercício das funções, mostra, por outro, que a fidelidade à Constituição traduz também um dever de respeito pelo pluralismo, a tolerância, a igualdade e a isenção: se tais valores forem lesados ou ameaçados de lesão, o regular funcionamento das instituições constitucionais mostra-se passível de ser colocado em causa.

A neutralidade do decisor, despindo-se das suas motivações ideológicas e político-partidárias no exercício das respectivas funções públicas, pautando-

---

[80] Em sentido contrário se tem orientado, todavia, a jurisprudência constitucional alemã dos anos setenta e oitenta do século XX, cfr. O. LUCTERHANDT, *Grundpflichten als Verfassungsproblem in Deutschland*, Berlin, 1988, pp. 44 ss.

§13.° Princípios respeitantes aos titulares do poder político 93

-se exclusivamente pelo interesse público, revela ainda uma forma de fidelidade ao modelo axiológico da Constituição: a neutralidade constitucional do Estado reconduz-se à sua "não-identificação com qualquer partido, força social ou corrente ideológica"[81].

O princípio da fidelidade à Constituição não exige concordância ou sintonia com os seus valores e instituições, antes vincula os titulares de cargos públicos, enquanto meros representantes do titular da soberania ou do Poder político, ao dever de respeitar e defender a ordem constitucional vigente: a fidelidade à Constituição não conduz, nem visa conduzir, ao monolitismo político dos titulares dos cargos públicos, nem cria um dever de fidelidade política[82].

A fidelidade à Constituição materializa-se, apesar das convicções políticas de cada titular de cargo público, numa postura de neutralidade decisória e de simultânea vinculação teleológica à prossecução do interesse público: a neutralidade político-partidária do decisor torna-se um modo de fidelidade constitucional que permite o regular funcionamento das instituições num Estado de Direito democrático.

Cumpre salientar, todavia, que nem sempre a violação da neutralidade, apesar de atentar contra a fidelidade à Constituição, encontra mecanismos sancionatórios de natureza judicial: a violação da neutralidade no âmbito dos actos políticos só poderá ser sancionada através da responsabilidade política do seu autor.

13.4. Princípio da responsabilidade pessoal

(a) Responsabilidade política, criminal, disciplinar e financeira

I. Sabe-se já que o princípio da responsabilidade, traduzindo um efeito conjugado dos princípios democrático e da limitação do poder (v. *supra*, n.° 12.6.), envolve quatro principais dimensões: a responsabilidade política, civil, criminal e financeira dos titulares dos cargos políticos.

---

[81] Cfr. JOÃO BAPTISTA MACHADO, *Participação e Descentralização...*, p. 141.

[82] Só a título excepcional, se se verificar uma especial relação de confiança política entre titulares de cargos políticos (v.g., entre o Primeiro-Ministro e os membros do seu Governo ou entre os membros de um mesmo grupo parlamentar), se poderá dizer existir um dever de fidelidade política: em todas as restantes situações, a existência de um Estado de Direito democrático é incompatível como um dever de fidelidade política. Neste sentido e para mais desenvolvimentos, cfr. PAULO OTERO, *Hierarquia administrativa*, p. 76.

Sucede, no entanto, que a responsabilidade civil, criminal e financeira, não se limitando aos titulares de cargos políticos, mostra-se passível de abranger todos os titulares de cargos públicos (v. *supra*, n.° 12.6., II): apenas a responsabilidade política se mostra privativa de titulares de cargos políticos, tal como a responsabilidade disciplinar tem como destinatários exclusivos os titulares de cargos públicos que não assumem natureza política.

Por saber fica, no entanto, atendendo a que, em matéria de responsabilidade civil, o artigo 22.° estabelece um princípio de solidariedade entre a pessoa colectiva e o titular dos seus órgãos, funcionários e agentes, as situações em que, à luz da Constituição, existe responsabilidade pessoal.

A análise a efectuar, centrando-se primordialmente sobre a responsabilidade civil, começará, todavia, por recortar o quadro genérico das diferentes modalidades de responsabilidade dos titulares de cargos públicos.

II. Começando pela natureza da responsabilidade política dos titulares de cargos políticos, cumpre referir o seguinte:

(*i*) Tratando-se de titulares de órgãos colegiais, a responsabilidade política concentrada assume natureza colectiva, desde que vigore um princípio de solidariedade entre os membros dos órgãos: a quebra da confiança política determina a demissão do órgão e não de cada um dos seus membros isoladamente, tal como sucede com a responsabilidade do Governo perante a Assembleia da República (artigo 190.°) ou a responsabilidade do governo regional perante a respectiva assembleia legislativa da região autónoma (artigo 231.°, n.° 3);

(*ii*) A natureza colectiva da responsabilidade política concentrada de titulares de órgãos colegiais não impede, todavia, a possibilidade de também existir responsabilidade individual ou pessoal intra-orgânica, isto é, entre titulares do mesmo órgão colegial: cada Ministro é politicamente responsável perante o Primeiro-Ministro (artigo 191.°, n.° 2), tal como cada Secretário de Estado é pessoalmente responsável perante o Primeiro-Ministro e o respectivo Ministro (artigo 191.°, n.° 3);

(*iii*) Mostra-se mesmo possível afirmar que a responsabilidade política entre dois órgãos singulares é, por definição, uma responsabilidade de natureza pessoal: é o que se passa, desde logo, com a responsabilidade institucional do Primeiro-Ministro perante o Presidente da República (artigo 191.°, n.° 1);

(*iv*) Já no âmbito da designada responsabilidade política difusa (v. *supra*, n.° 12.6., IV), os titulares de cargos políticos são sempre pessoal-

§13.° Princípios respeitantes aos titulares do poder político

mente responsáveis, efective-se essa responsabilidade pela sua sujeição a um processo de renovação eleitoral do mandato ou simplesmente perante a opinião pública.

III. No que diz respeito à responsabilidade criminal, verifica-se que, em todos os casos, assume uma natureza pessoal: fundada na culpa, a responsabilidade criminal não tem como destinatário uma instituição, nem um simples comportamento objectivo, antes visa a imputação subjectiva de uma actuação ou omissão, procurando-se determinar a culpa, em termos de dolo ou negligência, da conduta da pessoa física que ocupa determinado cargo público.

É essa pessoalidade da responsabilidade criminal que justifica, aliás, a sua intransmissibilidade (artigo 30.°, n.° 3): a responsabilidade penal não se pode transmitir a ninguém, começando e terminando na pessoa do infractor, atendendo à sua natureza pessoal.

O artigo 117.°, n.os 1 e 2, sublinha essa mesma natureza pessoal da responsabilidade criminal dos titulares do cargo político, sendo isso evidenciado pelas duas seguintes referências autónomas: o Presidente da República, nos termos do artigo 130.°, e os membros do Governo, segundo o artigo 196.°. Em igual sentido, o artigo 271.°, n.° 1, confirma a natureza pessoal da responsabilidade criminal dos restantes titulares de cargos públicos (sem natureza política).

Reside na circunstância de os titulares de cargos públicos nunca deixarem de ser pessoas humanas e, por essa via, terem direito a ver respeitada a sua dignidade, que o princípio da culpa, impedindo formas de responsabilidade criminal objectiva, fundamenta a natureza pessoal deste tipo de responsabilidade[83].

IV. Uma palavra sobre a responsabilidade disciplinar dos titulares de cargos públicos que, sem natureza política, os exercem a título profissional (v. *supra*, n.° 12.6., VII): igualmente aqui, tal como sucede com a responsabilidade criminal, deparamos com uma modalidade de responsabilidade pessoal que nunca pode deixar de possuir uma base subjectiva.

Qualquer ideia de responsabilidade disciplinar objectiva, sendo independente da culpa do agente, seria atentatória do respeito devido à dignidade

---

[83] A fundamentação da culpa na dignidade da pessoa humana mostra-se uma constante da jurisprudência do Tribunal Constitucional, cfr. Acórdão n.° 43/86, de 19 de Fevereiro de 1986, relativo ao processo n.° 100/85, in www.tribunalconstitucional.pt; Acórdão n.° 549/94, de 18 de Outubro de 1994, processo n.° 646/92, in www.tribunalconstitucional.pt.

humana da pessoa física que ocupa o cargo público em causa[84]: a incidência subjectiva da responsabilidade, visando apurar o grau de culpa da conduta do titular do cargo, confirma a natureza pessoal da responsabilidade disciplinar.

V. No que diz respeito à responsabilidade financeira, assumindo-se sempre como uma responsabilidade de índole pessoal (v. *supra*, n.º 12.6., VIII), encontra-se a mesma excluída de órgãos, serviços ou entidades públicas[85], configurando-se dotada de uma natureza objectiva: há lugar a responsabilidade financeira se se verificar a existência da obrigação de reposição de dinheiros gastos de modo ilegal ou irregular.

Trata-se de uma obrigação que não exclui a concorrência de responsabilidade criminal, disciplinar e política, podendo ter como destinatários quaisquer titulares de cargos públicos envolvidos em actos financeiros públicos.

(b) O problema especial da responsabilidade civil

VI. Conhecemos já que a responsabilidade civil dos titulares de cargos públicos, por condutas praticadas no exercício das suas funções e por causa desse exercício, sendo um mecanismo de garantia do Estado de Direito democrático que assume a natureza de direito fundamental (v. *supra*, n.º 3.6. (c)), se mostra passível de abranger o exercício de qualquer função do Estado (v. *supra*, n.º 12.6., VI):

- *(i)* O artigo 22.º define o princípio geral da responsabilidade das entidades públicas e, em termos solidários, dos titulares dos seus órgãos, funcionários e agentes;
- *(ii)* O artigo 117.º, n.º 1, determina, especificamente, a responsabilidade civil dos titulares de cargos políticos pelas acções e omissões que pratiquem no exercício das suas funções;
- *(iii)* O artigo 271.º, n.º 1, confirma a responsabilidade civil dos funcionários e agentes que exercem a função administrativa.

O problema a que cumpre encontrar resposta consiste em saber, atendendo à natureza solidária da responsabilidade civil fixada pelo artigo 22.º, as situações em que existe responsabilidade pessoal do titular do cargo público.

---

[84] No sentido da aplicabilidade do princípio da culpa ao ilícito disciplinar, cfr. Acórdão do Tribunal Constitucional n.º 562/03, de 18 de Novembro de 2003, processo n.º 577/99, in www.tribunalconstitucional.pt.

[85] Cfr. ANTÓNIO L. DE SOUSA FRANCO, *Finanças Públicas e Direito Financeiro*, I, p. 483; GUILHERME D'OLIVEIRA MARTINS, *Responsabilidade financeira*, p. 278.

§13.° *Princípios respeitantes aos titulares do poder político* 97

VII. Se a irresponsabilidade civil dos deputados por votos e opiniões emitidos no exercício das suas funções afasta, nos termos do artigo 157.°, n.° 1, a regra da solidariedade do artigo 22.°[86], tal como a irresponsabilidade dos juízes por algumas das suas decisões (artigo 216.°, n.° 2), o certo é que a natureza solidária da responsabilidade civil entre o Estado e as demais entidades públicas, por um lado, e os titulares dos seus órgãos, funcionários ou agentes, por outro, habilita, nos termos do artigo 22.°, que qualquer lesado possa intentar uma acção de indemnização escolhendo três possíveis destinatários:

(i) A acção de responsabilidade civil pode ser intentada contra a pessoa colectiva em causa (: v.g., Estado, região autónoma x, município y, freguesia w, universidade pública z), visando o ressarcimento do dano através do erário público;

(ii) A acção de responsabilidade civil poderá, pelo contrário, ser intentada contra a pessoa física que é titular do órgão, funcionário ou agente: a acção visa agora o ressarcimento do dano através do património pessoal do titular do cargo público;

(iii) A acção de responsabilidade civil poderá ainda, por último, ser intentada, simultaneamente, contra a entidade colectiva e a pessoa física titular do cargo público.

Note-se, porém, que mesmo na hipótese de ocorrer uma acção de responsabilidade civil intentada contra a entidade colectiva, é possível que, num momento posterior, verificando-se a procedência da acção e o inerente pagamento pelo erário público da indemnização ao lesado, a entidade pública venha a exigir ao titular do cargo público que determinou a lesão o ressarcimento do prejuízo suportado pela pessoa colectiva junto do lesado: trata-se agora do designado direito de regresso das entidades públicas contra os titulares dos seus órgãos, funcionários e agentes (artigo 271.°, n.° 4). Igualmente aqui, será o património do titular do cargo público a suportar o dever de indemnizar.

VIII. Não obstante o princípio da solidariedade na responsabilidade civil determinar que o património pessoal de todos os titulares de cargos públicos é passível de servir, salvas as situações de irresponsabilidade expressamente previstas (v. *supra*, n.° 12.6., IX), de garantia de ressarcimento de lesões decorrentes de acções ou omissões praticadas no exercício das suas funções e por causa desse exercício, a verdade é que a Constituição, excepto no que diz respeito aos deputados, se mostra omissa quanto ao recorte das

---

[86] Cfr. JORGE MIRANDA, *Direito Constitucional III*, (2003), p. 254.

98 *Princípios fundamentais*

situações de responsabilidade civil que se devem imputar ao erário público e aquelas que, ao invés, deverão ser imputadas ao património pessoal do titular do cargo público.

Encontra-se remetida para a liberdade de conformação do legislador a definição das regras que, sem prejuízo da solidariedade definida pelo artigo 22.°, permitam uma divisão dos efeitos financeiros ou patrimoniais da responsabilidade civil extracontratual entre o Estado e as demais entidades públicas e, por outro lado, os titulares dos respectivos cargos públicos.

É neste contexto que a Lei n.° 67/2007, de 31 de Dezembro, ensaia uma repartição dos encargos decorrentes da responsabilidade civil entre o património das entidades públicas e o património pessoal dos titulares de cargos públicos, podendo extrair-se as seguintes ilações:

> (*i*) Existirá responsabilidade exclusiva das entidades públicas, sem qualquer intervenção do património pessoal do titular do cargo público, sempre que se verifique uma das seguintes hipóteses:
> (1) Se os danos resultarem de condutas ilícitas cometidas com culpa leve por parte do titular do cargo;
> (2) Se os danos não resultaram do comportamento concreto de um titular de cargo público;
> (3) Se não for possível provar a autoria pessoal dos danos, devendo atribuir-se a um funcionamento anormal do serviço;
> (*ii*) Haverá responsabilidade pessoal do titular do cargo público sempre que os danos resultem de uma sua conduta que, sendo ilícita, tenha sido cometida como dolo, culpa grave ou com diligência e zelo manifestamente inferiores àqueles a que se encontrava obrigado em razão do cargo e, por maioria de razão, se os danos resultarem de crime de responsabilidade cometido pelo titular do cargo[87];
> (*iii*) Se, nos casos em que existe responsabilidade pessoal do titular do cargo, for uma entidade pública, por via do princípio da solidariedade da responsabilidade previsto no artigo 20.°, a satisfazer a indemnização ao lesado, haverá direito de regresso contra o titular do cargo, salvo verificando-se uma situação de irresponsabilidade pessoal deste (v. *supra*, n.° 12.6., X);
> (*iv*) O direito de regresso assume, desde que constitucionalmente possível, natureza obrigatória.

---

[87] Neste último sentido, especificamente sobre a responsabilidade civil emergente de crime de responsabilidade de titular de cargo político, cfr. artigo 45.° da Lei n.° 34/87, de 16 de Julho.

§13.° *Princípios respeitantes aos titulares do poder político*

Naturalmente que o legislador, exercendo a sua margem de liberdade conformadora, poderia ter construído um modelo diferente de configuração da responsabilidade civil extracontratual dos titulares de cargos públicos, habilitando mesmo o artigo 117.°, n.° 1, que os titulares de cargos políticos tenham um regime específico de responsabilidade civil, porventura até mais exigente do que aquele que se encontra traçado para a generalidade dos titulares de cargos públicos.

No entanto, importa deixar claro, se a regra da solidariedade prevista no artigo 22.° fosse integralmente explorada nas suas virtualidades responsabilizadoras da esfera patrimonial pessoal dos titulares de cargos públicos[88], muito dificilmente se conseguiria alguém disponível para exercer funções públicas ou, encontrando-se, o temor de agir e ser responsabilizado mostrar-se-ia passível de paralisar a actuação pública. Haverá aqui que conseguir um certo equilíbrio que, limitando a liberdade conformadora do legislador na matéria, não faça deitar tudo a perder, aumentando a responsabilidade pessoal e, por essa via, afastando interessados em exercer funções públicas.

13.5. Princípio da titularidade de situações funcionais

BIBLIOGRAFIA: Pedro Lomba, *Princípios Gerais da Organização do Poder Político*, in Paulo Otero (coord.), *Comentário...*, III, 1.° tomo, pp. 471 ss.; Jorge Miranda, *Manual...*, IV, pp. 71 ss.

(a) Formulação e configuração

I. Os titulares de cargos públicos não deixam de ser pessoas, nem cidadãos, pelas funções que exercem: eles continuam investidos, por força dos princípios da universalidade e da igualdade, de direitos fundamentais e dos inerentes deveres.

---

[88] A principal razão motivadora de uma limitada explorabilidade da regra que permite a responsabilidade pessoal dos titulares de cargos públicos, envolvendo o intentar pelos lesados de acções de indemnização directamente dirigidas contra os titulares dos cargos públicos, deve-se, única e exclusivamente, a um facto: o património das entidades públicas é, por via de regra, muito superior ao património dos titulares dos cargos, sendo aquele passível de garantir o ressarcimento do dano, enquanto o património destes não mostra oferecer, à partida, essa garantia.

100 *Princípios fundamentais*

Sucede, porém, que a circunstância de exercerem funções públicas pode justificar, atendendo ao interesse público que subjaz aos cargos que desempenham, a criação de um estatuto especial de posições jurídicas activas e passivas: esse é o sentido do artigo 117.°, n.° 2.

Os titulares de órgãos do poder público têm um conjunto de situações activas e passivas que, resultando das funções que exercem ou já exerceram, lhes moldam um determinado estatuto: esse conjunto de posições jurídicas emergentes do exercício das funções públicas corresponde às situações funcionais em que se encontram investidos todos os titulares de estruturas orgânicas públicas.

Pode aqui falar-se, por consequência, em princípio da titularidade de situações funcionais.

Na ideia de prossecução do interesse público, enquanto vinculação a que se encontram adstritos os titulares de órgãos públicos, reside o fundamento último do princípio que lhes determina a titularidade de situações funcionais: tais situações jurídicas subjectivas, integrando o estatuto dos titulares de cargos públicos, traduzem meios ao serviço das funções que lhes são ou foram confiadas.

II. O princípio da titularidade de situações funcionais confere aos titulares de órgãos públicos um conjunto diversificado, em função da natureza do próprio órgão, de posições jurídicas:

   (i) Existem posições jurídicas activas, correspondendo a situações positivas, favoráveis ou de vantagem que a ordem jurídica atribui aos titulares de órgãos públicos por causa do exercício de tais funções, salientando-se as seguintes principais espécies:

   (1) Direitos subjectivos, conferindo directa e imediatamente ao seu titular meios que lhe permitem a afectação jurídica de um bem à prossecução de um interesse próprio[89], os quais podem ter uma dupla natureza:

      – *Direitos subjectivos pessoais* (v.g., nos termos do artigo 158.°, os Deputados gozam de direito a cartão especial de identificação, a passaporte especial, a livre trânsito ou ainda, em termos gerais, do direito a renunciar a continuar a exercer funções);

---

[89] Cfr. Manuel Gomes da Silva, *O Dever de Prestar e o Dever de Indemnizar*, I, Lisboa, 1944, em especial, pp. 83 ss.

§13.° *Princípios respeitantes aos titulares do poder político* 101

– *Direitos subjectivos patrimoniais* (v.g., direito a remuneração e a subsídios especiais[90]);

(2) Privilégios, enquanto prerrogativas subjectivas de natureza excepcional, isto no sentido de que não são conferidas à generalidade dos cidadãos, traduzindo posições de vantagem justificadas pela dignidade e responsabilidade da função que exercem, compreendem:

– *Regalias*, consubstanciam situações subjectivas de vantagem que acrescem a quem exerce o poder pelo simples facto de o exercer (v.g., honras e precedências protocolares, pensões de reforma especiais; o estatuto do Presidente da República impedido, segundo o artigo 132.°, n.° 3);

– *Indemnidades*, correspondendo a uma ausência de responsabilidade criminal ou civil relativas ao titular de certo órgão[91], tal como sucede com os Deputados, nos termos do artigo 157.°, n.° 1, pelos votos e opiniões que emitem no exercício das suas funções[92];

– *Imunidades*, enquanto "situações de não privação da liberdade prévia à sentença definitiva de condenação e de não sujeição a julgamento do titular de cargo público"[93], assim, a título exemplificativo[94], o Presidente da República, por crimes estranhos ao exercício das suas funções, só responde após o termo do mandato (artigo 130.°, n.° 4), tal como os Deputados não podem ser, por via de regra, detidos ou presos sem autorização parlamentar (artigo 157.°,

---

[90] Especificamente sobre a remuneração dos parlamentares, negando-lhe a natureza de direito subjectivo, cfr. MARIA BENEDITA URBANO, *A indemnidade parlamentar*, in *Estudos em Homenagem ao Prof. Doutor Armando M. Marques Guedes*, Coimbra, 2004, pp. 359 ss., em especial, p. 370.

[91] Cfr. FRANCISCO AGUILAR, *Imunidade dos titulares de órgãos de soberania*, in *Jornadas de Direito Processual Penal e Direitos Fundamentais*, Coimbra, 2004, p. 336.

Em sentido contrário, reconduzindo a ideia de indemnidade "a retribuição ou assignação económica que é atribuída (...) como contrapartida pelo exercício de funções (...)", cfr. MARIA BENEDITA URBANO, *A indemnidade parlamentar*, p. 362.

[92] Sobre a irresponsabilidade parlamentar, cfr. MARIA BENEDITA URBANO, *Representação Política e Parlamento*, pp. 547 ss.

[93] Cfr. FRANCISCO AGUILAR, *Imunidade...*, p. 336.

[94] Sobre as imunidades aos órgãos de soberania, segundo a Constituição de 1976, cfr. JORGE MIRANDA, *Imunidades constitucionais...*, pp. 35 ss.; FRANCISCO AGUILAR, *Imunidade...*, pp. 346 ss.

102 Princípios fundamentais

n.º 3)[95], nem continuado procedimento criminal, após acusação definitiva, sem autorização parlamentar (artigo 157.º, n.º 4)[96] e ainda, no que diz respeito ao Governo, as imunidades consagradas pelo artigo 196.º, n.ºs 1 e 2;

– *Prerrogativas processuais*, agrupando todas as situações que, afastando o regime geral, envolvam um tratamento processual mais favorável, tal como sucede com o julgamento do Presidente da República, por crime cometido no exercício das funções, pelo Supremo Tribunal de Justiça (artigo 130.º, n.º 1), ou os casos em que os deputados, para serem ouvidos como testemunhas, carecem de autorização parlamentar (artigo 154.º, n.º 3), tal como se forem simples declarantes ou arguidos (artigo 157.º, n.º 2)[97];

(3) Outro tipo de garantias (v.g., a inamovibilidade dos juízes, segundo o artigo 216.º, ou a existência de especial protecção penal através da criminalização de condutas contra alguns dos titulares de cargos políticos);

(ii) Existem posições jurídicas passivas, compreendendo situações negativas ou desfavoráveis que oneram os titulares de órgãos públicos pelas funções que exercem, aqui se integrando as seguintes figuras:

(1) Deveres que, criando vinculações a que se encontram adstritos os respectivos titulares pelas funções que exercem, permitem, todavia, que exista a possibilidade prática (e ilícita) de o vinculado se eximir ao seu cumprimento (v.g., o artigo 159.º quanto aos deveres dos Deputados e, em termos gerais, o dever de declaração do património e dos rendimentos no início e no termo do exercício de funções, o dever de respeitar o segredo de Estado ou as matérias em segredo de justiça);

---

[95] Cfr. CARLA AMADO GOMES, *Constituição, prisão preventiva e inviolabilidade dos deputados: do dito e do não dito*, in *Anuário Português de Direito Constitucional*, vol. III, 2003, pp. 111 ss.

[96] Sobre o tema das imunidades parlamentares, cfr. LUÍS BARBOSA RODRIGUES, *Imunidade parlamentar*, in *Dicionário Jurídico da Administração Pública*, V, Lisboa, 1993, pp. 174 ss.; CARLA AMADO GOMES, *As Imunidades Parlamentares no Direito Português*, Coimbra, 1998; JORGE MIRANDA, *Imunidades constitucionais...*, pp. 38 ss.; MARIA BENEDITA URBANO, *Representação Política e Parlamento*, pp. 515 ss., em especial, pp. 885 ss.

[97] Para um elenco de prerrogativas processuais dos titulares de órgãos de soberania, cfr. FRANCISCO AGUILAR, *Imunidade...*, pp. 338-339, nota n.º 5.

§13.° Princípios respeitantes aos titulares do poder político   103

(2) Sujeiçoes que, em sentido contrário aos deveres, nunca conferem ao seu titular qualquer possibilidade de as violar, infringir ou fugir à inerente vinculação, aqui se agrupando as seguintes situações:

- *Responsabilidades* (v.g., a responsabilidade civil, política e criminal dos titulares de cargos políticos, nos termos do artigo 117.°, n.° 1);
- *Incompatibilidades e impedimentos* (v.g., os Deputados que forem nomeados membros do Governo não podem, enquanto não cessarem funções governamentais, segundo o artigo 154.°, n.° 1, exercer o mandato parlamentar; proibição de, nos termos do artigo 216.°, n.° 3, os juízes desempenharem outra função, salvo tratando-se de funções docentes ou de investigação científica jurídica, não remuneradas)[98];

(3) Restrições particulares a direitos fundamentais que, limitando o campo de operatividade ou as faculdades inerentes a direitos fundamentais de que gozam a generalidade dos cidadãos, são criadas especificamente para os titulares de cargos políticos (v.g., os titulares de órgãos constitucionais de natureza política não gozam do direito de greve; a contenção no exercício da liberdade de expressão do Presidente da República ou dos membros do Governo ou ainda dos juízes na apreciação ou na formulação de juízos sobre os titulares dos cargos políticos; a limitação da liberdade de os deputados se inscreverem em partido político diverso daquele pelo qual se apresentaram a sufrágio).

III. A pluralidade de situações funcionais, todas elas directamente relacionadas com a natureza e a função dos órgãos em causa, permitindo recortar, ao lado de regras comuns a todos os titulares de cargos públicos, um conjunto diversificado de regras especiais, alicerça a conclusão de que não é possível existir um único estatuto para todos os titulares de cargos públicos: o postulado da adequação inerente ao princípio da proporcionalidade justifica a existência de diversos estatutos funcionais.

O princípio da titularidade de situações funcionais envolve ou tem subjacente, deste modo, um princípio de pluralidade de estatutos funcionais para os diferentes órgãos públicos.

---

[98] Especificamente sobre as incompatibilidades parlamentares, cfr. MARIA BENEDITA URBANO, *Representação Política e Parlamento*, pp. 325 ss., em especial, pp. 813 ss.

104 *Princípios fundamentais*

Mostra-se possível recortar, à luz da Constituição, três principais grupos de estatutos funcionais de titulares de órgãos públicos:

(i) As situações funcionais dos titulares de órgãos de soberania, podendo ainda aqui diferenciar-se entre os titulares de cargos políticos e, por outro lado, os juízes;

(ii) As situações funcionais dos restantes titulares de órgãos constitucionais, distinguindo aqui entre aqueles órgãos que têm natureza política (v.g., assembleias legislativas das regiões autónomas, presidente do governo regional, assembleia e câmara municipal) e, por outro lado, os órgãos que não têm natureza política (v.g., Procurador-Geral da República, Conselho Superior da Magistratura);

(iii) As situações funcionais dos titulares de órgãos públicos que não têm natureza constitucional.

(b) Limitações

IV. Na definição das situações funcionais aplicáveis aos titulares de órgãos públicos, especialmente as que envolvem a atribuição de posições jurídicas de vantagem, não goza o legislador de uma total liberdade de conformação, encontrando-se a sua margem de discricionariedade especialmente condicionada ao respeito pelos três seguintes limites:

(i) Todas as situações funcionais se encontram teleologicamente vinculadas a uma relação de adequação e necessidade face ao tipo e à natureza das funções que o titular do órgão em causa exerce: o princípio da proporcionalidade, limitando a liberdade decisória do legislador sobre a matéria, alicerça sempre um parâmetro de controlo judicial da validade da solução legal;

(ii) Num outro sentido, as situações funcionais definidas pela lei nunca podem comportar a atribuição de vantagens ou privilégios que, carecendo de justificação razoável ou sendo excessivos, se mostrem arbitrários e, por essa via, violadores do princípio da igualdade: os titulares de cargos públicos servem o interesse público e são representantes do povo, único titular do poder político, nunca se podendo inverter os termos desta equação, isto de modo a permitir que os titulares de cargos públicos se sirvam do interesse público para obter privilégios e vantagens injustificados e, nesse sentido, discriminatórios;

(iii) Por último, o princípio da imparcialidade, vedando a colisão de interesses próprios do decisor perante a matéria objecto de decisão,

§13.° *Princípios respeitantes aos titulares do poder político* 105

determina que nenhuma situação de vantagem ou de privilégio criado por lei, a título de situação funcional de titular de cargo público, possa ser aplicado imediatamente a quem participou no respectivo procedimento de feitura (v. *supra*, n.° 3.4.2., XII). Significa isto, a título ilustrativo, o seguinte:

– Os aumentos de renumeração dos Deputados que tenham sido decididos numa legislatura apenas podem ser aplicados aos Deputados que vierem a ser eleitos na legislativa seguinte;
– Os aumentos de renumeração dos membros do Governo só poderão ser aplicados ao Governo subsequente;
– Os aumentos de renumeração do Presidente da República só serão aplicáveis ao Presidente em exercício se tiverem sido objecto de prévio veto político que, ultrapassado por confirmação parlamentar, tenha tornado obrigatório o acto de promulgação.

(c) Situações pós-funcionais

V. Particular complexidade revela a temática das designadas situações *pós-funcionais* que, dizendo respeito a posições jurídicas conferidas a ex-titulares de órgãos do poder[99], suscitam delicados limites justificativos da sua criação ou manutenção.

Se, por um lado, existem razões decorrentes da prossecução do interesse público que justificam a manutenção de um conjunto de deveres, podendo falar-se numa pós-eficácia de tais deveres, tal como sucede com o respeito pelo segredo de Estado mesmo após a cessação do exercício de funções, a verdade é que, por outro lado, existem situações funcionais que perdem completamente a sua razão de ser com o termo do exercício das funções que as justificaram. Esse é o caso, em termos ilustrativos, das sujeições envolvendo responsabilidade ou ainda os direitos e privilégios concedidos em função do cargo que estava a ser exercido e, uma vez deixado de exercer, carecem de fundamento justificativo à luz do princípio republicano[100].

Muito discutível mostra-se, nos termos dos princípios da adequação e da igualdade numa República, que a cessação do exercício de funções possa habilitar a titularidade de novas posições jurídicas activas, exclusivamente fundadas no exercício temporário de tais funções públicas: o exercício de fun-

---

[99] Cfr. JORGE MIRANDA, *Manual...*, IV, p. 70.
[100] Neste último sentido, cfr. PEDRO LOMBA, *Princípios Gerais da Organização do Poder Político*, in PAULO OTERO (coord.), *Comentário...*, III, 1.° tomo, p. 497.

106 Princípios fundamentais

ções públicas, não sendo um privilégio ou uma honra de quem as exerce, não pode investir o seu titular, após a cessação do seu exercício, de privilégios ou honras atentatórios do princípio da igualdade – trata-se ainda aqui de um corolário do princípio republicano.

(d) Renunciabilidade do estatuto funcional

VI. Questão diversa de todas até agora analisadas, a propósito do princípio da titularidade de situações funcionais, consiste em saber se tais posições jurídicas subjectivas, uma vez atribuídas atendendo às funções exercidas pelos titulares de órgãos públicos, serão renunciáveis: poderá o titular do cargo público renunciar ao respectivo estatuto funcional e às inerentes situações funcionais que dele resultam?

A resposta ao problema colocado exige que se diferencie o seguinte:

(i) As situações funcionais que se traduzem em posições jurídicas passivas, envolvendo vinculações a que se encontram adstritos os titulares de tais cargos, não são susceptíveis de renúncia: os titulares podem renunciar ao cargo, todavia, enquanto o exercerem, não podem deixar de estar sujeitos a todas as vinculações decorrentes das situações funcionais passivas (v.g., não é possível renunciar à responsabilidade prevista no artigo 117.º, n.º 1, nem ao dever de respeitar o segredo de Estado);

(ii) Em termos semelhantes, todas as situações funcionais que envolvam posições jurídicas activas que tenham um directo e imediato propósito de dignificação das funções que estão a ser exercidas, mostram-se as mesmas indisponíveis pelo titular do cargo em causa: essas posições jurídicas subjectivas justificam-se pelas funções exercidas e não pela pessoa do titular a quem são conferidas (v.g., os Deputados não podem renunciar à necessidade de autorização parlamentar para, nos termos do artigo 157.º, n.º 2, ser ouvidos como declarantes ou como arguidos[101]);

(iii) Em sentido diferente, as posições jurídicas activas que só indirecta ou mediatamente encontram justificação nas funções exercidas, revelando verdadeiros direitos subjectivos especiais dos titulares dos cargos em causa, podem ser objecto de renúncia pelo respec-

---

[101] Considerando existir um princípio geral que veda aos deputados renunciarem às imunidades parlamentares, cfr. JORGE MIRANDA, *Direito Constitucional III*, (2003), p. 252.

§13.° *Princípios respeitantes aos titulares do poder político*   107

tivo beneficiário (v.g., o Presidente da República, o membro do Governo ou o Deputado podem renunciar ao aumento de renumeração ou ao subsídio especial a que tenham direito).

13.6. Princípio da proibição de acumulação de funções

(a) O artigo 269.°, n.° 4: afloramento de um princípio geral?

I. Apesar de o artigo 117.°, n.° 2, remeter para a lei a definição de um regime de incompatibilidades dos titulares de cargos políticos, observa-se que, formulado a propósito do regime da função pública, o artigo 269.°, n.° 4, consagra um princípio geral comum a todos os titulares de cargos públicos: "não é permitida a acumulação de empregos ou cargos públicos, salvo nos casos expressamente admitidos na lei".

Impedindo o exercício simultâneo de dois ou mais cargos públicos, o artigo 269.°, n.° 4, traça um princípio geral de incompatibilidades que, sem prejuízo da sua abertura a excepções por via legislativa, se deve ter como aplicável também aos titulares de cargos políticos[102]: todos os titulares de cargos políticos, uma vez que são também titulares de cargos públicos, encontram-se abrangidos pela expressão utilizada pelo artigo 269.°, n.° 4, devendo o conteúdo remissivo do artigo 117.°, n.° 2, fazer-se sem embargo do princípio geral da proibição de acumulação de funções públicas entre titulares de cargos públicos.

E compreende-se que assim seja: as razões que ditam a proibição de acumulação de funções entre titulares de cargos públicos sem natureza política surgem ainda mais reforçadas, atendendo ao princípio da separação (pessoal) de poderes, a ditar idêntica solução face a titulares de cargos políticos.

Com efeito, se são motivações decorrentes de uma maior eficiência na prossecução do interesse público, de um reforço da garantia de acesso de um maior número de pessoas a cargos públicos ou ainda preocupações de isenção e imparcialidade a justificar a proibição de acumulação de funções entre titulares de cargos públicos sem natureza política, nenhuma razão existe para afastar essa proibição entre titulares de cargos políticos, tanto mais que aqui se juntam razões decorrentes do princípio da separação (pessoal) de poderes: todos esses motivos justificam igual solução ditada pelo princípio da proibição de acumulação de funções.

---

[102] Em sentido contrário, cfr. JORGE MIRANDA/RUI MEDEIROS, *Constituição Portuguesa Anotada*, III, p. 623.

108 *Princípios fundamentais*

II. A proibição de acumulação de funções, envolvendo a existência de um regime de incompatibilidades para os titulares de cargos públicos, pode assumir uma dupla configuração:

(i) A proibição de acumulação de funções pode ser entre empregos ou cargos públicos, sendo isso aquilo que se encontra genericamente previsto no artigo 269.°, n.° 4: a regra é a proibição de acumulação, as excepções, permitindo essa acumulação, exigem lei expressa;

(ii) A proibição de acumulação de funções pode também estender-se ao sector privado (artigo 269.°, n.° 5), estabelecendo-se um regime de exercício exclusivo de funções públicas, impedindo, deste modo, que o titular de um cargo público acumule com o exercício de quaisquer funções privadas: aqui, uma vez que se encontra em causa uma restrição da liberdade de exercício de profissão ou de género de trabalho, a incompatibilidade tem natureza excepcional, carecendo de uma justificação à luz do interesse colectivo (artigo 47.°, n.° 1), sendo a regra geral a possibilidade de acumulação, verificando-se que a Constituição remete para a lei a determinação deste tipo de incompatibilidades (artigo 269.°, n.° 5).

Não obstante o artigo 269.°, n.° 4, se referir apenas à proibição de acumulação de funções públicas, importa averiguar o alcance operativo do princípio ao nível dos diferentes titulares de cargos públicos.

(b) *As incompatibilidades dos titulares de órgãos de soberania: coordenadas constitucionais*

III. A sujeição dos titulares de cargos políticos a um regime de incompatibilidades, proibindo o exercício simultâneo de dois ou mais cargos públicos, encontra-se genericamente prevista no artigo 117.°, n.° 2, e encontra afloramento em duas normas proibitivas relativas a órgãos de soberania:

(i) Os Deputados que tenham sido nomeados membros do Governo não podem iniciar (ou continuar) o exercício de funções parlamentares (artigo 154.°, n.° 1): não é possível acumular, segundo o ordenamento jurídico português, o exercício de funções governamentais com as funções de deputado;

(ii) O Presidente da Assembleia da República (ou o deputado que o substitua) que exerça as funções de Presidente da República interino terá o respectivo mandato parlamentar automaticamente suspenso, isto durante o período de tempo que durar o exercício de tais fun-

§13.º Princípios respeitantes aos titulares do poder político

ções a título substitutivo (artigo 132.º, n.º 2): há aqui a clara preocupação de não se acumular, nem sequer a título transitório ou provisório, o exercício das funções parlamentares com o exercício das funções presidenciais.

De tudo deve extrair-se, à luz do princípio da separação de poderes, que o exercício de funções como Deputado é incompatível com o exercício de funções como Presidente da República, assim como o exercício destas últimas funções é incompatível como o estatuto de membro do Governo – o Presidente da República não pode ser, simultaneamente, Primeiro-Ministro ou Ministro.

A existência de órgãos de soberania autónomos impede que, por via de acumulação de cargos políticos, se produza uma concentração de poderes que desvirtue o modelo de separação e interdependência estabelecido na Constituição (artigo 111.º, n.º 1).

Em termos semelhantes, o artigo 216.º, n.º 2, estipula que os juízes não podem exercer qualquer outra função de natureza pública ou privada, salvo funções docentes ou de investigação científica de natureza jurídica, desde que não remuneradas.

É ainda o princípio da separação de poderes que, envolvendo uma diferenciação entre titulares dos diferentes órgãos, impede, salvas as situações previstas na Constituição e na lei, a acumulação de funções entre titulares de cargos políticos: excepto preceito constitucional ou legal em sentido contrário, nenhum titular de cargo político pode acumular o exercício de empregos ou cargos públicos (artigo 269.º, n.º 4).

IV. E pergunta-se: poderá o titular de um órgão de soberania acumular o exercício de funções públicas com o exercício de uma actividade privada?

Sabe-se já, atendendo ao artigo 216.º, n.º 2, que os juízes se encontram proibidos de exercer qualquer outra função pública ou privada.

Sucede, porém, que os juízes exercem a sua actividade pública a título profissional, compreendendo-se que, por razões de independência no exercício de tais funções, as exerçam em exclusividade: a Constituição determinou, expressamente, essa exclusão de exercício de quaisquer funções privadas, salvo a docência e a investigação jurídica gratuitas.

Falta saber a situação dos restantes titulares de órgãos de soberania: dever-se-á entender que, sem prejuízo da remissão da resolução da questão para o legislador (artigo 117.º, n.º 2), a Constituição contém indícios proibitivos da acumulação do exercício de tais funções públicas com o exercício de uma actividade privada?

Entendemos que todos os restantes titulares de órgãos de soberania, num propósito de garantir uma dedicação exclusiva à prossecução do interesse público, evitando formas de dispersão de actividade que prejudiquem o exercício de tarefas públicas de alta responsabilidade e visando também impedir situações de eventual concorrência conflitual de interesses, devem exercer em exclusivo as importantes funções públicas que lhes estão confiadas, nunca podendo acumular com o exercício de uma actividade privada.

Neste contexto, tal como seria insustentável que o Presidente da República ou um membro do Governo pudesse continuar a exercer funções privadas como advogado, médico ou gestor de empresas privadas[103], deve igualmente ter-se como inadmissível que um Deputado, atendendo às condições de exercício das suas funções fixadas pelo artigo 155.º, possa acumular tais funções com o exercício de uma profissão ou actividade privada.

É que o exercício de funções como titular de um órgão de soberania envolve, atendendo à relevância das funções que se encontra em causa e às condições necessárias ao seu desempenho com a diligência e o zelo próprios da importância do cargo, exclusividade: há uma incompatibilidade natural ou intrínseca entre ser titular de um órgão de soberania e, simultaneamente, exercer qualquer outra actividade privada a título profissional.

Nem se invoque, em sentido contrário, o artigo 47.º, pois se não existirem razões de interesse colectivo que justifiquem restrições à liberdade de exercício de profissão privada perante titulares de órgãos de soberania, dificilmente se podem encontrar tais razões perante pessoas que não são titulares de quaisquer cargos públicos.

Em qualquer caso, uma vez que o artigo 154.º, n.º 2, remete para o legislador a definição de um quadro de incompatibilidades dos Deputados, pode bem discutir-se aqui a eventual formação de um costume contrário à normatividade do texto oficial da Constituição: a lei nunca consagrou qualquer incompatibilidade entre o mandato parlamentar e o exercício de actividade privada e, por outro lado, a prática seguida ao longo de mais de trinta anos, sendo contrária a qualquer ideia de incompatibilidade, parece estar assistida da convicção de ser conforme com a Constituição.

Tudo está em saber, atendendo à remissão que o artigo 154.º, n.º 2, faz para a lei, o exacto grau da liberdade de conformação do legislador sobre a matéria, atendendo ao que está preceituado pelo texto da Constituição "ofi-

---

[103] Considerando que essa incompatibilidade traduz um exemplo de costume *prater constitutionem*, cfr. JORGE MIRANDA, *Manual...*, II, 6.ª ed., p. 154.

§13.° *Princípios respeitantes aos titulares do poder político* 111

cial" e, simultaneamente, ao que resulta, por via consuetudinária, da normatividade constitucional "não oficial".

Uma certeza, todavia, existe: se a lei não determina a proibição de os Deputados acumularem o exercício de tais funções com uma actividade privada, torna-se lícito, atendendo à reserva de lei estabelecida, que os Deputados acumulem esse exercício até que a lei seja alterada, em conformidade com a Constituição, ou julgada inconstitucional, se, entretanto, não se tiver sobre a matéria formado um costume *contra constitutionem* – essa é, aliás, a situação presentemente existente a nível infraconstitucional[104].

(c) Idem: os restantes titulares de órgãos públicos

V. No que respeita aos restantes titulares de cargos públicos, o artigo 269.°, n.° 4, estipulando o princípio geral da proibição de acumulação de empregos e cargos públicos, salvo preceito legal em sentido contrário, mostra-se aplicável a todos esses titulares, esteja ou não em causa o exercício de funções de natureza política.

Já no que se refere às incompatibilidades entre o exercício de cargos públicos e o exercício de actividades de natureza privada, sem prejuízo da possibilidade de o legislador fixar incompatibilidades (artigos 117.°, n.° 2, e 269.°, n.° 5), deve entender-se que, por força do artigo 47.°, o princípio geral é a possibilidade de acumulação de tais funções, salvo se existirem razões "impostas pelo interesse colectivo" que justifiquem solução contrária.

No que especificamente diz respeito aos titulares de cargos políticos, o artigo 117.°, n.° 2, permitindo a existência de um regime especial, nunca pode consagrar uma solução legal mais permissiva do que a existente para os titulares de cargos públicos sem natureza política.

---

[104] Em igual sentido, se a lei, falando em desempenho do mandato de Deputado em "regime de exclusividade", não densifica o que seja esse regime, uma vez que se está num domínio de reserva de lei, estamos diante de um conceito vazio de operatividade jurídica: nenhum órgão – salvo a Assembleia da República e no exercício da função legislativa – tem competência para disciplinar juridicamente o estatuto dos deputados. Nem sequer se mostra legítimo, atendendo à reserva exclusiva de lei parlamentar em causa, recorrer à analogia para "completar" ou "preencher" o conceito vazio de "regime de exclusividade" do mandato de Deputado. A solução constitucional em matéria de proibição de acumulações encontra-se aqui, salvo intervenção judicial julgando-a inconstitucional, "prisioneira" da lei, sem prejuízo da possível formação de um costume em sentido contrário à solução que resulta do texto da Constituição "oficial".

112   *Princípios fundamentais*

Uma certeza, porém, há: a existência de incompatibilidades exige lei, devendo entender-se que, no silêncio da lei ou na falta de disposição legal prevendo a incompatibilidade, não se encontra aqui vedada a acumulação de funções públicas com o exercício de actividade privada, sem prejuízo da sujeição do titular do cargo público ao princípio da imparcialidade.

(d) Excepções à proibição de acumulação de funções

VI. O que até agora foi dito permite já recortar três situações em que os titulares de cargos públicos podem acumular o exercício de funções públicas e, num outro nível, o exercício das funções públicas com o exercício de actividades privadas:

(i) O artigo 269.º, n.º 4, faculta que a lei possa admitir a acumulação de empregos ou cargos públicos, devendo entender-se que a margem de liberdade do legislador na matéria nunca pode colocar em causa o princípio da separação de poderes e as situações constitucionais de exclusão de uma tal acumulação;

(ii) Já no que respeita aos titulares de cargos públicos que não sejam órgãos de soberania, sem prejuízo da possibilidade de a lei definir incompatibilidades entre o exercício do cargo público e o de actividades privadas, o princípio geral é a possibilidade de acumulação com o exercício de funções privadas;

(iii) E mesmo no que se refere aos Deputados da Assembleia da República, apesar de titulares de um órgão de soberania, verifica-se a situação *de facto* que decorre de a lei nunca ter consagrado a proibição de acumulação do mandato parlamentar com o exercício de actividades privadas, sem embargo da possível discussão em torno da formação aqui de um costume *contra constitutionem*.

VII. Observa-se, num outro sentido, ser possível extrair da normatividade constitucional três excepções ao princípio da proibição de os titulares de cargos públicos acumularem o exercício de funções públicas:

(i) As situações de inerência – sempre que alguém, pela circunstância de ser titular de um cargo público ocupa também, por determinação normativa, um outro cargo público, regista-se uma acumulação de exercício de funções públicas: é o que sucede, a título exemplificativo, com o Presidente da República que é, simultaneamente, membro e presidente do Conselho de Estado (artigo 142.º), membro e presidente do Conselho Superior de Defesa Nacional (artigo

§13.º *Princípios respeitantes aos titulares do poder político* 113

274.º, n.º 1) ou, num segundo exemplo, com o Provedor de Justiça que é, por inerência, membro do Conselho de Estado (artigo 142.º, alínea d));

(ii) As situações de competência acumulada – ocorrendo sempre que a mesma pessoa física é titular de dois (ou mais) órgãos[105] ou, numa formulação diferente da mesma ideia, sempre que alguém é titular de dois cargos públicos, exercendo dois tipos diferentes de competência: é o que acontece se o mesmo membro do Governo ocupa dois ministérios (v.g., é Ministro das Finanças e acumula com as funções de titular do Ministério da Economia ou, numa outra hipótese possível, é Primeiro-Ministro e também titular da pasta da Defesa Nacional ou dos Negócios Estrangeiros);

(iii) As situações de exercício simultâneo de funções a título substitutivo – casos em que o substituto, sem deixar de exercer as funções que lhe pertencem a título normal, passa ainda a exercer as funções próprias do titular do órgão que substitui, acumulando transitória ou provisoriamente o exercício de ambas as funções – é o que se verifica, nos termos do artigo 185.º, com a substituição de membros do Governo durante as suas ausências ou impedimentos, registando-se que o substituto, sem perder o exercício da suas funções normais, acumula ainda o exercício das funções do substituído[106].

13.7. Princípio da proibição do abandono de funções

I. Todo o titular designado para o exercício de um cargo público, tendo-se a ele candidatado ou aceite a designação, não pode, arbitrariamente, abandonar o exercício das funções para que foi designado ou negligenciar o seu cumprimento, comprometendo, por essa via, a continuidade dos serviços públicos ou o regular funcionamento das instituições – aqui reside o núcleo essencial do princípio da proibição do abandono de funções dos titulares de cargos públicos.

---

[105] Cfr. DIOGO FREITAS DO AMARAL, *Curso de Direito Administrativo*, I, 3.ª ed., 2.ª reimp., Coimbra, 2008, p. 784.

[106] Diferentemente do que sucede, note-se, com a substituição interina do Presidente da República, uma vez que, segundo o artigo 132.º, n.º 2, o substituto vê suspenso, automaticamente, o seu mandato como deputado, nunca se verificando aqui uma acumulação de funções.

Princípios fundamentais

Ilustra-se aqui o entendimento de que o exercício de funções públicas não é um direito ou privilégio do titular do cargo, antes representa um dever que tem o seu exercício pautado por razões de interesse público da colectividade e não por interesses próprios do titular do cargo: essa é a razão pela qual se mostra ilícito abandonar o exercício de funções públicas.

II. Note-se, porém, que o abandono de funções públicas pode assumir duas diferentes configurações:

(i) Pode tratar-se da pura ausência física do titular do cargo, não comparecendo no local da instituição, nem estando contactável para qualquer efeito: tudo se passa como se não existisse titular, apesar de existir;

(ii) Pode, pelo contrário, o titular do cargo encontrar-se presente sem, culposamente, cumprir os deveres essenciais que lhe são inerentes e com isso comprometer a continuidade dos serviços ou o funcionamento das instituições: o titular está numa prolongada situação dolosa ou negligente de inércia ou apatia no exercício dos seus poderes.

III. O princípio da proibição do abandono de funções públicas, alicerçando-se no princípio da continuidade dos serviços públicos (v. *supra*, n.° 12.4.), encontra diversos afloramentos constitucionais reveladores de uma marcada preocupação de se evitar o abandono do exercício de funções ou, em alternativa, sancionar situações de culposo incumprimento omissivo do exercício de funções públicas:

(i) O Presidente da República não pode ausentar-se do território nacional sem o assentimento do parlamento (artigo 129.°, n.° 1), impedindo-se, deste modo, situações que, tal como sucedeu quando a família real partiu para o Brasil, em 1808, pudessem significar um verdadeiro abandono do exercício de funções;

(ii) Os Deputados que não tomem assento no parlamento ou que excedam o número de faltas estabelecido do Regimento da Assembleia da República perdem o respectivo mandato (artigo 160.°, n.° 1, alínea b)), existindo aqui um tipo de sanção que procura também evitar a ideia de abandono ou negligência no exercício das funções dos representantes parlamentares da colectividade;

(iii) As funções dos membros do Governo iniciam-se com a respectiva posse e cessam com a sua exoneração (artigo 186.°), existindo um conjunto de mecanismos destinados a regular as situações de ausên-

§13.° *Princípios respeitantes aos titulares do poder político* 115

cia e impedimento dos membros do Governo (artigo 185.°), traduzindo também a ideia de que não há, nem podem existir, hiatos no exercício das funções governamentais.

Em suma, o abandono pelos titulares de cargos públicos do exercício das respectivas funções, comprometendo a continuidade dos serviços públicos e mostrando-se ainda passível de colocar em causa o funcionamento das instituições, nunca se pode ter como uma conduta constitucionalmente lícita: a proibição do abandono de funções assume a natureza de princípio geral integrante do estatuto dos titulares de cargos públicos.

IV. Não obstante a implícita preocupação constitucional em impedir o abandono do exercício de funções pelos titulares de cargos políticos, a verdade é que se regista a ausência de previsão dos efeitos decorrentes de um tal abandono, isto relativamente ao que sucederá ao respectivo mandato de tais titulares, ocorrendo aqui uma lacuna do ordenamento jurídico português[107]: o mais plausível será considerar que o abandono de funções determina vagatura do cargo.

Regista-se, porém, que essa lacuna é tanto mais estranha quanto, olhando para a normatividade infraconstitucional, o abandono de funções públicas pelos titulares de cargos públicos não políticos é objecto de criminalização[108]: aquele que preencher os pressupostos do tipo de crime de abandono de funções será punido com pena de prisão até um ano ou com multa até 120 dias.

Apesar de o artigo 117.° da Constituição habilitar que o legislador crie um regime específico de responsabilidade criminal para os titulares de cargos políticos, verifica-se, no entanto, que a lei ordinária existente não tipifica como crime o abandono de funções por titular de cargo político, nem o conceito penal de funcionário público compreende os titulares de cargos políticos[109].

Pode concluir-se, neste último sentido, que, ao invés do que sucede com os titulares de cargos públicos sem natureza política, o princípio da proibição de abandono de funções cria um dever jurídico imperfeito para os titulares de cargos políticos: não existe sancionamento criminal contra o seu abandono de funções.

---

[107] Neste sentido, especificamente sobre o abandono de funções por parte do Presidente da República que não se ausenta do território nacional, cfr. PAULO OTERO, *A Renúncia do Presidente da República na Constituição Portuguesa*, Coimbra, 2004, pp. 58 e 59.

[108] Cfr. artigo 385.° do Código Penal.

[109] Cfr. PAULO OTERO, *A Renúncia do Presidente da República...*, pp. 58-59.

Uma tal ausência de criminalização da conduta dos titulares de cargos políticos é mesmo passível de se mostrar inconstitucional, atendendo ao regime mais favorável que permite para o abandono de funções pelos titulares de cargos políticos, comparativamente com os restantes titulares de cargos públicos, isto apesar de aqueles terem uma responsabilidade acrescida pela importância dos seus poderes e ainda pelo reforço da exigibilidade da conduta que devem colocar no exercício dos mandatos a que se candidatarem ou das designações politicas que aceitarem assumir.

Considerar que o abandono de funções conduz à vagatura do cargo mostra-se a solução mais conforme com o espírito do sistema, sem embargo de se poder discutir, atendendo à lacuna sobre a matéria, a possível exigência de intervenção judicial declarativa dessa mesma vagatura.

13.8. Princípio da renunciabilidade ao cargo

BIBLIOGRAFIA: PAULO OTERO, *A Renúncia do Presidente da República...*, pp. 51 ss.

(a) Conceito, configuração e natureza da renúncia

I. Se é certo que nenhum titular de cargo público pode abandonar o exercício de funções a que se candidatou ou aceitou a respectiva designação (v. *supra*, n.° 13.7.), tal como não pode renunciar ao exercício da competência (v. *supra*, n.° 12.8., IV), a verdade é que sempre poderá renunciar ao cargo em que se encontra investido: a renúncia é o acto pelo qual o titular de um cargo, declarando que não pretende continuar a exercer as funções do cargo, apresenta a sua demissão ou resignação.

Mostra-se insustentável que alguém, tendo assumido voluntariamente um determinado cargo público, conserve contrariado o exercício obrigatório desse mesmo cargo: há um princípio geral de Direito pelo qual quem assume voluntariamente uma determinada função pública pode sempre renunciar, por um igual acto de vontade, a continuar a ocupar o cargo que lhe habilita exercer tais funções[110].

O princípio da renunciabilidade ao cargo, permitindo que qualquer titular de um cargo público possa, por acto de vontade, declarar não pretender

---

[110] Cfr. PAULO OTERO, *A Renúncia do Presidente da República...*, pp. 123-124.

§13.° Princípios respeitantes aos titulares do poder político

continuar a exercer funções, antecipando o termo do seu mandato, diferencia-se do princípio da proibição de abandono de funções por, em vez de originar um não exercício de poderes continuando a ser titular do cargo, envolver o termo do seu estatuto como titular do cargo: quem renúncia ao exercício de funções, não continuando a ocupar o cargo, exerce uma faculdade legal, nunca consubstanciando com essa conduta a prática de um acto ilícito[111].

II. Olhando para o texto da Constituição, verifica-se serem diversas as situações de renúncia ao cargo por parte de titulares de órgãos de soberania expressamente previstas:

(i) O Presidente da República pode, nos termos do artigo 131.°, renunciar ao exercício do seu mandato[112];

(ii) Os Deputados podem renunciar ao seu mandato (artigo 160.°, n.° 2);

(iii) O Primeiro-Ministro pode pedir a sua demissão perante o Presidente da República (artigo 195.°, n.° 1, alínea b));

(iv) Os Ministros e Secretários de Estado podem pedir a demissão ao Primeiro-Ministro, sendo exonerados pelo Presidente da República (artigo 133.°, alínea h)).

Todas estas situações de renúncia expressamente previstas na Constituição permitem extrair o princípio geral da renunciabilidade ao cargo pelos titulares de cargos políticos e, em termos mais gerais, de todos os titulares de cargos públicos.

Como já tivemos oportunidade de escrever[113], existe sempre a possibilidade de todo o titular de um cargo público renunciar a continuar a exercer funções públicas, independentemente de expressa disposição jurídico-positiva a reconhecer a sua admissibilidade: a susceptibilidade de, por acto de vontade, o titular de um cargo público antecipar o termo de exercício das suas funções, renunciando ou demitindo-se, existe mesmo sem lei e até contra lei expressa.

Na realidade, sem prejuízo da eventual consagração legal de mecanismos sancionatórios (v.g., a renúncia do Presidente das República impede que, nos termos do artigo 123.°, n.° 2, se recandidate nas eleições imediatas), não existe qualquer meio jurídico susceptível de impedir a renúncia ao exercício de funções públicas por quem antes as aceitou voluntariamente, nem se mos-

---

[111] Cfr. PAULO OTERO, *A Renúncia do Presidente da República...*, p. 59.

[112] Sobre o tema e para mais desenvolvimentos, cfr. PAULO OTERO, *A Renúncia do Presidente da República...*, em especial, pp. 51 ss.

[113] Cfr. PAULO OTERO, *A Renúncia do Presidente da República...*, pp. 124-125.

tra razoável imaginar como seria possível constranger alguém a continuar a exercer tais funções contra a sua própria vontade.

III. A renúncia do titular de um cargo público consubstancia sempre o exercício de um direito subjectivo e não de uma competência ou poder funcional: sem prejuízo de uma dimensão ética de responsabilidade na decisão de renunciar, a verdade é que o titular do cargo não carece de fazer qualquer ponderação jurídica de razões de interesse público que, podendo invalidar o acto de renúncia, remetam para segundo plano a liberdade da vontade pessoal.

Renunciar é exercer um direito subjectivo que possuem todos os titulares de cargos públicos, isto a partir do momento em que iniciam a exercer funções: a renúncia, enquanto propósito de não continuar a exercer um determinado cargo, pressupõe que o titular já se encontre empossado ou a exercer as funções inerentes ao cargo. Assim, por exemplo, se o Presidente da República eleito e ainda não empossado declarar que não pretende assumir as funções de Presidente da República não há renúncia, antes se verifica uma não-aceitação da eleição ou recusa em tomar posse[114].

IV. A renúncia é um acto livre quanto à decisão em si e é também a expressão de interesses próprios e pessoais do seu autor, sendo, por via de regra, um acto perfeito independentemente da concorrência de quaisquer outras vontades estranhas ou de interesses alheios.

O acto de renúncia, expressando o exercício de um direito subjectivo do titular do cargo, não se pode reconduzir a um acto juridicamente imputável ao Estado ou a qualquer entidade pública, antes assume a natureza de um acto pessoal do titular em causa.

Sucede, porém, que, tratando-se da renúncia de um titular de um cargo político, esse acto de renúncia assume relevância política e, se estiver em causa a renúncia de um titular de um órgão constitucional – especialmente se for um titular de um órgão de soberania –, o acto de renúncia assumirá sempre relevância constitucional[115].

(b) Limites da renúncia a cargos públicos

V. A ordem jurídica pode, num esforço de limitar ou condicionar a renúncia a cargos públicos, sujeitar o acto de antecipação voluntária da cessa-

---

[114] Cfr. PAULO OTERO, *A Renúncia do Presidente da República...*, p. 54.

[115] Neste sentido, especificamente no que se refere ao Presidente da República, cfr. PAULO OTERO, *A Renúncia do Presidente da República...*, pp. 134 ss.

§13.º *Princípios respeitantes aos titulares do poder político*   119

ção de funções à necessidade de aceitação por um outro órgão: a produção de efeitos da demissão encontra-se então dependente de um acto de aceitação. É o que sucede, desde logo, nos termos do artigo 195.º, n.º 1, alínea b), com o pedido de demissão do Primeiro-Ministro junto do Presidente da República, encontrando-se dependente de aceitação deste último, o qual, exercendo a sua competência dispositiva, pode recusar aceitar a demissão[116]. Ou, num exemplo semelhante, também o pedido de demissão de um Ministro pode não ser aceite pelo Primeiro-Ministro ou até ver recusada a sua exoneração pelo Presidente da República.

Em qualquer destas hipóteses, independentemente da discussão teórica em torno do efeito directo e imediato do acto de renúncia face ao acto de demissão, torna-se evidente que a sujeição da cessação antecipada de funções a um acto de aceitação tem um propósito limitativo do princípio da renunciabilidade a cargos públicos.

Será, porém, operativa essa exigência de aceitação?

Temos sérias dúvidas sobre o seu grau de efectividade: é certo que o titular do cargo que pretende antecipar a cessação de funções pode, num primeiro momento, verificando-se a recusa em ser aceite o seu pedido de demissão, recuar, retirando ou adiando o pedido; no entanto, mais tarde ou mais cedo, torna-se insustentável que continue a exercer funções contrariado ou obrigado. A insistência na renovação no pedido, a recusa determinada em não continua a exercer as funções inerentes ao cargo ou a ameaça de divulgação pública dessa intenção tornam a aceitação da demissão inevitável: a aceitação revela-se, neste último sentido, um acto quase vinculado e, por isso, dotado de uma débil operatividade limitativa do princípio da renunciabilidade a cargos públicos.

VI. A ordem jurídica constitucional conhece, no entanto, algumas situações que, traduzindo verdadeiras excepções ao princípio da renunciabilidade a cargos públicos, determinam que o titular de um cargo público se encontra impossibilitado de resignar ou demitir-se da qualidade de titular do cargo em causa.

Vejamos, atendendo ao texto constitucional, as situações ilustrativas:

(i) Os titulares por inerência de um órgão não podem renunciar ao cargo que ocupam por inerência, sem prejuízo de poderem sempre renunciar ao cargo que acarreta a inerência – exemplificando, o

---

[116] A exigência de aceitação pelo Presidente da República do pedido de demissão do Primeiro-Ministro serve apenas de mecanismo político racionalizador da decisão de renúncia, possibilitando ao Presidente da República exercer uma *faculté d'empêcher* como garante do regular funcionamento das instituições.

Provedor de Justiça e o Presidente do Tribunal Constitucional são membros, por inerência, do Conselho de Estado e, enquanto tais, não podem renunciar ao cargo de membros do Conselho de Estado, apesar de, podendo renunciar ao cargo de Provedor de Justiça e de Presidente do Tribunal Constitucional, deixarem de ser membros do Conselho de Estado;

(ii) Os titulares de cargos vitalícios *ope legis* também não podem renunciar ao respectivo cargo, pois não o ocupam por um acto de vontade própria, antes resulta de um efeito imediato da lei – assim, os ex-presidentes da República que não tenham sido destituídos do cargo, sendo membros vitalícios do Conselho de Estado (artigo 142.º, n.º f)), não podem renunciar a esse cargo[117];

(iii) Os titulares de cargos que exercem funções a título substitutivo não podem renunciar a exercer esses cargos de substituição, apenas lhes sentido legítimo renunciar ao cargo que motiva o exercício da substituição – significa isto, a título exemplificativo, que o Presidente da Assembleia da República não pode renunciar a exercer as funções de Presidente da República interino (artigo 132.º, n.º 1), nem pode, depois de as assumir, renunciar a continuar a ser Presidente interino, pois violaria o princípio da irrenunciabilidade da competência; se ele pretender deixar de ser Presidente da República interino tem de renunciar ao cargo de Presidente da Assembleia da República[118].

Em todas as restantes situações, inexistindo qualquer excepção expressa ou implícita, deve prevalecer o princípio geral da renunciabilidade aos cargos públicos.

---

[117] A história constitucional ilustra, todavia, um caso de renúncia de um membro vitalício do Conselho de Estado, durante a vigência da Constituição de 1933: o Prof. Marcello Caetano renunciou, em 1958, a esse cargo, apesar de o acto de renúncia nunca ter sido mandado publicar pelo Presidente da República e, por isso, em Setembro de 1968, Marcello Caetano compareceu na reunião do Conselho de Estado (cfr. PAULO OTERO, *Os Últimos Meses de Salazar – Agosto de 1968 a Julho de 1970*, Coimbra, 2008, pp. 183-183, nota n.º 858). Sucede, porém, que, à luz da Constituição de 1933, Marcello Caetano era membro vitalício do Conselho de Estado por nomeação presidencial, enquanto que, segundo a Constituição de 1976, não existem membros vitalícios do Conselho de Estado por nomeação, apenas os antigos presidentes da República o são, por efeito directo e imediato de uma norma constitucional, razão pela qual não se encontra na sua disponibilidade renunciar a um tal estatuto.

[118] Cfr. PAULO OTERO, *O Poder de Substituição...*, II, p. 474, nota n.º 251.

SUBSECÇÃO B
Princípios sobre as fontes reguladoras da organização do Poder político

§14.º
Princípio da não exclusividade da configuração formal
do poder político

14.1. O propósito constitucional: o poder político formal

(a) O exercício do poder segundo as formas previstas na Constituição

I. A atribuição ao povo da sede da soberania (artigo 3.º, n.º 1) e da titularidade do poder político (artigo 108.º) não envolve a possibilidade de o seu exercício se fazer de modo anárquico ou ajurídico: o exercício do poder faz-se sempre "segundo as formas previstas" ou "nos termos" da Constituição.

A soberania popular encontra-se, deste modo, "conformada e organizada por uma ordem de direito constitucional"[119]: não há relevância jurídica da soberania popular fora dos quadros definidos pela Constituição, razão pela qual, em vez de uma democracia popular sem lei, o poder político se fundamenta numa democracia constitucional.

É essa ideia de subordinação integral do exercício do poder político à Constituição que, formalizando e limitando a configuração operativa da soberania popular, instituindo um Estado constitucional, permite compreender o alcance do artigo 3.º, n.º 1: "o Estado subordina-se à Constituição e funda-se na legalidade democrática".

O exercício do Poder político encontra-se aprisionado pela Constituição: é a Constituição que serve de fundamento, de critério, de limite e de fonte definidora dos meios de exercício do Poder político.

II. A institucionalização de um poder político formal, dependendo sempre o seu exercício das formas ou termos previstos na Constituição, subor-

---

[119] Cfr. PEDRO LOMBA, *Princípios Gerais da Organização do Poder Político*, in PAULO OTERO (coord.), *Comentário...*, III, 1.º tomo, pp. 15-16.

Princípios fundamentais

dinando a expressão da vontade popular e a força decisória do princípio democrático ao quadro normativo recortado pela normatividade constitucional, envolve diversos corolários[120]:

(i) O exercício do poder político supremo é confiado a órgãos de soberania que, tipificados pela Constituição (artigo 110.°, n.° 1), nela encontram a definição da sua formação, composição, competência e funcionamento (artigo 110.°, n.° 2);

(ii) Os restantes órgãos constitucionais encarregues do exercício do poder político encontram na Constituição a norma definidora da sua configuração institucional e dos seus poderes ou, pelo menos, a habilitação que permite à lei proceder à definição complementar das regras sobre a sua composição, competência e funcionamento;

(iii) Os procedimentos de legitimação democrática dos titulares electivos do poder político encontram-se fixados pela Constituição;

(iv) Os mecanismos de responsabilização dos titulares do poder político encontram-se previstos e genericamente regulados pela Constituição;

(v) As hipóteses de cessação ou afastamento compulsório do exercício de funções por titulares do poder político são as definidas pela Constituição;

(vi) As restrições ao exercício de direitos políticos encontram-se determinadas na Constituição ou, em alternativa, autorizadas expressamente pela Constituição;

(vii) Os actos legislativos obedecem a um princípio de tipicidade, encontrando-se expressamente vedado que a lei crie outras categorias de actos legislativos;

(viii) As situações de descentralização político-legislativa em entidades infra-estaduais encontram-se identificadas pela Constituição e obedecem a um princípio de tipicidade;

(ix) Os limites ao exercício do poder de revisão constitucional encontram-se fixados pela Constituição;

(x) Os efeitos da declaração de inconstitucionalidade com força obrigatória geral são aqueles que a Constituição estabelece no artigo 282.°.

---

[120] Para um elenco igualmente exemplificativo, cfr. PEDRO LOMBA, *Princípios Gerais da Organização do Poder Político*, in PAULO OTERO (coord.), *Comentário...*, III, 1.° tomo, p. 17.

§14.º *Princípio da não exclusividade da configuração formal do poder político*   125

Aqui se observa, sem prejuízo de múltiplos outros exemplos, a subordinação dos termos de exercício do poder político ao quadro normativo constitucional. Cria-se, por essa via, uma reserva de Constituição, enquanto conjunto de matérias cuja regulação se encontra confiada em exclusivo ao próprio texto constitucional.

Há, por tudo isto, um claro propósito constitucional de procurar "constitucionalizar" ou "domesticar" todas as possíveis formas de exercício do Poder: à luz da normatividade constitucional (v.g., artigo 3.º), só assume relevância o poder político que se exerce nos termos da Constituição e os seus actos só são válidos se conformes com a Constituição.

O Poder político é, segundo a Constituição, única e exclusivamente, o poder por ela criado, moldado e conforme: só o poder formalizado e formatado pela Constituição é poder legítimo.

(b) Constitucionalização do direito de necessidade constitucional: a incorporação do estado de excepção constitucional

III. A preocupação constitucional em submeter todo o poder político à Constituição levou mesmo a que, perante circunstâncias de facto excepcionais (: agressão efectiva ou iminente por forças estrangeiras, grave ameaça ou perturbação da ordem constitucional democrática ou calamidade pública), envolvendo a necessidade e a urgência de actuação do Poder, atendendo à ameaça de perigo ou de dano – e, por maioria de razão, em casos de dano efectivo – a valores constitucionais nucleares, se consagrasse, segundo os termos do artigo 19.º, as figuras da declaração de estado de sítio e da declaração de estado de emergência.

Em qualquer uma dessas situações, envolvendo aquilo que se designa como estado de excepção constitucional, a Constituição permite que, por via da declaração de estado de sítio ou de estado de emergência, ocorra uma alteração normativa da "normalidade constitucional" (artigo 19.º, n.º 7): há aqui uma "incorporação constitucional" do direito de necessidade[121] que, deixando de se situar fora da Constituição, passa a estar regulado e conformado pelas próprias normas constitucionais.

Em situações extraordinárias de necessidade justificativas da declaração do estado de excepção constitucional, a normatividade constitucional habitualmente vigente é substituída, a título transitório ou provisório, até "ao pronto restabelecimento da normalidade constitucional" (artigo 19.º, n.º 4),

---

[121] Cfr. GOMES CANOTILHO, *Direito Constitucional e Teoria...*, p. 1071.

por uma normatividade constitucional alternativa[122] que, escondida na sombra do artigo 19.°, habilita ter como lícitos ou válidos comportamentos que normalmente se teriam como contrários à juridicidade.

O artigo 19.° permite, deste modo, a incorporação da legalidade alternativa das situações de estado de excepção constitucional no seio da normatividade positiva da Constituição, partindo do entendimento de que é preferível as estruturas de excepção estarem definidas e reguladas num texto legal do que deixar a um princípio geral de direito extra ou supralegal a sua configuração[123].

IV. A declaração do estado de excepção constitucional pode permitir, em sentido derrogatório das normas constitucionais habitual ou normalmente aplicáveis, que, verificando-se os pressupostos definidos no artigo 19.°, surja uma legalidade constitucional alternativa que habilite, por exemplo, o seguinte:

(i) A suspensão do exercício de certos direitos, liberdades e garantias previstos em normas constitucionais (artigo 19.°, n.° 5);

(ii) A produção, sem prejuízo do respeito pelo estipulado no artigo 19.°, n.° 7, de uma alteração de regras normais de competência, habilitando mecanismos excepcionais ou extraordinários de substituição[124];

(iii) Os órgãos administrativos a agir, desde que se torne necessário e adequado face aos propósitos a salvaguardar, em sentido *contra legem*[125].

Não existe aqui, em qualquer destas situações, uma normatividade fora dos quadros do Direito Constitucional, antes deparamos com uma normatividade constitucional alternativa conformada ou "balizada" pela própria Constituição: o artigo 19.°, incorporando uma legalidade constitucional alternativa, funciona como "válvula de segurança" do sistema constitucional.

O artigo 19.° revela a preocupação de o legislador constituinte trazer para dentro da Constituição as situações de estado de excepção constitucional, constitucionalizado o direito de necessidade e, por essa via, fazendo que, em vez de uma excepção à constitucionalidade, existam antes situações de

---

[122] Sobre o conceito de direito alternativo, enquanto expressão de uma dupla dimensionalidade do Direito, incluindo a nível constitucional, cfr. PAULO OTERO, *Lições de Introdução ao Estudo do Direito*, I, 2.° tomo, pp. 347 ss.; IDEM, *Legalidade e Administração Pública*, pp. 235 ss.

[123] Cfr. PAULO OTERO, *Lições de Introdução ao Estudo do Direito*, I, 2.° tomo, pp. 362 ss.

[124] Cfr. PAULO OTERO, *Legalidade e Administração Pública*, pp. 879-880.

[125] Para mais desenvolvimentos dos pressupostos e limites de uma tal possibilidade resultar da declaração do estado de excepção constitucional, cfr. PAULO OTERO, *Legalidade e Administração Pública*, pp. 992 ss.

§14.º Princípio da não exclusividade da configuração formal do poder político   127

constitucionalidade excepcional acolhidas expressamente pelo Direito Constitucional positivo: suspender parcialmente a Constituição ainda é, à luz do regime traçado pelo artigo 19.º, uma forma de exercício do poder político prevista na Constituição.

(c) Intervenção condicionada do eleitorado: a "domesticação" do titular da soberania

V. Uma outra manifestação do propósito constitucional de garantir o monopólio regulador das formas de exercício do poder político consiste em definir os termos de intervenção da vontade do eleitorado: a Constituição tem o firme propósito de, limitando as formas de intervenção decisória do povo, "domesticar" o titular último da soberania.

Compreende-se, neste contexto, a histórica relutância constitucional a mecanismos de democracia directa e semidirecta, preferindo sempre a democracia representativa – ainda que reforçada por débeis mecanismos de democracia participativa – a instrumentos de intervenção decisória directa do povo[126]: não estranha, por isso, que o instituto do referendo seja recente, tímido e de uso parcimonioso, tal como a figura da iniciativa de lei e de referendo por parte de grupos de cidadãos eleitores. E se a tudo isto se juntar o protagonismo dos partidos políticos, interessados em manter ou aumentar o seu papel político, encontra-se explicado o "cerco" constitucional a formas directas ou semidirectas de intervenção e relevância da vontade decisória do eleitorado.

Formalmente sempre se poderá fizer, usando a formulação do artigo 108.º, que o exercício pelo povo do poder político se faz "nos termos da Constituição".

VI. E como é que o povo exerce o poder "nos termos da Constituição"?

A intervenção do eleitorado no exercício do poder político, sem prejuízo do único exemplo de democracia directa através da sua integração no plenário dos cidadãos eleitores em freguesias de população diminuta (artigo 245.º, n.º 2), encontra as seguintes principais formas de expressão constitucional:

(i) Intervenção através do voto em eleições realizadas por sufrágio directo, universal, secreto e periódico, encontrando-se previstos os seguintes actos eleitorais na Constituição:
   – Eleição do Presidente da República;

---

[126] Cfr. PAULO OTERO, A «desconstrução» da democracia constitucional, em especial, pp. 636 e 637.

128   *Princípios fundamentais*

- Eleição dos Deputados da Assembleia da República;
- Eleição dos deputados do Parlamento Europeu;
- Eleição dos deputados das assembleias legislativas das regiões autónomas;
- Eleição das assembleias municipais;
- Eleição das câmaras municipais;
- Eleição das assembleias de freguesia;

(ii) Intervenção em referendos nacionais, regionais ou locais, registando-se, todavia, que o regime traçado no artigo 115.° torna o instituto quase inútil para a resolução de questões de efectiva relevância política;

(iii) Participação directa através da apresentação de candidaturas a cargos políticos electivos, sem prejuízo da reserva ou monopólio dos partidos políticos na apresentação de candidaturas a deputados à Assembleia da República (artigo 151.°, n.° 1);

(iv) Constituição de grupos de cidadãos eleitores para efeitos de exercício de iniciativa referendária junto da Assembleia da República (artigo 115.°, n.° 2) ou de iniciativa legislativa (artigo 167.°, n.° 1);

(v) Exercício, em termos individuais ou colectivos, dos direitos de petição ou de acção popular (artigo 52.°);

(vi) Constituir, participar na formação ou inscrever-se em associações e partidos políticos (artigo 51.°) para, deste modo, concorrendo para a organização e expressão da vontade popular (artigo 10.°, n.° 2), se alcançarem novas formas de intervenção ou participação política activa (artigo 114.°);

(vii) Formação e integração de organizações de moradores residentes em área inferior à freguesia (artigo 263.°, n.° 3).

Eis, num rápido esboço, as principais formas de intervenção do eleitorado no exercício do poder, segundo o preceituado pela Constituição.

Igualmente aqui, ao povo só é permitido exercer o poder nas formas ou nos termos previstos pela Constituição, remetendo-se para os seus representantes, sem qualquer intervenção directa do eleitorado, as decisões essenciais num Estado Constitucional, tal como sucede com os seguintes matérias excluídas de referendo (artigo 115.°, n.° 4):

- As alterações à Constituição;
- A quase totalidade das leis sobre as matérias mais importantes que integram a reserva absoluta de competência legislativa da Assembleia da República prevista no artigo 164.°;
- A concessão de amnistias e perdões genéricos;

§14.° *Princípio da não exclusividade da configuração formal do poder político* 129

– Os estatutos político-administrativos das regiões autónomas;
– Os tratados de paz e de rectificação de fronteiras.

As desconfianças da Constituição pelos institutos típicos da democracia semidirecta, diminuindo as formas de intervenção imediata do povo no exercício do poder decisório, decorrem do entendimento de que por aqui passa a principal sombra ao modelo de democracia representativa assente no protagonismo quase exclusivo dos partidos políticos[127].

(d) Maleabilidade de soluções constitucionais

VII. Uma derradeira manifestação do propósito constitucional de "atrair" tudo a uma regulação normativa pelo texto da Constituição, formalizando todas as manifestações de poder, encontra-se na consagração de soluções constitucionais que, dotadas de uma maleabilidade aplicativa, permitem evitar uma excessiva rigidez da estatuição constitucional, impedindo uma petrificação ou cristalização que dificultassem a adaptabilidade da Constituição ao decurso do tempo e à evolução ou alteração das circunstâncias.

A maleabilidade de soluções constitucionais, em vez de ser uma manifestação de debilidade das convicções do legislador constituinte, traduz antes um propósito e uma técnica de sobrevivência da Constituição, possibilitando-lhe perdurar no tempo, alicerçando interpretações evolutivas dos mesmos enunciados linguísticos e revelando uma abertura a formas plurais de concretização dos seus fins, segundo a alternância democrática e a vontade das gerações futuras (v. *supra*, n.° 7.2., III).

Ainda neste sentido, cumpre sublinhar, a Constituição revela o propósito de disciplinar as formas e os termos de exercício futuro do poder político pelo povo: a maleabilidade de soluções constitucionais é ainda uma técnica jurídica ao serviço da regulação integral e intemporal do exercício do poder político dentro dos quadros normativos da Constituição.

VIII. Quais as manifestações de maleabilidade das soluções constitucionais?

Sem prejuízo de múltiplas outras, podemos identificar quadro principais técnicas constitucionais de maleabilidade de soluções:

(i) A existência de zonas de "textura aberta" (Hart) da normatividade constitucional que, revelando bem a complexidade da abertura den-

---

[127] Cfr. PAULO OTERO, *A «desconstrução» da democracia constitucional*, p. 637.

sificadora das normas constitucionais (v. *supra*, n.º 7.5.2.), fazem deparar com um sistema normativo cada vez mais principialista, impregnado de conceitos indeterminados e de conceitos remissivos para futura densificação, permitindo aqui observar-se uma maleabilidade de soluções interpretativas e concretizadoras dentro de um mesmo quadro constitucional de normas;

(ii) A elasticidade das normas definidoras de atribuições à luz do princípio da subsidiariedade, permitindo um "balanceamento" mais centrípeto ou mais centrifugo da repartição vertical de interesses materiais, isto a três níveis constitucionais[128]:

(1) Nas relações económicas, sociais e culturais entre o Estado e, por outro lado, a esfera da sociedade civil ou iniciativa privada;

(2) Na definição das áreas de intervenção decisória da União Europeia e dos Estados-membros (artigo 7.º, n.º 6);

(3) Na organização e funcionamento do Estado, segundo o artigo 6.º, n.º 1, ao nível da repartição de poderes decisórios com os entes infra-estaduais (v. *supra*, n.º 5.4.).

Essa mesma ideia de elasticidade das normas definidoras de atribuições, enquanto manifestação de maleabilidade de soluções constitucionais, encontra-se subjacente na formulação dos princípios da supletividade do Direito do Estado e da prevalência do Direito do Estado (v. *supra*, n.º 5.3.)[129];

(iii) A flexibilidade da repartição do exercício da competência, permitindo a Constituição maleabilidade e pluralidade de soluções quanto à autoria dos actos e aos níveis de intervenção reguladora das matérias, sendo isto observável a dois termos:

(1) Habilitando a existência de delegações inter-orgânicas (artigos 165.º, n.º 1, e 227.º, n.º 1, alínea b));

(2) Consagrando "delegações" ou fraccionamentos de regulação jurídica, verificando-se uma disciplina jurídica escalonada das matérias, sendo o que sucede nos três seguintes exemplos:

– Face às normas constitucionais não exequíveis por si mesmas que remetem para o legislador a sua densificação (v. *supra*, n.º 7.6.);

– Perante as leis de bases cuja densificação é deferida para os diplomas de desenvolvimento;

---

[128] Neste sentido e para mais desenvolvimentos, cfr. PAULO OTERO, *Legalidade e Administração Pública*, pp. 863 ss.

[129] Cfr. PAULO OTERO, *Legalidade e Administração Pública*, pp. 868 ss.

§14.° Princípio da não exclusividade da configuração formal do poder político 131

- Ou ainda perante todas as leis que carecem de regulamentos tendentes a conferir-lhes execução;

(iv) A consagração de cláusulas de salvaguarda da Constituição que, funcionando como "válvulas de escape", garantem uma adaptabilidade de soluções ainda dentro do quadro constitucional a vicissitudes imprevisíveis ou circunstâncias extraordinárias. É o que sucede, a título exemplificativo, com as seguintes normas:

(1) O artigo 19.°, em matéria de estado de excepção constitucional (v. *supra*, III e IV);

(2) O artigo 282.°, n.° 4, permitindo que o Tribunal Constitucional, existindo razões de segurança jurídica, equidade ou interesse público de excepcional relevo, possa conformar ou adaptar os efeitos típicos da inconstitucionalidade ou da ilegalidade por si declarada com força obrigatória geral;

(3) Os artigos 7.°, n.° 6, e 8.°, n.° 4, introduzindo a referência aos "princípios fundamentais do Estado de Direito democrático", criam cláusulas de salvaguarda da abertura da Constituição à comunicabilidade de poderes do Estado português no âmbito da União Europeia e, por outro lado, limita os termos da aplicabilidade interna do Direito da União Europeia (v. *supra*, n.° 7.7., IV).

Por todas estas vias, sem embargo de outras existentes, a Constituição, visando tornar mais maleável e adaptável o texto constitucional a diferentes cenários, revela ainda uma intenção reguladora integral do exercício do poder político: em todas as situações, apesar de diferentes técnicas de flexibilidade aplicativa das normas, o poder exerce-se sempre nos termos ou segundo as formas previstas na Constituição.

(e) Síntese: o problema nuclear

IX. Há, em todas as situações analisadas, uma preocupação constitucional de garantir um sistema fechado de exercício do poder: a abertura da Constituição não passa, segundo a sua normatividade jurídico-positiva, por qualquer permeabilidade a formas ou termos de exercício do poder político fora do quadro tipificado pela Constituição.

Os artigos 3.°, n.° 1, e 108.° dizem-nos que só o poder formal previsto e exercido nos termos da Constituição é poder legítimo: não há intervenção decisória autónoma do povo que seja legítima fora dos termos ou das formas previstas pela Constituição.

132 *Princípios fundamentais*

Será legítimo, porém, um tal sistema fechado de exercício da soberania pelo titular do poder político?

Poderá uma Constituição democrática "fechar" as formas de intervenção legítima do povo?

Eis as interrogações a que cumpre encontrar resposta.

14.2. Contestação teórica dos pressupostos constitucionais tradicionais

BIBLIOGRAFIA: PAULO OTERO, *Legalidade e Administração Pública*, pp. 429 ss. e 557 ss.; FRANCISCO LUCAS PIRES, *Teoria da Constituição...*, pp. 171 ss.; AFONSO RODRIGUES QUEIRÓ, *Uma Constituição Democrática Hoje – Como?*, Coimbra, 1980; EMMANUEL SIEYES, *Qué es el Tercer Estado?*, ed. Alianza Editorial, Madrid, 2003.

(a) O povo só pode exercer o poder nas formas e nos termos previstos na Constituição?

I. Num livro publicado em Janeiro de 1789, anterior à Revolução Francesa que se iniciaria nesse mesmo ano, Sieyes (1748-1836) vem defender uma concepção do poder constituinte que, recusando encontrar-se o titular da soberania constituinte limitado pelas normas constitucionais, assenta em quatro principais ideias:

(i) A nação, identificada com o povo[130] e dotada de uma vontade comum[131], existe antes de tudo e é a origem de tudo[132]: a nação tem o direito exclusivo de fazer a Constituição[133] e a sua vontade "é sempre legal", pois personifica a própria lei[134];

(ii) Se é certo que os delegados da nação nunca podem alterar os limites ou as condições do poder que lhes foi confiado[135], pois não exercem um direito próprio, antes são uma comissão da vontade comum[136], a verdade é que "seria ridículo supor que a nação esti-

---

[130] Cfr. EMMANUEL SIEYES, *Qué es el Tercer Estado?*, (Cap. I), p. 92.
[131] Cfr. EMMANUEL SIEYES, *Qué es el Tercer Estado?*, (Cap. V), p. 140.
[132] Cfr. EMMANUEL SIEYES, *Qué es el Tercer Estado?*, (Cap. V), p. 142.
[133] Cfr. EMMANUEL SIEYES, *Qué es el Tercer Estado?*, (Cap. V), p. 138.
[134] Cfr. EMMANUEL SIEYES, *Qué es el Tercer Estado?*, (Cap. V), p. 143.
[135] Cfr. EMMANUEL SIEYES, *Qué es el Tercer Estado?*, (Cap. V), pp. 141 e 144.
[136] Cfr. EMMANUEL SIEYES, *Qué es el Tercer Estado?*, (Cap. V), p. 141.

§14.º Princípio da não exclusividade da configuração formal do poder político   133

vesse sujeita a si mesma pelas formalidades ou pela Constituição a que submeteu os seus mandatários"[137];

(iii) Não se encontrando a nação submetida à Constituição[138], a sua vontade, sendo de exercício livre e independente[139], é sempre a lei suprema[140], nunca devendo, nem podendo limitar-se a formas constitucionais[141]: "a nação não pode alienar-se, nem proibir-se o direito de fazer algo"[142];

(iv) A nação, sendo "sempre senhora de reformar a sua Constituição"[143], pode exercer esse direito independentemente de qualquer forma ou condição[144], nunca lhe sendo possível renunciar à qualidade de nação, nem vincular-se a ser de determinada maneira[145]: "a vontade comum não pode autodestruir-se"[146].

Viria este mesmo entendimento a obter consagração positiva no artigo 28.º da Declaração de Direitos do Homem e do Cidadão resultante da Constituição francesa de 1793, estipulando o seguinte: "um povo tem sempre o direito de rever, de reformar e de modificar a sua Constituição. Nenhuma geração pode sujeitar as gerações futuras às suas leis".

II. Uma tal concepção setecentista do poder constituinte, enquanto poder do povo insusceptível de ser limitado pelas normas da Constituição no seu propósito de alterar a normatividade constitucional, veio, por sua vez, a encontrar acolhimento no pensamento do Professor Afonso Queiró, em escrito datado de 1980, a propósito da Constituição de 1976.

A formulação constitucional, hoje nos artigos 3.º, n.º 1, e 108.º, mediante a qual o povo só exerce o poder segundo as formas ou nos termos previstos na Constituição, traduz uma verdadeira heresia[147]: "o povo tem sempre o direito absoluto de modificar as suas instituições".

---

137 Cfr. EMMANUEL SIEYES, *Qué es el Tercer Estado?*, (Cap. V), pp. 144-145.
138 Cfr. EMMANUEL SIEYES, *Qué es el Tercer Estado?*, (Cap. V), p. 145.
139 Cfr. EMMANUEL SIEYES, *Qué es el Tercer Estado?*, (Cap. V), p. 146.
140 Cfr. EMMANUEL SIEYES, *Qué es el Tercer Estado?*, (Cap. V), p. 147.
141 Cfr. EMMANUEL SIEYES, *Qué es el Tercer Estado?*, (Cap. V), p. 147.
142 Cfr. EMMANUEL SIEYES, *Qué es el Tercer Estado?*, (Cap. V), p. 146.
143 Cfr. EMMANUEL SIEYES, *Qué es el Tercer Estado?*, (Cap. V), p. 152.
144 Cfr. EMMANUEL SIEYES, *Qué es el Tercer Estado?*, (Cap. V), p. 152.
145 Cfr. EMMANUEL SIEYES, *Qué es el Tercer Estado?*, (Cap. V), p. 153.
146 Cfr. EMMANUEL SIEYES, *Qué es el Tercer Estado?*, (Cap. V), p. 153.
147 Cfr. AFONSO RODRIGUES QUEIRÓ, *Uma Constituição Democrática Hoje – Como?*, p. 34.

O poder constituinte, consubstanciando a soberania decisória do povo, não é passível de ser regulado na sua actuação futura pelos deputados que fizerem a Constituição: há uma norma não escrita pela qual é o poder constituinte soberano do povo "que não só cria a Constituição positiva como a sustenta e lhe confere validade, e não ela que sustenta e confere competência ao poder constituinte e lhe fixa quaisquer limitações"[148].

Neste sentido, se o povo, titular único da soberania constitucional, resolve romper com a normatividade jurídico-positiva, não há aqui ilicitude[149]: essa ruptura, tendo em si a fonte da sua própria validade, legitima-se num determinado quadro axiológico e segundo a sua efectividade[150]. Toda a História constitucional da Europa continental é ilustrativa da ideia e a própria Constituição de 1976 encontra a sua origem num acto de ruptura revolucionária com a anterior ordem constitucional positiva.

E, uma vez que "as normas constitucionais não constituem um limite à liberdade do legislador constituinte"[151], encontrando-se o povo a tais limites submetido apenas só até o entender, nada o impede de, numa nova assunção de poderes constituintes, rescrever a normatividade constitucional.

Assim, quando os artigos 3.°, n.° 1, e 108.° proclamam que o povo só poder exercer o poder nos termos e segundo as formas previstas na Constituição deparamos aqui com "uma simples autovinculação do poder constituinte", mostrando-se tais preceitos como sendo juridicamente irrelevantes[152].

Observa-se, por tudo isto, que, ao lado do poder político formal, previsto e regulado pela Constituição, nunca pode deixar de se reconhecer a presença paralela, por vezes mesmo subversiva, de um poder político informal, directamente fundado na soberania originária do poder constituinte do povo ou, em termos derivados, difusamente protagonizado pela ideia de nação (v. *supra*, n.° 3.3.3., (b)).

---

[148] Cfr. Afonso Rodrigues Queiró, *Uma Constituição Democrática Hoje – Como?*, pp. 33-34.

[149] Cfr. Afonso Rodrigues Queiró, *Uma Constituição Democrática Hoje – Como?*, p. 33.

[150] Cfr. Paulo Otero, *Lições de Introdução ao Estudo do Direito*, I, 2.° tomo, pp. 332 ss.; Idem, *Legalidade e Administração Pública*, pp. 241 ss.

[151] Cfr. Afonso Rodrigues Queiró, *Uma Constituição Democrática Hoje – Como?*, pp. 34-35.

[152] Cfr. Afonso Rodrigues Queiró, *Uma Constituição Democrática Hoje – Como?*, p. 46.

§14.° Princípio da não exclusividade da configuração formal do poder político 135

(b) O equívoco da força normativa da Constituição

III. Se a supremacia política da Constituição começou por ser o resultado das concepções iluministas e racionalistas de finais do século XVIII, enquanto lei escrita proveniente da nação soberana no exercício da competência das competências, isto é, do poder constituinte, a centralidade normativa da Constituição é um produto directo do positivismo oitocentista e de uma concepção monista das fontes de Direito: num sistema baseado na ilusão de que o Estado é o único produtor ou, pelo menos, o único detentor da competência definidora de todos os centros produtores de normas, compreende-se que a Constituição formal seja dotada de uma absoluta supremacia normativa dentro de todo o sistema jurídico.

Surge, deste modo, a ideia da Constituição como norma fundamental do ordenamento jurídico, sua *lex superior*, dotada de uma supremacia hierárquica sobre todas as demais normas do sistema jurídico:

(i) A Constituição define o sistema de fontes formais de Direito, condicionando a validade e a inerente vinculatividade de todas as normas, funcionando como a "norma das normas" ou a fonte de todas as fontes de Direito;

(ii) A Constituição encontra-se dotada de uma intenção fundacional e revela uma pretensão de permanência e duração, fazendo emergir a distinção entre poder constituinte originário e poder de revisão constitucional;

(iii) A Constituição, enquanto produto do poder constituinte, defende-se contra os poderes constituídos, tornando-se imune às leis ordinárias que, sob pena de invalidade, não a podem contrariar ou revogar, ganhando, assim, uma rigidez normativa que lhe confere uma superioridade sobre todas as restantes leis;

(iv) A Constituição, por último, alicerça um sistema judicial de fiscalização da constitucionalidade das normas do sistema jurídico, garantindo a sua supremacia hierárquica sobre todo o universo normativo.

Nestes termos se formula e manifesta o mito da Constituição escrita.

IV. A Constituição goza, neste sentido, de uma força normativa própria que, sem prejuízo dos seus condicionamentos internos, se procura, a todo o custo, autogarantir:

(i) Os princípios nucleares da Constituição, elevados a limites materiais de revisão constitucional, enquanto expressão do "cerne da constituição"[153], proibindo o abolir da identidade da Constituição[154], acabam por conferir proeminência ao princípio da Constituição escrita sobre o próprio postulado da soberania popular[155];

(ii) A institucionalização de um tribunal constitucional, configurado como o último e supremo guardião da Constituição, dotado de uma ampla competência decisória exclusivamente orientada para a defesa da ordem constitucional, permite sempre subordinar a vontade política dos poderes constituídos à decisão constituinte das gerações passadas cujo sentido final é revelado, "pelos séculos dos séculos", por um órgão dotado da competência das competências em matéria definidora do sentido interpretativo oficial da Constituição.

A garantia da força normativa da Constituição, enquanto lei fundamental de um sistema monista de fontes de Direito que encontra no Estado a sua origem, transforma-se, deste modo, num paradoxo não democrático de defesa de textos constitucionais democráticos: os limites materiais de revisão constitucional e a existência de um tribunal constitucional podem bem converter-se em instrumentos de perpetuação de uma ordem constitucional mumificada.

V. A hierarquia das normas integrantes deste modelo de sistema jurídico, encontrando a sua unidade numa abóbada cimentada pela Constituição, parte, porém, de dois pressupostos[156]:

(i) O monopólio da lei como modo de revelação do Direito;

(ii) O monopólio do Estado como criador e aplicador da lei.

Sucede, todavia, que nem a lei é a única fonte de Direito, nem o Estado tem o monopólio da criação do Direito: a Constituição não tem, por isso, o exclusivo da definição das fontes de Direito, nem goza de uma supremacia absoluta dentro do sistema jurídico.

---

[153] Expressão de GOMES CANOTILHO, *Direito Constitucional e Teoria...*, p. 1050.

[154] Cfr. KONRAD HESSE, *Grundzüge des Verfassungsrechts...*, p. 293.

[155] Neste sentido, cfr. KONRAD HESSE, *A Força Normativa da Constituição*, Porto Alegre, 1991, p. 28.

[156] Neste sentido, cfr. FRANCISCO LUCAS PIRES, *O Problema da Constituição*, Coimbra, 1970, p. 64.

§14.° *Princípio da não exclusividade da configuração formal do poder político*   137

A força normativa da Constituição encontra-se, por efeito de um erro nos respectivos pressupostos conceptuais, relativizada[157]: num sistema jurídico que não se esgota no Direito escrito ou proveniente de fontes formais, a Constituição nunca pode ser vista como a cúpula ou a abóbada de todo o sistema.

Há que procurar revelar a quebra do mito da Constituição escrita[158].

(c) A quebra do mito da omnipotência da Constituição escrita

VI. A formação de uma normatividade constitucional não escrita e, neste sentido, "não oficial" vem colocar, segundo os postulados de um Estado de Direito fundado na legitimidade democrática do seu ordenamento e dotado de um texto constitucional rígido, um problema de admissibilidade ou de legitimidade desta normatividade oriunda de processos informais.

Num certo sentido, a questão da legitimidade da Constituição "não oficial" face aos postulados de um Estado de Direito democrático não pode ser diferente da discussão em torno da legitimidade do costume de nível infraconstitucional face à lei proveniente dos órgãos com competência legislativa fixada pela Constituição.

Sucede, porém, que esse problema de legitimidade, envolvendo uma clara dimensão implícita e consequente de discussão da validade da normatividade informal, não pode deixar de equacionar o problema da possibilidade – e, num certo sentido, da própria legitimidade – de o Direito escrito, proveniente de fontes formais e intencionais, proibir ou negar relevância às normas que informalmente se vão formando numa sociedade plural ou numa instituição democrática.

Como podem as normas de uma Constituição "oficial" garantir a absoluta exclusividade da sua normatividade escrita na disciplina das situações factuais, se estas próprias, além de assumirem muitas vezes uma configuração que escapa à previsão do legislador, têm uma dinâmica própria? Como pode a Constituição escrita ou "oficial" impedir que as instituições políticas por si criadas gerem a produção informal de uma normatividade *praeter cons-*

---

[157] Para mais desenvolvimentos sobre a relativização da força normativa da Constituição, cfr. PAULO OTERO, *Legalidade e Administração Pública*, pp. 559 ss.

[158] Para uma abordagem do tema à luz da Constituição norte-americana, cfr. TODD E. PETTYS, *The myth of the written Constitution*, in *Notre Dame Law Review*, vol. 84, 2009, pp. 991 ss.

138 *Princípios fundamentais*

titutionem ou *contra constitutionem*, verificando-se que, algumas vezes, a própria justiça constitucional as acolhe ou promove?

VII. É certo, sempre se poderá dizer, que a existência de uma Constituição formal rígida, incluindo a sua autodefesa através de uma cláusula de limites materiais, será reveladora da preocupação de impedir o desenvolvimento de uma normatividade não escrita e "não oficial".
Não se discutirá essa intenção.

Esquece-se, todavia, que a força jurídica vinculativa ou a efectividade reguladora de uma Constituição não reside numa qualquer mais-valia intrínseca das suas normas escritas: é ilusório pensar que as normas de uma Constituição escrita são juridicamente diferentes das restantes normas escritas existentes no ordenamento jurídico, gozando pelo simples facto de se encontrarem num texto designado de Constituição de uma especial força formal negativa que as imunizaria a quaisquer fenómenos informais perturbadores da sua vigência.

Não existe um único exemplo histórico de preservação da vigência de uma Constituição contra o desenvolvimento de uma factualidade com apetência normativa que tenha sido garantida pela especial força formal negativa das suas normas formais: a resistência das normas constitucionais a fenómenos informais perturbadores da sua vigência ou da obediência aos seus comandos nunca se garante suficientemente através de outras normas.

A história constitucional ensina que o poder da força é sempre superior à força das normas jurídicas escritas, verificando-se uma tensão permanente entre a norma estática e a realidade factual, a qual revela a força determinante das relações fácticas e conduz, mais tarde ou mais cedo, à submissão da normatividade formal[159].

VIII. Tal como a falta de correspondência entre a "Constituição escrita" e a "Constituição real" se mostra passível de gerar um conflito em que a primeira se transforma numa mera folha de papel que sucumbirá diante dos factores reais do poder dominantes no país[160], também a existência de limi-

---

[159] Dando conta deste entendimento, apesar de o pretender ultrapassar através da designada "força normativa da Constituição", cfr. KONRAD HESSE, *A Força Normativa...*, pp. 10 e 11.

[160] Neste sentido, cfr. FERDINAND LASSALLE, *A Essência da Constituição*, 5.ª ed., Rio de Janeiro, 2000, p. 33.

§14.° *Princípio da não exclusividade da configuração formal do poder político*   139

tes materiais de revisão constitucional ou cláusulas pétreas é sempre ilusória para impedir o "suicídio" ou o "homicídio" de uma Constituição provocado por dinâmicas factuais fora do quadro constitucional "oficial"[161]: em períodos de crise, verificando-se movimentações políticas incontroláveis, as normas formais que consagram limites de revisão constitucional mais não são do que "pedaços de papel varridos pelo vento da realidade política"[162].

É que, bem ao contrário do pensamento positivista baseado no dogma da omnipotência formal da lei e da Constituição escrita, reside no simples hábito de obediência e no instinto de lealdade da população e dos aplicadores do Direito a principal força de uma Constituição[163]: o que é a vitória de um movimento revolucionário senão a quebra de lealdade ou fidelidade em relação à Constituição vigente e a transferência do hábito de obediência e de lealdade ou fidelidade para um novo complexo normativo que, substituindo o anterior texto constitucional, começa por se autoqualificar de Constituição?

Firmando-se no hábito de obediência e no instinto de lealdade ou fidelidade a força vinculativa de um texto constitucional, resulta daqui que a exclusão de relevância operativa de uma normatividade "não oficial" baseada numa argumentação centrada na especial força jurídica das normas integrantes da Constituição formal perde o seu impacto: o constitucionalismo britânico é, disso mesmo, o exemplo ilustrativo por excelência.

IX. Se, num modelo de vigência paralelo ao poder político formal instituído nos termos e segundo as formas previstas na Constituição, existe um poder informal (v. *supra*, II), a verdade é que também, ao lado da normatividade formal que encontra no texto escrito da Constituição o seu fundamento e referencial último de validade, se observa a existência de uma normatividade produzida por fontes informais.

Deste modo, tal como o poder político não se circunscreve ao poder formal, existindo poder político fora dos termos e das formas previstas na Constituição escrita, também o Direito Constitucional escrito não goza de omnipotência, encontrando-se ao lado da Constituição "oficial" manifestações de uma normatividade integrante de uma paralela Constituição não escrita ou

---

[161] Para mais desenvolvimento, cfr. PAULO OTERO, *A Democracia Totalitária*, pp. 240 ss.

[162] Cfr. KARL LOEWENSTEIN, *Teoría de la Constitución*, 2.ª ed., reimp., Barcelona, 1982, p. 192.

[163] Cfr. KARL OLIVECRONA, *Il Diritto como Fatto*, Milano, 1967, p. 57.

140 *Princípios fundamentais*

"não oficial": o Direito Constitucional é muito mais do que o conjunto de regras e princípios resultantes do texto escrito da Constituição formal.

14.3. Poder político informal: manifestações

14.3.1. *Poder constituinte informal*

> BIBLIOGRAFIA: Paulo Bonavides, *Curso de Direito Constitucional*, pp. 162 ss.; Paulo Otero, *As instituições políticas e a emergência de uma «Constituição não oficial»*, pp. 104 ss.; Idem, *Legalidade e Administração Pública*, pp. 418 ss.

(a) Poder constituinte informal: um poder originário e silencioso

I. Tivemos já oportunidade de referir, a propósito da abertura normativa da Constituição (v. *supra*, n.º 7.3., (b)), a existência do desenvolvimento informal e factual de uma normatividade constitucional não escrita ou "não oficial" que, podendo assumir uma natureza *contra constitutionem*, determina a transfiguração da Constituição oficial (v. *supra*, n.º 8.2., (a)).

Essa normatividade constitucional "não oficial", expressando uma abertura involuntária da Constituição escrita a normas passíveis de complementar ou subverter o seu texto, é o produto gerado por um poder constituinte informal que, nas palavras de Paulo Bonavides, é "difuso, anónimo e político" (v. *supra*, n.º 7.3., III).

Trata-se de um poder constituinte que, fundando-se na vontade constituinte da nação, comporta em si uma expressão democrática da vontade da colectividade (v. *supra*, n.º 3.3.3., V): esse poder constituinte é um produto directo de uma vivência social integrativa ou subversiva das normas "oficiais", albergando ainda uma componente democrática que, apesar de informal, traduz um "espírito comum" de reconfiguração da normatividade formal[164].

Não há aqui a usurpação das funções soberanas do Estado[165], antes se observa a expressão jurídica da vontade da colectividade que é, à luz dos

---

[164] Cfr. Paulo Otero, *As instituições políticas e a emergência de uma «Constituição não oficial»*, pp. 111 ss.; Idem, *Legalidade e Administração Pública*, pp. 431 ss.

[165] Não reside apenas no espaço constitucional do Estado, no entanto, a vivência de um poder constituinte informal: igualmente a União Europeia possui um permanente poder cons-

§14.° Princípio da não exclusividade da configuração formal do poder político 141

postulados de um modelo político-constitucional democrático, a fonte última da titularidade do poder político: se a soberania reside no povo[166] e a ele pertence o poder político[167], negar à colectividade a expressão informal de uma vontade geradora de Direito, conferindo às fontes formais o monopólio ou o exclusivo na definição do Direito, será a negação do próprio princípio democrático. E mesmo quando se afirma que o poder político é exercido nos termos ou segundo as formas da Constituição[168], isto significa que essa referência à Constituição abrange, desde logo, a Constituição formal escrita e, igualmente, as normas consuetudinárias que a complementem e desenvolvam[169].

II. Na vivência social das normas constitucionais pode recortar-se, deste modo, a existência de um efectivo segundo poder constituinte originário[170]: a realidade factual existente numa determinada sociedade comporta, sempre através de processos informais, uma intrínseca aptidão geradora de uma força normativa "não oficial" que, mostrando-se susceptível de transformar e rejuvenescer a Constituição "oficial", envolve a emergência de um poder constituinte que não tem uma titularidade definida.

Observa-se aqui a existência de um silencioso poder constituinte informal que nunca desampara a Constituição escrita "oficial", acompanhando-a como uma sombra e modificando-a paulatinamente durante toda a sua vida, e que, ao invés do poder de revisão constitucional, reveste carácter originário, pois tem o seu fundamento (e o respectivo exercício) totalmente fora dos quadros normativos formais e oficiais, desenvolvendo a sua lenta acção segregadora da normatividade através de uma presença invisível, apenas dele se tomando consciência "quando se constatam as transformações já operadas na Constituição sem a interferência do poder constituinte derivado"[171].

---

tituinte informal que, condicionando as opções constitucionais de cada Estado-membro nos domínios económico e social, acaba por fazer diluir o poder constituinte formal da Assembleia da República (v. *supra*, n.° 8.3, XVIII).

[166] Cfr. CRP, artigo 3.°, n.° 1.

[167] Cfr. CRP, artigo 108.°.

[168] Cfr. CRP, artigos 3 .°, n.° 1, e 108.°.

[169] Neste sentido, cfr. JORGE MIRANDA, *Manual...*, II, p. 148; IDEM, *Teoria do Estado e da Constituição*, Coimbra, 2002, p. 557.

[170] Neste sentido, cfr. PAULO BONAVIDES, *Curso...*, pp. 162 ss.

[171] Cfr. PAULO BONAVIDES, *Curso...*, p. 163.

142 *Princípios fundamentais*

(b) Efeitos: a reformulação dos conceitos de Constituição e de inconstitucionalidade

III. A existência de uma normatividade não escrita ou "não oficial" proveniente de um poder constituinte informal, desenvolvendo-se em termos integrativos ou subversivos face à Constituição escrita ou "oficial", permite observar a existência de dois níveis normativos reguladores do poder político:

(i) Existe um nível normativo informal que, tendo-se desenvolvido em termos marginais face à normatividade escrita, provocou a inaplicabilidade (e não a revogação) de certas normas escritas do texto constitucional formal ou, nos casos de compatibilidade de conteúdos, gerou um complementar das normas "oficiais";

(ii) Existe um nível normativo resultante da Constituição "oficial" que, gozando de efectividade, nunca poderá olvidar o sector das normas escritas que se encontra "adormecido" pelas normas informais que se foram desenvolvendo e tornaram essas mesmas normas escritas juridicamente inaplicáveis.

A Constituição, enquanto estatuto jurídico do político, nunca pode esquecer estes dois níveis normativos, integrando-os num todo: a Constituição é, sem prejuízo da sua subordinação aos princípios jurídicos fundamentais decorrentes de uma ordem axiológica suprapositiva[172], a síntese de uma normatividade formal e de uma normatividade informal.

Não falta mesmo quem, visando dar corpo a esta ideia de uma dupla normatividade constitucional, proclame que "cada País tem ordinariamente duas Constituições"[173]: uma que, escrita pela mão do legislador constituinte em assembleia formal, estaria no texto e nos manuais de Direito Constitucional, e uma outra que, vendo-se e percebendo-se "nas trepidações da vida e da *praxis*", se encontraria na realidade e que, apesar não ter sido redigida por ninguém, estaria gravada na consciência social.

Configure-se a confluência de dois níveis normativos constitucionais como um fenómeno de natureza monista ou dualista, gerando uma única Constituição cuja normatividade resulta de uma síntese entre a dimensão formal e a dimensão informal das suas normas ou, pelo contrário, envolvendo a existência autónoma de duas Constituições, mostra-se sempre indispensável

---

[172] Cfr. PAULO OTERO, *Legalidade e Administração Pública*, pp. 433 e 434.
[173] Cfr. PAULO BONAVIDES, *Curso...*, p. 164.

§14.º *Princípio da não exclusividade da configuração formal do poder político*   143

para a determinação da verdadeira Constituição ou da Constituição efectiva que se tome em consideração a mencionada dupla dimensão da normatividade constitucional.

IV. Se o conceito de Constituição envolve sempre um duplo nível normativo, compreendendo uma normatividade formal e também uma normatividade informal, resultam daqui dois principais efeitos:

(*i*) Em primeiro lugar, a revisão constitucional de normas escritas inaplicáveis pela emergência de uma normatividade "não oficial" assume uma natureza simultaneamente declarativa e certificativa:

(1) Declarativa, uma vez que se limita a remover da ordem jurídica normas que já estavam sem efectividade;

(2) Certificativa, porque evita que as mesmas, enquanto normas escritas, sejam mais alguma vez aplicadas[174], impedindo o seu "despertar" do profundo coma jurídico em que se encontram;

(*ii*) Em segundo lugar, o próprio conceito de inconstitucionalidade não pode deixar de compreender uma nova dimensão:

(1) A inconstitucionalidade de uma norma não decorre apenas (ou não decorre até) da simples violação da normatividade escrita integrante da Constituição "oficial";

(2) A inconstitucionalidade pode ser a expressão de uma desconformidade face à normatividade integrante da Constituição "não oficial" que, tendo tornado inaplicável um preceito escrito da Constituição "oficial", assume hoje a natureza de norma efectivamente reguladora de determinada situação concreta que antes estava disciplinada por uma norma escrita do texto da Constituição formal;

(3) A formulação de um juízo de inconstitucionalidade tornou-se hoje uma tarefa complexa, envolvendo uma prévia indagação sobre a normatividade constitucional efectivamente vigente.

---

174 Neste contexto se alertava, antes da revisão constitucional de 1982, que o sistema económico, apesar de seguir uma orientação divergente da tónica constitucional, "a todo o momento continua a ser possível uma inflexão da prática constitucional no sentido de implementar a adequação ao modelo da «transição para o socialismo»", cfr. PAULO DE PITTA E CUNHA, *A regulação constitucional da organização económica e a adesão à C.E.E.*, in JORGE MIRANDA (org.), *Estudos Sobre a Constituição*, III, Lisboa, 1979, p. 455.

14.3.2. *O poder de exteriorização informal dos titulares de cargos políticos*

BIBLIOGRAFIA: GOMES CANOTILHO/VITAL MOREIRA, *Os Poderes do Presidente da República*, pp. 56 ss.; FAUSTO CUOCOLO, *Istituzioni...*, pp. 366 ss.; MARIA CRISTINA GRISOLIA, *Potere di Messaggio ed Esternazioni Presidenziali*, Milano, 1986; TEMISTOCLE MARTINES, *Diritto Costituzionale*, pp. 536 ss.

(a) Delimitação e configuração

I. Uma outra manifestação aferidora da informalidade do poder político diz respeito ao poder de exteriorização de opinião que os titulares de cargos políticos exercem sempre que, fora dos casos previstos na normatividade constitucional, emitem declarações orais ou escritas que assumem relevo político.

Se a exteriorização da opinião se enquadra no contexto do exercício de poderes previstos formalmente, tal como sucede com a mensagem do Presidente da República dirigida à Assembleia da República e às assembleias legislativas das regiões autónomas (artigo 133.°, alínea d)) ou na fundamentação de um veto político (artigo 136.°, n.ᵒˢ 1 e 4)[175], não haverá aqui qualquer manifestação de um poder informal: tudo se reconduz ainda a situações consagradas na Constituição escrita ou "oficial".

Por outro lado, se a exteriorização da opinião do titular do cargo político não assume qualquer relevo político (v.g., preferências literárias, musicais ou gastronómicas), traduzindo a simples manifestação da liberdade de opinião como cidadão, igualmente não cabe o seu tratamento no âmbito das manifestações do poder político informal.

O único poder de exteriorização que nos interessa, neste momento e para efeitos de ilustrar o poder político informal, diz respeito às opiniões emitidas por titulares de cargos políticos, sem previsão constitucional expressa, e que se mostram susceptíveis de produzir efeitos políticos.

II. Normalmente associado ao Presidente da República, a verdade, porém, é que o poder informal de exteriorização não se circunscreve apenas a este titular de um cargo político: todos os titulares de cargos políticos podem

---

[175] Em igual sentido, também o Representante da República deverá comunicar por escrito, em mensagem fundamentada, as razões do seu veto político a diplomas provenientes da assembleia legislativa ou do governo regional (artigo 233.°, n.ᵒˢ 2 e 4).

§14.° Princípio da não exclusividade da configuração formal do poder político   145

exteriorizar a sua opinião através de declarações com significado político, desde o Presidente da República, Primeiro-Ministro, restantes membros do Governo e Deputados até aos membros dos órgãos de governo das regiões autónomas, titulares de órgãos autárquicos, etc.

Uma vez que o exercício do poder de exteriorização tem sempre subjacente o propósito de exprimir uma valoração política própria, visando influenciar ou condicionar opções políticas de terceiros, naturalmente que a projecção política do seu exercício varia em função do relevo ou importância política conferida pela Constituição a quem profere essas opiniões: o exercício do poder de exteriorização pelo Presidente da República ou pelo Primeiro--Ministro tem um impacto muito superior ao seu exercício por um presidente do governo regional ou um presidente de uma câmara municipal.

III. O exercício do poder informal de exteriorização pode assumir, no entanto, duas configurações distintas quanto à eficácia dos seus efeitos:

(i) Pode assumir uma eficácia meramente interna, sem lhe ser conferida imediata publicidade perante a opinião pública, consubstanciando a manifestação de opiniões emitidas verbalmente ou por escrito junto de quem se pretende comunicar uma posição ou obter um esclarecimento ou mudança de posição (v.g., cartas do Presidente da República ao Governo sobre assuntos políticos[176], correspondência trocada entre o Primeiro-Ministro e o Presidente da República e Ministros[177], memorandos do Provedor de Justiça ao Primeiro--Ministro sobre as queixas que lhe tenham sido apresentadas);

(ii) Pode o exercício da exteriorização ter uma eficácia externa, sendo dotado de publicidade, traduzido em declarações dirigidas ao público ou transmitidas à opinião pública em geral, tenham como objecto questões de política interna ou externa.

Sem esquecer que, por vezes, a exteriorização de uma opinião por um titular de cargo político pode ter uma publicidade junto da opinião pública muito superior ou totalmente alheia aos propósitos ou à intenção do seu autor

---

[176] Para uma tipificação deste tipo de cartas no âmbito do poder de exteriorização do Presidente da República em Itália, cfr. MARIA CRISTINA GRISOLIA, *Potere...*, pp. 152 ss.

[177] Essa correspondência assume, por exemplo, especial relevo para a história do Estado Novo, atendendo às cartas, bilhetes e notas trocadas entre Oliveira Salazar e os restantes governantes durante o período que vai de 1932 e 1968 (para um elenco dos índices do respectivo espólio documental, cfr. MADALENA GARCIA, *Arquivo Salazar – Inventário e Índices*, Lisboa, Editorial Estampa, 1992).

(v.g., um comentário ocasional captado por um jornalista ou por um microfone que se pensava desligado), tornando-se, por isso, uma forma de exteriorização com eficácia externa, urge observar com mais algum detalhe os meios de exercício desta modalidade externa do poder informal de exteriorização.

IV. Nas modernas sociedades assentes na pluralidade e diversidade de meios de comunicação, o exercício do poder informal de exteriorização junto da opinião pública, independentemente da intencionalidade em obter a máxima publicidade possível, pode envolver várias manifestações, salientando-se as seguintes principais:

- (i) Discursos públicos, variando a sua importância consoante se inserem ou não em cerimónias solenes e o grau de cobertura que mereceram pelos meios de comunicação social;
- (ii) Mensagens televisivas, podendo estas ter uma natureza normal (v.g., mensagem de Natal ou de Ano Novo do Presidente da República ou do Primeiro-Ministro) ou excepcional;
- (iii) Notas à imprensa ou inseridas na página da *internet* do respectivo órgão;
- (iv) Comunicados lidos perante os meios de comunicação social, sendo a sua importância aferida pela circunstância de a leitura ser pelo próprio titular do cargo político ou remetida para um assessor ou porta-voz;
- (v) Entrevistas concedidas à imprensa escrita, à rádio ou aos canais televisivos;
- (vi) Conferências de imprensa;
- (vii) Respostas ocasionais a jornalistas;
- (viii) Conversas informais.

V. O poder de exteriorização, sem embargo de ter subjacente o exercício da liberdade de expressão de pensamento e de autonomia de opinião do seu autor, não deve ser encarado como tendo a natureza de um direito subjectivo: trata-se ainda de uma faculdade que, projectando as funções próprias do titular do cargo, não se mostra livre quanto aos fins, revelando antes um carácter instrumental quanto ao exercício de competências constitucionais do órgão em causa[178].

---

[178] Neste sentido, cfr. GIANCARLO ROLLA, *L'Organizzazione Costituzionale dello Satto*, Milano, 2007, pp. 307 ss.

§14.º *Princípio da não exclusividade da configuração formal do poder político* 147

O poder informal de exteriorização, sendo um verdadeiro poder, apesar de não resultar de previsão normativa expressa no texto da Constituição, não é livre no seu exercício: o poder de exteriorização conhece inevitáveis limites. Importa, por isso, conhecer alguns de tais limites.

(b) Limites ao exercício

VI. A circunstância de o poder informal de exteriorização dos titulares de cargos políticos se assumir como uma verdadeira competência, e não um direito ou liberdade do seu titular, determina inevitáveis limites ao respectivo exercício:

(i) Assumindo o poder de exteriorização um carácter instrumental face à competência constitucional do órgão cujo titular manifesta uma opinião, ele encontra-se circunscrito pela posição e pelas funções resultantes da Constituição para esse mesmo órgão: a exteriorização nunca habilita um imiscuir ou uma ingerência em esfera de competência alheia[179], nem se deve exercer com descaracterização do estatuto constitucional do seu autor;

(ii) A exteriorização deve fazer-se com fidelidade ao quadro genérico dos valores da Constituição, nunca sendo lícito que um titular de órgão político a use para incitar ou apelar à subversão das instituições vigentes ou à sua alteração por vias inconstitucionais;

(iii) O exercício do poder de exteriorização nunca pode envolver desrespeito pela vinculação que, sendo aplicável ao caso concreto, resulta do princípio da solidariedade, cooperação e respeito institucional (v. *supra*, n.º 12.3.);

(iv) Deve evitar-se o recurso a mecanismos de exteriorização informal sempre que a Constituição prevê para a situação em causa instrumentos formais de exercício da competência (v.g., a mensagem do Presidente da República dirigida à Assembleia da República)[180];

(v) O poder de exteriorização deve sempre ser exercido com prudência, parcimónia e autocontrolo[181], respeitando até regras de cortesia constitucional[182], evitando o seu uso abusivo ou a sua banalização.

---

[179] Neste mesmo sentido, apesar de se referir apenas à exteriorização do Presidente da República, cfr. DIOGO FREITAS DO AMARAL/PAULO OTERO, *O Valor Jurídico-Político da Referenda Ministerial*, p. 42, nota n.º 105.

[180] Neste sentido, cfr. TEMISTOCLE MARTINES, *Diritto Costituzionale*, p. 537.

[181] Cfr. GIANCARLO ROLLA, *L'Organizzazione...*, p. 309.

[182] Cfr. COSTANTINO MORTATI, *Istituzioni...*, II, pp. 660-661.

14.3.3. *O "quarto poder": os meios de comunicação social entre a responsabilidade política difusa e os riscos para a democracia*

BIBLIOGRAFIA: PAULO OTERO, *A Democracia Totalitária*, pp. 194 ss.; IDEM; *Instituições...*, I, pp. 650 ss.

I. Nas modernas sociedades desenvolvidas, os meios de comunicação social consubstanciam uma verdadeira manifestação de um poder político informal: os meios de comunicação social são, depois dos poderes legislativo, executivo e judicial, o "quarto poder".

Pode mesmo suceder que, em sistemas políticos assentes num modelo de "Estado do partido governamental" (v. *supra*, n.° 8.3., (d)), verificando-se o domínio das instituições governamentais e parlamentares por uma maioria absoluta monopartidária, acabe por residir nos meios de comunicação social a mais eficaz sede de responsabilização política dos governantes:

(i) Investigando e denunciando arbitrariedades, prepotências e outras situações de ilegalidade, os meios de comunicação social tornam-se a oposição visível e o centro de controlo do poder político instituído pela Constituição;

(ii) Conferindo espaço de debate e crítica à diversidade de opiniões individuais e de grupos representativos de interesses existentes na sociedade (v.g., sindicatos, associações patronais, associações de estudantes), os meios de comunicação social garantem e fomentam o pluralismo e o contraditório junto da opinião pública.

Neste sentido, os meios de comunicação social, controlando e fiscalizando os titulares de cargos políticos no exercício das suas funções, responsabilizando-os em termos difusos junto da opinião pública (v. *supra*, n.° 12.6., IV), representam um poder informal nas modernas sociedades de informação.

Não estranha, por isso, que os governantes temam mais os efeitos eleitorais motivados pelas denúncias das manchetes que encontram nos meios de comunicação social do que as moções de censura, as comissões parlamentares de inquérito ou as críticas dirigidas pelos deputados da oposição: nos meios de comunicação social reside hoje a principal garantia política da democracia.

II. Essa importância do poder informal dos meios de comunicação social não é totalmente alheia, no entanto, aos quadros formais da Constituição escrita: o artigo 39.°, impondo a existência de uma entidade administrativa

§14.º *Princípio da não exclusividade da configuração formal do poder político* 149

independente reguladora da comunicação social, reconhece, implicitamente, a importância do sector e a necessidade de estar sujeito a uma regulação que não possa ser governamentalizada.

A entidade administrativa independente reguladora da comunicação social é composta por membros maioritariamente eleitos por uma maioria de dois terços dos Deputados da Assembleia da República (artigo 163.º, alínea h)), competindo-lhe, nos termos do artigo 39.º, n.º 1, e tendo presentes os princípios gerais definidos no artigo 38.º, n.ºs 4 e 6, assegurar junto dos meios de comunicação social o seguinte:

(*i*) O direito à informação e a liberdade de imprensa, garantindo a possibilidade de expressão e confronto das diversas correntes de opinião;

(*ii*) A não concentração da titularidade dos meios de comunicação social, assegurando-se a independência perante o poder político e o poder económico;

(*iii*) O respeito pelos direitos, liberdades e garantias pessoais e ainda o exercício dos direitos de antena, de resposta e de réplica política;

(*iv*) O respeito pelas normas reguladoras das actividades de comunicação social.

III. Verifica-se, num outro sentido, que o poder de que gozam os meios de comunicação social nas modernas sociedades não é isento de riscos: os meios de comunicação social podem manipular a opinião pública, fazendo da pressão uma arma política junto das instâncias competentes. E, por essa via, os meios de comunicação social conseguem deslocar o centro da decisão dos órgãos do poder formal para a opinião pública por eles formada.

Pouco existe aqui, todavia, de democrático: a manipulação anula a democraticidade da vontade da opinião pública.

Não obstante se assistir a uma diferente manifestação de um poder político informal que já não se reconduz à responsabilidade política difusa dos governantes, a verdade é que os meios de comunicação social exercem aqui uma nova soberania ou um novo poder na moderna sociedade:

(*i*) Julgam e condenam na praça pública, antes da intervenção dos tribunais;

(*ii*) Aprovam e rejeitam iniciativas legislativas e administrativas, antes de qualquer decisão dos órgãos competentes;

(*iii*) Glorificam ou crucificam políticos e opções políticas, antes ou depois das eleições.

Neste sentido, parafraseando uma expressão de Mussolini referindo-se ao Estado, pode dizer-se que a moderna sociedade se passeia no seguinte princípio: tudo nos *mass-media*, nada fora dos *mass-media*, nada contra os *mass-media*.

IV. Esse risco subjacente ao poder de que gozam os meios de comunicação social nas modernas sociedades de informação torna-se visível, atendendo aos princípios gerais definidores do regime dos meios de comunicação social (artigo 38.°, n.os 4 e 6) e às competências conferidas à entidade administrativa independente reguladora da comunicação social (artigo 39.°, n.° 1), nas seguintes preocupações centrais:

(i) A titularidade dos meios de comunicação social, podendo ser detida pelo próprio Estado, nunca os pode tornar instrumentos ou veículos ao serviço do poder reinante: os meios de comunicação social têm de manter a sua independência e sentido crítico, impedindo-se a sua própria governamentalização, e, por sua via, a da sociedade;

(ii) A titularidade dos meios de comunicação social também não deverá estar concentrada nas mãos de um único privado, inseridos em redes de verdadeiros impérios privados, pois, deste modo, possibilita-se a sua perda de independência e a respectiva instrumentalização ao serviço de interesses mais ou menos ocultos[183];

(iii) Independentemente da concentração pública ou privada da titularidade dos meios de comunicação social, por tais meios passa hoje um perigo acrescido de formação manipulada ou controlada da opinião pública: se a força da televisão como sujeito activo da vida política, transformando a democracia representativa numa "videocracia"[184], permite afirmar que o *Homo sapiens* cedeu lugar ao *Homo videns*[185], pode bem afirmar-se que a opinião pública passa a querer aquilo que os meios de comunicação social pretendem que queira com a informação que fornecem;

(iv) Assim, se não existir uma regulação eficaz do respeito devido pelos meios de comunicação social aos princípios da liberdade, do pluralismo e da subordinação aos direitos fundamentais, incluindo a existência de mecanismos fiscalizadores da aplicação dessa regula-

---

[183] Para mais desenvolvimentos, cfr. PAULO OTERO, *A Democracia Totalitária*, pp. 194 ss.

[184] Cfr. GIOVANNI SARTORI, *Homo Videns – Televisione Post-Pensiero*, 4.ª ed. Roma, 2000, p. 46.

[185] Cfr. GIOVANNI SARTORI, *Homo Videns*, p. XV.

§14.° *Princípio da não exclusividade da configuração formal do poder político* 151

ção e, em caso de efectivo incumprimento, de inerente sancionamento, por certo que estaremos diante de um poder absoluto, totalmente incontrolado ou incontrolável.

Neste último sentido, o poder informal que os meios de comunicação
social detêm não deixa de comportar riscos ou perigos para o Estado de direitos humanos e a democracia: tratar-se-á de um poder incontrolado e este é
sempre, por definição, algo que contradiz os princípios da democracia[186].

V. Vivendo numa tensão permanente de um equilíbrio difícil entre a
imprescindibilidade de ter uma regulação que lhe retire o estigma de poder
incontrolado e, num outro sentido, a indispensável garantia de independência
face aos poderes político e económico, os meios de comunicação social surgem como um poder condicionado e condicionante, limitado e limitativo, fiscalizado e fiscalizante.

Em qualquer caso, porém, os meios de comunicação social são hoje protagonistas de um poder informal que, exercendo uma insubstituível função de
responsabilização difusa do poder político formal, se encontra tácita ou implicitamente reconhecido pelo artigo 39.° da Constituição, determinando a sua
submissão a um modelo de regulação administrativa independente.

14.3.4. *O "poder oculto"*

BIBLIOGRAFIA: DAYSE DE VASCONCELOS MAYER, *O Mito da Transparência Democrática do Poder Político: a face oculta do Poder – Um ensaio de
ciência política*, 2 vols., (dissertação inédita de doutoramento na Faculdade de
Direito da Universidade de Lisboa), Lisboa, 2006; IDEM, *A Democracia Capturada – A face oculta do poder (um ensaio jurídico-político)*, São Paulo, 2010;
JORGE MIRANDA, *Apreciação da dissertação de doutoramento da Mestra Dayse
de Vasconcelos Mayer*, in *Revista da Faculdade de Direito da Universidade de
Lisboa*, 2007, pp. 585 ss.; PAULO OTERO, *A Democracia Totalitária*, pp. 220 ss.;
IDEM; *Instituições...*, I, p. 476; ROGÉRIO EHRHARDT SOARES, *Direito Público...*,
pp. 111 ss.

I. Uma derradeira manifestação exemplificativa de poder político informal encontra-se numa pluralidade de modalidades de influência ou até de pre-

---

[186] Neste sentido, apesar de ser referirem apenas à televisão, cfr. KARL POPPER/JOHN
CONDRY, *Televisão. Um Perigo para a Democracia*, 2.ª ed., Lisboa, 1999, p. 11.

determinação decisória do poder formal por forças defensoras de interesses que, agindo na sombra ou ocultamente, escapam aos quadros visíveis da participação democrática ou da neocorporativização da decisão pública definidos pela normatividade "oficial" – trata-se do designado "poder oculto".

Revelando a ideia de que por de trás do poder formal e dos seus protagonistas existem forças ocultas defensoras de interesses sociais, políticos, económicos, culturais e religiosos, contribuindo para a opacidade do procedimento decisório ou para a própria definição do conteúdo da decisão, o "poder oculto" assume-se como o verdadeiro poder: é um poder escondido, alimentado por um código de silêncio e cumplicidades, infiltrado na sombra das estruturas decisórias formais do poder regulado pela normatividade escrita e que visa influenciar ou determinar o conteúdo das suas decisões.

Não sendo uma realidade exclusiva das democracias, a existência de um poder oculto é tão antiga quanto o próprio poder formal, sendo a História muitas vezes a revelação de factos protagonizados por forças ocultas que verdadeiramente determinaram as opções ou soluções tomadas: sem o conhecimento das forças ocultas que, na sombra dos governantes, determinaram as decisões, dificilmente se conhecerá a verdade histórica dos factos.

Numa democracia, porém, a opacidade das decisões resultante da existência de um poder oculto, debilitando a legitimidade democrática dos representantes do povo e protagonistas do poder político formal, manietados ou substituídos na sua vontade por quem vive e age na sombra, revela-se perigosa e sinistra: o poder oculto aniquila a transparência da democracia, sequestrando-a, capturando-a e transformando-a numa "democracia de bastidores"[187].

II. As forças protagonistas do poder oculto nem sempre, no entanto, assumem uma configuração secreta, sendo possível recortar duas diferentes situações[188]:

> (i) Existem entidades formais que desenvolvem uma acção pública visível e, simultaneamente, prosseguindo ainda finalidades lícitas, também agem em termos ocultos – é o que sucede com os grupos de pressão organizados, *lobbies* económicos e financeiros, grupos religiosos, etc.;
>
> (ii) Existem, por outro lado, entidades informais ou irregularmente formalizadas que, prosseguindo fins ilícitos, desenvolvem uma acção

---

[187] Cfr. PAULO OTERO, *A Democracia Totalitária*, p. 224; IDEM; *Instituições...*, I, p. 476.

[188] Em sentido algo diferente, cfr. DAYSE DE VASCONCELOS MAYER, *O Mito da Transparência...*, II, p. 287; IDEM, *A Democracia Capturada*, p. 171.

§14.° *Princípio da não exclusividade da configuração formal do poder político* 153

secreta ou invisível, usando meios criminalmente sancionáveis – é o que acontece, por exemplo, com a máfia e outras organizações criminosas[189].

Em qualquer caso, o poder oculto permite assistir a uma transferência do critério material de decisão para estruturas sem legitimidade política, usando como instrumentos de acção meios que vão desde a persuasão, à manipulação dos titulares dos cargos públicos ou da própria opinião pública, até à coação, à chantagem e à corrupção[190].

O poder oculto não se limita a ilustrar que nem todo o poder se exerce à luz das regras formais, permitindo também aferir que nem sempre o poder se exerce dentro dos quadros da licitude criminal.

III. O magno problema colocado pelo poder oculto consiste em saber como é que a ordem jurídica de um Estado constitucional pode limitar, eliminar ou combater tais manifestações informais de poder.

Sabendo-se que a afirmação dos princípios da juridicidade e da transparência democrática, enquanto postulados inerentes a um Estado de Direito democrático, também passa pela erradicação de todas as situações de exercício ilícito do poder, mostra-se possível o elenco das seguintes preocupações constitucionais reveladoras do combate ao poder oculto:

(i) A criminalização das condutas que, à luz do princípio da necessidade da intervenção penal, se mostrem particularmente graves e censuráveis, tanto por parte de quem visa influenciar ou manobrar quanto por parte de quem, sendo titular de um cargo político, se torna permeável a tais influências: a existência de uma expressa previsão de responsabilidade criminal dos titulares de cargos políticos (artigo 117.°, n.os 1 e 3) mostra-se ilustrativa de um tal propósito;

(ii) A instituição jurídico-positiva de mecanismos de participação dos interessados no procedimento de tomada de decisões pelo poder

---

[189] Note-se que é possível recortar a existência factual e informal de manifestações de normatividade no âmbito das organizações criminosas, correspondendo aos designados "ordenamentos criminosos" (cfr. ARCIDIACONO/CARULLO/RIZZA, *Instituzioni...*, p. 15), os quais geram oposição jurídico-criminal do Estado e o propósito da sua total eliminação (cfr. GIUSEPPE UGO RESCIGNO, *Corso...*, p. 204; PAULO OTERO, *Lições...*, I, 2.° tomo, p. 336).

[190] Sobre os instrumentos ou veículos do poder oculto, cfr., por todos, DAYSE DE VASCONCELOS MAYER, *O Mito da Transparência...*, I, pp. 139 ss.; IDEM, *A Democracia Capturada*, pp. 101 ss.

político, visando "trazer para dentro do sistema" todos os potenciais intervenientes ocultos, reforça a transparência, esvaziando as oportunidades de "participação" invisível, e aprofunda a democracia participativa (artigo 2.º);

(iii) A consagração de um regime de incompatibilidades dos titulares de cargos políticos (artigo 117.º, n.º 2), evitando-se situações de promiscuidade de interesses propicias a influências ocultas e ilícitas;

(iv) A formulação de um princípio geral de transparência ao nível dos recursos financeiros de actividades ou entidades especialmente vulneráveis a serem "capturadas" e instrumentáveis ao serviço de interesses de protagonistas "ocultos", tal como sucede nas seguintes soluções constitucionais:

– Divulgação da titularidade e dos meios de financiamento dos órgãos de comunicação social (artigo 38.º, n.º 3);

– Transparência na organização e funcionamento internos dos partidos políticos (artigo 51.º, n.º 5), devendo a lei regular o seu financiamento (artigo 51.º, n.º 6) e sujeitar o seu património e as suas contas a publicidade (artigo 51.º, n.º 6);

– Transparência e fiscalização das contas das campanhas eleitorais (artigo 113.º, n.º 3, alínea d));

(v) A proibição de concentração da titularidade dos meios de comunicação social (artigo 39.º, n.º 1, alínea b)) e a garantia da sua independência perante o poder político e o poder económico (artigos 38.º, n.os 4 e 6, e 39.º, n.º 1, alínea c)), evitando-se, deste modo, que o poder oculto possa ter a sua origem na força dos meios de comunicação social na moderna sociedade (v. *supra*, n.º 14.3.3.);

(vi) A implementação legislativa do princípio geral da subordinação do poder económico ao poder político democrático (artigo 80.º, alínea a));

(vii) O reforço dos mecanismos de fiscalização política e judicial do exercício do poder e do património dos titulares de cargos políticos (v.g., exigência de preenchimento de declarações de riqueza antes e depois de exercício do cargo).

Sendo certo que nenhum destes meios será suficiente para impedir formas mais ou menos dissimuladas de exercício de um poder oculto junto dos titulares de cargos políticos, a verdade é que a imaginação do legislador não se encontra impedida, dentro dos limites permitidos pela Constituição, de implementar a sua margem de liberdade conformadora no combate a este inevitável (apesar de dispensável) mecanismo informal de poder político.

§15.°
Princípio da não exclusividade das fontes normativas formais na regulação do poder político

15.1. Enquadramento metodológico: os pressupostos

BIBLIOGRAFIA: PAULO OTERO, *Legalidade e Administração Pública*, pp. 21 ss.; CRISTINA QUEIROZ, *Direito Constitucional*, pp. 131 ss.

I. Nem todo o Direito é produto da vontade do Estado ou de entidades previstas pela Constituição escrita, nem produzido através de processos formais regulados pela normatividade jurídico-positiva: há mais Direito para além do Direito positivo que é proveniente de fontes formais.

Neste sentido, a regulação do Poder político não se circunscreve às fontes normativas formais de Direito: a normatividade escrita ou jurídico-positiva, seja de fonte constitucional ou infraconstitucional, sem prejuízo de exercer uma inevitável e insubstituível função reguladora do Poder político, não goza de um monopólio ou exclusivo disciplinador da organização e funcionamento do Poder.

O poder político, entendido em sentido amplo de autoridades que exercem funções públicas, encontra a sua regulação numa pluralidade de fontes: a juridicidade de um Estado de Direito democrático não se esgota na legalidade democrática (v. *supra*, n.° 3.4.1., I).

Pode falar-se aqui, por conseguinte, num princípio de não exclusividade das fontes normativas formais na regulação do poder político.

II. A ideia de não exclusividade das fontes normativas formais torna bem presente que o capítulo das fontes de Direito é talvez o mais ilustrativo de uma paulatina e silenciosa transição que transformou a teoria da criação do Direito numa teoria de matriz constitucional[191].

---

[191] Cfr. THEODOR VIEHWEG, *Sobre la relación entre filosofía del derecho, teoría del derecho y dogmática jurídica*, in THEODOR VIEHWEG, *Tópica y Filosofía del Derecho*, 2.ª ed., Barcelona, 1997, p. 20.

Não significa isto, porém, uma necessária abordagem positivista do problema das fontes, nem conduz a uma inevitável concepção que identifica o Direito com a lei e esta com a vontade do Estado[192]: é perfeitamente possível partir de uma concepção que reconduza a criação do Direito a um fenómeno de incidência constitucional sem cair numa configuração globalmente positivista do ordenamento jurídico.

III. Como já antes se deixou referenciado ao nível das coordenadas jurídicas fundamentadoras da materialidade do Estado de Direito (v. *supra*, n.º 3.4.1., (a)), a própria Constituição formal está sempre subordinada a uma ordem de princípios fundamentais resultantes da "consciência jurídica geral" em torno da dignidade da pessoa humana e da inerente ideia de um Direito justo, encontrando-se aqui a fonte de heterovinculação axiológica do próprio legislador constituinte e o referencial último de densificação material de uma metodologia de enquadramento político-constitucional das fontes do Direito.

O Direito não se esgota, neste sentido, em actos jurídicos provenientes de fontes formais, simples produto da vontade do poder expressa em procedimentos previstos ou regulados pelas normas constitucionais, mostrando-se também susceptível de compreender normas que escapam totalmente a mecanismos formais de produção.

Isso permite afirmar que a juridicidade nunca se pode circunscrever à simples normatividade criada por uma autoridade legitimada na Constituição formal: num Estado de juridicidade, o Direito, sem prejuízo de compreender também a "legalidade democrática", enquanto expressão da vontade política das estruturas decisórias legitimadas à luz das normas constitucionais, não se reduz a tais fontes.

Mais: o próprio Direito infraconstitucional criado por mecanismos formais não tem a sua validade necessariamente circunscrita à respectiva conformidade a normas legais de competência ou de procedimento que foram positivadas pelas estruturas decisórias do poder, antes poderá essa validade depender, desde que axiologicamente comprometido com a justiça, da conformidade directa do conteúdo de tais normas com os princípios fundamentais e os valores suprapositivos que, transcendendo a própria Constituição, traduzem parâmetros vinculativos e de inerente aferição da validade de todo o Direito positivo[193].

---

[192] Para mais desenvolvimentos, cfr. PAULO OTERO, *Legalidade e Administração Pública*, pp. 21 ss.

[193] Resulta do exposto que, se existe um sector da ordem jurídica integrante de actos que não são axiologicamente neutros em termos de ideia de justiça, também é possível recortar na

§15.º *Princípio da não exclusividade das fontes normativas formais...*   157

Em suma, o Estado de Direito material não é escravo da lei positiva (v. *supra*, n.º 3.4.1., III): o poder político não se encontra somente subordinado às fontes normativas formais.

15.2. Ordem axiológica suprapositiva e princípios jurídicos fundamentais

BIBLIOGRAFIA: Paulo Otero, *Legalidade e Administração Pública*, pp. 389-390, e 411 ss.

I. A recondução da "consciência jurídica geral" a lei fundamental da Constituição ou a sua base material, verificando-se a subordinação da normatividade constitucional escrita a uma ordem de valores suprapositiva decorrente da referida "consciência jurídica geral" (v. *supra*, n.º 3.4.1., II), materializa-se normativamente em princípios jurídicos fundamentais.

Os princípios jurídicos fundamentais, consubstanciando decorrências normativas da "ideia de Direito", firmados na centralidade da pessoa humana viva e concreta como razão de ser da sociedade, do Direito e de todas as instituições públicas, traduzem o cerne de uma ordem axiológica fundada na prevalência da justiça e revelada por um *consensus* comunitário objectivado pela "consciência jurídica geral" (v. *supra*, n.º 3.4.1., (a)).

Os princípios jurídicos fundamentais, vinculando o próprio legislador constituinte, servem de padrão de conformidade normativa do texto constitucional escrito, habilitando a susceptibilidade de se formular um juízo sobre a validade do conteúdo das próprias normas positivas da Constituição, abrindo, por essa via, a porta ao problema da inconstitucionalidade das normas da Constituição formal[194].

---

ordem jurídica um outro sector composto por actos cujo conteúdo exclui qualquer ideia de justiça, nunca em relação a eles se podendo formular juízos de justiça ou injustiça (cfr. Paulo Otero, *Lições...*, I, 1.º tomo, pp. 169 ss.). Neste último âmbito da ordem jurídica, compreendendo todos os actos em relação aos quais não se pode extrair do seu conteúdo um sentido de valoração comprometido com a ideia de Direito justo, o respectivo fundamento em situações de normalidade já não se situa numa dimensão de princípios e valores supraconstitucionais ou suprapositivos: este sector da ordem jurídica axiologicamente neutro em termos de justiça encontra o seu fundamento de validade na vontade de quem, sendo titular de uma norma de habilitação válida, seguiu o procedimento legalmente previsto para a produção do acto jurídico em causa ou, em circunstâncias extraordinárias, agiu ao abrigo de uma legalidade alternativa.

[194] Neste sentido, abordando a inconstitucionalidade das normas da Constituição escrita que contrariarem os princípios jurídicos fundamentais, cfr. Otto Bachof, *Normas Constitucionais Inconstitucionais?*, Coimbra, 1977, pp. 40 ss.

158 Princípios fundamentais

II. Os princípios jurídicos fundamentais, independentemente da sua expressa consagração positiva, partilham quatro características essenciais:

(i) A irrevogabilidade por quaisquer fontes voluntárias e, por consequência, o reconhecimento da natureza de princípios supremos dentro do ordenamento jurídico[195], dotados de uma especial força geradora da invalidade de todas as restantes normas que os contrariem[196];

(ii) A transnacionalidade que, decorrendo da dimensão ético-valorativa subjacente, lhes retira uma operatividade circunscrita a um Estado, antes fazendo deles princípios comuns a todos os Estados que comungam de uma mesma identidade cultural de matriz judaico-cristã, alicerçando um fenómeno de transconstitucionalidade;

(iii) A vocação para uma expansibilidade universal, assistindo-se ao desenvolvimento de uma dinâmica que pretende alargar os valores fundamentadores destes princípios em denominador comum de toda a comunidade internacional, permitindo falar num *ius commune* constitucional;

(iv) A tendencial imutabilidade temporal, sem prejuízo de se observar que o processo histórico traduz uma revelação e um aprofundamento progressivos de tais directrizes pré-estaduais e supra-estaduais.

Nestes princípios jurídicos fundamentais reside a principal fonte não intencional heterovinculativa que, subordinando o poder constituinte, limita todo o Poder político: a Constituição escrita, sob pena de invalidade das suas normas, é serva dos princípios jurídicos fundamentais que, deste modo, consubstanciam um *ius cogens* constitucional.

15.3. Permeabilidade do sistema jurídico à factualidade: efectividade e normatividade "não oficial"

BIBLIOGRAFIA: Paulo Otero, *Legalidade e Administração Pública*, pp. 238 ss. e 418 ss.;

I. Num plano paralelo à normatividade gerada por processos formais previstos pelo Direito positivo, e ainda ao lado da juridicidade proveniente da

---

[195] Cfr. Maria Paola Viviani Schlein, *Rigidità Costituzionale – limiti e graduazioni*, Torino, 1997, p. 76.

[196] Neste último sentido, cfr., por todos, Afonso Rodrigues Queiró, *Lições de Direito Administrativo*, I, Policop., Coimbra, 1976, pp. 293 ss.

§15.º *Princípio da não exclusividade das fontes normativas formais...* 159

força normativa de uma ordem axiológica suprapositiva, existe também uma juridicidade que integra uma factualidade normativa, isto é, a capacidade de puros factos fazerem emergir normas jurídicas.

Verifica-se, com efeito, ser impossível excluir do sistema jurídico uma dimensão factual que, sendo dotada de uma óbvia natureza informal, faz as normas jurídicas integrarem-se num determinado contexto de vivência social: as normas são veículos de comunicação entre o hemisfério da realidade factual existente na sociedade e o hemisfério formal que domina o sistema jurídico-positivo.

E essa comunicabilidade entre hemisférios, revelando a permeabilidade do sistema jurídico à factualidade, comporta diversas manifestações[197]:

(i) Existem normas jurídico-positivas que resultam de impulsos sociais captados pelo decisor (: postura cognoscitiva), transformando em Direito a resposta a necessidades ou aspirações sentidas pela sociedade ou pela maioria dos seus membros, tal como existem normas jurídico-positivas que visam transformar a realidade social que lhes está subjacente (: postura voluntarista), procurando agora influenciar a factualidade;

(ii) Podem as normas jurídico-positivas, todavia, cristalizar num determinado momento histórico, deixando de ter qualquer correspondência com a realidade social dominante no presente, sendo possível assistir-se, salvo se delas for feita uma interpretação actualista ou evolutiva, a uma progressiva perda de efectividade, diminuindo o respectivo grau de realização ou de aderência social, isto até ao ponto de a realidade social deixar de ser regulada por tais normas caídas em desuso;

(iii) Igualmente na hipótese de as normas jurídicas adoptarem uma postura voluntarista, sem que tenham na sua base um consenso social dominante, poderá bem suceder que se coloque um problema de efectividade do fenómeno jurídico, pois se o grau de rejeição social de tais normas for superior à respectiva adesão, observando-se que as mesmas não são aplicadas quando o deveriam ser e esse desrespeito não é sancionado pelo poder público, haverá aqui uma inequívoca falta de efectividade normativa.

Neste último sentido, a falta de capacidade de aderência ou de imposição das normas jurídicas à sociedade, gerando uma reiterada não aplicação em que tudo se passa como se a norma em causa não existisse ou tivesse um

---

[197] Cfr. PAULO OTERO, *Legalidade e Administração Pública*, pp. 238 ss.

160   *Princípios fundamentais*

conteúdo exactamente contrário àquele que tem, mostra o seu desuso, enquanto perda de obediência ou fidelidade ao conteúdo normativo, e a inerente formação social de uma norma substitutiva daquela que carece de efectividade: a efectividade torna-se, deste modo, verdadeira condição de facto da legalidade normativa[198], erigindo-se em princípio jurídico-normativo – trata-se do designado princípio da efectividade[199].

II. Ocorra, nos termos expostos, a desactualização ou a rejeição do hipervoluntarismo das normas jurídicas, a falta de efectividade mostra a penetração de uma dimensão corrosiva da factualidade social sobre todas as normas do sistema jurídico: a componente normativa cultural e política vigente numa sociedade determina sempre a "sorte" do grau de efectividade (ou inefectividade) das normas jurídico-positivas[200], podendo dizer-se que o informal existente na sociedade faz sucumbir às suas mãos o formalismo do jurídico.

Em sentido análogo, a informalidade subjacente a uma prática social reiterada com convicção de obrigatoriedade constitui "passaporte" de acesso ao mundo da normatividade jurídica: a formação de normas consuetudinárias é, tanto na ordem interna como na ordem internacional, a expressão mais perfeita da ponte de comunicação entre o mundo informal dos factos e o mundo formal do Direito. Compreende-se, por isso, que se diga que "no costume jurídico o direito deriva do facto"[201].

A normatividade constitucional não representa aqui qualquer excepção: as normas escritas da Constituição encontram-se integralmente sujeitas ao princípio da efectividade (v. *supra*, n.° 7.3., VI).

---

[198] Neste sentido, cfr. RUGGERO MENEGHELLI, *Il dogma della competenza dell'ordinamento giuridico e le fonti extra ordinem: spunto critico*, in *Diritto e Società*, 1992, pp. 253 e 254.

[199] Cfr. P. PIOVANI, *Il Significato del Principio di Effettività*, Milano, 1953; ENRICO SPAGNA MUSSO, *Diritto Costituzionale*, pp. 19 ss.; ANTONIO TARANTINO, *La Teoria della Necessita nell'Ordinamento Giuridico*, 2.ª ed., Milano, 1980, pp. 173 ss.; RUGGERO MENEGHELLI, *Analisi Critica del Concetto di Validità Giuridica*, Padova, 1992, pp. 20 ss.; ALESSANDRO PIZZORUSSO, *Manuale...*, pp. 27 ss.; RICCARDO GUASTINI, *Teoria e Dogmática delle Fonti*, Milano, 1998, pp. 96, 153 e 646, nota n.° 8.

[200] Neste último sentido, sublinhando a íntima relação entre as normas jurídicas, as normas de cultura e as normas políticas das sociedades, fazendo depender a efectividade das primeiras da sua consonância com as restantes, cfr. ALEJANDRO NIETO, *Las Contradicciones de la Administración y del Derecho Administrativo Modernos*, in ALEJANDRO NIETO, *Estudios sobre Administración y del Derecho Administrativo*, Madrid, 1986, pp. 253 ss.

[201] Cfr. A. CASTANHEIRA NEVES, *Fontes de Direito*, p. 22.

§15.º *Princípio da não exclusividade das fontes normativas formais...*   161

III. No mito da omnipotência do Direito escrito, fruto directo da crença liberal do primado do parlamento e da absolutização da vontade geral por ele expressa e ainda do positivismo legalista e estadualista, reside a origem do esquecimento da dimensão factual do sistema jurídico que resulta do "valor social das normas jurídicas"[202] e do inerente grau de efectividade da sua aplicação.

A discussão da eficácia das normas jurídicas não se pode centrar, única e exclusivamente, na respectiva validade, esquecendo o problema da sua efectividade, tanto mais que existem certos tipos de invalidade que não paralisam a eficácia jurídica: há ainda que indagar a efectividade da norma, ou seja, a sua real capacidade para regular em termos concretos as situações da vida subsumíveis na respectiva previsão normativa.

A efectividade converte-se, deste modo, em verdadeira condição de facto de vigência da legalidade normativa: a simples validade formal não basta, exigindo-se também uma "validade efectiva"[203].

Ao contrário do pensamento positivista-legalista, a factualidade social mostra-se sempre passível de gerar processos informais corrosivos do Direito formalmente gerado (: normatividade "oficial"), mostrando que normas perfeitamente válidas em termos jurídicos podem não ter qualquer efectiva vigência aplicativa, substituídas que estão por outras normas informalmente produzidas (: normatividade "não oficial").

IV. O desenvolvimento de uma factualidade normativa por via da efectividade (ou da sua falta) faz aparecer uma dupla dimensão normativa dentro do sistema jurídico: a normatividade "oficial", expressando o Direito escrito proveniente dos órgãos formalmente habilitados para a sua emanação, tem de concorrer na sua aplicação com uma normatividade não escrita ou "não oficial" que, gerada factual e informalmente na sociedade, pode desempenhar uma de duas funções:

(i) Integrar ou complementar o Direito escrito, fazendo emergir uma normatividade "não oficial" *praeter legem*;

(ii) Subverter ou desaplicar o Direito escrito, determinando o surgir de uma normatividade "não oficial" *contra legem.*

Ora, a regulação do Poder político não pode deixar de se fazer à luz desta dupla dimensão do sistema jurídico: é na articulação entre uma normatividade

---

[202] Expressão de JÜRGEN HABERMAS, *Droit...*, p. 44.

[203] Utilizando esta última expressão, relacionando-a com uma concepção institucionalista do ordenamento jurídico, cfr. RUGGERO MENEGHELLI, *Il dogma...*, p. 253.

constitucional "oficial" e a normatividade constitucional "não oficial" que se encontra a disciplina jurídica do Poder político.

V. A ideia de uma normatividade "não oficial", perturbando a ilusão do positivismo legalista de que os órgãos formais são os detentores do monopólio na produção da normatividade, existindo apenas a normatividade "oficial" e que tudo o resto seriam manifestações de invalidade, além de mostrar que o Direito integra sempre uma componente formal e uma outra informal, traduz ainda a expressão da força geradora de Direito que a própria factualidade possuiu, incluindo ao nível do Direito Constitucional.

Não se pense, porém, que a factualidade normativa encontra nesta normatividade "não oficial" a sua única manifestação. Também a revolução ou a necessidade são factos geradores de um Direito por via informal, não existindo "normas oficiais" que os consigam deter, proibir ou regular.

Em todas essas modalidades de relevância da factualidade na gestação de normas jurídicas o Poder político encontra critérios de vinculação: a regulação do Poder político, confirma-se, não se esgota em fontes normativas formais.

15.4. Idem: a juridificação de factos emergentes da actuação constitucional

BIBLIOGRAFIA: GIULIANO AMATO/AUGUSTO BARBERA (org.), *Manuale...*, pp. 180 ss.; TEMISTOCLE MARTINES, *Diritto Costituzionale*, pp. 89 ss.; JORGE MIRANDA, *Manual...*, II, pp. 138 ss.; ENRICO SPAGNA MUSSO, *Diritto Costituzionale*, pp. 108 ss.; PAULO OTERO, *Legalidade e Administração Pública*, pp. 782 ss.; CLAUDIO ROSSANO, *La Consuetudine nel Diritto Costituzionale*, I, Napoli, 1992, pp. 177 ss.; GIUSEPPE DE VERGOTTINI, *Diritto Costituzionale*, pp. 253 ss.; G. ZAGREBELSKY, *Manual di Diritto Costituzionale*, I, pp. 259 ss.

(a) Coordenadas do problema

I. Sabe-se já que o sistema jurídico assenta numa comunicabilidade entre factos e normas jurídicas: os factos podem gerar normas jurídicas informais e as normas jurídicas formais podem, por efeito de factos comprovativos da sua falta de efectividade, deixar de ser normas reguladoras, originando em seu lugar normas informais contrárias.

É numa permanente tensão entre a normatividade formal, expressão de processos "oficiais" de criação do Direito que são regulados pela Constitui-

§15.º *Princípio da não exclusividade das fontes normativas formais...* 163

ção, e a normatividade informal, resultante de meios "não oficiais" de criação do Direito não escrito, que o Poder encontra a sua regulação: a organização e o funcionamento do Poder político não escapam a esta dupla dimensão do sistema jurídico.

Mostra-se vã a pretensão de a Constituição regular a gestação de toda a normatividade jurídica e, por essa via, afirmar que o Poder só se exerce nos termos e segundo as formas definidas pelas normas escritas da Constituição. Afinal, em síntese, a Constituição não se resume às normas escritas que consubstanciam os seus 296 artigos.

II. Observa-se, por outro lado, que a referida permeabilidade factual do sistema jurídico faz como que exista uma tendência para a própria juridificação de factos resultantes da conduta de órgãos constitucionais.

Ou seja: os órgãos constitucionais encontram-se vinculados e limitados por uma normatividade passível de integrar uma dimensão factual e, para além disso, a sua própria conduta factual é passível de ser objecto de juridificação.

O que significa esta juridificação?

Estamos aqui diante de um fenómeno pelo qual comportamentos factuais (por acção ou omissão) de órgãos constitucionais podem, por efeito de uma valoração interpretativa que tenta neles individualizar critérios de regularidade objectiva, fazer emergir normas jurídicas ou simples pautas de conduta a que, apesar de carecerem de obrigatoriedade, se atribui relevância jurídico-sistémica.

E essa relevância jurídica, partindo da juridificação de puros factos emergentes da prática constitucional de tais órgãos, mostra-se susceptível de assumir três funções:

- (*i*) Poderá servir de critério vinculativo ou limitativo de actuações futuras de órgãos constitucionais perante cenários factuais idênticos;
- (*ii*) Poderá revelar a terceiros uma previsibilidade fundada de condutas a adoptar pelos órgãos constitucionais;
- (*iii*) Poderá constituir mero expediente argumentativo na defesa de uma determinada posição jurídica.

III. A juridificação de factos resultantes da actuação constitucional dos titulares de cargos previstos pela Constituição, visando tornar previsivelmente reguláveis comportamentos futuros de órgãos constitucionais, encontra expressão em quatro grupos de figuras:

- O costume constitucional;

164 *Princípios fundamentais*

– As praxes, práticas e usos constitucionais;
– As convenções constitucionais;
– Os precedentes constitucionais.

Não obstante tais formas de juridificação da prática constitucional carecerem quase sempre de tutela jurisdicional, a sua eficácia assume uma natureza predominantemente política, servindo de critério de vinculação da conduta futura dos órgãos constitucionais, verificando-se que a sua derrogação é passível de gerar responsabilidade política.

Justifica-se, por isso, a análise separada de cada uma destas quatro figuras, procurando recortar exemplos de regulação do Poder político por tais "fontes" informais ou não escritas do ordenamento constitucional.

(b) Costume constitucional

IV. O costume, sendo o principal componente da normatividade gerada informalmente, ocupa o núcleo central da normatividade "não oficial" ou não escrita.

Neste domínio, o costume constitucional é passível de ser definido como uma prática reiterada dos titulares de órgãos constitucionais que se encontra assistida de convicção de obrigatoriedade, traduzindo sempre uma forma de vinculação jurídica.

Estamos aqui diante de normas surgidas no interior da organização do Poder político, revelando a expressão de uma conduta factual constante e que assume natureza obrigatória para os órgãos constitucionais na interpretação, aplicação e integração de normas da Constituição: o surgimento do costume não se compadece com o pretensiosismo de uma mentalidade positivista e divinizadora das normas escritas na determinação dos requisitos e condições de formação e validade das normas consuetudinárias.

A espontaneidade da formação das regras consuetudinárias no interior do próprio Poder político não pode excluir que, sem prejuízo de um maioritário sentido *secundum constitutionem* ou *praeter constitutionem*, se desenvolva uma normatividade costumeira *contra constitutionem*.

V. E, atendendo à realidade constitucional portuguesa, quais os exemplos de costume constitucional?

Já anteriormente, a propósito da abertura normativa da Constituição a uma normatividade "não oficial" (v. *supra*, n.° 7.3., VII), tivemos oportunidade de, num âmbito mais amplo, exemplificar situações de costume constitucional.

§15.° Princípio da não exclusividade das fontes normativas formais... 165

Numa rápida síntese, sem voltar a referenciar o costume *contra constitutionem* que cedo se gerou face ao princípio socialista de cunho marxista da versão inicial da Constituição política e económica, podem indicar-se as seguintes manifestações de costumes constitucionais vigentes[204]:

(*i*) Costume *praeter constitutionem*:
- O estatuto da cidade de Lisboa como capital;
- A intervenção monopolizadora e asfixiante dos partidos políticos na vida política nacional, regional e local, ultrapassando em muito os coordenadas de um "Estado de partidos";
- A atribuição de um verdadeiro poder de veto do Ministro das Finanças a todos os actos governamentais que envolvam efeitos financeiros;
- A compatibilidade da laicidade do Estado com o reconhecimento oficial de feriados religiosos;
- O Domingo como dia de descanso semanal;
- A figura do Primeiro-Ministro indigitado;
- A aposição de referenda ministerial sobre os actos do Presidente da República como sendo uma competência exclusiva do Primeiro--Ministro;
- A inconstitucionalidade das leis laborais sem participação das organizações de trabalhadores;

(*ii*) Costume *contra constitutionem*:
- A proeminência do Primeiro-Ministro como eixo central do sistema de governo e da definição da política geral do país;
- A possibilidade de os deputados acumularem o mandato parlamentar com o exercício de actividade privada;
- A categoria de Ministro sem pasta e de Ministro de Estado e a sua precedência sobre os restantes ministros;
- A inoperatividade ou a fraca operatividade do princípio da subsidiariedade na repartição interna de poderes administrativos entre o Estado e os entes infra-estaduais;
- O presidente da câmara municipal como órgão autónomo do município;
- A existência de uma tácita iniciativa governamental de revisão constitucional em domínios referentes à União Europeia (v. *supra*, n.° 8.3., XIX).

---

[204] Cfr. JORGE MIRANDA, *Manual...*, II, pp. 153 ss.

166 *Princípios fundamentais*

A dinâmica subjacente à formação de normas consuetudinárias mostra-se passível de gerar a formação de novas normas ou a substituição das normas costumeiras existentes por outras de conteúdo diferente.

(c) Praxes, práticas e usos constitucionais

VI. Uma debilitada manifestação da mencionada tendência juridificadora de factos no âmbito da actuação dos órgãos constitucionais situa-se ao nível das designadas praxes, práticas ou usos constitucionais que, sendo comportamentos sistemáticos ou regulares dotados de uma eficácia tendencialmente interna, se traduzem em linhas habituais ou reiteradas de conduta adoptada sem possuírem, todavia, convicção de obrigatoriedade.

E, se, neste último aspecto, se diferenciam do costume constitucional, a verdade é que as praxes, práticas ou usos constitucionais, revelando regras de conduta sistemática, efectiva e devida, podem, se vierem a adquirir *opinio juris vel necessitatis*, converter-se em costume constitucional.

Não se verificando essa transformação em normas consuetudinárias ou até que isso ocorra, as praxes, práticas ou usos constitucionais encontram a força motivadora do respectivo cumprimento numa certa "coacção psíquica" que a tradição e a sua previsível adopção como pauta exemplificativa de conduta exercem junto do titular do órgão constitucional em causa.

Sendo passíveis as praxes, práticas ou usos constitucionais de mudar com o tempo, torna-se certo que o seu desrespeito é sempre insusceptível de controlo judicial ou de alicerçar qualquer pretensão ao respectivo cumprimento, tal como nunca poderá provocar uma acção de responsabilidade civil por eventuais danos resultantes do seu incumprimento.

VII. Além das praxes, práticas e usos de origem parlamentar, traduzindo condutas habituais firmadas ao longo dos tempos ao nível do funcionamento interno do parlamento, podem indicar-se, atendendo ao ordenamento vigente, os seguintes exemplos de praxes, práticas e usos constitucionais:

(i) O Presidente da República nomear como Primeiro-Ministro, após a realização de eleições parlamentares, o líder do partido mais votado;
(ii) O Presidente da República usar o seu discurso de tomada de posse perante a Assembleia da República como explicitação das suas linhas de programa de mandato[205];

---

[205] Neste sentido, cfr. GOMES CANOTILHO/VITAL MOREIRA, *Os Poderes do Presidente da República*, pp. 56-57, nota n.º 63.

§15.° *Princípio da não exclusividade das fontes normativas formais...*   167

(iii) O Presidente da Assembleia da República ser escolhido pelo grupo parlamentar maioritário[206];

(iv) A união pessoal entre Primeiro-Ministro e líder do partido ou coligação maioritária;

(v) A atribuição de condecorações pelo Presidente da República no dia 10 de Junho;

(vi) A condecoração presidencial dos primeiros-ministros que cessaram funções;

(vii) A concessão de indultos pelo Presidente República no Natal[207];

(viii) O reconhecimento do dia de Carnaval como feriado ou, pelo menos, dia de "tolerância de ponto";

(ix) A aprovação de uma lei de amnistia existindo uma visita do Papa a Portugal;

(x) O porta-voz do Conselho de Ministros não ser o Primeiro-Ministro;

(xi) As audiências dos partidos políticos pelo Presidente fazerem-se segundo a respectiva ordem de representatividade parlamentar (e não, por exemplo, pela ordem alfabética da sua designação ou sigla);

(xii) As mensagens televisivas de final de ano do Presidente da República e na véspera de actos eleitorais nacionais.

(d) *Convenções constitucionais*

VIII. Pode a regulação de comportamentos entre órgãos constitucionais encontrar-se em compromissos políticos bilaterais que, assumindo uma natureza expressa ou tácita, traduzem uma espécie de acordos ou consensos não jurídicos entre titulares de cargos políticos[208], visando quatro possíveis propósitos[209]:

(i) Disciplinar espaços (total ou parcialmente) vazios de regulação jurídica;

---

[206] No sentido de que se está aqui diante de uma convenção constitucional, cfr. JORGE MIRANDA, *Manual...*, II, p. 157.

[207] Considerando que se está aqui perante uma convenção constitucional, cfr. JORGE MIRANDA, *Manual...*, II, p. 157.

[208] Em sentido contrário, considerando que, pelo menos em parte, as convenções constitucionais têm uma intrínseca natureza jurídica, cfr. ARMANDO MANNINO, *Primo considerazioni in tema di convenzioni costituzionali*, in GIANFRANCO MOR (org), *Norme di Correttezza Costituzionale, Convenzioni ed Indirizzo Politico*, Milano, 1999, pp. 96 ss.

[209] Em sentido diferente, apontando diferentes tipos de convenções constitucionais, cfr. GIUSEPPE UGO RESCIGNO, *Corso...*, pp. 443 ss.

(ii) Ultrapassar dificuldades de uma concreta aplicação de normas constitucionais;

(iii) Permitir, segundo exige o princípio da cooperação e respeito institucional (v. *supra*, n.° 12.3.), a convivência entre órgãos constitucionais;

(iv) Substituir a aplicabilidade de normas constitucionais escritas, fazendo surgir no seu lugar uma regulação política alternativa[210].

Não se encontrando excluída a sua transformação evolutiva em normas consuetudinárias[211] ou até em normas jurídicas escritas[212], as convenções constitucionais, expressão da autonomia dos titulares de cargos políticos na disciplina do funcionamento das instituições constitucionais[213], criam simples vinculações políticas, destituídas de obrigatoriedade jurídica[214]: as convenções constitucionais são livremente revogáveis e cessam automaticamente a sua vigência pela alteração das circunstâncias que, funcionando como pressupostos de facto, justificaram a sua existência[215].

IX. Mostra-se possível indicar, a título ilustrativo, os seguintes exemplos de convenções constitucionais:

(i) Os acordos de incidência parlamentar entre um Governo minoritário e os partidos políticos parlamentares no sentido de permitir a

---

[210] Foi o que sucedeu, a título de exemplo, entre 27 de Setembro de 1968 e 27 de Julho de 1970, durante a vigência da Constituição de 1933, com a qualificação de Oliveira Salazar como Presidente do Conselho honorário e vitalício, mantendo todas as honras e regalias inerentes a um cargo que já não exercia, apesar de por todos ser respeitado nesse preciso sentido, incluindo o Decreto n.° 48597, de 27 de Setembro, do Presidente da República. Para mais desenvolvimentos, cfr. PAULO OTERO, *Os Últimos Meses de Salazar*, pp. 226-227.

[211] Cfr. VEZIO CRISAFULLI, *Lezioni di Diritto Costituzionale*, II – 1, 2.ª ed., Padova, 1971, p. 153.

[212] Cfr. GIUSEPPE UGO RESCIGNO, *Ripensando le convenzioni costituzionali*, in GIANFRANCO MOR (org), *Norme di Correttezza Costituzionale, Convenzioni ed Indirizzo Politico*, Milano, 1999, pp. 52 ss.

[213] Considerando, por isso mesmo, que as convenções expressam o exercício de um poder jurídico "co-natural" às exigências de funcionamento da estrutura constitucional, cfr. ARMANDO MANNINO, *Primo considerazioni...*, p. 110.

[214] Neste sentido, estas convenções constitucionais não se devem confundir com as *conventions of the constitution* do sistema anglo-saxónico, uma vez que estas assumem uma natureza vinculativa, apesar de nem sempre tuteláveis judicialmente, integrando elementos que são verdadeiras normas consuetudinárias.

Para uma discussão sobre o tema da subtracção das convenções constitucionais à apreciação e fiscalização dos tribunais de justiça constitucional, cfr. CRISTINA QUEIROZ, *Direito Constitucional*, pp. 137 ss.

[215] Cfr. GIUSEPPE DE VERGOTTINI, *Diritto Costituzionale*, p. 266.

§15.° *Princípio da não exclusividade das fontes normativas formais...* 169

viabilização da acção governativa ou a aprovação de um ou vários actos legislativos ou convenções internacionais;
(ii) Os acordos de repartição dos nomes dos juízes do Tribunal Constitucional a indicar pelos partidos políticos para efeitos de eleição pela Assembleia da República, tal como de distribuição da respectiva presidência entre os dois maiores partidos com representação parlamentar;
(iii) As convenções que consubstanciam tréguas constitucionais, verificando-se uma situação de conflito institucional entre o Presidente da República e o Primeiro-Ministro;
(iv) A convenção tácita entre os partidos da "área governativa" de exclusão de alianças ou coligações governativas envolvendo comunistas[216];
(v) A definição dos termos das reuniões semanais entre o Presidente da República e o Primeiro-Ministro;
(vi) As condicionantes mediante as quais o Presidente da República limita o exercício da actividade de um governo de gestão ou o exercício do mandato de um Primeiro-Ministro[217].

(e) Precedentes constitucionais

X. Em termos genéricos, o precedente traduz o simples registo de um comportamento ou de uma conduta decisória num determinado momento e face a um quadro específico de circunstâncias de facto e de direito.

A prática habitual na resolução de casos semelhantes ou na interpretação e aplicação das mesmas normas mostra-se passível de criar uma vinculação factual ao órgão constitucional seu autor de, em futuros casos idênticos, adoptar igual conduta: há aqui lugar a falar-se em precedente constitucional.

---

[216] Em igual sentido em Itália, durante a I República, falando-se em *conventio ad excludendum*, cfr. G. ZAGREBELSKY, *Manual di Diritto Costituzionale*, I, p. 273; LIVIO PALADIN, *Le Fonti del Diritto Italiano*, Bologna, 2000, p. 403.

[217] Neste último sentido, falando numa espécie de "contrato-programa" entre o Presidente da República e o Primeiro-Ministro, cfr. GOMES CANOTILHO/VITAL MOREIRA, *Os Poderes do Presidente da República*, p. 61, nota n.° 71.

Exemplo de condicionamento presidencial da actuação do Primeiro-Ministro foi, durante a vigência da Constituição de 1933, a imposição pelo Almirante Américo Thomaz, aquando da nomeação do Prof. Marcello Caetano como Presidente do Conselho (1968), de que fosse mantida a política de defesa do Ultramar. Para mais desenvolvimentos, cfr. PAULO OTERO, *Os Últimos Meses de Salazar*, pp. 194 ss.

Todavia, não se mostra necessário para que se possa falar em precedente que exista uma prática habitual ou repetida, pois um simples facto episódico, uma única conduta, pode fazer nascer um precedente habilitante ou legitimador de um futuro comportamento idêntico perante cenário factual semelhante. Neste sentido, o precedente não se confunde com o costume, apesar de se poder converter, desde que se torne uma prática reiterada com convicção de obrigatoriedade, numa norma consuetudinária: o precedente pode ser veículo de formação de normas costumeiras.

O precedente faz surgir uma forma específica de autovinculação de comportamentos futuros ou de previsibilidade hipotética em serem adoptados determinados comportamentos, desde que se verifique identidade de circunstâncias factuais, tendo por base actos, factos ou condutas anteriores.

Sucede, porém, que nem sempre a vinculação que emerge do precedente assume natureza jurídica, podendo tratar-se de uma vinculação meramente política. E, sendo política, essa vinculação do precedente é imperfeita e débil.

Além disso, apesar de se poder sustentar um princípio tendencial de respeito expectável pelos precedentes, a verdade é que existe a possibilidade de, verificadas razões justificativas decorrentes da ausência de uma perfeita identidade entre as situações factuais de base, se afastar a sua força vinculativa: é necessário, numa tal hipótese, que se faça a distinção perante o caso anterior, envolvendo a descoberta de uma diferenciação que sustente, racionalmente, o afastar da relevância do precedente face ao caso presente.

XI. Observando a realidade, regista-se que existem dois tipos radicalmente diferentes de precedentes constitucionais que, provenientes de condutas factuais de órgãos constitucionais, se mostram susceptíveis de, em momento posterior, se converterem em critérios reguladores de condutas futuras desses mesmos órgãos:

(i) Existem, por um lado, precedentes constitucionais provenientes de órgãos políticos, falando-se em precedentes políticos, dotados de uma vinculatividade política, tal como sucede nos seguintes exemplos:
   – Verificando-se dificuldades na formação de um governo com base nos partidos políticos representados na Assembleia da República, o Presidente da República pode nomear como Primeiro-Ministro uma personalidade independente, originando um "governo de iniciativa presidencial";
   – O Presidente da República pode dissolver a Assembleia da República, promovendo a realização antecipada de eleições, apesar de

§15.º *Princípio da não exclusividade das fontes normativas formais...* 171

existir uma maioria absoluta apoiando uma solução governativa e disposta a continuar a legislatura até ao seu termo normal;
- O Presidente da República pode recusar o nome do candidato a Primeiro-Ministro indicado pela maioria parlamentar, preferindo optar pela dissolução da Assembleia da República;
- O Presidente da República pode recusar, por razões de inoportunidade política, que se realize uma remodelação governamental proposta pelo Primeiro-Ministro;
- O Presidente da República pode, informalmente, exigir do Primeiro-Ministro a demissão de um Ministro;
- Em caso de sujeição do Presidente da República a uma intervenção cirúrgica acompanhada de anestesia geral, verifica-se um impedimento temporário que justifica a sua substituição interina;
- Ocorrendo a dissolução da Assembleia da República, o Governo, apesar de não ser qualificável como de gestão, deixa de possuir uma capacidade plena de exercício dos seus poderes normais;

(ii) Existem, por outro lado, precedentes constitucionais oriundos de tribunais, designados de precedentes judiciais, sendo aqui de salientar as decisões do Tribunal Constitucional que, por inércia ou propositada uniformidade e coerência decisória da sua jurisprudência, assumem *de facto* a natureza de precedente vinculativo para o próprio Tribunal Constitucional, segundo decorre de uma argumentação decisória fundada nas expressões "jurisprudência constante", "jurisprudência consolidada" ou "já em anterior decisão"[218], permitindo, por essa via também, influenciar e extrair regras de conduta para os restantes tribunais e demais agentes aplicadores do Direito, incluindo o legislador[219].

Observemos com mais algum detalhe a temática dos precedentes judiciais do Tribunal Constitucional.

XII. Os precedentes jurisprudenciais do Tribunal Constitucional, expressão de uma jurisprudência constante ou de uma simples decisão sobre

---

[218] Cfr. ADELE ANZON, *Il Valore del Precedente nel Giudizio sulle Leggi*, Milano, 1995, pp. 13-14 e 83.

[219] Neste último domínio, sublinhando o papel da jurisprudência do Tribunal Constitucional junto do legislador, cfr. GUILHERME DA FONSECA, *O papel da jurisprudência constitucional*, in JORGE MIRANDA (org.), *Perspectivas Constitucionais – Nos 20 anos da Constituição de 1976*, II, Coimbra, 1997, pp. 1035 ss.

uma determinada questão antes suscitada, têm uma força autovinculativa fundada num mero comportamento de facto do Tribunal Constitucional, utilizando, sempre que lhe é possível, uma argumentação fundada em remissão para anteriores decisões por si proferidas. Não há aqui, porém, uma norma escrita a ditar essa vinculação, nem convicção de obrigatoriedade em proceder deste modo, caso este último em que se teria assistido à formação de um costume jurisprudencial.

A força autovinculativa das anteriores decisões do Tribunal Constitucional na resolução de um novo caso não revela uma obrigação jurídica (legal ou consuetudinária), antes traduz um comportamento de facto que permite extrair uma prática reiterada (sem convicção de obrigatoriedade, todavia) de alicerçar as novas decisões em anteriores decisões já adoptadas, tudo se passando como se estas funcionassem como precedentes vinculativos da solução e da fundamentação argumentativa que constitui a *ratio decidendi* daquelas: a autoridade autovinculativa do precedente fundamentar-se-á num mero facto[220].

Por discutir fica, no entanto, se essa autoridade autovinculativa do precedente do Tribunal Constitucional, tendo começado por assumir natureza factual, não terá adquirido, entretanto, à força da repetição e à luz dos princípios da igualdade e da unidade do sistema jurídico, uma convicção de obrigatoriedade que se traduza numa fundamentação bastante para ganhar uma autoridade vinculativa já de natureza jurídica: nesse caso, a força jurídica do precedente terá ganho uma autoridade consuetudinária.

Independentemente de uma tal discussão, inevitavelmente a fazer em estudo monográfico, existem múltiplos exemplos de precedentes judiciais provenientes do Tribunal Constitucional que, desde a sua criação (1982), têm assumido uma função autovinculativa na decisão de novos casos, sendo possível proceder à sua sistematização em dois grandes grupos:

(i) Os precedentes de natureza *processual* ou *adjectiva*, respeitantes ao próprio funcionamento interno do próprio Tribunal Constitucional na apreciação das questões de constitucionalidade e de legalidade, podendo aqui indicar-se, a título ilustrativo, os seguintes exemplos:

– O conceito de norma para efeitos de fiscalização da constitucionalidade não abrange apenas os preceitos gerais e abstractos mas

---

[220] Para uma análise do tema à luz do Direito italiano, cfr. ADELE ANZON, *Il Valore del Precedente...*, pp. 82 ss. e 170 ss.

§15.º Princípio da não exclusividade das fontes normativas formais... 173

também todo e qualquer preceito ainda que de carácter individual e concreto, desde que contido em diploma legislativo, apesar de materialmente constituir um acto administrativo[221];

- Desde que um acto do poder público contenha uma regra de conduta para os particulares ou para a Administração, ou um critério de decisão para esta ou para o juiz, ai estaremos perante um acto "normativo" cujas injunções ficam sujeitas ao controlo de constitucionalidade[222];

- A fiscalização de constitucionalidade não tem por objecto decisões judiciais em si mesmas consideradas[223], "actos políticos" ou "actos de governo" em sentido estrito[224], nem actos administrativos, uma vez que não preenchem o conceito constitucional e legal de norma jurídica[225];

- A revogação de uma norma não obsta, só por si, à sua eventual declaração de inconstitucionalidade com força obrigatória geral, uma vez que, enquanto a revogação tem, em princípio, uma eficácia prospectiva (*ex nunc*), a declaração de inconstitucionalidade de uma norma tem, por via de regra, uma eficácia retroactiva (*ex tunc*), podendo haver interesse na eliminação de efeitos produzidos *medio tempore*[226];

- Se a questão de inconstitucionalidade não foi suscitada no processo junto do tribunal *a quo*, o Tribunal Constitucional não pode dela conhecer[227]: não é meio idóneo e atempado de levantar a questão o requerimento de interposição do próprio recurso de constitucionalidade[228], salvo se ocorreu alguma hipótese de todo excepcional e anómala, tal como sucede se o interessado não dis-

---

[221] Cfr. Acórdão n.º 82/92, de 25 de Fevereiro de 1992, processo n.º 345/92, in http://www.dgsi.pt/atco1.nsf.

[222] Cfr. Acórdão n.º 82/92, de 25 de Fevereiro de 1992, cit.

[223] Cfr. Acórdão n.º 395/91, de 23 de Outubro de 1991, processo n.º 137/91, in http://www.dgsi.pt/atco1.nsf.

[224] Cfr. Acórdão n.º 82/92, de 25 de Fevereiro de 1992, cit.

[225] Cfr. Acórdão n.º 621/94, de 22 de Novembro de 1994, processo n.º 319/94, in http://www.dgsi.pt/atco1.nsf.

[226] Cfr. Acórdão n.º 186/94, de 22 de Fevereiro de 1994, processo n.º 23/91, in http://www.dgsi.pt/atco1.nsf.

[227] Cfr. Acórdão n.º 395/91, de 23 de Outubro de 1991, cit.

[228] Cfr. Acórdão n.º 642/96, de 7 de Maio de 1996, processo n.º 83/96, in http://www.dgsi.pt/atco1.nsf.

174 Princípios fundamentais

ponha de oportunidade processual para levantar a questão de inconstitucionalidade antes de proferida a decisão[229];

– Não é admissível o conhecimento pelo Tribunal Constitucional da impugnação constitucional de uma norma, embora haja sido suscitada durante o processo a sua inconstitucionalidade, se a decisão final proferida não se tenha dela servido como seu fundamento legal[230];

– O recurso que se baseia exclusivamente na oposição de julgados é um recurso "sui generis", apenas dependente de um pressuposto: a existência de um anterior acórdão em oposição ao proferido[231];

(ii) Os precedentes de natureza *material* ou *substantiva*, referentes à interpretação e desenvolvimento aplicativo de preceitos da Constituição que não respeitam à organização ou ao funcionamento do Tribunal Constitucional, sendo aqui de indicar os seguintes exemplos entre milhares de diferentes situações:

– O princípio da igualdade proíbe que se estabeleçam situações discriminatórias, isto é, desigualdades de tratamento materialmente infundadas, desprovidas de fundamento razoável ou de justificação objectiva e racional: o princípio da igualdade proíbe o arbítrio[232];

– O princípio da igualdade "postula que se dê tratamento igual a situações de facto essencialmente iguais e tratamento desigual para as situações de facto desiguais (proibindo, inversamente, o tratamento desigual de situações iguais e o tratamento igual das situações desiguais)"[233];

– As quantias percebidas a título de rendimento mínimo garantido são impenhoráveis[234];

---

[229] Cfr. Acórdão n.º 152/93, de 3 de Fevereiro de 1993, processo n.º 432/91, in http://www.dgsi.pt/atco1.nsf.

[230] Cfr. Acórdão n.º 82/92, de 25 de Fevereiro de 1992, cit.

[231] Cfr. Acórdão n.º 111/92, de 31 de Março de 1992, processo n.º 262/91, in http://www.dgsi.pt/atco1.nsf.

[232] Cfr. Acórdão n.º 569/98, de 7 de Outubro de 1998, processo n.º 505/96, in http://www.tribunalconstitucional.pt.

[233] Cfr. Acórdão n.º 232/03, de 13 de Maio de 2003, processo n.º 306/03, in http://www.tribunalconstitucional.pt.

[234] Cfr. Acórdão n.º 62/02, de 6 de Fevereiro de 2002, processo n.º 251/01, in http://www.tribunalconstitucional.pt.

§15.º *Princípio da não exclusividade das fontes normativas formais...* 175

– O momento relevante para aferir da tempestividade do uso de uma autorização legislativa é o da aprovação do diploma autorizado em Conselho de Ministros, sendo irrelevante que a promulgação, a referenda e a publicação ocorram após a caducidade da mesma[235];

– O Governo pode fixar as coimas e outras sanções aplicáveis a certos comportamentos qualificados como contra-ordenações, desde que respeite o diploma que estabelece o regime geral de punição das contra-ordenações, sob pena de inconstitucionalidade orgânica[236];

– A ideia de solidariedade consagrada no artigo 225.º, n.º 2, ao nível das regiões autónomas, "coenvolve a de reciprocidade, (...) pelo que qualquer pretensão específica de apoio, em correcção de assimetrias e desigualdades, deve sempre dispor-se à permanente consideração de pretensões e necessidades concorrentes de outros sectores da comunidade nacional"[237];

– O duplo grau de jurisdição não constitui princípio geral erigido pela Constituição[238];

– A amnistia tem efeitos retroactivos, afectando não só a pena aplicada mas o próprio acto criminoso passado, que é esquecido, considerando-se como não praticado (abolição retroactiva do crime); o perdão genérico, pelo contrário, incide apenas sobre as penas determinadas pela decisão condenatória e para o futuro[239];

– A Assembleia da República pode fazer abranger por leis de amnistia o ilícito disciplinar laboral, ainda que regulado pelo direito pri-

---

[235] Cfr. Acórdão n.º 507/96, de 21 de Março de 1996, processo n.º 138/95, in http://www.dgsi.pt/atco1.nsf.; Acórdão n.º 226/03, de 29 de Abril de 2003, processo n.º 673/02, in http://www.tribunalconstitucional.pt.

[236] Cfr. Acórdão n.º 126/92, de 1 de Abril de 1992, processo n.º 32/92, in http://www.dgsi.pt/atco1.nsf.

[237] Cfr. Acórdão n.º 581/07, de 21 de Novembro de 2007, processo n.º 718/07, in http://www.tribunalconstitucional.pt.

[238] Cfr. Acórdão n.º 236/98, de 4 de Março de 1998, processo n.º 92/97, in http://www.dgsi.pt/atco1.nsf.

Para uma síntese da jurisprudência do Tribunal Constitucional em matéria de Direito Processual Civil, cfr., por todos, Miguel Teixeira de Sousa, *A jurisprudência constitucional portuguesa e o direito processual civil*, in AA.VV., *XXV Anos de Jurisprudência Constitucional Portuguesa*, Coimbra, 2009, pp. 67 ss.

[239] Cfr. Acórdão n.º 152/93, de 3 de Fevereiro de 1993, cit.

176 Princípios fundamentais

vado, desde que as entidades patronais sejam entidades públicas (empresas públicas ou sociedades de capitais públicos)[240].

Naturalmente, a alteração do quadro normativo da Constituição que habilitou a formação do precedente determina a sua caducidade, salvo se o mesmo se revelar conforme com a nova solução normativa, tal como a alteração de circunstâncias de facto que justificaram a sua formação tornam inaplicável e ininvocável o precedente.

15.5. Idem: a necessidade constitucional não incorporada

BIBLIOGRAFIA: FAUSTO CUOCULO, *Istituzioni...*, pp. 22 ss.; COSTANTINO MORATATI, *Istituzioni...*, I, pp. 322-323; PAULO OTERO, *Lições...*, I, 2.º tomo, pp. 368 ss.; IDEM, *Legalidade e Administração Pública*, pp. 235 ss. e 994 ss.; LIVIO PALADIN, *Diritto Costituzionale*, pp. 249 ss.; GIUSEPPE DE VERGOTTINI, *Diritto Costituzionale*, pp. 269 ss.

I. Como já tivemos oportunidade de referir (v. *supra*, n.º 14.1. (b)), a preocupação constitucional que todo o exercício do poder político assuma natureza formal, exercendo-se nos termos ou segundo formas previstas na Constituição, levou o legislador constituinte a integrar na normatividade jurídico--positiva as situações de estado de sítio e de estado de emergência, visando a sua regulação e conformação à luz dos parâmetros por si definidos: o artigo 19.º produziu a incorporação no texto da Constituição do estado de necessidade constitucional.

Cumpre esclarecer, no entanto, que essa incorporação da necessidade nos quadros do sistema jurídico-positivo não se mostra exclusiva do Direito Constitucional: o Direito Civil, o Direito Penal, o Direito Administrativo e o Direito Internacional Público conhecem manifestações de incorporação de uma juridicidade alternativa decorrente de situações de necessidade nos quadros das suas normas escritas[241].

II. Sucede, porém, que a história mostra ser vã a pretensão de o Direito positivo regular de forma exaustiva todas as situações imprevistas de necessidade e urgência.

---

[240] Cfr. Acórdão n.º 152/93, de 3 de Fevereiro de 1993, cit.

[241] Para um elenco destas situações, cfr. PAULO OTERO, *Lições...*, I, 2.º tomo, pp. 364 ss.

§15.° *Princípio da não exclusividade das fontes normativas formais...* 177

O sistema jurídico global revela que nem todos os seus componentes normativos são integralmente visíveis ou conhecidos: sabe-se que existe sempre uma normatividade alternativa que não está incorporada dentro dos quadros jurídico-positivos do sistema e que a mesma pode funcionar como sua derradeira "válvula de segurança", apesar de se desconhecer a exacta configuração ou amplitude desta dimensão oculta do sistema jurídico.

Num domínio paralelo à normatividade alternativa incorporada ou acolhida e reconhecida pelo Direito positivo, verifica-se que há uma normatividade alternativa de natureza extralegal ou *extra ordinem* que, desenvolvendo-se fora de qualquer previsão ou regulação jurídico-positiva, tem na necessidade e na urgência a sua fonte directa e imediata.

Essa normatividade alternativa não incorporada, fazendo prevalecer a tutela directa de valores, interesses e bens essenciais sobre a simples aplicação formal do Direito positivo, traduz a elevação de tais elementos finalísticos a critério normativo autónomo de actuação, extraindo deles uma habilitação derrogatória da legalidade normal: a necessidade, determinando uma exigência de intervenção justificada pela satisfação ou salvaguarda de um interesse proeminente do ordenamento, torna admissível que, à luz do princípio da proporcionalidade, os fins justifiquem os meios de actuação.

A necessidade traduz uma situação factual a que o sistema jurídico não pode ser alheio, apesar de o ordenamento positivo guardar silêncio sobre a sua admissibilidade fora dos casos tipificados e incorporados em normas escritas: a verdade, porém, é que, nos termos dos velhos aforismos *necessitas non habet legem*[242] e *quod non est licitum lege, necessitas facit licitum*[243], a necessidade fará "despertar" dentro do sistema jurídico uma normatividade alternativa não incorporada e cuja existência, apesar de esquecida ou ignorada pelo ordenamento jurídico-positivo, vive sempre escondida nas profundezas de todos os sistemas jurídicos.

Não existe aqui, todavia, a criação de um espaço livre de Direito: a normatividade alternativa não incorporada, encontrando na necessidade a sua fonte factual, apesar de excepcional pela derrogação que pode comportar à juridicidade normal, não é uma zona ajurídica, antes traduz uma realidade jurídica situada no interior de uma dimensão do Direito diferente da habitualmente conhecida e aplicada.

---

[242] Cfr. Código de Justiniano, 4, X, *de consuetudine*, I, 4.
[243] Cfr. Código de Justiniano, 4, X, *de regulis iuris*, 5, 41.

178 *Princípios fundamentais*

III. O que se acaba de afirmar em geral sobre a necessidade como fonte de uma normatividade não incorporada nos quadros do Direito positivo é igualmente aplicável no âmbito constitucional: a necessidade é sempre uma fonte potencialmente implícita no ordenamento constitucional[244].

Em todas as situações em que não exista, nem seja possível materialmente existir, declaração de estado de sítio ou de estado de emergência (v.g., inesperada invasão e ocupação do território por forças estrangeiras com detenção do Presidente da República, membros do Governo e deputados da Assembleia da República; terramoto ou movimento revolucionário cuja amplitude impossibilite qualquer declaração rápida de estado de excepção constitucional), a imprevisibilidade e incalculabilidade da situação excepcional gera uma necessidade que, enquanto situação factual inevitável, justifica a legitimidade de actos *extra ordinem*, visando a defesa da integridade territorial, o restabelecimento da normalidade constitucional e a garantia do Estado de Direito democrático.

Poderá mesmo perguntar-se, num tal cenário extremo, o seguinte:

(*i*) Será que a defesa da Constituição e das suas instituições deverá ser adiada ou inviabilizada por uma inactividade conforme à legalidade formal ou, pelo contrário, deverá antes ser garantida de imediato por uma actuação que, sem habilitação num acto formal, radica directamente no imperativo de ser assegurado o pronto restabelecimento da normalidade constitucional?

(*ii*) Será mais importante o respeito pelas normas que disciplinam o processo formal de declaração do estado de sítio (ou de emergência) ou, pelo contrário, o respeito pelo imperativo de restabelecimento da normalidade constitucional (artigo 19.°, n.° 8), valendo este último como critério teleológico de actuação de todas as autoridades em "estado de excepção constitucional *de facto*"?

A resposta mostra-se evidente à luz da essencialidade dos bens referenciados pela própria Constituição formal: o artigo 19.°, n.° 8, estabelece o fim (: "pronto restabelecimento da normalidade constitucional") e os meios (: "as providências necessárias e adequadas") habilitantes das autoridades.

Neste termos, sem prejuízo da superveniência de um acto formal de declaração do estado de excepção constitucional ou de um não-acto parlamentar ou presidencial expressamente afastando essa possibilidade, em qualquer das hipóteses determinando a cessação de efeitos de uma situação informal

---

[244] Cfr. GIUSEPPE DE VERGOTTINI, *Diritto Costituzionale*, p. 269.

§15.° *Princípio da não exclusividade das fontes normativas formais...* 179

de estado de excepção constitucional, entendemos, tomando como referencial decisório os valores em causa em torno da defesa da ordem constitucional ameaçada por situações factuais que são em abstracto configuráveis como pressupostos de uma declaração formal de estado de sítio ou de estado de emergência, que é possível as autoridades comportarem-se como se existisse essa declaração, desde que sejam respeitados os limites materiais de actuação previstos no próprio artigo 19.°, n.° 6[245].

IV. O reconhecimento da permeabilidade do sistema jurídico a situações factuais de necessidade e urgência constitucional fora dos quadros formais do artigo 19.°, exercendo a função de *ultimum remedium* de salvaguarda de valores, bens e interesses essenciais de toda a colectividade consagrados na Constituição, valendo como fonte autónoma de legitimação do exercício de poderes ou faculdades extraordinárias, incluindo a prática de actos contrários à normatividade jurídico-positiva, traduz a ideia de que a garantia última dos valores supremos do ordenamento jurídico se pode encontrar, verificando-se situações extremas e imprevisíveis de necessidade que as ameacem, numa normatividade alternativa não incorporada.

Haverá aqui lugar a um estado de excepção constitucional informal ou "não oficial", justificativo da prática de actos ou de exercício de poderes que, em circunstâncias normais, seriam inválidos: a necessidade aparece como causa de justificação da efectiva desconformidade da actividade desenvolvida face ao padrão normativo integrante da juridicidade normal ou comum.

V. Note-se, porém, que a normatividade alternativa decorrente de situações de necessidade constitucional, assuma uma natureza incorporada ou não no texto da Constituição, sendo uma "válvula de segurança" dentro dos fins que presidem a todo o Direito, nunca pode deixar de envolver um rigoroso respeito pelos valores decorrentes da dignidade da pessoa humana: os direitos previstos no artigo 19.°, n.° 6, nem em situações de necessidade constitucional não incorporada podem ser afectados.

Se a normatividade alternativa emergente da necessidade constitucional não incorporada desrespeitar tais limites axiológicos e teleológicos converter--se-á em "não-Direito", insusceptível de possuir imperatividade e relativamente à qual a coacção aplicativa das suas decisões pode deparar com a legítima desobediência ou resistência dos destinatários.

---

[245] Cfr. PAULO OTERO, *Legalidade e Administração Pública*, p. 995.

15.6. Excurso: a normatividade dos fenómenos revolucionários

BIBLIOGRAFIA: HANNAH ARENDT, *Sobre la Revolución*, Madrid, Alianza Editorial, Madrid, 2006; JORGE MIRANDA, *Manual...*, II, pp. 106 ss.; A. CASTANHEIRA NEVES, *A Revolução e o Direito*, in *Digesta – Escritos acerca do Direito, do Pensamento Jurídico, da sua Metodologia e Outros*, I, Coimbra, 1995, pp. 51 ss.; PAULO OTERO, *Lições...*, I, 2.º tomo, pp. 332 ss.; IDEM, *Legalidade e Administração Pública*, pp. 241 ss.; SANTI ROMANO, *Instaurazione di fatto de un ordinamento costituzionale e sua legitimazione*, in SANTI ROMANO, *Scritti Minori*, I, Reimp., Milano, 1990, pp. 131 ss.; MIGUEL GALVÃO TELES, *A revolução portuguesa e a teoria das fontes de direito*, in MÁRIO BAPTISTA COELHO (coord.), *Portugal. O Sistema Político e Constitucional 1974/1987*, Lisboa, 1989, pp. 561 ss.

(a) Factualidade revolucionária e normatividade jurídica

I. A dimensão da factualidade-informalidade e normatividade-formalidade do sistema jurídico, comprovando que a regulação do poder político não se encontra exclusivamente em fontes formais, encontra uma especial visibilidade perante fenómenos revolucionários.

Escapando a existência e o desenvolvimento de quaisquer fenómenos revolucionários ao quadro normativo-formal existente no sistema jurídico-positivo, antes se observam sempre processos ajurídicos e violentos de alteração da ordem constitucional vigente, verifica-se, no entanto, que a revolução nunca é isenta de efeitos ao nível do ordenamento jurídico que a não prevê ou do sistema jurídico que formalmente a desconhece.

Nem deixa de ser curioso que a esmagadora maioria dos Estados da Europa Continental encontre num acto revolucionário a origem dos respectivos textos constitucionais: em Portugal, se exceptuarmos a Carta Constitucional de 1826, todas os textos constitucionais tiveram a sua origem numa revolução; e todos eles, salvo a Constituição de 1976, tiveram o seu termo também através de movimentos revolucionários.

Nenhum facto se revela mais gerador de Direito do que uma revolução[246].

II. A revolução vitoriosa, determinando uma ruptura factual do sistema constitucional vigente e a instauração de uma nova ordem política resultante do movimento revolucionário, nunca prescinde do Direito, antes procura

---

[246] Cfr. JORGE MIRANDA, *Manual...*, II, p. 107.

§15.° Princípio da não exclusividade das fontes normativas formais...

encontrar no próprio Direito que produz uma fonte legitimadora do poder e um instrumento garantístico da efectividade da nova ordem.

Qualquer revolução subverte a ordem constituída, mostrando-se em relação a esta como um fenómeno anticonstitucional[247] e ilícito[248], indo originar uma nova ordem[249], assumindo uma inegável função constituinte do Direito.

Num certo sentido, a revolução traduz um meio imprevisivelmente previsível de mudar o Direito Constitucional vigente, consubstanciando, historicamente, "um grau do longo processo de desenvolvimento do direito"[250].

III. A revolução, enquanto fenómeno extrajurídico e, por isso mesmo, cuidadosamente marginalizado dos quadros do sistema jurídico, mostra-se uma realidade alheia a quaisquer referências de adequação valorativa à ordem constitucional até então vigente ou à ideia de unidade interna do ordenamento jurídico existente, acabando por se revelar um "simples" facto criador de Direito.

A efectividade de um governo saído de uma revolução torna-se um verdadeiro princípio de Direito positivo[251], existindo mesmo quem entenda que a validade ou legitimidade das normas revolucionárias resulta da efectividade da sua aplicação[252].

Nunca poderá a revolução ser, todavia, um facto totalmente alheio a quaisquer postulados axiológicos: se é certo que a revolução não toma como referência a ordem valorativa do sistema constitucional vigente, a verdade é que a sua própria legitimidade não pode deixar de repousar num determinado quadro axiológico que, permitindo distinguir entre movimentos revolucionários legítimos e ilegítimos, incluindo a possível afirmação de um critério de reconhecimento internacional dos governos saídos de tais movimentos[253],

---

[247] Cfr. JORGE MIRANDA, *Manual...*, II, p. 107.

[248] Cfr. MIGUEL GALVÃO TELES, *A revolução...*, p. 597.

[249] Cfr. A. CASTANHEIRA NEVES, *A Revolução...*, p. 188.

[250] Cfr. KARL OLIVECRONA, *Il Diritto...*, p. 59.

[251] Neste sentido se pronuncia Kelsen em parecer jurídico sobre a competência da Assembleia Nacional Constituinte brasileira de 1933/34, cfr. ARI MARCELO SOLON, *Teoria da Soberania como Problema da Norma Jurídica e da Decisão*, Porto Alegre, 1997, p. 219.

[252] Cfr. HANS KELSEN, *Teoria Pura...*, p. 292. Em igual sentido, considerando que a legitimidade de um poder tem como prova ou fundamento a sua efectividade, cfr. NORBERTO BOBBIO, *Contribucion a la Teoria del Derecho*, Madrid, 1990, pp. 304 e 305.

[253] Para uma síntese da discussão entre o critério de reconhecimento internacional de governos saídos de revoluções, mostrando o confronto entre a doutrina da legitimidade democrática e a doutrina da efectividade, cfr. ANDRÉ GONÇALVES PEREIRA/FAUSTO DE QUADROS, *Manual de Direito Internacional Público*, 3.ª ed., Coimbra, 1993, pp. 313 ss.

encontra na centralidade dos valores decorrentes da dignidade da pessoa humana viva e concreta o seu referencial último de legitimação e que hoje faz parte integrante do núcleo duro de um *ius cogens* internacional.

Pode mesmo dizer-se que se assiste aqui a uma tentativa de integração sistemática do fenómeno revolucionário, permitindo diferenciar entre as revoluções que, respeitando o referencial axiológico fundamental em torno da dignidade da pessoa humana, seriam legítimas, e, por outro lado, as revoluções que, rompendo com esses valores sagrados e inalienáveis, se mostram ilegítimas e, por consequência, excluídas de qualquer enquadramento sistemático.

IV. O entendimento da revolução como facto assume sempre uma dupla projecção jurídica[254]:

> *(i)* A revolução é um facto ilegítimo, ilícito e inválido à luz do ordenamento constitucional vigente à sua data;
> *(ii)* A revolução assume-se, todavia, como facto legitimador e, por isso, primeiro elemento constituinte de um novo ordenamento constitucional.

A transformação deste facto em Direito, dependendo da efectividade e da estabilidade da nova ordem revolucionária ou da necessidade em satisfazer as pretensões e as exigências sociais[255], não carece de um decurso de tempo gerador de qualquer ideia de prescrição[256]: a legitimação da instauração *de facto* do novo ordenamento constitucional encontra-se na sua efectividade.

(b) As lições da História

V. Uma revolução vitoriosa provoca sempre um processo reconstrutivo ou adaptativo de todo o sistema jurídico infraconstitucional, agora fundado numa nova "ideia de Direito" e numa nova legitimidade dos titulares do poder.

A verdade, porém, é que a instauração *de facto* de uma ordem constitucional produz, relativamente ao sistema jurídico infraconstitucional vigente, as mesmas consequências que produziria a instauração *de jure* de uma nova

---

[254] Cfr. NORBERTO BOBBIO, *Teoría General del Derecho*, 3.ª Reimp., Madrid, 1995, p. 263.
[255] Cfr. SANTI ROMANO, *Instaurazione...*, p. 186.
[256] Cfr. SANTI ROMANO, *Instaurazione...*, pp. 182 e 183.

§15.° *Princípio da não exclusividade das fontes normativas formais...* 183

ordem constitucional[257]: não existe grande diferença, atendendo aos efeitos que incidem sobre o sistema jurídico, entre uma revolução e uma transição constitucional.

VI. Uma revolução falhada conduz, segundo o quadro do sistema jurídico que ela pretendia romper, ao julgamento criminal dos seus protagonistas e à consideração dos pretensos actos jurídicos produzidos pelos revolucionários como actos praticados por usurpadores e, por consequência, feridos de inexistência e situados fora do Direito, salvo se ponderosas razões de segurança ou equidade justificarem a integração superveniente de tais actos no seio do ordenamento jurídico vigente.

Exceptuando esta última hipótese de "repescagem" para dentro do sistema jurídico de actos provenientes de movimentos revolucionários falhados, o normal é que tais actos, considerados juridicamente inexistentes pela ordem normativa vigente, nunca entrem dentro do sistema jurídico e, nesse sentido, tenham uma existência meramente histórico-factual.

VII. Num cenário de vitória revolucionária, pelo contrário, os actos provenientes do novo poder, se é certo que, segundo o Direito Constitucional contra o qual tais movimentos revolucionários se desenvolveram, se mostram sempre "a-sistemáticos"[258], a verdade é que eles passam a ter a força da efectividade do poder dos vitoriosos, ganhando uma legitimidade revolucionária que vai procurar redefinir novos postulados axiológicos de adequação valorativa, criando novos referenciais de unidade de todo o sistema jurídico e novos parâmetros de fidelidade[259].

A dimensão da factualidade-informalidade dos fenómenos revolucionários triunfadores terá então gerado uma nova dimensão normativo-formal do sistema jurídico: uma nova normatividade constitucional escrita será produzida e tenderá a afirmar-se, ganhando, em cada dia que passa, reforçada efectividade.

A História ter-se-á reiniciado e, apesar da ilusão da eternidade de cada regime político fundado em normas constitucionais escritas, os fenómenos

---

[257] Neste sentido, cfr. SANTI ROMANO, *Instaurazione...*, p. 199.

[258] Cfr. MIGUEL GALVÃO TELES, *A revolução...*, pp. 593-594

[259] A História portuguesa do século XIX, particularmente o período de governo de D. Miguel, acusado pelos liberais de usurpador, e a posterior vitória dos liberais, acusados de rebeldes pelos miguelistas, ilustra com múltiplos exemplos o problema da validade dos actos produzidos em períodos revolucionários. Para mais desenvolvimentos, cfr. PAULO OTERO, *O Poder de Substituição...*, II, pp. 459 ss.

revolucionários podem, segundo a lição da História, repetir-se, provocando o emergir de sucessivos referenciais axiológicos de fundamentação constitucional do sistema jurídico-positivo: cada sistema institucional de organização do Poder assenta em postulados políticos dotados de uma precariedade estrutural, sem prejuízo de todos os protagonistas viverem na ilusão da respectiva eternidade.

§16.º
Princípio da não exclusividade das fontes jurídico-políticas reguladoras do poder político

16.1. Colocação do problema: a normatividade extrajurídica

BIBLIOGRAFIA: Paulo Otero, *Legalidade e Administração Pública*, pp. 763 ss.

I. Se nem sempre o poder político encontra a sua regulação em fontes normativas formais (v. *supra*, §15.º), o certo é que também nem sempre a sua regulação se reconduz a fontes jurídicas e políticas: é possível que o poder político tome como referencial de conduta normas de natureza extrajurídica.

A própria circunstância de a Constituição utilizar conceitos indeterminados que pressupõem ou envolvem uma remissão para normas extrajurídicas torna-se já um indício de abertura constitucional a regras situadas fora do hemisfério do Direito (v. *supra*, n.º 7.5.2., IV).

Verifica-se, com efeito, que a existência de um referencial extrajurídico regulador da conduta de órgãos constitucionais pode ter como fundamento duas distintas habilitações constitucionais:

(i) Pode, por um lado, ser o resultado de uma previsão inserida em preceitos constitucionais que remetem (expressa ou implicitamente, neste último caso até por simples pressuposição da sua relevância densificadora) para normas extrajurídicas;

(ii) Ou pode, pelo contrário, esse referencial extrajurídico traduzir um simples preenchimento integrador de um espaço vazio da normatividade constitucional.

II. Se a regulação do poder político por normas extrajurídicas se faz no âmbito integrador de um vazio constitucional, a sua eficácia vinculativa não se mostra assumir natureza jurídica: não há aqui qualquer título jurídico habilitador que permita alicerçar uma vinculatividade jurídica, salvo o próprio silêncio da Constituição perante o vazio de regulação.

Tratando-se, ao invés, de um fenómeno de remissão da Constituição para normas extrajurídicas, pode dizer-se que estas passam a gozar de obrigatoriedade jurídica por força da norma jurídica que para elas remete: tais normas extrajurídicas são incorporadas pela ordem jurídica, traduzindo-se a sua violação numa violação da própria norma remissiva.

Há aqui, neste último cenário, como que uma implícita renúncia da normatividade constitucional a regular directamente a matéria, remetendo para regras extrajurídicas a definição das pautas e dos critérios de actuação ou a definição dos pressupostos de decisão, operando-se, por esse facto, uma simultânea aquisição de projecção jurídica de tais normas extrajurídicas.

III. Controvertido mostra-se, no entanto, determinar se essa aquisição de relevância jurídica das normas extrajurídicas é acompanhada de um verdadeiro processo de juridificação, transformando as normas em causa em normas jurídicas por "absorção" do ordenamento que as acolhe[260], ou, pelo contrário, se não se opera essa juridificação, continuando as normas a possuir uma valia extrajurídica autónoma[261].

Procurando ultrapassar a radicalidade destas duas concepções, cumpre sublinhar dois aspectos interligados:

(i) As normas extrajurídicas têm a sua vinculatividade totalmente dependente de uma norma jurídica que lhes "empresta" essa força obrigatória junto dos órgãos constitucionais;

(ii) Qualquer desrespeito directo do conteúdo de tais normas extrajurídicas é sempre também uma violação da norma que para elas remete ou as pressupõe, consubstanciando um elemento de vinculação da conduta do órgão constitucional.

Neste duplo sentido, as normas extrajurídicas são objecto de um processo de juridificação que, por via de regra, ocorre sem perda de identidade material: elas passam a integrar a normatividade reguladora do agir dos órgãos constitucionais, sem prejuízo de continuarem a possuir um conteúdo normativo

---

[260] Em sentido contrário, considerando que a atribuição de relevância jurídica a normas não jurídicas não basta para as transformar em normas intrinsecamente jurídicas, cfr. SANTI ROMANO, *Corso di Diritto Costituzionale*, p. 301.

[261] Para uma breve síntese do problema, cfr. FRANCO BASSI, *La Norma Interna – Lineamenti di una Teoria*, Milano, 1963, pp. 539-540.

§16.º Princípio da não exclusividade das fontes jurídico-políticas... 187

materialmente pautado por critérios que regulam a conduta humana apelando a domínios não jurídicos.

IV. Mostra-se possível, atendendo ao quadro jurídico-constitucional vigente, encontrar as seguintes principais situações de regulação do poder político por normas extrajurídicas:

– Normas técnico-científicas;
– Normas morais ou éticas;
– Normas de trato social.

Observemos, muito sumariamente, cada um destes principais tipos de normas extrajurídicas reguladoras do poder político.

16.2. Normatividade técnico-científica

(a) O problema político e constitucional: o risco de despolitização do Poder

I. Já anteriormente, a propósito da concretização da cláusula constitucional de bem-estar inerente ao Estado social que o conceito de Estado de Direito democrático envolve, tivemos oportunidade de sublinhar que a optimização ou a eficiência do legislador e da Administração Pública se assume hoje como dever constitucional que, apelando a critérios de economicidade e racionalidade, visa, em última análise, uma realização ou implementação óptima do modelo de bem-estar (v. *supra*, n.º 3.5., VII).

Independentemente das referências constitucionais expressas à eficácia da acção administrativa (artigo 267.º, n.º 2) e à racionalização dos meios administrativos (artigo 267.º, n.º 5), igualmente vinculativos da respectiva regulação legislativa, a simples existência de uma cláusula constitucional de bem-estar comporta um implícito apelo a normas técnicas e científicas reguladoras da sua implementação optimizada, expressão condicionante do sucesso do modelo de Estado traçado pela Constituição, agravado ainda pelo contexto tecnocrático em que assentam as modernas sociedades.

O conhecimento contemporâneo da realidade que nos cerca justifica e exige, cada vez mais, o exercício de uma actividade técnica e científica complexa que envolve todas as funções do Estado: em largos sectores de matérias, o exercício das funções do Estado encontra-se refém da verificação de factos, da ponderação de valorações ou da simples aplicação directa de regras técnicas e cientíticas que, funcionando como elementos integrantes de decisões

188 *Princípios fundamentais*

ou de comportamentos de facto, exigem uma prévia actuação baseada na aplicação de tais regras e, neste sentido, sem envolver qualquer liberdade de escolha de soluções.

A normatividade técnico-científica regula em tais domínios o poder político, condicionando-o e conformando-o: a viabilidade técnico-científica promove e anula opções políticas.

II. Esse domínio do poder político pela regulação técnica e científica, esvaziando, limitando ou condicionando a respectiva margem de liberdade decisória dos titulares de cargos políticos, poderá mesmo conduzir a uma "despolitização do Estado"[262].

E não falta mesmo quem, partindo de uma possível degeneração hipervalorizadora do papel da técnica e da ciência, veja aqui a génese de uma nova ideologia dominante das modernas sociedades e um verdadeiro risco de ditadura, falando-se em "sociedade totalitária de base racional"[263].

Torna-se indiscutível, porém, que, especialmente no âmbito da regulação técnico-científica que emerge das ciências exactas, o seu relacionamento regulador do Poder político obedece ao seguinte princípio: onde a normatividade técnico-científica fala, o Poder político cala.

Ocorre aqui uma inevitável despolitização do Poder político, assistindo--se a uma progressiva subordinação das suas decisões à normatividade técnico-científica.

(b) Principais manifestações reguladoras

III. Observando a Constituição, verifica-se que existem seis principais sectores da normatividade técnico-científica que exercem uma função reguladora do Poder político:

(i) Regras matemáticas;
(ii) Regras de contabilidade;
(iii) Regras económicas e financeiras;
(iv) Regras de biomedicina;
(v) Regras de engenharia;
(vi) Regras de informática.

---

[262] Cfr. ROGÉRIO EHRHARDT SOARES, *Direito Público...*, p. 113.

[263] Para um desenvolvimento desta temática, partindo do pensamento de Marcuse, cfr. JÜRGEN HABERMAS, *Técnica e Ciência como «Ideologia»*, Lisboa, 1997, em especial, pp. 45 ss.; PAULO OTERO, *A Democracia Totalitária*, pp. 177 ss.

§16.° *Princípio da não exclusividade das fontes jurídico-políticas...* 189

Vejamos, sumariamente, a exemplificação ilustrativa das normas constitucionais que fazem uso, por via remissiva ou pressuposta, de regras de cada um destes sectores técnico-científicos.

IV. *(i)* Começando pela utilização constitucional de *regras matemáticas*, regulando o exercício do poder político, pode dizer que esse apelo a critérios envolvendo o uso destas regras técnico-científicas resulta de dois principais grupos de normas da Constituição:

(1) Normas que definem o sistema eleitoral ou que permitem que o legislador ordinário complemente essa definição, envolvendo a utilização de conceitos próprios da ciência matemática ou que fazem apelo a regras matemáticas (v. *infra*, n.° 18.2.1., VII e VIII) – é o que sucede com as normas que determinam:
  – A exigência de proporcionalidade entre o número de deputados e o número de cidadãos eleitores inscritos em cada círculo eleitoral plurinominal (artigo 149.°, n.° 2);
  – A determinação que a conversão dos votos em mandatos é feita pelo princípio da representação proporcional (artigos 113.°, n.° 5, 149.°, n.° 1, e 288.°, alínea h))[264];
  – A utilização do método da média mais alta de Hondt (artigos 149.°, n.° 1, 260.°)[265];

(2) Normas que fixam a utilização de critérios numéricos na constituição, funcionamento ou procedimento de decisão de órgãos constitucionais:
  – O *quorum* e a maioria deliberativa geral dos órgãos colegiais (artigo 116.°, n.os 2 e 3);
  – A definição de maiorias necessárias para a confirmação do veto político (artigos 136.° e 233.°), aprovação de certas leis (artigo 168.°) e da lei de revisão constitucional (artigo 286.°) ou ainda para ultrapassar o veto por inconstitucionalidade do Presidente da República (artigo 279.°, n.os 2 e 4);
  – A utilização do princípio da representação proporcional na eleição pela Assembleia da República de membros de certos órgãos

---

[264] Para um desenvolvimento dos métodos matemáticos envolvidos no sistema de representação proporcional, cfr. MAURICE DUVERGER, *Os Grandes Sistemas Políticos*, Coimbra, 1985, pp. 101 ss.

[265] Para uma exemplificação matemática deste método, cfr. PIETRO VIRGA, *Diritto Costituzionale*, pp. 111 ss.

(artigo 163.°, alínea g)), tal como a composição e repartição da presidência das comissões da Assembleia da República (artigo 178, n.ᵒˢ 2 e 6) e da sua comissão permanente (artigo 179.°, n.° 2).

Em todas estas situações, a regulação do exercício do Poder político faz-se com uma forte componente normativa extrajurídica acolhida ou pressuposta por normas constitucionais.

V. *(ii)* No que diz respeito à remissão constitucional para *regras de contabilidade*, verifica-se que o seu uso se encontra pressuposto em diversas disposições, salientando-se as seguintes:

(1) As normas que se referem ao conteúdo e à elaboração do orçamento (artigos 105.° e 106.°), tal como à emissão do parecer do Tribunal de Contas sobre a Conta Geral do Estado (artigos 107.° e 214.°, n.° 1, alíneas a) e b)) e, em certa medida, à própria tomada das contas do Estado (e demais entidades públicas que a lei determinar) pela Assembleia da República (artigo 162.°, alínea d));

(2) A fiscalização judicial das contas eleitorais e dos partidos políticos;

(3) Os conceitos de aumento de despesas e de redução de receitas usados nos artigos 167.°, n.ᵒˢ 2 e 3, e 200.°, n.° 1, alínea f);

(4) A determinação da repartição de recursos financeiros entre o Estado e as regiões autónomas (artigo 227.°, n.° 1, alínea j)) ou entre aquele e as autarquias locais (artigo 238.°);

(5) A implementação de uma política fiscal que corrija as desigualdades na distribuição do riqueza e do rendimento (artigos 81.°, alínea b), e 103.°, n.° 1).

VI. *(iii)* Num domínio conexo com o anterior, verifica-se que a Constituição também recorre a *regras económicas e financeiras*, regulando limitativamente o exercício do Poder político através de uma tal normatividade extrajurídica que surge pressuposta ou tem de ser tomada em consideração pela remissão implícita a seu favor, tal como acontece nas seguintes hipóteses:

(1) A definição das principais linhas da política económica e financeira encontra-se condicionada pelas regras técnicas e científicas deste sector, tal como sucede com a criação de instrumentos técnicos necessários ao planeamento democrático do desenvolvimento económico e social (artigo 81.°, alínea j)), a disciplina da actividade económica e dos investimentos estrangeiros com vista a garantir a

§16.° Princípio da não exclusividade das fontes jurídico-políticas... 191

sua contribuição para o desenvolvimento (artigo 87.°), a elaboração dos planos (artigos 90.° e 91.°), a implementação dos objectivos da política agrícola (artigo 93.°), comercial (artigo 99.°) e industrial (artigo 100.°);

(2) Igualmente a estruturação do sistema financeiro (artigo 101.°), incluindo a concretização dos propósitos da tributação do consumo (artigo 104.°, n.° 3) e a previsão da evolução dos principais agregados macroeconómicos com influência no Orçamento, tal como a previsão da evolução da massa monetária e suas contrapartidas (artigo 106.°, n.° 3, alínea a));

(3) A elaboração dos relatórios de execução dos planos nacionais e na sua apreciação pela Assembleia da República (162.°, e));

(4) A fixação pela Assembleia da República das condições e dos limites das autorizações ao Governo para contrair ou conceder empréstimos ou realizar outras operações de crédito que não sejam de dívida flutuante (artigo 161.°, alínea h));

(5) A avaliação prévia dos bens a reprivatizar (artigo 293.°, n.° 1, alínea e)) e a afectação das receitas da reprivatização (293.°, n.° 1, alínea b)).

VII. *(iv)* Igualmente as *regras de biomedicina* se mostram passíveis de servir de critério regulador da actividade do Poder político, limitando a sua liberdade decisória em áreas materiais tão vitais como são as normas sobre direitos humanos.

Tomemos em consideração três exemplos ilustrativos:

(1) Encontrando-se nas mãos da biomedicina a determinação do momento da origem da vida humana (v. *supra*, n.° 7.5.2., IV), se se chegar à conclusão, segundo os critérios fornecidos pela biomedicina, de que antes das dez semanas de gestão já existe vida humana, então o referendo realizado, em 11 de Fevereiro de 2007, envolvendo a permissão de interrupção da gravidez até às dez semanas, por simples opção da mulher, foi inválido, tal como é inconstitucional, igualmente por violação do princípio da inviolabilidade da vida humana (artigo 24.°, n.° 1), a Lei n.° 16/2007, de 17 de Abril;

(2) O que seja a "identidade genética do ser humano" e a "experimentação científica" (artigo 26.°, n.° 3), dependendo dos ensinamentos provenientes da biomediciona, condiciona os termos de exercício do poder legislativo na definição do quadro legal dos direitos e garantias a implementar;

192   *Princípios fundamentais*

(3) A densificação dos conceitos de "doença", "velhice", "invalidez", "saúde" ou "medicina preventiva, curativa e de reabilitação", utilizados nos artigos 63.° e 64.°, revela-se indispensável para a interpretação e aplicação dos seus comandos jurídicos: o recurso aos ensinamentos extrajurídicos torna-se essencial para a percepção das próprias normas jurídicas em causa e a sua subsequente implementação legislativa, administrativa e judicial.

Em qualquer destas situações, a amplitude da liberdade conformadora do decisor do Poder político encontra-se pautada por limites decorrentes da utilização constitucional de conceitos indeterminados cuja densificação se faz, única e exclusivamente, à luz de regras de biomedicina.

VIII. *(v)* Nem sequer falta, segundo os termos usados pela Constituição em domínios relacionados com a habitação, o urbanismo e o ambiente, a necessidade de recurso a *regras de engenharia* que permitem determinar ou complementar o alcance dos preceitos constitucionais, encontrando-se o Poder político condicionado na respectiva actividade implementadora.

É o que sucede, nomeadamente, com a concretização das seguintes expressões ou realidades:

(1) O conceito de "dimensão adequada" de uma habitação (artigo 65.°, n.° 1), isto para a determinação da exacta vinculação dos poderes públicos a garantir o direito de todos à habitação;

(2) O conteúdo técnico e a função técnica dos "planos de ordenamento geral do território", dos "planos de urbanização" (artigo 65.°, n.° 2, alínea a)), do "planeamento urbanístico" e do "planeamento físico do território" (artigo 65.°, n.° 5);

(3) O conceito de ambiente "ecologicamente equilibrado" (artigo 66.°, n.° 1);

(4) O sentido do que seja a "qualidade ambiental" (artigo 66.°, n.° 2, alínea e)).

IX. *(vi)* Por último, até as *regras de informática* são hoje chamadas a exercer um papel regulador do exercício do Poder político, segundo decorre do artigo 35.°, encontrando-se pressuposto o seu contributo remissivo para a definição do que sejam os conceitos de "informática", "redes informáticas" e "fluxos de dados transfronteiriços"[266].

---

[266] Cfr. GOMES CANOTILHO/VITAL MOREIRA, *Constituição...*, I, 4.ª ed., pp. 550 ss.

§16.° Princípio da não exclusividade das fontes jurídico-políticas... 193

Só através da densificação de tais conceitos, recorrendo-se a uma normatividade extrajurídica, se pode determinar o exacto alcance dispositivo do artigo 35.° e, neste sentido, em tais regras de informática acaba por residir um mecanismo normativo regulador dos termos precisos de exercício do Poder de implementação, por via interpretativa ou aplicativa, desta disposição constitucional.

16.3. Normatividade moral ou ética

BIBLIOGRAFIA: PAULO OTERO, *Lições...*, I, 1.° tomo, pp. 266 ss., em especial, pp. 299 ss.; *Legalidade e Administração Pública*, pp. 768 ss.

(a) Moral e Constituição

I. No contexto da normatividade extrajurídica reguladora do Poder político, verifica-se que, para além das normas técnico-científicas, existem também normas de cunho moral ou ético que, sem embargo de serem, comparativamente com aquelas, caracterizadas por uma maior imprecisão ou elasticidade, exercem igualmente uma função disciplinadora do Poder político.

Sem prejuízo da ideia de ética relacionada com o poder remontar à Grécia Antiga[267] e encontrar-se já expressa nos ensinamentos romanos do jurisconsulto Paulo para quem "nem tudo o que é lícito é honesto"[268], deve-se a Erasmo de Roterdão, já durante a Idade Moderna, o retorno da moralidade à política[269], recomendando deveres de conduta ao príncipe cristão[270].

Resta saber, se hoje, à luz das coordenadas de um Estado Constitucional, as normas morais ou éticas podem desempenhar um papel regulador autónomo do Poder político.

---

[267] Para uma dimensão histórica da ética, cfr. ALASDAIR MACINTYRE, *Historia de la Ética*, Barcelona, 2002.

[268] Cfr. D.50,17,144.

[269] Para mais desenvolvimentos, cfr. PAULO OTERO, *Instituições...*, I, pp. 139 ss.

[270] Cfr. DESIDERIUS ERASMUS, *The Education of a Christian Prince*, Ed. Columbia University Press, New York, 1936, pp. 149 ss.; ERASMO DE ROTERDÃO, *Elogio da Loucura*, 12.ª ed., Guimarães Editores, Lisboa, 1998, p. 99 (§LV).

Princípios fundamentais

Esclareça-se, porém, que não sofre hoje qualquer tipo de contestação que a moral exerce uma influência sobre o Direito – incluindo sobre a normatividade constitucional[271] – a dois níveis:

(i) A moral e a sua inerente ordem axiológica exerce uma influência directa na formação e no conteúdo de certas normas constitucionais (v.g., o artigo 266.º, n.º 2, estabelecendo a vinculação dos órgãos e agentes administrativos aos princípios da boa fé, da justiça e da imparcialidade; o artigo 26.º, n.º 1, consagrando o direito à reputação);

(ii) As valorações de conteúdo ético encontram-se sempre presentes na influência que exercem ao nível das pré-compreensões interpretativas e decisórias de normas constitucionais.

Bem mais problemática é a recepção das normas morais ou éticas pela Constituição: é que aqui, note-se, as normas morais passam a valer como se fossem verdadeiras normas jurídicas, apesar de nunca deixarem de ser normas morais; a Constituição limita-se a conferir-lhes uma vinculatividade ou uma força operativa típica das normas jurídicas.

II. Será que existem exemplos de receptividade constitucional de normas morais?

Olhando para a História constitucional portuguesa, a resposta é afirmativa:

(i) A Carta Constitucional de 1826 falava em "moral pública" (artigo 145.º, §4.º);

(ii) A Constituição de 1911 utilizava a expressão "bons costumes" (artigo 3.º, n.º 5);

(iii) A Constituição de 1933 atribuía expressa relevância jurídica à moral em cinco diferentes cenários:

– A moral aparecia como limite à soberania do Estado (artigo 4.º);

– A moral surgia como fonte de direitos, liberdades e garantias das pessoas e das famílias cuja definição e exercício deveriam ser promovidos pelo Estado (artigo 6.º, n.º 1);

– Os princípios da moral configuravam-se como condição limitativa do exercício desses mesmos direitos, liberdades e garantias fundamentais (artigo 8.º, §1.º);

– As virtudes morais e cívicas, segundo a orientação decorrente dos princípios da doutrina e moral cristãs, eram assumidas como fins da formação dos jovens e que deviam estar subjacentes ao ensino ministrado pelo Estado (artigo 43.º, §3.º);

---

[271] Cfr. PAULO OTERO, *Lições...*, I, 1.º tomo, p. 293.

§16.° Princípio da não exclusividade das fontes jurídico-políticas... 195

– A moral era ainda entendida como limite à relevância jurídica dos usos e costumes das populações dos territórios ultramarinos (artigo 138.°).

III. E face à Constituição de 1976? Será que a moral é objecto de recepção constitucional, exercendo uma função reguladora do Poder político?

Entendemos que sim, utilizando para o efeito as seguintes manifestações:

(i) Em primeiro lugar, as "justas exigências da moral" a que se refere a Declaração Universal dos Direitos do Homem (artigo 29.°, n.° 2) ou a "protecção da moral" referida no Protocolo n.° 4 adicional à Convenção Europeia dos Direitos do Homem (artigo 2.°, n.° 3) constituem cláusulas gerais que, fazendo apelo a uma normatividade de índole moral, habilitam a limitação do exercício de direitos fundamentais e traduzem um modo de regulação do inerente agir do Poder político;

(ii) Observa-se, em segundo lugar, que, existindo uma dimensão "eticizante" ou "moralizante" na subordinação da actividade administrativa aos princípios da justiça e da boa fé[272], a ampliação de uma tal vinculação a todo o Poder político, enquanto corolário axiológico do Estado de Direito democrático (v. *supra,* n.° 3.4.2., (c)), traduz a difusão e impregnação ética da conduta de todo o Poder: sem que essa vinculação constitucional traduza uma recepção ou remissão directamente aplicativa de normas morais, há aqui mais do que uma simples influência, registando-se uma regulação da conduta dos governantes pautada por critérios éticos[273];

---

[272] Especificamente no que diz respeito à dimensão ética existente na boa fé, cfr. JOÃO DE MATOS ANTUNES VARELA, *Das Obrigações em Geral,* I, 4.ª ed., Coimbra, 1982, p. 466; JORGE MIRANDA, *Manual...,* V, p. 303; TERESA NEGREIROS, *Fundamentos para uma Interpretação Constitucional do Princípio da Boa-Fé,* Rio de Janeiro, 1998, pp. 261 ss. Para uma discussão profunda do tema, cfr., por todos, ANTÓNIO MENEZES CORDEIRO, *Da Boa Fé no Direito Civil,* II, Coimbra, 1984, pp. 1160 ss.

[273] Nem interessa aqui discutir, por outro lado, se, tal como o Direito Civil, desde remota tradição, acolhe a cláusula dos "bons costumes", enquanto expressão dotada de um significado extrajurídico de natureza ética, reconduzível à ideia de moral social reconhecida ou dominante, verificando-se que igualmente a actividade administrativa se encontra vinculada ao respeito por tais padrões normativos extrajurídicos de referência, determinando a sua violação a invalidade da respectiva decisão administrativa (cfr. PAULO OTERO, *Legalidade e Administração Pública,* p. 770), também em Direito Constitucional assumirá relevância, a título de princípio geral de Direito Comum, a cláusula dos bons costumes.

196   *Princípios fundamentais*

(iii) Em terceiro lugar, a consagração constitucional da garantia do direito à objecção de consciência (artigo 46.°, n.° 1), se permite discutir a licitude do incumprimento da normatividade[274], torna claro que razões decorrentes de convicções morais (entre outras), habilitando o exercício da objecção de consciência, podem traduzir uma forma de regulação do comportamento do Poder político perante os "objectores de consciência";

(iv) Em quarto lugar, por último, encontrando-se a entidade administrativa independente encarregue dos meios de comunicação social vinculada a garantir o respeito das normas reguladoras das actividades de comunicação social (artigo 39.°, n.° 1, alínea e)), uma vez que entre essas normas se encontram regras deontológicas, igualmente aqui se regista o reconhecimento constitucional implícito da relevância de normas morais de conduta na actuação desta estrutura decisória do Poder.

(b) "Ética republicana" ou uma ética constitucional autónoma?

IV. A consagração da forma republicana de governo como limite material de revisão constitucional (artigo 288.°, alínea b)) e, por outro lado, uma alegada tradição republicana, permitindo descortinar um possível princípio republicano, têm levado a que se fale na existência de uma "ética republicana"[275], vinculativa da conduta dos titulares de cargos públicos – especialmente ao nível de todos aqueles que assumem natureza política – e expressa nas três seguintes ideias:

(i) Devoção ao serviço público, servindo a República e não servindo-se da República para a sua própria promoção, do seu partido ou de grupos de interesses;

(ii) Valorização da competência e do mérito pessoal no exercício das funções públicas e nas escolhas dos servidores públicos, revelando uma permanente disponibilidade para transmitir o poder a favor de quem o exerça com melhor competência e mérito;

(iii) Transparência no acesso e no exercício do Poder.

---

[274] Cfr. PAULO OTERO, *Legalidade e Administração Pública*, pp. 925 ss.

[275] Cfr. GOMES CANOTILHO, *Direito Constitucional*, 5.ª ed., Coimbra, 1992, p. 496; PEDRO DELGADO ALVES, *O princípio republicano*, p. 205; PAULO FERREIRA DA CUNHA, *República, virtudes e busca da felicidade*, in *Polis – Revista de Estudos Jurídico-Políticos*, n.os 13/16, 2008, pp. 38 ss.

§16.° *Princípio da não exclusividade das fontes jurídico-políticas...*   197

Sucede, porém, que, ao invés do invocado, nenhuma relação directa existe entre tais normas de cunho ético no exercício do Poder e a forma republicana de governo: a designada "ética republicana" é um mito, pois tanto conhecemos formas republicanas de governo sem respeito por alguns titulares de cargos políticos de qualquer "ética republicana", como sabemos da existência de formas monárquicas de governo em que os governantes têm uma forte componente ética no exercício das suas funções políticas (v.g., Reino Unido, Suécia).

Não reside na forma republicana de governo, nem num pretenso princípio republicano, qualquer fonte de uma específica normatividade ética reguladora do Poder político: a tradição e a prática desmentem-na e até os apelos políticos à sua existência (v.g., a intervenção do Presidente Cavaco Silva, em 5 de Outubro de 2009) representam mais a expressão de um desejo do que a verificação de uma realidade.

V. Se a forma republicana de governo se mostra insuficiente para alicerçar a existência de uma ética governativa específica, a verdade é que, num Estado assente em princípios de limitação, de legitimidade e de responsabilidade dos governantes, enquanto meros representantes do povo e administradores da sua "vinha", nunca pode deixar de existir uma dimensão ética de exercício do Poder: é da essência de um Estado de Direito constitucionalmente conformado que o Poder não encontre apenas em normas jurídicas a sua regulação, existindo também uma dimensão ética que produza uma normatividade reguladora da conduta dos titulares dos cargos públicos, segundo o postulado romano de que "nem tudo o que é lícito é honesto" (v. *supra*, I).

Pode mesmo afirmar-se que, tal como não há Poder sem um substrato ético que justifica até a sua própria limitação jurídica, não há verdadeiro Estado Constitucional sem ética dos governantes: todo o titular de cargos públicos se encontra subordinado a uma dimensão ética de exercício das suas funções que é indisponível.

E se todo o titular de cargos públicos tem sempre de também se pautar por uma normatividade ética, os titulares de cargos políticos, por maioria de razão, nunca poderiam estar isentos ou imunes a uma regulação ética da sua conduta: trata-se de uma ética que visa edificar "o homem político correcto"[276].

---

[276] Expressão de SANTI ROMANO, *Diritto e correttezza costituzionale*, in SANTI ROMANO, *Scritti Minori*, I, Reimp., Milano, 1990, p. 334.

Não se trata aqui, insista-se, uma vez mais, de uma "ética republicana", antes se poderá falar numa ética constitucional.

VI. Os alicerces dessa ética constitucional de exercício do Poder, tendo um claro afloramento na subordinação do Poder aos princípios da justiça e da boa fé (v. *supra*, III), não podem deixar de se fundar numa tradição cristã que se resume nos seguintes termos[277]:

(i) O Poder é serviço e não benefício ou privilégio de quem o exerce: o governante é aquele que age para o bem comum da sociedade[278], encontrando-se no bem-estar da comunidade a causa e a razão de ser da autoridade[279];

(ii) O bem comum da sociedade ou dos cidadãos, sendo o único motivo que deve ditar as leis[280], representa o dever fundamental do poder político[281]: se o governante, desprezando o bem comum, tende antes ao seu bem privado, o regime torna-se injusto e reconduzível à tirania[282];

(iii) A justiça, sendo o fim e o fundamento do Poder, pois "onde não há justiça não há Estado"[283], é sempre limite e fonte de deveres para o governante[284]: "segue a justiça, não faças violências a nin-

---

[277] Para uma análise mais desenvolvida, cfr. PAULO OTERO, *Instituições...*, I, pp. 94 ss.

[278] Cfr. S. TOMÁS DE AQUINO, *La Monarquía*, ed. Tecnos, Madrid, 1989, Liv. 1, Cap. 1, e ainda, no mesmo sentido, Cap. 8 e Cap. 9.

[279] Cfr. LEÃO XIII, *Carta Encíclica Rerum Novarum*, de 15 de Maio de 1891, n.º 26.

[280] Cfr. SANTO ISIDORO DE SEVILHA, *Etimologías*, Biblioteca de Autores Cristianos, Madrid, 2004, II, 10, 6 (p. 365); *Idem*, V, 21 (p. 507).

Em igual sentido, considerando que a lei traduz uma ordenação que tem por objecto principal a utilidade comum ou o bem comum, cfr. S. TOMÁS DE AQUINO, *Suma de Teologia*, I-II, q.90, a.2. e a.3. (II vol., editado pela Biblioteca de Autores Cristianos, Madrid, 2001, pp. 705 e 706). Ou, numa outra formulação, a lei teve ter como preocupação a utilidade dos cidadãos ou o bem comum, cfr. DANTE ALIGHIERI, *Monarquia*, 5.ª ed., edição da Guimarães Editores, Lisboa, 1999, Liv. II, Cap. V (p. 58); MARSÍLIO DE PÁDUA, *O Defensor da Paz*, ed. Vozes, Petrópolis, 1997, Parte I, Cap. XIV, §7 (p. 149).

[281] Cfr. JOÃO PAULO II, *Carta Encíclica «Redemptor Hominis»*, de 4 de Março de 1979, n.º 17.

[282] Cfr. S. TOMÁS DE AQUINO, *La Monarquía*, Liv. 1, Cap. 3.

[283] Cfr. SANTO AGOSTINHO, *A Cidade de Deus*, Livro XIX, Cap. XXI (III vol., edição da Fundação Calouste Gulbenkian, Lisboa, 1995, p. 1942).

[284] No limite, uma vez que todo o ser humano tem a obrigação de não praticar actos injustos contra terceiros e ainda de impedir outras pessoas de praticarem tais actos injustos (cfr. MARSÍLIO DE PÁDUA, *O Defensor da Paz*, Parte I, Cap. XIX, §13 (p. 204)), igualmente o governante não pode deixar de se encontrar vinculado por tais regras.

§16.º *Princípio da não exclusividade das fontes jurídico-políticas...* 199

guém, não roubes, não vendas cargo público, não te deixes corromper"[285], eis a síntese dos deveres morais do governante humanista;

(iv) O autor da lei deve estar a ela subordinado: a lei não pode excluir do seu âmbito os próprios poderes de quem a instituiu[286], nunca devendo o seu autor delas se "afastar à distância de um dedo"[287];

(v) O governante deve ter como atributos a prudência[288], a bondade moral, a virtude e a justiça[289], tal como a honestidade[290], nunca devendo ordenar o que seja contrário ao que é justo e honesto[291], nem agir por capricho[292];

(vi) O governante, uma vez que só deve pensar nos negócios públicos, não pode ter negócios privados[293], assumindo-se, ao governar o povo, como um servidor de Deus[294];

(vii) O governante deve "exigir a integridade de todos na administração e na magistratura"[295], incutindo a virtude[296];

(viii) Mesmo o governante eleito, se abusar do poder, tornando-se um tirano, pode ser destituído[297];

(ix) O governo tirânico, sendo odioso à maioria, nunca poderá ser duradouro[298]: "o bem da maioria é maior e mais sagrado do que o de uma única pessoa"[299];

(x) A maior dignidade do cargo assumido torna mais grave a iniquidade e a malvadeza da conduta do governante[300].

---

[285] Cfr. Desiderius Erasmus, *The Education...*, p. 154.

[286] Cfr. S. Tomás de Aquino, *Suma de Teologia*, I-II, q.96, a.4. (II vol., p. 750).

[287] Cfr. Erasmo de Roterdão, *Elogio...*, p. 99 (§LV).

[288] Cfr. Marsílio de Pádua, *O Defensor da Paz*, Parte I, Cap. XIV, §3 a 5 (pp. 146 e 147).

[289] Cfr. Marsílio de Pádua, *O Defensor da Paz*, Parte I, Cap. XIV, §6 (p. 148).

[290] Cfr. Erasmo de Roterdão, *Elogio...*, p. 99 (§LV).

[291] Cfr. Marsílio de Pádua, *O Defensor da Paz*, Parte I, Cap. XV, §11 (p. 156).

[292] Cfr. S. Tomás de Aquino, *La Monarquía*, Liv. 1, Cap. 3.

[293] Cfr. Erasmo de Roterdão, *Elogio...*, p. 99 (§LV).

[294] Cfr. S. Tomás de Aquino, *La Monarquía*, Liv. 1, Cap. 8.

[295] Cfr. Erasmo de Roterdão, *Elogio...*, p. 99 (§LV).

[296] Cfr. S. Tomás de Aquino, *La Monarquía*, Liv. 1, Cap. 3.

[297] Cfr. S. Tomás de Aquino, *La Monarquía*, Liv. 1, Cap. 6.

[298] Cfr. S. Tomás de Aquino, *La Monarquía*, Liv. 1, Cap. 10.

[299] Cfr. S. Tomás de Aquino, *La Monarquía*, Liv. 1, Cap. 9.

[300] Cfr. S. Tomás de Aquino, *La Monarquía*, Liv. 1, Cap. 11.

Aqui residem os alicerces históricos de uma ética constitucional de exercício do Poder que, podendo já contar com expressão jurídica em normas constitucionais e legais, tem, todavia, um valor autónomo na regulação da conduta dos titulares de cargos públicos que, apesar de carecer de mecanismos judiciais sancionatórios, não depende de consagração jurídico--positiva.

A ética constitucional de exercício do poder tem um valor normativo autónomo, procurando importar para o domínio dos titulares de cargos constitucionais uma dimensão moral paralela à que se encontra subjacente na figura do *bonus pater famílias* do Direito privado[301], tendo a particularidade de encontrar a sua obrigatoriedade na consciência dos próprios titulares dos órgãos e a sua garantia na eventual responsabilidade política dos vinculados.

VII. Podem considerar-se exemplos de uma ética constitucional de exercício do poder, expressão de uma verdadeira "deontologia política" de respeito pelas instituições, os seguintes comportamentos de titulares de cargos públicos:

(i) A recusa em continuar a exercer funções públicas de natureza política, demitindo-se, ou em não se candidatar a cargo electivo, aquele que foi constituído arguido em processo penal relativo a acção ou omissão praticada no exercício das suas funções públicas e por causa desse exercício;

(ii) A separação nítida do exercício de funções oficiais como titular de um cargo público e o exercício de actividades de natureza partidária ou privada, nunca se servindo daquelas ou dos meios por elas proporcionados para usufruir ou obter vantagens (v.g., se ir à missa não é um acto oficial, não há justificação para ser feito em viatura oficial);

(iii) Não empregar ou integrar junto de si, nem pedir a quem o possa fazer, sem que exista formalmente violação do princípio da imparcialidade, familiares ou amigos, substituindo o concurso público ou o critério do mérito por um modelo de escolha baseado no "compadrio", na "cunha" e no tráfico de influências;

---

[301] Cfr. SANTI ROMANO, *Diritto e correttezza costituzionale*, p. 334.

§16.° *Princípio da não exclusividade das fontes jurídico-políticas...*   201

(iv) Os membros do Governo nunca devem nomear antigos colegas seus de governo para cargos de administração dependentes de designação governamental, nem solicitar-lhes o exercício de quaisquer actividades remuneradas;

(v) Não é admissível que um titular de órgão político que cessou funções aceite assumir cargos dirigentes de empresas ou de entidades não empresariais (públicas ou privadas) que estiveram sujeitas ao seu exercício de poderes de intervenção como governante;

(vi) Cessando o exercício de funções públicas, o ex-governante deve regressar, por princípio, à actividade e ao lugar que exercia antes de ter assumido o cargo político: se ninguém pode ser prejudicado pelo desempenho de cargos públicos (artigo 50.°, n.° 2), também é verdade que ninguém pode ser beneficiado por ter exercido um cargo político;

(vii) Recusar tratamento privilegiado ou beneficiar de regalias injustificadas que, apesar de constarem de lei e até corresponderem a direitos de titular ou ex-titular de cargo público, se mostrem ostensiva ou escandalosamente injustas, desigualitárias ou arbitrárias (v.g., receber retroactivos da acumulação de duas reformas provenientes do Estado e auferidas por um ex-Presidente da República);

(viii) Ninguém se candidatar, sendo legalmente possível, a dois cargos electivos simultaneamente ou sem que o mandato daquele que exerce se encontre próximo do seu termo (v.g., a proibição partidária de a mesma pessoa ser candidato a deputado e a membro de uma autarquia local);

(ix) A disponibilidade permanente para informar, esclarecer, ouvir, dialogar, aproximar-se das pessoas e dos seus problemas reais, eliminando a opacidade das decisões políticas e as barreiras de distanciamento entre governantes e governados, promovendo a transparência, a participação e a tolerância.

Na dimensão ética do exercício do poder, tornando os titulares de cargos políticos subordinados a essa normatividade extrajurídica, reside o segredo último de um efectivo Estado Constitucional: todas as normas jurídicas limitativas do poder serão vãs se os seus protagonistas não se encontrarem vinculados a uma ética constitucional de exercício do poder.

16.4. Normatividade de trato social: as normas de cortesia constitucional

BIBLIOGRAFIA: CARMELO CARBONE, *La Consuetudine nel Diritto Constituzionale*, Padova, 1948, pp. 108 ss.; JORGE MIRANDA, *Manual...*, II, p. 157; GIANFRANCO MOR (org), *Norme di Correttezza Costituzionale, Convenzioni ed Indirizzo Politico*, Milano, 1999; SANTI ROMANO, *Diritto e correttezza costituzionale*, pp. 331 ss.; CLAUDIO ROSSANO, *La Consuetudine...*, I, pp. 190 ss.; PAOLO BISCARETTI DI RUFFIA, *Diritto Costituzionale*, pp. 113 ss.

I. Tal como as relações entre os membros da sociedade não se encontram exclusivamente pautadas por normas jurídicas, registando-se a existência de regras de trato social que têm por fim facilitar ou tornar mais agradável a convivência social[302], igualmente as relações entre os titulares de órgãos constitucionais não encontram a sua regulação apenas em normas jurídicas, podendo também fazer-se à luz de regras de trato social que, definindo pautas de boa educação, deferência, correcção, decoro, etiqueta, urbanidade e civilidade, se designam como normas de cortesia constitucional.

A observância das normas de cortesia constitucional, fundamentando-se num critério último de oportunidade política, radica num propósito de bom desenvolvimento da vida constitucional[303]: o respeito pelas normas de cortesia, tornando porventura mais formal e distante o relacionamento entre os protagonistas constitucionais, mostra-se susceptível de prevenir e acautelar conflitos pessoais que sempre acabam por se tornar conflitos institucionais.

Note-se que algumas normas de cortesia constitucional, integrando uma espécie de "deontologia profissional" dos titulares de cargos constitucionais nas suas relações recíprocas[304], podem encontrar expressão factual em usos, praxes ou práticas constitucionais, sem esquecer a sua sempre possível juridificação por via consuetudinária ou até legislativa, tal como sucedeu, recentemente, com as regras de protocolo e de cerimonial do Estado[305].

---

[302] Para mais desenvolvimentos, cfr. PAULO OTERO, *Lições...*, I, 1.º tomo, pp. 245 ss.

[303] Cfr. PAOLO BISCARETTI DI RUFFIA, *Diritto Costituzionale*, p. 113.

[304] Cfr. CLAUDIO ROSSANO, *La Consuetudine...*, I, p. 191.

[305] Cfr. Lei n.º 40/2006, de 25 de Agosto.

Note-se que a existência de regras de precedência no protocolo e cerimonial em nada afecta o princípio da equiordenação dos órgãos de soberania (v. *supra*, n.º 12.2.), pois de tais regras não é possível extrair qualquer hierarquia entre os respectivos titulares, antes se está perante a resolução de um problema prático à luz de regras sem uma intrínseca natureza jurídica (cfr. PIETRO VIRGA, *Diritto Costituzionale*, p. 98).

§16.º Princípio da não exclusividade das fontes jurídico-políticas...

II. Particular relevo merecem no domínio das normas de cortesia, apesar de não se encontrarem juridicamente positivados, os deveres de decoro dos titulares de cargos públicos e que decorrem do inerente prestígio e dignidade que deve rodear o exercício de tais cargos: aqui se localizam as ideias de honra[306], sigilo, discrição, postura pública, reserva e contenção.

É que tais deveres, sem exigirem qualquer relacionamento interorgânico, excluindo qualquer fundamentação directa no princípio relacional do respeito institucional (v. *supra*, n.º 12.3.), podem encontrar a sua lesão numa simples conduta unilateral: os deveres de decoro, decorrendo da salvaguarda do prestígio do exercício das funções públicas em causa, encontram nas normas de cortesia constitucional o seu sentido vinculativo.

Os deveres de decoro resultantes do prestígio e da dignidade das funções públicas exercidas, sendo tanto mais importantes e exigentes quanto mais elevado for o cargo em causa, podem encontrar a sua garantia de vinculatividade na inerente responsabilidade política (difusa ou concentrada) dos titulares que a eles se encontram adstritos[307].

Exemplo típico de violação de um dever de decoro, enquanto expressão contrária a uma regra de cortesia constitucional, será o caso de um ministro que, em plena sessão parlamentar, usando os dedos faz um gesto obsceno ou buçal dirigido a um deputado. Ou, num outro exemplo ainda hipotético, o titular de um cargo político que desfila num corso de carnaval com trajes menos apropriados.

III. Mesmo atendendo a que os titulares de cargos políticos não deixam de ser os homens e as mulheres que antes já eram, o certo é que o assumir de tais funções públicas lhes impõe, exclusivamente pelo prestígio e dignidade dessas mesmas funções, especiais deveres de decoro: há aqui a exigência de um particular esforço de contenção que, traduzindo um sentido (que se exige apurado) da responsabilidade decorrente das funções, permita honrar o cargo que se exerce ou pretende continuar a exercer.

Afinal, respeitar as normas de cortesia ainda é uma obrigação funcional inerente ao cargo que se decide aceitar.

Pode concluir-se, neste sentido, que a referência à honra que o artigo 127.º, n.º 3, determina na formulação do juramento de posse do Presidente da República consubstancia o afloramento de um princípio geral: todos os titulares de cargos públicos devem exercer com honra as suas funções.

---

[306] Note-se, porém, que o artigo 127.º, n.º 3, a propósito da fórmula de compromisso do Presidente da República no acto de posse, faz expressa referência a que o juramento é feito pela honra do titular do cargo.

[307] Cfr. PAOLO BISCARETTI DI RUFFIA, *Diritto Costituzionale*, p. 115.

SECÇÃO 2.ª
Estruturas constitucionais da República

SUBSECÇÃO A

Órgãos de soberania

§17.º
Presidente da República

17.1. Definição e caracterização funcional: o artigo 120.º

BIBLIOGRAFIA: ALFREDO BARROSO/JOSÉ VICENTE DE BRAGANÇA, *O Presidente da República: função e poderes*, in MÁRIO BAPTISTA COELHO (coord.), *Portugal. O Sistema Político e Constitucional 1974/1987*, Lisboa, 1989, pp. 331 ss.; GOMES CANOTILHO/VITAL MOREIRA, *Os Poderes do Presidente da República*, pp. 27 ss.; JORGE MIRANDA, *Actos e Funções do Presidente da República*, in JORGE MIRANDA (org.), *Estudos sobre a Constituição*, I, Lisboa, 1977, pp. 261 ss.; IDEM, *Manual...*, III, pp. 386 ss.; IDEM, *Presidente da República*, in *Dicionário Jurídico da Administração Pública*, 1.º suplemento, Lisboa, 1998, pp. 362 ss.; JORGE MIRANDA/RUI MEDEIROS, *Constituição Portuguesa Anotada*, II, pp. 333 ss.

I. O Presidente da República, sendo o primeiro órgão de soberania identificado e disciplinado na Constituição (artigo 110.º, n.º 1), é, desde logo, um órgão autónomo face a todos os restantes órgãos políticos de soberania:

(i) Autónomo em relação à Assembleia da República, uma vez que não é por ela eleito, nem perante ela politicamente responsável;

(ii) Autónomo em relação ao Governo, pois nem é o seu chefe, não presidindo normalmente ao Conselho de Ministros, nem aquele é perante ele responsável em termos políticos estritos.

Não obstante ser deles um órgão independente, a verdade é que o Presidente da República relaciona-se, nos termos da configuração constitucional do princípio de interdependência de poderes, com a Assembleia da República e o Governo.

E desse relacionamento recíproco entre estes três órgãos de soberania, espelhando os seus equilíbrios, as suas relações institucionais e proeminências, resulta o sistema de governo vigente (v. *infra*, §21.º).

Importa, neste sentido, averiguar o estatuto de cada um destes órgãos, começando agora pelo Presidente da República.

II. O artigo 120.°, a propósito da definição do que é o Presidente da República, enquanto órgão unipessoal, incorpora uma síntese das suas três principais funções:

(a) O Presidente representa a República Portuguesa;
(b) O Presidente, tendo jurado "defender, cumprir e fazer cumprir a Constituição" (artigo 127.°, n.° 3), garante o núcleo político da Lei Fundamental, identificado com os seguintes propósitos:
 – Independência nacional;
 – Unidade do Estado;
 – Regular funcionamento das instituições democráticas;
(c) O Presidente é o Comandante Supremo das Forças Armadas.

Observemos, separadamente, o sentido de cada uma destas funções do Presidente da República.

(a) Presidente: representa a República

III. Como representante da República Portuguesa, o Presidente da República assume uma dupla característica:

(*i*) Protagoniza em si, no plano interno e no plano internacional, a representação do Estado português, assumindo o papel constitucional de único representante singular da soberania estadual, exercendo uma representação de grau máximo ou nível mais elevado: o Presidente da República é Chefe de Estado[308];

---

[308] Sublinhando que a Constituição não usa a expressão Chefe de Estado (cfr. JORGE MIRANDA/RUI MEDEIROS, *Constituição Portuguesa Anotada*, II, p. 334), o que, no entanto, nunca poderá impedir a doutrina de configurar o Presidente da República como Chefe de Estado, enquanto expressão emergente da sua função substantiva e também simbólica de representar (interna e internacionalmente) a República.

A expressão Chefe de Estado encontra-se, aliás, consagrada em diversos textos internacionais vinculativos do Estado português, tal como sucede, a título exemplificativo, com a Convenção de Viena sobre o Direito dos Tratados, de 23 de Maio de 1969 (artigos 7.°, n.° 2, alínea a), e 67.°, n.° 2) e o Tratado da União Europeia, segundo a versão resultante do Tratado de Lisboa (artigos 10.°, n.° 2, e 15.°, n.° 2).

§17.° Presidente da República

(ii) Ele é o único órgão constitucional singular que, sendo eleito directamente por todo o povo (ou toda a República), goza de uma legitimidade política reforçada que, por incorporar em si a representação de toda a colectividade, lhe confere uma autoridade carismática, susceptível de promover a integração de todos[309]: o Presidente da República é, neste sentido, o Presidente de todos os portugueses.

No Presidente da República reside, enquanto órgão a quem compete representar a República Portuguesa, um conjunto de poderes de intervenção na esfera interna e internacional.

IV. No plano interno, a legitimidade política do Presidente da República, enquanto representante da República, isto no duplo sentido de que representa o Estado e a vontade da colectividade ou povo, habilita uma intervenção presidencial centrada nas seguintes manifestações:

(i) O Presidente da República nunca se encontra impedido de procurar captar os anseios e as necessidades da colectividade, inteirando-se, dialogando e promovendo consensos, fazendo-o directamente, sem intermediação partidária ou de qualquer outro órgão constitucional, seja por iniciativa própria (v.g., informando-se, solicitando informações ou mediante as designadas "presidências abertas"[310]) ou através de iniciativas dos interessados junto do Presidente (v.g., audiências aos sindicatos, às associações patronais, a individualidades da sociedade civil);

(ii) Habilitado com as informações que recolheu sobre os anseios e as necessidades da colectividade ou de alguns dos seus membros ou grupos sociais, o Presidente da República avalia os elementos, pondera os meios ao seu alcance e decide o encaminhamento a dar-lhes, exercendo uma "magistratura de influência"[311] que, visando a "activação do sistema"[312], passa por persuadir, sugerir, aconse-

---

[309] Neste último sentido, cfr. ALFREDO BARROSO/JOSÉ VICENTE DE BRAGANÇA, *O Presidente da República...*, pp. 321 e 322.

[310] No que diz respeito às "presidências abertas", cfr. GOMES CANOTILHO/VITAL MOREIRA, *Os Poderes do Presidente da República*, p. 57, nota n.° 64.

[311] A expressão é de origem italiana (cfr. LIVIO PALADIN, *Diritto Costituzionale*, p. 458), apesar de aplicável em Portugal, cfr. ALFREDO BARROSO/JOSÉ VICENTE DE BRAGANÇA, *O Presidente da República...*, p. 332.

[312] Cfr. SILVANO LABRIOLA, *Il Presidente della Repubblica*, Padova 1986, p. 35.

212 *Estruturas constitucionais da República*

lhar, advertir, encorajar, exortar ou até pressionar, podendo ter quatro formas principais de expressão:
(1) Diligências informais junto do Primeiro-Ministro, nunca podendo, todavia, dar-lhe ordens, instruções ou impor-lhe soluções concretas, nem emanar directivas sobre o modo de o Governo exercer os seus poderes constitucionais;
(2) Dirigir uma mensagem formal à Assembleia da República ou às assembleias legislativas das regiões autónomas;
(3) Exercer um poder informal de exteriorização junto dos meios de comunicação social (v. *supra*, n.º 14.3.2.);
(4) Convocar extraordinariamente a Assembleia da República;
(iii) Se já a "magistratura de influência" revela o exercício de uma indiscutível função de orientação política protagonizada pelo Presidente da República[313], corolário directo da sua caracterização constitucional como legítimo representante da colectividade, a verdade é que a função de orientação política protagonizada pelo Presidente da República, permitindo-lhe influenciar as escolhas políticas nucleares do Estado, apesar de nunca poder colidir com as esferas de competência conferidas pela Constituição a outros órgãos, confere-lhe uma área de intervenção que assume um espectro bastante amplo:
(1) O Presidente da República escolhe com uma variável amplitude de discricionariedade o Primeiro-Ministro e pode, por via de convenção constitucional (v. *supra*, n.º 15.4., IX), condicioná-lo politicamente quanto ao programa de governo, ao perfil dos ministros e à distribuição das pastas ministeriais[314], tal como "participa" ainda na escolha dos restantes membros do Governo, pois todos eles, apesar de propostos pelo Primeiro-Ministro, são nomeados pelo Presidente da República (artigo 133.º, alínea h));
(2) O Presidente da República controla politicamente a produção normativa, promulgando e assinando diplomas (artigo 134.º, alínea b)), servindo assim de possível limite ao poder da maioria, fiscalizando a sua orientação política vertida em actos normativos através do exercício do veto político (artigo 136.º);

---

[313] Neste sentido, cfr. GOMES CANOTILHO/VITAL MOREIRA, *Os Poderes do Presidente da República*, p. 60.
[314] Cfr. KLAUS BERCHTOLD, *Der Bundespräsident*, Wien, 1969, p. 220.

§17.° Presidente da República 213

(3) O Presidente da República tem um papel político decisivo na submissão de questões a referendo (artigo 134.°, alínea c)), competindo-lhe, se recusar as propostas nesse sentido formuladas pela Assembleia da República ou pelo Governo, o exercício de um verdadeiro direito de veto político absoluto;

(4) No limite, uma vez que pode dissolver a Assembleia da República sem existir qualquer cenário de crise governamental (artigo 133.°, alínea e)), o Presidente da República pode servir--se deste mecanismo para tentar encontrar uma nova maioria política e uma nova solução governativa: o Presidente da República, devolvendo ao eleitorado a definição de uma nova composição do parlamento e, por essa via, a escolha indirecta do Primeiro-Ministro, acaba por exercer um poder de orientação política de segundo grau;

(iv) Por último, ainda numa dimensão interna de exercício das suas funções como representante supremo do Estado e da colectividade, o Presidente da República pode distinguir cidadãos e instituições, conferindo condecorações (artigo 134.°, alínea i))[315].

V. Já no que diz respeito ao plano externo ou internacional, igualmente ai a caracterização do Presidente da República como representante do Estado e de toda a colectividade envolve um conjunto de intervenções de natureza jurídica e política[316]:

(i) O Presidente da República representa externamente o Estado português, exercendo todo um conjunto de funções de natureza protocolar e simbólicas que a tradição constitucional interna e o Direito Internacional Público têm densificado: desde a presença em cerimónias internas com altos representantes externos; a intervenção em instâncias internacionais com outros Chefes de Estado (v.g., Assembleia Geral da ONU); a assinatura de convenções internacionais já negociadas e ajustadas, segundo os termos da Convenção de Viena sobre o Direito dos Tratados; até à formulação de convites de visita a Portugal de Chefes de Estado estrangeiros

---

[315] Note-se, no entanto, que também individualidades estrangeiras – designadamente Chefes de Estado e outros governantes – podem ser destinatários de condecorações concedidas pelo Presidente da República.

[316] Cfr. GOMES CANOTILHO/VITAL MOREIRA, *Os Poderes do Presidente da República*, pp. 84 ss.

214 *Estruturas constitucionais da República*

e a aceitação de idênticos convites a si dirigidos para visitar outros países;

(ii) Como reflexo interno da representação externa do Estado pelo Presidente da República, podem apontar-se três principais efeitos:

(1) Todo o movimento diplomático tem de passar pelo Presidente da República, competindo-lhe nomear (e exonerar) os embaixadores, (os cônsules) e os enviados extraordinários, sob proposta do Governo[317], tal como aceitar o acreditamento dos representantes diplomáticos estrangeiros (artigo 135.°, alínea a)), assim como o declarar algum como *persona non grata*;

(2) A vinculação internacional do Estado português carece sempre, salvo nas hipóteses do artigo 8.°, n.ºs 3 e 4, de um acto de vontade do Presidente da República e cuja recusa se mostra intransponível: compete-lhe ratificar os tratados internacionais depois de aprovados (artigo 135.°, alínea b)) e assinar as resoluções da Assembleia da República ou os decretos do Governo que aprovem acordos internacionais (artigo 134.°, alínea b));

(3) O Presidente da República tem o direito de ser informado e mantido a par das negociações de convenções internacionais, sob pena de não lhes dar depois o seu assentimento, encontrando-se o Governo especialmente vinculado ao dever de informar, ouvir e consertar posições com o Presidente da República, tal como sucede em questões respeitantes ao estabelecimento, corte e restabelecimento de relações diplomáticas entre Portugal e terceiros Estados ou ainda o reconhecimento da independência de novos Estados;

(iii) É ainda o estatuto de representante externo da República que justifica, em parte (v. *infra*, IX), competir ao Presidente da República a declaração da guerra e a feitura da paz, nos termos definidos pelo artigo 135.°, alínea c): são poderes decisórios livres do Chefe de Estado que alicerçam, todavia, uma competência presidencial de natureza instrumental de intervenção face a todos os inerentes actos

---

[317] Sublinhe-se que esse poder decisório do Presidente da República é sempre feito sob proposta do Governo, ao qual compete garantir a unidade da política externa: o Presidente da República não pode desenvolver uma política externa e o Governo uma outra política externa, num cenário de "diplomacias paralelas" que chegou a existir durante o primeiro mandato do Presidente Ramalho Eanes (cfr. DIOGO FREITAS DO AMARAL, *Política Externa e Política de Defesa*, p. 26).

§17.º *Presidente da República* 215

preparatórios (v.g., abertura de hostilidades, cessar-fogo, co-participar na decisão sobre a abertura ou a condução da negociação de tratados de paz).

(b) Idem: garante político da Constituição

VI. O Presidente da República é, por força do juramento que faz na sua tomada de posse (artigo 127.º, n.º 3), garante da Constituição: compete-lhe "defender, cumprir e fazer cumprir a Constituição".

O Presidente da República surge configurado como "tutor da Constituição"[318], numa situação de fiel defensor da lei fundamental.

Trata-se, no entanto, de uma posição que o Presidente da República assume a nível político: o Chefe de Estado não é órgão jurisdicional, nem legislativo ou executivo, antes goza de uma legitimidade política directa que, tendo-lhe sido conferida por toda a comunidade portuguesa, o investiu no estatuto de único órgão de soberania singular dotado da função política de garante da Constituição.

O Presidente da República tem a "chave" da garantia política da Constituição[319], exercendo um verdadeiro poder moderador face a todas as restantes instituições[320], fiscalizando-as, arbitrando os conflitos e resolvendo as crises: o Presidente, ocupando uma posição de terceiridade e de superioridade[321], num papel de *super partes*[322], assegura o equilíbrio em caso de conflito entre os restantes poderes[323], despenhando "as funções de polícia, árbitro e bombeiro do sistema"[324] na garantia da Constituição.

---

[318] Cfr. Livio Paladin, *Diritto Costituzionale*, p. 459.

[319] Adaptação de uma expressão de Benjamin Constant, referindo-se ao poder moderador do monarca, cfr. Benjamin Constant, *Cours...*, I, pp. 18-19 e 175-176.

[320] Cfr. Alfredo Barroso/José Vicente de Bragança, *O Presidente da República...*, p. 321.

No mesmo sentido, referindo-se ao sistema italiano, cfr. Livio Paladin, *Diritto Costituzionale*, pp. 458-459.

[321] Cfr. Livio Paladin, *Diritto Costituzionale*, p. 459.

[322] Cfr. Guiseppe de Vergottini, *Diritto Costituzionale*, p. 494.

Contestando este entendimento, segundo os termos do Direito italiano, considerando ser mítico e equívoco que o Presidente da República seja visto como órgão *super partes*, cfr. Silvano Labriola, *Il Presidente della Repubblica*, pp. 7 ss.

[323] Neste sentido, referindo-se ao poder moderador do rei, cfr. Benjamin Constant, *Cours...*, I, p. 19.

[324] Cfr. Gomes Canotilho/Vital Moreira, *Os Poderes do Presidente da República*, p. 67.

Assim, sempre que se elege o Presidente da República escolhe-se aquele a quem se confia um poder moderador de garantia política da Constituição, identificada no artigo 120.° com a garantia da independência nacional, da unidade do Estado e do regular funcionamento das instituições democráticas, desempenhando para o efeito três funções nucleares:

(i) O Presidente da República fiscaliza a acção governamental e parlamentar, procurando sempre defender, cumprir e fazer cumprir uma dimensão jurídica e ética na conduta dos titulares do poder político – trata-se aqui de um *poder moderador policial*;

(ii) O Presidente da República regula e dirime conflitos políticos entre instituições constitucionais e parceiros sociais, desde o exercício de uma "magistratura de influência", aconselhando, avisando ou admoestando, até soluções atómicas de demissão do Governo ou dissolução da Assembleia da República – trata-se agora de um *poder moderador arbitral*;

(iii) O Presidente da República pode, por último, assumir um protagonismo anormal em situações de crise política ou constitucional, verificando-se grave irregularidade no funcionamento das instituições democráticas – trata-se do exercício de um *poder moderador excepcional*.

No exercício de qualquer uma destas funções como titular do poder moderador, o Presidente da República, ainda que proveniente de um partido político ou mesmo que desempenhe o papel de líder da maioria, uma vez que é garante da unidade nacional, deverá ser imparcial[325] e suprapartidário[326]: o poder moderador é neutro, "intermediário entre os poderes activos"[327], deve mostrar-se equidistante dos diversos interesses e de todos os demais poderes.

VII. E como é que o Presidente da República garante politicamente a Constituição?

Pode dizer-se que o Presidente da República começa a exercer a sua função de garante político da Constituição sempre que implementa os princípios da cooperação e do respeito institucional (v. *supra*, n.° 12.3.), nunca permitindo que, por sua acção ou omissão, se verifique paralisia ou impasse insti-

---

[325] Cfr. Livio Paladin, *Diritto Costituzionale*, p. 459.

[326] Relacionando directamente a circunstância de o Presidente da República ser garante da unidade nacional com o carácter suprapartidário que deve conferir ao exercício destes seus poderes, cfr. Klaus Berchtold, *Der Bundespräsident*, p. 36.

[327] Cfr. Benjamin Constant, *Cours...*, I, pp. 177-178.

§17.° Presidente da República 217

tucional: o titular do poder moderador não se pode deixar "capturar" pelos jogos político-partidários ou enredar em "brigas" e "birras" políticas.

Como titular da "chave" da garantia política da Constituição, o Presidente da República goza de diversos mecanismos, expressos ou implícitos, tendentes a assegurar esse propósito "moderador", salientando-se os seguintes:

(i) Exercer junto do Governo um poder de acompanhamento da sua actividade, pedindo esclarecimentos ao Primeiro-Ministro e, por intermédio deste, aos Ministros, ouvindo as suas explicações ou informações prévias às decisões a adoptar, encontrando-se o Presidente da República habilitado a emitir opiniões, apresentar sugestões ou conselhos que podem, naturalmente, não ser seguidos ou adoptados pelo Governo[328];

(ii) Solicitar ao Tribunal Constitucional a fiscalização preventiva da constitucionalidade de normas constantes de leis, decretos-leis e convenções internacionais (artigo 134.°, alínea g)), tal como a fiscalização sucessiva abstracta da constitucionalidade de quaisquer normas jurídicas e ainda a verificação da inconstitucionalidade por omissão de medidas legislativas necessárias à implementação das normas constitucionais não exequíveis por si mesmas (artigo 134.°, alínea h));

(iii) Exercer veto político sobre os diplomas que lhe tenham sido enviados para promulgação (artigo 136.°), tal como a possibilidade de recusar a assinatura das resoluções da Assembleia da República que aprovem acordos internacionais ou dos restantes decretos do Governo (artigo 134.°, alínea b)), assim como pode recusar a ratificação de tratados internacionais (artigo 135.°, alínea b)), se entender que qualquer um destes actos não comporta a melhor solução política que garanta a independência nacional, a unidade do Estado ou que atente contra a sua visão do que seja o regular funcionamento das instituições democráticas;

(iv) Pronunciar-se publicamente sobre qualquer situação de emergência que, no seu livre critério, entenda ser atentatória da Constituição (artigo 134.°, alínea e)): o Presidente da República poderá aqui exercer o poder informal de exteriorização da sua opinião dirigindo-se directamente ao país (v. *supra*, n.° 14.3.2.);

---

[328] Cfr. GOMES CANOTILHO/VITAL MOREIRA, *Os Poderes do Presidente da República*, pp. 63 ss.

218   *Estruturas constitucionais da República*

(v) Em casos extremos, visando ainda garantir a Constituição, o Presidente da República poderá demitir o Governo, nos termos do artigo 195.°, n.° 2, dissolver a Assembleia da República (artigo 133.°, alínea e)) ou as assembleias legislativas das regiões autónomas (artigo 133.°, alínea j));

(vi) Em situações de necessidade e urgência constitucional, verificando-se uma agressão efectiva ou iminente por forças estrangeiras, uma grave ameaça ou perturbação da ordem constitucional democrática ou uma calamidade pública (artigo 19.°, n.° 2), o Presidente da República pode, cumpridos os requisitos do artigo 138.°, declarar o estado de sítio ou o estado de emergência (artigo 134.°, alínea d));

(vii) O Presidente da República pode ainda servir-se do Representante da República em cada região autónoma, por si nomeado, para obter a garantia política da Constituição ao nível dos diplomas regionais, exercendo este último órgão veto político (artigo 233.°) e, na sequencia de solicitação da fiscalização preventiva da constitucionalidade dos decretos legislativos regionais, possível veto jurídico (artigos 278.°, n.° 2, e 279.°, n.° 1).

Eis alguns exemplos de mecanismos ao serviço do Presidente da República, enquanto titular de um poder moderador de garante político da Constituição, tutelando a defesa da independência nacional, da unidade do Estado e do regular funcionamento das instituições democráticas.

VIII. A importância do papel político do Presidente da República na garantia da Constituição, sendo passível de fundamentar a assunção de poderes implícitos decorrentes das suas funções como garante da independência nacional, da unidade do Estado e do regular funcionamento das instituições democráticas, não pode deixar de envolver uma inerente assunção de responsabilidade.

É que, bem ao contrário do que sucedia quando o monarca era titular do poder moderador à luz da Carta Constitucional, mostra-se agora o exercício desse poder susceptível de alicerçar uma dupla responsabilidade do Presidente da República como garante da Constituição:

(i) O modo como o Presidente da República exerce as suas funções é objecto de responsabilidade política difusa: a opinião pública, segundo os relatos feitos pelos meios de comunicação social, "julga" as acções e as omissões presidenciais;

(ii) Os atentados graves e intencionais do Presidente da República à garantia da Constituição, colocando em causa a independência

§17.º *Presidente da República* 219

nacional, a unidade do Estado ou subvertendo (ou permitindo que se subverta) o regular funcionamento das instituições democráticas não podem deixar de constituir crimes, encontrando-se o legislador obrigado à sua tipificação como tais na lei definidora da responsabilidade do titular do cargo de Presidente da República (artigo 117.º) e se, após julgamento, for condenado, isso determinará a sua destituição do cargo e a impossibilidade de reeleição (artigo 130.º, n.º 3).

(c) Idem: Comandante Supremo das Forças Armadas

IX. O Presidente da República é ainda caracterizado como sendo Comandante Supremo das Forças Armadas, função essa que, articulando-se com o facto de representar a República e surgir como garante da independência nacional e do regular funcionamento das instituições democráticas (artigo 120.º), lhe confere três tipos de competência:

(i) O Presidente da República exerce funções protocolares, cerimoniais e de representação formal no âmbito das Forças Armadas[329], ocupando o primeiro lugar na sua hierarquia, falando em seu nome, podendo assistir, presidir e discursar em cerimónias e efemérides militares, visitar instalações militares e presenciar manobras militares, passar revista às tropas em parada, conferir condecorações militares, etc.;

(ii) O Presidente da República tem, nos termos do artigo 134.º, alínea a), competência para a prática de actos próprios como Comandante Supremo das Forças Armadas[330], salientando-se, neste domínio, os seguintes:

(1) Proceder à nomeação e exoneração, sob proposta do Governo, das principais chefias militares (artigo 133.º, alínea p));

(2) Presidir ao Conselho Superior de Defesa Nacional (artigos 133.º, alínea o), e 274.º)[331];

---

[329] Cfr. GOMES CANOTILHO/VITAL MOREIRA, *Os Poderes do Presidente da República*, p. 104.

[330] Para uma primeira densificação dos poderes integrantes do estatuto do Presidente da República como Comandante Supremo das Forças Armadas, isto nas vésperas da revisão constitucional de 1982, cfr. DIOGO FREITAS DO AMARAL, *Política Externa e Política de Defesa*, p. 136.

[331] Para um desenvolvimento desta função do Presidente da República, à luz do Direito italiano, cfr. SILVANO LABRIOLA, *Il Presidente della Repubblica*, pp. 279 ss.

220   *Estruturas constitucionais da República*

(3) Participar na definição governamental da política de defesa e em tudo aquilo que se relaciona com as Forças Armadas, sendo informado, aconselhando e sugerindo, verificando-se a obrigatoriedade de ser consultado antes da utilização interna ou externa das Forças Armadas por decisão do Governo;

(4) Assumir a autoria directa, sob proposta do Governo, dos actos de promoção dos oficiais aos postos superiores da carreira militar[332] – o acto deverá ser de homologação e não de simples confirmação;

(5) Declarar o estado de excepção constitucional (artigo 134.°, alínea d)), assim como declarar a guerra e fazer a paz (artigo 135.°, alínea c)), sendo possível envolver, em ambas as hipóteses, o uso ou a reafectação das Forças Armadas (artigo 275.°, n.° 7);

(6) Possibilidade de assunção de poderes efectivos de comando das Forças Armadas em cenários de estado de excepção constitucional ou de estado de guerra, incluindo a faculdade de transmitir ordens às tropas;

(7) Intervenção, igualmente como Comandante Supremo das Forças Armadas, no âmbito de convenções internacionais sobre assuntos militares e relativos à defesa nacional;

(iii) O Presidente da República goza ainda de um poder informal de se relacionar directamente com as Forças Armadas e as suas chefias, sem qualquer mediação do Governo, consultando-as, ouvindo-as, encorajando-as ou advertindo-as, numa espécie de "magistratura de influência" militar e, simultaneamente, de titular de um poder moderador, passível até de intervir na resolução de conflitos entre as Forças Armadas e o Governo.

X. No exercício das suas funções como Comandante Supremo das Forças Armadas, o Presidente da República deverá reforçar a sua neutralidade apartidária, evitando a todo o custo qualquer entorse à imparcialidade política das Forças Armadas (artigo 275.°, n.° 4), e sancionando politicamente, se necessário, como grave atentado ao regular funcionamento das instituições democráticas, qualquer tentativa governamental ou das che-

---

[332] Para a discussão da génese histórica da intervenção do Governo, a partir da revisão constitucional de 1982, em matéria de promoções dentro das Forças Armadas, cfr., por todos, DIOGO FREITAS DO AMARAL, *Política Externa e Política de Defesa*, pp. 139-140 e 191-192.

§17.º *Presidente da República* 221

fias militares de instrumentalização política ou partidarização das Forças Armadas.

Nem será de estranhar, atendendo ao postulado constitucional de que as Forças Armadas "são rigorosamente apartidárias", que o Presidente da República, exercendo uma magistratura moderadora e neutra, tenha assumido o papel de Comandante Supremo das Forças Armadas para, ultrapassado o período revolucionário baseado na filiação militar do Presidente da República, tendo uma intervenção mais activa neste sector, colocá-lo agora acima dos interesses contingentes de uma qualquer maioria política passível de governamentalizar ou politizar as Forças Armadas.

(d) Conclusão: a síntese caracterizadora do Presidente da República

XI. Atendendo a tudo o que já se disse, segundo decorre das funções caracterizadoras do Presidente da República à luz do artigo 120.º, pode concluir-se o seguinte:

> *(i)* Ao representar a República, a Constituição confere ao Presidente da República poderes de orientação política e de intervenção política decisória, traduzidos, na linguagem de Montesquieu, em faculdades de estatuir (: poderes positivos) e em faculdades de impedir (: poderes negativos);
>
> *(ii)* Na qualidade de garante político ou fiel tutor da Constituição, o Presidente da República é configurado como sendo titular de um poder moderador, neutro, colocado acima de todos os demais poderes políticos e exercido de forma imparcial;
>
> *(iii)* Como Comandante Supremo das Forças Armadas, por último, o Presidente da República é titular de poderes políticos de intervenção orientadora e decisória ou, em termos alternativos, de um poder moderador junto das Forças Armadas e do seu relacionamento com o Governo.

Em síntese, a caracterização constitucional do Presidente da República resume-se na seguinte frase: o Presidente da República é protagonista político e, simultaneamente, árbitro e juiz dos restantes protagonistas políticos.

Trata-se de uma fórmula constitucional que, atendendo à complexidade da caracterização funcional do Presidente da República, não é isenta de perplexidade e conflitualidade interpretativa.

17.2. Estatuto

BIBLIOGRAFIA: ALFREDO BARROSO/JOSÉ VICENTE DE BRAGANÇA, *O Presidente da República...*, pp. 326 ss.; JORGE MIRANDA, *Presidente da República*, pp. 362 ss.; JORGE MIRANDA/RUI MEDEIROS, *Constituição Portuguesa Anotada*, II, pp. 341 ss.

17.2.1. *Eleição*

BIBLIOGRAFIA: JORGE MIRANDA, *A eleição do Presidente da República em Portugal*, in *Polis – Revista de Estudos Jurídico-Políticos*, n.° 2, Janeiro/ /Março de 1995, pp. 29 ss.; IDEM, *Manual...*, VII, pp. 218 ss.

I. O Presidente da República é eleito por sufrágio universal, directo e secreto de todos os portugueses eleitores que se encontrem recenseados no território nacional[333] e ainda dos emigrantes (121.°, n.° 1), registando-se que a intervenção destes últimos no processo eleitoral, carecendo de regulação legislativa, encontra-se dependente da "existência de laços de efectiva ligação à comunidade nacional" (artigo 121.°, n.° 2).

II. A eleição ocorre nos sessenta dias anteriores ao termo do mandato do Presidente da República que, tendo sido eleito, se encontre em exercício de funções ou, tendo ocorrido vagatura do cargo, a eleição realizar-se-á nos sessentas dias posteriores à vagatura (artigo 125.°, n.° 1).

Só assim não será se, entretanto, se tiverem realizado eleições para a Assembleia da República, determinando o artigo 125.°, n.° 2, que as eleições presidenciais não se podem efectuar nos noventa dias anteriores ou posteriores às eleições parlamentares. Verificando-se este cenário, as eleições presidenciais realizar-se-ão nos dez dias posteriores aos referidos noventa dias (artigo 125.°, n.° 3).

Em qualquer hipótese, o dia exacto das eleições presidenciais é marcado pelo Presidente da República (artigo 133.°, alínea b)).

---

[333] Note-se que, nos termos do artigo 121.°, n.° 3, o direito de voto no território nacional é exercido presencialmente.

III. Quem pode ser eleito Presidente da República?

A leitura das normas da Constituição permite extrair as seguintes ilações sobre quem é elegível como Presidente da República:

(i) Tem de ser cidadão eleitor, português de origem e maior de 35 anos (artigo 122.°);

(ii) É necessário que tenha manifestado vontade em candidatar-se e que a respectiva candidatura seja proposta por um mínimo de 7.500 e um máximo de 15.000 cidadãos eleitores (artigo 124.°, n.° 2);

(iii) A candidatura tem de ser apresentada perante o Tribunal Constitucional, isto até trinta dias antes da data marcada para a eleição (artigo 124.°, n.° 2);

(iv) Não é elegível, todavia, como Presidente da República aquele cidadão que, sendo ou já tendo sido Presidente da República, se verifique uma das seguintes situações:

– Se encontre a completar dois mandatos consecutivos como Presidente da Repúblicas ou, tendo-os já completado, tenha terminado o seu segundo mandato nos últimos cinco anos (artigo 123.°, n.° 1);

– Se tiver renunciado ao cargo de Presidente da República, desde que se tratem de eleições presidenciais realizadas nos cinco anos subsequentes à renúncia (artigo 123.°, n.° 2);

– Se tiver sido condenado pela prática de crimes cometidos no exercício das suas funções como Presidente da República (artigo 130.°, n.° 3).

IV. O sistema eleitoral previsto na Constituição diz-nos que será eleito Presidente da República o candidato que, na sequência do acto eleitoral, obtenha a maioria absoluta dos votos validamente expressos, descontando-se nesse cálculo os votos em branco (artigo 126.°, n.° 1).

E se, por hipótese, nenhum candidato obtiver, nessa votação, a maioria absoluta de votos?

A Constituição estipula que, no prazo de vinte dias após a realização da primeira votação, realizar-se-á uma segunda votação (artigo 126.°, n.° 2): trata-se da vulgarmente designada "segunda volta" ou "segundo turno" da eleição presidencial.

Sucede, porém, que a segunda volta é apenas disputada pelos dois candidatos que tenham sido mais votados na primeira volta (artigo 126.°, n.° 3). Só assim não sucederá se o ou os candidatos mais votados tiverem retirado a can-

224   *Estruturas constitucionais da República*

didatura (artigo 126.°, n.° 3)[334], hipótese essa em que serão chamados os candidatos sucessivamente mais votados que não tenham retirado a candidatura[335].

No limite, a segunda volta realizar-se-á sempre que, por efeito de sucessivas retiradas de candidaturas, reste um único candidato: ainda que reste um só candidato, sabendo-se antecipadamente quem será o vencedor, nunca deixa de ser necessária a realização da eleição[336].

E se, numa hipótese extrema, todos os candidatos que se apresentaram às eleições presidenciais retirarem a candidatura, impossibilitando a realização da segunda volta das eleições presidenciais?

Uma única solução existe: a reabertura do processo eleitoral. Num tal cenário, tornando-se ineficazes os resultados da primeira votação, não existe qualquer tipo de sancionamento aos candidatos que retiraram a sua candidatura no anterior processo eleitoral, podendo apresentar-se ao novo processo agora aberto.

17.2.2. *Mandato*

(a) Início e termo do mandato

I. O mandato do Presidente da República tem a duração de cinco anos (artigo 128.°, n.° 1), iniciando-se com a sua tomada de posse, perante a Assembleia da República (artigo 127.°, n.° 1), sendo acompanhado de uma declaração de compromisso que consubstancia um juramento (artigo 127.°, n.° 3).

A data da tomada de posse do Presidente eleito deve fazer-se no último dia do mandato do Presidente cessante ou, se tiver ocorrido vagatura do cargo, a tomada de posse faz-se no oitavo dia posterior à publicação dos resultados eleitorais (artigo 127.°, n.° 2).

II. Não obstante o mandato do Presidente da República ser de cinco anos, a verdade é que, à luz da Constituição, esse prazo pode ser prolongado em diversas situações:

(*i*) Verificando-se que a data das eleições presidenciais coincide com os noventa dias anteriores ou posteriores à data da eleição da

---

[334] Sobre os termos de desistência da candidatura, cfr. PAULO OTERO, *A Renúncia do Presidente da República...*, pp. 52-53, nota 75.

[335] Neste último sentido, cfr. JORGE MIRANDA/RUI MEDEIROS, *Constituição Portuguesa Anotada*, II, p. 356.

[336] No mesmo sentido, cfr. JORGE MIRANDA/RUI MEDEIROS, *Constituição Portuguesa Anotada*, II, p. 356.

§17.º Presidente da República 225

Assembleia da República, a realização da eleição presidencial nos dez dias posteriores a esse prazo determina a prolongamento do mandato do Presidente da República pelo período necessário (artigo 125.º, n.º 3);

(ii) Ocorrendo a morte ou a incapacitação de qualquer candidato para o exercício da função presidencial, a reabertura do processo eleitoral (artigo 124.º, n.º 3) poderá também determinar o prolongamento do mandato do Presidente da República[337];

(iii) O mesmo sucederá se existir anulação judicial das eleições já realizadas, desde que ocorra antes da tomada de posse do Presidente eleito, reabrindo-se novo processo eleitoral, situação em que o mandato do Presidente da República em exercício se prolonga[338];

(iv) De igual modo, se, num cenário de segunda volta das eleições presidenciais, todos os candidatos desistirem, verificando-se a necessidade de reabertura do processo eleitoral (v. *supra*, n.º 17.2.1., IV), poderá ocorrer justificação de prolongamento do mandato do Presidente da República;

(v) Se o Presidente da República eleito morrer ou declarar, antes da sua tomada de posse, que não pretende assumir as funções de Presidente da República ou recusar tomar posse[339], ou, sem que nada declare, não comparecer no acto de tomada de posse, inexistindo motivo atendível, igualmente se deverá prolongar o mandato do Presidente da República em exercício[340];

(vi) Em termos semelhantes, se o Presidente da República eleito não tomar posse por razões decorrentes da impossibilidade de reunião da Assembleia da República ou da sua Comissão Permanente, existirá prolongamento do mandato do Presidente da República cessante;

---

[337] Em sentido contrário, considerando que o Presidente da República interino deverá assumir funções, cfr. JORGE MIRANDA/RUI MEDEIROS, *Constituição Portuguesa Anotada*, II, p. 360.

[338] Cfr. PAULO OTERO, *A Renúncia do Presidente da República...*, p. 64, nota n.º 105.
Em sentido contrário, considerando que se abre vagatura do cargo e há lugar a intervenção do Presidente da República interino, cfr. JORGE MIRANDA/RUI MEDEIROS, *Constituição Portuguesa Anotada*, II, p. 360.

[339] Para um desenvolvimento dos efeitos decorrentes desta situação, cfr. PAULO OTERO, *A Renúncia do Presidente da República...*, pp. 54-55.

[340] Em sentido contrário, considerando que existe aqui vagatura imediata do cargo, devendo o Presidente da República interino assumir funções, cfr. JORGE MIRANDA/RUI MEDEIROS, *Constituição Portuguesa Anotada*, II, pp. 358 e 360.

226 Estruturas constitucionais da República

(vii) Em casos de excepção constitucional, tornando-se impossível a realização da eleição presidencial no prazo fixado ou a tomada de posse do Presidente eleito, o Presidente da República em exercício também prolongará o seu mandato[341].

Em qualquer uma destas situações, note-se, nunca existe vagatura do cargo, motivo pelo qual não há lugar a substituição interina do Presidente da República[342], antes se verifica o prolongamento do mandato do Presidente da República em exercício.

III. O mandato do Presidente da República termina com a tomada de posse do Presidente eleito (artigo 128.°, n.° 1), salvo se ocorrer qualquer situação que se traduza numa antecipação do termo do seu mandato.

Será o que se procurará averiguar de imediato.

(b) Antecipação do termo do mandato

IV. A antecipação do termo do mandato do Presidente da República, podendo verificar-se imediatamente após a sua tomada de posse, mostra-se passível de ocorrer em dois diferentes cenários:

(i) Pode ocorrer durante os cinco anos do mandato presidencial, envolvendo uma antecipação do termo normal de duração do mandato do Presidente da República;

(ii) Ou, em alternativa, a antecipação do termo do mandato pode ocorrer já durante o período de prolongamento de funções (v. *supra*, n.° II), isto é, entre a data do termo dos seus cinco anos de mandato e a data da posse do novo Presidente.

V. Quais as circunstâncias que podem determinar a antecipação do termo do mandato do Presidente da República?

Numa leitura global da Constituição, verifica-se que a antecipação do termo do mandato do Presidente da República, gerando a vagatura do cargo, pode ocorrer nas seguintes situações:

---

[341] Mostrando dúvidas se, verificando-se impossibilidade de tomada de posse, sobre a solução mais favorável ao restabelecimento da normalidade constitucional é prolongar o mandato do Presidente em exercício ou a sua substituição interina, cfr. JORGE MIRANDA/RUI MEDEIROS, *Constituição Portuguesa Anotada*, II, pp. 360-361.

[342] Em sentido contrário, cfr. JORGE MIRANDA/RUI MEDEIROS, *Constituição Portuguesa Anotada*, II, p. 360.

§17.º *Presidente da República* 227

(*i*) Morte ou incapacidade física permanente do Presidente da República, devendo ser, respectivamente, verificada ou declarada pelo Tribunal Constitucional (artigo 223.º, n.º 2, alínea a));

(*ii*) Ausência do Presidente da República do território nacional sem o assentimento da Assembleia da República (ou da sua Comissão Permanente) (artigo 129.º, n.º 3), após ser verificada pelo Tribunal Constitucional (artigo 223.º, n.º 2, alínea b));

(*iii*) Destituição do cargo, caso seja condenado pela prática de crimes cometidos no exercício das suas funções como Presidente da República (artigo 130.º, n.º 3), devendo ser verificada a perda do cargo pelo Tribunal Constitucional (artigo 223.º, n.º 2, alínea b));

(*iv*) Se ocorrer abandono de funções por parte do Presidente da República, permanecendo em território nacional, devendo considerar-se que, apesar da lacuna constitucional, há aqui perda do cargo (v. *supra*, n.º 13.7., IV), sem prejuízo da necessidade de intervenção clarificadora do Tribunal Constitucional ou, no limite, da Assembleia da República, enquanto titular do poder de revisão constitucional[343];

(*v*) Renúncia ao mandato, em mensagem do Presidente da República dirigida à Assembleia da República (artigo 131.º)[344].

17.2.3. *Substituição*

BIBLIOGRAFIA: ANA MARIA DE CASARIS BALDASSARRE, *La Supplenza del Presidente della Repubblica*, Napoli, 1990; ALFREDO BARROSO/JOSÉ VICENTE DE BRAGANÇA, *O Presidente da República...*, pp. 334 ss.; CARMELLO CARBONE, *La Supplenza della Presidenza della Repubblica*, Milano, 1963; PAULO OTERO, *O Poder de Substituição...*, II, p. 474; IDEM, *A Renúncia do Presidente da República...*, pp. 107 ss.

I. O Presidente da República tem como seu substituto o Presidente da Assembleia da República ou, no impedimento deste, o deputado que o substitua (artigo 132.º, n.º 1).

---

[343] Neste sentido, cfr. PAULO OTERO, *A Renúncia do Presidente da República...*, pp. 58-59.

[344] Para mais desenvolvimentos sobre o conceito, procedimento e efeitos desta renúncia, cfr. PAULO OTERO, *A Renúncia do Presidente da República...*, em especial, pp. 51 ss.; JORGE MIRANDA, *Notas sobre a renúncia do Presidente da República*, in *Revista da Faculdade de Direito da Universidade de Lisboa*, 2004, pp. 295 ss.

Em qualquer das soluções, e enquanto exercer as funções presidenciais a título substitutivo, o mandato de deputado do Presidente da República interino suspende-se automaticamente (artigo 132.°, n.° 2), passando a gozar de todas as honras e prerrogativas do cargo de Presidente da República, sem prejuízo de possuir apenas os direitos do cargo de Presidente da Assembleia da República ou de deputado (artigo 132.°, n.° 4).

Note-se, porém, que não se exige que o Presidente da República interino seja cidadão português de origem ou maior de trinta e cinco anos[345], uma vez que para os deputados não existem tais condições de elegibilidade.

II. A substituição do Presidente da República pode, à luz do artigo 132.°, n.° 1, ocorrer em dois cenários completamente distintos:

(i) Poderá verificar-se perante uma situação de vagatura do cargo, em qualquer hipótese de antecipação do termo do mandado presidencial (v. *supra*, n.° 17.2.2., V), caso em que o interino exerce os seus poderes sem que exista titular do órgão substituído;

(ii) Pode tratar-se de uma situação de impedimento temporário do exercício das funções pelo Presidente da República (v.g., doença, sequestro, captura pelo inimigo invasor) que, tendo de ser verificada pelo Tribunal Constitucional (artigo 223.°, n.° 2, alínea a)), determina uma substituição em que o órgão substituído tem titular sem possibilidade de exercer os respectivos poderes.

Sem que, em situações de impedimento temporário, exista um período máximo de exercício de funções a título substitutivo, salvo o próprio limite decorrente do termo do mandato do Presidente da República e a inerente marcação de novas eleições, naturalmente que, por diversas vicissitudes, o impedimento temporário poderá transformar-se em impedimento permanente ou em qualquer outra causa de vagatura do cargo.

Nesta última hipótese, nos sessentas dias posteriores à verificação da vagatura do cargo, por intervenção do Tribunal Constitucional, proceder-se-á à eleição de novo Presidente da República (artigo 125.°, n.° 1), devendo o Presidente interino marcar as eleições presidenciais em conformidade com esse prazo, sem prejuízo do disposto no artigo 125.°, n.os 2 e 3.

III. Cumpre sublinhar, desde já, que o Presidente da República interino tem um estatuto funcional diminuído (artigo 139.°), uma vez que não possui

---

[345] Cfr. PAULO OTERO, *O Poder de Substituição...*, II, p. 474.

§17.° *Presidente da República* 229

todas as competências que a Constituição confere ao Presidente substituído, isto através de duas configurações diferentes:

(a) Há, em primeiro lugar, competências presidenciais que não podem ser exercidas pelo Presidente da República interino (artigo 139.°, n.° 1):
  – Dissolver a Assembleia da República;
  – Nomear membros do Conselho de Estado e vogais do Conselho Superior da Magistratura;
  – Convocar referendos;
(b) Há, em segundo lugar, competências presidenciais cujo exercício pelo Presidente interino depende da prévia audiência do Conselho de Estado (artigo 139.°, n.° 2):
  – A marcação do dia das eleições previstas no artigo 133.°, alínea b);
  – A convocação extraordinária da Assembleia da República;
  – A nomeação do Primeiro-Ministro;
  – A nomeação ou a exoneração do Presidente do Tribunal de Contas e do Procurador-Geral da República;
  – A nomeação ou a exoneração das chefias militares previstas no artigo 133.°, alínea p);
  – O exercício das funções de Comandante Supremo das Forças Armadas;
  – A nomeação de embaixadores, cônsules e enviados extraordinários, assim como aceitar a acreditação de representantes diplomáticos estrangeiros.

A Constituição resolveu, deste modo, limitar a plena identidade de poderes entre Presidente substituto e Presidente substituído.

Poderá mesmo dizer-se que, no específico domínio dos poderes típicos do Presidente da República que se encontram interditos ao exercício pelo Presidente da República interino, a substituição terá produzido um "congelamento" do exercício dessas competências[346].

Até ao momento em que o Presidente da República reassuma as suas funções, em caso de impedimento temporário, ou um novo Presidente eleito tome posse, agora em situações de vagatura do cargo, nenhum órgão poderá exercer as competências presidenciais previstas no artigo 139.°, n.° 1: haverá aqui uma temporária ausência de órgão habilitado para o efeito ou, tal como

---

[346] Neste sentido, especificamente quanto às situações de substituição por efeito da renúncia do Presidente da República, apesar de tais considerações serem alargáveis a todas as situações de substituição, cfr. PAULO OTERO, *A Renúncia do Presidente da República...*, p. 138.

230   *Estruturas constitucionais da República*

sucede com os designados "direitos sem sujeito"[347] ou "direitos transitoriamente desprovidos de titular"[348], estaremos diante de um fenómeno de poderes constitucionais provisoriamente sem titular ou acéfalos.

IV. Sabendo-se que a substituição do Presidente da República começa no momento em que o Tribunal Constitucional verifica ou declara o impedimento temporário ou a vagatura do cargo, isto sem necessidade de o Presidente interino tomar posse ou prestar juramento[349], importa registar que o termo da substituição presidencial pode verificar-se nas seguintes circunstâncias:

(i) Pelo reassumir de funções do Presidente da República impedido, cessando o respectivo impedimento temporário;

(ii) Pela tomada de posse do novo Presidente da República eleito;

(iii) Pela renúncia do Presidente interino ao seu cargo de Presidente da Assembleia da República ou de deputado, envolvendo a sua consequente cessação imediata das funções presidenciais que exerce a título substitutivo[350], tal como pela verificação na pessoa do Presidente da República interino de qualquer uma das restantes vicissitudes geradoras de antecipação do termo do mandato do Presidente da República (v. *supra*, n.° 17.2.2., V), sem prejuízo de sempre se gerar aqui uma automática substituição do substituto do Presidente da República (artigo 132.°, n.° 1, *in fine*).

17.2.4. *Responsabilidade criminal*

BIBLIOGRAFIA: Francisco Aguilar, *Imunidade*…, pp. 346-347 e 350 ss.; Jorge Miranda, *Imunidades constitucionais*…, pp. 35 ss.; Jorge Miranda/Rui Medeiros, *Constituição Portuguesa Anotada*, II, pp. 363 ss.

I. O regime da responsabilidade criminal do Presidente da República, previsto no artigo 130.°, estrutura-se a partir da diferenciação de duas situações radicalmente distintas:

---

[347] Cfr. José de Oliveira Ascensão, *Direito Civil. Teoria Geral*, III, Coimbra, 2002, pp. 80 ss.

[348] Cfr. José Dias Marques, *Teoria Geral do Direito Civil*, I, Coimbra, 1958, pp. 39 ss.

[349] Cfr. Paulo Otero, *A Renúncia do Presidente da República*…, p. 108.

[350] Cfr. Paulo Otero, *O Poder de Substituição*…, II, p. 474, nota n.° 251.

§17.° *Presidente da República* 231

(a) Crimes praticados no exercício das suas funções;
(b) Crimes estranhos ao exercício das suas funções.

Observemos, separadamente, cada uma destas situações.

(a) Crimes praticados no exercício das suas funções

II. A responsabilização criminal do Presidente da República por crimes praticados no exercício das suas funções permite recortar, segundo o artigo 130.°, a existência de duas fases:

a) Há uma primeira fase, passível de ser designada de *acusação*, junto da Assembleia da República;

b) Há uma (eventual) segunda fase, se a primeira tiver formulado a acusação, que será de *julgamento*, a decorrer no Supremo Tribunal de Justiça.

Vejamos, sucintamente, cada uma destas fases.

III. a) A fase de acusação do Presidente da República obedece às seguintes particularidades constitucionais:

(i) O processo tem de ser desencadeado junto da Assembleia da República (artigo 130.°, n.° 2), substituindo-se esta ao que seria uma competência normal do Ministério Público (artigo 219.°, n.° 1): é o parlamento que, num primeiro momento, terá de decidir se o Presidente da República deve ou não ser responsabilizado ou, em termos mais rigorosos, a Assembleia da República avalia se uma alegada conduta (por acção ou omissão) do Presidente da República preenche ou não, segundo o seu entendimento, os pressupostos justificativos da acusação da prática de um ou vários crimes no exercício de funções como Presidente da República;

(ii) O procedimento de acusação junto da Assembleia da Assembleia da República assenta em duas especificidades (artigo 130.°, n.° 2):

– A iniciativa do processo é feita por meio de uma proposta de um quinto dos deputados em efectividade de funções;

– A sua aprovação tem de ser feita por maioria de dois terços dos deputados em efectividade de funções;

(iii) Nada impede o Presidente da República de, em vez de aguardar pela acusação, proceder à dissolução da Assembleia da República

232 Estruturas constitucionais da República

– excepto de se verificar algum dos limites temporais previstos no artigo 172.°, n.° 1 –, devolvendo para o eleitorado a própria decisão sobre a acusação ou não pela nova Assembleia a eleger[351];

(iv) Aprovada a acusação, sob a forma de resolução da Assembleia da República, o julgamento faz-se perante o Supremo Tribunal de Justiça, havendo aqui a sublinhar a particularidade de o Presidente da República gozar de uma "imunidade absoluta implícita"[352]: o Presidente da República não pode ser detido, nem preso preventivamente, nunca ficando privado da liberdade antes de uma eventual condenação;

(v) Deve entender-se, no entanto, que, à luz de uma exigência ditada pela ética constitucional subjacente ao exercício destas funções (v. supra, n.° 16.7.), após a acusação do Presidente do República e até ao termo do julgamento que acabe com a sua absolvição, o Presidente da República se encontra temporariamente impedido de continuar a exercer as suas funções, havendo aqui lugar, após a intervenção certificativa do Tribunal Constitucional, à sua substituição pelo Presidente interino[353].

IV. b) Quanto à fase de julgamento do Presidente da República, decorrendo perante o Supremo Tribunal de Justiça, deve entender-se que se pauta pelas seguintes linhas constitucionais:

(i) O Presidente da República deve gozar de todos os meios de defesa e demais garantias que são conferidos aos restantes cidadãos quando são objecto de um processo criminal (artigo 32.°): o Presidente da República, enquanto réu, não pode ser objecto de um tratamento menos favorável ou de um nível mais baixo de protecção do que aquele que é concedido aos restantes cidadãos em geral;

(ii) Uma eventual renúncia do Presidente da República não fará extinguir o processo por inutilidade superveniente: a destituição do

---

[351] Cfr. PAULO OTERO, A Renúncia do Presidente da República..., p. 87. Em sentido contrário, cfr. JORGE BACELAR GOUVEIA, A Dissolução da Assembleia da República – Uma nova perspectiva da dogmática do Direito Constitucional, Coimbra, 2007, p. 119.

[352] Cfr. FRANCISCO AGUILAR, Imunidade..., p. 354.

[353] Neste sentido, cfr. JORGE MIRANDA, Imunidades constitucionais..., p. 37; JORGE MIRANDA/RUI MEDEIROS, Constituição Portuguesa Anotada, II, pp. 366-367; PAULO OTERO, A Renúncia do Presidente da República..., p. 87, nota n.° 154.

Em sentido contrário, cfr. FRANCISCO AGUILAR, Imunidade..., p. 354, nota n.° 40.

§17.º *Presidente da República* 233

cargo, sendo uma das sanções decorrentes da condenação, não afasta a sua inelegibilidade futura como Presidente da República (artigo 130.º, n.º 3), verificando-se que existe sempre interesse em saber, apesar de já ter renunciado, se se encontra impossibilitado de futuramente se candidatar à eleição como Presidente da República[354];

(iii) O resultado do julgamento pelo Supremo Tribunal de Justiça pode terminar com uma de duas decisões:

    (1) Absolvição – caso em que o Presidente da República, senão tiver renunciado, reassumirá o exercício das suas funções, cessando o impedimento temporário que havia justificado a respectiva substituição, salvo se, entretanto, por ter chegado ao termo o seu mandato, se tiverem realizado eleições e existir um novo Presidente já empossado;

    (2) Condenação – hipótese em que, se não tiver renunciado ao cargo de Presidente da República, nem tiver terminado já o seu mandato, se considera destituído do cargo (artigo 130.º, n.º 3), devendo o Tribunal Constitucional verificar a perda do cargo (artigo 223.º, n.º 2, alínea b)), além de ser sancionado com a impossibilidade de reeleição (artigo 130.º, n.º 3);

(iv) Pode mesmo suceder que a condenação, se não for com pena suspensa, obrigue o Presidente da República a cumprir pena efectiva de prisão, devendo entender-se que só a poderá começar a cumprir após o Tribunal Constitucional verificar a perda do cargo[355]: assim, quem cumpre a pena de prisão já não é o Presidente da República, antes será o cidadão que é ex-Presidente da República;

(v) Nada disto obsta a que a Assembleia da República aprove uma lei de amnistia relativa a anteriores Presidentes da República condenados por crimes cometidos no exercício das suas funções[356], desde que promulgada pelo Presidente interino ou pelo novo Presidente da República, tal como é de reconhecer a faculdade de qualquer um destes, ouvido o Governo, indultar ou comutar a pena privativa da liberdade ao ex-Presidente da República condenado.

---

[354] Cfr. PAULO OTERO, *A Renúncia do Presidente da República...*, pp. 111 ss.

[355] Cfr. FRANCISCO AGUILAR, *Imunidade...*, p. 347.

[356] Cfr. FRANCISCO AGUILAR, *Amnistia e Constituição*, p. 156. Em sentido contrário, excluindo aqui os actos de clemência, segundo um postulado de identidade da Constituição e da própria razão de Estado, cfr. JORGE MIRANDA, *Imunidades constitucionais...*, p. 34.

(b) Crimes estranhos ao exercício das suas funções

V. Determina o artigo 130.°, n.° 4, que, ao invés do que sucede com os crimes praticados pelo Presidente da República no exercício das suas funções, os crimes que pratique durante o mandato presidencial e que forem estranhos ao exercício das suas funções, o Presidente da República só responde após o termo do seu mandato e perante os tribunais comuns.

Se a indicação de que são competentes os tribunais comuns para o julgamento deste tipo de crimes cometidos pelo Presidente da República, segundo a lei geral aplicável a qualquer cidadão, se traduz num princípio de igualdade a que passa a estar sujeito o ex-Presidente da República, enquanto afloramento da própria forma republicana de governo que é avessa a privilégios pessoais, o certo é que o regime do artigo 130.°, n.° 4, remetendo o julgamento desses crimes para depois do termo do mandato do Presidente da República, comporta algumas especificidades que importa aclarar:

(i) Durante o seu mandato como Presidente da República, se não pode ser julgado por esses crimes estranhos ao exercício das suas funções, deve entender-se que o Presidente da República também não poder ser detido, nem sequer se for apanhado em flagrante, nem sujeito a prisão preventiva ou a qualquer outra medida de coacção;

(ii) A imunidade concedida pelo artigo 138.°, n.° 4, mostra-se irrenunciável pelo Presidente da República, pois relaciona-se com a necessidade de preservar, durante todo o respectivo mandato, a dignidade das funções exercidas como mais alto represente da República (v. *supra*, n.° 13.5., VI);

(iii) Todavia, por contrapartida, enquanto se mantiver no exercício das funções como Presidente da República, os crimes em causa não se podem considerar prescritos: a duração do exercício das funções presidenciais suspende o prazo de prescrição;

(iv) O Presidente da República encontra-se proibido de promulgar leis de amnistia envolvendo os crimes de que esteja acusado, salvo se, na sequência de veto político, a Assembleia da República confirmar o diploma, tornando-se agora, após a segunda deliberação, a promulgação obrigatória;

(v) Em sentido igual, o Presidente da República está proibido de promulgar leis que procedam à descriminalização das condutas de que está acusado ou à redução das respectivas molduras penais ou prazos de prescrição, salvo se existir um cenário de promulgação obrigatória;

$§17.°$ *Presidente da República*   235

    (vi) Durante o decurso do processo, o ex-Presidente goza de todos os meios e instrumentos garantísticos facultados à generalidade dos cidadãos em processo criminal: o ex-Presidente não pode aqui ser discriminado negativamente;

   (vii) Em caso de condenação pela prática de crimes estranhos ao exercício das suas funções, igualmente não se encontra impedida a existência de uma lei de amnistia, de actos de indulto ou comutação de pena (v. *supra*, IV), desde que nunca envolvam a intervenção decisória do visado;

 (viii) A condenação do Presidente da República nunca comporta neste tipo de crimes qualquer efeito político sancionatório aplicado pelo tribunal: o ex-Presidente não pode aqui ficar numa situação de inelegibilidade ilimitada, sendo-lhe sempre possível candidatar-se a ser reeleito, sem embargo do respeito pelo estipulado pelo artigo $123.°$, n.° 1.

17.3. Competência: tipologia dos poderes

    BIBLIOGRAFIA: DIOGO FREITAS DO AMARAL/PAULO OTERO, *O Valor Jurídico-Político da Referenda Ministerial*, pp. 38 ss.; ALFREDO BARROSO/JOSÉ VICENTE DE BRAGANÇA, *O Presidente da República...*, pp. 336 ss.; GOMES CANOTILHO, *Direito Constitucional e Teoria...*, pp. 617 ss.; JORGE MIRANDA, *Presidente da República*, pp. 364 ss.; JORGE MIRANDA/RUI MEDEIROS, *Constituição Portuguesa Anotada*, II, pp. 377 ss.

(a) Quadro geral tipológico dos poderes

    I. Se o artigo $120.°$, a propósito da alegada definição do Presidente da República, traça as grandes funções constitucionais que permitem caracterizar o Presidente da República como órgão titular de poderes de intervenção política e, simultaneamente, titular de um poder moderador (v. *supra*, n.° 17.1.), os artigos $133.°$ a $135.°$ procuram especificar as suas faculdades, recortando três grupos de competência:

    – A competência quanto a outros órgãos;

    – A competência para a prática de actos próprios;

    – A competência nas relações internacionais.

    O critério constitucional de agrupamento da competência do Presidente da República não se mostra isento de críticas, pois na competência quanto a outros órgãos o Presidente da República não deixa de praticar actos próprios, tal como na competência para a prática de actos próprios se relaciona também com outros órgãos, surgindo a competência nas relações internacionais como um critério material distinto de arrumação de poderes face todos os anteriores, além de igualmente envolver a prática de actos próprios e relacionamento com outros órgãos.

Não estranha, neste contexto, que a própria doutrina tenha também procurado encontrar outros critérios de arrumação dos poderes do Presidente da República[357].

II. Parece-nos, olhando para o texto da Constituição, que o quadro tipológico da competência do Presidente da República deve ser traçado atendendo ao seu grau de liberdade ou, em alternativa, de vinculação ou de condicionamento no exercício desses mesmos poderes: mais importante do que aquilo que o Presidente pode fazer é saber como o pode fazer[358].

Na realidade, uma simples listagem de poderes de que o Presidente da República é titular nada nos diz sobre o seu modo de exercício, sabendo-se que é aqui, neste último domínio, que reside a determinação exacta do peso da intervenção política autónoma do Presidente da República, sendo possível formular as duas seguintes regras gerais:

- *(i)* Quanto maior for a margem de discricionariedade decisória do Presidente no exercício dos seus poderes, maior será a sua autonomia e peso institucional dentro do sistema;
- *(ii)* Quanto maiores forem os poderes presidenciais de exercício vinculado ou condicionado, menor é o relevo institucional e político do Presidente da República.

III. Mostra-se possível autonomizar, atendendo ao critério do grau de liberdade ou de vinculação do exercício dos poderes, tomando assim como referencial a margem (maior ou menor) de autonomia da vontade política do Presidente da República face às zonas de imperatividade resultante da Constituição, três diferentes tipos de competência:

- (a) Competência de exercício vinculado;
- (b) Competência de exercício condicionado;
- (c) Competência de exercício livre.

---

[357] Cfr. JORGE MIRANDA, *Presidente da República*, pp. 364 ss.
[358] Neste sentido, cfr. JORGE MIRANDA, *Presidente da República*, pp. 367-368 ss.

§17.° *Presidente da República* 237

Observemos, separadamente, cada um destes tipos de competência do Presidente da República.

(b) Competência de exercício vinculado

IV. Na competência de exercício vinculado, a Constituição, esvaziando ou reduzindo ao mínimo a margem de liberdade do Presidente da República, configura dois tipos de poderes:

(i) Pode ser uma competência relativamente à qual o Presidente da República não tem liberdade de recusar o seu exercício, traduzindo-se na prática de *actos de existência obrigatória*;

(ii) Pode tratar-se de uma competência cujo exercício o Presidente da República carece de qualquer margem de conformação na escolha do seu conteúdo, consubstanciando a prática de *actos de conteúdo vinculado*.

Sem esquecer que nunca existe competência integral ou totalmente vinculada, em ambas as situações expostas, o Presidente da República limita-se a executar ou cumprir aquilo que a Constituição lhe impõe, sem margem de autonomia, praticando os actos devidos, obrigatórios ou vinculados.

V. Quais as manifestações de competência de exercício vinculado que a Constituição confere ao Presidente da República?

Entendemos integrarem esse elenco as seguintes situações:

(i) A promulgação da lei de revisão constitucional (artigo 286.°, n.° 3);

(ii) A promulgação das leis que, tendo sido objecto de veto político, a Assembleia da República veio depois a confirmar, nos termos das maiorias exigidas pelo artigo 136.°, n.ºs 2 e 3;

(iii) O exercício do veto jurídico ou por inconstitucionalidade se, depois de requerer ao Tribunal Constitucional a fiscalização preventiva da constitucionalidade, o Tribunal se pronunciou pela inconstitucionalidade (artigo 279.°, n.° 1);

(iv) O respeito pelos prazos para feitos de promulgação fixados pelo artigo 136.°, sem prejuízo da situação específica das leis orgânicas (artigo 279.°, n.° 7);

(v) O requerer ao Tribunal Constitucional a fiscalização preventiva da constitucionalidade e da legalidade das propostas de referendo nacional (artigo 115.°, n.° 8), regional (artigo 232.°, n.° 2) e ainda as respeitantes às regiões administrativas (artigo 256.°, n.° 3);

(vi) A promulgação de leis que resultem do sentido vinculativo emergente de um referendo nacional, salvo se objecto de pronúncia de inconstitucionalidade em sede de fiscalização preventiva e sem prejuízo de veto político sobre soluções normativas situadas fora da vinculação resultante do referendo;

(vii) A sujeição a referendo da instituição em concreto das regiões administrativas (artigo 256.°);

(viii) A marcação da data das eleições no próprio acto de dissolução da Assembleia da República ou das assembleias legislativas das regiões autónomas, a realizar nos sessentas dias subsequentes à dissolução (artigo 113.°, n.° 6);

(ix) A recusa de promulgação das leis que, tendo sido objecto de pronúncia de inconstitucionalidade em sede fiscalização preventiva, a Assembleia da República as tenha confirmado por maioria de dois terços dos deputados, nos termos do artigo 279.°, n.° 2, se essas leis violarem direitos, liberdades e garantias dotados de aplicabilidade directa, segundo o disposto no artigo 18.°, n.° 1[359];

(x) No respeito pelos prazos fixados pela Constituição e demais leis, o Presidente da República está obrigado a marcar o dia das eleições previstas no artigo 133.°, alínea b), sem prejuízo de não se encontrar vinculado a uma data precisa – o acto é obrigatório, apesar de não possuir um conteúdo vinculado quanto ao exacto dia em concreto de realização do acto eleitoral;

(xi) São também expressão de uma competência de exercício vinculado as situações em que a Constituição impõe que o Presidente da República, antes de decidir, tenha de convocar o Conselho de Estado ou ouvir os partidos políticos – note-se que a competência de exercício vinculado não se consubstancia no sentido decisório que resulte dessas audições, antes se encontra no simples facto de o Presidente da República se encontrar obrigado a convocar e a ouvir, sendo aqui que reside a natureza obrigatória de tais formalidades;

(xii) Se o Presidente da República exercer o veto político (competência não vinculada), encontra-se obrigado, todavia, a devolver o diploma ao órgão que o aprovou, acompanhado da fundamentação das razões do seu veto (artigo 136.°, n.os 1 e 4) – aqui, sublinhe-se, a competência de comunicar as razões do veto é de exercício vinculado.

---

[359] Cfr. Paulo Otero, *Ensaio sobre o Caso Julgado Inconstitucional*, Lisboa, 1993, p. 147, nota n.° 193; Diogo Freitas do Amaral/Paulo Otero, *O Valor Jurídico-Político da Referenda Ministerial*, p. 55, nota n.° 141.

§17.° Presidente da República 239

(c) Competência de exercício condicionado

VI. Em sentido contrário à competência de exercício vinculado em que o Presidente da República não tem liberdade de decisão sobre se exerce ou não a competência, uma vez que se encontra adstrito ao imperativo de emanar actos de existência obrigatória, ou não tem margem de escolha quanto ao conteúdo dos actos a praticar, encontrando-se investido no dever de praticar actos de conteúdo vinculado, a competência de exercício condicionado caracteriza-se por duas particularidades:

a) O Presidente da República goza de uma margem de liberdade de escolha quanto ao momento e quanto ao conteúdo decisório dos actos a praticar;

b) Essa margem de liberdade que possui o Presidente da República encontra-se, todavia, atenuada ou condicionada por quatro possíveis factores[360]:

(i) Em primeiro lugar, a necessidade de *autorização* por parte da Assembleia da República para o Presidente da República exercer a sua competência, razão pela qual se pode considerar que sem esse acto permissivo parlamentar a competência presidencial é imperfeita e inoperativa (v. *infra*, VII);

(ii) Em segundo lugar, o exercício da competência decisória do Presidente da República pode depender de *proposta* (: do Primeiro- -Ministro, Governo ou Assembleia da República) *e/ou audição* de um outro órgão ou entidades (: Governo, Conselho de Estado, partidos políticos com representação parlamentar), sabendo-se, todavia, o seguinte:

– Em casos de *proposta*, o Presidente da República não se encontra obrigado a aceitar a proposta, apesar de não ter a possibilidade de decidir fora daquilo que lhe é proposto;

– Perante casos de *audição*, o Presidente da República não se encontra vinculado ao conteúdo resultante da audição que, apesar de ser um acto obrigatório quanto à sua realização (v. *supra*, V), não assume natureza vinculativa;

---

[360] Naturalmente que, nem seria necessário repetir, todo o exercício de qualquer competência do Presidente da República ou de outro órgão se encontra sempre condicionado ao respeito pela Constituição e demais padrões de conformidade emergentes da juridicidade vinculativa do Poder público. Nenhuma especificidade existe aqui, por essa mesma vinculação, uma vez que ela é sempre comum ao exercício de qualquer tipo de competência.

240   *Estruturas constitucionais da República*

(iii) Em terceiro lugar, o exercício da competência do Presidente da República pode encontrar-se dependente de uma *circunstância de facto*, segundo dois modelos distintos:
– A circunstância de facto depender de um juízo avaliativo ou densificador a realizar pelo Presidente da República (v.g., "tendo em conta os resultados eleitorais", estar em causa o "regular funcionamento das instituições democráticas");
– A circunstância de facto ser totalmente independente de qualquer juízo avaliativo (v.g., a existência de um prazo ou de uma maioria absoluta parlamentar);

(iv) Em quarto lugar, por último, o exercício da competência do Presidente da República pode ainda encontrar-se dependente da intervenção *a posteriori* do Governo através da necessidade de *referenda ministerial* dos actos presidenciais, isto é, de uma contra-assinatura do Governo que exerce uma função fiscalizadora e certificativa da validade dos actos do Presidente da República.

Vejamos, seguidamente, as manifestações constitucionais ilustrativas de cada um destes quatro tipos de competência de exercício condicionado do Presidente da República, sabendo-se que existem poderes cujo exercício pode encontrar-se dependente de mais de um tipo destes limites, sendo até possível, numa situação de máximo condicionamento, que o Presidente da República possua poderes que preenchem os quatro mencionados tipos.

VII. *(i)* Temos, em primeiro lugar, a competência do Presidente da República cujo exercício se encontra condicionado a *autorização* expressa da Assembleia da República – ou, quando esta não estiver reunida, nem for possível a sua reunião imediata, da sua Comissão Permanente –, aqui se incluindo as duas seguintes situações:
(1) A declaração de estado de sítio e de estado de emergência (artigos 134.°, alínea d), 138.°, n.° 1, e 161.°, alínea l));
(2) A declaração de guerra e a feitura da paz (artigos 135.°, alínea c), e 161.°, alínea m)).

Em qualquer dos casos, repita-se, o Presidente da República não pode exercer a sua competência sem um prévio acto permissivo da Assembleia da República.

§17.º *Presidente da República* 241

VIII. *(ii)* Em segundo lugar, no que diz respeito ao exercício da competência do Presidente da República dependente de *proposta ou audição* de um outro órgão ou entidade, cumpre referenciar as seguintes situações:

(1) Competência cujo exercício depende de proposta:
- Nomeação e exoneração dos membros do Governo (artigo 133.º, alínea h)), salvo tratando-se do Primeiro-Ministro;
- Presidência do Conselho de Ministros (artigo 133.º, alínea i));
- Nomeação e exoneração do Presidente do Tribunal de Contas e do Procurador-Geral da República (artigo 133.º, alínea m));
- Nomeação e exoneração das Chefias Militares (artigo 133.º, alínea p));
- Convocação de referendo nacional (artigo 134.º, alínea c));
- Nomeação e exoneração de embaixadores, (cônsules) e enviados extraordinários (artigo 135.º, alínea a));
- Declaração de guerra e feitura da paz (artigo 135.º, alínea c));

(2) Competência cujo exercício depende de audição de órgãos e/ou entidades:
- A dissolução da Assembleia da República (artigo 133.º, alínea e)) e das assembleias legislativas das regiões autónomas (artigo 133.º, alínea j));
- Nomeação do Primeiro-Ministro (artigo 133.º, alínea f));
- A demissão do Governo pelo Presidente da República, nos termos do artigo 195.º, n.º 2;
- Nomeação e exoneração dos Representantes da República para as regiões autónomas (artigo 133.º, alínea l));
- Indultar e comutar penas (artigo 134.º, alínea f))[361];
- Declaração de estado de sítio e de estado de emergência (artigos 134.º, alínea d), 138.º, n.º 1);
- Declaração de guerra e feitura da paz (artigo 135.º, alínea c)).

IX. *(iii)* Em terceiro lugar, o exercício da competência do Presidente da República que se encontra condicionado a *circunstâncias de facto* mostra-se passível de deparar com duas distintas situações ilustrativas:

(1) Casos de competência cujo exercício depende de uma circunstância de facto habilitadora de uma margem de concretização avaliativa pelo Presidente da República:
- Na nomeação do Primeiro-Ministro, o Presidente da República deve ter em conta os resultados eleitorais (artigo 187.º, n.º 1);

---

[361] Sobre a revogabilidade de tais actos, v. *supra*, n.º 12.9., X.

242   *Estruturas constitucionais da República*

– A demissão do Governo pelo Presidente da República só pode ser feita se "tal se torne necessário para assegurar o regular funcionamento das instituições democráticas" (artigo 195.°, n.° 2);

– Na formulação do pedido de autorização junto da Assembleia da República para ser decretado o estado de excepção constitucional, o Presidente da República tem de avaliar os pressupostos de facto definidos no artigo 19.°, n.ᵒˢ 2 e 3, tal como no pedido de renovação da autorização parlamentar (artigo 19.°, n.° 5);

– De igual modo, no pedido de autorização junto da Assembleia da República para ser declarada a guerra e para a feitura da paz, o Presidente da República tem sempre de efectuar uma prévia ponderação avaliativa dos factos que justifiquem o exercício de um tal poder de iniciativa junto da Assembleia da República;

(2) Casos de competência cujo exercício está condicionado a uma circunstância de facto sem margem de densificação avaliativa pelo Presidente da República:

– A dissolução da Assembleia da República ou das assembleias legislativas das regiões autónomas não pode ocorrer nos seis meses posteriores à respectiva eleição, nem nos últimos seis meses do mandato do Presidente da República, tal como não pode ser feita durante a vigência de estado de excepção constitucional (artigos 172.°, n.° 2, e 133.°, alínea j)).

– A existência de uma maioria absoluta parlamentar condiciona *de facto* a margem de liberdade decisória do Presidente da República na escolha do Primeiro-Ministro, podendo ver-se numa situação de se limitar a "homologar" o nome que lhe é proposto pela maioria;

– Em termos semelhantes, a existência de uma maioria parlamentar condiciona a operatividade ou a eficácia prática do veto político do Presidente da República, limitando-se a exercer um efeito meramente retardador da obrigação de promulgar tais leis, salvo tratando-se de matérias a que se refere o artigo 136.°, n.° 3.

X. *(iv)* Em quarto lugar, observa-se que a competência do Presidente da República pode ainda estar condicionada pela necessidade de os seus actos carecerem de *referenda ministerial*, havendo a diferenciar duas situações[362]:

(i) Os actos do Presidente da República excluídos de referenda ministerial, sendo todos aqueles que, deduzíveis *a contrario* do artigo

---

[362] Cfr. Diogo Freitas do Amaral/Paulo Otero, *O Valor Jurídico-Político da Referenda Ministerial*, pp. 40 ss.

§17.º *Presidente da República* 243

140.º, n.º 1, ilustram que hoje a referenda ministerial só é exigível nos casos expressamente previstos na Constituição, valendo o seu silêncio como dispensa de referenda, circunstância que confere aqui ao Presidente da República poderes autónomos de decisão, sem prejuízo de se observar que nunca traduzem situações de intervenção presidencial activa de *indirizzo* na esfera da actividade governativa;
(ii) Os actos do Presidente da República sujeitos a referenda ministerial podem, atendendo aos diferentes níveis de intervenção do Governo sobre os respectivos actos presidenciais, conduzir a que, à luz do elenco do artigo 140.º, n.º 1, se recortem três grupos distintos:
1.º) A referenda de actos do Presidente da República dependentes de proposta do Primeiro-Ministro ou do Governo:
– A nomeação ou exoneração dos membros do Governo, salvo do Primeiro-Ministro, dos Representantes da República para as regiões autónomas, do Presidente do Tribunal de Contas, do Procurador-Geral da República, das Chefias Militares, dos embaixadores (cônsules) e enviados diplomáticos;
– A promulgação de decretos-leis e de decretos regulamentares;
– A assinatura dos decretos do Governo, incluindo os que aprovam convenções internacionais;
– A declaração de guerra ou a feitura da paz;
São ainda expressão de actos do Presidente da República dependentes de uma proposta indirecta do Governo, apesar de formalmente serem provenientes da Assembleia da República, uma vez que esta não pode introduzir unilateralmente alterações aos textos apresentados pelo Governo para a sua aprovação (ou rejeição):
– A ratificação de tratados internacionais que tenham sido aprovados pela Assembleia da República[363];
– A assinatura das resoluções da Assembleia da República que aprovem acordos internacionais[364];
2.º) A referenda de actos do Presidente da República sujeitos a audição do Governo:
– A declaração de estado de sítio ou de estado de emergência;
– O indulto e a comutação de penas;

---

[363] Cfr. EDUARDO ANDRÉ FOLQUE FERREIRA, *Os poderes do Presidente da República na conclusão de tratados e acordos internacionais*, em especial, pp. 241 ss.
[364] Cfr. EDUARDO ANDRÉ FOLQUE FERREIRA, *Os poderes do Presidente da República na conclusão de tratados e acordos internacionais*, em especial, pp. 245 ss.

244 Estruturas constitucionais da República

3.°) A referenda de actos do Presidente da República independentes de proposta ou audição do Governo:
- A dissolução das assembleias legislativas das regiões autónomas;
- A promulgação das leis da Assembleia da República.

Em suma, todas as presentes situações permitem encontrar formas de condicionamento do exercício da competência do Presidente da República.

(d) Competência de exercício livre

XI. Não obstante a designação, sabe-se já que num Estado de Direito não existem poderes públicos totalmente livres: toda a competência das estrutura do Poder está limitada e vinculada a respeitar a juridicidade.

É neste contexto que se deve compreender a expressão "competência de exercício livre" do Presidente da República: são poderes do Chefe de Estado que, apesar de subordinados à juridicidade, não têm o seu exercício condicionado por exigências específicas, antes comportam uma considerável margem de liberdade conformadora quanto à escolha do momento em que podem ser exercidos ou quanto ao próprio conteúdo dos actos em que depois se traduzem.

XII. São manifestações de competência de exercício livre do Presidente da República as seguintes:

(i) Presidir ao Conselho de Estado (artigo 133.°, alínea a)) e ao Conselho Superior de Defesa Nacional (artigo 133.°, alínea o));
(ii) Convocar extraordinariamente a Assembleia da República (artigo 133.°, alínea c));
(iii) Dirigir mensagens à Assembleia da República (artigo 133.°, alínea d));
(iv) Nomear cinco membros do Conselho de Estado e dois vogais do Conselho Superior da Magistratura (artigo 133.°, alínea n));
(v) Vetar politicamente os diplomas que lhe tenham sido enviados para promulgação;
(vi) Requerer ao Tribunal Constitucional a fiscalização preventiva da constitucionalidade de normas de leis, decretos-leis e convenções internacionais (artigo 134.°, alínea g))[365];

---

[365] Cfr. MIGUEL GALVÃO TELLES, *Liberdade de iniciativa do Presidente da República quanto aos processos de fiscalização preventiva da constitucionalidade*, in *O Direito*, Ano 120, 1988, pp. 35 ss.

§17.° Presidente da República 245

(vii) Decidir se promulga ou recusa a promulgação das leis que, tendo sido objecto de pronúncia em sede de fiscalização preventiva no sentido da sua inconstitucionalidade, a Assembleia da República as confirmou, nos termos do artigo 279.°, n.° 2, desde que não se trate de uma lei violadora de direitos, liberdades e garantias dotados de aplicabilidade directa (v. *supra*, V);

(viii) Requerer ao Tribunal Constitucional a fiscalização sucessiva abstracta da constitucionalidade (e, em certos casos tipificados no artigo 281.°, n.° 1, também da legalidade) de quaisquer normas jurídicas (artigo 281.°, n.° 2, alínea a)) e ainda a verificação da inconstitucionalidade por omissão (artigos 134.°, alínea h), e 283.°, n.° 1);

(ix) Conferir condecorações (v. *supra*, n.° 12.9., X) e exercer as funções de grão-mestre das ordens honoríficas portuguesas (artigo 134.°, alínea i))[366];

(x) Pronunciar-se sobre todas as emergências graves para a vida da República (artigo 134.°, alínea e));

(xi) Convocar o Conselho de Estado e solicitar-lhe que se pronuncie, aconselhando o Presidente da República no exercício das suas funções (artigo 145.°, alínea e));

(xii) Exercer o poder informal de exteriorização de opiniões (v. *supra*, n.ᵒˢ 14.3.2. e 17.1., IV);

(xiii) Informar-se e pedir informações, exercendo uma "magistratura de influência", assim como outras formas de orientação política de cunho discricionário (v. *supra*, n.° 17.1., IV);

(xiv) O exercício informal de um poder moderador, fiscalizando, regulando e dirimindo conflitos políticos e institucionais (v. *supra*, n.° 17.1., VI);

(xv) Na qualidade de Comandante Supremo das Forças Armadas, o Presidente da República pode exercer poderes informais junto das Forças Armadas, numa posição de confluência entre o seu papel de "magistratura de influência" e de poder moderador (v. *supra*, n.° 17.1., IX);

(xvi) Renunciar a continuar a exercer o mandato de Presidente da República (artigo 131.°).

---

[366] Especificamente sobre o tema das ordens honoríficas, cfr. ANTÓNIO PEDRO BARBAS HOMEM, *Ordens honoríficas*, in *Dicionário Jurídico da Administração Pública*, 2.° suplemento, Lisboa, 2001, pp. 427 ss.

246 Estruturas constitucionais da República

(e) Idem: a competência administrativa interna

XIII. Ainda no âmbito das competências de exercício livre do Presidente da República se devem inserir os seus poderes de livre nomeação e demissão dos membros dos órgãos e serviços de apoio directo que integram a Presidência da República[367].

Trata-se de uma competência administrativa interna do Presidente da República, expressão de um poder de auto-organização interna de todos os órgãos (v. *supra*, n.° 12.5.), registando-se que a Constituição a ele faz uma referência indirecta, atribuindo à reserva absoluta da competência legislativa da Assembleia da República a definição do regime da autonomia organizativa, administrativa e financeira dos serviços de apoio do Presidente da República (artigo 164.°, alínea v)).

Neste contexto, tratando-se o Presidente da República de um órgão de soberania, a autonomia dos respectivos serviços de apoio só poderia conduzir à atribuição ao próprio Presidente da República de uma competência administrativa interna que lhe permitisse a livre escolha e, por essa via, a definição superior da orientação dos serviços da Presidência da República.

Não obstante essa margem de autonomia decisória do Presidente da República, importa notar que o exercício desta competência administrativa interna nunca pode deixar de estar subordinada à juridicidade administrativa: não há aqui qualquer zona ajurídica de exercício da actividade decisória do Presidente da República.

XIV. Os órgãos e serviços da Presidência da República cujos membros são de livre escolha do Presidente da República, tendo por função prestar o apoio técnico, pessoal e de gestão patrimonial, administrativa e financeira ao Chefe de Estado, enquadram-se em três grupos[368]:

(i) Os Serviços de apoio directo ao Presidente da República, neles se incluindo as seguintes estruturas:
- A Casa Civil (: serviço de consulta, análise, informação e apoio técnico ao Presidente da República);
- A Casa Militar (: serviço de apoio ao Presidente da República na qualidade de Comandante Supremo das Forças Armadas);
- O Gabinete (: serviço de apoio directo e pessoal ao Presidente da República);

---

[367] Cfr. artigo 3.°, n.° 2, da Lei n.° 7/96, de 29 de Fevereiro, designada como Lei dos Serviços da Presidência da República.
[368] Cfr. artigo 2.° da Lei n.° 7/96, de 29 de Fevereiro.

§17.° *Presidente da República*   247

– O Serviço de Segurança (: estrutura encarregue da protecção e segurança pessoal do Presidente da República, das instalações, dos bens e serviços da Presidência da República e das pessoas que nela exercem funções);
– O Centro de Comunicações (: assegura o sistema de comunicações da Presidência da República);
– O Serviço de Apoio Médico (: presta assistência médica e de enfermagem ao Presidente da República);

(ii) O Conselho Administrativo (: órgão deliberativo em matéria de gestão patrimonial, administrativa e financeira da Presidência da República);

(iii) A Secretaria-Geral (: serviço de apoio administrativo da Presidência da República).

Relativamente a todos os membros de tais estruturas orgânicas que são de livre nomeação pelo Presidente da República, o respectivo vínculo corresponde à duração do mandato presidencial, salvo se, entretanto, se aposentarem, se demitirem ou forem demitidos.

Nos termos da Lei dos Serviços da Presidência da República, o Chefe da Casa Civil, o Chefe da Casa Militar e o Chefe de Gabinete podem representar o Presidente da República, sempre que este o determine[369], solução que mostra carecer de uma interpretação em conformidade com a Constituição.

17.4. Idem: promulgação e veto

BIBLIOGRAFIA: AFONSO D'OLIVEIRA MARTINS, *Promulgação*, in *Dicionário Jurídico da Administração Pública*, VI, Lisboa, 1994, pp. 560 ss.; JORGE MIRANDA, *Manual...*, V, pp. 281 ss.; IDEM, *Veto*, in *Dicionário Jurídico da Administração Pública*, VII, Lisboa, 1996, pp. 592 ss.; JORGE MIRANDA/RUI MEDEIROS, *Constituição Portuguesa Anotada*, II, pp. 402 ss.; CARLOS BLANCO DE MORAIS, *Curso...*, I, pp. 414 ss.; CRISTINA QUEIROZ, *Direito Constitucional*, pp. 271 ss.; MARGARIDA SALEMA, *O Direito de Veto na Constituição de 76*, Braga, 1980.

(a) Caracterização genérica

I. A promulgação, sendo um acto exclusivo do Presidente da República, traduz sempre, salvo nos casos em que é de emanação obrigatória ou vin-

---

[369] Cfr. respectivamente, artigo 5.°, n.° 3, artigo 7.°, n.° 1, e artigo 9.° da Lei n.° 7/96, de 29 de Fevereiro.

culada (v. *supra*, n.º 17.3.,V), a incorporação da vontade política concordante do Presidente da República face ao conteúdo de um dos três seguintes tipos de actos (artigo 134.º, alínea b)):

(i) Todos os actos legislativos provenientes da Assembleia da República;

(ii) Todos os actos legislativos provenientes do Governo;

(iii) Os regulamentos provenientes do Governo que, assumindo uma natureza independente, têm um conteúdo inovador, sob a forma de decretos regulamentares.

Estamos aqui diante de actos normativos que, por efeito da intervenção do Presidente da República, tendo também presente a proveniência das suas soluções, expressam sempre a conjugação da vontade de dois órgãos de soberania: tais actos gozam, por isso, de uma legitimidade política reforçada e de uma inerente força jurídica prevalecente.

Mais: traduza-se a promulgação num acto vinculado ou discricionário, o certo é que, fazendo intervir o Presidente da República na fase final do procedimento de feitura do acto a ela sujeito, confere-lhe uma especial solenidade – a promulgação é o instituto constitucional herdeiro do espírito da sanção real.

II. Se exceptuarmos as leis de revisão constitucional cuja promulgação é obrigatória (artigo 286.º, n.º 3), todos os actos sujeitos a promulgação podem ser objecto de veto político por parte do Presidente da República.

O veto político traduz sempre, neste sentido, uma manifestação de discordância do Presidente da República face ao mérito do conteúdo (total ou parcial) do acto que lhe é sujeito a promulgação: através do veto, o Presidente da República considera que a solução normativa é inconveniente, inoportuna ou errada.

E, vetando-o, devolve o diploma ao órgão que o aprovou, fundamentando por escrito as razões da sua discordância política.

São diferentes, porém, os efeitos do veto político que incide sobre diplomas provenientes da Assembleia da República ou se diz respeito a diplomas originários do Governo: no primeiro caso, o veto é suspensivo, podendo sempre a Assembleia da República confirmar o diploma e obrigar o Presidente da República à sua promulgação; no segundo caso, o veto é absoluto, pois o Governo nunca poderá obrigar o Presidente da República a promulgar o diploma vetado.

§17.° *Presidente da República*   249

III. Excluindo agora os decretos regulamentares que não se encontram sujeitos a fiscalização preventiva da constitucionalidade, todos os restantes actos que são enviados ao Presidente da República para promulgação são passíveis de fiscalização preventiva da constitucionalidade junto do Tribunal Constitucional (artigo 278.°, n.° 1).

Significa isto, por outras palavras, que, recebido um acto legislativo para ser promulgado, se o Presidente da República tiver dúvidas sobre a sua conformidade face à Constituição, deverá solicitar que o Tribunal Constitucional aprecie a sua validade.

E, se o Tribunal Constitucional se pronunciar pela inconstitucionalidade do diploma, o Presidente da República encontra-se obrigado a vetá-lo, devolvendo-o ao órgão que o aprovou: trata-se do veto jurídico ou, também dito, veto por inconstitucionalidade.

IV. Em síntese, atendendo ao exposto, sempre que o Presidente da República recebe um diploma para ser promulgado, mostra-se possível que ele adopte uma de três condutas:

– Pode promulgar o diploma, mandando-o publicar no *Diário da República*;
– Pode vetá-lo politicamente (salvo se for lei de revisão constitucional), devolvendo-o ao órgão que o aprovou com a fundamentação das razões da sua discordância;
– Pode solicitar a fiscalização preventiva da constitucionalidade (salvo se for um decreto regulamentar), enviando-o ao Tribunal Constitucional.

Analisemos com mais detalhe cada uma destas duas últimas hipóteses.

(b) Regime do veto político

V. Comecemos por analisar o veto político do Presidente da República que incide sobre diplomas enviados pela Assembleia da República para efeitos de promulgação.

Sabe-se já que o veto tem sempre natureza suspensiva, pois a Assembleia da República tem a faculdade de, verificadas certas circunstâncias, obrigar o Presidente da República a promulgar o diploma.

Nem sempre, porém, a Assembleia da República, apesar de o poder fazer, reúne as condições para obrigar o Presidente da República a promulgar o diploma vetado politicamente.

Estruturas constitucionais da República

Deste modo, recebido o diploma vetado, acompanhado de mensagem fundamentada do Presidente da República em que se comunicam as razões do veto e se solicita uma nova apreciação, a Assembleia da República poderá adoptar uma de quatro condutas:

(i) Pode submeter-se à vontade política do Presidente da República, modificando o diploma em conformidade com o sentido que resulta da mensagem justificativa do veto;

(ii) Pode, pelo contrário, nunca postura de confronto político com o Presidente da República, confirmar o diploma, segundo duas diferentes situações:

1.ª) Por via de regra, exige-se que a confirmação se faça pela maioria absoluta dos deputados em efectividade de funções (artigo 136.º, n.º 2);

2.ª) Tratando-se, todavia, das matérias a que se refere o artigo 136.º, n.º 3[370], exige-se que a confirmação parlamentar seja feita por maioria de dois terços dos deputados presentes, desde que superior à maioria absoluta dos deputados em efectividade de funções;

Em qualquer das hipóteses, obtida a maioria confirmativa, o Presidente da República encontra-se obrigado a promulgar o diploma como lei;

(iii) Pode ainda suceder que a Assembleia da República, apesar de ter tentado a confirmação do diploma, não tenha conseguido obter a maioria exigível para o efeito, situação em que, permanecendo vigente o veto, o Presidente da República não tem de promulgar o diploma;

(iv) Pode, por último, a Assembleia da República nem sequer tentar confirmar o diploma vetado, deixando "morrer" ou "esquecer" o assunto e fazendo prevalecer, deste modo, o veto político do Presidente da República.

---

[370] Essas matérias são as seguintes:
– Leis orgânicas;
– Leis respeitantes a relações externas;
– Leis sobre os limites entre o sector público, o sector privado e o sector cooperativo e social da propriedade dos meios de produção;
– Leis reguladoras dos actos eleitorais previstos na Constituição, que não revistam a forma de leis orgânicas.

VI. Diferente é, no entanto, o regime do veto político que incide sobre diplomas enviados pelo Governo para promulgação junto do Presidente da República.

Aqui, ao invés do que sucede com os diplomas provenientes da Assembleia da República, o veto tem natureza absoluta (artigo 136.º, n.º 4): o Governo nunca poderá, pelos seus próprios meios, obrigar o Presidente da República a promulgar o diploma.

Nestes termos, devolvido o diploma governamental objecto de veto político pelo Presidente da República, o Governo pode adoptar uma de três posturas:

(i) O Governo pode submeter-se à vontade política do Presidente da República, alterando o diploma vetado em sentido convergente aos desejos presidenciais;

(ii) O Governo pode converter o diploma vetado em proposta de lei a apresentar junto da Assembleia da República ou os deputados que o apoiam podem adoptar o diploma vetado, transformando-o em projecto de lei, verificando-se que qualquer futuro veto presidencial ao diploma proveniente do parlamento poderá ser ultrapassado, por via de regra, por maioria absoluta (v. *supra,* V). Só assim não sucederá, isto é, só não poderá o diploma governamental vetado ser convertido em proposta ou projecto de lei junto da Assembleia da República, se o mesmo incidir sobre matéria reservada à competência legislativa do Governo (artigo 198.º, n.ºs 1.º, alínea c), e n.º 2): aqui o veto político do Presidente da República assume natureza absolutíssima;

(iii) Pode, por último, o Governo nada fazer, conformando-se com o veto político do Presidente da República, deixando "cair" o propósito de disciplinar a matéria em causa.

(c) Regime do veto jurídico ou por inconstitucionalidade

VII. Imagine-se agora que, recebido um acto legislativo para ser promulgado como lei ou decreto-lei, o Presidente da República resolve requerer ao Tribunal Constitucional a fiscalização preventiva da constitucionalidade de uma, várias ou todas as normas do diploma[371].

---

[371] Para mais desenvolvimentos, cfr. CARLOS BLANCO DE MORAIS, *Justiça Constitucional*, II, pp. 15 ss.

Num tal cenário, o Tribunal Constitucional, após a análise do diploma, pode adoptar uma de duas decisões:

(a) O Tribunal Constitucional pode não se pronunciar pela inconstitucionalidade, hipótese em que, regressando o diploma ao Presidente da República, este pode tomar uma de duas atitudes (artigo 136.°, n.° 1):
  – Promulga o diploma;
  – Ou, em alternativa, veta-o politicamente, seguindo-se o procedimento antes exposto (v. *supra*, V e VI);
(b) O Tribunal Constitucional pode, pelo contrário, pronunciar-se pela inconstitucionalidade do diploma, hipótese essa em que o Presidente da República se encontra vinculado a usar o veto jurídico ou veto por inconstitucionalidade, devolvendo-o ao órgão que o aprovou (artigo 279.°, n.° 1).

Centremos a atenção nesta última hipótese.

VIII. Se, tendo por base a pronúncia do Tribunal Constitucional no sentido da inconstitucionalidade, o Presidente da República veta o diploma, o respectivo regime assenta na diferenciação de duas situações (artigo 279.°, n.° 2):

(1) Se o diploma é proveniente do Governo, este tem ao seu dispor três atitudes alternativas:
  – Primeira: pode limitar-se a expurgar a norma julgada inconstitucional, se isso for possível, deixando intacto o resto do diploma, enviando-o para o Presidente da República promulgar ou exercer veto político;
  – Segunda: pode, se isso for possível, reformular o conteúdo do diploma, modificando-o em conformidade face ao sentido da pronúncia do Tribunal Constitucional, remetendo-o de novo ao Presidente da República, caso em que este pode promulgá-lo, vetá-lo politicamente ou requerer nova apreciação preventiva da inconstitucionalidade (artigo 279.°, n.° 3);
  – Terceira: pode nada fazer, encerrando-se com o veto jurídico o processo legislativo;
(2) Se o diploma, ao invés, tem a sua origem na Assembleia da República, este órgão, além de poder assumir qualquer uma das três referidas atitudes também disponíveis ao Governo (isto é, expurgar a norma inconstitucional ou reformular o diploma, se isso for possí-

§17.º Presidente da República 253

vel, ou nada fazer), poderá ainda confirmar o diploma por maioria de dois terços dos deputados presentes, desde que superior à maioria absoluta dos deputados em efectividade de funções.

Observemos com mais algum detalhe esta última situação.

IX. Na última situação referenciada, existindo confirmação parlamentar do diploma objecto de uma pronúncia de inconstitucionalidade pelo Tribunal Constitucional (artigo 279.º, n.º 2), o Presidente da República não se encontra vinculado a promulgar o diploma, pois, enquanto garante da defesa da Constituição (v. *supra*, n.º 17.1. (b)), nunca poderia ser obrigado a promulgar como lei um acto que o Tribunal Constitucional entendeu ser inconstitucional.

O Presidente da República poderá aqui adoptar uma de duas atitudes:

– Poderá recusar legitimamente a promulgação do diploma, fazendo prevalecer o juízo jurídico do Tribunal Constitucional sobre uma decisão política da Assembleia da República;
– Ou, em sentido contrário, poderá promulgar o diploma, arbitrando a favor da Assembleia da República o conflito com o Tribunal Constitucional, sem prejuízo de, se estiver em causa a violação de direitos, liberdades e garantias dotados de aplicabilidade directa, por força do artigo 18.º, n.º 1, o Presidente da República se encontrar sempre vinculado a não promulgar (v. *supra*, n.º 17.3, V).

Note-se, porém, que mesmo no caso de promulgação, a validade constitucional do diploma pode ser sempre, a qualquer momento, suscitada junto do Tribunal Constitucional ou, a título incidental, junto de todos os restantes tribunais: a confirmação do diploma pela Assembleia da República e a sua posterior promulgação pelo Presidente da República não sanam a inconstitucionalidade, nem fazem precludir a fiscalização judicial da sua inconstitucionalidade – pode mesmo afirmar-se que o diploma fica onerado com uma presunção de inconstitucionalidade.

17.5. Estatutos "presidenciais" especiais

I. Tudo quanto até agora se disse sobre o Presidente da República não pode fazer esquecer a susceptibilidade de se recortarem quatro estatutos cons-

254   *Estruturas constitucionais da República*

titucionais diferenciados e, neste sentido, especiais, relacionados com o Presidente da República, a saber:

(a) O Presidente eleito, correspondendo àquele candidato que, tendo ganho as eleições para a Presidência da República, ainda não tomou posse como Presidente da República;

(b) O Presidente da República interino, traduzindo aquele que, em situações de impedimento temporário ou vagatura do cargo, substitui o Presidente da República;

(c) O Presidente da República substituído, revelando a situação em que se encontra o titular do cargo impedido temporariamente de exercer as inerentes funções;

(d) O ex-Presidente da República, posição jurídica assumida por aquele que, tendo já sido Presidente da República durante a vigência desta Constituição, deixou, entretanto, de exercer as funções por termo do mandato.

Vejamos, muito sumariamente, cada um destes estatutos presidenciais especiais.

(a) Presidente eleito

II. O "Presidente eleito" é uma expressão que, usada no artigo 127.°, n.° 1, visa traduzir a situação jurídica em que se encontra aquele que, tendo sido o candidato presidencial vencedor, foi designado Presidente da República pelo voto popular, após a publicação dos resultados eleitorais finais, mas que ainda não tomou posse como Presidente da República.

Não tendo tomado posse, ele ainda não é Presidente da República, apesar de saber, tal como todo o país, que virá a assumir o cargo de Presidente da República, tomando posse no último dia do mandato do Presidente cessante ou, existindo vagatura, no oitavo dia subsequente ao dia da publicação dos resultados eleitorais (artigo 127.°, n.° 2).

O silêncio da Constituição sobre a figura do Presidente eleito, salva a referência que lhe faz o artigo 127.°, n.° 1, não inviabiliza, porém, que se possa extrair um estatuto assente nas seguintes coordenadas:

(i) O Presidente eleito tem o direito subjectivo a ser investido no cargo para que foi eleito, tomando posse perante a Assembleia da República (artigo 127.°, n.° 1);

(ii) O Presidente eleito deve, antes da tomada de posse, colocar termo ao exercício de todas as funções públicas ou privadas que se mos-

§17.° *Presidente da República* 255

tram incompatíveis com as novas funções que vai assumir (v. *supra*, n.° 13.6., (b));

(iii) O Presidente eleito deve, a partir do momento em que foi eleito, adoptar uma postura e um comportamento condignos com as altas funções que vai exercer, encontrando-se já vinculado aos limites ou condicionamentos do poder informal de exteriorização de opiniões (v. *supra*, n.° 14.3.2., (b));

(iv) Todas as autoridades civis e militares devem respeito ao Presidente eleito, devendo este pautar já o seu comportamento por um rigoroso cumprimento da Constituição e ainda pelos princípios da imparcialidade e da neutralidade no seu relacionamento com os agentes políticos e económicos;

(v) O Presidente eleito é livre de declarar que não aceita a eleição ou que recusa tomar posse, abrindo-se novo processo eleitoral, verificando-se que, por se tratar de uma lacuna constitucional, não sofre qualquer proibição de se candidatar às subsequentes eleições presidenciais[372];

(vi) O Presidente da República cessante, apesar de continuar a exercer com toda a legitimidade os últimos tempos do seu mandato, deve abster-se, após a eleição do seu sucessor, de praticar actos que não sejam estritamente necessários para assegurar a gestão dos negócios públicos, salvo se for ele próprio, num cenário de reeleição, o sucessor de si mesmo;

(vii) O Presidente da República cessante deverá usar de cooperação institucional com o Presidente eleito[373], encontrando-se este último vinculado ao devido respeito institucional face ao primeiro: haverá aqui que garantir um nível óptimo de coabitação que assegure uma transição pacífica de mandatos[374].

(b) Presidente interino

III. O Presidente da República interino, exercendo funções a título substitutivo do Presidente da República eleito e empossado, verificando-se impe-

---

[372] Cfr. PAULO OTERO, *A Renúncia do Presidente da República...*, pp. 54-55.

[373] Neste âmbito se insere, a título exemplificativo, o apoio logístico e administrativo que o Secretário-Geral da Presidência da República se encontra vinculado a prestar ao Presidente eleito, nos termos do artigo 26.° da Lei n.° 7/96, de 29 de Fevereiro.

[374] Essa é também a solução vigente no Direito norte-americano, segundo decorre do *Presidential Transition Act*, cfr. DIOGO FREITAS DO AMARAL, *Governo de Gestão*, Lisboa, 1985, p. 25.

dimento temporário deste ou uma situação de vagatura do cargo, já anteriormente foi objecto de desenvolvimento (v. *supra*, n.° 17.2.3.).

Cumpre agora recordar, atendendo ao que se disse, os traços essenciais do seu estatuto constitucional:

(*i*) O Presidente interino possuiu, comparativamente com os poderes passíveis de serem exercidos pelo Presidente da República substituído, uma *capitis deminutio*: esse é o sentido do artigo 139.°;

(*ii*) Mesmo nos domínios decisórios em que não se verifica qualquer limitação decorrente do artigo 139.°, uma vez que as funções substitutivas do Presidente interino assumem carácter transitório e temporariamente circunscrito, especialmente em cenários de impedimento temporário do Presidente substituído, aquele deve limitar-se à prática dos actos estritamente necessários para assegurar a gestão dos negócios públicos e da casa civil e militar do Presidente da República;

(*iii*) Os actos que o Presidente interino praticar no exercício das suas funções, salvo se disserem respeito à casa civil ou militar do Presidente da República, não são revogáveis pelo Presidente da República substituído, em caso de cessação do impedimento temporário, ou pelo novo Presidente da República eleito e empossado, em caso de vagatura do cargo;

(*iv*) O Presidente interino, apesar de não ter de prestar juramento para exercer as suas funções substitutivas, encontra-se vinculado, directa e automaticamente, ao compromisso de "defender, cumprir e fazer cumprir a Constituição";

(*v*) O Presidente interino, apesar de gozar de todas as honras e prerrogativas da função de Presidente da República, uma vez que os direitos que lhe assistem são os de Presidente da Assembleia da República ou de deputado (artigo 132.°, n.° 4), encontra-se sujeito ao vencimento e ao regime das imunidades do cargo para que foi eleito e não do Presidente da República;

(*vi*) O Presidente interino não pode recusar exercer essas funções a título substitutivo, pois isso traduzir-se-ia numa violação do princípio da irrenunciabilidade da competência (v. *supra*, n.° 12.8.), nem pode abandonar o seu exercício (v. *supra*, n.° 13.7.): se pretender não assumir ou não continuar a exercer as funções como Presidente interino terá de renunciar ao cargo de Presidente da Assembleia da República ou de deputado (v. *supra*, n.° 13.8.);

(*vii*) O Presidente interino que renunciar ao cargo de Presidente da Assembleia da República ou de deputado para, deste modo, não

§17.° Presidente da República

exercer ou deixar de continuar a exercer as funções de Presidente da República substituto não se encontra impedido de se candidatar nas eleições presidenciais imediatas, nem nas que se realizarem no quinquénio imediatamente subsequente: o artigo 123.°, n.° 2, não tem aqui aplicação.

(c) Presidente substituído

IV. Num cenário de impedimento temporário do exercício das funções de Presidente da República, aquele que, tendo sido eleito e empossado para as exercer, não se encontra no seu efectivo exercício é o Presidente da República substituído.

O Presidente da República substituído corresponde à situação jurídica em que se encontra aquele que é o titular eleito e empossado do cargo de Presidente da República, isto enquanto o Presidente interino exerce as suas funções de substituto.

E qual é o estatuto constitucional do Presidente substituído?

Pode dizer-se que o seu estatuto constitucional assenta nas seguintes bases:

(i) Salvo situações de vagatura do cargo, só é constitucionalmente legítima a substituição do Presidente da República eleito, após a sua tomada de posse, se ocorrer um impedimento temporário ao exercício das suas funções, verificado pelo Tribunal Constitucional;

(ii) O Presidente substituído não deixa de ser, durante todo o período da substituição, o Presidente da República, mantendo, por isso mesmo, todos os direitos e regalias inerentes à sua função (artigo 132.°, n.° 3);

(iii) Não poderá o Presidente substituído, porém, enquanto durar o respectivo impedimento temporário, exercer qualquer das suas funções: durante esse período, só o Presidente interino, sem prejuízo da sua *capitis deminutio*, poderá exercer a competência constitucional do Presidente da República, tomando decisões a ele imputáveis;

(iv) Durante o respectivo impedimento temporário, o Presidente substituído deverá usar uma especial contenção pública na exteriorização da sua opinião, devendo respeito institucional ao Presidente interino;

(v) O Presidente substituído não se encontra impedido, todavia, de renunciar ao cargo de Presidente da República, provocando a sua vagatura: exercerá então um direito subjectivo e não uma competência (v. *supra*, n.° 13.8., III).

258 *Estruturas constitucionais da República*

(d) Ex-Presidente

V. Na designação de ex-Presidente ou antigo Presidente da República, compreendendo todos os casos de quem, tendo sido eleito e empossado Presidente da República à luz da Constituição de 1976, deixou já de exercer essas funções, por efeito de termo do mandato, há que diferenciar, todavia, duas situações:

a) Os ex-Presidentes que tenham sido destituídos do cargo;
b) Os ex-Presidentes que, independentemente de terem ou não concluído o seu mandato, não foram destituídos do cargo.

A cada um destes grupos, sem prejuízo de aspectos comuns, corresponde um estatuto diferenciado.

Vejamos, separadamente, o respectivo estatuto constitucional.

VI. a) Começando pela situação dos ex-Presidentes que tenham sido destituídos do cargo, cumpre adiantar que a Constituição apenas admite uma causa passível de gerar esse efeito: a condenação do Presidente da República por crimes praticados no exercício das suas funções (artigo 130.º, n.º 3).

Não existe, sublinhe-se, qualquer outra causa constitucional geradora de destituição do Presidente da República.

Verificando-se essa destituição do Presidente da República, por efeito de condenação pela prática de actos cometidos no exercício das suas funções e subsequente verificação da perda do cargo pelo Tribunal Constitucional (artigo 223.º, n.º 2, alínea b)), o estatuto desse ex-Presidente caracteriza-se nos seguintes termos:

(i) Encontra-se impossibilitado de se apresentar a reeleição (artigo 130.º, n.º 3, *in fine*), parecendo que a pena tem natureza perpétua[375], sendo certo que o artigo 30.º, n.º 1, apenas veda penas perpétuas ou de duração ilimitada ou indefinida se forem privativas da liberdade (o que não é o caso), isto sem prejuízo de a lei a que se refere o artigo 117.º, n.º 3, poder conferir uma duração máxima a esta inelegibilidade[376];

(ii) Encontra-se excluído de ser membro do Conselho de Estado ao abrigo do artigo 142.º, alínea f), *a contrario*, sem embargo de, por

---

[375] Cfr. PAULO OTERO, *A Renúncia do Presidente da República...*, p. 114.

[376] Em sentido contrário, considerando que a pena de impossibilidade de reeleição apenas se refere à eleição subsequente, cfr. JORGE MIRANDA, *Imunidades constitucionais...*, p. 38; JORGE MIRANDA/RUI MEDEIROS, *Constituição Portuguesa Anotada*, II, p. 367.

§17.° *Presidente da República* 259

diferente via (v.g., nomeação presidencial, eleição parlamentar), poder vir a ser seu membro;

(iii) Podendo candidatar-se a qualquer outro cargo electivo ou ser nomeado para o exercício de qualquer outra função pública, não se pode excluir que o ex-Presidente destituído, desde que seja eleito deputado da Assembleia da República, pode desempenhar as funções de Presidente da Assembleia da República ou de substituto deste órgão e, nessa medida, apesar de ser inelegível como Presidente da República poderá, nos termos gerais do artigo 132.°, exercer as funções de Presidente interino.

Se exceptuarmos esta última hipótese de uma oblíqua "recuperação constitucional" do ex-Presidente que tenha sido destituído do cargo na sequência de condenação pela prática de crimes no exercício das suas funções, o certo é que a sua figura assume o estatuto constitucional de verdadeiro "proscrito da República".

VII. b) No que diz respeito à situação dos ex-Presidentes que não foram destituídos do cargo, o seu estatuto constitucional caracteriza-se pelos seguintes traços:

(i) São membros vitalícios do Conselho de Estado (artigo 142.°, alínea f));

(ii) Podem recandidatar-se, sempre que entenderem, ao cargo de Presidente da República, sem prejuízo do limite estabelecido pelo artigo 123.°, n.° 1;

(iii) Há precedentes que habilitam poder ser o ex-Presidente encarregue, por decisão interna ou internacional, do exercício de funções diplomáticas ou internacionais fora do território nacional;

(iv) Nem se encontra excluído que, por via informal, possam ser chamados a exercer uma função de mediação ou moderação de conflitos políticos internos envolvendo o Presidente da República em exercício e outros titulares de órgãos de soberania: o ex-Presidente surge aqui investido da qualidade de "reserva da República".

VIII. Em qualquer das situações analisadas, trate-se de ex-Presidente que tenha sido destituído do cargo ou que não tenha sido objecto de destituição, há dois aspectos comuns de regime que importa deixar claros:

1.°) Os ex-Presidentes continuam vinculados a respeitar uma certa post-eficácia de situações funcionais (v. *supra,* n.° 13.5., V), tendo um especial dever de contenção na exteriorização das suas opiniões: um ex-Presidente não se pode transformar numa espécie de "Presidente sombra" ou "contra-Presidente";

2.°) Em termos teóricos, se um ex-Presidente continuasse a exercer funções como se ainda fosse Presidente da República, todos os seus actos jurídicos estariam feridos de inexistência jurídica e mostrar--se-ia susceptível de incorrer na prática do crime de usurpação de funções públicas[377].

---

[377] Cfr. PAULO OTERO, *A Renúncia do Presidente da República...*, p. 109.

§18.º
Assembleia da República

18.1. Caracterização

> BIBLIOGRAFIA: JORGE MIRANDA, *Direito Constitucional III*, em especial, pp. 201 ss.; JORGE MIRANDA/RUI MEDEIROS, *Constituição Portuguesa Anotada*, II, pp. 434 ss.; LUÍS SÁ, *Assembleia da República*, in *Dicionário Jurídico da Administração Pública*, 1.º suplemento, Lisboa, 1998, pp. 54 ss.

18.1.1. *Definição*

I. Se o Presidente da República é o órgão singular que representa a República, enquanto Estado e colectividade (v. *supra*, n.º 17.1., III), a Assembleia da República é o órgão de soberania colegial que representa "todos os cidadãos portugueses" (artigo 147.º): os Deputados são eleitos por sufrágio directo, secreto e periódico (artigo 113.º, n.º 1).

Trata-se de uma representação que, sendo feita por um colégio eleito por sufrágio directo, permite assentar numa dupla configuração:

- *(i)* Representa o todo da colectividade, pois os Deputados, apesar de eleitos por círculos eleitorais, representam todo o país (artigo 152.º, n.º 2);
- *(ii)* Representa as diversas correntes ideológicas de opinião existentes na sociedade, pois só os partidos políticos podem apresentar candidaturas (artigo 151.º, n.º 1) e a conversão dos votos em mandatos faz-se à luz do princípio da representação proporcional (artigo 149.º, n.º 1).

II. A Assembleia da República traduz uma representação ou síntese concentrada da sociedade: o parlamento como que envolve uma liofilização de toda a colectividade[378].

---

[378] Referindo que o parlamento "é a nação liofilizada", cfr. ROGÉRIO EHRHARDT SOARES, *Sentido e Limites da Função Legislativa no Estado Contemporâneo*, in JORGE MIRANDA/ /MARCELO REBELO DE SOUSA (coord.), *A Feitura das Leis*, II, Oeiras, 1986, p. 439.

A Assembleia da República é a colectividade comprimida, isto em termos tais que a sua vontade reflecte, segundo os termos da ficção política subjacente ao modelo da democracia representativa, a vontade de toda a sociedade: a vontade do parlamento consubstancia, deste modo, a vontade geral da colectividade.

Compreende-se, neste contexto, que a Assembleia da República seja a principal instituição da democracia: não há democracia sem parlamento, nem verdadeiro parlamento sem uma representação plural das diversas sensibilidades políticas existentes na sociedade.

A Assembleia da República "transporta" para dentro do sistema institucional criado pela Constituição essa pluralidade de sensibilidades políticas, tornando-se o órgão de soberania que, por excelência, representa a colectividade no seu todo diversificado.

III. Não existe no âmbito da definição constitucional da Assembleia da República, ao invés do que sucede com o Presidente da República, a indicação sucinta das suas principais funções.

Pode dizer-se, no entanto, que a Assembleia da República é, observando o conjunto das disposições que lhe conferem competência, herdeira da tradição oitocentista das funções dos parlamentos do Estado liberal, desenvolvendo duas principais funções:

(i) A Assembleia da República é órgão legislativo, sem ter o monopólio do exercício da função legislativa;

(ii) A Assembleia da República é órgão de fiscalização do executivo e da Administração Pública, sem ter um exclusivo do seu controlo.

18.1.2. *Princípios gerais*

(a) Princípio do unicameralismo

I. A Assembleia da República traduz um modelo de instituição parlamentar assente numa única câmara: não há que fazer qualquer distinção entre "câmara alta" e "câmara baixa", pois a Assembleia da República funciona sempre como instituição una e única representante de toda a comunidade.

O unicameralismo da Constituição de 1976 alicerça-se na tradição republicana portuguesa que, *de facto*, vem desde 1926, sem prejuízo de ter sido também acolhida pela primeira Constituição formal portuguesa (1822), encontrando-se a solução consagrada na Assembleia Constituinte de 1975/1976

§18.° *Assembleia da República* 263

numa influência directa do modelo da Constituição de 1933 e, simultaneamente, num propósito de concentrar num único órgão representativo de estrutura colegial e, por isso, dotado de uma forte legitimidade político-democrática a liderança da oposição a um sistema constitucional inicialmente dotado de acentuada componente orgânico-militar.

Em 1976, a natureza unicameral da Assembleia da República conferia a este órgão uma força decisória unitária que, expressando a vontade política da sociedade, era a única instituição de soberania integralmente dominada pela legitimidade democrática, isto perante um Presidente da República assente num compromisso democrático limitado por uma cláusula militar implícita, um Conselho da Revolução que traduzia a integração constitucional da componente militar e revolucionária e, por último, um Governo que, sendo responsável politicamente perante o parlamento, se desconhecia a sua configuração por efeito da intervenção de um Presidente da República necessariamente militar.

II. As razões que hoje continuam a justificar a opção constitucional por um parlamento composto por uma única câmara, ao invés do que sucedeu em Portugal entre 1826 e 1926, além da influência do modelo oriundo da Constituição de 1933 e de uma paradoxal recusa de institucionalizar constitucionalmente uma estrutura de tipo corporativo que o Estado Novo nunca acabaria por consagrar, encontram-se em três principais factores:

(i) A reduzida dimensão territorial do país e a ausência de diversidades étnicas e culturais;
(ii) O carácter unitário do Estado;
(iii) A forma republicana de governo.

Todos estes factores excluem qualquer justificação de uma representação política autónoma numa segunda câmara[379].

(b) Princípio da flexibilidade configurativa

III. A caracterização constitucional do estatuto da Assembleia da República, atendendo às diversas hipóteses de configuração que deixa em aberto ao critério do legislador ordinário, poderá bem resumir-se num designado

---

[379] No mesmo sentido, apesar de utilizar uma argumentação diferente, cfr. JORGE MIRANDA, *Direito Constitucional III*, pp. 207-208.

264 Princípios fundamentais

princípio da flexibilidade configurativa da Assembleia da República, isto a três níveis:

(*i*) No que respeita à sua composição, a Constituição permite que a Assembleia da República possa ter um mínimo de cento e oitenta e um máximo de duzentos e trinta Deputados (artigo 148.°), registando-se que o número actual de Deputados é de duzentos e trinta;

(*ii*) Em matéria de círculos eleitorais, a Constituição habilita que a lei possa criar círculos plurinominais e círculos uninominais (artigo 149.°, n.° 1), sendo certo que hoje apenas existem círculos plurinominais;

(*iii*) Faculta-se à lei, de igual modo, que, ao lado dos círculos eleitorais locais, seja criado um círculo eleitoral nacional (artigo 149.°, n.° 2), verificando-se que até agora sempre existiram apenas círculos eleitorais de âmbito distrital no Continente, um por cada região autónoma (: Açores e Madeira) e dois pela emigração (: Europa e fora da Europa).

IV. Confere a Constituição à lei ordinária, deste modo, um importante papel no preenchimento dos espaços de liberdade configurativa do estatuto da Assembleia da República, sem prejuízo de acautelar que as leis em causa têm de ser aprovadas por maioria de dois terços dos Deputados presentes, desde que superior à maioria absoluta dos Deputados em efectividade de funções (artigo 168.°, n.° 6, alínea d)).

Exigindo para a aprovação de tais leis ordinárias uma maioria igual à que estabelece para a aprovação de uma lei de revisão constitucional, pode dizer-se que a Constituição, visando conferir flexibilidade ao tratamento da matéria, sem impor no seu texto uma única solução, impediu, simultaneamente, atendendo ao melindre das matérias, que uma simples maioria governamental pudesse instrumentalizar ao seu serviço estas leis: a exigência de aprovação por uma maioria de dois terços confere um valor para-constitucional a tais leis ordinárias, aprováveis e modificáveis sem necessidade de alterar a Constituição.

Garante-se, igualmente através desta flexibilidade das soluções da Constituição, a estabilidade da normatividade constitucional.

(c) Princípio da auto-organização interna

V. Fundamenta-se numa remota tradição histórica o entendimento de que a organização e o funcionamento dos parlamentos não se esgota em nor-

§18.º *Assembleia da República* 265

mas externas, designadamente provenientes do texto constitucional ou de leis reguladoras do exercício da actividade parlamentar: cada parlamento tem sempre competência, segundo decorre de um princípio geral de auto-organização interna (v. *supra*, n.º 12.5.), para elaborar um regimento que, traduzindo uma manifestação de autovinculação[380], lhe permite pormenorizar aspectos referentes à sua organização e funcionamento internos.

A Assembleia da República não é aqui excepção: o artigo 175.º, alínea a), reconhece, expressamente, a competência para o parlamento elaborar e aprovar o seu regimento, registando-se que, mesmo que a Constituição nada dissesse sobre a matéria, sempre se teria de reconhecer uma competência implícita à Assembleia da República para o efeito.

VI. Pode mesmo recortar-se na Constituição a existência de uma reserva de regimento, enquanto conjunto de matérias cuja disciplina jurídica tem de ser feita por via de regimento (v. *supra*, n.º 12.5., III), negando-se à lei a susceptibilidade de intervir na regulação de tais matérias.

A reserva de regimento, ao contrário da reserva de lei, significa também matéria de exclusão de intervenção do Presidente da República: o regimento da Assembleia da República, sendo aprovado sob a forma de resolução (artigo 166.º, n.º 5), é publicado sem necessidade de promulgação do Chefe de Estado (artigo 166.º, n.º 6).

Por essa via, o regimento da Assembleia da República expressa o exercício de uma função normativa soberana, isto no sentido de não depender da necessidade de intervenção de qualquer outro órgão: só a Assembleia da República tem intervenção no procedimento de feitura do seu regimento.

(d) Princípio da dependência política do Presidente da República

VII. Mostra-se ainda possível extrair, atendendo ao regime constitucional regulador da Assembleia da República, a existência de um princípio geral de dependência política do parlamento perante o Presidente da República, sendo esta formulação susceptível de ser ilustrada nos seguintes termos:

(i) O Presidente da República pode livremente dissolver a Assembleia da República[381], encontrando-se a sobrevivência desta nas "mãos

---

[380] Cfr. JORGE MIRANDA, *Direito Constitucional III*, p. 219.

[381] Isto salvo nos seis meses após a eleição parlamentar ou no último semestre do mandato presidencial ou ainda em estado de excepção constitucional (artigo 172.º, n.º 1).

266 *Princípios fundamentais*

políticas" daquele, sendo certo que a Assembleia da República nunca pode destituir o Chefe de Estado[382];

(ii) Compete ao Presidente da República, segundo o preceituado pela lei eleitoral, a marcação das eleições dos deputados à Assembleia da República (artigo 133.°, alínea b)): a diferença de duração dos mandatos destes dois órgãos e a possibilidade de um deles ter o seu mandato abreviado pela intervenção do outro, confere ao Presidente da República uma longevidade superior à da Assembleia da República;

(iii) Todos os actos legislativos da Assembleia da República se encontram sujeitos a promulgação do Presidente da República (artigo 134.°, alínea b)): nenhuma lei do parlamento pode valer como tal sem a intervenção do Chefe de Estado;

(iv) Todos os tratados aprovados pela Assembleia da República dependem de livre ratificação do Presidente da República (artigo 135.°, alínea b)), tal como todos os acordos internacionais aprovados pelo parlamento se encontram sujeitos a livre assinatura por parte do Presidente da República (artigo 134.°, alínea b)): a vinculação internacional do Estado faz-se com a intervenção do Presidente da República e não com a simples aprovação parlamentar;

(v) As propostas de referendo aprovadas pela Assembleia da República carecem de livre decisão do Presidente da República quanto à sua efectiva realização (artigo 134.°, alínea c)): ao Presidente da República está confiada a última palavra em matéria de convocação de referendo, sendo a sua decisão irrecorrível;

(vi) O Presidente da República pode convocar extraordinariamente a Assembleia da República (artigo 133.°, alínea c)) "para se ocupar de assuntos específicos" (artigo 174.°, n.° 4), influindo sobre a fixação da ordem do dia parlamentar (artigo 176.°, n.° 1), tal como lhe pode enviar mensagens (artigo 133.°, alínea d)): deste modo, o Presidente da República pode intervir ou condicionar os trabalhos parlamentares ou até mesmo exortar a Assembleia da República a tomar decisões políticas ou a adoptar providências legislativas.

---

[382] Não obstante a Assembleia da República poder desencadear a responsabilidade criminal do Presidente da República junto do Supremo Tribunal de Justiça (artigo 130.°, n.os 1 e 2).

§18.° *Assembleia da República* 267

VIII. A mencionada dependência política da Assembleia da República face ao Presidente da República sofre, no entanto, quatro atenuações:

(i) A dissolução da Assembleia da República pelo Presidente da República nunca pode ser feita nos seis meses após a eleição parlamentar, tendo o Presidente de conviver com os resultados eleitorais, tal como nunca poderá ser dissolvida nos últimos seis meses do mandato presidencial, traduzindo um tempo de *capitis deminutio* do Presidente da República perante a Assembleia da República, nem durante a vigência de estado de excepção constitucional (artigo 172.°, n.° 1);

(ii) A Assembleia da República pode sempre fazer imperar a sua vontade contra o veto político presidencial, obrigando o Presidente da República a promulgar as leis vetadas, desde que obtenha para o efeito uma maioria absoluta ou uma maioria de dois terços dos deputados (v. *supra*, n.° 17.4., (b));

(iii) Os poderes de decisão do Presidente da República em matéria de estado de excepção constitucional e de declaração de guerra ou feitura da paz estão sempre dependentes de autorização parlamentar e sujeitos a vigilância parlamentar (v. *supra*, n.° 17.3., (c));

(iv) A Assembleia da República tem nas suas mãos desencadear o processo de responsabilização criminal do Presidente da República, por crimes cometidos no exercício de funções, junto do Supremo Tribunal de Justiça.

Não obstante estas atenuações reveladoras de uma reduzida amplitude dos poderes da Assembleia da República perante o Presidente da República, torna-se óbvio que a intensidade dos poderes de intervenção deste sobre aquela se mostra superior: comprova-se, deste modo, a dependência política da Assembleia da República face ao Presidente da República.

(e) Princípio da permeabilidade à instrumentalização governamental

IX. Se a Constituição permite recortar um princípio geral de dependência política da Assembleia da República perante o Presidente da República, a verdade é que, funcionando o parlamento, enquanto órgão colegial, à luz do princípio maioritário (v. *supra*, n.° 12.7.), isto significa que o partido ou coligação que possuir a maioria absoluta dos Deputados controla, salvo pontuais excepções, a decisão política e jurídica da Assembleia da República.

Nem será exagero afirmar, neste contexto, que o comportamento da maioria parlamentar, controlando a decisão da Assembleia da República, se

268 Princípios fundamentais

resuma na seguinte expressão: a maioria quer, a Assembleia da República aprova; a maioria não quer, a Assembleia da República rejeita.

E, sem embargo de a Constituição dizer que os Deputados exercerem livremente o seu mandato (artigo 155.°, n.° 1), a prática tem demonstrado que, por efeito da intermediação partidária, os Deputados raramente fogem à disciplina partidária, isto em termos tais que cada partido pode contar com os seus Deputados como um accionista de uma sociedade anónima com o número de acções que detém numa assembleia geral:

> *(i)* Os Deputados estão transformados em mero "título em carteira do partido político, que este exibe perante os outros partidos políticos"[383], num cenário de verdadeira fungibilidade dos Deputados[384];
>
> *(ii)* O funcionamento do parlamento como que foi objecto de uma "privatização", pois funciona como se fosse uma assembleia geral de uma sociedade anónima[385].

Há aqui uma supremacia dos partidos políticos sobre os Deputados[386]: os partidos condicionam quem vai ser deputado, definindo as listas de candidatos a apresentar às eleições, e, por via dos grupos parlamentares, condicionam o exercício do mandato parlamentar.

X. Essa dependência dos Deputados do respectivo partido em cuja lista foram eleitos assume, por força da experiência constitucional britânica, uma particularidade especial no âmbito da maioria parlamentar: é que o líder dessa maioria é, simultaneamente, o Primeiro-Ministro, num clássico exemplo de união pessoal – chefe do Governo e chefe da maioria parlamentar (v. *supra*, n.° 8.3., VI).

Por outras palavras, se é certo que a maioria controla o parlamento, não deixa de ser verdade que a maioria obedece ao seu líder que é, ao mesmo tempo, Primeiro-Ministro.

---

[383] Cfr. ROGÉRIO EHRHARDT SOARES, *Sentido e Limites da Função Legislativa...*, p. 440; IDEM, *Administração Pública e Controlo Judicial*, in *Revista de Legislação e de Jurisprudência*, n.° 3845, 1994, p. 229.

[384] Para mais desenvolvimentos, cfr. PAULO OTERO, *A «desconstrução» da democracia constitucional*, pp. 633-634; IDEM, *A subversão da herança...*, p. 255.

[385] Cfr. PAULO OTERO, *As instituições políticas e a emergência de uma «Constituição não oficial»*, p. 96; IDEM, *A subversão da herança...*, p. 256.

[386] Cfr. MANUEL BRAGA DA CRUZ/MIGUEL LOBO ANTUNES, *Parlamento, partidos e governo – acerca da institucionalização da política*, in MÁRIO BAPTISTA COELHO (coord.), *Portugal. O Sistema Político e Constitucional 1974/1987*, Lisboa, 1989, p. 352.

§18.º *Assembleia da República* 269

Deste modo, o Primeiro Ministro tem todas as condições para, ditando o comportamento a adoptar pela sua maioria, controlar a decisão parlamentar: a Assembleia da República encontra-se, num tal cenário de maioria absoluta, ao serviço do Governo e do seu Primeiro-Ministro.

Tudo se resume agora na seguinte afirmação: o Primeiro-Ministro quer, a maioria apoia, a Assembleia da República aprova; o Primeiro-Ministro não quer, a maioria apoia, a Assembleia da República rejeita.

No Primeiro-Ministro, enquanto líder da maioria parlamentar, reside o centro da vontade política da Assembleia da República: aqui se manifesta a permeabilidade de funcionamento do parlamento instrumentalizado pelo Governo

XI. Naturalmente que, nos termos de uma interpretação sistemática do texto constitucional, essa permeabilidade de funcionamento instrumentalizado da Assembleia da República pelo Governo conhece três tipos de limites:

(i) Limites, em primeiro lugar, que decorrem da ausência de uma maioria parlamentar a suportar um Governo ou do facto de o Primeiro-Ministro não ser o líder dessa maioria: a existência de governos minoritários faz a Assembleia da República funcionar de maneira diversa, tal como a circunstância de o Primeiro-Ministro não controlar a maioria determina um funcionamento diferente do parlamento;

(ii) Limites, em segundo lugar, que, independentemente de o Governo ser maioritário e o Primeiro-Ministro o líder da maioria parlamentar, resultam de existirem matérias cuja decisão da Assembleia da República exige maiorias qualificadas (v. *supra*, n.º 12.7., VI): a maioria absoluta torna-se insuficiente para obter uma decisão, deixando esta de ser permeável à instrumentalização pelo Governo;

(iii) Limites, em terceiro lugar, que decorrem de a Constituição salvaguardar verdadeiros direitos potestativos da oposição quanto à organização e funcionamento internos da Assembleia da República que se mostram insusceptíveis de ser preteridos pela maioria[387], tal como sucede nos seguintes exemplos:

(1) Os quatro Vice-Presidentes da Assembleia da República são eleitos sob proposta dos quatro maiores grupos parlamentares (artigo 175.º, alínea b));

---

[387] A própria Constituição estabelece o reconhecimento às minorias do "direito de oposição democrática" (artigo 114.º, n.º 2).

270 *Princípios fundamentais*

(2) Os grupos parlamentares da oposição têm direito a determinar potestativamente a ordem do dia de um certo número de reuniões da Assembleia da República (artigo 176.°, n.° 3);

(3) A composição das comissões parlamentares reflecte a representatividade dos partidos na Assembleia da República (artigo 178.°, n.° 2);

(4) Há obrigatoriedade de constituição de comissões de inquérito sempre que, por sessão legislativa, sejam requeridas por um quinto dos Deputados em efectividade de funções, até ao limite de uma por Deputado (artigo 178.°, n.° 4);

(5) As presidências das comissões são repartidas em proporção face ao número de Deputados de cada grupo parlamentar (artigo 178.°, n.° 6);

(6) A Comissão Permanente integra Deputados de todos os partidos, segundo a respectiva representatividade na Assembleia da República (artigo 179.°, n.° 2).

Em todos estes três grupos de situações, conclua-se, o princípio da permeabilidade da Assembleia da República à instrumentalização pelo Governo claudica.

(f) Princípio da complexidade da organização interna

XII. A Assembleia da República é, num outro sentido, um órgão complexo, pois surge configurado pela Constituição como sendo um órgão composto ou "desdobrável" em diversos outros órgãos: pode falar-se aqui num princípio da complexidade da organização interna da Assembleia da República[388].

Os Deputados, sendo os titulares e protagonistas da Assembleia da República, desdobram-se numa pluralidade de estruturas orgânicas que funcionam no interior do parlamento. Todavia, nem todos os órgãos internos da Assembleia da República são constituídos por Deputados ou, exclusivamente, por Deputados.

Não obstante a unidade decorrente de estar em causa sempre a actividade desenvolvida pela Assembleia da República, o certo é que no seu inte-

---

[388] Falando, por seu lado, em princípio da complexidade organizatória, cfr. JORGE MIRANDA, *Direito Constitucional III*, p. 223.

§18.° *Assembleia da República* 271

rior se vislumbra uma pluralidade de órgãos que permitem o seguinte desdobramento do funcionamento do parlamento[389]:

(i) Existem, por um lado, órgãos que praticam actos externos, imputáveis ao Estado, traduzindo o exercício das funções típicas da Assembleia da República conferidas pela Constituição ou pela lei;

(ii) Existem, por outro lado, órgãos que se limitam a praticar actos internos, esgotando os seus efeitos no funcionamento intramuros da Assembleia da República, num exercício de funções acessório ou instrumental, alicerçado quase sempre em normas regimentais, face à actividade desenvolvida pelos órgãos com poderes para a prática de actos externos.

Deste modo, ao contrário daquilo que se possa pensar, a Assembleia da República alberga no seu interior uma pluralidade de órgãos, enquanto centros institucionalizados passíveis de formar e expressar uma vontade própria da Assembleia da República.

XIII. Quais as estruturas orgânicas que podemos encontrar no âmbito interno da Assembleia da República?

Independentemente da discussão em torno da natureza dos grupos parlamentares (v. *infra*, n.° 18.2.3.) e sem tomar em consideração o corpo de funcionários administrativos e técnicos permanentes que auxiliam a actividade parlamentar, determinando a existência de serviços administrativos da Assembleia da República, assim como de especialistas requisitados ou temporariamente contratados, todos eles exercendo coadjuvação dos trabalhos da Assembleia da República (artigo 181.°), podemos elencar as seguintes principais estruturas orgânicas intraparlamentares que, alicerçadas em normas constitucionais, envolvem a presença de deputados:

– O Plenário;
– O Presidente da Assembleia da República;
– A Mesa da Assembleia da República;
– As Comissões;
– A Comissão Permanente.

Acresce ainda que, por força do Regimento da Assembleia da República, à luz do princípio da auto-organização interna (v. *supra*, n.° 12.5.), se

---

[389] Cfr. JORGE MIRANDA, *Direito Constitucional III*, p. 279.

272 *Princípios fundamentais*

mostra possível a criação, a título permanente ou temporário, de outras estruturas orgânicas no interior do parlamento compostas por Deputados. Nenhuma delas, porém, poderá exercer poderes decisórios que a Constituição ou a lei confere a órgãos por si criados ou cuja competência é por si definida.

Ao assunto voltaremos, no entanto, mais adiante (v. *infra*, n.° 18.3.).

(g) Principio da permanência de funcionamento

XIV. A Assembleia da República não é um órgão de funcionamento excepcional ou esporádico num curto espaço de tempo por ano, tal como era a tradição das cortes medievais ou dos parlamentos liberais e de regimes autoritários.

Em sentido contrário, visando acentuar a importância da instituição parlamentar no modelo constitucional de Estado de Direito democrático, a Assembleia da República não é um órgão temporário, antes tem um funcionamento ininterrupto durante quase todo o ano, salvo em períodos de férias parlamentares ou em caso de dissolução, podendo recortar-se, à luz do ordenamento constitucional vigente, um princípio geral de permanência de funcionamento do parlamento[390].

Essa permanência de funcionamento da Assembleia da República confere reforçada importância às suas funções legislativas e de fiscalização política: o parlamento exerce uma actividade de constante ou continuando acompanhamento e controlo do executivo, tornando-se um órgão especialmente activo na fiscalização política de governos minoritários.

XV. A referida permanência de funcionamento da Assembleia da República resulta configurada pela Constituição nos seguintes moldes:

(i) O período normal de funcionamento da Assembleia da República inicia-se a 15 de Setembro e termina a 15 de Junho (artigo 174.°, n.° 2): apenas durante dois meses, correspondendo às designadas férias parlamentares, a Assembleia da República não funciona em Plenário, sem prejuízo de poderem funcionar as comissões (artigo 174.°, n.° 5);

(ii) Mesmo durante as férias parlamentares, entre 16 de Junho e 14 de Setembro, tal como nas situações de suspensão de funcionamento,

---

[390] Neste sentido, cfr. JORGE MIRANDA, *Direito Constitucional III*, p. 223.

a Assembleia da República pode, todavia, funcionar, verificando-se uma das seguintes hipóteses:

- Existindo prorrogação do período normal de funcionamento, por deliberação do Plenário (artigo 174.°, n.° 3);
- Por convocatória da Comissão Permanente (artigos 174.°, n.° 3, e 179.°, n.° 3, alínea c));
- Em caso de grave emergência, até por iniciativa de mais de metade dos deputados (artigo 174.°, n.° 3);
- Ocorrendo convocação extraordinária pelo Presidente da República (artigo 174.°, n.° 4);

(iii) Igualmente durante o período em que a Assembleia da República não está em funcionamento ou ainda durante o período em que foi dissolvida, existe sempre a presença da Comissão Permanente da Assembleia da República (artigo 179.°, n.° 1): nunca se verifica, deste modo, um "vazio parlamentar" no sistema de governo;

(iv) Aliás, a própria dissolução da Assembleia da República, além de não prejudicar a competência da sua Comissão Permanente, nunca envolve a cessação imediata do mandato dos Deputados do parlamento dissolvido, subsistindo esse mandato até à primeira reunião da Assembleia após as subsequentes eleições (artigo 172.°, n.° 3), motivo pelo qual se pode defender a susceptibilidade de, em cenários excepcionais, se verificar um reassumir extraordinário de funções do parlamento dissolvido[391].

Em todas estas manifestações se comprova, em suma, o princípio geral da permanência de funcionamento da Assembleia da República.

(h) Princípio da imunidade da sede parlamentar

XVI. As instalações da sede da Assembleia da República, situadas no Palácio de S. Bento, em Lisboa, gozam, por força de uma norma consuetudinária, de imunidade[392], enquanto garantia de um exercício livre e

---

[391] Note-se, a título de curiosidade histórica, que esta última solução encontrava-se expressamente prevista no artigo 111.° da Constituição de 1838, permitindo que os membros das Cortes reassumissem funções, em caso de dissolução, verificando-se a morte do rei.

[392] No mesmo sentido, especificamente no que diz respeito ao Direito italiano, cfr. Maria Luisa Mazzoni Honorati, *Lezioni di Diritto Parlamentare*, 2.ª ed., Torino, p. 185.

274 *Princípios fundamentais*

independente das respectivas funções, o que se traduz nas seguintes manifestações:

(i) Proibição de entrada e permanência de forças militares no parlamento ou de qualquer força pública fora do quadro legal previsto: a segurança da Assembleia da República está a cargo de um destacamento da Guarda Nacional Republicana e da Polícia de Segurança Pública, nos termos fixados por regulamento do Presidente da Assembleia da República[393];

(ii) Proibição da presença de pessoas estranhas durante as reuniões do Plenário: quem não é Deputado, nem se encontre de serviço, não pode estar presente[394], sem prejuízo da natureza pública das reuniões plenárias[395] e da presença dos meios de comunicação social[396];

(iii) Todo aquele que perturbar o funcionamento da Assembleia da República, sem ser seu membro, recorrendo a tumultos, desordens ou vozearias, comete crime[397], tal como aquele que usar de coacção, por meio de violência ou ameaça de violência, impedir ou constranger o livre exercício das funções do parlamento[398];

(iv) Igualmente comete crime de coacção contra órgão constitucional, o titular de cargo público que, por meio não violento, nem ameaça de violência, impedir ou constranger o livre exercício das funções do parlamento[399], assim como aquele titular de cargo político que, no exercício das suas funções, usando de violência ou de meios não democráticos, atente contra a Constituição usando a Assembleia da República[400].

---

[393] Cfr. artigo 29.º da Lei da Organização e Funcionamento da Assembleia da República, aprovada pela Lei n.º 77/88, de 1 de Julho.

[394] Cfr. artigo 68.º do Regimento da Assembleia da República.

[395] Cfr. artigo 110.º, n.º 1, do Regimento da Assembleia da República.

[396] Cfr. artigo 111.º do Regimento da Assembleia da República.

[397] Cfr. artigo 334.º, alínea a), do Código Penal.

[398] Cfr. artigo 333.º, n.º 1, do Código Penal.

[399] Cfr. artigo 10.º da Lei de Responsabilidade dos titulares de cargos políticos, aprovada pela Lei n.º 34/87, de 16 de Julho.

[400] Cfr. artigo 8.º da Lei de Responsabilidade dos titulares de cargos políticos, aprovada pela Lei n.º 34/87, de 16 de Julho.

§18.º Assembleia da República

18.2. Os Deputados

BIBLIOGRAFIA: JORGE MIRANDA, *Deputado*, Coimbra, 1974; IDEM, *Direito Constitucional III*, pp. 99 ss. e 233 ss.; IDEM, *Manual...*, VII, pp. 220 ss.; JORGE MIRANDA/RUI MEDEIROS, *Constituição Portuguesa Anotada*, II, pp. 449 ss.; MARIA BENEDITA URBANO, *Representação Política e Parlamento*, pp. 91 ss.

18.2.1. *Eleição*

BIBLIOGRAFIA: FILIPE ALBERTO DA BOA BAPTISTA, *Regime Jurídico das Candidaturas*, Lisboa, 1997; JORGE MIRANDA, *Manual...*, VII, pp. 231 ss.

(a) Candidatos a Deputados

I. A eleição dos Deputados, sendo feita por sufrágio directo, secreto e universal, pressupõe que sejam apresentadas candidaturas para o efeito: ninguém se pode candidatar a um cargo electivo contra a sua própria vontade, tendo que manifestar uma vontade no sentido de aceitar ser candidato, podendo sempre, a qualquer momento, desistir da candidatura.

Sucede, porém, que ninguém se pode apresentar isoladamente como candidato a Deputado: o artigo 151.º, n.º 1, cria um monopólio a favor dos partidos políticos quanto à apresentação de candidaturas a Deputados.

Significa isto que só os partidos políticos, isolados ou em coligação, podem apresentar listas de candidatos a Deputados[401].

II. Não exige a Constituição, no entanto, que todos os candidatos a Deputados sejam militantes ou filiados em partidos políticos: deixa-se ao critério dos partidos políticos a aceitação de candidatos independentes nas suas listas (artigo 151.º, n.º 1).

Se nem todos os candidatos a Deputados têm de ser filiados num partido político, a verdade é que ninguém pode chegar a Deputado sem ser por intermédio dos partidos políticos ou, em termos mais rigorosos, não pode existir qualquer Deputado eleito sem que tenha sido candidato numa lista apresentada por um partido político ou coligação de partidos.

---

[401] Para uma crítica a esta solução, cfr. PAULO OTERO, *A «desconstrução» da democracia constitucional*, pp. 630 ss.

Os partidos políticos, dominando a apresentação de candidaturas, instituem uma genuína ditadura no acesso da colectividade à Assembleia da República: a representação parlamentar da colectividade só pode ser feita com a intermediação dos partidos políticos, inexistindo representação da sociedade sem partidos políticos.

Em matéria de candidaturas à Assembleia da República, o Estado de partidos instituído pela Constituição baseia-se no seguinte lema: tudo pelos partidos, nada contra os partidos.

III. Naturalmente que as candidaturas dos cidadãos a Deputados, tendo sempre que ser apresentadas por partidos políticos, obedecem a regras:

(i) Só podem ser candidatos os cidadãos portugueses eleitores (artigo 150.°), significando isto que têm de ser maiores de idade e estar recenseados[402];

(ii) Ninguém pode ser candidato em mais de uma lista (artigo 151.°, n.° 2);

(iii) Ninguém se pode apresentar como candidato em mais de um círculo eleitoral da mesma natureza (artigo 151.°, n.° 2);

(iv) A lei eleitoral pode criar restrições à elegibilidade, por via de incompatibilidades ou de exercício de certos cargos (artigo 150.°).

(b) Círculos eleitorais

IV. Não obstante o princípio da flexibilidade do modelo de círculos eleitorais que a Constituição introduziu no artigo 149.° (v. *supra*, n.° 18.1.2. (b)), o certo é que, até hoje, o legislador ainda não exerceu a margem de liberdade conferida pela Constituição, aprovando uma nova lei eleitoral:

(i) O legislador ainda não optou pela criação de um sistema misto de círculos eleitorais, conciliando círculos plurinominais (que têm sempre de existir, por força da garantia da representação proporcional) e círculos uninominais (que podem ou não existir);

(ii) O legislador ainda não se resolveu a criar, paralelamente aos círculos eleitorais locais, um círculo eleitoral nacional.

---

[402] Dando conta de um exemplo, durante a I República, de um candidato a deputado que foi eleito, apesar de não se encontrar recenseado, cfr. FILIPE ALBERTO DA BOA BAPTISTA, *Regime Jurídico das Candidaturas*, p. 93.

§18.° Assembleia da República 277

V. Neste contexto, continuam a existir apenas círculos eleitorais baseados no seguinte esquema:

(i) Cada círculo eleitoral hoje existente nunca pode conter apenas a eleição de um só Deputado: todos os círculos eleitorais existentes são plurinominais, sem prejuízo de amanhã, se o legislador assim entender, poder também criar círculos eleitorais uninominais;

(ii) Existem círculos eleitorais no território nacional e fora do território nacional: os primeiros correspondem à área geográfica dos distritos no Continente e ainda às duas regiões autónomas, envolvendo a eleição de um total de 226 Deputados; os segundos, possibilitando a representação parlamentar dos emigrantes portugueses a residir no estrangeiro, dividem-se entre um círculo eleitoral da Europa e um círculo eleitoral fora da Europa, elegendo cada um deles dois Deputados;

(iii) A determinação do número de Deputados a eleger por cada círculo eleitoral existente no território nacional, tendo hoje de ser sempre plurinominal, faz-se atendendo a uma relação de proporcionalidade face ao número de eleitores nele inscritos (artigo 149.°, n.° 2);

(iv) Essa relação de proporcionalidade entre o número de Deputados e o número de eleitores inscritos no respectivo círculo eleitoral não é aplicável, todavia, em relação aos círculos eleitorais fora do território nacional (artigo 149.°, n.° 2, *a contrario*).

VI. A determinação geográfica dos círculos eleitorais e, genericamente, todas as matérias a que se refere o artigo 149.°, tal como a fixação do número exacto de Deputados da Assembleia da República, integrando a reserva de lei parlamentar, exige que a sua aprovação seja feita por uma maioria de dois terços dos Deputados (artigo 168.°, n.° 6, alínea d)).

(c) Sistema eleitoral

VII. A conversão do número de votos em mandatos faz-se à luz do sistema de representação proporcional (artigo 113.°, n.° 5), segundo o método da média mais alta de Hondt (artigo 149.°, n.° 1)[403].

---

[403] O método de Hondt foi formulado por Victor d'Hondt (1841-1901), advogado belga, cfr. JORGE BACELAR GOUVEIA, *Sistemas eleitorais e método de Hondt*, in *Dicionário Jurídico da Administração Pública*, 1.° suplemento, Lisboa, 1998, em especial, pp. 463 ss.

Significa isto o seguinte:

(i) Em cada círculo eleitoral há sempre uma relação directa entre o número de eleitos e o número de votos obtidos pelos diferentes partidos: não há, necessária e fatalmente, a representação de um único partido político em cada círculo eleitoral, isto em termos tais que aquele que vence não fica com a totalidade dos lugares a eleger, antes deverá existir também uma repartição desses lugares pelos partidos que, não tendo ganho nesse círculo eleitoral, têm votos que, segundo uma relação de proporção, lhes permita garantir alguns desses lugares;

(ii) A distribuição da totalidade dos lugares em disputa em cada círculo pelas listas de partidos concorrentes nesse mesmo círculo exige a adopção do método da média mais alta de Hondt, o que envolve[404]:

– Dividir-se o número total de votos obtidos por cada partido, sucessivamente, pelo número de lugares em causa;

– Ordenam-se depois os quocientes obtidos por ordem decrescente, isto até ao número de lugares em causa – o último desses números é o "número repartidor" ou "divisor comum";

– Assim, cada partido obtém tantos deputados quantas vezes o "número repartidor" ou "divisor comum" couber no número de votos que esse partido obteve.

VIII. Observemos agora a exemplificação aplicativa do método da média mais alta de Hondt[405].

a) Imagine-se o seguinte:

– Está em causa um círculo eleitoral com 5 lugares de deputados;
– Apresentaram-se às eleições, por esse círculo eleitoral, cinco partidos políticos – A, B, C, D e E;
– Foram obtidos os seguintes resultados:
  • Partido A: 27 000 votos;
  • Partido B: 23 000 votos;
  • Partido C: 15 000 votos;
  • Partido D: 7 600 votos;
  • Partido E: 7 400 votos;

---

[404] Cfr. PIETRO VIRGA, *Diritto Costituzionale*, pp. 111 ss.

[405] Seguiu-se de perto o exemplo fornecido por MAURICE DUVERGER, *Os Grandes Sistemas Políticos*, pp. 103-104.

§18.° *Assembleia da República*

b) Começando por dividir o número total de votos obtidos por cada partido pelo número de lugares em causa, obtém-se o seguinte resultado:

	Divisão 1	Divisão 2	Divisão 3	Divisão 4	Divisão 5
Partido A	**27 000**	**13 500**	9 000	6 750	5 400
Partido B	**23 000**	**11 500**	7 666	5 750	4 600
Partido C	**15 000**	7 500	5 000	3 750	3 000
Partido D	7 600	3 800	2 533	1 900	1 520
Partido E	7 400	3 700	2 466	1 850	1 480

c) Ordenando agora os quocientes obtidos por ordem decrescente, atendendo a que são cinco os lugares de deputado a preencher nesse círculo eleitoral, temos o seguinte resultado:
 • 27 000
 • 23 000
 • 15 000
 • 13 500
 • 11 500

d) O "número repartidor" ou "divisor comum" é 11 500;

e) Deve então agora dividir-se o número de votos obtido por cada partido pelo número repartidor, isto é, 11 500, ficando limiarmente de fora os partidos D e E que não obtiveram esse número de votos. Assim, os deputados eleitos, segundo o método da média mais alta de Hondt, são os seguintes:

– Partido A: $\dfrac{27\,000}{11\,500} = 2$ deputados;

– Partido B: $\dfrac{23\,000}{11\,500} = 2$ deputados;

– Partido C: $\dfrac{15\,000}{11\,500} = 1$ deputado.

IX. Note-se, por último, que a Constituição, visando favorecer a representação parlamentar de pequenos partidos concentrados em determinados círculos eleitorais, consagra a proibição da designada "cláusula barreira" (artigo 152.°, n.° 1): a lei não pode estabelecer qualquer limite à conversão de votos em mandatos decorrente da exigência de uma percentagem mínima de votos do partido à escala nacional.

280 *Princípios fundamentais*

Em sistemas onde existe essa "cláusula barreira", tal como sucede com o alemão[406], um partido só pode obter representação parlamentar se, além de obter sucesso num determinado círculo eleitoral, tiver alcançado um determinado percentual mínimo de votos em termos nacionais. Significa isto, por outras palavras, o seguinte: ainda que seja a primeira força política num determinado círculo eleitoral, se a nível nacional não conseguir ultrapassar essa "barreira", não terá representação parlamentar. É isso o que o artigo 152.º, n.º 1, pretende evitar.

18.2.2. *Mandato parlamentar*

BIBLIOGRAFIA: Maria Benedita Urbano, *Representação Política e Parlamento*, pp. 91 ss.

(a) Duração: início e termo

I. O mandato dos Deputados é, normalmente, de quatro anos, correspondendo à duração de cada legislatura (artigos 171.º, n.º 1, e 174.º, n.º 1), iniciando-se com a primeira reunião da Assembleia da República após as eleições e terminando com a primeira reunião após as eleições subsequentes (artigo 153.º, n.º 1).

A determinação da primeira reunião da Assembleia da República, enquanto início do mandato dos novos Deputados e simultâneo termo do mandato dos antigos Deputados, pode ocorrer, todavia, em dois diferentes momentos (artigo 173.º, n.º 1):

(i) Pode dar-se no terceiro dia posterior ao apuramento dos resultados gerais das eleições;

(ii) Ou, tendo as eleições resultado do termo da legislatura, se o referido dia recair antes do termo da legislatura, a primeira reunião ocorrerá no primeiro dia da legislatura subsequente.

Note-se, porém, que o mandato de quatro anos pode ser abreviado, em termos colectivos, pela dissolução da Assembleia da República, sem prejuízo de só se verificar o seu termo efectivo com a primeira reunião da nova Assembleia eleita (artigo 172.º, n.º 3).

---

[406] A "cláusula barreira" do Direito alemão é de 5%, cfr. Konrad Hesse, *Grundzüge...*, pp. 66 e 254-255.

§18.° *Assembleia da República* 281

De igual modo, uma vez que a dissolução parlamentar faz com que a nova Assembleia eleita, apesar de iniciar nova legislativa, tenha acrescido o tempo necessário para completar o período correspondente à sessão legislativa em curso à data da eleição (artigo 171.°, n.° 2), há aqui um inerente alargamento ou acréscimo da duração do mandato dos respectivos Deputados.

II. Podem existir, no entanto, razões de índole individual que determinem um encurtamento do mandato do Deputado, abreviando o termo das suas funções, durante o decurso da legislatura. É o que sucede nas seguintes situações:

(i) Morte;
(ii) Impossibilidade física ou psíquica permanente;
(iii) Renúncia ao mandato (artigo 160.°, n.° 2);
(iv) Ocorrendo perda de mandato, isto por efeito de uma de seis causas indicadas no artigo 160.°, n.° 1:
  (1) Se o Deputado preencher alguma das incapacidades ou incompatibilidades previstas na lei;
  (2) Verificando-se que o Deputado excedeu o número de faltas previsto no Regimento;
  (3) Se o Deputado nem tiver tomado assento na Assembleia;
  (4) Se o Deputado se inscrever em partido diferente daquele pelo qual foi eleito[407];
  (5) Se ao Deputado, em caso de condenação por crime de responsabilidade no exercício da função, lhe for aplicada a pena específica de perda do mandato[408];
  (6) Se, independentemente de lhe ser aplicada essa pena específica, o Deputado for condenado por participar em organizações racistas ou que perfilhem ideologia fascista.

---

[407] Trata-se da designada "cláusula checoslovaca", uma vez que foi a Constituição da Checoslováquia, em 1920, o primeiro texto constitucional a determinar que o tribunal eleitoral pudesse destituir o deputado que deixasse o partido pelo qual foi eleito, cfr. PIERRE AVRIL/JEAN GICQUEL, *Droit Parlamentaire*, 2.ª ed., Paris, 1996, p. 31.

[408] Essa é hoje a solução geral, desde que condenado definitivamente por crime de responsabilidade cometido no exercício das suas funções, nos termos do artigo 29.°, alínea b), do Regime da Responsabilidade dos Titulares de Cargos Políticos, aprovado pela Lei n.° 34/87, de 16 de Julho.

III. Podem ainda suceder, por outro lado, situações de suspensão do mandato de Deputado, configurando a Constituição as seguintes possíveis hipóteses:

(i) Por meio de pedido de substituição temporária, formulado pelo próprio Deputado, existindo "motivo relevante" (artigo 153.°, n.° 2)[409];

(ii) Ocorrendo a nomeação do Deputado como membro do Governo (artigo 154.°, n.° 1);

(iii) Se o Deputado for acusado definitivamente da prática de crime doloso a que corresponda pena de prisão cujo limite máximo seja superior a três anos (artigo 157.°, n.° 4, *in fine*);

(iv) Se, não se tratando de crime doloso a que corresponda pena de prisão cujo limite máximo seja superior a três anos, for movido procedimento criminal contra um Deputado, tendo sido acusado definitivamente, a Assembleia da República pode deliberar a sua suspensão para efeitos de seguimento do processo (artigo 157.°, n.° 4);

(v) O mandato suspende-se ainda sempre que, nos termos do Estatuto dos Deputados, o Deputado venha a exercer algum cargo que gere uma incompatibilidade[410].

IV. Note-se que, ocorrendo vagas ou substituições temporárias de mandatos parlamentares, os Deputados que vierem a preencher essas vagas ou a exercer funções a título substitutivo não têm uma duração de quatro anos de mandato, antes completam o mandato do anterior titular até ao termo da legislatura ou, tratando-se de substituição entretanto terminada, até ao reassumir pelo substituído do seu mandato parlamentar.

---

[409] Especificamente sobre os problemas que suscita o conceito indeterminado "motivo relevante", cfr. JORGE MIRANDA, *Direito Constitucional III*, pp. 241 ss.

[410] Neste sentido, à luz do artigo 4.°, n.° 1, alínea c), da Lei n.° 7/93, de 1 de Março, provocam a suspensão do mandato de Deputado o assumir das seguintes funções ou cargos:

– Representante da República para as regiões autónomas;

– Membro de órgão de governo próprio das regiões autónomas;

– Embaixador não oriundo da carreira diplomática;

– Governador e vice-governador civil;

– Presidente, vice-presidente ou substituto legal do presidente e vereador a tempo inteiro ou em regime de meio tempo das câmaras municipais, não podendo a suspensão ocorrer por mais de um único período não superior a 180 dias;

– Funcionário do Estado ou de outras pessoas colectivas públicas;

– Alto cargo ou função internacional, se for impeditivo do exercício do mandato parlamentar, bem como funcionário de organização internacional ou de Estado estrangeiro.

§18.º Assembleia da República

Em qualquer dos casos, trate se de substituição por vagatura ou suspensão do mandato, o Estatuto dos Deputados determina que a substituição do Deputado se faça pelo primeiro candidato não eleito da respectiva ordem de precedência da lista que foi submetida a sufrágio[411].

Naturalmente que, se não existirem já candidatos efectivos ou suplentes não eleitos na lista de Deputados a substituir, não será possível a sua substituição[412] e, uma vez que não há eleições parciais e intercalares para nova eleição de um Deputado pelo círculo eleitoral em causa, ficando o lugar sem titular, haverá aqui uma situação em que os Deputados em efectividade de funções serão em número inferior aos 230 que compõem a Assembleia da República.

(b) Estatuto funcional

V. O mandato de Deputado envolve, tal como o de qualquer titular de um órgão do Poder, um determinado estatuto funcional, enquanto conjunto de posições jurídicas que a ordem jurídica reconhece ao Deputado pelo simples facto de ser Deputado.

Sabemos já que parte do estatuto funcional dos Deputados integra a assunção de situações funcionais de natureza subjectiva (v. *supra*, n.º 13.5.), cumpre agora salientar, todavia, que esse estatuto funcional se caracteriza por três diferentes componentes:

(i) Existem poderes funcionais, traduzindo um conjunto de faculdades que, sem prejuízo de poderem ser alargadas por via do Regimento da Assembleia da República (artigo 156.º, alínea g)), a Constituição confere aos Deputados, em termos individuais ou colectivos, os quais se podem sintetizar em quatro grupos[413]:

   (1) Poderes de iniciativa procedimental junto da Assembleia da República (v.g., o desencadear de um processo de revisão da Constituição, de um procedimento legislativo, referendário ou regimental);

   (2) Poderes de participação nos debates parlamentares (v.g., usando da palavra, votando, elegendo e sendo eleito);

---

[411] Cfr. artigo 9.º, n.º 1, da Lei n.º 7/93, de 1 de Março.

[412] Cfr. artigo 9.º, n.º 5, da Lei n.º 7/93, de 1 de Março.

[413] Sistematizando esses poderes, todavia, em dois grupos: poderes de dinamização da competência da Assembleia da República e poderes de participação nos seus trabalhos, cfr. JORGE MIRANDA, *Direito Constitucional III*, pp. 245 ss.

284 *Princípios fundamentais*

(3) Poderes de fiscalização política, tendo como alvos especiais o Governo e a Administração Pública (v.g., questionando e esperando obter resposta, requerendo elementos, informações e documentos, solicitando a constituição de comissões de inquérito);

(4) Poderes processuais de desencadear a fiscalização sucessiva abstracta da constitucionalidade de normas (artigo 281.°, n.° 2, alínea f));

(ii) Observam-se, por outro lado, posições jurídicas subjectivas activas tituladas pelos Deputados que se reconduzem a direitos subjectivos e a privilégios (v. *supra*, n.° 13.5., II);

(iii) Registam-se ainda, por último, a posições jurídicas subjectivas passivas suportadas pelos Deputados, reconduzíveis a deveres, sujeições e restrições particulares a direitos fundamentais (v. *supra*, n.° 13.5., II).

VI. A densificação do estatuto funcional do mandato do Deputado que surge recortado pela Constituição, nos termos expostos, exige ainda uma cuidadosa investigação em torno da pormenorização da sua regulação junto do Regimento da Assembleia da República, do Estatuto dos Deputados e ainda de outra legislação dispersa: esse propósito ultrapassa em muito, porém, uma exposição sobre o quadro constitucional do respectivo estatuto funcional.

(c) Natureza jurídico-política

VII. O mandato parlamentar nada tem que ver com o vínculo contratual de mandato a que se refere o Código Civil: não se estabelece qualquer contrato ou relação jurídica de mandato entre o eleitor e o eleito[414].

A circunstância de a Constituição determinar que os Deputados exercem livremente o seu mandato (artigo 155.°, n.° 1) e que representam todo o país e não os círculos (ou os partidos) por que são eleitos (artigo 152.°, n.° 2) significa que os Deputados têm um mandato representativo e não imperativo[415]: procura-se garantir, deste modo, a independência e a autonomia do Deputado.

---

[414] Cfr. PIERRE AVRIL/JEAN GICQUEL, *Droit Parlamentaire*, p. 27.

[415] Cfr. MARCELO REBELO DE SOUSA, *Os Partidos Políticos no Direito Constitucional Português*, pp. 512 ss.; ANTÓNIO COSTA, *A natureza jurídica do mandato parlamentar*, in *Revista Jurídica*, n.° 5, Janeiro-Março de 1986, pp. 156 ss.; MARIA BENEDITA URBANO, *Representação Política e Parlamento*, pp. 787 ss.

§18.° *Assembleia da República* 285

Os Deputados não recebem instruções dos seus eleitores e, apesar de vinculados a ter um "indispensável contacto com os cidadãos eleitores e à sua informação regular" (artigo 155.°, n.° 1), o certo é que não são eleitos vinculados a ter de consultar ou a seguir indicações dos seus eleitores sobre questões concretas a decidir no parlamento.

Isto é o que resulta do texto da Constituição "oficial", bem fiel, neste domínio, à configuração oitocentista do mandato parlamentar.

Muito diferente se mostra, no entanto, por efeito da intermediação partidária, a natureza do mandato parlamentar: há agora que observar a Constituição "não oficial".

VIII. A Constituição "não oficial" diz-nos, em sentido contrário ao princípio da liberdade do exercício do mandato parlamentar dos Deputados, que a intervenção dos partidos políticos retira, limita ou condiciona a referida liberdade de exercício do mandato pelos Deputados.

A já assinalada subversão do sentido das eleições parlamentares, transformadas que estão num processo de escolha do Primeiro-Ministro (v. *supra*, n.° 8.3., VI), num cenário de uma democracia estrangulada pelo domínio dos partidos políticos (v. *supra*, n.° 8.2., VII), próprio de um Estado de partidos que foi objecto de uma metamorfose em Estado do partido governamental (v. *supra*, n.° 8.3. (d)), conduziram à perfeita fungibilidade do Deputado (v. *supra*, n.° 18.1.2., IX): o Deputado é hoje um instrumento ao serviço do partido que o elegeu e não a expressão da vontade dos eleitores[416].

Mais: a dissolução de qualquer efectiva ligação entre eleitores e eleitos, colocados os partidos políticos como únicos mediadores entre as duas realidades[417], faz com que o Deputado, sob pena de se ver afastado nas próximas eleições da lista do partido que o elegeu, se torne um instrumento dócil nas mãos do respectivo directório do partido a quem deve a sua eleição.

Só em casos excepcionais, fugindo à disciplina partidária ou exercendo uma cada vez mais rara liberdade de consciência, o Deputado exerce hoje livremente o seu mandato: por via de regra, o Deputado limita-se a reproduzir com fidelidade as opiniões que o partido determina que ele assuma e defenda na Assembleia da República.

No limite, se o Deputado se desvincular do partido político que o elegeu, tornando-se um independente no parlamento, é certo que não perde por isso

---

[416] Cfr. Paulo Otero, *A «desconstrução» da democracia constitucional*, p. 633; Idem, *A Democracia Totalitária*, p. 226; Idem, *A subversão da herança...*, pp. 255 ss.
[417] Cfr. Paulo Otero, *Sistema eleitoral...*, pp. 118 ss.

o mandato, pois seria necessário que se inscrevesse em partido diferente daquele pelo qual foi eleito (artigo 160.°, n.° 1, alínea c)); converte-se, todavia, num proscrito do partido que o elegeu, sabendo que não será candidato a Deputado, por esse partido, na próxima eleição da Assembleia da República.

A lição a extrair torna-se clara: se um Deputado quiser fazer "carreira" parlamentar, terá de ser obediente ao directório do partido que o escolheu como candidato e o fez eleger.

Pode bem dizer-se que o mandato parlamentar nunca foi tão pouco representativo ou, visto de ângulo diferente, numa foi tão imperativo face ao partido político que propôs e fez eleger o Deputado: o Deputado tornou-se um núncio do partido político.

Ou, numa formulação diferente da mesma ideia, o Deputado é um "porta-voz" do partido no parlamento, sendo o mandato imperativo uma realidade de facto[418].

IX. A representação política de hoje, assente no quadro acabado de traçar, quase nada tem de semelhante com a teoria da representação política liberal.

As eleições parlamentares assentam num grande equívoco ou numa verdadeira ilusão colectiva[419]: nem a eleição dos Deputados constitui o motivo principalmente determinante da votação, nem os Deputados são realmente escolhidos pelos eleitores, nem o parlamento é, por consequência, uma assembleia verdadeiramente representativa dos cidadãos.

Bem ao contrário de tudo aquilo que está escrito no texto constitucional e nos manuais do Direito Constitucional "oficial", verifica-se que o motivo principalmente determinante da eleição dos Deputados tem que ver com a escolha directa de uma individualidade para chefe do governo, daí que os Deputados sejam realmente escolhidos pelo partido e, deste modo, o parlamento se transforme numa câmara de representação dos partidos políticos que apenas por ficção se dirá representarem os cidadãos.

Vive-se hoje numa paradoxal democracia representativa sem verdadeira representação[420]: os Deputados só teoricamente se podem ter como verdadeiros representantes dos cidadãos.

---

[418] Cfr. PIETRO VIRGA, *Il Partito nell'Ordinamento Giuridico*, Milano, 1948, pp. 185-186.

[419] Cfr. PAULO OTERO, *A «desconstrução» da democracia constitucional*, p. 635; IDEM, *A Democracia Totalitária*, p. 227; IDEM, *A subversão da herança...*, p. 255.

[420] Cfr. PAULO OTERO, *A «desconstrução» da democracia constitucional*, p. 634; IDEM, *A Democracia Totalitária*, p. 227.

§18.° *Assembleia da República* 287

18.2.3. *Organização: os grupos parlamentares*

BIBLIOGRAFIA: JORGE MIRANDA, *Grupo parlamentar*, in *Polis – Enci-clopédia Verbo da Sociedade e do Estado*, III, Lisboa/S. Paulo, 1985, pp. 131 ss.; IDEM, *Direito Constitucional III*, pp. 261 ss.; MARIA BENEDITA URBANO, *Representação Política e Parlamento*, pp. 316 ss.

(a) Conceito e qualificação

I. Tendo o propósito de alcançar a máxima efectividade da sua acção parlamentar, verifica-se que os deputados de uma mesma corrente política ou, nos dias de hoje, eleitos por um mesmo partido ou coligação se associam, formando uma estrutura organizativa coordenadora da respectiva acção parlamentar[421]: são os designados grupos parlamentares.

Historicamente configurados como meras realidades de facto que foram surgindo e desenvolvendo-se no interior dos parlamentos, os grupos parlamentares são actualmente uma realidade jurídica objecto de expresso reconhecimento constitucional, funcionando como centros titulares de poderes e de direitos: esse é sentido do artigo 180.°.

II. Não se mostra pacífica, no entanto, a qualificação jurídica dos grupos parlamentares, podendo dizer-se que existem, em abstracto, três diferentes concepções[422]:

(i) Há quem entenda que os grupos parlamentares não são órgãos do parlamento, antes são órgãos dos partidos políticos com representação parlamentar[423];

(ii) Há quem, em sentido contrário, configure os grupos parlamentares como unidades orgânicas do parlamento, dotados de funções atribuídas pela própria Constituição[424];

---

[421] Cfr. PIETRO VIRGA, *Il Partito nell'Ordinamento Giuridico*, p. 178.

[422] Para uma síntese do vasto elenco de múltiplas teses sobre a natureza dos grupos parlamentares, cfr., por todos, T. MARTINES/C. DE CARO/V. LIPPOLIS/R. MORETTI, *Diritto Parlamentare*, Rimini, 1996, pp. 147 ss.; SILVANO TOSI, *Diritto Parlamentare*, 2.ª ed., Milano, 1993, pp. 161 ss.

[423] Cfr. JORGE MIRANDA, *Direito Constitucional III*, p. 266; JORGE MIRANDA/RUI MEDEIROS, *Constituição Portuguesa Anotada*, II, p. 621. E no mesmo sentido se parece inclinar MARCELO REBELO DE SOUSA, *Os Partidos Políticos no Direito Constitucional Português*, p. 515.

[424] Cfr. PIETRO VIRGA, *Diritto Costituzionale*, p. 201.

288   *Princípios fundamentais*

(iii) Há, por último, quem considere que os grupos parlamentares são, simultaneamente, órgãos do parlamento e órgãos do respectivo partido político[425].

Qual a solução que, face ao ordenamento jurídico português, se mostra preferível?
É o que importa averiguar.

(b) Regime jurídico

III. Os grupos parlamentares encontram a sua regulação jurídica na Constituição, no Regimento da Assembleia da República e ainda na Lei da Organização e Funcionamento da Assembleia da República, sem prejuízo das fontes informais resultantes da prática parlamentar.

Tomando como base a normatividade reguladora dos grupos parlamentares, mostra-se possível extrair as seguintes principais linhas do respectivo regime jurídico:

(i) Os Deputados não se encontram obrigados a constituir-se em grupos parlamentares (artigo 180.°, n.° 1): os grupos parlamentares são, neste sentido, organizações voluntárias de Deputados existentes no interior do parlamento[426];

(ii) Os grupos parlamentares só se podem constituir se existir uma pluralidade de Deputados, isto de tal modo que um único Deputado não pode formar um grupo parlamentar;

(iii) Cada Deputado só pode pertencer a um único grupo parlamentar, tal como cada partido ou coligação só pode constituir um único grupo parlamentar, encontrando-se também vedado que Deputados de vários partidos (sem terem sido eleitos por uma coligação) possam constituir um grupo parlamentar[427];

(iv) Não se encontra impedido que Deputados eleitos por um partido ou coligação e que sejam independentes possam fazer parte desse grupo parlamentar: uma vez que os Deputados independentes eleitos na lista de um partido (ou coligação) podem fazer parte do grupo parlamentar, torna-se óbvio que este não pode ser um órgão do partido político;

---

[425] Cfr. GOMES CANOTILHO/VITAL MOREIRA, *Constituição...*, 3.ª ed., p. 724; PAOLO BISCARETTI DI RUFFIA, *Diritto Costituzionale*, p. 909.

[426] Cfr. GIUSEPPE UGO RESCIGNO, *Corso...*, p. 400.

[427] Cfr. JORGE MIRANDA, *Direito Constitucional III*, p. 264.

§18.º *Assembleia da República* 289

(v) Não significa isto que o grupo parlamentar não se encontre politicamente subordinado ao respectivo partido político a que pertence a totalidade ou a maioria dos Deputados, registando-se mesmo que nas questões mais importantes seja a direcção partidária a definir a orientação política a seguir e até a ditar o sentido do voto[428]: a verdade, porém, é que, em termos estritamente jurídicos, os Deputados exercem livremente o seu mandato (artigo 155.º, n.º 1), registando-se que essa subordinação do grupo parlamentar ao partido tem natureza meramente factual[429];

(vi) Os grupos parlamentares desempenham importantes funções na organização e propulsão dos trabalhos no interior do parlamento, concedendo-lhe a Constituição dois principais tipos de poderes (artigo 180.º, n.º 2):

 (1) Poderes de participação – no Plenário, produzindo declarações políticas ou declarações de voto no final das votações finais globais, e ainda de intervir no âmbito das comissões parlamentares ou de serem ouvidos na fixação da ordem do dia;

 (2) Poderes de propulsão ou iniciativa procedimental – apresentando projectos de lei, desencadeando debates políticos com a presença do Governo e mecanismos de efectivação da responsabilidade política do Governo, requerendo a constituição de comissões parlamentares de inquérito ou a convocação do Plenário da Assembleia da República e ainda interpondo recurso de decisões da Mesa para o Plenário;

(vii) Simultaneamente, a Constituição confere quatro direitos aos grupos parlamentares:

 (1) O direito potestativo a determinar a ordem do dia de um certo número de reuniões da Assembleia da República (artigo 176.º, n.º 3);

 (2) O direito a serem informados pelo Governo sobre o andamento dos principais assuntos de interesse público (artigo 180.º, n.º 2, alínea j));

 (3) O direito de cada grupo parlamentar dispor de um local de trabalho na sede da Assembleia (artigo 180.º, n.º 3);

 (4) O direito de cada grupo parlamentar ter pessoal técnico e administrativo da sua confiança (artigo 180.º, n.º 3);

---

[428] Cfr. Manuel Braga da Cruz/Miguel Lobo Antunes, *Parlamento, partidos e governo...*, pp. 352 ss.

[429] Cfr. Silvano Tosi, *Diritto Parlamentare*, p. 163.

290 Princípios fundamentais

(viii) A esses direitos resultantes da Constituição há ainda a adicionar, por via de lei, o direito dos grupos parlamentares a uma subvenção anual[430], a pagar do orçamento da Assembleia da República;

(ix) Mostra-se ainda possível extrair da Constituição que os grupos parlamentares, uma vez que são constituídos integralmente por Deputados, gozam de irresponsabilidade pelos votos e opiniões que emitirem no exercício dos seus poderes constitucionais[431];

(x) Além disso, por efeito do princípio geral da auto-organização interna (v. supra, n.º 12.5.), cada grupo parlamentar tem a faculdade de estabelecer livremente a sua organização e funcionamento[432], elaborando regras internas sobre admissão, deveres e sanções disciplinares, e procedendo ainda à designação da sua direcção e do seu presidente.

IV. O reconhecimento de que os grupos parlamentares têm o direito a dispor de pessoal técnico e administrativo da sua confiança (artigo 180.º, n.º 3) determina que, apesar de competir aos grupos parlamentares a nomeação e a exoneração desse pessoal[433], a respectiva entidade patronal é a Assembleia da República[434]: observa-se, deste modo, que os grupos parlamentares praticam actos que projectam os seus feitos na esfera jurídica da Assembleia da República[435].

A circunstância de os grupos parlamentares praticarem actos que são juridicamente imputáveis à Assembleia da República, nomeando e exonerando pessoal que tem como entidade patronal a Assembleia da República, desencadeando iniciativas políticas e legislativas que, se forem aceites ou aprovadas, passam a traduzir a vontade do parlamento, permite concluir que

---

[430] Cfr. artigo 47.º, n.os 4 e 5, da da Lei da Organização e Funcionamento da Assembleia da República, aprovada pela Lei n.º 77/88, de 1 de Julho, segundo a redacção resultante da Lei n.º 28/2003, de 30 de Julho.

[431] No mesmo sentido, cfr. COSTANTINO MORTATI, Istituzioni..., I, p. 515.

[432] Cfr. GIUSEPPE DE VERGOTTINI, Diritto Costituzionale, p. 448.

[433] Cfr. artigo 46, n.º 6, da Lei da Organização e Funcionamento da Assembleia da República, aprovada pela Lei n.º 77/88, de 1 de Julho, segundo a versão resultante da Lei n.º 28//2003, de 30 de Julho.

[434] Neste sentido, em termos expressos, cfr. artigo 46, n.º 8, da Lei da Organização e Funcionamento da Assembleia da República, aprovada pela Lei n.º 77/88, de 1 de Julho, segundo o texto emergente da Lei n.º 28/2003, de 30 de Julho.

[435] Em sentido contrário, cfr. JORGE MIRANDA/RUI MEDEIROS, Constituição Portuguesa Anotada, II, p. 621.

§18.° Assembleia da República

não estamos aqui diante de órgãos dos partidos políticos: os grupos parlamentares surgem como estruturas associativas de Deputados no interior da Assembleia da República.

Será, porém, que se devem qualificar como órgãos da Assembleia da República ou, pelo contrário, os grupos parlamentares são associações de direito público[436] que funcionam no interior da Assembleia da República? Eis o que cumpre esclarecer.

(c) Natureza da figura

V. O argumento sistemático decorrente de os grupos parlamentares se inserirem num capítulo referente à "organização e funcionamento" da Assembleia da República diz-nos, claramente, que estamos aqui diante de uma realidade intraparlamentar: os grupos parlamentares não podem ser entendidos como algo de exterior à Assembleia da República.

Se os grupos parlamentares fossem órgãos partidários, o local de inserção sistemática do artigo 180.° estaria errado, além de que uma tal tese traduz ainda certa fidelidade a uma visão dos partidos políticos como realidades juridicamente integradas ou integráveis no Estado, isto quando os poderes que a Constituição confere aos partidos políticos são todos exteriores à Assembleia da República[437]: os grupos parlamentares não podem ser órgãos de partidos políticos.

Apesar de os grupos parlamentares poderem ser colonizados pelos partidos políticos, servindo até de instrumento do respectivo partido no parlamento[438], o certo é que nada disso é muito diferente daquilo que, de facto, se passa como os executivos autárquicos ou com o Governo, sem que isso transforme tais estruturas formais em órgãos dos partidos políticos.

VI. Os grupos parlamentares desempenham, enquanto estruturas internas da Assembleia da República, uma tripla função:

(i) Desenvolvem, em primeiro lugar, uma função representativa e aglutinadora dos Deputados, racionalizando e facilitando a organização e o funcionamento internos da Assembleia da República;

---

[436] Neste sentido, cfr. CONSTANTINO MORTATI, *Istituzioni...*, I, p. 515; GIUSEPPE DE VERGOTTINI, *Diritto Costituzionale*, p. 448.

[437] Neste último sentido, cfr. JORGE MIRANDA, *Direito Constitucional III*, p. 270.

[438] Neste último sentido, cfr. MANUEL BRAGA DA CRUZ/MIGUEL LOBO ANTUNES, *Parlamento, partidos e governo...*, p. 354.

(ii) Exercem, em segundo lugar, uma função dinamizadora ou propulsora da actividade da Assembleia da República, participando nos trabalhos parlamentares e tomando iniciativas políticas e legislativas;

(iii) Implementam, em terceiro lugar, uma função comunicativa ou de articulação entre os partidos políticos e a organização e o funcionamento internos da Assembleia da República, permitindo de facto, apesar da liberdade jurídica de cada Deputado, o exercício de um poder de orientação ou de direcção dos partidos sobre os grupos parlamentares.

Em qualquer das situações, os grupos parlamentares encontram-se sempre investidos do exercício de funções de natureza pública: não se mostra possível atribuir aos grupos parlamentares uma natureza privada.

Será que tais funções, desempenhadas todas no interior da Assembleia da República, permitem afirmar que os grupos parlamentares são órgãos interiores do parlamento?

Propendemos para uma resposta em sentido negativo.

VII. Em primeiro lugar, os grupos parlamentares são destinatários de poderes e direitos conferidos pela Constituição (artigo 180.°, n.os 2 e 3): se os poderes se mostram compatíveis com a natureza de uma estrutura orgânica, já a titularidade de verdadeiros direitos pelos grupos parlamentares – alguns deles sendo até direitos potestativos (artigo 176.°, n.° 3) – mostra-se incompatível com a natureza de órgãos – os órgãos não têm direitos.

Uma vez que as posições jurídicas subjectivas conferidas pela Constituição aos grupos parlamentares não se destinam aos Deputados, torna-se evidente que têm como alvo investir os grupos parlamentares na titularidade de tais direitos: os grupos parlamentares têm uma esfera jurídica que lhes permite ser titulares de direitos.

Há aqui um apelo a uma subjectivização ou personificação dos grupos parlamentares que se torna incompatível com a sua qualificação como órgãos.

Resta saber se esse "apelo" se mostra suficiente para se poder configurar os grupos parlamentares, enquanto associações voluntárias de Deputados, como verdadeiros sujeitos de direito.

Dois aspectos, porém, mostram-se, desde já, inequívocos:

(i) Os grupos parlamentares, envolvendo uma estrutura de base associativa, não podem ter, atendendo aos poderes que exercem e ao local do seu exercício, uma natureza privada;

§18.° *Assembleia da República* 293

(ii) Encontrando se em normas constitucionais o reconhecimento da sua constituição e a fonte dos seus poderes e direitos, os grupos parlamentares não podem ser enquadrados como associação de facto, antes traduzem uma realidade do mundo jurídico.

VIII. Registra-se, em segundo lugar, que os poderes conferidos aos grupos parlamentares não lhes faculta emanar decisões que se traduzam na expressão de uma vontade colegial da Assembleia da República: nenhum grupo parlamentar isolado representa a totalidade do parlamento[439], nem se mostra viável que todos os grupos parlamentares traduzam a vontade integral do parlamento, uma vez que podem existir Deputados não integrados em grupos parlamentares (artigo 180.°, n.° 4).

Neste sentido, os grupos parlamentares, apesar de prepararem e dinamizarem que a vontade de cada um se torne a vontade global a expressar pela Assembleia da República, o certo é que nenhum deles veicula uma vontade globalmente imputável ao parlamento: os grupos parlamentares, sem embargo de participarem na formação da vontade do parlamento, não agem em nome do parlamento, nem por conta dele, antes a respectiva actividade é feita em nome dos próprios grupos parlamentares[440].

Torna-se difícil, senão mesmo impossível, configurar os grupos parlamentares como órgãos internos da Assembleia da República: não se mostra sustentável que a Assembleia da República possua órgãos que expressem uma vontade que não pode ser imputável ou identificável com a vontade do parlamento.

Nem a imputabilidade da contratação de pessoal técnico e administrativo da confiança dos grupos parlamentares à Assembleia da República, tornando--a entidade patronal deste pessoal, se torna um argumento decisivo quanto à sua natureza de órgãos do Estado: se se entender que os grupos parlamentares são associações de direito público sem personalidade jurídica – à semelhança da figura paralela das associações de direito privado a que se refere o artigo 195.° do Código Civil –, explica-se cabalmente a solução legal de configurar a Assembleia da República como entidade patronal.

A Assembleia da República é a entidade patronal do referido pessoal da confiança dos grupos parlamentares e por eles nomeado e exonerado, por efeito expresso da lei, uma vez que os grupos parlamentares não têm personalidade jurídica: se os grupos parlamentares fossem órgãos internos da Assembleia da República a disposição que faz do parlamento a entidade patronal seria inútil – obviamente que os actos seriam imputáveis ao parlamento.

---

[439] Cfr. GIUSEPPE UGO RESCIGNO, *Corso...*, p. 401.
[440] Cfr. MARIA LUISA MAZZONI HONORATI, *Lezioni di Diritto Parlamentare*, p. 116.

294 *Princípios fundamentais*

IX. Em terceiro lugar, o entendimento que configura os grupos parlamentares como associações de direito público que funcionam no interior da Assembleia da República, envolvendo Deputados, apesar de não possuírem personalidade jurídica, mostra-se confirmada pela circunstância de os grupos parlamentares, sem embargo de possuírem poderes de natureza pública, agirem de acordo com o seu próprio interesse[441].

Cada grupo parlamentar tem uma visão própria, à luz dos seus interesses de grupo político e pré-compreensões ideológicas, do que seja o interesse geral. Sucede, porém, que os órgãos não são titulares de interesses, nem protagonizam a titularidade de interesses próprios. E, tratando-se de órgãos públicos, nunca podem exercer os poderes públicos de acordo com os seus interesses pessoais: confirma-se, neste domínio, que os grupos parlamentares não podem ser órgãos da Assembleia da República.

Pelo contrário, o facto de os grupos parlamentares agirem com base em interesses próprios mostra-se perfeitamente compatível com o seu estatuto de associações de direito público sem personalidade jurídica: é lógico que uma associação prossiga interesses próprios, não é admissível, todavia, que um órgão do Estado o faça.

X. Em resumo, segundo o regime jurídico vigente, os grupos parlamentares devem configurar-se como associações de direito público de Deputados, formadas e dotadas de poderes de acção no âmbito interno da Assembleia da República, sem possuírem personalidade jurídica.

18.3. Organização interna

BIBLIOGRAFIA: JORGE MIRANDA, *Direito Constitucional III*, pp. 279 ss.

(a) Plenário da Assembleia da República

I. O Plenário da Assembleia da República é o centro decisório mais importante do parlamento, local de confluência do exercício de todos os poderes típicos da actividade parlamentar e fonte de onde dimanam todas as restantes estruturas orgânicas: o Plenário é a sede de todo o poder da Assembleia da República, configurando-se como o único órgão titular da competência das competências parlamentares.

---

[441] Cfr. GIUSEPPE UGO RESCIGNO, *Corso...*, p. 400.

§18.º *Assembleia da República*   295

O Plenário é ainda a expressão orgânica da liberdade, da transparência e do contraditório que o pluralismo de um parlamento democrático encerra: é no Plenário que se materializam juridicamente as opções políticas do eleitorado, se desenvolve a dialéctica da argumentação e da contra-argumentação, da crítica e da solidariedade políticas, da fiscalização e da responsabilização políticas.

Historicamente, o Plenário é o depositário da tradição parlamentar, o centro da génese dos usos, das práticas e das praxes parlamentares, o local da origem de tudo:

(i) Foi pelo Plenário que o parlamento começou e se desenvolveu como instituição edificadora da democracia;

(ii) É no Plenário que o parlamento se realiza e se cumpre como órgão de soberania;

(iii) Será no Plenário que o parlamento nunca pode deixar de existir como órgão de legitimação e representatividade da comunidade.

II. Os poderes que a Constituição confere ao Plenário da Assembleia da República, sem prejuízo de outros resultantes do seu Regimento, podem agrupar-se em seis núcleos principais:

(i) O Plenário tem sempre intervenção no procedimento legislativo referente a matérias integrantes da competência da Assembleia da República:

(1) Nenhuma lei parlamentar pode ser aprovada sem intervenção do Plenário, reservando a Constituição para todos os projectos e propostas de lei um debate e uma votação na generalidade e, caso exista aprovação, uma votação final global (artigo 168.º, n.º 3), sem prejuízo de face a certo tipo de leis reservar ainda para o Plenário a votação na especialidade (artigo 168.º, n.ºs 4 e 5);

(2) Mesmo quando o Plenário decida que a votação na especialidade não se fará em Plenário, remetendo-se o texto para as comissões, o Plenário poderá sempre avocar a apreciação e a votação na especialidade (artigo 168.º, n.º 3);

(ii) O Plenário exerce uma função testemunhal do compromisso de honra do Presidente da República na sua tomada de posse (artigo 163.º, alínea a));

(iii) O Plenário tem competência reservada para aprovar convenções internacionais e proceder a todas as eleições de titulares de cargos públicos previstas na Constituição ou na lei;

296 *Princípios fundamentais*

(iv) O Plenário tem sempre competência decisória exclusiva face a todos os actos cuja aprovação se tenha de fazer por maioria superior à maioria simples;

(v) O Plenário surge como instância de recurso das decisões do Presidente da Assembleia da República e da Mesa da Assembleia da República;

(vi) O Plenário goza ainda de uma competência residual de natureza política, pertencendo-lhe todos os poderes de orientação e fiscalização política da Assembleia da República cujo exercício não se encontra atribuído, nem pelo Plenário pode ser atribuído, a uma outra estrutura decisória parlamentar.

(b) Presidente da Assembleia da República

III. O Presidente da Assembleia da República é eleito pelo Plenário do parlamento, por maioria absoluta dos Deputados em efectividade de funções (artigo 175.°, alínea b)), exercendo um mandato cujo período de tempo corresponde à legislatura.

O Presidente da Assembleia da República é a segunda figura na hierarquia do Estado, pois preside ao órgão representativo de todos os portugueses e substitui o Presidente da República em situações de impedimento temporário ou vagatura do cargo (v. *supra*, n.° 17.2.3.).

Não é como Presidente da República interino, todavia, que importa agora estudar o Presidente da Assembleia da República, pois essa análise já anteriormente foi realizada (v. *supra*, n.° 17.5., (b)), antes cumpre proceder ao estudo das suas funções no âmbito da actividade parlamentar. E, nesse sentido, o estatuto do Presidente da Assembleia da República encontra-se moldado pelos poderes que lhe são conferidos pela Constituição, pela lei e pelo Regimento.

IV. O Presidente da Assembleia da República, enquanto órgão do parlamento, sendo dotado de um gabinete constituído por pessoal da sua confiança, exerce as seguintes principais funções:

(i) Dirige e coordena os trabalhos do parlamento, num exercício típico de poderes integrantes do seu estatuto presidencial, o que significa, desde logo, o seguinte:

– Marca as reuniões plenárias e fixa a respectiva ordem do dia (artigo 176.°, n.° 1);

– Preside às reuniões plenárias, declarando a sua abertura, suspensão, interrupção e encerramento;

§18.º *Assembleia da República* 297

- Verifica a existência de *quorum* em cada reunião;
- Concede a palavra e assegura a ordem dos debates;
- Mantém a ordem, a disciplina e a segurança no parlamento;
- Admite ou rejeita as iniciativas procedimentais;
- Coloca à discussão e votação as iniciativas admitidas;
- Envia para as comissões parlamentares os documentos, os requerimentos e as petições para efeitos de apreciação;
- Impulsiona a formação de órgãos internos (permanentes ou temporários), envolvendo Deputados, e acompanha os respectivos trabalhos;
- Relaciona-se com os líderes das estruturas internas de organização dos Deputados;
- Manda publicar os textos no Jornal Oficial;
- Comunica formalmente com os restantes órgãos de soberania, enviando-lhes os textos resultantes da actividade decisória da Assembleia da República;

(ii) Preside à Mesa da Assembleia da República, à Comissão Permanente da Assembleia da República (artigo 179.º, n.º 1) e ainda a outras comissões previstas no Regimento, integrando também o Conselho de Estado (artigo 142.º, alínea a));

(iii) Exerce funções específicas quanto aos Deputados, salientando-se as seguintes:
- Julgar a justificação das suas faltas às reuniões plenárias;
- Decidir os pedidos de suspensão temporária;
- Receber e mandar publicar as declarações de renúncia ao cargo de Deputado;
- Promover a verificação de poderes dos Deputados;
- Autorizar deslocações oficiais;

(iv) Goza de legitimidade processual para solicitar ao Tribunal Constitucional a declaração de inconstitucionalidade com força obrigatória geral de quaisquer normas ou a declaração de ilegalidade com força obrigatória geral das normas previstas no artigo 281.º, n.º 1, alíneas b), c) e d) (artigo 281.º, n.º 2, alínea b));

(v) Controla a conformidade constitucional dos projectos e propostas de lei apresentados na Assembleia da República, devendo proceder à sua rejeição se infringirem a Constituição ou os princípios nela consignados[442];

---

[442] Cfr. artigos 120.º, n.º 1, alínea a), e 125.º, n.º 2, do Regimento da Assembleia da República.

298 *Princípios fundamentais*

(vi) Representa externamente a Assembleia da República;

(vii) Exerce funções de direcção dos serviços administrativos da Assembleia da República (artigo 181.°), possuindo ainda autoridade sobre todas as forças de segurança postas ao serviço da Assembleia da República.

V. Esclareça-se, por último, que o Presidente da Assembleia da República é substituído nas suas faltas ou impedimentos por um dos Vice-Presidentes da Assembleia da República, devendo essa substituição começar por ser assegurada, nos termos do Regimento, pelo Vice-Presidente do grupo parlamentar a que pertence o Presidente.

Em caso de vagatura do cargo, por morte, impedimento permanente, perda de mandato (na sequência de condenação definitiva por crime de responsabilidade cometido no exercício das suas funções)[443] ou renúncia do Presidente da Assembleia da República, terá o Plenário de proceder a nova eleição, registando-se que o novo Presidente da Assembleia da República tem a duração do seu mandato limitada ao período restante da legislatura.

(c) Mesa da Assembleia

VI. A Mesa da Assembleia é a designação conferida pela Constituição ao órgão colegial que, coadjuvando o Presidente da Assembleia da República no exercício das duas funções, é composto pelos seguintes elementos:

– O Presidente da Assembleia da República;
– Quatro Vice-Presidentes, eleitos sob proposta dos quatro maiores grupos parlamentares (artigo 175.°, alínea b));
– Quatro Secretários;
– Quatro Vice-Secretários.

Eleitos por sufrágio da maioria absoluta dos Deputados, todos os membros da Mesa têm um mandato correspondente à duração da legislatura, mantendo-se em funções até ao início da nova legislatura.

Em caso de renúncia de algum dos Vice-Presidentes, Secretários ou Vice-Secretários, tal como verificando-se vagatura do cargo ou suspensão do mandato de Deputado, o Plenário da Assembleia da República procede à eleição de novo titular.

---

[443] Trata-se de uma sanção possibilitada pelo artigo 117.°, n.° 3, e que tem concretização legislativa no artigo 29.°, alínea a), do Regime da Responsabilidade dos Titulares de Cargos Políticos, aprovado pela Lei n.° 34/87, de 16 de Julho.

§18.° *Assembleia da República*   299

VII. A competência da Mesa da Assembleia pode resumir-se às três seguintes principais funções:

- *(i)* Coadjuvar o Presidente da Assembleia da República no exercício das suas funções de direcção e coordenação dos trabalhos parlamentares;
- *(ii)* Elaborar regulamentos internos e interpretar e integrar as lacunas do Regimento;
- *(iii)* Declarar a perda de mandato dos Deputados.

Note-se que também os Vice-Presidentes, Secretários ou Vice-Secretários que compõem a Mesa são também titulares de competência individual, de natureza própria ou delegada, exercendo sempre aqueles que são Vice funções de substituição, nos termos do Regimento.

(d) Comissões parlamentares

VIII. Se os parlamentos são inimagináveis sem Plenário, a verdade é que os modernos parlamentos não se podem também imaginar sem comissões parlamentares.

As comissões são órgãos de desconcentração ou descongestionamento das inúmeras tarefas que, envolvendo especialidade e tecnicidade de análise e decisão, o Plenário do parlamento lhes confia, reservando este último a faculdade de avocar os casos que lhe interessem e o protagonismo nos grandes debates políticos gerais.

O artigo 178.°, n.° 1, tornando obrigatória a existência de comissões no seio da Assembleia da República, cria, no entanto, duas grandes categorias de comissões parlamentares:

- *(i)* As comissões previstas no Regimento, as quais assumem uma natureza permanente[444], podendo organizar-se em função da diversidade de matérias (v.g., Comissão dos Assuntos Constitucionais, Direitos, Liberdades e Garantias, Comissão de Ética)[445], têm os seus membros definidos por legislatura;

---

[444] Sobre as comissões parlamentares permanentes, cfr. ROGÉRIO EHRHARDT SOARES, *As comissões parlamentares permanentes: países não socialistas*, in *Boletim da Faculdade de Direito da Universidade de Coimbra*, 1980, pp. 155 ss.

[445] Não se mostra conforme com o artigo 178.°, n.° 1, da Constituição, violando a reserva de Regimento, que existam comissões permanentes não criadas por via do Regimento.

300 Princípios fundamentais

(ii) As comissões eventuais ou *ad hoc*, diferenciando aqui a Constituição dois tipos:

(1) As comissões de inquérito que, gozando de poderes de investigação próprios das autoridades judiciais (artigo 178.°, n.° 5)[446], investigam, examinam e apreciam (sem nunca, todavia, se substituírem aos tribunais) factos referentes a matérias que, revestindo interesse público, se integram na competência parlamentar de "vigiar pelo cumprimento da Constituição e das leis e apreciar os actos do Governo e da Administração" (artigo 162.°, alínea a))[447];

(2) As comissões que se constituam para qualquer outro fim determinado (que não seja o inquérito parlamentar).

Não se toma aqui em consideração, note-se, a designada Comissão Permanente da Assembleia da República, a qual será objecto de tratamento autónomo (v. *infra*, (e)).

IX. São traços constitucionais do regime comum às diversas comissões parlamentares os seguintes:

(i) A composição das comissões parlamentares tem de reflectir, segundo critérios de proporcionalidade, a representatividade dos partidos com assento na Assembleia da República (artigo 178.°, n.° 2);

(ii) Compete aos grupos parlamentares indicar os seus representantes nas comissões parlamentares (artigo 180.°, n.° 2, alínea a));

(iii) Igualmente a presidência das comissões parlamentares deve ser repartida em proporção ao número de Deputados integrantes dos diversos grupos parlamentares (artigo 178.°, n.° 6);

(iv) Sempre que estiver em causa a discussão de propostas legislativas regionais, as comissões parlamentares podem contar com a participação de representantes da assembleia legislativa da respectiva região autónoma (artigo 178.°, n.° 7);

---

[446] Cfr. NUNO PIÇARRA, *Extensão e limites dos poderes de investigação próprios das autoridades judiciais atribuídos, nos termos do artigo 181.°, n.° 5, da Constituição da República Portuguesa, às Comissões Parlamentares de Inquérito*, in *Scientia Ivridica*, n.° 244/246, 1993, Julho/Dezembro, pp. 193 ss.

[447] Sobre o tema, especificamente das comissões parlamentares de inquérito e dos inquéritos parlamentares, cfr. JORGE MIRANDA, *Sobre as comissões parlamentares de inquérito*, in *Direito e Justiça*, vol. XIV, 2000, pp. 33 ss.; JÓNATAS MACHADO/SÉRGIO MOTA, *As comissões parlamentares de inquérito – Poderes de investigação, reserva de juiz e direitos fundamentais*, in *Estudos em Homenagem ao Prof. Doutor Rogério Soares*, Coimbra, 2001, pp. 893 ss.; NUNO PIÇARRA, *O Inquérito Parlamentar....*, em especial, pp. 471 ss.

§18.º Assembleia da República 301

(v) Também os membros do Governo podem solicitar participar ou serem convocados a comparecer perante comissões parlamentares (artigo 177.º, n.º 3);

(vi) Uma vez que as comissões parlamentares podem ter como objecto a realização de inquéritos ou qualquer outro fim determinado (artigo 178.º, n.º 1), isto significa que a ordem jurídica lhes deve conferir todos os poderes necessários à realização de um tal propósito, segundo uma relação de adequação entre os meios e os fins em vista, verificando-se o respeito pelos demais princípios constitucionais: as comissões podem exigir a colaboração de quaisquer autoridades, solicitar informações e documentos, convocar pessoas a prestar esclarecimentos ou a depor;

(vii) Nos termos do princípio da auto-organização interna (v. *supra*, n.º 12.5.), nunca pode ser negado a cada comissão a faculdade de elaborar um regulamento interno próprio, sem prejuízo do respeito devido à normatividade externa, ao Regimento da Assembleia da República e até a um eventual regulamento interno comum a todas as comissões parlamentares.

Resulta ainda do Regimento da Assembleia da República que cada comissão parlamentar tem uma mesa, integrando o seu presidente e dois ou mais vice-presidentes, podendo constituir subcomissões e grupos de trabalho.

(e) Idem: Comissão Permanente da Assembleia da República

X. Expressando uma manifestação do princípio geral da permanência de funcionamento da instituição parlamentar (v. *supra*, n.º 18.1.2., (g)), a Comissão Permanente da Assembleia da República é o órgão que, traduzindo uma versão concentrada da composição política do parlamento, exerce uma função substitutiva do Plenário da Assembleia da República sempre que esta se encontra fora do seu período de funcionamento efectivo (v.g., férias parlamentares) ou está dissolvida, sem prejuízo de outros casos previstos na Constituição (artigo 179.º, n.º 1).

Nunca poderá o Plenário da Assembleia da República, todavia, proceder a uma delegação de plenos poderes na Comissão Permanente, remetendo-se aquele órgão a um "auto-apagamento" ou cometendo um "suicídio constitucional": além de só poder existir delegação de poderes constitucionais nos casos previstos na Constituição (artigo 111.º, n.º 2), vigorando um princípio geral de imodificabilidade da competência (v. *supra*, n.º 12.8.), a Comissão Permanente não se encontra configurada pela Constituição como órgão passível de proceder ao exercício substitutivo de toda a competência do Plenário da Assembleia da República, encontrando-se até vinculada, em cenários de actos autorizativos de decisões de alta importância do Presidente da República (artigo 179.°, n.° 4), a convocar, "no prazo mais curto possível", esse memo Plenário.

XI. Cumpre formular, a propósito da Comissão Permanente da Assembleia da República, três esclarecimentos adicionais:

(i) A Comissão Permanente, sendo presidida pelo Presidente da Assembleia da República, integra os quatro Vice-Presidentes e ainda Deputados indicados por todos os partidos, segundo a respectiva representatividade parlamentar (artigo 179.°, n.° 2);

(ii) Nem todas as funções da Assembleia da República podem ser exercidas pela Comissão Permanente, verificando-se que deparamos aqui com uma substituição meramente parcial: a Comissão Permanente apenas pode exercer, em vez da Assembleia da República, os poderes previstos no artigo 179.°, n.° 3, e ainda aqueles que, dizendo respeito a assuntos internos de organização e funcionamento do parlamento, se encontrem identificados no Regimento da Assembleia da República ou resultem de costume ou praxe constitucional (v.g., a preparação da abertura de nova sessão legislativa)[448];

(iii) Por último, nos termos do princípio da auto-organização interna (v. *supra*, n.° 12.5.), a Comissão Permanente poderá elaborar normas internas referentes à sua própria organização e funcionamento.

(f) Outras estruturas orgânicas

XII. O Regimento da Assembleia da República, numa manifestação ainda de exercício do princípio geral de auto-organização interna do parlamento (v. *supra,* n.° 12.5.), prevê a existência dos seguintes órgãos internos da Assembleia da República:

(i) A *Conferência de Líderes*, traduzindo uma estrutura que compreende os presidentes dos grupos parlamentares ou seus substitutos e que reúne com o Presidente da Assembleia da República, visa regular o funcionamento da Assembleia, incluindo auxiliar o Presi-

---

[448] Com um sentido diferente, cfr. JORGE MIRANDA/RUI MEDEIROS, *Constituição Portuguesa Anotada*, II, pp. 617-618.

§18.° *Assembleia da República* 303

dente da Assembleia da República na marcação das reuniões plenárias e na fixação da respectiva ordem do dia[449];

(ii) A *Conferência dos Presidentes das Comissões Parlamentares* que, sendo presidida pelo Presidente da Assembleia da República, tem por missão acompanhar os aspectos funcionais da actividade das comissões, assim como avaliar as condições gerais do processo legislativo e a boa execução das leis[450];

(iii) *Delegações da Assembleia da República* que, podendo ter carácter permanente ou temporário, têm uma composição que representa a correlação de forças políticas do Plenário, visando o desempenho de uma missão específica no exterior da Assembleia da República;

(iv) *Grupos parlamentares de amizade*, reflectindo também a composição política do parlamento, têm o propósito de promover o diálogo e a cooperação com parlamentos de Estados amigos de Portugal, intensificando as relações entre diferentes parlamentos.

XIII. Indique-se ainda, a título de excurso, que, além destas estruturas orgânicas de natureza política, constituídas por Deputados, a Assembleia da República tem ainda, nos termos da lei referente à sua organização e funcionamento, órgãos próprios de gestão dos seus serviços administrativos que, sem prejuízo da intervenção superior do Presidente da Assembleia da República e a participação decisória de Deputados, exercem funções de natureza administrativa. Neste âmbito se inserem as seguintes estruturas orgânicas:

– Conselho de Administração;
– Secretário-Geral da Assembleia da República;
– Auditor Jurídico.

18.4. Funcionamento

BIBLIOGRAFIA: JORGE MIRANDA, *Direito Constitucional III*, pp. 293 ss.

(a) Tempo de funcionamento

I. Sabe-se já que cada legislatura tem a duração de quatro anos, salvo ocorrendo dissolução da Assembleia da República, situação que determina o início de nova legislatura, nos termos do artigo 171.°, n.° 2.

---

[449] Cfr. artigo 20.° do Regimento da Assembleia da República.
[450] Cfr. artigo 21.° do Regimento da Assembleia da República.

304 *Princípios fundamentais*

Cada legislatura divide-se, por sua vez, em quatro sessões legislativas (artigo 171.°, n.° 1), tendo, cada uma, a duração de um ano (artigo 174.°, n.° 1).

A Assembleia da República funciona todos os dias úteis, sem prejuízo de, a título excepcional, também poder funcionar em dias feriados (v.g., 25 de Abril, 5 de Outubro) ou até em finais de semana.

II. A sessão legislativa tem o seu início em 15 de Setembro, terminando em 15 de Junho, intervalo esse que corresponde ao período normal de funcionamento da Assembleia da República (artigo 174.°, n.ºs 1 e 2).

E, durante esse período normal de funcionamento, o Presidente da Assembleia da República deverá organizar os trabalhos parlamentares tendo em vista garantir quatro períodos de tempo:

– Tempo para as reuniões do Plenário;
– Tempo para as reuniões das comissões parlamentares;
– Tempo para as reuniões dos grupos parlamentares;
– Tempo ainda para o contacto entre os Deputados e os eleitores.

Independentemente do período normal de funcionamento, pode ainda a Assembleia da República reunir, à luz do princípio geral da permanência de funcionamento (v. *supra*, n.° 18.1.2., XV), durante as férias parlamentares ou em casos de suspensão do seu funcionamento.

Note-se que, fora do período normal de funcionamento e ainda durante as suspensões do parlamento, as comissões parlamentares podem, por deliberação da Assembleia, funcionar (artigo 174.°, n.° 5).

III. Igualmente o princípio geral de dependência política do parlamento do Presidente da República (v. *supra*, n.° 18.1.2., VII) se faz sentir quanto à dimensão temporal do funcionamento da Assembleia da República, isto a dois níveis:

(*i*) O Presidente da República pode convocar extraordinariamente o parlamento para se ocupar de assuntos específicos (artigo 174.°, n.° 4);

(*ii*) O Presidente da República pode determinar uma antecipação do termo da legislatura, dissolvendo a Assembleia da República, segundo o preceituado pelo artigo 172.°.

(b) Ordem do dia

IV. A ordem do dia é fixada pelo Presidente da Assembleia da República, segundo critérios materiais fixados pelo Regimento da Assembleia, sem

§18.° *Assembleia da República*   305

prejuízo da possibilidade de recurso da decisão do Presidente para o Plenário da Assembleia (artigo 176.°, n.° 1).

Há aqui, no âmbito da fixação da ordem do dia das reuniões do parlamento, uma dupla garantia da maioria: é o Presidente da Assembleia da República, eleito pela maioria, que a fixa e, em caso de divergência entre a sua decisão de fixação da ordem do dia e a vontade da maioria parlamentar, a possibilidade de recurso para o Plenário garantirá sempre a prevalência da vontade política da maioria.

Pode bem concluir-se, neste sentido, que "a maioria parlamentar determina, directa ou indirectamente, a ordem do dia"[451].

V. Essa prevalência da maioria na fixação da ordem do dia das reuniões da Assembleia da República sofre, no entanto, diversas atenuações ou excepções:

(i) Deve respeitar, desde logo, a ordem das prioridades de matérias fixadas pelo Regimento da Assembleia da República (artigo 176.°, n.° 1): o Regimento, enquanto se mantiver em vigor sem ter sido alterado, sendo a expressão de uma autovinculação parlamentar, não pode ser derrogado nos casos singulares (: princípio da inderrogabilidade singular dos regulamentos), sob pena de ilegalidade das decisões violadoras dos critérios regimentais;

(ii) Tem de respeitar a prioridade conferida pela Constituição aos assuntos específicos que, em caso convocação extraordinária da Assembleia da República, constam do acto do Presidente da República (artigo 176.°, n.° 1);

(iii) Tem de tomar em consideração o pedido de prioridade solicitado pelo Governo e pelos grupos parlamentares no que diz respeito a assuntos de interesse nacional de resolução urgente (artigo 176.°, n.° 2) e ainda, no que se refere a assuntos de interesse regional também de resolução urgente, o pedido de prioridade formulado pelas assembleias legislativas das regiões autónomas (artigo 176.°, n.° 4);

(iv) Tem ainda de salvaguardar sempre o respeito pelo direito potestativo dos grupos parlamentares em determinarem a ordem do dia de um certo número de reuniões (artigo 176.°, n.° 3), tal como, nos termos do Regimento (artigo 180.°, n.° 4), os direitos potestativos dos Deputados que não se encontram integrados em grupos parlamentares.

---

[451] Cfr. JORGE MIRANDA, *Direito Constitucional III*, p. 295.

306   *Princípios fundamentais*

VI. A ordem do dia não pode ser preterida, nem interrompida, salvo deliberação unânime do Plenário ou ainda nos casos previstos no Regimento (v.g., falta de *quorum*), sem prejuízo da sequência das matérias fixada para cada reunião poder ser, por deliberação do Plenário, alterada.

(c) Votações

VII. Na sequência do debate ou discussão de uma matéria, tendo para o efeito os Deputados e/ou os membros do Governo usado da palavra durante um período de tempo previamente definido, se estiver em causa apurar o sentido decisório da Assembleia da República, há que proceder a uma votação: a votação é o momento da expressão da vontade decisória da Assembleia da República.

No momento da votação pode dizer-se que a pluralidade de vontades individuais dos Deputados converge para a formação da vontade colegial da Assembleia da República, permitindo apurar a vontade unitária deste órgão de soberania do Estado: a vontade que resulta da maioria dos Deputados passa, a partir desse momento, a ser a vontade da Assembleia da República, vinculando tudo e todos.

VIII. As votações na Assembleia da República obedecem, nos termos do respectivo Regimento, aos seguintes princípios gerais:

(i) Se as deliberações têm eficácia externa, exige-se a presença de mais de metade dos Deputados em efectividade de funções (artigo 116.º, n.º 2); se, porém, as deliberações não têm eficácia externa, versando "sobre aspectos circunscritos à coordenação de trabalhos ou seus procedimentos"[452], basta o designado "*quorum* de funcionamento", correspondendo a um quinto do número de Deputados em efectividade de funções[453];

(ii) As deliberações são tomadas à pluralidade de votos, não contando as abstenções para o apuramento da maioria;

(iii) O voto é presencial, correspondendo um voto a cada Deputado, verificando-se que nenhum Deputado, salvo o Presidente da Assembleia da República, pode deixar de votar estando presente;

---

[452] Cfr. artigo 92.º, n.º 4, do Regimento da Assembleia da República.
[453] Cfr. artigo 58.º, n.º 1, do Regimento da Assembleia da República.

§18.° Assembleia da República

(iv) As votações podem ser realizadas por quatro formas: (1.ª) levantados e sentados, (2.ª) voto electrónico, (3.ª) votação nominal e (4.ª) escrutínio secreto[454];

(v) As votações realizam-se a horas certas, devendo antes de qualquer votação accionar-se uma campainha de chamada e avisadas as comissões que se encontram em funcionamento;

(vi) Em caso de empate na votação, haverá repetição da votação e se, ainda assim, depois da segunda votação, se verificar novo empate, isto equivale a rejeição da iniciativa;

(vii) No final da votação, os Deputados, a título individual, ou os grupos parlamentares podem emitir declarações de voto, escritas ou orais, esclarecendo o sentido da sua votação.

18.5. Competência

BIBLIOGRAFIA: GOMES CANOTILHO, *Direito Constitucional e Teoria...*, pp. 630 ss.

18.5.1. *Tipos de competência*

I. Observando o elenco de poderes que a Constituição confere à Assembleia da República (artigos 161.° a 165.° e 175.°), verifica-se, sem qualquer margem para dúvidas, que por este órgão representativo de todos os cidadãos portugueses passam as principais decisões normativas e políticas do Estado:

– A revisão da Constituição que, envolvendo o exercício da competência das competências, expressa ainda um poder constituinte que é a fonte formal de todas as restantes fontes formais;

– A aprovação das principais leis, desde os estatutos político-administrativos das regiões autónomas, as leis eleitorais, o Orçamento do Estado, o estatuto dos titulares dos órgãos de soberania até às leis de amnistia;

– A aprovação de todos os tratados internacionais;

– Determina a sorte do Governo, fazendo-o sobreviver ou causando a sua demissão, uma vez que pode rejeitar o seu programa (logo após

---

[454] Cfr. JORGE MIRANDA, *Deputados e votações parlamentares (Parecer)*, in *Revista da Faculdade de Direito da Universidade de Lisboa*, Vol. XLII, n.° 2, 2001, pp. 809 ss.

Princípios fundamentais

a investidura), rejeitar uma moção de confiança ou aprovar uma moção de censura;

– Pode controlar o mérito político de quase todos os actos legislativos do Governo;

– Elege os titulares dos mais importantes órgãos constitucionais que não são órgãos de soberania.

II. Não obstante se assistir a um progressivo esvaziamento da margem de liberdade decisória da Assembleia da República no exercício de alguns dos seus poderes, observando-se aqui uma transfiguração da normatividade constitucional (v. *supra*, n.ºs 8.2. e 8.3.), isto por efeito da intermediação partidária, da intervenção do Direito da União Europeia e da crescente governamentalização da decisão política, a verdade é que a Constituição formal continua ainda fiel a um modelo oitocentista de configuração do papel do parlamento.

Mostra-se possível recortar, neste sentido, três grupos de competência da Assembleia da República:

(a) Competência normativa;
(b) Competência política;
(c) Competência administrativa interna.

Esclareça-se, todavia, que muitos aspectos da competência normativa têm subjacente uma forte componente política, tal como a competência política muitas vezes só ganha força vinculativa se se transformar em acto normativo. Nem se poderá excluir que existam casos de exercício de competência administrativa interna dotados de forte componente política, assim como o exercício da competência normativa e da competência política dependerem sempre de decisões administrativas internas.

Observemos, seguidamente, cada um destes tipos de competência da Assembleia da República.

(a) Competência normativa

III. A Assembleia da República, sendo o órgão colegial representativo de todos os cidadãos portugueses, possui competência para produzir e emanar normas jurídicas: essa associação entre o parlamento e a produção normativa articula um clássico problema de legitimidade político-democrática das fontes normativas formais do ordenamento jurídico.

A configuração do parlamento como titular de uma competência normativa, permitindo-lhe aprovar normas jurídicas aplicáveis a todos, por deliberação de um colégio igualmente representativo de todos os portugueses,

§18.º *Assembleia da República* 309

assenta numa lógica oitocentista de representação política que, numa recepção do postulado de Rousseau, tem subjacente a ideia de que a lei, enquanto acto normativo típico, é a expressão da vontade geral. Sucede, no entanto, que a competência normativa não se esgota na feitura de leis.

IV. A competência normativa da Assembleia da República compreende quatro realidades distintas ou, se se pretender, envolve quatro diferentes fontes do ordenamento jurídico-positivo:

(i) Há, em primeiro lugar, uma competência normativa que se consubstancia na *aprovação de leis constitucionais* que introduzem alterações à Constituição (artigo 161.º, alínea a)): a Assembleia da República é a única titular do poder constituinte derivado, competindo-lhe o monopólio da feitura das leis de revisão constitucional;

(ii) Observa-se, em segundo lugar, uma competência normativa que se traduz na *feitura (elaboração e aprovação) de leis (ordinárias)*: trata-se do exercício da competência legislativa da Assembleia da República, registando-se que, segundo a pura lógica liberal, o parlamento é titular de uma competência legislativa genérica (artigo 161.º, alínea c)) – compete-lhe fazer leis sobre todas as matérias, salvo aquelas que a Constituição reserva a outros órgãos;

(iii) Existe, em terceiro lugar, uma competência normativa que se expressa na *aprovação de convenções internacionais*: à Assembleia da República compete aprovar todos os tratados internacionais, todos os acordos internacionais que versem sobre matérias da sua competência legislativa reservada e ainda todos aqueles acordos que o Governo entenda submeter à sua apreciação (artigo 161.º, alínea i));

(iv) Regista-se, em quarto lugar, uma competência normativa interna, expressão de um *poder de auto-organização*, que se materializa na elaboração e aprovação do seu Regimento (artigo 175.º, alínea a)) e demais regulamentos internos de organização e funcionamento: o Regimento da Assembleia da República tem, todavia, a particularidade de, ao invés dos restantes actos normativos internos, tendo por base expressas normas constitucionais[455], servir de expressão a uma autovinculação quanto à organização e ao funcionamento dos trabalhos parlamentares, desempenhando a função de acto norma-

---

[455] Resulta daqui, aliás, a susceptibilidade de controlo da constitucionalidade do próprio Regimento da Assembleia da República, cfr. Acórdão do Tribunal Constitucional n.º 63/91, de 19 de Março de 1991, relativo ao processo n.º 588/88, in http://www.dgsi.pt/atco1.nsf/.

310 *Princípios fundamentais*

tivo que serve de padrão de conformidade procedimental a toda a actuação parlamentar, traduzindo-se a sua violação numa ilegalidade, segundo resulta do princípio da inderrogabilidade singular dos actos normativos[456].

Voltaremos, em momento posterior, ao estudo mais desenvolvido da competência legislativa da Assembleia da República (v. *infra*, n.º 18.5.2.).

(b) Competência política

V. A representatividade política subjacente à Assembleia da República, enquanto órgão unicameral de expressão do pluralismo ideológico existente na sociedade, confere-lhe um especial protagonismo na representação da vontade política da colectividade: a colegialidade da Assembleia da República, diferentemente da natureza singular do Presidente da República, comporta em si a diversidade de interesses sociais e de ideologias políticas.

A ideia de que o parlamento traduz a liofilização de toda a colectividade (v. *supra*, n.º 18.1.1., II), concentrando em si a representação política da vontade da sociedade, segundo as suas múltiplas preferências e diversidade de hierarquias de interesses, consubstancia o alicerce que justifica a atribuição à Assembleia da República de uma ampla, complexa e importante competência política.

VI. A competência política da Assembleia da República mostra-se passível de, atendendo às funções do seu objecto específico, assumir as cinco seguintes configurações:

(i) Há uma *competência de orientação política* que, sem prejuízo de se materializar também num certo tipo de actos normativos aprovados pelo parlamento (v.g., Orçamento de Estado, grandes opções dos Planos de desenvolvimento económico, tratados de aprofundamento da União Europeia), traduz a faculdade de emitir directivas e comandos de conteúdo político, propondo, autorizando, exortando, recomendando, advertindo ou criticando (: orientação de incidência

---

[456] Para mais desenvolvimentos sobre o regimento da Assembleia da República, cfr. JORGE MIRANDA, *Competência interna da Assembleia da República*, in JORGE MIRANDA (org.), *Estudos sobre a Constituição*, I, Lisboa, 1977, pp. 293 ss.; M. J. MOREIRA, *A natureza jurídica do regimento parlamentar*, in *Estudos de Direito Parlamentar/Seminário de Direito Constitucional*, Lisboa, 1997, pp. 9 ss.; PEDRO REBELO VELEZ, *O regimento da Assembleia da República como fonte de direito*, in *Estudos de Direito Público*, Lisboa, 2006, pp. 667 ss.

§18.° *Assembleia da República* 311

objectiva) ou ainda de designar pessoas passíveis de formular e implementar linhas políticas de orientação no respectivo âmbito funcional de acção (: orientação de incidência subjectiva), expressando-se nos seguintes poderes da Assembleia da República:

(1) Poderes de orientação política objectiva:
- – Propor a referendo questões de relevante interesse nacional (artigo 161.°, alínea j));
- – Autorizar e confirmar a declaração de estado de excepção constitucional (artigo 161.°, alínea l));
- – Autorizar a declaração de guerra e a feitura da paz (artigo 161.°, alínea m));
- – Pronunciar-se sobre as matérias pendentes de decisão da União Europeia que incidam sobre a esfera da competência reservada da Assembleia da República (artigo 161.°, alínea n))[457];
- – Apreciar o programa do Governo (artigo 163.°, alínea d));
- – Todas as resoluções que, a propósito da apreciação de actos do Governo e da Administração (artigo 162.°, alínea a)), tenham um conteúdo directivo ou orientador;

(2) Poderes de orientação política subjectiva:
- – Eleição do Presidente da Assembleia da República (artigo 165.°, alínea b));
- – Eleição de cinco membros do Conselho de Estado e ainda dos membros que a lei determinar para o Conselho Superior do Ministério Público (artigo 163.°, alínea g));
- – Eleição de dez juízes do Tribunal Constitucional, do Provedor de Justiça, do Presidente do Conselho Económico e Social, de sete vogais do Conselho Superior de Magistratura, dos membros da entidade de regulação da comunicação social (artigo 163.°, alínea h));
- – Eleição dos membros de outros órgãos constitucionais que a lei lhe atribua (artigo 163.°, alínea h));

(ii) Existe, por outro lado, uma *competência de fiscalização política* que, envolvendo o exercício pela Assembleia da República de poderes de controlo, inspecção, sindicância ou inquérito sobre actividades desenvolvidas por autoridades públicas, incluindo se se justificar, a efectivação da responsabilidade política do Governo: esta

---

[457] Cfr. João Miranda, *O Papel da Assembleia da República na Construção Europeia*, Coimbra, 2000, pp. 67 ss.

competência de fiscalização política da Assembleia da República mostra-se, em termos históricos e ainda nos dias de hoje, a principal modalidade de exercício da função política a cargo dos parlamentos;

(iii) Observa-se uma *competência política relativa à intervenção policial ou judicial sobre titulares de outros órgãos de soberania* que, consubstanciando a prática pela Assembleia da República de actos impositivos ou permissivos de intervenção da polícia ou dos tribunais sobre titulares de órgãos de soberania exteriores ao parlamento e ainda sobre os respectivos efeitos, comporta as seguintes manifestações:

– Promover o processo de acusação contra o Presidente da República, nos termos do artigo 130.°, n.ᵒˢ 1 e 2 (artigo 163.°, alínea c));

– Autorizar a detenção ou a prisão de um membro do Governo, segundo a hipótese prevista no artigo 196.°, n.° 1;

– Decidir sobre a suspensão de qualquer membro do Governo que tenha sido acusado definitivamente em processo criminal, nos termos do artigo 196.°, n.° 2 (artigo 163.°, alínea c));

(iv) Regista-se ainda uma *competência de acompanhamento político* que, determinando uma intervenção paralela da Assembleia da República através da tomada de informações que lhe permitam seguir o desenrolar de acontecimentos, decisões ou processos integrantes da competência de outros órgãos, tem a sua expressão nos seguintes poderes:

– Dar assentimento à ausência do Presidente da República do território nacional (artigo 163.°, alínea b));

– Acompanhar a participação de Portugal no processo de construção da União Europeia (artigo 163.°, alínea f))[458];

– Acompanhar o envolvimento de contingentes militares e de forças de segurança no estrangeiro (artigo 163.°, alínea i));

– A constituição de comissões parlamentares que, tendo em vista um fim determinado que não seja de inquérito, vise o acompanhamento de determinado assunto, tema ou dossier (artigo 178.°, n.° 1);

(v) Recorta-se, por último, uma *competência de certificação política* que, envolvendo o simples testemunho, a verificação ou a tomada de conhecimento por parte da Assembleia da República de factos ou actos, se expressa nas seguintes competências:

– Testemunhar a tomada de posse do Presidente da República (artigo 163.°, alínea a));

---

[458] Cfr. João Miranda, *O Papel...*, pp. 67 ss.

§18.° *Assembleia da República* 313

– Tomar as contas do Estado e das demais entidades públicas que a lei determinar, nos termos do artigo 162.°, alínea d);
– A tomada de conhecimento pela Assembleia da República da mensagem de renúncia do Presidente da República, tornando efectiva essa mesma renúncia (artigo 131.°, n.° 2).

Pela sua importância no contexto global do sistema constitucional de órgãos de soberania, a competência de fiscalização política a cargo da Assembleia da República exige um tratamento mais desenvolvido, o qual será feito adiante (v. *infra*, n.° 18.5.3.).

(c) Competência administrativa interna (não normativa)

VII. Não sendo a Assembleia da República um órgão da Administração Pública, nem gozando, segundo imperativo ditado pelo princípio da separação de poderes, de faculdades decisórias integráveis no âmbito da função administrativa[459], o certo é que, por via do princípio da complexidade da sua organização interna (v. *supra*, n.° 18.1.2., (f)), a Assembleia da República possui uma competência administrativa relativa à organização e funcionamento internos da instituição parlamentar[460].

Essa competência administrativa interna, isto no sentido de dizer respeito, única e exclusivamente, à actividade referente aos aspectos organizativos e funcionais da própria Assembleia da República, seus órgãos, titulares e serviços, não se mostra isenta de efeitos políticos.

Não será exagero afirmar que há mais componente política em algumas decisões integráveis no exercício da competência administrativa interna da Assembleia da República (v.g., decisão sobre a perda do mandato de um Deputado, recusa de atribuição de uma subvenção a um grupo parlamentar) do que em certas formas de exercício da competência política do parlamento (v.g., tomada de conhecimento da mensagem de renúncia do Presidente da República).

VIII. A competência administrativa interna da Assembleia da República pode assumir, no entanto, uma dupla configuração:

– Pode tratar-se de uma competência administrativa interna de natureza normativa, já anteriormente referenciada (v. *supra*, IV), sabendo-se que é passível de se materializar na elaboração e aprovação do Regi-

---

[459] Cfr. JORGE REIS NOVAIS, *Separação de Poderes e Limites da Competência Legislativa da Assembleia da República*, Lisboa, 1997.
[460] Cfr. JORGE MIRANDA, *Competência interna da Assembleia da República*, pp. 291 ss.

mento da Assembleia da República e ainda em outro tipo de regulamentos internos;

– Pode, ao invés, configurar-se como uma competência administrativa interna sem natureza normativa, expressa na prática de actos concretos ou individuais ou até na celebração de actos de estrutura bilateral ou contratual.

Circunscreveremos as referências subsequentes a este último tipo de competência administrativa interna da Assembleia da República.

IX. A competência administrativa interna sem natureza normativa que a Assembleia da República possui, podendo resultar da Constituição, da lei ou do seu Regimento, mostra-se passível de ser sistematizada, tendo como critério os seus destinatários, em quatro grupos de poderes:

(i) *Poderes referentes aos Deputados*, sendo aqui de salientar os seguintes:

– Verificação dos seus poderes, segundo os termos fixados pelo Regimento da Assembleia da República;

– Autorizar que possam ser jurados, árbitros, peritos ou testemunhas (artigo 154.°, n.° 3);

– Autorizar a sua audição como declarantes ou arguidos, nos termos do artigo 157.°, n.° 2;

– Autorizar a sua detenção ou prisão, salvo se se tratar de crime doloso a que corresponda pena de prisão cujo limite máximo seja superior a três anos e tenha sido apanhado em flagrante delito (artigo 157.°, n.° 3);

– Decisão sobre a sua suspensão como Deputado, se tiver sido acusado definitivamente em processo criminal (artigo 157.°, n.° 4);

– Decisão sobre a perda de mandato, segundo o preceituado no artigo 160.°, sem prejuízo da recorribilidade da decisão para o Tribunal Constitucional (artigo 223.°, n.° 1, alínea g));

(ii) *Poderes referentes aos grupos parlamentares*, designadamente ao nível da composição dos respectivos gabinetes, subvenções e ainda a satisfação das faculdades e direitos conferidos pelo artigo 180.° (v. *supra*, n.° 18.2.3.);

(iii) *Poderes referentes aos órgãos da Assembleia da República*, havendo aqui a diferenciar, nos termos já antes analisados (v. *supra*, n.° 18.3.), duas diferentes situações:

(1) Poderes que incidem sobre estruturas orgânicas de natureza política: tal como sucede, por exemplo, com a prorrogação do

§18.º Assembleia da República   315

período normal de funcionamento do parlamento (artigo 174.º, n.º 3), a criação de comissões parlamentares (artigo 175.º, alínea c)), a fixação da ordem do dia (artigo 176.º) ou a declaração de urgência do processamento de projectos ou propostas de lei ou de resolução (artigo 170.º);

(2) Poderes que incidem sobre estruturas orgânicas sem natureza política, salientando-se as funções do Presidente da Assembleia da República como órgão que "superintende na administração da Assembleia da República"[461];

(iv) *Poderes referentes aos serviços da Assembleia da República e ao respectivo pessoal*: desde a criação e composição das unidades orgânicas, recrutamento, selecção e contratação de pessoal administrativo, técnico e auxiliar, direcção ou conformação da prestação da actividade laboral até ao exercício do poder disciplinar.

18.5.2. *Idem: a competência legislativa*

BIBLIOGRAFIA: JORGE MIRANDA, *Manual...*, V, pp. 227 ss.; CARLOS BLANCO DE MORAIS, *Curso...*, I, pp. 389 ss.

I. Sabe-se já, sem tomar em consideração a competência legislativa para a aprovação de alterações à Constituição – a qual envolve o exercício de um poder constituinte derivado –, que a Assembleia da República goza, ao nível dos poderes constituídos, de uma competência legislativa que lhe habilita fazer leis ordinárias (v. *supra*, n.º 18.5.1., IV).

A leitura do texto constitucional permite vislumbrar, todavia, os três seguintes tipos de competência legislativa da Assembleia da República:

(a) Uma competência legislativa de reserva absoluta;

(b) Uma competência legislativa de reserva relativa;

(c) Uma competência legislativa concorrencial.

Vejamos, separadamente, o sentido de cada um destes tipos de competência legislativa da Assembleia da República.

---

[461] Cfr. artigo 6.º, n.º 2, da Lei da Organização e Funcionamento da Assembleia da República, aprovada pela Lei n.º 77/88, de 1 de Julho, segundo a redacção do texto da Lei n.º 28/2003, de 30 de Julho.

(a) Competência de reserva absoluta

II. Se é certo que a Assembleia da República tem uma competência legislativa genérica (artigo 161.°, alínea c)), também é verdade que a Assembleia da República não é o único órgão com competência legislativa no ordenamento constitucional vigente: o Governo e as assembleias legislativas das regiões autónomas também dispõem de competência legislativa.

Existem, porém, matérias face às quais a Constituição procurou estabelecer um monopólio ou exclusivo decisório a favor da Assembleia da República, determinando que só este órgão (e nenhum outro, sob pena de inconstitucionalidade orgânica) poderia sobre tais matérias emanar leis: surge aqui a designada "reserva absoluta de competência legislativa" da Assembleia da República.

Trata-se, numa visão de conjunto, de uma reserva decisória a favor da Assembleia da República das principais matérias que expressam o exercício da função legislativa num Estado de Direito democrático, excluindo da sua intervenção decisória o Governo.

Há aqui, neste último sentido, um resquício da pura lógica liberal oitocentista de reservar para o parlamento o exercício da função legislativa, afastando de tais matérias o executivo, num propósito garantístico e legitimador da decisão: a solução assume clara natureza excepcional, todavia, dentro do contexto do sistema constitucional de repartição do poder legislativo entre a Assembleia da República e o Governo.

III. A competência legislativa de reserva absoluta da Assembleia da República mostra-se passível de comportar dois principais efeitos:

- *(i)* A reserva absoluta exclui a intervenção decisória de todos os restantes órgãos legislativos sobre as matérias em causa, significando isto que a competência da Assembleia da República compreende a feitura das normas legislativas, a definição da sua entrada em vigor e a emanação de regras de interpretação autêntica;
- *(ii)* A reserva absoluta pode impor ao intérprete e ao aplicador do Direito que, verificando-se uma situação de lacuna no âmbito de tais matérias, se procure a analogia dentro de leis emanadas da Assembleia da República ou, tendo em atenção o seu conteúdo e os actos de hierarquia superior, se procure encontrar aqui o espírito do sistema que permita recortar a norma que o intérprete criaria se tivesse de legislar dentro desse elemento sistemático.

Só deste duplo modo se garantirá, verdadeiramente, a plenitude da reserva absoluta da competência da Assembleia da República sobre tais matérias.

§18.° Assembleia da República   317

IV. Quais são as matérias integrantes da reserva absoluta da competência legislativa da Assembleia da República?

Fazem parte da competência legislativa de reserva absoluta de decisão legislativa parlamentar as seguintes matérias:

    (i) Todas aquelas a que se refere o artigo 164.°, registando-se aqui que algumas de tais matérias revestem a forma de leis orgânicas e outras de leis simples (artigo 166.°, n.° 2);

    (ii) A aprovação dos estatutos político-administrativos das regiões autónomas (artigo 161.°, alínea b));

    (iii) O conferir autorizações legislativas ao Governo e às assembleias legislativas das regiões autónomas (artigo 161.°, alíneas d) e e));

    (iv) O conceder amnistias e perdões genéricos (artigo 161.°, alínea f));

    (v) O aprovar as leis das grandes opções dos planos nacionais e o Orçamento do Estado (artigo 161.°, alínea g));

    (vi) O autorizar o Governo a contrair e a conceder empréstimos e a realizar outras operações de crédito que não sejam de dívida flutuante e ainda a estabelecer o limite máximo dos avales a conceder em cada ano pelo Governo (artigo 161.°, alínea h));

    (vii) Todas as leis que, não se encontrando já inseridas nas anteriores disposições, surgem mencionadas no artigo 168.°, n.° 6, como exigindo aprovação por maioria de dois terços dos deputados presentes;

    (viii) A lei-quadro da reprivatização dos bens nacionalizados depois de 25 de Abril de 1974, nos termos do artigo 293.°[462].

V. Sem prejuízo da possibilidade que o intérprete tem de encontrar no texto constitucional matérias que se integram na reserva absoluta da competência legislativa da Assembleia da República, a verdade é que vigora aqui um princípio geral de tipicidade: a reserva absoluta só compreende as matérias identificadas, expressa ou implicitamente, na Constituição como integrando o núcleo exclusivo de intervenção decisória da Assembleia da República, encontrando-se vedada a criação pela lei de matérias de reserva absoluta da competência legislativa parlamentar.

A definição das matérias de reserva absoluta da competência legislativa da Assembleia da República integra a reserva de Constituição.

---

[462] Para um elenco algo diferente das matérias da reserva absoluta da competência legislativa da Assembleia da República, cfr. JORGE MIRANDA/RUI MEDEIROS, *Constituição Portuguesa Anotada*, II, pp. 521-522.

318 *Princípios fundamentais*

VI. Importa sublinhar, por outro lado, que, tendo a reserva absoluta de competência legislativa da Assembleia da República um intuito histórico de natureza garantística face ao Governo (v. *supra*, II), a crescente preponderância funcional do Governo sobre a Assembleia da República (v. *supra*, n.º 8.3., (c)) veio esvaziar esse propósito oitocentista, tanto mais que também hoje o Governo goza de legitimidade política democrática.

Aliás, sempre que o Governo seja suportado por uma maioria parlamentar absoluta, mostra-se destituída de efectiva relevância política a existência de matérias de reserva absoluta da competência legislativa do parlamento, excepto no que diz respeito àquelas cuja aprovação carece de uma maioria de dois terços dos votos parlamentares (artigos 168.º, n.º 6, e 136.º, n.º 3), pois a vontade da Assembleia da República é a vontade da maioria e esta reproduz a vontade do seu líder que é, igualmente, Primeiro-Ministro e, por isso mesmo, controla toda a vontade política que tem expressão legislativa (v. *supra*, n.º 18.12., (e)): o Chefe do Governo quer, o parlamento aprova; o Chefe do Governo não quer, o parlamento rejeita[463].

Num tal cenário de maioria parlamentar absoluta, desde que não se exija a intervenção decisória por dois terços dos votos, a Assembleia da República transforma-se num apêndice da competência decisória do Governo[464], dispondo o Governo da competência parlamentar como se fosse sua[465]: a Assembleia da República transfigura-se em Assembleia Nacional[466].

(b) Competência de reserva relativa

VII. Veio a Constituição no seu artigo 165.º, por outro lado, criar um elenco de matérias integrantes de uma reserva de competência legislativa da Assembleia da República que obedece às duas seguintes regras:

(i) Se a Assembleia da República nada dispuser em sentido contrário, só ela tem competência para legislar sobre essas matérias;

(ii) No entanto, a Assembleia da República pode autorizar que sobre essas mesmas matérias o Governo (artigo 165.º, n.º 1) ou, num número mais restrito de matérias, as assembleias legislativas das regiões autónomas (artigo 227.º, n.º 1, alínea b)) possam também legislar.

---

[463] Cfr. PAULO OTERO, *Legalidade e Administração Pública*, p. 131.
[464] Cfr. PAULO OTERO, *A «desconstrução» da democracia constitucional*, p. 624.
[465] Cfr. PAULO OTERO, *O Poder de Substituição...*, II, p. 631.
[466] Cfr. PAULO OTERO, *O Poder de Substituição...*, II, pp. 623-624.

§18.º *Assembleia da República* 319

Exactamente porque a Assembleia da República tem a faculdade de delegar o exercício da competência legislativa sobre tais matérias, permitindo, mediante lei de autorização legislativa, e segundo expressa habilitação constitucional (artigo 161.º, alíneas d) e e)), que o Governo ou as assembleias legislativas das regiões autónomas disciplinem por acto legislativo essas matérias, diz-se que estamos diante de uma reserva *relativa* de competência legislativa da Assembleia da República.

Trata-se de uma reserva relativa precisamente porque a Assembleia da República tem nas suas mãos duas formas de exercício da inerente competência legislativa: ou é ela própria a elaborar a lei que vai disciplinar a matéria ou, em alternativa, confere ao Governo (e/ou às assembleias legislativas das regiões autónomas) essa possibilidade, delegando-lhes o inerente poder legislativo sobre a matéria.

VIII. Importa ainda, a propósito da reserva relativa da competência legislativa da Assembleia da República, e sem prejuízo do estudo mais desenvolvido a fazer adiante (v. *infra*, Parte III), tomar em consideração as seguintes observações complementares:

(i) Durante a vigência da autorização legislativa, a Assembleia da República nunca perde a competência legislativa sobre as matérias delegadas, nem se encontra impedida de, a qualquer momento, revogar a autorização concedida, chamando a si a exclusividade do exercício dos poderes delegados ao Governo ou às assembleias legislativas das regiões autónomas;

(ii) A Assembleia da República tem sempre de definir o sentido e a extensão da autorização legislativa (artigo 165.º, n.º 2), exercendo uma função de orientação política sobre o modo como deseja que a matéria seja disciplinada pelo órgão legislativo delegado;

(iii) A delegação legislativa não pode envolver todas as matérias, antes a lei de autorização tem de definir o seu objecto, nem pode ser de duração ilimitada, pois a autorização terá de especificar a sua duração (artigo 165.º, n.º 2).

(c) Competência concorrencial

IX. Para além da competência legislativa reservada em termos absolutos e em termos relativos, a Assembleia da República goza ainda de uma competência legislativa genérica que, nos termos do artigo 161.º, alínea c), lhe permite "fazer leis sobre todas as matérias".

320 *Princípios fundamentais*

Sucede, porém, que, fora das matérias objecto de reserva (absoluta e relativa) da competência legislativa da Assembleia da República, igualmente o Governo goza de uma competência legislativa genérica, tal como resulta do disposto no artigo 198.°, n.° 1, alínea a): há aqui, deste modo, uma área de competência legislativa concorrencial ou comum entre a Assembleia da República e o Governo, significando isto que ambos os órgãos são competentes para legislar sobre as mesmas matérias.

Observemos agora, sem prejuízo de futuros desenvolvimentos, a competência legislativa concorrencial sob a óptica da Assembleia da República.

X. Como se recortam as matérias integrantes da competência concorrencial da Assembleia da República?

Diz-nos o artigo 161.°, alínea c), que a Assembleia da República pode "fazer leis sobre todas as matérias, salvo as reservadas pela Constituição ao Governo".

Será que as matérias da competência legislativa concorrencial se determinam pela simples exclusão das reservadas pela Constituição ao Governo?

Respondemos em sentido negativo, isto por três ordens de razões:

(i) As matérias da competência legislativa concorrencial são, em primeiro lugar, aquelas que se encontram excluídas do elenco das matérias da reserva absoluta e da reserva relativa da competência legislativa da Assembleia da República. Cumpre aqui diferenciar, todavia, graus diferentes de incidência reguladora da reserva sobre as matérias, o que significa, por exemplo, o seguinte:

(1) Se a reserva absoluta diz respeito apenas às bases do sistema de ensino (artigo 164.°, alínea i)), o respectivo desenvolvimento já não se insere no âmbito da reserva absoluta;

(2) Se a reserva relativa incide apenas sobre as bases do sistema de segurança social (artigo 165.°, n.° 1, alínea f)) ou as bases da política agrícola (artigo 165.°, n.° 1, alínea n)), o seu desenvolvimento não integra a reserva relativa;

(3) Se, pelo contrário, a reserva compreende todo o regime jurídico de determinada matéria (v.g., regimes dos referendos, regime geral da requisição ou expropriação por utilidade pública), toda a competência legislativa se encontra sob a alçada da respectiva intervenção decisória exclusiva da Assembleia da República;

§18.° *Assembleia da República*   321

(ii) Em segundo lugar, dentro das matérias que se encontram fora do elenco das reservadas à competência legislativa da Assembleia da República, as matérias da área concorrencial são determinadas por exclusão de todas aquelas que, tendo natureza legislativa, se encontram reservadas a outros órgãos, o que significa o seguinte:

(1) A competência concorrencial só começa quando terminam as matérias legislativas reservadas pela Constituição ao Governo;

(2) E ainda, por outro lado, quando não existem matérias legislativas reservadas pela Constituição ou pelos estatutos político-administrativos à competência das assembleias legislativas das regiões autónomas;

(iii) Em terceiro lugar, as matérias da competência legislativa concorrencial, além de se situarem fora das matérias integrantes das reservas legislativas (absoluta e relativa) da Assembleia da República, do Governo e das assembleias legislativas das regiões autónomas, não podem incidir, por efeito do princípio da separação de poderes, sobre áreas materiais integrantes da reserva decisória confiada pela Constituição a estruturas decisórias que exercem a função judicial e a função administrativa:

(1) As matérias da competência legislativa concorrencial não podem violar a reserva de jurisdição ou reserva de juiz ou, ainda numa expressão sinónima, a reserva de tribunal – assim, por exemplo, a competência legislativa concorrencial não habilita a Assembleia da República a revogar ou modificar uma decisão judicial;

(2) As matérias da competência legislativa concorrencial não permitem que a Assembleia da República possa violar a reserva de Administração Pública[467], substituindo-se a esta na prática de actos administrativos, na emanação de regulamentos ou na celebração de contratos.

Deste modo se recorta, por exclusão de partes, sem que exista um elenco de matérias positivado, a competência legislativa concorrencial da Assembleia da República.

---

[467] No que especificamente diz respeito à reserva de competência administrativa do Governo e, em geral, da Administração, cfr. JORGE REIS NOVAIS, *Separação de Poderes...*, pp. 33 ss.

18.5.3. *Idem: a competência de fiscalização política*

I. Já anteriormente, a propósito da competência política da Assembleia da República (v. *supra*, n.º 18.5.1., VI), tivemos oportunidade de sublinhar que os poderes de fiscalização política do parlamento, fundando-se numa remota tradição histórica medieval que viria a ser desenvolvida pelo liberalismo setecentista e oitocentista, constituem ainda hoje uma referência de qualquer democracia: não há democracia sem um órgão parlamentar dotado de poderes de fiscalização sobre a actividade do executivo.

Vamos, neste contexto, procurar analisar três vertentes da competência de fiscalização política da Assembleia da República:

    (a) O objecto da fiscalização;
    (b) Os instrumentos da fiscalização;
    (c) Os efeitos da fiscalização.

(a) *Objecto da fiscalização*

II. No exercício da sua competência de fiscalização política, a Assembleia da República pode, atendendo ao objecto da sua óptica de análise, proceder a dois tipos distintos de controlo:

    (i) A Assembleia da República pode proceder a um controlo político do respeito pela legalidade, vigiando o cumprimento da Constituição e das leis (artigo 162.º, alínea a)), isto em termos de determinar situações de violação, por acção ou omissão, da juridicidade;

    (ii) Em alternativa ou simultaneamente, a Assembleia da República pode apreciar o mérito de determinada conduta, avaliando a sua oportunidade e a sua conveniência, segundo um juízo integralmente político (v.g., artigo 162.º, alínea c)).

Em qualquer dos casos, a Assembleia da República, precisamente por não assumir o papel de um tribunal, nunca pode deixar de expressar nos seus juízos uma forte componente política de apreciação.

III. Quem pode ser objecto deste tipo de fiscalização política da Assembleia da República?

A Constituição revela, nos termos do artigo 162.º, que a competência de fiscalização política da Assembleia da República pode ter por objecto os seguintes actos ou condutas:

§18.° *Assembleia da República* 323

(i) Actos do Governo (artigo 162.°, alínea a)), integrem-se eles no exercício da sua competência política, legislativa ou administrativa[468], salientando expressamente dois deles:
– Todos os decretos-leis, salvo os emanados ao abrigo da competência legislativa exclusiva do Governo, isto para efeitos da sua eventual cessação de vigência ou alteração (artigo 162.°, alínea c));
– Os relatórios de execução dos planos nacionais (artigo 162.°, alínea e));
(ii) Actos da Administração Pública (artigo 162.°, alínea a)) que, sem serem provenientes do Governo, traduzam o desenvolvimento da função administrativa por estruturas decisórias do Estado ou de outras entidades públicas e também por entidades privadas que exercem funções públicas, compreendendo actos de gestão pública ou actos de gestão privada[469];
(iii) Um único acto do Presidente da República: a aplicação da declaração do estado de sítio ou do estado de emergência que deverá ser objecto de apreciação parlamentar (artigo 162.°, alínea b));
(iv) Um tipo de acto proveniente das assembleias legislativas das regiões autónomas: os decretos legislativos regionais autorizados podem ser sujeitos a apreciação parlamentar para efeitos da sua cessação de vigência ou alteração (artigo 162.°, alínea c)).

Não se mostra possível, neste contexto, atendendo aos princípios da separação de poderes e da independência dos tribunais, que, ao abrigo da competência para vigiar pelo cumprimento da Constituição e das leis (artigo 162.°, alínea a)), a Assembleia da República possa fiscalizar o sistema de justiça nos aspectos que não dependem da intervenção do Governo[470]: os tribunais não são responsáveis perante a Assembleia da República, sendo muito discutível a amplitude dos poderes de fiscalização parlamentar sobre o Procurador-Geral da República e o Ministério Público.

---

[468] Sobre o controlo parlamentar dos actos do Governo, cfr. ANTÓNIO VITORINO, *O controlo parlamentar dos actos do Governo*, in MÁRIO BAPTISTA COELHO (coord.), *Portugal. O Sistema Político e Constitucional 1974/1987*, Lisboa, 1989, pp. 369 ss.
[469] Para mais desenvolvimentos, cfr. JOSÉ FONTES, *Do Controlo Parlamentar da Administração Pública*, Lisboa, 1999, pp. 92 ss.; LUÍS SÁ, *Assembleia da República*, pp. 60 ss.
[470] Em sentido contrário, cfr. JOSÉ FONTES, *A Fiscalização Parlamentar do Sistema de Justiça*, Coimbra, 2006, pp. 109 ss.

324 Princípios fundamentais

(b) Instrumentos de fiscalização

IV. Começando pelos actos legislativos do Governo e os decretos legislativos regionais autorizados sujeitos a fiscalização política pela Assembleia da República (artigo 162.°, alínea c)), o instrumento típico pelo qual se efectua essa fiscalização encontra-se no instituto da apreciação parlamentar, previsto e regulado no artigo 169.°.

Trata-se, numa visão muito geral, e sem embargo de ao tema se voltar mais adiante (v. *infra*, Parte III), de um mecanismo expedito pelo qual a Assembleia da República pode fazer cessar a vigência dos diplomas legislativos em causa, aprovando uma resolução nesse sentido, ou, em alternativa, pode introduzir-lhes alterações, por via de uma lei, sem necessidade de recorrer a um moroso procedimento legislativo: o instrumento de fiscalização consagrado no artigo 169.° caracteriza-se pela sua celeridade.

Em qualquer dos casos, sublinhe-se, a Assembleia da República procede sempre a uma apreciação do mérito político do acto legislativo em causa, avaliando a bondade da solução normativa emanada do Governo ou das assembleias legislativas regionais, e, se entender que a soluções por eles adiantada revela falta de conveniência, oportunidade ou razoabilidade política, determinará a sua cessação de vigência ou, se se justificar, a introdução de alterações.

V. E, afastada a fiscalização política parlamentar sobre os actos legislativos do Governo e das assembleias legislativas das regiões autónomas, quais os instrumentos de fiscalização política ao dispor da Assembleia da República para efectuar a apreciação dos actos do Governo e da Administração Pública?

Tomando como base a Constituição e o Regimento da Assembleia da República, verifica-se que os principais instrumentos de fiscalização política parlamentar são os seguintes[471]:

> (i) A formulação pelos deputados de *perguntas ao Governo*[472] sobre quaisquer actos deste ou da Administração Pública (artigo 156.°, alínea d)), registando-se que o Governo se encontra vinculado a responder, salvo tratando-se de matéria a coberto de segredo de

---

[471] Cfr. JOSÉ DE MATOS CORREIA/RICARDO PINTO LEITE, *A Responsabilidade Política*, pp. 51 ss.

[472] A figura parlamentar das perguntas ao Governo, acolhida da experiência constitucional britânica, foi introduzida em Portugal pela revisão constitucional de 1959, durante a vigência da Constituição de 1933, segundo proposta do deputado Eng.° Duarte do Amaral, sob sugestão de seu filho, então aluno de Direito, Diogo Freitas do Amaral. Cfr. DIOGO FREITAS DO AMARAL, *O Antigo Regime e a Revolução*, Lisboa, 1995, pp. 18-19.

§18.° Assembleia da República

Estado, num prazo razoável (idem) que, nos termos do Regimento, não deve exceder trinta dias[473];

(ii) O *requerer* pelos Deputados ao Governo ou a qualquer autoridade pública *elementos, informações e publicações* oficiais úteis ao exercício das funções de fiscalização política (artigo 156.°, alínea e));

(iii) O desencadear, por iniciativa dos grupos parlamentares, de *interpelações do Governo* (artigo 180.°, n.° 2, alínea d));

(iv) A existência de *debates parlamentares* com o Governo ou apenas com um ou vários ministros, por iniciativa dos grupos parlamentares, estando em causa "questões de interesse público actual e urgente" (artigo 180.°, n.° 2, alínea c)), ou dotados de periodicidade regular, envolvendo a presença do Primeiro-Ministro e uma sessão de perguntas dos deputados e grupos parlamentares[474];

(v) A realização de *inquéritos parlamentares*, constituindo-se para o efeito, segundo requerimento dos Deputados (artigo 156.°, alínea f)) ou dos grupos parlamentares (artigo 180.°, n.° 2, alínea f)), comissões parlamentares de inquérito[475].

VI. Nenhum dos referidos mecanismos de fiscalização política parlamentar pode fazer esquecer, no entanto, que o Governo e a Administração Pública em geral concentram nas suas mãos uma informação vasta e complexa, designadamente pela sua especialização e tecnicidade, que impossibilita um acesso ou uma compreensão da grande maioria das matérias aos Deputados e, neste sentido, debilita a sua missão de fiscalizar o executivo[476].

O défice de informação do parlamento[477] conduz a uma verdadeira *capitis deminutio* da Assembleia da República, configurando-a como um órgão destituído de elementos que habilitem uma intervenção fiscalizadora conveniente e oportuna, além de revelar a sua própria dependência institucional de quem lhe forneça essa informação[478].

---

[473] Cfr. artigo 229.°, n.° 3, do Regimento da Assembleia da República.

[474] Cfr. artigo 224.° do Regimento da Assembleia da República.

[475] Para uma análise do regime infraconstitucional dos inquéritos parlamentares, antes da Lei n.° 15/2007, de 3 de Abril, cfr. NUNO PIÇARRA, *O Inquérito Parlamentar e os seus Modelos Constitucionais*, pp. 565 ss.

[476] Cfr. PAULO OTERO, *Legalidade e Administração Pública*, p. 132.

[477] Cfr. HANS-PETER SCHNEIDER, *Das parlamentarische System*, in ERNST BENDA/WERNER MAIHOFER/HANS-JOCHEN VOGEL (org.), *Handbuch des Verfassungsrechts der Bundesrepublik Deutschland*, I, 2.ª ed., Berlin, 1995, pp. 586 ss.

[478] Cfr. PAULO OTERO, *Legalidade e Administração Pública*, p. 108; IDEM, *A subversão da herança...*, p. 257.

326 *Princípios fundamentais*

Simultaneamente, a crescente tecnicidade da decisão das modernas socie-dades e, por outro lado, a progressiva falta de especialização técnica dos Depu-tados, favorecendo *de facto* o estatuto da Administração Pública, dificulta os trabalhos de fiscalização parlamentar do poder executivo: o recurso a especia-listas extraparlamentares é a solução gizada pela Constituição (artigo 181.°).

De qualquer modo, em largos sectores da actividade governativa, e inde-pendentemente do peso decisório da maioria quanto aos resultados finais, o Governo governa sem qualquer efectivo controlo político do parlamento em cenários de maioria absoluta: a responsabilidade política parlamentar do exe-cutivo torna-se mesmo um mito[479].

(c) Efeitos da fiscalização

VII. O exercício da fiscalização política pela Assembleia da República, visando vigiar pelo cumprimento da Constituição e das leis e ainda apreciar os actos do Governo e da Administração Pública (artigo 162.°, alínea a)), pode não se mostrar isento de efeitos:

(i) Se a Assembleia da República entende que houve violação da juri-dicidade, a fiscalização política poderá conduzir a diversos efeitos:

(1) Tratando-se de normas jurídicas que se considerem inconstitu-cionais ou feridas de ilegalidade qualificada nos termos do artigo 281.°, n.° 1, o Presidente da Assembleia da República ou um décimo dos Deputados à Assembleia da República podem requerer ao Tribunal Constitucional que declare a inconstitu-cionalidade ou a ilegalidade com força obrigatória geral (artigo 281.°, n.° 2, alíneas b) e f));

(2) Se estiverem em causa regulamentos, actos ou contratos admi-nistrativos, sem prejuízo da sempre possível aprovação de uma resolução recomendando ao autor a sua revogação ou modifica-ção, a Assembleia da República pode solicitar junto do Minis-tério Público que promova a respectiva acção administrativa junto dos tribunais administrativos;

(3) Se, numa situação ainda bem mais grave, se verificar a existên-cia de condutas ilícitas que preenchem tipos criminais, a Assem-bleia da República deverá enviar os elementos ao Ministério Público para efeitos da abertura do respectivo procedimento criminal;

---

[479] Cfr. PAULO OTERO, *A subversão da herança...*, p. 257.

§18.° *Assembleia da República*   327

(4) Se a prática de violações da juridicidade for imputável ao Go
verno, isto por acção ou omissão, estando em causa um "assunto
relevante de interesse nacional", pode um quarto dos Deputados ou qualquer grupo parlamentar desencadear uma moção
de censura ao Governo (artigo 194.°, n.° 1) que, se for aprovada, determinará a sua demissão (artigo 195.°, n.° 1, alínea f));

(ii) Se, pelo contrário, o juízo emergente da fiscalização política realizada pela Assembleia da República não coloca questões de juridicidade, antes sublinha a falta de mérito das soluções encontradas,
mostra-se possível a produção dos seguintes efeitos:

(1) Se se tratar de um decreto-lei (salvo se aprovado no exercício
da competência reservada do Governo) ou de um decreto legislativo regional autorizado, pode a Assembleia da República
determinar a sua cessão de vigência ou a introdução de alterações (artigo 169.°);

(2) Em qualquer caso e perante qualquer acto, a Assembleia da República poderá sempre aprovar uma resolução recomendando
ou exortando o autor dos actos à sua revogação ou modificação;

(3) Poderá ainda, nos termos antes expostos, desencadear a apresentação de uma moção de censura que, se for aprovada pela
maioria dos Deputados em efectividade de funções, determina
a demissão do Governo;

(iii) Pode, todavia, num terceiro cenário, a Assembleia da República
exercer a sua competência de fiscalização política e não encontrar
elementos ou indícios que lhe permitam emanar um juízo crítico,
em termos jurídicos ou políticos, ou, num cenário alternativo, ainda
que encontre razões de violação da juridicidade ou de falta de mérito, por força do princípio maioritário a que obedecem as decisões
parlamentares, nunca tais razões venham a assumir relevância decisória externa.

Tomemos em consideração este último aspecto referenciado.

VIII. A prática política parlamentar diz-nos que a responsabilidade política do Governo perante o parlamento assume uma natureza meramente formal em situações de governo maioritário, pois tende a tornar-se um "tigre de
papel"[480]: a maioria absoluta se encarrega sempre de ditar o insucesso decisório dos resultados dos diversos mecanismos de fiscalização e responsabili-

---

[480] Cfr. PAULO OTERO, *Legalidade e Administração Pública*, p. 132.

328   *Princípios fundamentais*

zação política do Governo – os resultados de todas as iniciativas políticas de fiscalização parlamentar do executivo são antecipadamente conhecidos[481], tendo apenas um propósito de provocar publicidade junto dos eleitores.

Há aqui, verificando-se um cenário de maioria absoluta, uma ineficácia da responsabilidade política do Governo perante o parlamento: todos os mecanismos de fiscalização se mostram inúteis ante o peso decisório da maioria governamental[482].

E a situação não deixa de ser paradoxal[483]: quando o Governo mais necessitava de ser controlado pela Assembleia da República, uma vez que tem ao seu serviço uma poderosa maioria absoluta parlamentar, menos eficaz é essa fiscalização; registando-se que, em sentido contrário, o controlo parlamentar faz-se sentir principalmente diante de governos minoritários e, por essa via, mais débeis, precisamente quando menos necessária seria essa fiscalização, pois, uma vez que não têm suporte numa maioria parlamentar absoluta, não têm um "poder absoluto".

---

[481] Cfr. PAULO OTERO, *A «desconstrução» da democracia constitucional*, pp. 623-624.

[482] Cfr. PAULO OTERO, *Conceito e Fundamento da Hierarquia Administrativa*, p. 328.

[483] Cfr. PAULO OTERO, *As instituições políticas e a emergência de uma «Constituição não oficial»*, p. 97.

§19.º
Governo

19.1. Caracterização

19.1.1. *Configuração: o Governo como órgão autónomo*

BIBLIOGRAFIA: GOMES CANOTILHO, *Governo*, in *Dicionário Jurídico da Administração Pública*, V, Lisboa, 1993, pp. 16 ss.; JORGE MIRANDA, *Governo (órgão de)*, in *Polis – Enciclopédia Verbo da Sociedade e do Estado*, III, Lisboa/ /S. Paulo, 1985, pp. 89 ss.; ALEXANDRE DE SOUSA PINHEIRO, *O Governo: organização e funcionamento, reserva legislativa e procedimento legislativo*, in *Revista Jurídica*, 1999, pp. 23 ss.

(a) Autonomia jurídica e dependência política

I. O Governo é um órgão autónomo de soberania que, sendo nomeado pelo Presidente da República e não podendo ter contra a sua manutenção em funções a maioria expressa dos deputados da Assembleia da República, tem competência para conduzir a política geral do país e exercer as funções de órgão superior da Administração Pública (artigo 182.º).

II. A configuração do Governo como órgão autónomo, apesar de ter a sua primeira consagração formal na Constituição de 1933, remonta a uma tradição constitucional informal que vem do período da Ditadura Militar de 1926/1933 (v. *supra*, n.º 10.8., II): a Constituição de 1976 é aqui uma herdeira do modelo organizacional proveniente do Estado Novo.

No entanto, ao invés do sucedido durante a Constituição de 1933, o Governo, apesar de ser juridicamente um órgão autónomo, encontra-se politicamente dependente da Assembleia da República: nenhum Governo pode permanecer no exercício de funções se, numa votação formal especificamente destinada a determinar o apoio político parlamentar do executivo, tiver contra si a maioria expressa da Assembleia da República.

330 Estruturas constitucionais da República

III. Como órgão de soberania, todavia, o Governo é um órgão autónomo do Presidente da República e da Assembleia da República, tendo uma esfera funcional de acção protegida pelo princípio constitucional da separação de poderes:

(i) Há uma reserva de intervenção decisória do Governo que, apesar de política e juridicamente controlada, não pode ser invadida ou objecto de intervenção substitutiva pelos restantes órgãos de soberania;

(ii) Essa mesma reserva governamental, expressando a autonomia da intervenção funcional do Governo, encontra-se imune a instruções, injunções ou ordens do Presidente da República ou da Assembleia da República: o Governo, apesar de sujeito ao exercício de uma pluralidade de *facultés d'empêcher* destes órgãos, não é seu subordinado hierárquico.

IV. O Governo, vivendo politicamente entre o Presidente da República e a Assembleia da República, sem prejuízo ainda da sua sujeição ao controlo jurídico dos tribunais, goza de uma esfera de decisão que ninguém lhe pode retirar ou usurpar:

(i) O Governo é o único órgão a quem compete a condução da política geral do país;

(ii) O Governo é o único órgão superior da Administração Pública.

Neste domínio reside a autonomia jurídica do Governo.

(b) Da dependência à autonomia política

V. As últimas décadas, fruto do crescente intervencionismo do Estado, da complexidade técnica das matérias e da especialização informativa que a implementação da cláusula constitucional de bem-estar gerou, há uma progressiva transferência do centro de decisão da Assembleia da República para o Governo[484]: transitou-se do "Estado legislativo-parlamentar" para um "Estado administrativo-governamental"[485].

Há hoje, como já tivemos oportunidade de explicar (v. *supra*, n.º 8.3., (c)), uma verdadeira preponderância funcional do Governo sobre a Assembleia da República, tendo ocorrido uma transfiguração da identidade do modelo traçado pelo texto constitucional: a clássica "soberania parlamentar" converteu-se numa moderna "soberania governamental"[486].

---

[484] Cfr. PAULO OTERO, *Legalidade e Administração Pública*, pp. 106 ss.

[485] Cfr. PAULO OTERO, *Legalidade e Administração Pública*, p. 131.

[486] Utilizando essa mesma dicotomia entre "soberania parlamentar" e "soberania governamental", cfr. PAULO OTERO, *Conceito e Fundamento da Hierarquia Administrativa*, pp. 319 ss.

VI. Simultaneamente, a circunstância de o Governo se tornar o principal centro decisor a nível jurídico-político foi acompanhada do reforço da sua legitimidade democrática que lhe conferiu uma inerente autonomia política face à Assembleia da República e ao Presidente da República.

Desde logo, a progressiva transformação das eleições parlamentares num processo plebiscitário ao executivo cessante e de escolha de um primeiro-ministro (v. *supra*, n.º 8.3., (b)) que, por esta via, ganha um protagonismo próprio e confere ao Governo uma legitimidade democrática quase directa, fazem obnubilar a tradicional concentração da legitimidade democrática na instituição parlamentar[487]: o Governo possui hoje uma legitimidade política que pode rivalizar com a legitimidade política da Assembleia da República.

E a afirmação de uma "soberania do primeiro-ministro" (v. *supra*, n.º 8.3., VIII), fazendo o Chefe do Governo ganhar uma legitimidade democrática quase idêntica a um Presidente da República eleito por sufrágio directo[488], senão até dotado de uma maioria parlamentar percentualmente superior à maioria que elegeu o Presidente da República, determina que o Governo ganhe autonomia política face ao Presidente da República.

19.1.2. *Função*

BIBLIOGRAFIA: JAIME VALLE, *A Participação do Governo no Exercício da Função Legislativa*, Coimbra, 2004, pp. 31 ss.

(a) *Condução da política geral do país*

I. O Governo é o órgão de condução da política geral do país (artigo 182.º), isto significa, desde logo, que, compreendendo a política interna e a política externa, envolve uma clara precisão de poderes de intervenção:

(i) Conduzir a política geral do país não significa obrigatoriamente definir essa política[489]: o Governo ao conduzir a política, uma vez que nem sempre é o seu autor, tem igualmente de ter em conta a intervenção do Presidente da República e da Assembleia da República na definição da política geral do país;

---

[487] Cfr. PAULO OTERO, *Legalidade e Administração Pública*, p. 108.
[488] Cfr. PAULO OTERO, *Legalidade e Administração Pública*, p. 108.
[489] Cfr. GOMES CANOTILHO/VITAL MOREIRA, *Os Poderes do Presidente da República*, pp. 44 ss.

332 Estruturas constitucionais da República

(ii) No entanto, conduzir a política geral do país também não significa uma mera postura executiva da política geral: o Governo não pode tornar-se um simples executor da política geral do país, antes a ideia de o Governo conduzir essa política geral determina sempre a exigência de participação do Governo na definição da política geral;

(iii) Nada disto inviabiliza que, em termos de definição de políticas sectoriais, sem nunca envolver, porém, a política geral do país, exista uma intervenção política de terceiras estruturas decisórias (v.g., o eleitorado através de referendo, a Assembleia da República em matérias da sua reserva legislativa, a União Europeia), tornando-se o Governo aqui mero executor de tais políticas sectoriais.

No que diz respeito à política geral do país, todavia, sendo conduzida exclusivamente pelo Governo, não é por ele exclusivamente definida, apesar de nunca deixar de poder contar com a sua intervenção: a definição da política geral do país envolve um entrecruzar ou uma interdependência de poderes entre o Presidente da República, a Assembleia da República e o Governo.

No limite, se a definição da política geral do país for efectuada sem a intervenção ou contra a intervenção do Governo, tornando-se este um mero órgão de execução, resta sempre ao Governo a liberdade de se demitir, recusando passar de órgão condutor para órgão executor da política geral do país.

II. A intervenção do Governo na definição da política geral do país e, nesse sentido, conduzindo-a de forma superior, pois trata-se agora de traçar as linhas orientadoras das opções políticas governamentais dentro do quadro permitido pelas opções políticas constitucionais, envolve a utilização de diversos instrumentos:

(i) Em primeiro lugar, o programa do Governo que, acolhendo o programa eleitoral apresentado ao eleitorado pelo partido político ou a coligação que venceu as eleições, ou, em alternativa, traduzindo o compromisso político de um acordo parlamentar pós-eleitoral, expressa as "principais orientações políticas e medidas a adoptar ou a propor nos diversos domínios da actividade governamental" (artigo 188.º)[490];

---

[490] Especificamente sobre o programa do governo, cfr. JORGE MIRANDA, *Programa do Governo*, in JORGE MIRANDA (org.), *Estudos sobre a Constituição*, I, Lisboa, 1977, pp. 301 ss.; IDEM, *Programa do Governo*, in *Dicionário Jurídico da Administração Pública*, VI, Lisboa, 1994, pp. 552 ss.

§19.º *Governo*   333

(ii) Em segundo lugar, além da definição pelo Governo da política geral por via legislativa, aprovando decretos-leis dentro da sua esfera de competência, poderá sempre apresentar propostas de lei à Assembleia da República, fazendo este órgão participar na definição legislativa da política geral, tal como o Presidente da República através do posterior envio dos diplomas legislativos para promulgação;

(iii) Em terceiro lugar, o Governo goza de poderes de iniciativa e propulsão junto do Presidente da República e da Assembleia da República, traduzindo o exercício de competências partilhadas na definição da política geral do país: ao Governo compete a iniciativa ou a formulação de propostas (v.g., de referendo, de nomes para efeitos de nomeação) e ao outro órgão a respectiva decisão;

(iv) Em quarto lugar, no limite, há uma necessidade permanente de coordenação de poderes entre o Presidente da República e o Governo no domínio da definição da política externa e da política de defesa nacional, atendendo aos poderes que aquele detém no domínio externo ou internacional (v. *supra*, n.º 17.1., V) e ao seu estatuto como Comandante Supremo das Forças Armadas (v. *supra*, n.º 17.1., X).

III. Note-se que o entrecruzar de poderes ou a interdependência de poderes na definição da política geral do país, apesar de conferir um espaço variável de intervenção ao Governo no procedimento decisório, não se mostra isento da presença do Presidente da República ou da Assembleia da República a exercer poderes negativos ou verdadeiras *facultés d'empêcher*:

(i) O programa de Governo, sem embargo de traduzir uma esfera de orientação política reservada ao Governo, não se encontra isento de suscitar uma moção de rejeição por parte de um grupo parlamentar, determinando a sua aprovação, por maioria absoluta dos Deputados (artigo 192.º, n.º 4), a demissão do Governo (artigo 195.º, n.º 1, alínea d)) ou, desde que reúna uma maioria simples a seu favor, um "sinal amarelo" da Assembleia da República às orientações políticas e medidas do programa de Governo;

(ii) Os diplomas legislativos do Governo, uma vez que estão todos sujeitos a promulgação pelo Presidente da República, todos podem ser objecto de veto político, sem prejuízo de fiscalização preventiva da constitucionalidade, além de que, salvo se emanados ao abrigo da sua competência legislativa exclusiva, podem ainda ser chama-

334   *Estruturas constitucionais da República*

dos à Assembleia da República para efeitos de apreciação parlamentar, nos termos do artigo 169.º;

(iii) Todas as iniciativas do Governo junto do Presidente da República e da Assembleia da República encontram-se dependentes da competência para a decisão pertencer a estes órgãos, cabendo-lhes aqui a "última palavra" na definição da política geral.

O entrecruzar de competências de exercício partilhado faz com que mesmo a intervenção autónoma do Governo na definição da política geral do país nunca possa deixar de contar com a "participação" do Presidente da República e da Assembleia da República, exercendo poderes negativo-resolutivos face às orientações políticas definidas ou propostas pelo Governo.

IV. É mesmo possível que, em certos sectores delimitados, sem nunca estar em causa a definição da política geral do país, outras estruturas decisórias alheias ao Governo sejam titulares de verdadeiras *facultés de statuer* no domínio da definição política sectorial e cuja execução competirá ao Governo:

(i) A Assembleia da República não depende do Governo para aprovar leis definindo e materializando orientações de política sectorial do país, apesar de sujeitas a promulgação pelo Presidente da República;

(ii) E, independentemente do Presidente da República, a Assembleia da República goza de competência para aprovar resoluções recomendando, exortando ou acolhendo linhas de orientação política a implementar pelo Governo;

(iii) O Presidente da República pode decidir submeter a referendo questões de relevante interesse nacional que lhe tenham sido propostas pela Assembleia da República;

(iv) O Presidente da República, além de poder estabelecer uma vinculação convencional com o Primeiro-Ministro quanto a determinado sector da política do país, poderá também, no âmbito da sua "magistratura de influência", produzir uma orientação política parcial ou sectorial (v. *supra*, n.º 17.1., IV);

(v) A própria União Europeia pode definir políticas sectoriais cuja condução, implementação ou execução interna compete ao Governo.

Nestas situações, sem prejuízo dos casos de promulgação do Presidente da República carecerem de referenda ministerial e ainda da intervenção governamental nos Conselhos Europeus e de Ministros da União Europeia, pode dizer-se que a definição destas linhas políticas sectoriais escapa ao Governo,

§19.º *Governo*   335

tornando-se condutor ou executor de uma definição política sectorial ou par cial a que foi alheio.

V. Nem se mostra desprezível que, sem colocar em causa a política geral do país que tem sempre de contar com a intervenção do Governo, existam modalidades de amputação material de poderes políticos sectoriais do Governo, transferidos que estão, por via constitucional e legal, para entes infra-estaduais a quem compete a sua definição e execução:

> (*i*) A Constituição habilita que exista a definição de uma política geral das regiões autónomas que, escapando ao poder decisório directo dos órgãos de soberania, expressando o respectivo autogoverno, integre a esfera de competência dos órgãos de governo das regiões autónomas ou, em alternativa, que se faça mediante referendo regional, tendo como seu órgão de condução o respectivo governo regional e gerando a necessidade de cooperação entre os órgãos de soberania e os órgãos regionais (artigo 229.º);
> (*ii*) A Constituição permite também que exista a definição de uma política própria de cada autarquia local, por via dos seus órgãos representativos ou de referendo local, competindo a sua condução aos respectivos órgãos autárquicos;
> (*iii*) Em sentido idêntico, apesar de não envolver qualquer dimensão territorial, igualmente as universidades públicas e as associações públicas são titulares de poderes de definição e condução das linhas políticas de cada instituição.

Em qualquer destas situações, conclua-se, haverá sempre uma inevitável contracção territorial e/ou material da condução da política integral do país, sem prejuízo, repita-se, da política *geral* continuar a competir ao Governo: esse será, todavia, o preço a pagar pela descentralização dentro de um modelo pluralista de organização administrativa (v. *supra*, n.º 5.2.).

VI. O que integra então a condução da política geral do país pelo Governo?

Pode dizer-se, em síntese, que a condução da política geral do país confere ao Governo as seguintes faculdades:

> (*i*) Elaborar o programa de Governo, enquanto documento que contém a definição das grandes linhas políticas da futura acção governamental e os principais meios da sua concretização;
> (*ii*) Proceder à implementação do programa de Governo, adoptando medidas políticas, legislativas e administrativas ou, em termos alterna-

tivos ou cumulativos, propondo aos órgãos competentes a sua adopção, assumindo aqui especial relevo a iniciativa legislativa reservada do Governo em matéria de proposta do Orçamento de Estado;

(iii) Negociar e ajustar convenções internacionais, assim como aprovar as que são da sua competência e submeter à aprovação da Assembleia da República as demais;

(iv) Exercer os restantes poderes de intervenção política conferidos pela Constituição;

(v) Conduzir a execução das políticas sectoriais definidas pela Assembleia da República e pela União Europeia, assim como de aspectos pontuais resultantes de um poder de orientação política emergente de compromissos impostos pelo Presidente da República ou da sua "magistratura de influência".

(b) Órgão superior da Administração Pública

VII. Além de conduzir a política geral do país, o Governo é também, por força da Constituição, o órgão superior da Administração Pública (artigo 182.º).

A qualificação constitucional do Governo como órgão superior da Administração Pública significa, desde logo, o seguinte:

(i) Nenhum outro órgão de soberania se pode considerar órgão da Administração Pública sob pena de, subordinado ao Governo como seu órgão superior, colocar em causa o princípio da equiordenação dos órgãos constitucionais (v. *supra*, n.º 12.2.);

(ii) Se nenhum outro órgão de soberania é órgão da Administração Pública, então nenhum deles pode ter uma intervenção decisória autónoma sobre matérias integrantes da função administrativa do Governo:

(1) A Assembleia da República não tem poder regulamentar das leis, nem pode praticar actos administrativos ou celebrar contratos administrativos fora dos domínios respeitantes à organização e funcionamento dos seus serviços internos (v. *supra*, n.º 18.5.1., (c));

(2) Os poderes do Presidente da República de incidência administrativa, salvo se respeitantes à sua competência administrativa interna (v. *supra*, n.º 17.3., (e)), dependem sempre de proposta do Governo ou assumem natureza não decisória;

(3) A intervenção dos tribunais sobre actos da Administração Pública, limitando-se a controlar a legalidade, nunca pode envol-

§19.º Governo 337

ver juízos de mérito ou assumir uma natureza substitutiva da competência decisória do Governo.

Em suma, a qualificação do Governo como órgão superior da Administração Pública confere-lhe uma reserva de competência administrativa face aos restantes órgãos de soberania;

(iii) Num outro sentido, uma vez que o Governo é o órgão superior da Administração Pública, os seus poderes decisórios ou de intervenção reguladora em matéria administrativa não podem ser arbitrariamente "expropriados" por lei a favor de autoridades independentes, antes se exige um fundamento constitucional que alicerce a criação de tais estruturas administrativas independentes: o artigo 267.º, n.º 3, não pode tornar-se no "cavalo de Tróia" do estatuto constitucional do Governo como órgão superior da Administração Pública[491];

(iv) Em termos semelhantes, o exercício dos poderes decisórios do Governo como órgão superior da Administração Pública não pode ser condicionado pela criação legal de pareceres vinculativos que, desvirtuando materialmente o seu estatuto decisório de órgão superior, traduzam uma transferência real da decisão para outras estruturas administrativas: ser órgão superior não é um simples estatuto honorífico, antes comporta a titularidade e o exercício de efectivos poderes de livre decisão;

(v) Enquanto órgão superior da Administração Pública, o Governo goza de poderes decisórios e de intervenção que lhe permitem assegurar unidade da acção administrativa e difundir legitimidade política nos seus actos, garantindo a execução da Constituição e das leis, impedindo ou remediando as situações de contradição, sobreposição ou inadequação da actividade de implementação dos princípios da juridicidade e do bem-estar[492];

(vi) Na exacta medida dos poderes que possui e da actividade que desenvolve ou deveria desenvolver como órgão superior da Administração Pública, o Governo responde perante a Assembleia da República: a amplitude dos poderes administrativos que tem marca os termos e os limites da responsabilidade política parlamentar[493].

---

[491] Para mais desenvolvimentos, cfr. PAULO OTERO, *Legalidade e Administração Pública*, pp. 318 ss.

[492] Cfr. PAULO OTERO, *O Poder de Substituição...*, II, pp. 785 ss.

[493] Para mais desenvolvimentos, cfr. PAULO OTERO, *O Poder de Substituição...*, II, pp. 792 ss.; IDEM, *Legalidade e Administração Pública*, pp. 315 ss.

338   *Estruturas constitucionais da República*

A qualidade de órgão superior da Administração revela, deste modo, o estatuto constitucional do Governo e as suas relações com os restantes órgãos de soberania.

VIII. A qualificação constitucional do Governo como órgão superior da Administração Pública confere-lhe três tipos de competência administrativa[494]:

(i) O Governo é, em primeiro lugar, guardião administrativo do modelo constitucional de Estado de Direito democrático[495], competindo-lhe exercer os seguintes poderes:

(1) Na qualidade de guardião do Estado de bem-estar[496]:

- Proceder à execução regulamentar das leis e dos decretos-leis (artigo 199.º, alínea c));

- Zelar pela eficiência, unidade e continuidade da Administração Pública (artigo 267.º, n.º 2), definindo e garantindo critérios de eficácia e optimização do bem-estar e ainda, se necessário, exercendo poderes de substituição[497];

- Promover o desenvolvimento económico-social e a satisfação das necessidades colectivas (artigo 199.º, alínea g));

(2) Na qualidade de último guardião administrativo do "Estado de direitos humanos" e do Estado de juridicidade[498]:

- Verificando-se ausência de lei, conferir aplicabilidade directa às normas constitucionais referentes a direitos, liberdades e garantias a que se refere o artigo 18.º, n.º 1;

- Desaplicar todos os actos jurídico-públicos que sejam ostensivamente violadores de direitos, liberdades e garantias consagrados em normas constitucionais dotadas de aplicabilidade directa (artigo 18.º, n.º 1);

- Fiscalizar a legalidade da actividade administrativa, em termos de autocontrolo ou de heterocontrolo, existindo o dever legal de revogar ou sanar os acto ilegais (artigo 199.º, alínea f));

---

[494] Para classificação em sentido diferente da competência administrativa do Governo, cfr. DIOGO FREITAS DO AMARAL, *Curso...*, I, p. 246; JORGE MIRANDA/RUI MEDEIROS, *Constituição Portuguesa Anotada*, II, p. 631.

[495] Cfr. PAULO OTERO, *O Poder de Substituição...*, II, pp. 667-668 e 785.

[496] Cfr. PAULO OTERO, *O Poder de Substituição...*, II, p. 669.

[497] Cfr. PAULO OTERO, *O Poder de Substituição...*, II, pp. 668 e 669.

[498] Cfr. PAULO OTERO, *O Poder de Substituição...*, II, pp. 531 ss. e 551 ss.

§19.° Governo

– Exercer poderes de substituição integrativa ou revogatória visando a garantia da juridicidade;

(ii) O Governo é, em segundo lugar, órgão superior de planeamento económico e execução orçamental, competindo-lhe:

(1) Elaborar os planos, segundo as leis das respectivas grandes opções, e fazê-los executar (artigo 199.°, alínea a));

(2) Executar e fazer executar a lei do Orçamento do Estado (artigo 199.°, alínea b));

(iii) O Governo é, em terceiro lugar, órgão superior titular de uma competência administrativa interna que, dizendo respeito à organização e funcionamento internos da Administração Pública, se manifesta por duas vias:

(1) A titularidade de poderes de intervenção intra-administrativa (artigo 199.°, alínea d)) que, garantindo a unidade no interior da Administração Pública[499], têm a seguinte expressão:

– Poderes hierárquicos sobre a Administração directa (civil e militar) do Estado;

– Poderes de superintendência sobre a Administração indirecta do Estado;

– Poderes de tutela sobre a Administração autónoma do Estado;

– E, num contexto diferente, ainda poderes de cooperação com os órgãos de governo próprio das regiões autónomas (artigo 229.°);

(2) A titularidade de poderes gerais de gestão do pessoal da Administração Pública (artigo 199.°, alínea e)), permitindo ao Governo o exercício de faculdades respeitantes ao funcionalismo público no âmbito do Estado e, numa solução claramente centralizadora, no que respeita também à Administração indirecta do Estado[500].

IX. O estatuto constitucional do Governo como órgão superior da Administração Pública não se mostra isento, todavia, de limitações e condicionamentos:

(i) Desde logo, a existência de serviços administrativos no âmbito interno das estruturas de funcionamento dos restantes órgãos de

---

[499] Cfr. PAULO OTERO, *O Poder de Substituição...*, II, pp. 785 ss.

[500] Neste último sentido, cfr. PAULO OTERO, *Procedimento disciplinar: início do prazo de prescrição e competência disciplinar sobre os funcionários da Administração indirecta*, in *O Direito*, ano 123.°, 1991, I, pp. 193 e 194.

340   *Estruturas constitucionais da República*

soberania, desde a Presidência da República (v. *supra*, n.° 17.3., (e)), a Assembleia da República (v. *supra*, n.° 18.3., (f))) e os tribunais (v. *infra*, n.° 20.1.3., II), consubstancia núcleos de exercício de actividade administrativa por órgãos administrativos que têm independência face ao Governo[501], enquanto garantia de autonomia das funções a cargo dos respectivos órgãos de soberania;

(ii) A execução administrativa interna do Direito da União Europeia, transformando a Administração Pública nacional também em Administração (indirecta) da União Europeia, cria uma área de actuação dos órgãos administrativos internos sujeita ao controlo da Comissão, enquanto seu órgão superior, assistindo-se aqui a uma amputação da esfera material de actuação do Governo como órgão superior de toda a actividade desenvolvida pela Administração Pública: o espaço material da actividade administrativa desenvolvida pela Administração Pública nacional na execução indirecta da legalidade da União Europeia não tem o Governo como seu órgão superior[502];

(iii) Igualmente no domínio da Administração Pública das regiões autónomas, enquanto expressão do exercício de um poder executivo próprio (artigo 227.°, n.° 1, alínea g)), o seu órgão superior é o respectivo governo regional, assistindo-se aqui a uma amputação territorial dos poderes de intervenção administrativa do Governo: todavia, o seu estatuto constitucional como guardião do Estado de Direito democrático[503] e, por outro lado, a consagração de poderes de cooperação, determina formas de intervenção decisória ou concertada entre o Governo da República e os governos regionais;

(iv) Mostra-se possível extrair da Constituição, por outro lado, a existência de reservas de administração autónoma que, envolvendo espaços de intervenção administrativa exclusivos das autarquias locais, das universidades públicas e das associações públicas, con-

---

[501] Cfr. GOMES CANOTILHO/VITAL MOREIRA, *Os Poderes do Presidente da República*, p. 44, nota n.° 48.

[502] Neste sentido e para mais desenvolvimentos, cfr. PAULO OTERO, *A Administração Pública nacional como Administração comunitária: os efeitos internos da execução administrativa pelos Estados-membros do Direito Comunitário*, in *Estudos em Homenagem à Professora Doutora Isabel de Magalhães Collaço*, I, Coimbra, 2002, pp. 817 ss., em especial, p. 832; IDEM, *Legalidade e Administração Pública*, pp. 470 ss., em especial, p. 485.

[503] Para mais desenvolvimentos sobre a tensão entre autonomia regional e bem-estar igualitário, cfr. PAULO OTERO, *Autonomia regional, igualdade e administração de bem-estar*, in *O Direito*, ano 130.°, 1998, I-II, pp. 89 ss.

dicionam limitativamente os poderes do Governo como órgão superior de todas as actividades desenvolvidas pela Administração Pública: se é certo que o Governo poderá controlar a legalidade da actuação da Administração autónoma[504], a verdade é nunca se pode assumir como órgão superior e, por essa via, titular de poderes de intervenção sobre todas as actividades administrativas desenvolvidas pelas entidades integrantes da Administração autónoma;

(v) Por último, a existência, nos termos da Constituição, de autoridades administrativas independentes também se configura um mecanismo debilitador do estatuto do Governo como órgão superior de toda a Administração Pública, criando feudos de intervenção destas entidades que não se encontram sujeitos aos poderes governamentais de intervenção intra-administrativa, amputando, correlativamente, a dimensão da responsabilidade política do Governo perante a Assembleia da República[505]: se o Governo não tem poderes intra-administrativos de intervenção sobre estas estruturas administrativas independentes nunca poderá ser responsabilizado pela conduta destes verdadeiros "mísseis sem controlo"[506].

19.1.3. *Princípios gerais*

BIBLIOGRAFIA: GOMES CANOTILHO, *Direito Constitucional e Teoria...*, pp. 638 ss.

(a) Princípio da complexidade organizativa e funcional interna

I. O Governo, numa aparente simplicidade de designação e de apreensão conceitual, encerra uma organização e um funcionamento interno dotado de grande complexidade, isto a três níveis:

a) O Governo é um órgão constituído por diversos órgãos;
b) Os membros do Governo têm um estatuto de igualdade e, simultaneamente, hierarquizado;

---

[504] Cfr. PAULO OTERO, *O Poder de Substituição...*, II, pp. 647-648, 791-792 e 802 ss.

[505] Cfr. PAULO OTERO, *Legalidade e Administração Pública*, p. 322.

[506] Utilizando esta última imagem, cfr. CARLOS BLANCO DE MORAIS, *As autoridades administrativas independentes na ordem jurídica portuguesa*, in *Revista de Ordem dos Advogados*, ano 61.°, 2001, p. 148.

342   Estruturas constitucionais da República

c) As fontes reguladoras da sua organização e funcionamento são múltiplas.

Pode falar-se, neste sentido, num princípio de complexidade organizativa e funcional interna do Governo que importa analisar em cada uma destas três vertentes ilustrativas.

II. a) O Governo é, antes de tudo, um órgão complexo, pois é um órgão formado por diversos órgãos, registando-se a seguinte configuração:

(i) O Governo é constituído por vários órgãos singulares que, desde o Primeiro-Ministro aos Subsecretários de Estado, passando pelos Ministros e pelos Secretários de Estado (artigo 183.°), se mostra passível de formar e expressar uma vontade por cada um destes seus membros individualmente considerados e que é tida como vontade do Governo;

(ii) O Governo forma e expressa ainda uma vontade em termos colegiais, isto é, através dos ministros reunidos em Conselho de Ministros ou, num grupo mais restrito, mediante Conselhos de Ministros especializados (artigo 184.°).

Note-se que, no silêncio da lei, sempre que uma competência é atribuída ao Governo sem se especificar se o seu exercício é feito individualmente ou em termos colegiais, entende-se que esse exercício deve ser feito pelo ministro competente em razão da matéria, sendo a intervenção colegial reservada para os casos expressamente previstos na Constituição ou na lei (artigo 200.°, n.° 1): a competência conferida ao Governo é, salvo norma expressa em sentido contrário, de exercício individual[507].

III. b) Observa-se, num outro sentido, que os membros do Governo têm um estatuto de igualdade e, simultaneamente, hierarquizado.

O que significa isto?

Tudo se resume nas duas seguintes ideias:

(i) Em termos jurídicos, os membros do Governo, enquanto titulares de um órgão de soberania, encontram-se sujeitos ao princípio da equiordenação dos órgãos de soberania (v. *supra*, n.° 12.2., II): os membros do Governo não são subalternos do Conselho de Minis-

---

[507] Cfr. Diogo Freitas do Amaral, *Curso...*, I, pp. 249-250 e 267; Paulo Otero, *O Poder de Substituição...*, II, p. 717.

§19.º *Governo* 343

tros, nem o Primeiro-Ministro é superior hierárquico dos restantes membros do Governo[508], falando-se mesmo num princípio geral de igualdade dos Ministros[509];

(ii) Em termos políticos, porém, existe uma clara hierarquia entre os membros do Governo (v. *supra,* n.º 12.2., IV), a começar na supremacia política do Primeiro-Ministro, falando-se em princípio da proeminência do Primeiro-Ministro[510], tal como dos Ministros diante dos Secretários de Estado e destes perante os Subsecretários de Estado, sem excluir relacionamentos de hierarquia de importância política diferenciada entre Ministros[511], verificando-se, desde 1928 (v. *supra,* n.º 10.8., III), o papel prevalecente do Ministro das Finanças relativamente a todos os actos governamentais que envolvam efeitos financeiros[512].

IV. c) As fontes reguladoras da organização e funcionamento do Governo são múltiplas, revelando também complexidade de articulação:

(i) Desde logo, a Constituição resolveu transformar em competência formalmente legislativa a definição pelo Governo das regras referentes à sua organização e funcionando (artigo 198.º, n.º 2), criando aqui uma reserva de auto-organização interna cujo âmbito já anteriormente foi densificado (v. *supra,* n.º 12.5., II);

(ii) Pode o Governo exercer ainda, por via regulamentar, um poder de auto-organização interna, implementando a sua competência legislativa prevista no artigo 198.º, n.º 2, ou emanando regulamentos independentes sobre a matéria (v.g., Regimento do Conselho de Ministros);

(iii) Os próprios decretos de nomeação dos membros do Governo podem fixar regras referentes a atribuições e formas de coordenação entre ministérios e secretarias de Estado (artigo 183.º, n.º 3);

(iv) Há ainda a salientar, por último, a existência de regras consuetudinárias, praxes, práticas e usos governamentais, tal como de con-

---

[508] Na expressão constitucional, o Primeiro-Ministro coordena e orienta a acção de todos os Ministros (artigo 201.º, n.º 1, alínea a)), não dirige essa acção.

[509] Cfr. DIOGO FREITAS DO AMARAL, *Curso...,* I, 257; PAULO OTERO, *A intervenção do Ministro das Finanças...,* p. 164.

[510] Cfr. GOMES CANOTILHO, *Governo,* pp. 21-22; IDEM, *Direito Constitucional e Teoria...,* p. 639.

[511] Neste último sentido, cfr. DIOGO FREITAS DO AMARAL, *Curso...,* I, p. 257.

[512] Cfr. PAULO OTERO, *A intervenção do Ministro das Finanças...,* pp. 163 ss.

venções constitucionais (v. *supra*, n.° 15.4.), reguladoras de certos aspectos sectoriais ou de detalhe da organização e funcionamento internos do Governo.

(b) Princípio da unidade política intragovernamental

V. O Governo, apesar de ser um órgão colegial dotado de complexidade organizativa interna, integrando vários membros e vários órgãos, não assenta num princípio de pluralidade ou diversidade de opiniões externas: a vontade que o Governo emite para o exterior é uma só e, apesar de possíveis divergências entre os seus membros, raramente o Governo recorre ao princípio maioritário para apurar a vontade dos seus membros em Conselho de Ministros.

Poderá mesmo dizer-se que o Conselho de Ministros deve ser o único órgão colegial de uma entidade pública que dispensa determinar a sua vontade à luz do princípio maioritário: o consenso substitui a votação, a unanimidade (convicta ou forçada) substitui a maioria.

O Governo, bem ao contrário do que sucede com a Assembleia da República, encontra-se fundado num princípio de unidade política interna que encontra a sua explicação em três factores:

(i) O Governo é formado tendo por base uma convergência política entre os seus membros: se os ministros não são membros do partido ou coligação que tem como líder o Primeiro-Ministro, eles serão sempre, pelo menos, pessoas da confiança política do Primeiro--Ministro, pois é inimaginável que o Primeiro-Ministro escolha para membro do seu Governo alguém que careça da sua confiança política, tal como não é sustentável que alguém aceite ser membro de um Governo sem depositar confiança política no respectivo Primeiro-Ministro;

(ii) A existência de um programa de Governo que traça as principais orientações políticas e medidas a adoptar pelo Governo (artigo 188.°) consubstancia um vínculo de unidade política, de convergência entre os membros do Governo, alicerçando o princípio da solidariedade governamental (artigo 189.°);

(iii) O Primeiro-Ministro possui uma competência que lhe permite imprimir unidade política ao funcionamento interno do Governo, pois dirige a política geral do Governo, coordenando e orientando a acção de todos os Ministros (artigo 201.°, n.° 1, alínea a)), dirige ainda o funcionamento do Governo (artigo 201.°, n.° 1, alínea b)),

§19.º *Governo*

presidindo ao Conselho de Ministros que define as linhas gerais da política governamental e da sua execução (artigo 200.º, n.º 1, alínea a)).

Todos estes três factores acabam por desaguar na centralidade do Primeiro-Ministro como substrato justificativo ou fundamentador do princípio da unidade política intragovernamental: é o Primeiro-Ministro que escolhe os membros do Governo, é o Primeiro-Ministro que traça as bases do programa do Governo, é o Primeiro-Ministro que define e dirige a política geral do Governo.

VI. A unidade política intragovernamental, revelando uma consequência e, simultaneamente, uma causa da centralidade do Primeiro-Ministro dentro do Governo, permite registar que o Governo é um órgão uno, tendencialmente homogéneo e alicerçado na confiança política mútua ou recíproca entre os seus membros: o princípio da unidade política intragovernamental tem depois a sua garantia no princípio da solidariedade entre os membros do Governo.

(c) Princípio da solidariedade

VII. Já antes, a propósito do princípio da pluralidade de vinculações institucionais (v. *supra*, n.º 12.3.), tivemos oportunidade de referir o princípio da solidariedade entre os membros do Governo: trata-se de um vínculo de confiança política que, unindo todos os membros do Governo em torno do respectivo programa e das deliberações do Conselho de Ministros (artigo 189.º), fazendo do Primeiro-Ministro o protagonista dessa unidade, comporta deveres mútuos de conduta e de responsabilização conjunta:

(i) A solidariedade envolve sintonia política de todos os membros do Governo entre si, incluindo de todos com o Primeiro-Ministro e deste com todos os restantes membros do Governo: quem não está em sintonia política num aspecto considerado nuclear da política governamental ou se demite ou deve ser demitido;

(ii) A solidariedade não significa, porém, que todos os membros do Governo têm de concordar com tudo aquilo que o Governo decide em cada ministério: a solidariedade apenas impõe (1.º) concordância política no essencial, (2.º) dever de não proceder a uma apreciação pública do perfil ou carácter dos colegas de Governo, das suas opiniões ou decisões, (3.º) adesão a uma responsabilidade política baseada no postulado "um por todos e todos por um";

346 *Estruturas constitucionais da República*

(iii) Todos os membros do Governo devem abster-se de criticar em público os seus colegas, discordar ou maldizer em público propostas ou soluções já aprovadas pelo Governo, tal como devem evitar revelar em público detalhes de eventuais clivagens internas: os membros do Governo, enquanto exercerem essas funções, não têm liberdade de expressão pública de eventuais opiniões contrárias às medidas adoptadas pelo Governo de que fazem parte;

(iv) O Governo ao comparecer perante a Assembleia da República surge como um todo, unido e empenhado na defesa das medidas propostas ou das soluções adoptadas: é inadmissível a quebra da solidariedade intragovernamental e, caso ocorra, só pode ter como solução a demissão de todo o Governo ou do membro que se dessolidarizou;

(v) Compreende-se, por isso, que a responsabilidade política do Governo diante da Assembleia da República se faça em ternos colegiais ou colectivos, funcionando o Governo como um todo, e não individualmente face a cada ministro: não é possível desencadear uma moção de censura ou uma moção de confiança a um ministro, sem prejuízo da conduta política de um único ministro ser suficiente para serem desencadeados mecanismos de responsabilidade colectiva de todo o Governo.

VIII. O princípio da solidariedade entre os membros do Governo traduz um tipo de relacionamento institucional entre titulares de um mesmo órgão de soberania que, apesar de ter natureza colegial, garante o princípio da unidade política intragovernamental, tudo fazendo parecer no exterior que se está diante de um órgão singular: reforça-se, deste modo, o papel do Primeiro--Ministro na direcção da política geral do Governo (artigo 201.º, n.º 1, alínea a)) e diferencia-se o relacionamento interno deste órgão das relações entre os titulares do parlamento (v. *supra*, n.º 12.3.).

(d) *Princípio da tripla responsabilidade política imperfeita*

IX. O estudo até agora realizado permitiu registar que o Governo se encontra sujeito a uma tripla responsabilidade política (v. *supra*, n.º 12.6., IV):

(i) O Governo é responsável politicamente perante a Assembleia da República;

(ii) No âmbito da responsabilidade institucional, o Primeiro-Ministro, enquanto Chefe do Governo, é responsável perante o Presidente da República;

§19.º Governo   347

(iii) O Governo encontra-se ainda sujeito a responsabilidade política
difusa perante a opinião pública mediante os meios de comunicação social.

Aqui reside a tripla responsabilidade política do Governo.

X. Como se pode visualizar, todavia, o carácter imperfeito dessa responsabilidade política do Governo?

(i) No que se refere à responsabilidade política parlamentar do
Governo, verifica-se que assenta hoje num paradoxo (v. *supra*,
n.º 18.5.3., VIII): em cenários de Governo maioritário, o controlo
político da Assembleia da República sobre a actividade do executivo, precisamente quando mais necessário seria, é uma verdadeira ficção – a maioria impõe sempre o sentido decisório das
votações no plenário ou em comissão;

(ii) Já no que respeita à responsabilidade institucional do Primeiro-
-Ministro perante o Presidente da República, a quebra ou a falta de
confiança política deste naquele nunca permite que o Presidente da
República possa demitir o Primeiro-Ministro (v. *supra*, n.º 12.6.,
IV): desde 1982, esta responsabilidade institucional é expressão de
uma mera cortesia constitucional perante o Chefe de Estado;

(iii) Em termos idênticos, a responsabilidade política difusa só pode
ganhar operatividade no momento das eleições[513], tornando-se insusceptível até lá, salvo em casos excepcionais, de determinar a
demissão do Governo (v. *supra*, n.º 12.6., IV)[514].

Sem prejuízo da precariedade política que um Governo minoritário pode
comportar, torna-se evidente que as diversas manifestações de responsabilidade política de um Governo maioritário são todas imperfeitas ante a força
decisória da sua maioria absoluta parlamentar.

---

[513] Dois exemplos, ambos recolhidos da experiência constitucional portuguesa, mostram-se ilustrativos desta responsabilidade política difusa do Governo: (1.º) a demissão, em
1982, do Primeiro-Ministro, Dr. Francisco Pinto Balsemão, na sequência do desaire eleitoral
da Aliança Democrática nas eleições autárquicas; (2.º) a demissão, em 2001, do Primeiro-
-Ministro, Eng.º António Guterres, por efeito do desastre eleitoral do Partido Socialista nas
eleições autárquicas.

[514] Note-se, todavia, que o desgaste da imagem do Governo ou de algum dos seus membros (especialmente do Primeiro-Ministro) junto da opinião pública, por força dos meios de
comunicação social, pode gerar uma situação de insustentabilidade de continuação de exercício de funções, levando à demissão individual, a uma remodelação ministerial ou até mesmo
à demissão de todo o Governo.

348   *Estruturas constitucionais da República*

(e) Princípio da residualidade da competência: o artigo 199.°, alínea g)

XI. Remonta ao artigo 122.° da Constituição de 1822, por influência napoleónica da Constituição francesa de 1799 e da Constituição de Cadiz de 1812, a consagração de uma cláusula residual de poderes a favor do executivo (v. *supra*, n.° 10.3., III): competia à autoridade do Rei "(…) prover a tudo o que for concernente à segurança interna e externa do Estado, na forma da Constituição".

Hoje essa cláusula residual de competência a favor do executivo consta do artigo 199.°, alínea g), conferindo ao Governo a competência administrativa para "praticar todos os actos e tomar todas as providências necessárias à promoção do desenvolvimento económico-social e à satisfação das necessidades colectivas".

XII. O artigo 199.°, alínea g), confere ao Governo uma competência de âmbito material tão amplo que se mostra passível extrair o seguinte alcance:

(i) Permite ao Governo emanar um direito compensador dos défices da concretização legislativa da Constituição em matéria de cláusula constitucional de bem-estar social, desde que fora dos domínios de reserva de lei (v. *supra*, n.° 7.6., III), funcionando como forma subsidiária de implementação administrativa do Estado de bem-estar[515];

(ii) Atribui ao Governo uma competência susceptível de compreender todos os fins da administração pública em sentido material, permitindo-lhe praticar *todos os actos* e tomar *todas as providências*: o Governo passa a ser titular de uma competência genérica e autónoma no domínio do desenvolvimento económico-social e da satisfação das necessidades colectivas[516];

(iii) O Governo desfruta também, por essa via, de uma competência que lhe permite, segundo o princípio da subsidiariedade, intervir, desde que seja necessário, sobre a esfera decisória de outras estruturas administrativas: há aqui uma cláusula geral habilitadora de poderes de intervenção substitutiva por parte do Governo[517].

Num claro compromisso de síntese entre o passado pré-liberal e o presente post-liberal[518], o artigo 199.°, alínea g), faz do Governo o titular de uma

---

[515] Cfr. PAULO OTERO, *O Poder de Substituição…*, II, pp. 612 ss.
[516] Cfr. PAULO OTERO, *O Poder de Substituição…*, II, pp. 821 ss.
[517] Cfr. PAULO OTERO, *O Poder de Substituição…*, II, pp. 825 ss.
[518] Cfr. PAULO OTERO, *O Poder de Substituição…*, II, p. 854.

§19.º *Governo*   349

competência residual em matéria de implementação do bem-estar e da satis
fação de todas as necessidades colectivas integrantes da função administrativa: há aqui uma cláusula geral habilitadora de uma competência residual a
favor do Governo – se a nenhum outro órgão competir ou, competindo, não
exercer essa competência, a Constituição habilita o Governo a "praticar todos
os actos e tomar todas as providências necessárias".

19.2. Composição e formação

> BIBLIOGRAFIA: DIOGO FREITAS DO AMARAL, *Curso...*, I, pp. 251 ss.;
> GOMES CANOTILHO, *Direito Constitucional e Teoria...*, pp. 636 ss.; IDEM,
> *Governo*, pp. 20 ss.; JORGE MIRANDA/RUI MEDEIROS, *Constituição Portuguesa
> Anotada*, II, pp. 633 ss.; JAIME VALLE, *A Participação do Governo...*, pp. 53 ss.

19.2.1. *Composição constitucional do Governo: aspectos gerais*

I. O artigo 183.º, a propósito da composição do Governo, diz-nos que
existem as seguintes categorias de membros do Governo:

   (i) Primeiro-Ministro;
   (ii) Vice ou Vices-Primeiros-Ministros;
   (iii) Ministros;
   (iv) Secretários de Estado;
   (v) Subsecretários de Estado.

Note-se que vigora, neste domínio, um princípio de *numerus clausus*[519]:
não podem existir, nem ser criadas por via legislativa – salvo lei de revisão
constitucional – outras categorias de membros do Governo: o elenco emergente do 183.º é fechado.

E, relativamente a todos os membros do Governo, aplica-se o princípio
da igualdade jurídica, sem prejuízo das diferenças de proeminência política
(v. *supra*, n.º 19.1.3., III).

II. Dentro das mencionadas categorias de membros do Governo há,
todavia, que fazer uma distinção nuclear:

   (i) Existem, por um lado, categorias necessárias ou essenciais de mem-
        bros do Governo, isto em termos tais que sem elas não se pode dizer

---

[519] Cfr. GOMES CANOTILHO, *Governo*, pp. 21-22.

350 Estruturas constitucionais da República

que exista Governo: é o caso, desde logo, do Primeiro-Ministro e, num nível diferente, dos Ministros;

(ii) Por outro lado, existem categorias eventuais ou acessórias de membros do Governo que, tal como a expressão indica, a sua presença num elenco governativo não é essencial: é o que sucede com o Vice ou Vices-Primeiros-Ministros, os Secretários de Estado e os Subsecretários de Estado.

Significa isto que o Primeiro-Ministro, sem prejuízo de poder acumular as suas funções com uma ou mais pastas ministeriais, nunca pode constituir um Governo sem Ministros, centralizando nele todas as pastas ou tendo apenas como membros Secretários de Estado, nem o Presidente da República pode nomear Ministros sem existir um Primeiro-Ministro.

19.2.2. *Primeiro-Ministro*

BIBLIOGRAFIA: JORGE MIRANDA, *A posição constitucional do Primeiro--Ministro*, Separata do *Boletim do Ministério da Justiça*, n.° 334, Lisboa, 1984; JAIME VALLE, *A Participação do Governo...*, pp. 63 ss.

(a) Nomeação

I. Compete ao Presidente da República nomear o Primeiro-Ministro (artigo 133.°, alínea f)), impondo a Constituição, no entanto, duas meras exigências procedimentais (artigo 187.°, n.° 1):

– Ouvir os partidos políticos representados na Assembleia da República;
– Ter em conta os resultados eleitorais.

Cumpridas que sejam essas exigências, o Presidente da República goza, à luz do texto constitucional, de uma considerável amplitude de discricionariedade na escolha do nome do Primeiro-Ministro[520]: por aqui passa, tal como tivemos oportunidade de referir (v. *supra*, n.° 17.1., IV), uma vertente da função de orientação política protagonizada pelo Presidente da República.

Sucede, no entanto, que essa margem de liberdade de escolha pelo Presidente da República do nome do Primeiro-Ministro a nomear, tal como

---

[520] Cfr. GOMES CANOTILHO/VITAL MOREIRA, *Os Poderes do Presidente da República*, p. 48.

§19.° *Governo* 351

resulta das normas da Constituição "oficial", pode ser atenuada, senão mesmo esvaziada, pela normatividade constitucional informal ou "não oficial".

II. Na realidade, transformadas que estão as eleições parlamentares num verdadeiro processo de escolha do Primeiro-Ministro, assistindo-se à edificação de um sistema de presidencialismo de primeiro-ministro (v. *supra*, n.° 8.3., (b)), a amplitude da margem de liberdade decisória do Presidente da República fica consideravelmente reduzida se, após a eleição da Assembleia da República, existe um partido vencedor cujo líder se apresentou ao eleitorado e foi "eleito" como "candidato a Primeiro-Ministro".

E essa limitação da discricionariedade na escolha do Presidente da República ainda sofre maior dimensão se o partido ou coligação vencedora consegue uma maioria absoluta parlamentar: em tais casos, uma vez que o Presidente da República não pode dissolver a Assembleia da República nos seis meses posteriores à eleição desta (artigo 172.°, n.° 1), o Presidente da República quase se limita a homologar o nome que lhe é proposto pelo partido ou coligação de partidos maioritários.

Nada obriga juridicamente, no entanto, o Presidente da República a nomear o chefe do partido ou coligação maioritária[521]: o Presidente da República nunca está vinculado a nomear um Primeiro-Ministro que careça da sua confiança política, podendo até nomear como Primeiro-Ministro quem, sendo da sua confiança pessoal, não possua um apoio parlamentar explícito à partida[522].

III. Naturalmente que, não se verificando qualquer um dos referidos cenários políticos limitativos da discricionariedade na escolha do Primeiro-Ministro, o Presidente da República readquire, *de facto*, a margem de liberdade na escolha da individualidade a nomear como Primeiro-Ministro que a Constituição lhe confere, designadamente se se verificar uma das seguintes situações:

(i) Ausência de maioria parlamentar ou de entendimento parlamentar passível de sustentar um Governo maioritário;

(ii) Formação de uma coligação pós-eleitoral que, apesar de minoritária, tenha um maior número de Deputados do que o partido que, sendo o mais votado, apenas obteve uma maioria simples de lugares na Assembleia da República;

---

[521] Cfr. PAULO OTERO, *Conceito e Fundamento da Hierarquia Administrativa*, p. 347.

[522] Neste último sentido, cfr. GOMES CANOTILHO/VITAL MOREIRA, *Os Poderes do Presidente da República*, p. 48.

352 Estruturas constitucionais da República

(iii) Demissão do Governo durante a legislatura, sendo impossível ou inoportuna a dissolução da Assembleia da República, isto sem que o Primeiro-Ministro cessante e objecto de "eleição" popular queira ou possa continuar a exercer as funções de Primeiro-Ministro;

(iv) Se, existindo maioria absoluta de um partido ou coligação parlamentar, o seu líder político for o Presidente da República, hipótese essa que reconduz o Primeiro-Ministro a um seu "lugar-tenente" ou, talvez mais propriamente, a "um director de gabinete do presidente, com a dupla função de porta-voz no parlamento"[523].

IV. Em qualquer caso, mesmo existindo maioria parlamentar absoluta a apoiar um nome indicado para ser nomeado Primeiro-Ministro, o Presidente da República sempre poderá condicionar essa nomeação à aceitação de compromissos políticos por parte da pessoa a nomear.

Por via de uma convenção constitucional (v. *supra*, n.°. 15.4., IX), o Presidente da República poderá limitar a liberdade conformadora do exercício do mandato do Primeiro-Ministro, isto no momento da sua nomeação, funcionando até como condição para ser nomeado. E, como já antes se disse (v. *supra*, n.° 17.1., IV), esse condicionamento presidencial pode incidir sobre o programa de governo, o perfil dos ministros e a própria distribuição das pastas ministeriais.

Por esta via, sublinhe-se, a nomeação do Primeiro-Ministro pode consubstanciar uma efectiva manifestação de uma função de orientação política a cargo do Presidente da República (v. *supra*, n.° 17.1., IV).

V. Criou-se, entretanto, ao longo da vigência da Constituição de 1976, um costume constitucional no sentido de, antes de o Presidente da República proceder à nomeação oficial de um nome como Primeiro-Ministro, existir a figura do "Primeiro-Ministro indigitado" (v. *supra*, n.° 15.4., V).

O que é o "Primeiro-Ministro indigitado"?

Pode dizer-se que o Primeiro-Ministro indigitado é a designação que visa traduzir a situação jurídica informal de quem, tendo aceite vir a assumir as funções de Primeiro-Ministro, foi encarregue pelo Presidente da República de prosseguir uma, todas ou várias das seguintes tarefas:

(i) Tentar encontrar, se ainda não existir, uma solução governativa que disponha de maioria parlamentar, procedendo a diligências junto

---

[523] Neste último sentido, referindo-se ao estatuto do Primeiro-Ministro durante o mandato do Presidente francês Valéry Giscard d'Estaing, cfr. MAURICE DUVERGER, *Xeque-Mate*, p. 185.

§19.° *Governo* 353

dos partidos com representação parlamentar, verificando-se que no final as seguintes soluções são possíveis:
– Consegue-se formar uma coligação maioritária (pós-eleitoral) ou, pelo menos, um acordo de incidência parlamentar que permita existir uma maioria parlamentar;
– Não se consegue nada disso, inexistindo qualquer maioria parlamentar disposta a apoiar expressamente um novo executivo, podendo aqui o Primeiro-Ministro indigitado adoptar uma de duas posturas: (1.ª) recusa formar Governo, devolvendo ao Presidente da República a decisão sobre uma nova indigitação; (2.ª) aceita avançar, apesar de todos os riscos, com a formação de um elenco governativo e apresentar um programa de Governo à Assembleia da República;
(ii) Formar governo, recrutando um elenco de individualidades que aceitem integrar um Governo por si chefiado, apresentando os nomes à consideração do Presidente da República;
(iii) Começar a definir os traços essenciais das orientações políticas e das medidas a adoptar ou a propor adoptar pelo Governo, isto é, elabora o programa de Governo a apresentar à Assembleia da República.

Pode bem suceder, atendendo a que, após a nomeação do Primeiro--Ministro, a Constituição obriga à apresentação, no prazo máximo de dez dias, do programa de Governo à Assembleia da República (artigo 192.°, n.° 1), que a figura da indigitação do Primeiro-Ministro seja também uma forma de contornar a exiguidade desse prazo, possibilitando um acréscimo de tempo para melhor preparar a elaboração do programa de Governo.

Em qualquer circunstância, salvo morte, impedimento permanente ou recusa da individualidade indigitada Primeiro-Ministro, sem excluir a possibilidade de lhe ser retirado o convite formulado pelo Presidente da República, aquele que foi indigitado tende a ser nomeado Primeiro-Ministro.

VI. Quais os efeitos da nomeação de alguém como Primeiro-Ministro? A Constituição diz-nos que são quatro os principais efeitos:

(i) A nomeação do Primeiro-Ministro faz começar a contar o prazo máximo de dez dias para ser apresentado junto da Assembleia da República o programa do Governo (artigo 192.°, n.° 1);
(ii) A nomeação envolve a exigência de posse, pois só a partir deste momento o Primeiro-Ministro inicia o exercício das suas funções (artigo 186.°, n.° 1);

(iii) A nomeação determina, se o Primeiro-Ministro era deputado, a imediata suspensão do seu mandato parlamentar (artigo 154.°, n.° 1);

(iv) A data da nomeação e da posse do novo Primeiro-Ministro corresponde à data da exoneração do anterior Primeiro-Ministro (artigo 186.°, n.° 4), sendo também esse o momento de cessação de funções de todos os restantes membros do anterior Governo (artigo 186.°, n.° 2), garantindo-se sempre, deste modo, a continuidade dos serviços públicos (v. *supra*, n.° 12.4.).

(b) Competência

VII. Tendo presente o quadro constitucional de poderes conferidos ao Primeiro-Ministro, mostra-se possível recortar o elenco das seguintes principais funções:

a) Funções de gestação do Governo;
b) Funções de direcção política;
c) Funções de chefia administrativa;
d) Funções de representação governamental;
e) Funções de controlo.

Observemos, muito sumariamente, cada uma destas funções constitucionais do Primeiro-Ministro.

VIII. a) Se o Primeiro-Ministro tem uma função geradora da formação do Governo, sendo o seu progenitor junto do Presidente da República e da Assembleia da República, pode bem dizer-se que a primeira competência do Primeiro-Ministro se prende com a gestação do Governo, isto numa dupla incidência:

(i) Compete ao Primeiro-Ministro propor ao Presidente da República os nomes dos restantes membros do Governo (artigo 187.°, n.° 2), o que significa, desde logo, que a Constituição atribui ao Primeiro-Ministro um poder de organização intragovernamental que se configura nos seguintes termos:

(1) Se é verdade que o Primeiro-Ministro não pode nomear os membros do seu Governo, também é certo que o Presidente da República se encontra sempre sujeito aos nomes propostos pelo Primeiro-Ministro: sem o acordo do Presidente da República, o Primeiro-Ministro não consegue formar uma equipa governamental, sem proposta deste, o Presidente da República não pode nomear membros do Governo;

§19.° Governo 355

(2) Deste modo, todos os membros do Governo têm de merecer a confiança do Primeiro-Ministro, sem terem a oposição ou a desconfiança expressa do Presidente da República;

(3) Indicando os nomes, o Primeiro-Ministro tem implícita a competência para traçar a arquitectónica organizativa do Governo, definindo a designação, o número e as atribuições dos ministérios e secretarias de Estado e as suas formas de relacionamento;

(4) Iguais poderes se têm de reconhecer ao Primeiro-Ministro num cenário de remodelação governamental, propondo ao Presidente da República a exoneração dos membros do Governo (artigo 133.°, alínea h)), substituindo-os por outros, mantendo ou alterando a respectiva arquitectónica do Governo;

(5) Num âmbito mais circunscrito, verificando-se não existir a figura do Vice-Primeiro-Ministro, o Primeiro-Ministro tem a faculdade de indicar ao Presidente da República o Ministro que o substitui em situações de ausência ou impedimento temporário (artigo 185.°, n.° 1)[524];

(ii) Compete ainda ao Primeiro-Ministro, por meio de uma declaração, submeter à apreciação da Assembleia da República o programa do Governo (artigo 192.°, n.° 1), procurando obter desta a "maioridade" funcional do seu Governo ou o exercício da plenitude da competência governamental (artigo 186.°, n.° 5, *a contrario*).

IX. b) Uma segunda função conferida pela Constituição ao Primeiro--Ministro diz respeito à direcção política do Governo: ao Primeiro-Ministro compete impulsionar, promover, predeterminar ou definir a política geral do Governo, garantindo a sua execução por todos os Ministros – nenhuma política governamental escapa à intervenção do Primeiro-Ministro.

No âmbito do recorte constitucional da função de direcção política do Governo, acentuada pela transformação das eleições parlamentares num processo de legitimação político-democrática da figura do Primeiro-Ministro (v. *supra*, n.° 8.3. (b)), pode dizer-se que a competência do Primeiro-Ministro encontra as seguintes expressões:

(i) O Primeiro-Ministro tem um papel central na elaboração do conteúdo do programa de Governo a apresentar à Assembleia da República: compete-lhe definir ou, pelo menos, expressar a sua concor-

---

[524] Sublinhando a posição central que daqui decorre para o Primeiro-Ministro, num acolher de uma solução proveniente da legislação ordinária durante a vigência da Constituição de 1933, cfr. PAULO OTERO, *O Poder de Substituição...*, I, p. 252.

dância política integral com "as principais orientações políticas e medidas a adoptar ou a propor nos diversos domínios da actividade governamental" (artigo 188.°): nada pode ser incluído no programa de Governo contra a vontade do Primeiro-Ministro;

(ii) Independentemente dessa manifestação de direcção política, ao Primeiro-Ministro compete dirigir a política geral do Governo (artigo 201.°, n.° 1, alínea a)), o que significa o seguinte:

(1) Propor a determinação ou definição das linhas gerais da política governamental ao Conselho de Ministros (artigo 200.°, n.° 1, alínea a));

(2) Presidir ao Conselho de Ministros (artigo 184.°, n.° 1), dirigindo os seus trabalhos e orientando o seu sentido decisório colectivo (artigo 201.°, n.° 1, alínea b));

(3) Implementar as linhas gerais da política governamental e da sua execução objecto de definição pelo Conselho de Ministros, dirigindo o funcionamento político e legislativo do Governo (artigo 201.°, n.° 1, alínea b)), coordenando e orientando a acção política de todos os Ministros (artigo 200.°, n.° 1, alínea a));

(4) Assinar os decretos-leis e demais decretos do Governo (artigo 201.°, n.° 2), significando isto que todas as principais decisões normativas governamentais devem contar com a intervenção do Primeiro-Ministro;

(5) Intervir no procedimento de nomeação dos mais altos funcionários do Estado, propondo os nomes ao Presidente da República, se competir a este a respectiva designação, ou concertando a decisão com os Ministros das respectivas pastas, se a competência for exclusiva do Governo[525];

(iii) No contexto ainda da direcção política do Governo, o Primeiro--Ministro goza do poder de propor ao Presidente da República a exoneração e substituição de qualquer membro do Governo (artigo 133.°, alínea h)), afastando os elementos não sintonizados com a linha política por si pretendida para o Governo e, por essa via, controlando a intervenção do Conselho de Ministros na definição das linhas gerais da política governamental;

(iv) A direcção política a cargo do Primeiro-Ministro permite-lhe propor e, se necessário, forçar o Conselho de Ministros a deliberar

---

[525] Neste último sentido, cfr. Diogo Freitas do Amaral, *Curso...*, I, p. 253.

§19.º Governo 357

sobre a apresentação de uma moção de confiança à Assembleia da República (artigo 200.º, n.º 1, alínea b)), procurando obter um conforto ou uma clarificação parlamentar sobre o sentido das linhas políticas propostas ou já executadas pelo Governo.

Naturalmente que, por outro lado, a unidade do poder político gerada por uma maioria parlamentar fiel ao chefe do executivo, tornando nominais as normas constitucionais definidoras de esferas de repartição do poder legislativo ou de responsabilidade política governamental perante o parlamento, reforça a centralidade decisória do Primeiro-Ministro: em torno do Primeiro-Ministro encontram-se hoje aglutinados os principais poderes de decisão política geral.

Neste sentido, o Primeiro-Ministro impulsiona e dirige a acção do Governo e, sendo líder político de uma maioria parlamentar, comanda o sentido decisório do parlamento[526].

Num cenário de maioria absoluta parlamentar assiste-se mesmo a um subversão do sentido político clássico da separação de poderes entre o poder legislativo e o poder executivo: a separação de poderes passar a estar entre o poder judicial e os restantes poderes e, em termos políticos, entre a maioria que controla o legislativo e o executivo, por um lado, e a oposição parlamentar que, por outro, limita o poder concentrado nessa mesma maioria.

X. c) Confere a Constituição ao Primeiro-Ministro, por outro lado, funções de chefia administrativa, isto num duplo sentido[527]:

(i) O Primeiro-Ministro dirige também o funcionamento do Governo no exercício da função administrativa, isto para além da sua direcção política, coordenando e orientando os Ministros no âmbito da respectiva actividade administrativa (artigo 201.º, n.º 1, alínea b));

(ii) O Primeiro-Ministro pode também administrar e gerir, igualmente numa posição de chefia, os serviços administrativos integrados na Presidência do Conselho, tal como pode chamar a si a gestão de determinados "dossiers" administrativos (v.g., negociações salariais no âmbito da função pública, concertação social), sendo os termos definidos pela lei de organização e funcionamento do Governo (artigo 198.º, n.º 2).

---

[526] Cfr. PAULO OTERO, *Legalidade e Administração Pública*, p. 146.

[527] Adoptando, todavia, designações diferentes, cfr. DIOGO FREITAS DO AMARAL, *Curso...*, I, pp. 252-253; MARCELO REBELO DE SOUSA, *Lições de Direito Administrativo*, I, Lisboa, 1999, pp. 247 ss.

XI. d) Exerce ainda o Primeiro-Ministro, por via constitucional, funções de representação governamental, envolvendo as seguintes faculdades:

(i) Informa o Presidente da República sobre os assuntos respeitantes à condução governamental da política interna e externa do país (artigo 201.°, n.° 1, alínea c));

(ii) Referenda, em nome do Governo como órgão colegial, os actos do Presidente da República previstos no artigo 140.°, n.° 1;

(iii) É o Primeiro-Ministro que protagoniza a responsabilidade política institucional junto do Presidente da República e, em nome do Governo, a responsabilidade deste perante a Assembleia da República (artigo 191.°, n.° 1), significando esta última vertente o seguinte:

– O Primeiro-Ministro deverá comparecer perante o Plenário da Assembleia da República tratando-se de debates com o Governo ou sobre o estado da nação e ainda em caso de interpelações ao Governo sobre assunto de política geral;

– O Primeiro-Ministro deve ainda comparecer junto da Assembleia da República se for desencadeada uma moção de censura ou solicitada uma moção de confiança;

(iv) Compete ao Primeiro-Ministro dirigir as relações de carácter geral do Governo com os demais órgãos do Estado (artigo 201.°, n.° 1, alínea b);

(v) Compete ao Primeiro-Ministro assegurar a representação externa do Governo português, designadamente no âmbito do Conselho Europeu que é composto, nos termos do Tratado da União Europeia, pelos Chefes de Estado e de Governo dos Estados-membros da União Europeia[528].

XII. e) Compete ao Primeiro-Ministro, por último, o exercício de funções de controlo, o que se traduz nos seguintes poderes:

(i) Exercer controlo sobre os actos do Presidente da República sujeitos a referenda ministerial (artigo 140.°, n.° 1), sabendo-se que a referenda se encontra dispensada dos actos presidenciais sem verdadeira relevância directa sobre a condução da política geral do país pelo Governo[529], o que significa que, em matérias que projectam

---

[528] Cfr. artigo 15.°, n.° 2, do Tratado da União Europeia, segundo a versão resultante do Tratado de Lisboa.

[529] Para mais desenvolvimentos, cfr. DIOGO FREITAS DO AMARAL/PAULO OTERO, *O Valor Jurídico-Político da Referenda Ministerial*, pp. 40 ss. e 90.

§19.º *Governo* 359

efeitos sobre a condução da política geral do país, a referenda pelo Primeiro-Ministro dos actos do Presidente da República mostra-se passível de produzir os seguintes efeitos[530]:

(1) Salvo em casos de promulgação obrigatória, a referenda permite um controlo pelo Primeiro-Ministro da validade jurídico--constitucional dos actos do Presidente da República a referendar: a aposição da referenda, gerando responsabilidade política, civil e criminal para o seu autor, envolve uma função notarial e de certificação da validade jurídica do respectivo acto presidencial, além de autorizar a sua produção de efeitos e assumir, por tudo isto, uma clara vertente garantística para os cidadãos;

(2) Excepto perante a intervenção do Presidente da República sobre convenções internacionais e leis da Assembleia da República, todos os restantes actos do Presidente da República sujeitos a referenda ministerial podem ser submetidos a controlo político pelo Primeiro-Ministro, sendo admissível que este recuse a referenda com fundamento em objecções políticas, isto independentemente do diferente valor jurídico que assume a referenda ou a sua recusa e a inerente responsabilidade política governamental em relação a cada grupo ou tipo de actos a ela sujeitos;

(ii) Possui também o Primeiro-Ministro legitimidade processual activa para, junto do Tribunal Constitucional, solicitar os seguintes tipos de controlo:

(1) A fiscalização preventiva da constitucionalidade dos decretos enviados ao Presidente da República para serem promulgados como leis orgânicas (artigo 278.º, n.º 4);

(2) A declaração de inconstitucionalidade com força obrigatória geral de quaisquer normas ou a declaração de ilegalidade com força obrigatória geral das normas previstas no artigo 281.º, n.º 1, alíneas b), c) e d) (artigo 281.º, n.º 2, alínea c)).

(c) Responsabilidade política

XIII. Sabe-se já que o Primeiro-Ministro é responsável em termos institucionais perante o Presidente da República e que essa responsabilidade, nunca permitindo ao Chefe de Estado demitir o Chefe de Governo por quebra

---

[530] Para mais desenvolvimentos, cfr. DIOGO FREITAS DO AMARAL/PAULO OTERO, *O Valor Jurídico-Político da Referenda Ministerial*, pp. 49 ss. e 90.

360   *Estruturas constitucionais da República*

ou falta de confiança política, assume natureza imperfeita (v. *supra*, n.º 19.1.3., (d)): é uma mera cortesia constitucional.

No entanto, o Primeiro-Ministro, sem prejuízo dos poderes entrecruzados ou partilhados com o Presidente da República e dos imperativos decorrentes dos princípios da cooperação e respeito institucional (v. *supra*, n.º 12.3.), tem o dever de informar e de ouvir o Chefe de Estado, podendo até esse ouvir converter-se, por efeito da "magistratura de influência" por aquele protagonizada (v. *supra*, n.º 17.1., IV), num dever de escutar o Presidente da República.

Cumpre recordar, por outro lado, que o Primeiro-Ministro concentra em si e através de si toda a responsabilidade institucional do Governo perante o Presidente da República: num modelo típico de chanceler, herdado da Constituição de 1933, nenhum outro membro do Governo se relaciona politicamente em termos directos com o Presidente da República (artigo 191.º, n.º 2, *a contrario)*, sendo esse relacionamento sempre mediado pelo Primeiro--Ministro.

Trata-se de um efeito da concentração constitucional da direcção política do Governo nas mãos do Primeiro-Ministro: é ele, por isso mesmo, que deve assumir a responsabilidade pela totalidade das funções do Governo junto do Presidente da República.

XIV. Já no que respeita à responsabilidade política do Governo perante a Assembleia da República, o sistema constitucional é diferente:

    (i) Sem negar o protagonismo do Primeiro-Ministro nesse assumir de responsabilidade (v. *supra*, n.º XI), os Ministros são também responsáveis, no âmbito da responsabilidade colectiva do Governo, perante a Assembleia da República (artigo 191.º, n.º 2), podendo comparecer nas suas reuniões plenárias, usando da palavra (artigo 177.º, n.º 1), respondendo a perguntas e pedidos de esclarecimento dos Deputados (artigos 177.º, n.º 2), além de lhes ser facultado solicitar a sua presença nas comissões, tendo o dever de comparecer se tal for requerido (artigo 177.º, n.º 3);

    (ii) No entanto, ao Primeiro-Ministro continua a competir intervir e protagonizar os principais momentos de responsabilização política do Governo perante a Assembleia da República:
      – Apresentação e apreciação do programa de Governo;
      – Solicitação de voto de confiança;
      – Apresentação, discussão e votação de moção de censura;
      – Debates e interpelações sobre política geral do Governo.

§*19.° Governo* 361

(d) Termo e suspensão de funções

XV. Como pode terminar o exercício de funções do Primeiro-Ministro? Pode dizer-se, segundo o disposto no artigo 195.°, que todas as situações que impliquem a demissão do Governo envolvem o correlativo termo de funções do Primeiro-Ministro (v. *infra*, n.° 19.3.3.). Mostra-se possível recortar, por conseguinte, quatro diferentes grupos de causas de termo de funções do Primeiro-Ministro:

(i) Causas decorrentes da responsabilidade do Governo perante a Assembleia da República:
  – Rejeição do programa do Governo;
  – Não aprovação de uma moção de confiança;
  – Aprovação de uma moção de censura;
(ii) Um acto voluntário do próprio Primeiro-Ministro: o pedido de demissão, encontrando-se dependente, todavia, de aceitação do Presidente da República (artigo 195.°, n.° 1, alínea b)), sem prejuízo do princípio geral da renunciabilidade aos cargos públicos (v. *supra*, n.° 13.8.);
(iii) Uma causa resultante da intervenção do Presidente da República: a demissão do Governo, nos termos do artigo 195.°, n.° 2;
(iv) Causas alheias à vontade de qualquer um destes intervenientes:
  – O início de nova legislatura;
  – A morte do Primeiro-Ministro;
  – A impossibilidade física duradoura (sem ser necessário que seja permanente) do Primeiro-Ministro;
  – A condenação definitiva do Primeiro-Ministro por crime de responsabilidade cometido no exercício das suas funções[531].

XVI. Note-se que o efectivo termo de funções do Primeiro-Ministro coincide, salvo em casos da sua morte ou impossibilidade física duradoura, isto por razões decorrentes do princípio da continuidade dos serviços públicos (v. *supra*, n.° 12.4.), com a tomada de posse do novo Primeiro-Ministro (v. *supra*, n.° 19.2.1., VI).

No caso, porém, de demissão forçada por condenação criminal, o Primeiro-Ministro passa imediatamente a estar impedido de continuar a exercer funções, procedendo-se, até à nomeação e posse de um novo Primeiro-Minis-

---

[531] Trata-se de uma sanção possibilitada pelo artigo 117.°, n.° 3, e que tem concretização legislativa no artigo 30.° do Regime da Responsabilidade dos Titulares de Cargos Políticos, aprovado pela Lei n.° 34/87, de 16 de Julho.

362   *Estruturas constitucionais da República*

tro, à sua rápida substituição, nos termos do artigo 185.º, n.º 1 (v. *infra*, n.º 19.2.3., VIII).

XVII. Se, ao contrário do anterior cenário que pressupunha a condenação definitiva, estiver apenas em causa um procedimento criminal movido contra o Primeiro-Ministro, tendo ele sido acusado definitivamente, a Constituição determina que seja sempre necessária a intervenção da Assembleia da República para decidir da sua suspensão (artigo 196.º, n.º 2). Há aqui a diferenciar, no entanto, dois cenários:

> *(i)* Se se trata de crime doloso a que corresponda pena de prisão cujo limite máximo seja superior a três anos, uma vez que a Assembleia da República se encontra obrigada a decidir pela suspensão (artigo 196.º, n.º 2), o Primeiro-Ministro é substituído, isto se não apresentar a demissão[532], nos termos do artigo 185.º, n.º 1;
>
> *(ii)* Se, diferentemente, não estiver em causa um crime doloso a que corresponda pena de prisão cujo limite máximo seja superior a três anos, a Assembleia da República é livre de decidir se haverá ou não lugar à suspensão do Primeiro-Ministro (artigo 196.º, n.º 2):
>
> > (1) Se a Assembleia da República decidir pela suspensão, aplica-se o que se acabou de referir na alínea (i);
> >
> > (2) Se, pelo contrário, a Assembleia da República decidiu pela não suspensão, entendemos que há a diferenciar ainda duas hipóteses:
> >
> > > – Se está em causa uma acusação por crime praticado no exercício de funções públicas e por causa desse exercício, o Primeiro-Ministro deve considerar-se, por uma questão de ética constitucional e dignidade do cargo (v. *supra*, n.º 16.3.), impedido de continuar a exercer funções, procedendo-se à sua substituição, uma vez mais à luz do artigo 185.º, n.º 1;
> > >
> > > – Se, ao invés, não estamos diante de uma acusação por crime praticado no exercício de funções públicas e por causa desse exercício, o Primeiro-Ministro não se encontra eticamente obrigado a considerar-se impedido temporariamente de exercer funções.

---

[532] Considerando que a delicadeza da situação levará o Primeiro-Ministro a apresentar a sua demissão ou, em alternativa, o Presidente da República a demitir o Governo, por estar em causa o regular funcionamento das instituições democráticas, cfr. JORGE MIRANDA/RUI MEDEIROS, *Constituição Portuguesa Anotada*, II, p. 677.

XVIII. As situações de substituição interina do Primeiro Ministro, nos termos do artigo 185.°, n.° 1, não se mostram isentas, todavia, de delicados problemas em torno da amplitude dos poderes do Ministro substituto[533]: será que o Primeiro-Ministro interino pode exercer todos os poderes que a Constituição confere ao Primeiro-Ministro ausente ou impedido?

Voltaremos ao assunto, a propósito da competência de substitutiva dos Ministros (v. *infra*, n.° 19.2.3., VIII).

19.2.3. *Ministros*

BIBLIOGRAFIA: JOSÉ DE MATOS CORREIA/RICARDO PINTO LEITE, *A Responsabilidade Política*, pp. 35 ss.; PEDRO LOMBA, *A responsabilidade política dos ministros no Direito Constitucional português*, in *Estudos em Homenagem ao Professor Doutor Marcello Caetano*, II, Coimbra, 2006, pp. 575 ss.

(a) Nomeação e cessação de funções

I. Os Ministros, sabe-se já (v. *supra*, n.° 19.2.2., VIII), são nomeados pelo Presidente da República, sob proposta do Primeiro-Ministro, num exemplo perfeito de poderes entrecruzados ou partilhados: nem o Primeiro-Ministro consegue incluir no seu elenco governativo pessoas que sejam "vetadas" pelo Presidente da República como membros do Governo, nem o Presidente da República pode nomear membros do Governo que não lhe tenham sido propostos pelo Primeiro-Ministro.

E, atendendo à fragilidade do Primeiro-Ministro no momento da sua indigitação perante o Presidente da República que não se encontra vinculado a proceder à sua nomeação, pode este, por via de convenção constitucional, condicionar a escolha dos Ministros (v. *supra*, n.° 19.2.2., IV): o Presidente da República, sem ter a faculdade de impor um nome, apesar de lhe assistir a possibilidade de sugerir "a escolha de certa personalidade ou de determinado perfil para determinada pasta"[534], tem sempre o poder de recusar todos os nomes propostos pelo Primeiro-Ministro.

II. Uma vez que a Constituição exige que a nomeação de cada Ministro assente num acordo entre quem propõe o nome (: Primeiro-Ministro) e

---

[533] Cfr. PAULO OTERO, *O Poder de Substituição...*, II, pp. 481-482, nota n.° 276.

[534] Cfr. GOMES CANOTILHO/VITAL MOREIRA, *Os Poderes do Presidente da República*, p. 49, nota n.° 55.

364 Estruturas constitucionais da República

quem aceita proceder à sua nomeação (: Presidente da República), pode bem dizer-se que os Ministros gozam de uma dupla legitimidade política: beneficiam da legitimidade de quem faz a proposta e de quem aceita essa proposta.

É essa dupla legitimidade política, sem tomar em consideração a possibilidade de também a pessoa em causa ter sido eleito Deputado, que cada Ministro deverá expressar junto do Conselho de Ministros e difundir no interior do respectivo departamento governamental.

III. O início das funções de cada Ministro começa no momento da respectiva posse (artigo 186.°, n.° 2), cessando o seu exercício de funções verificando-se uma das seguintes situações:

  (i) Ocorrendo exoneração do Primeiro-Ministro (artigo 186.°, n.° 2) ou, em caso de morte deste, com a posse do novo Primeiro-Ministro e respectivo Governo (artigo 186.°, n.° 5);

  (ii) Demissão voluntária junto do Primeiro-Ministro ou de proposta nesse sentido deste último junto do Presidente da República, tendo ocorrido a respectiva exoneração (artigo 186.°, n.° 2) e consequente posse de um novo Ministro que substitua o demitido;

  (iii) Verificando-se a morte ou impedimento permanente do Ministro;

  (iv) Demissão forçada pela condenação definitiva do Ministro por crime de responsabilidade cometido no exercício das suas funções[535].

IV. No caso de demissão do Ministro por efeito de condenação penal, deve entender-se, à semelhança do que sucede com o Primeiro-Ministro (v. *supra*, n.° 19.2.2., XVI), que existe um impedimento imediato que obsta à continuação do exercício de funções, devendo o Ministro ser imediatamente substituído por um novo Ministro ou, não sendo isso possível, deve proceder-se à substituição temporária prevista no artigo 185.°, n.° 2.

V. Em termos idênticos aos adiantados a propósito do Primeiro-Ministro, se for movido um procedimento criminal contra um Ministro (ou qualquer outro membro do Governo), sendo ele acusado definitivamente, deve aplicar-se o regime anteriormente exposto (v. *supra*, n.° 19.2.2., XVII).

---

[535] Trata-se de uma sanção possibilitada pelo artigo 117.°, n.° 3, e que tem concretização legislativa no artigo 31.°, alínea a), do Regime da Responsabilidade dos Titulares de Cargos Políticos, aprovado pela Lei n.° 34/87, de 16 de Julho.

§19.º Governo

(b) Competência: quadro geral

VI. Qual a competência que a Constituição confere aos Ministros?

A Constituição, configurando os Ministros como órgãos que exercem funções de natureza política e administrativa[536], desenvolvendo por via individual ou colegial os poderes atribuídos ao Governo, sempre sujeitos à coordenação e orientação do Primeiro-Ministro (artigo 201.º, n.º 1, alínea a)), confere-lhes cinco tipos de competência:

(i) *Competência de execução*: aos Ministros pertence implementar a política definida para os respectivos Ministérios (artigo 201.º, n.º 2, alínea a)), significando isto, antes de tudo, que não possuem autonomia de definição da política do seu próprio ministério[537], funcionando como órgão de execução da política definida em Conselho de Ministros e dirigida pelo Primeiro-Ministro;

(ii) *Competência de coordenação e orientação*: assim como os Ministros se encontram sujeitos a tais poderes de garantia da unidade de acção intragovernamental por parte do Primeiro-Ministro, igualmente os Ministros gozam de idênticas faculdades de coordenar e orientar a acção dos respectivos Secretários e Subsecretários de Estado;

(iii) *Competência de participação*: os Ministros integram o Conselho de Ministros (artigo 184.º, n.º 1), competindo-lhes, nessa qualidade, participar na formação da vontade colegial do Governo que, sob a propulsão e a condução do Primeiro-Ministro (v. *supra*, n.º 19.2.2., IX), define as linhas gerais da política governamental (artigo 200.º, n.º 1, alínea a));

(iv) *Competência de representação*: os Ministros asseguram, no âmbito dos respectivos departamentos ministeriais, as relações de carácter geral entre o Governo e os restantes órgãos do Estado (artigo 201.º, n.º 2, alínea b)), neste contexto se integrando as suas tarefas de, nos termos antes referidos (v. *supra*, n.º 19.2.2., XIV), participarem nos trabalhos da Assembleia da República (artigo 177.º);

(v) *Competência de substituição*: nas ausências ou impedimentos do Primeiro-Ministro, os Ministros encontram-se investidos, nos termos do artigo 185.º, n.º 1, da faculdade de poderem substituir o Primeiro-Ministro (v. *infra*, n.º VIII).

---

[536] Cfr. DIOGO FREITAS DO AMARAL, *Curso...*, I, p. 256.

[537] Neste último sentido, cfr. GOMES CANOTILHO/VITAL MOREIRA, *Constituição...*, 3.ª ed., p. 789; JORGE MIRANDA/RUI MEDEIROS, *Constituição Portuguesa Anotada*, II, p. 755.

366   *Estruturas constitucionais da República*

VII. Urge sublinhar que, apesar de o artigo 201.°, n.° 2, alínea a), conferir aos Ministros uma competência de execução da política definida para os respectivos ministérios, pode suceder que existam Ministros sem ministérios, isto é, sem um sector definido de departamentos organizados em função de uma matéria específica: será esse o caso dos designados Ministros sem pasta ou dos Ministros de Estado, desde que estes últimos não acumulem esse cargo com um ministério.

Em tais casos, verdadeira expressão de um costume *contra constitutionem* (v. *supra*, n.° 15.4., V)[538], dependendo da lei orgânica do Governo (artigo 198.°, n.° 2) a configuração das respectivas funções, deparamos com Ministros cuja competência de execução administrativa é mais reduzida, avultando no seu estatuto a proeminência política das funções desenvolvidas, funcionando muitas vezes como sucedâneos de figura dos Vice-Primeiros-Ministros.

(c) Idem: a substituição do Primeiro-Ministro

VIII. Na falta de Vice-Primeiro-Ministro, os Ministros podem substituir o Primeiro-Ministro, determinando o artigo 185.°, n.° 1, as regras a que se encontra sujeita essa forma de substituição.

Neste sentido, bem mais importante do que os critérios que pautam a determinação do Ministro substituto do Primeiro-Ministro ou o recorte das situações geradoras de substituição[539], importa apurar a extensão da competência funcional do Primeiro-Ministro interino.

A Constituição aqui, ao invés do que sucede com o interino do Presidente da República, não estabeleceu quaisquer restrições funcionais à competência do Primeiro-Ministro interino, isto é, do Ministro que substitui o Primeiro-Ministro nas suas ausências e impedimentos temporários.

Há quem afirme, por isso, que o substituto do Primeiro-Ministro pode "(…) exercer tendencialmente todas as competências deste, incluindo as que decorrem da responsabilidade do Governo perante o PR e a AR"[540].

A ideia de um "interino total" do Primeiro-Ministro poderá envolver, por exemplo, a possibilidade de o Ministro substituto apresentar a demissão do Governo ao Presidente da República ou mesmo de propor a este remo-

---

[538] Em sentido contrário, falando aqui antes em costume *prater legem*, cfr. JORGE MIRANDA/RUI MEDEIROS, *Constituição Portuguesa Anotada*, II, p. 637.

[539] Cfr. PAULO OTERO, *O Poder de Substituição...*, II, pp. 481 ss.

[540] Cfr. GOMES CANOTILHO/VITAL MOREIRA, *Constituição...*, 3.ª ed., p. 740.

§19.º Governo 367

delações governamentais ou desencadear junto do parlamento uma moção de confiança.

A matéria em causa revela uma genuína lacuna constitucional[541].

E, se se mostra possível defender que o substituto tem uma competência igual à do órgão substituído, já o seu exercício deverá obedecer às duas seguintes regras:

(i) Tratando-se de matérias de natureza política essencial, o exercício de poderes pelo substituto encontra-se sujeito a um princípio de proporcionalidade ou necessidade: o substituto do Primeiro-Ministro não pode alterar as linhas de direcção da política geral do Governo estabelecidas pelo Primeiro-Ministro ausente ou temporariamente impedido, nem propor ao Presidente da República a substituição de membros do Governo, sob o pretexto de imprimir nova operacionalidade governativa, tal como não poderá solicitar um voto de confiança política parlamentar;

(ii) Já assim não será se forem matérias de natureza política corrente (v.g., aprovar decretos-leis, referendar actos do Presidente da República, presidir ao Conselho de Ministros) ou matérias de índole administrativa: em tais casos, a competência do substituto é igual à competência do substituído.

(d) Responsabilidade política

IX. Os Ministros encontram-se sujeitos a uma dupla responsabilidade política (artigo 191.º, n.º 2):

(i) São individualmente responsáveis perante o Primeiro-Ministro, devendo "prestar contas" de toda a actividade desenvolvida no âmbito dos diferentes tipos de competência, podendo ser, a qualquer momento, demitidos pelo Primeiro-Ministro, apresentando junto do Presidente da República a proposta da respectiva exoneração e imediata substituição por um novo Ministro;

(ii) Os Ministros são ainda responsáveis politicamente perante a Assembleia da República, no contexto da responsabilidade colectiva do Governo decorrente do princípio da solidariedade, tendo o direito e o dever de comparecer no parlamento (artigo 177.º), apesar deste não poder votar moções de censura a Ministros individualmente con-

---

[541] Cfr. PAULO OTERO, O Poder de Substituição..., II, pp. 481-482, nota n.º 276.

Estruturas constitucionais da República

siderados, sem embargo da conduta de um deles poder fundamentar uma moção de censura a todo o Governo (v. *supra*, n.° 19.1.3., VII).

Nada disto prejudica a existência de uma responsabilidade política difusa dos Ministros (v. *supra*, n.° 19.1.3., X).

19.2.4. *Outros membros do Governo*

(a) Vice-Primeiro-Ministro

I. Sem existência obrigatória imposta pela Constituição (artigo 183.°, n.° 2), a figura do Vice ou dos Vice-Primeiros-Ministros, sendo quase sempre a expressão de um Governo alicerçado numa coligação de dois ou mais partidos políticos, tem o seu estatuto definido por três simples referências constitucionais:

(i) Integram o Conselho de Ministros (artigo 184.°, n.° 1);
(ii) Exercem uma função substitutiva do Primeiro-Ministro nas suas ausências e impedimentos, gozando de preferência substitutiva face a idêntica competência dos Ministros (artigo 185.°, n.° 1);
(iii) Têm uma responsabilidade política perante o Primeiro-Ministro e a Assembleia da República em tudo idêntica a qualquer outro Ministro (artigo 191.°, n.° 2).

Este último aspecto de regime faz aproximar mais a figura do Vice-Primeiro-Ministro da figura do Ministro, distanciando-a do Primeiro-Ministro: o Vice-Primeiro-Ministro não está a meio caminho entre o Primeiro-Ministro e os Ministros, antes se encontra mais perto destes últimos – o Vice-Primeiro-Ministro é um Ministro com estatuto reforçado decorrente de ser o substituto preferencial do Primeiro-Ministro.

(b) Secretários de Estado

II. Os Secretários de Estado têm, em termos comparativos face aos Vice-Primeiros-Ministros, mais referências constitucionais autónomas e são uma figura sempre presente em todos os Governos formados ao abrigo da Constituição de 1976[542].

---

[542] Para um enquadramento histórico da figura, cfr. J. DUARTE NOGUEIRA/ANTÓNIO PEDRO BARBAS HOMEM, *Secretário de Estado*, in *Dicionário Jurídico da Administração Pública*, VII, Lisboa, 1996, pp. 353 ss.

§19.º *Governo*   369

Os Secretários de Estado encontram-se integrados organicamente em ministérios ou nas estruturas dependentes do Primeiro-Ministro, exercendo o Ministro ou o Primeiro-Ministro, respectivamente, poderes de coordenação e orientação da sua acção governativa que assume uma natureza predominantemente administrativa, sem prejuízo de também poderem participar, a título esporádico e eventual, no exercício de funções políticas e até legislativas[543].

III. O estatuto constitucional dos Secretários de Estado é moldado pelas seguintes ideias nucleares:

(i) Substituem o respectivo Ministro durante as suas ausências ou impedimentos (artigo 185.º, n.º 2) e ainda na presença destes nas reuniões plenárias da Assembleia da República, podendo usar da palavra (artigo 177.º, n.º 1): os Secretários de Estado exercem aqui, além de funções administrativas, funções de natureza política e legislativa;

(ii) Coadjuvam os Ministros no âmbito da sua participação em reuniões plenárias da Assembleia da República (artigo 177.º, n.º 1);

(iii) Podem solicitar a participação nos trabalhos das comissões parlamentares e ser chamados a comparecer perante as mesmas (artigo 177.º, n.º 3);

(iv) Não possuem, todavia, e ao contrário dos Ministros, uma competência material definida pela Constituição: os Secretários de Estado exercem a competência que a lei orgânica do Governo lhes atribuir ou os Ministros neles delegarem[544];

(v) Podem ser convocados a participar nas reuniões do Conselho de Ministros (artigo 184.º, n.º 2), apesar de não integrarem a composição deste órgão (artigo 184.º, n.º 1), e, nessa medida, podem igualmente participar no exercício da função política e legislativa;

(vi) São duplamente responsáveis em termos intragovernamentais, pois respondem politicamente perante o Primeiro-Ministro e o respectivo Ministro (artigo 191.º, n.º 3);

---

[543] Em sentido contrário, considerando que os Secretários de Estado não participam das funções política e legislativa, cfr. DIOGO FREITAS DO AMARAL, *Curso...*, I, p. 260.

[544] No sentido da inconstitucionalidade da solução legal que, desde 1980, revogou todas as competências próprias dos Secretários de Estado, deixando-lhe apenas a possibilidade de exercer competências delegadas, cfr. PAULO OTERO, *A Competência Delegada no Direito Administrativo Português*, Lisboa, 1987, pp. 87 ss.; IDEM, *O Poder de Substituição...*, II, p. 719.

370   *Estruturas constitucionais da República*

(vii) As suas funções cessam em todos os casos em que também cessa o exercício das funções do respectivo Ministro (v. *supra*, n.º 19.2.3., III), assim como se ocorrer a sua morte ou impedimento permanente.

(c) Subsecretários de Estado

IV. O regime constitucional desta derradeira categoria de membros do Governo encontra-se moldado pela configuração do estatuto dos Secretários de Estado que, não obstante a diferença protocolar[545], se alicerça, todavia, numa principal distinção: os Subsecretários de Estado não exercem funções substitutivas dos Ministros, nem a Constituição prevê que possam substituir os Secretários de Estado[546].

Os Subsecretários de Estado, apesar de responsáveis perante o Primeiro--Ministro e o respectivo Ministro (artigo 191.º, n.º 3), têm um estatuto jurídico-constitucional assente nas seguintes linhas:

(i) Sem embargo de poderem participar e serem até convocados a comparecer em comissões parlamentares (artigo 177.º, n.º 3), não se encontram habilitados a coadjuvar o Ministro ou o Secretário de Estado perante o Plenário da Assembleia da República;

(ii) Podendo ser convocados para participar nas reuniões do Conselho de Ministros (artigo 184.º, n.º 3), os Subsecretários de Estado mostram-se aqui passíveis de ser chamados a intervir no exercício da função política e da função legislativa: trata-se de uma participação de grau muito inferior, todavia, à que decorre de os Secretários de Estado poderem também substituir o respectivo Ministro;

(iii) A lei orgânica do Governo e os demais diplomas legislativos não podem conferir aos Subsecretários de Estado poderes que tenham uma menor precariedade ou cuja natureza lhes conceda maior liberdade decisória do que aqueles poderes que são conferidos aos Secretários de Estado: a diferença de estatuto constitucional entre estas duas categorias de membros do Governo não pode ser subvertida pelo esquema legislativo de repartição de poderes decisórios.

---

[545] Cfr. DIOGO FREITAS DO AMARAL, *Curso...*, I, p. 260.

[546] Admitindo, no entanto, que os Subsecretários de Estado possam substituir os Secretários de Estado junto dos quais actuam, cfr. DIOGO FREITAS DO AMARAL, *Curso...*, I, p. 260.

19.3. Funcionamento e vicissitudes

19.3.1. *Entrada em funções do Governo*

(a) Tomada de posse

I. O Governo entra em funções com a tomada de posse do Primeiro-
-Ministro e dos restantes membros (artigo 186.°, n.os 1 e 2).
Sucede, porém, que essa entrada em funções subsequente à posse não
permite logo ao Governo um exercício pleno da sua competência: até ser
apresentado o respectivo programa à apreciação da Assembleia da República,
o Governo deve "limitar-se à prática dos actos estritamente necessários para
assegurar a gestão dos negócios públicos" (artigo 186.°, n.° 5) – trata-se,
segundo a terminologia usual, de um Governo de gestão[547].
Visa-se, num outro sentido, garantir a continuidade dos serviços públicos
(v. *supra*, n.° 12.4.), investindo o novo Governo, desde logo, de um mínimo
de poderes destinados a assegurar a gestão corrente dos negócios públicos.
Significa isto, por outras palavras, que a tomada de posse do Governo
não habilita este órgão a praticar todos os actos, antes encontra condicionado
o exercício da sua competência ao respeito pelo princípio da necessidade[548]:
todos os actos que não sejam estritamente necessários para assegurar a gestão
dos negócios públicos se encontram vedados ao Governo, sob pena de, se
forem praticados, estarem feridos de incompetência, isto sem prejuízo de
poderem, em momento posterior e à luz de um princípio de economia processual, ser objecto de ratificação saneadora pelo mesmo Governo, agora já
em plenitude de funções.
Pode concluir-se, em suma, que o Governo, entre o momento da tomada
de posse e o momento da apreciação parlamentar do seu programa, possui
uma *capitis deminutio*.

II. Mostra o regime constitucional traçado, todavia, uma importante
faceta política: sem a intervenção da Assembleia da República, apreciando o
programa do Governo, este órgão não adquire a plenitude da sua competência ou, talvez em termos mais rigorosos, não ganha a plenitude da margem de
liberdade normalmente concedida ao Governo para o exercício da sua competência.

---

[547] Cfr. DIOGO FREITAS DO AMARAL, *Governo de Gestão*, p. 14.
[548] Para mais desenvolvimentos, cfr. DIOGO FREITAS DO AMARAL, *Governo de Gestão*,
pp. 25 ss.

372   *Estruturas constitucionais da República*

Pode bem dizer-se, neste sentido, que é a intervenção da Assembleia da República que confere a maioridade funcional ao Governo.

O que revela, visto de ângulo diferente, que o Presidente da República apenas tem força constitucional para dar origem a Governos de gestão[549]: é a Assembleia da República que, expressa ou tacitamente, apreciando o programa do Governo, lhe confere uma legitimidade política para adquirir a plenitude de exercício da sua competência.

(b) Apresentação e apreciação do Programa

III. Como já antes se disse, nos dez dias subsequentes à nomeação do Primeiro-Ministro, deve o programa do Governo ser submetido à apreciação da Assembleia da República (artigo 192.°, n.° 1).

O que é o programa do Governo?

Verifica-se, segundo o artigo 188.°, que o programa do Governo é um documento formal, elaborado pelo Governo, tendo sempre o Primeiro-Ministro como protagonista político da decisão (v. *supra*, 19.2.2, IX), que, sem revestir natureza jurídico-normativa, consagra "as principais orientações políticas e medidas a adoptar ou a propor nos diversos domínios da actividade governamental".

O programa do Governo desempenha uma tripla função constitucional:

(i) Concretiza promessas eleitorais ou compromissos políticos pós-eleitorais, apresentando um conjunto de medidas políticas, legislativas e administrativas que o novo executivo se propõe implementar[550]: o programa revela intenções jurídicas em potência[551];

(ii) Revela uma autovinculação política de todos os membros do Governo, tornando-se uma base unificadora da solidariedade governamental[552];

(iii) Consubstancia um conjunto de directrizes, orientações e informações que heterovinculam o Governo perante a Assembleia da República, permitindo esta formular um juízo político de prognose sobre a viabilidade do exercício de funções por aquele Governo com este programa.

---

[549] Cfr. PAULO OTERO, *Conceito e Fundamento da Hierarquia Administrativa*, p. 348.

[550] Cfr. PAULO OTERO, *Legalidade e Administração Pública*, pp. 791 e 792.

[551] Cfr. JORGE MIRANDA, *Programa do Governo*, in *Dicionário Jurídico da Administração Pública*, VI, Lisboa, 1994, p. 559.

[552] Cfr. JORGE MIRANDA, *Programa do Governo*, p. 555.

§19.º *Governo*   373

IV. Recebido o programa do Governo pela Assembleia da República, segue-se um debate que, envolvendo a apreciação deste documento governamental, nunca poderá ultrapassar três dias (artigo 192.º, n.º 3), sendo possível no final ocorrer uma de três hipóteses centrais:

(i) Pode, numa primeira hipótese, qualquer grupo parlamentar propor a rejeição do programa do Governo, apresentando uma moção nesse sentido, abrindo-se aqui duas sub-hipóteses:

(1) Se, por maioria absoluta dos Deputados em efectividade de funções (artigo 192.º, n.º 4), for aprovada a rejeição do programa do Governo, o Governo encontra-se demitido (artigo 195.º, n.º 1, alínea d))[553], continuando como Governo de gestão até ser substituído (artigo 186.º, n.º 5);

(2) Se, pelo contrário, tendo sido votada a moção de rejeição do programa, não tiver obtido o número de votos necessários para ser aprovada, o Governo entra em plenitude de funções;

(ii) Pode, numa segunda hipótese, ser o Governo a solicitar à Assembleia da República a aprovação de um voto de confiança (artigo 192.º, n.º 3) e aqui uma de duas situações podem ocorrer:

(1) Se, por maioria simples (artigo 116.º, n.º 3), o parlamento aprovar a moção de confiança pedida, o Governo entra em plenitude de funções;

(2) Se, pelo contrário, o parlamento rejeitar a moção de confiança, o Governo fica demitido (artigo 195.º, n.º 1, alínea e)), permanecendo como Governo de gestão até ser substituído (artigo 186.º, n.º 5);

(iii) Pode ainda, numa terceira hipótese, nem existir qualquer proposta de uma moção de rejeição do programa do Governo, nem o Governo solicitar um voto de confiança: o debate parlamentar sobre o programa do Governo termina sem qualquer votação, entendendo-se, neste cenário, que o silêncio da Assembleia da República equivale a uma permissão para o Governo assumir o pleno exercício da sua competência, deixando de ser Governo de gestão.

---

[553] Foi o que sucedeu, em 1978, com o III Governo Constitucional, liderado pelo Eng.º Nobre da Costa, durante o mandato do General Ramalho Eanes como Presidente da República.

19.3.2. *Modalidades de funcionamento*

BIBLIOGRAFIA: Diogo Freitas do Amaral, *Curso...*, I, pp. 261 ss.; Marcelo Rebelo de Sousa, *Lições...*, I, pp. 245 ss.

I. Tivemos já a oportunidade de caracterizar o Governo como sendo um órgão complexo (v. *supra*, n.° 19.1.3., II), mostrando-se possível extrair dessa qualificação que o Governo conhece duas diferentes modalidades de funcionamento:

(a) O Governo pode funcionar através de cada um dos seus membros, agindo em termos individuais;

(b) O Governo pode também funcionar em termos colegiais, envolvendo a intervenção do Conselho de Ministros.

Vejamos, muito sumariamente, cada uma destas modalidades de funcionamento.

(a) Funcionamento individual: a decisão de cada membro do Governo

II. Traduzindo a modalidade normal de funcionamento do Governo, tanto assim que no silêncio da lei se deve entender que todas as competências atribuídas ao Governo são de exercício individual pelo membro do Governo competente em razão da matéria (v. *supra*, n.° 19.1.3., II), mostra-se susceptível de recortar três diferentes formas de funcionamento individual do Governo[554]:

(i) Podem os membros do Governo ser titulares de uma *competência singular*, caso em que a perfeição jurídica da decisão se basta com a intervenção decisória de um único membro do Governo, sendo aqui possível distinguir ainda duas situações:

(1) Há uma competência singular *própria*, isto no sentido de que resulta directa e imediatamente da Constituição ou da lei, sem nunca o seu exercício poder cessar pela intervenção de um órgão administrativo (v.g., a competência referida no artigo 201.°, n.° 1);

(2) Há uma competência singular *delegada* que, apesar de resultar da lei, se encontra sempre na dependência da vontade de um

---

[554] Cfr. Diogo Freitas do Amaral, *Curso...*, I, p. 784.

§19.º Governo 375

outro órgão administrativo (v.g., a competência dos Secretários e Subsecretários de Estado dependentes de delegação do respectivo Ministro);

(ii) Podem os membros do Governo encontrar-se numa situação de titularidade de uma *competência conjunta*, impondo-se agora a necessidade de intervenção simultânea de dois ou mais órgãos na decisão de uma questão interministerial que, por isso, tem de ser tomada por todos os órgãos envolvidos num único acto (v.g., artigo 201.º, n.º 2);

(iii) Pode ainda estar em causa uma *competência acumulada*, hipótese em que o mesmo titular, numa situação de união pessoal, ocupa dois diferentes órgãos (v.g., é Primeiro-Ministro e também exerce as funções de Ministro da Defesa Nacional), carecendo os actos praticados da menção expressa da qualidade em que o titular intervém.

III. O exercício individual da competência do Governo, sem nunca deixar de ter presentes os poderes de coordenação e orientação que o Primeiro--Ministro possui sobre os Ministros e estes sobre os Secretários e Subsecretários de Estado, justifica que, à luz do modelo constitucional de repartição intragovernamental de poderes, se proceda a uma distinção centrada na intervenção co-decisória do Primeiro-Ministro:

(i) Competência conjunta entre membros do Governo que exige a intervenção do Primeiro-Ministro: são todas aquelas que, segundo o artigo 201.º, n.º 2, revistam a forma de decreto[555];

(ii) Competência conjunta entre membros do Governo que não envolve a intervenção co-decisória do Primeiro-Ministro: são todas aquelas que, não revestindo as formas previstas no artigo 201.º, n.º 2, têm menor impacto político ou menor relevância jurídica.

Por uma tal dicotomia passa, sublinhe-se, a aferição da centralidade do estatuto decisório do Primeiro-Ministro na configuração do exercício da competência do Governo objecto de repartição intragovernamental individual.

---

[555] Refere ainda o artigo 201.º, n.º 2, a forma de decreto-lei, sucede, porém, que essa forma de decisão legislativa pertence ao Conselho de Ministros (artigo 200.º, n.º 1, alínea d)), não devendo ser objecto de decisão individual conjunta entre os membros do Governo.

(b) Funcionamento colegial: o Conselho de Ministros

IV. O artigo 200.°, n.° 1, a propósito da competência do Conselho de Ministros, revela-nos o seguinte:

(i) O Conselho de Ministros, espelhando as funções conferidas pela Constituição ao Governo, é titular de competência política, legislativa e administrativa;

(ii) Verifica-se, num confronto dentro da lógica do exercício individual e do exercício colegial da competência do Governo, que o Conselho de Ministros tem o exclusivo da competência decisória sobre certo tipo de poderes governamentais que, excluídos de decisão individual, permite recortar uma reserva de Conselho de Ministros nos seguintes domínios:

(1) Definição das linhas gerais da política governamental e das linhas gerais sua execução;

(2) Deliberação sobre a apresentação de uma moção de confiança à Assembleia da República;

(3) Aprovação de propostas de lei e de resolução;

(4) Aprovação de decretos-leis;

(5) Aprovação de acordos internacionais não submetidos à Assembleia da República;

(6) Aprovação de planos;

(7) Aprovação de actos do Governo que envolvam aumento ou diminuição das receitas e das despesas públicas;

(iii) Nestes domínios de reserva material de competência do Conselho de Ministros, salvo se se tiver formado costume em sentido contrário, qualquer decisão individual do Primeiro-Ministro ou dos restantes membros do Governo, desde que formalizada em termos externos, encontrar-se-á ferida de inconstitucionalidade orgânica: a reserva do Conselho de Ministros é uma zona de exclusão de exercício individual da competência do Governo;

(iv) Numa interpretação *a contrario* do preceituado no artigo 200.°, n.° 1, tendo como base de fundo a competência do Governo definida pela Constituição, pode dizer-se que podem ser objecto de exercício individual, escapando à reserva decisória do Conselho de Ministros, os seguintes poderes:

(1) A referenda ministerial;

(2) A negociação e o ajuste de convenções internacionais;

(3) A pronúncia sobre o estado de excepção constitucional;

§19.° *Governo*

(4) A apresentação à Assembleia da República das contas do Estado e das demais entidades públicas e da informação referente ao processo de construção da União Europeia;

(5) A elaboração (mas não a aprovação final) dos planos e a sua execução;

(6) A feitura de regulamentos;

(7) O exercício de poderes de intervenção intra-administrativa sobre a Administração directa, indirecta e autónoma;

(8) O exercício de poderes sobre o "funcionalismo público";

(9) O exercício da competência residual a que se refere o artigo 199.°, alínea g);

(10) Todos os demais poderes do Governo relativamente aos quais a Constituição ou a lei sejam omissas sobre se o respectivo exercício é colegial ou individual;

(v) O Conselho de Ministros tem ainda competência residual que lhe permite, nos termos da alínea g), deliberar sobre dois tipos de matérias que não constituem reserva constitucional de exercício colegial:

(1) O Conselho de Ministros delibera sobre outros assuntos que, integrando a competência do Governo, a lei lhe atribua;

(2) O Conselho de Ministros pode ainda deliberar sobre outros assuntos que, sendo da competência do Governo, lhe sejam apresentados pelo Primeiro-Ministro ou por qualquer Ministro.

Esta última competência do Conselho de Ministros, afastando a existência de uma reserva de competência de exercício individual por estas duas categorias de membros do Governo, exige, porém, uma análise mais detalhada.

V. Uma leitura atenta da parte final da alínea g) do artigo 200.°, n.° 1, permitindo que o Primeiro-Ministro ou os Ministros apresentem junto do Conselho de Ministros assuntos sobre os quais será o colégio dos membros do Governo a deliberar, habilita a concentração de quase toda a competência governamental no Conselho de Ministros[556].

A Constituição mostra-se receptiva, deste modo, a um modelo intragovernamental de concentração de poderes no Conselho de Ministros que afasta a existência de uma reserva de competência decisória de exercício individual

---

[556] Neste sentido, cfr. GOMES CANOTILHO/VITAL MOREIRA, *Constituição...*, 3.ª ed., p. 785; PAULO OTERO, *O Poder de Substituição...*, II, pp. 717-718. Em sentido contrário, alicerçando a sua argumentação no princípio de que a competência é de ordem pública, cfr. DIOGO FREITAS DO AMARAL, *Curso...*, I, pp. 268-269.

a cargo do Primeiro-Ministro e dos Ministros: todo o membro do Governo que tenha assento no Conselho de Ministros pode, em vez de ser ele a decidir, devolver para o colégio a deliberação sobre qualquer matéria integrante da sua competência individual[557].

Estamos aqui diante de uma solução que, tendo perfeito acolhimento na letra do artigo 200.°, n.° 1, alínea g), comporta quatro possíveis efeitos:

(i) Esbate a responsabilidade individual pela decisão, transferindo-a para o colégio de membros do Governo, o que pode ter assináláveis vantagens num Governo de coligação;

(ii) Faz aumentar a legitimidade política do conteúdo decisório, pois agora, em vez de traduzir a vontade de um só, corresponde à vontade do Primeiro-Ministro e de todos os Ministros;

(iii) A deliberação adquire agora a força da solidariedade governamental, especialmente importante em Governos de coligação, pois encontram-se a ela vinculados todos os membros do Governo (artigo 189.°);

(iv) Permite, em cenários de presidência do Conselho de Ministros pelo Presidente da República, fazer este órgão participar na decisão política governamental, habilitando a presidencialização do sistema (v. *infra*, n.° 21.3, XI).

(c) Idem: os Conselhos de Ministros especializados

VI. Permite ainda a Constituição que, paralelamente ao Conselho de Ministros que integra todos os Ministros e é dotado de uma competência genérica, seja possível a criação de Conselhos de Ministros especializados (artigo 184.°, n.° 2).

Essa criação de Conselhos de Ministros especializados, sendo matéria integrante de reserva de lei, deve entender-se compreendida no âmbito da reserva de competência legislativa do Governo (artigo 198.°, n.° 2)[558]: só o Governo tem competência para decidir a criação de Conselhos de Ministros especializados e determinar a sua configuração.

Os Conselhos de Ministros especializados, tendo sempre de integrar o Primeiro-Ministro, têm a composição que se justifica em razão das matérias de especialização, significando isto que não devem incluir todos os Ministros:

---

[557] Em sentido contrário, cfr. MARCELO REBELO DE SOUSA, *Lições de Direito Administrativo*, I, p. 258; JORGE MIRANDA/RUI MEDEIROS, *Constituição Portuguesa Anotada*, II, p. 747.

[558] Nesse sentido, cfr. JORGE MIRANDA/RUI MEDEIROS, *Constituição Portuguesa Anotada*, II, p. 748.

§19.° Governo   379

só os Ministros que tenham relação com as matérias em causa têm assento nesse Conselho de Ministros.

Já no que respeita à sua competência, os Conselhos de Ministros especializados exercem os poderes que o Governo por acto legislativo lhes conferir e ainda aqueles que o Conselho de Ministros plenário neles delegar (artigo 200.°, n.° 2), sendo legítimo entender-se que essa delegação compreende, em termos sectoriais, os poderes previstos no artigo 200.°, n.° 1.

E, uma vez mais, através desta possibilidade de delegação de poderes do Conselho de Ministros plenário em Conselhos de Ministros especializados, sem prejuízo de nunca poder ser integral, a Constituição mostra abertura a uma concentração intragovernamental de competências, garantindo sempre nesse processo, todavia, a presença do Primeiro-Ministro.

VII. Se os Conselhos de Ministros especializados exercem a competência que lhes for conferida por lei ou delegada pelo Conselho de Ministros, isto significa que podem desempenhar três funções[559]:

- (*i*) Uma função preparatória, estudando e equacionando as possíveis soluções a apresentar e a decidir pelo Conselho de Ministros plenário;
- (*ii*) Uma função decisória, agindo em vez do plenário do Conselho de Ministros;
- (*iii*) Uma função executiva, implementando e controlando a implementação das deliberações tomadas pelo Conselho de Ministros.

19.3.3. *Cessação de funções do Governo*

BIBLIOGRAFIA: CRISTINA QUEIROZ, *Direito Constitucional*, pp. 97 ss.

I. A cessação de funções do Governo, traduzindo as situações que implicam a sua demissão, vem regulada no artigo 195.°, correspondendo às causas anteriormente identificadas de termo de funções do Primeiro-Ministro (v. *supra*, n.° 19.2.2., XV).

Essas causas podem agrupar-se, recordando, nos seguintes termos:

- (a) Causas decorrentes da intervenção da Assembleia da República;
- (b) Acto voluntário do próprio Primeiro-Ministro;
- (c) Intervenção do Presidente da República;
- (d) Causas objectivas ou involuntárias.

---

[559] Cfr. DIOGO FREITAS DO AMARAL, *Curso...*, I, pp. 271-272.

Observemos, muito sumariamente, cada um destes grupos de causas de cessação de funções do Governo.

(a) Causas decorrentes da intervenção da Assembleia da República

II. A intervenção da Assembleia da República, num exercício de efectivação da responsabilidade política do executivo perante o parlamento[560], pode determinar a demissão do Governo através de três instrumentos políticos:

(i) A aprovação, por maioria absoluta dos Deputados em efectividade de funções, de uma *moção de rejeição do programa do Governo*, apresentada por qualquer grupo parlamentar aquando da apreciação parlamentar do programa do Governo, isto nos dias imediatamente subsequentes à sua tomada de posse (v. *supra*, n.° 19.3.1, IV): a Assembleia da República, tendo por base o programa proposto e o elenco ministerial, não dá qualquer benefício da dúvida ao novo Governo, achando preferível, ainda antes dele entrar em plenitude de funções, demiti-lo, remetendo para o Presidente da República a escolha de nova solução governativa;

(ii) A aprovação, igualmente por maioria absoluta dos Deputados em efectividade de funções, de uma *moção de censura* (artigo 195.°, n.° 1, alínea f)), apresentada por um quarto dos Deputados em efectividade de funções ou por qualquer grupo parlamentar (artigo 194.°, n.° 1): trata-se agora de um juízo negativo formulado pela Assembleia da República sobre a conduta geral da actividade governativa desenvolvida ou, em alternativa, sobre um facto concreto e objectivo ou que envolva um ou vários membros do Governo que, atendendo à sua especial gravidade ou censurabilidade, justificam a demissão de todo o Governo;

(iii) A não aprovação de uma *moção de confiança* solicitada pelo Governo à Assembleia da República, por deliberação do Conselho de Ministros (artigo 200.°, n.° 1, alínea b)), durante a apreciação parlamentar do seu programa ou em momento posterior, versando sobre uma declaração de política geral ou sobre qualquer assunto relevante de interesse nacional (artigo 193.°): a iniciativa agora de aferir a existência de apoio parlamentar para prosseguir a sua polí-

---

[560] Cfr. José de Matos Correia/Ricardo Pinto Leite, *A Responsabilidade Política*, pp. 64 ss.

§19.º Governo

tica parte do próprio Governo, correndo o risco, se não for maioritário, de ser demitido[561].

III. Naturalmente que a efectividade de cada um destes mecanismos depende muito da existência ou não de suporte parlamentar maioritário do Governo:

(i) Se o Governo for maioritário, naturalmente que a sua maioria absoluta se encarrega de ditar o insucesso das moções de rejeição do programa do Governo ou das moções de censura, tal como o sucesso das moções de confiança está sempre garantido: salvo percalços de última hora, desde que exista uma maioria absoluta, a intervenção da Assembleia da República nunca gera a demissão do Governo;

(ii) Pelo contrário, se o Governo é minoritário, então todo o esquema descrito de mecanismos geradores da demissão do Governo se torna operativo e dotado de efectividade: o Governo encontra-se refém da Assembleia da República.

(b) Acto voluntário do próprio Primeiro-Ministro

IV. Pode também acontecer que seja o próprio Primeiro-Ministro que, junto do Presidente da República, apresente a sua demissão, podendo ter na sua base explicativa três tipos de razões:

(i) Razões de natureza política: v.g., evitar a aprovação de uma moção de censura ou a quase certa rejeição de um voto de confiança;

(ii) Razões de natureza pessoal: v.g., grave doença própria ou de familiar próximo, afastamento voluntário da vida política;

(iii) Razões de cortesia institucional: v.g., a eleição de novo Presidente da República, a dissolução da Assembleia da República, ter sido

---

[561] Poderá até suceder, tal como já aconteceu na Alemanha, numa situação de constitucionalidade muito duvidosa, que um Governo suportado por uma maioria absoluta, procurando abrir caminho a eleições antecipadas que não podia solicitar, tenha apresentado uma moção de confiança, dando instruções a deputados da maioria para não comparecerem ou absterem-se, tendo-se a oposição encarregado de fazer o seu trabalho de votar contra. Em consequência da rejeição da moção de confiança, o Governo maioritário foi demitido por via parlamentar e o Presidente da República forçado a desencadear a realização de eleições parlamentares antecipadas. Poder-se-á discutir, todavia, se não estaremos diante de um exercício abusivo ou com desvio de poder da figura da moção de confiança ou, pelo contrário, numa forma ainda legítima de provocar um efeito não vedado pela ordem jurídico-constitucional.

382   *Estruturas constitucionais da República*

constituído arguido por alegados factos praticados no exercício de funções públicas.

Tal como já antes se disse (v. *supra*, n.º 19.3.1., IV), o pedido de demissão do Primeiro-Ministro carece de aceitação do Presidente da República que poderá retardar essa aceitação para momento posterior ou, pura e simplesmente, solicitar que o Primeiro-Ministro retire o pedido de demissão, expressando o seu apoio ao Governo e ao seu Primeiro-Ministro.

Em qualquer caso, no limite, o princípio geral da renunciabilidade aos cargos públicos (v. *supra*, n.º 13.8.) acabará sempre por fazer com que o Presidente da República, diante das insistências reiteradas do Primeiro-Ministro, acabe por aceitar o seu pedido de demissão.

V. Ao apresentar a sua demissão junto do Presidente da República, num acto de expressão livre da sua vontade, o Primeiro-Ministro exerce um direito subjectivo (v. *supra*, n.º 13.8., III): trata-se de um direito subjectivo do titular que ocupa o cargo de Primeiro-Ministro.

A demissão do Primeiro-Ministro, por iniciativa própria, é um acto pessoal com relevância constitucional (v. *supra*, n.º 13.8., IV).

(c) *Intervenção do Presidente da República*

VI. Na sequência da revisão constitucional de 1982, o Presidente da República só pode agora demitir o Governo, nos termos do artigo 195.º, n.º 2, "quando tal se torne necessário para assegurar o regular funcionamento das instituições democráticas, ouvido o Conselho de Estado": houve aqui, comparando com a situação entre 1976 e 1982, em que não existia uma tal restrição no poder presidencial de demissão do Governo, um esvaziamento do poder de demissão do Governo por acto do Presidente da República[562].

Existem sobre a matéria, todavia, duas teses radicalmente opostas:

(i) Há quem entenda que a revisão constitucional de 1982 em quase nada alterou a situação anterior, pois depende do Presidente da República, exclusivamente, a interpretação do que seja o irregular funcionamento das instituições, registando-se que essa interpretação não pode ser controlada por qualquer outro órgão[563];

---

[562] Cfr. PAULO OTERO, *Conceito e Fundamento da Hierarquia Administrativa*, p. 343.

[563] Cfr. FRANCISCO LUCAS PIRES, *Teoria…*, pp. 232-233; IDEM, *O sistema de governo: sua dinâmica*, in MÁRIO BAPTISTA COELHO (coord.), *Portugal. O Sistema Político e Constitucional 1974/1987*, Lisboa, 1989, pp. 297-298.

§19.° Governo 383

(ii) IIá, por outro lado, quem considere que a competência hoje conferida ao Presidente da República para demitir um Governo não tem efeito prático, trata-se de uma cláusula "inútil e desprovida de conteúdo", uma "mera cortesia para com o Presidente", verdadeira "mentira piedosa"[564].

Como já tivemos oportunidade de expressar, a propósito da qualificação da responsabilidade política do Primeiro-Ministro perante o Presidente da República como sendo meramente institucional (v. *supra*, n.° 19.1.3., X), significando isto que a falta de confiança deste último no primeiro não permite àquele demitir este (v. *supra*, n.° 12.6., IV), partilhamos no essencial o segundo entendimento exposto[565]: o Presidente da República deixou, a partir de 1982, de poder demitir o Governo por quebra de confiança política no Primeiro-Ministro e restante elenco governativo, traduzindo o artigo 198.°, n.° 2, uma simples "mentira piedosa", expressando uma regra de pura cortesia constitucional.

Há que reflectir melhor, no entanto, sobre o alcance da mencionada "medida piedosa".

VII. Tendo como firme não se mostrar susceptível de integrar o conceito de regular funcionamento das instituições democráticas a necessidade de confiança política do Presidente da República no Governo ou no Primeiro-Ministro em exercício de funções, o artigo 195.°, n.° 2, não pode permitir que a falta ou a quebra de confiança política do Presidente da República na equipa governamental habilite a demissão do Governo.

Neste sentido, a revisão constitucional de 1982 operou aqui uma assinalável diferença no estatuto do Presidente da República, reduzindo-o.

Porém, se, em termos objectivos, o Governo se encontrar a colocar em causa o regular funcionamento das instituições democráticas, será operativo o poder conferido ao Presidente da República pelo artigo 195.°, n.° 2, para demitir o Governo?

A resposta ao problema colocado pode envolver, segundo já se escreveu anos atrás[566], dois diferentes cenários factuais:

(i) Se se trata de um Governo *minoritário* que se encontra a colocar em causa o regular funcionamento das instituições democráticas,

---

[564] Cfr. ANDRÉ GONÇALVES PEREIRA, *O Semipresidencialismo em Portugal*, pp. 62 e 63.
[565] Cfr. PAULO OTERO, *Conceito e Fundamento da Hierarquia Administrativa*, pp. 343 ss.
[566] Cfr. ANDRÉ GONÇALVES PEREIRA, *O Semipresidencialismo em Portugal*, pp. 62 ss.; PAULO OTERO, *Conceito e Fundamento da Hierarquia Administrativa*, p. 344.

a Assembleia da República se encarregará de o demitir através da aprovação de uma moção de censura, segundo a lógica própria de qualquer oposição: o poder conferido ao Presidente da República pelo artigo 198.º, n.º 2, mostra-se inútil;

(ii) Se, ao invés, estamos diante de um Governo *maioritário* que está a colocar em causa o regular funcionamento das instituições democráticas, então a sua demissão pela intervenção do Presidente da República não impede que a mesma maioria imponha o mesmo nome como Primeiro-Ministro ou, em alternativa, perante um outro nome proposto pelo Presidente da República, faça rejeitar o programa de Governo, restando então ao Presidente como derradeira solução dissolver a Assembleia da República: o poder conferido ao Presidente da República pelo artigo 195.º, n.º 2, revela-se agora totalmente ineficaz.

Poderá suceder, no entanto, que, num cenário de Governo *minoritário*, a oposição parlamentar, por razões conjunturais decorrentes de puros jogos políticos ou mera táctica partidária, não esteja interessada em promover a demissão do Governo que gera um irregular funcionamento das instituições democráticas, circunstância que poderá justificar a intervenção do Presidente da República, agindo em vez da oposição, demitindo o Governo e escolhendo um novo Primeiro-Ministro: o artigo 195.º, n.º 2, ganhará aqui utilidade.

Ou, existindo agora um cenário de Governo *maioritário*, o Presidente da República poderá optar por um "pacote" de três medidas conjuntas: (1.ª) demite o Governo, (2.ª) dissolve a Assembleia da República e (3.ª) nomeia um novo Primeiro-Ministro. Naturalmente que este novo Primeiro-Ministro, constituindo um Governo "de transição"[567], "intercalar" ou "interino"[568], dotado de um mandato específico e circunscrito no tempo, deverá apresentar--se com o seu programa junto do parlamento tendo como propósito promover a realização imediata de eleições, convocando-se para o efeito a Assembleia da República (artigo 192.º, n.º 2). E, apesar da forte possibilidade de esse novo Governo ser demitido, por efeito da aprovação, pela maioria parlamentar ainda existente, de uma moção de rejeição do seu programa, nada impede que seja esse novo Primeiro-Ministro da confiança política do Presidente da República e o seu Governo demitido (e não o anterior Governo que tinha

---

[567] Adoptando a expressão "Governo de transição", cfr. Diogo Freitas do Amaral, *Governo de Gestão*, p. 15.

[568] Para uma utilização dos conceitos de "Governos intercalares" e "Governos interinos", cfr. Gomes Canotilho/Vital Moreira, *Constituição...*, 3.ª ed., p. 744.

§19.º Governo

suporte parlamentar maioritário) a preparar e a realizar as eleições. Neste cenário de existência prévia de um Governo maioritário, a eficácia do artigo 195.º, n.º 2, encontra-se na sua conjugação com outros mecanismos de intervenção política do Presidente da República.

Em boa verdade, a "mentira piedosa" acaba por residir na falta de autonomia decisória que o poder de demissão do Governo pelo Presidente da República goza, sabendo-se, apesar da falta de precedentes aplicativos do artigo 195.º, n.º 2, que pertence ao Presidente da República a competência exclusiva de densificação política do conceito indeterminado "regular funcionamento das instituições democráticas" (v. *supra*, n.º 7.5.1., IV).

(d) Causas objectivas ou involuntárias

VIII. Mostra-se ainda o Governo susceptível de cessar funções por razões totalmente independentes da vontade do Presidente da República, da Assembleia da República ou do Primeiro-Ministro, verificando-se uma das quatro seguintes situações:

(i) O início de nova legislatura;

(ii) A morte do Primeiro-Ministro;

(iii) A impossibilidade física duradoura do Primeiro-Ministro;

(iv) A condenação definitiva do Primeiro-Ministro, desde que por crime de responsabilidade cometido no exercício das suas funções[569].

19.3.4. *Remodelação governamental*

I. A composição e a estrutura organizativa do Governo pode sofrer, durante a respectiva vida, alterações: a substituição de um Ministro, de um Secretário ou Subsecretário de Estado pode tornar-se inevitável, sem que isso envolva a existência de um novo Governo – o Governo será o mesmo, apesar de a sua composição inicial sofrer alterações (v.g., o Dr. X deixa o cargo de Ministro dos Negócios Estrangeiros, sendo substituído pelo Eng.º *Y*), tal como o seu próprio figurino de organização (v.g., suprime-se a Secretaria de Estado Z, procede-se a uma fusão entre o Ministério da Economia e o Ministério das Finanças, saindo um dos Ministros).

Fala-se aqui em remodelação governamental.

---

[569] Trata-se de uma sanção possibilitada pelo artigo 117.º, n.º 3, e que tem concretização legislativa no artigo 30.º do Regime da Responsabilidade dos Titulares de Cargos Políticos, aprovado pela Lei n.º 34/87, de 16 de Julho.

386 *Estruturas constitucionais da República*

A remodelação governamental, comportando a introdução de alterações à composição ou mesmo à estrutura orgânica inicial do Governo, é sempre um acto da iniciativa exclusiva do Primeiro-Ministro e que, expressando o entrecruzar de poderes ao nível da composição e formação governamental, carece de concordância do Presidente da República.

II. A remodelação governamental, apesar de envolver a substituição de alguns membros do Governo, não se identifica com a cessação de funções do Governo na sua globalidade, isto por três factores:

(*i*) O Primeiro-Ministro mantém-se em funções, pois não há qualquer acto do Presidente da República procedendo a nova nomeação da mesma individualidade como Primeiro-Ministro, tal como não existe acto de exoneração;

(*ii*) Nunca pode envolver a demissão e a exoneração de todos os membros do Governo: se ocorrer uma substituição integral dos Ministros, Secretários e Subsecretários de Estado não haverá uma simples remodelação governamental;

(*iii*) O programa do governo é o mesmo, sem que tenha ocorrido a apresentação e discussão de novo programa do governo junto da Assembleia da República.

Indispensável para se poder falar em remodelação governamental torna-se, por conseguinte, a manutenção em funções do mesmo Primeiro-Ministro ao abrigo do inicial acto de nomeação pelo Presidente da República: se tal não suceder, decididamente que não estaremos perante a figura da remodelação governamental, antes depararemos com um novo Governo sob a égide do mesmo Primeiro-Ministro.

III. A remodelação do Governo pode ser mais ou menos extensa, falando-se, por um lado, em remodelação cirúrgica ou pontual (v.g., a substituição de um ou dois Ministros) e, por outro, em remodelação global ou alargada (v.g., envolvendo aprovação de alterações à lei orgânica do Governo ou a substituição de vários Ministros e Secretários de Estado).

É também possível observar, num outro sentido, situações de sucessivas remodelações durante a vigência de um mesmo Governo: a longevidade de um Governo mostra-se propícia a fenómenos de várias remodelações do elenco governativo.

Neste último cenário, tendo ocorrido diversas remodelações durante a vida de um mesmo Governo, poderá bem suceder que se assista a uma substituição quase total dos seus membros iniciais, chegando-se ao ponto de a

§19.º *Governo* 387

composição ou até mesmo a estrutura organizativa governamental vigente já não ter quase nada a ver com o Governo que havia antes tomado posse e apresentado o seu programa junto da Assembleia da República: as sucessivas remodelações governamentais terão aqui dado origem a um verdadeiro novo Governo com o mesmo Primeiro-Ministro, sem acto formal do Presidente da República a nomear novo Primeiro-Ministro e sem apresentação parlamentar de novo programa do governo.

Uma tal situação apenas conhece três remédios políticos:

(*i*) A intervenção do Presidente da República, recusando aceitar a remodelação proposta pelo Primeiro-Ministro, designadamente por entender que, pelo grau profundo de alterações que envolve, equivale a um novo Governo, hipótese esta em que o Primeiro-Ministro tem de ponderar se pretender continuar com o "velho" Governo, proceder apenas às alterações aceites pelo Presidente da República ou apresentar a sua demissão;

(*ii*) A apresentação pelo Governo de uma moção de confiança junto da Assembleia da República, procurando legitimar a remodelação governamental;

(*iii*) O desencadear pela oposição de uma moção de censura ao Governo remodelado.

IV. O quadro descrito, envolvendo uma remodelação governamental ou sucessivas remodelações governamentais que substancialmente tenham o significado de um verdadeiro novo Governo, pode ter na sua base diferentes causas:

(*i*) Pode tratar-se de uma mudança de orientação política global do Primeiro-Ministro, envolvendo a escolha de novos protagonistas para a interpretarem, pois os actuais titulares dos cargos não se encontram solidários com a nova política: aqui haverá uma falsa remodelação, pois aquilo que existirá pode bem ser a definição e execução de um novo programa do governo, sem passar pela tramitação formal devida;

(*ii*) Pode, pelo contrário, a remodelação ou as remodelações governamentais serem o resultado da morte, impedimento permanente ou indisponibilidade superveniente de um ou vários membros do Governo ou mesmo da necessidade de ajustamentos pontuais de execução da mesma política: aqui estaremos diante de uma genuína remodelação.

388   *Estruturas constitucionais da República*

V. Duvidosa torna-se, no entanto, a hipótese em que o Primeiro-Ministro, sem uma mudança visível ou assumida de orientação política global, propõe ao Presidente da República a substituição, de uma só vez, de mais de metade dos membros do Governo: haverá ainda remodelação governamental ou, pelo contrário, já estaremos diante de um novo Governo?

Em termos formais, a ausência de qualquer novo acto presidencial de nomeação do Primeiro-Ministro leva-nos a excluir a existência de um novo Governo. Todavia, uma remodelação governamental tão profunda pode bem equivaler, em termos materiais, a um novo Governo.

Uma certeza existe: a Constituição confiou ao Presidente da República o juízo exclusivo sobre o cenário exposto, aceitando ou rejeitando a remodelação proposta pelo Primeiro-Ministro – se aceitar, haverá, para todos os efeitos, uma remodelação governamental; se rejeitar, tudo não passou de uma proposta de remodelação não efectivada.

Em síntese: tal como não há remodelação governamental sem iniciativa do Primeiro-Ministro, também não existe remodelação sem concordância do Presidente da República.

19.3.5. *Suspensão de funções do Governo*

(a) A inadmissibilidade da suspensão colectiva

I. Ao contrário das situações de cessação de funções do Governo, envolvendo a sua demissão, a suspensão de funções de todos os membros do Governo traduzir-se-ia numa paralisia provisória da actividade governamental, continuando os seus titulares a ocupar os cargos sem desenvolver qualquer acção, tudo se passando como se se verificasse uma vagatura genérica de todo o Governo.

A figura da suspensão de funções do Governo poderá, em termos teóricos, ocorrer em dois diferentes cenários:

    (i) A suspensão poderá reconduzir-se a uma deliberada ou intencional postura dos membros do Governo, eventualmente alicerçada até em deliberação do Conselho de Ministros, em recusarem exercer os poderes conferidos pela ordem jurídica, tudo se passando como se estivessem em greve: estar-se-á aqui diante de uma auto-suspensão;

    (ii) Ou, numa configuração diferente, a suspensão de funções do Governo poderá ser o resultado da intervenção de um terceiro órgão (v.g., a Assembleia da República aprovar uma moção de suspensão

§19.º *Governo* 389

do Governo; o Presidente da República, em vez de demitir, suspende o Governo): falar-se-á agora em hetero-suspensão.

II. Em qualquer dos cenários traçados, esteja em causa uma auto-suspensão ou uma hetero-suspensão, a figura da suspensão de funções governamentais, numa se podendo reconduzir às hipóteses de Governo demissionário, Governo de gestão ou à situação factual de desalento ou "cansaço" governamental, não encontra qualquer norma constitucional habilitadora: a suspensão de funções do Governo é sempre uma conduta inconstitucional.

Confirmando a inadmissibilidade da figura, o artigo 19.º, n.º 7, proibindo que em situações de excepção constitucional exista afectação da aplicação das regras constitucionais relativas à competência e ao funcionamento dos órgãos de soberania, permite extrair que, em situações de normalidade constitucional, por maioria de razão, não é admissível existir suspensão governamental do exercício da respectiva competência:

(i) A competência não é um direito subjectivo dos titulares dos órgãos a quem se encontra confiada, antes traduz um poder funcional, razão pela qual a auto-suspensão viola o princípio da irrenunciabilidade (nem sequer provisória) da competência (v. *supra*, n.º 12.8.);

(ii) Relativamente à hetero-suspensão, apesar de a Assembleia da República e o Presidente da República poderem determinar a demissão do Governo, a verdade é que inexiste norma que habilite tais órgãos (ou qualquer outro) a suspender o Governo de exercer os seus poderes.

Em ambas as situações, a suspensão de funções governamentais reconduz-se sempre a uma conduta atentatória do princípio da continuidade dos serviços públicos (v. *supra*, n.º 12.4.).

III. Não obstante a suspensão de funções do Governo se revelar uma conduta contrária à Constituição, a verdade é que, em 19 de Novembro de 1975, ainda antes da entrada em funções da Constituição, sendo Primeiro-Ministro o Almirante Pinheiro de Azevedo, o Governo declarou-se suspenso, num cenário noticiado de greve dos membros do Governo[570], remetendo para

---

[570] Para um relato da situação, cfr. DIOGO FREITAS DO AMARAL, *O Antigo Regime e a Revolução*, pp. 469 ss.

o Presidente da República a decisão de o demitir ou, em alternativa, lhe conceder condições para governar[571].

A excepcionalidade da situação, verificando-se um clima de insurreição civil e militar, gritando-se nas ruas "suspensão é demissão", conduziu ao restabelecimento de uma nova ordem subjacente ao movimento político-militar do 25 de Novembro[572], tendo o Governo provisório de Pinheiro de Azevedo reassumido, poucos dias depois, o pleno exercício das suas funções[573].

IV. O mencionado exemplo histórico, ilustrativo da hipótese de auto-suspensão de funções do Governo, sendo hoje totalmente excluído do quadro constitucional vigente, relevaria, se fosse ensaiado, uma hipótese típica justificativa de intervenção do Presidente da República, se necessário demitindo o Governo, visando garantir o regular funcionamento das instituições.

(b) Os limites da suspensão individual

V. Se a suspensão colectiva de todo o Governo, equivalendo materialmente a uma situação de greve, se mostra excluída do quadro constitucional vigente, já a suspensão de funções de um membro do Governo, individualmente considerado, revela particularidades especiais, sendo possível diferenciar três distintas situações:

(i) A suspensão por impedimento;
(ii) A suspensão por efectivação da responsabilidade criminal;
(iii) A auto-suspensão.

Observemos, sumariamente, cada uma destas hipóteses.

VI. *(i)* A suspensão que decorre da verificação de um impedimento sobre a pessoa de um membro do Governo, tal como sucede num cenário de doença temporária, prestação de provas académicas ou outras razões pessoais (v.g., acompanhamento ao estrangeiro de um familiar doente), determina que se proceda, nos termos definidos pelo artigo 185.°, à sua imediata substituição.

---

[571] Cfr. ALMEIDA SANTOS, *Quase Memórias*, I, s.l., 2006, p. 494.

[572] Para um relato das intervenções públicas do então Presidente da República, General Costa Gomes, relativas aos acontecimentos do 25 de Novembro, cfr. COSTA GOMES, *Discursos Políticos*, Lisboa, 1976, pp. 307 ss.

[573] Cfr. DIOGO FREITAS DO AMARAL, *O Antigo Regime e a Revolução*, p. 482.

§*19.° Governo* 391

A suspensão individual do membro do Governo, sendo motivada por impedimento referente à sua pessoa, é uma figura conforme com a Constituição, dando lugar à substituição do membro do Governo impedido.

VII. *(ii)* Pode a suspensão do membro do Governo ser, num diferente cenário, o resultado de lhe ter sido movido um procedimento criminal e ter o mesmo sido acusado definitivamente: o artigo 196.°, n.° 2, estabelece os pressupostos de uma tal suspensão, segundo deliberação da Assembleia da República.

Esse regime, já anteriormente analisado (v. *supra*, n.os 19.2.2., XVII, e 19.2.3., V), permite recortar dois tipos de suspensão dos membros do Governo:

- Os casos de suspensão vinculada ou obrigatória, desde que se trate de acusação definitiva relativa a crime doloso a que corresponda pena de prisão cujo limite máximo seja superior a três anos;
- E, em todas as restantes situações de acusação definitiva de um membro do Governo, há uma competência parlamentar discricionária ou livre para decidir da suspensão.

VIII. *(iii)* Já no que respeita à auto-suspensão dos membros do Governo, sem que se verifique qualquer causa justificativa de um impedimento ou uma situação subsumível no âmbito da responsabilidade criminal, deve entender--se que, apesar do princípio geral da renunciabilidade ao cargo (v. *supra*, n.° 13.8.), nenhum membro do Governo pode, livremente, decidir deixar de exercer as suas competências, nem proceder a uma delegação total de poderes decisórios num outro colega de Governo, permanecendo como titular do cargo.

Fora das situações geradoras de impedimento, não há norma constitucional que habilite a auto-suspensão de funções a um membro do Governo, motivo pelo qual a figura é inconstitucional.

Manda a verdade que se refira, contudo, já ter existido em Portugal, em 1985, uma situação de voluntária suspensão de um membro do Governo: tratou-se do então Ministro da Qualidade de Vida, Dr. Francisco Sousa Tavares[574].

O mencionado precedente não constitucionalizou, no entanto, a conduta de auto-suspensão de funções de um membro do Governo.

---

[574] Cfr. Despacho de delegação de poderes no Secretário de Estado dos Desportos (Dr. Miranda Calha), datado de 21 de Fevereiro de 1985, publicado no *Diário da República*, II Série, n.° 54, de 6 de Março de 1985.

392 Estruturas constitucionais da República

19.4. Competência

BIBLIOGRAFIA: Jorge Miranda, *A competência do Governo na Constituição de 1976*, in Jorge Miranda (org.), *Estudos sobre a Constituição*, III, Lisboa, 1979, pp. 633 ss.; Gomes Canotilho, *Direito Constitucional e Teoria...*, pp. 644 ss.

I. A caracterização do Governo efectuada pelo artigo 182.°, qualificando-o de órgão de condução da política geral do país e órgão superior da Administração Pública, envolve o reconhecimento de três tipos de competência:

(a) Competência política (artigo 197.°);
(b) Competência legislativa (artigo 198.°);
(c) Competência administrativa (artigo 199.°).

Adiantemos, seguidamente, breves notas complementares sobre cada um destes tipos de competência do Governo.

(a) Competência política

II. A competência política do Governo, sendo passível de exercício individual ou colegial (v. *supra*, n.° 19.3.2., IV), traduz o cerne dos poderes (não legislativos) pelos quais conduz a política geral (interna e internacional) do país, mostrando-se passível de ser sistematizada em quatro principais grupos de poderes:

a) Poderes de decisão política;
b) Poderes de iniciativa ou propulsão política;
c) Poderes de controlo político;
d) Poderes instrumentais de informação política.

Vejamos, sumariamente, cada um destes grupos de poderes.

III. a) Os *poderes de decisão política* a cargo do Governo, envolvendo a modalidade mais intensa de competência política, podem ter a sua expressão nas seguintes principais manifestações constitucionais:

(*i*) A elaboração do programa do governo, decidindo aquelas que são as principais orientações ou directrizes políticas a implementar na futura acção governativa, incluindo a definição das medidas a adoptar ou a propor, em termos gerais ou sectoriais, nos diversos domínios da actividade governamental;

§19.º Governo 393

(ii) A definição, à luz do quadro geral traçado pelo programa do Go
verno e através do Conselho de Ministros, das linhas gerais da política governamental e da sua execução;

(iii) A negociação e o ajuste de convenções internacionais, incluindo a
intervenção do Governo no âmbito das estruturas decisórias da
União Europeia e os inerentes reflexos políticos internos[575];

(iv) A aprovação dos acordos internacionais que, integrando a esfera
não reservada à Assembleia da República, o Governo entenda não
lhe submeter;

(v) A definição da estratégia política do Governo junto da Assembleia
da República.

IV. b) A competência política do Governo também se consubstancia num conjunto de *poderes de iniciativa ou propulsão política* junto da
Assembleia da República e do Presidente da República, dinamizando, por
esta via, o exercício de poderes decisórios integrantes da competência destes órgãos.

Mostra-se possível recortar, neste contexto, o seguinte quadro dos principais poderes de iniciativa ou propulsão política do Governo:

(i) Poderes de iniciativa política junto da Assembleia da República:
 – Submeter o programa de governo a apreciação;
 – Apresentar propostas de lei;
 – Apresentar propostas de resolução;
 – Desencadear um voto de confiança política, apresentando uma
 moção de confiança;
 – Solicitar prioridade de assuntos de interesse nacional de resolução urgente na fixação da ordem do dia do plenário;
 – Requerer a declaração de urgência do processamento de qualquer
 projecto, proposta de lei ou de resolução;
 – Solicitar a participação nos trabalhos das comissões parlamentares;

---

[575] Mostra-se aqui especialmente importante a intervenção do Governo que, no âmbito
europeu, aprova soluções convencionais de Direito Constitucional da União Europeia incompatíveis com o texto constitucional interno, exigindo uma posterior alteração da Constituição
para a sua aprovação e ratificação, expropriando ou esvaziando, deste modo, a autonomia decisória da Assembleia da República. Por esta via, acaba o Governo por assumir uma informal iniciativa tácita de revisão constitucional e predeterminação do sentido das modificações a introduzir na Constituição (v. *supra*, n.º 8.3., XIX). Sobre a matéria cfr. PAULO OTERO, *Legalidade
e Administração Pública*, pp. 145, 399 e 579.

394   *Estruturas constitucionais da República*

(ii) Poderes de iniciativa política junto do Presidente da República:
– Apresentar a proposta de realização de um referendo sobre questões de relevante interesse nacional;
– Propor a declaração da guerra ou a feitura da paz;
– Formular propostas de exoneração de titulares de altos cargos cuja competência de decisão pertence ao Presidente da República;
– Apresentar propostas de nomes de titulares de altos cargos para efeitos de nomeação pelo Presidente da República.

Refira-se ainda, a título complementar, que, apesar de não resultarem expressamente previstos do texto constitucional, o Governo goza ainda de poderes de iniciativa ou propulsão política junto das instituições da União Europeia e restantes organizações internacionais de que Portugal seja membro.

V. c) Dispõe ainda o Governo de *poderes de controlo político*, envolvendo a emissão de juízos de fiscalização da conveniência, oportunidade ou bondade das soluções em causa, revelando-se o seu exercício através das seguintes manifestações:

(i) A referenda dos actos do Presidente da República previstos no artigo 140.°, n.° 1[576];
(ii) O pronunciar-se sobre a declaração do estado de sítio ou do estado de emergência;
(iii) A fiscalização política da conduta das estruturas administrativas sujeitas aos seus poderes de direcção (: Administração directa do Estado) e de superintendência (: Administração indirecta do Estado).

VI. d) Por último, a competência política do Governo expressa-se ainda no exercício de *poderes instrumentais de informação política* junto da Assembleia da República, permitindo a esta instituição, sem prejuízo do seu tradicional défice informativo (v. *supra*, n.° 18.5.3., VI), o desenvolvimento ou um melhor e mais adequado desempenho do seu papel fiscalizador.

Neste domínio se integram os seguintes poderes do Governo perante a Assembleia da República:

(i) Apresentar as contas do Estado e das outras entidades públicas a que se encontra obrigado;

---

[576] Sobre os exactos termos do controlo político governamental subjacente à referenda, cfr. DIOGO FREITAS DO AMARAL/PAULO OTERO, *O Valor Jurídico-Político da Referenda Ministerial*, pp. 58 ss.

§19.° Governo 395

(ii) Apresentar a informação referente ao processo de construção da União Europeia;
(iii) Prestar todas as informações documentais ou testemunhais requeridas pela Assembleia da República no exercício das suas funções de fiscalização política (v. *supra*, n.° 18.5.3., V).

(b) Competência legislativa

VII. A implementação das funções caracterizadoras do estatuto constitucional do Governo como órgão de condução da política geral do país determina, segundo a tradição portuguesa oriunda da Ditadura Militar de 1926/ /1933 (v. *supra*, n.° 10.8., II) e depois acolhida pela Constituição de 1933 (v. *supra*, n.° 10.9., II e VI), que o Governo seja configurado como um órgão dotado de uma competência legislativa normal.

O artigo 198.° atribui, neste contexto, quatro diferentes tipos de competência legislativa ao Governo:

a) Competência legislativa exclusiva (artigo 198.°, n.° 2);
b) Competência legislativa concorrencial (artigo 198.°, n.° 1, alínea a));
c) Competência legislativa autorizada (artigo 198.°, n.° 1, alínea b));
d) Competência legislativa complementar (artigo 198.°, n.° 1, alínea c)).

Observemos cada um destes tipos de competência legislativa governamental.

VIII. a) A competência legislativa exclusiva, dizendo respeito à organização e funcionamento do Governo, compreende uma intervenção decisória nos três seguintes domínios (v. *supra*, n.° 12.5., II)[577]:

(i) Aprovação da designada lei orgânica do Governo, disciplinando a estrutura organizativa geral da Presidência do Conselho, dos ministérios, secretarias e subsecretarias de Estado, suas designações, áreas materiais de decisão e regras gerais de funcionamento;
(ii) Aprovação das "leis orgânicas dos Ministérios", nelas se integrando o elenco de todas as estruturas orgânicas e serviços administrativos que fazem parte da organização interna de cada ministério, seus poderes e respectivas regras de funcionamento;

---

[577] Cfr. PAULO OTERO, *O Poder de Substituição...*, II, p. 643.

396   *Estruturas constitucionais da República*

(iii) As normas referentes à organização e funcionamento do Governo através do Conselho de Ministros, incluindo a criação, configuração e poderes dos Conselhos de Ministros especializados (v. *supra*, n.º 19.3.2., VI).

Note-se que, neste domínio, uma vez que a Assembleia da República não pode intervir em termos legislativos, a exclusividade dos poderes legislativos do Governo determina a natureza absolutíssima do veto político do Presidente da República sobre os respectivos decretos-leis (v. *supra*, n.º 17.4., VI), pois o Governo encontra-se impossibilitado de os converter em propostas de lei a apresentar à Assembleia da República, tal como os Deputados que suportam o Governo de os transformar em projectos de lei.

IX. b) O Governo é ainda titular de uma ampla competência legislativa sobre matérias que partilha a intervenção legislativa com a Assembleia da República: trata-se da designada competência legislativa concorrencial (v. *supra*, n.º 19.4., (c)), expressão de uma competência que o Governo tem "paralela" à do parlamento[578].

Estamos aqui diante de uma competência legislativa normal e perfeita do Governo, sem paralelo em qualquer outra experiência constitucional europeia de matriz democrática[579], fundada na tradição herdada do Estado Novo[580] e que, apesar de mais reduzida face ao texto inicial da Constituição de 1976, ainda hoje representa o núcleo central de um princípio de repartição da competência legislativa entre o Governo e a Assembleia da República: tudo aquilo que não integra áreas de competência legislativa reservada situa-se na competência concorrencial; as matérias da competência concorrencial constituem a regra geral[581].

Neste domínio, o Governo exerce um poder legislativo em tudo semelhante à competência que a Assembleia da República possui sobre as mesmas matérias, assistindo-se até a uma igualdade do valor jurídico de "armas" entre os dois órgãos, pois vigora um princípio geral de paridade hierárquico-normativa entre a lei e o decreto-lei (artigo 112.º, n.º 2, 1.ª parte): uma lei pode

---

[578] Cfr. Acórdão do Tribunal Constitucional n.º 142/85, de 30 de Julho de 1985, in *Diário da República*, II Série, de 7 de Setembro de 1985.

[579] Para o traçar de um quadro comparativo, cfr. GIUSEPPE DE VERGOTTINI, *Diritto Costituzionale Comparato*, 4.ª ed., Padova, 1994, pp. 538 ss.

[580] Cfr. PAULO OTERO, *O Desenvolvimento de Leis de Bases pelo Governo*, Lisboa, 1997, pp. 13 ss.

[581] Cfr. PAULO OTERO, *O Desenvolvimento...*, p. 11.

§19.° *Governo* 397

revogar ou modificar um anterior decreto-lei, tal como um decreto-lei pode revogar ou modificar uma anterior lei[582].

Com uma diferença, curiosamente, a favor do Governo, sem tomar em consideração o mecanismo previsto no artigo 169.°: uma vez que a Assembleia da República não pode aprovar leis que envolvam no ano económico em curso aumento de despesas ou diminuição de receitas previstas no Orçamento (artigo 167.°, n.° 2), o Governo goza aqui de uma área de intervenção legislativa mais ampla mesmo que produza aumento de despesas ou diminuição de receitas, desencadeando depois, se se justificar, uma iniciativa legislativa de alteração orçamental.

X. c) Mostra-se ainda o Governo susceptível de possuir, se a Assembleia da República assim o entender e enquanto o entender, uma competência legislativa autorizada no âmbito das matérias da reserva relativa da competência legislativa do parlamento (artigo 165.°, n.° 1).

Trata-se, ao invés da anterior, de uma competência legislativa governamental de natureza precária, sempre dependente de uma lei de autorização legislativa da Assembleia da República, sujeita a orientação política do parlamento e passível de ser, a todo o momento, revogada, sem prejuízo de a Assembleia da República também poder sobre essa matéria continuar a legislar.

Remete-se, neste domínio, para o que antes se disse (v. *supra*, n.° 18.5.2., (b)), sem embargo de posteriores desenvolvimentos.

Uma particularidade cumpre, todavia, sublinhar: emanado o decreto-lei autorizado, o Governo não o poderá depois revogar (v. *supra*, n.° 12.9, VIII), salvo nova lei de autorização legislativa ou, se existir uma situação de inconstitucionalidade, por força do princípio do autocontrolo da validade, visando agora repor a juridicidade (v. *supra*, n.° 12.10., V).

XI. d) Tem ainda o Governo, por último, uma competência legislativa complementar que visa o desenvolvimento das leis de bases.

Trata-se da competência legislativa do Governo que maior controvérsia doutrinal suscita, podendo dizer-se que se confrontam aqui quatro principais teses[583]:

(i) A tese tradicional diz-nos que o Governo pode desenvolver as leis de bases emanadas pela Assembleia da República sempre que esse

---

[582] Cfr. PAULO OTERO, *Legalidade e Administração Pública*, pp. 128.

[583] Para mais desenvolvimentos sobre as diferentes teses, cfr. PAULO OTERO, *O Desenvolvimento...*, pp. 19 ss.; JAIME VALLE, *A Participação do Governo...*, pp. 233 ss.; MARCELO

desenvolvimento se situe na área concorrencial, isto independentemente da localização da matéria sobre a qual versam as bases em causa: aqui, em bom rigor, a alínea c) do artigo 198.°, n.° 1, nada acrescentaria ao que já resultava da sua alínea a), salvo impor ao Governo a forma de decreto-lei (e não de decreto regulamentar) para o desenvolvimento[584];

(ii) Uma tese de sentido restritivo da competência concorrencial procura extrair do artigo 198.°, n.° 1, alínea c), uma limitação da competência revogatória do Governo sobre leis de bases emanadas pela Assembleia da República na área concorrencial[585]: o Governo apenas poderia desenvolver as leis de bases, carecendo de poderes para as revogar ou modificar – a alínea c) comportaria uma derrogação à alínea a);

(iii) Em sentido contrário, há quem entenda, numa concepção ampliativa da competência do Governo, que o artigo 198.°, n.° 1, alínea c), permite ao Governo legislar sobre matérias da reserva absoluta e da reserva relativa da competência legislativa da Assembleia da República, desde que este órgão, nesses domínios, se limite a fixar os princípios ou as bases gerais dos respectivos regimes[586]: a alínea c) do artigo 198.°, n.° 1, seria agora fonte derrogatória das normas que fixam a reserva de competência legislativa parlamentar;

(iv) Há, por último, quem considere que, exclusivamente nas matérias da área concorrencial, a Assembleia da República pode optar por não esgotar o regime legislativo da matéria, limitando-se a emanar uma lei de bases, cenário em que o Governo passaria a dispor de uma reserva de desenvolvimento nessa área concorrencial[587].

REBELO DE SOUSA/JOSÉ DE MELO ALEXANDRINO, *Constituição da República Portuguesa. Comentada*, pp. 320 ss.

[584] Cfr. LUÍS PEDRO PEREIRA COUTINHO, *Regime orgânico dos direitos, liberdades e garantias e determinação normativa*, in *Revista Jurídica*, AAFDL, n.° 24, 2001, pp. 558 ss. A este entendimento aderem MARCELO REBELO DE SOUSA/JOSÉ DE MELO ALEXANDRINO, *Constituição da República Portuguesa. Comentada*, p. 322.

[585] Neste sentido, cfr. GOMES CANOTILHO/VITAL MOREIRA, *Constituição...*, 3.ª ed., p. 507.

[586] Cfr. SÉRVULO CORREIA, *Legalidade e Autonomia Contratual nos Contratos Administrativos*, Coimbra, 1987, p. 198, nota n.° 348; MANUEL AFONSO VAZ, *Lei e Reserva de Lei – A causa da lei na Constituição Portuguesa de 1976*, Porto, 1992, pp. 438 ss.

[587] Cfr. JORGE MIRANDA, *Manual...*, V, 3.ª ed., pp. 379 ss.

§19.° *Governo* 399

Sucede, porém que, por razões de natureza sistemática, lógica, literal e histórica, nenhuma destas teses corresponde à solução por nós acolhida e defendida em anterior estudo sobre o tema[588]: entendemos que o artigo 198.°, n.° 1, alínea c), cria uma reserva de competência legislativa a favor do Governo[589], determinando que, em matérias da competência concorrencial e ainda em todas aquelas em que os artigos 164.° e 165.° restringem a reserva às bases dos regimes jurídicos[590], a Assembleia da República se limite a aprovar leis de bases, circunscrevendo o seu grau de densificação legislativa à fixação dos princípios ou das bases gerais dos respectivos regimes jurídicos, ficando o seu desenvolvimento a cargo exclusivo do Governo.

Tudo isto, note-se, sem prejuízo de tais decretos-leis de desenvolvimento (sempre em matérias da área concorrencial) poderem ser objecto de posterior apreciação parlamentar, nos termos do artigo 169.°, fazendo a Assembleia da República cessar a sua vigência ou introduzir-lhes alterações[591].

Neste sentido, o artigo 198.°, n.° 1, alínea c), cria uma reserva de normação primária a favor do Governo, sem existir, todavia, por efeito do artigo 169.°, qualquer limite ao grau de intervenção ou densificação legislativa secundária da matéria por parte da Assembleia da República[592].

Ao tema voltar-se-á quando se tratar com detalhe as leis de bases.

(c) Competência administrativa

XII. A dupla caracterização do Governo como órgão de condução da política geral do país e órgão superior da Administração Pública, desempenhando o papel de guardião administrativo do Estado de Direito democrático, desdobra-se numa tripla função: o Governo é guardião do Estado de bem-estar, guardião do Estado de direitos humanos e guardião do Estado de juridicidade (v. *supra*, n.° 19.1.2., VIII).

---

[588] Cfr. PAULO OTERO, *O Desenvolvimento...*, pp. 37 ss.

A nossa tese viria, entretanto, a obter a concordância de JOAQUIM FREITAS ROCHA, *Constituição, Ordenamento e Conflitos Normativos*, pp. 618 ss. e 649.

[589] No mesmo sentido, cfr. CARLOS BLANCO DE MORAIS, *As Leis Reforçadas – As leis reforçadas pelo procedimento no âmbito dos critérios estruturantes das relações entre actos legislativos*, Coimbra, 1998, pp. 303 ss.; IDEM, *Curso...*, I, pp. 303 ss.; JAIME VALLE, *A Participação do Governo...*, pp. 242 ss.

[590] Será o caso das seguintes matérias: artigo 164.°, n.° 1, alíneas d) (2.ª parte) e i); artigo 165.°, n.° 1, alíneas f), g), n), t), u) e z).

[591] Cfr. PAULO OTERO, *O Desenvolvimento...*, pp. 50 ss.

[592] Cfr. PAULO OTERO, *O Desenvolvimento...*, p. 88.

400   *Estruturas constitucionais da República*

Nessa tripla função reside a essência justificativa da amplitude da competência administrativa que a Constituição confere ao Governo (artigo 199.°).

XIII. A Constituição atribui ao Governo uma competência administrativa que, sem prejuízo de diferentes configurações possíveis (v. *supra*, n.° 19.1.2., VIII), assume a seguinte expressão no artigo 199.°:

> (*i*) Competência de planeamento económico e execução orçamental – alíneas a) e b);
> (*ii*) Competência regulamentar de execução das leis – alínea c);
> (*iii*) Competência de implementação da unidade intra-administrativa – alínea d);
> (*iv*) Competência de gestão do pessoal da Administração Pública – alínea e);
> (*v*) Competência de defesa da legalidade – alínea f);
> (*vi*) Competência residual – alínea g): v. *supra*, n.° 19.1.3., (e).

A prossecução de tais competências administrativas que a Constituição confere ao Governo, envolvam elas a feitura de regulamentos, a emanação de actos administrativos, a celebração de contratos ou a realização de operações materiais, é matéria própria do Direito Administrativo.

Centraremos a nossa atenção imediata, única e exclusivamente, na configuração da competência regulamentar que a Constituição confere ao Governo.

(d) Idem: a competência regulamentar

XIV. Mesmo sem tomar em consideração as normas provenientes de fonte internacional que contam com a intervenção decisória do Governo, o certo é que a feitura de normas internas pelo Governo não se esgota na elaboração e aprovação de decretos-leis: no exercício da função administrativa, o Governo tem também competência para emanar normas – são os designados regulamentos.

E observa-se até que alguns destes regulamentos da competência do Governo podem concorrer com os actos legislativos na disciplina jurídica de matérias situadas fora da reserva de lei: o conhecimento da amplitude da competência regulamentar do Governo torna-se, por isso mesmo, uma questão constitucional nuclear na configuração da normatividade de origem governamental.

§19.º Governo 401

A temática da competência regulamentar do Governo assume ainda relevo constitucional decorrente de tais regulamentos gozarem de uma legitimidade político-democrática quase semelhante àquela que existe nos decretos-leis, especialmente se contarem com a intervenção decisória do Primeiro-Ministro e, assumindo a forma de decretos regulamentares, exigirem a promulgação pelo Presidente da República[593].

Por outro lado, mostra-se possível afirmar que, à luz da Constituição, o Governo é o órgão constitucional dotado de uma mais vasta e importante competência regulamentar, isto por duas ordens de razões:

(i) Os principais regulamentos do Estado integram a esfera de poderes do Governo, verificando-se que, sem se inserirem na reserva de competência decisória do Conselho de Ministros (v. supra, n.º 19.3.2., IV), os regulamentos do Governo podem ser aprovados pelos seus membros em termos individuais (a título de competência singular ou de competência conjunta) ou por Resolução do Conselho de Ministros;

(ii) Acresce que, salvo no que diz respeito à sua competência interna, o Presidente da República e a Assembleia da República não possuem competência regulamentar externa, pois não são órgãos da Administração Pública: o Governo é o único órgão de soberania, uma vez que é o órgão superior da Administração Pública, que se encontra investido de competência regulamentar externa.

XV. Como se configura a competência regulamentar do Governo?

A leitura da Constituição permite extrair que, sem existência de qualquer princípio de tipicidade constitucional para o exercício do poder regulamentar[594], se reconheça ao Governo competência para emanar os seguintes tipos de regulamentos:

(i) Regulamentos independentes – são normas administrativas externas que, sem se destinarem à execução de uma determinada lei, antes se referem directamente à Constituição ou à ordem jurídica na sua globalidade, contêm preceitos praeter legem, e, desde que revistam a forma de decreto regulamentar[595], estão sujeitos a pro-

---

[593] Sobre o tema, cfr. SÉRVULO CORREIA, Legalidade..., pp. 212 ss.

[594] Cfr. ALEXANDRE SOUSA PINHEIRO, Princípios Gerais da Organização do Poder Político, in PAULO OTERO (coord.), Comentário..., III, 1.º tomo, p. 221.

[595] Resulta do artigo 112.º, n.º 6, a obrigatoriedade de os regulamentos independentes revestirem a forma de decreto regulamentar, cfr. ALEXANDRE SOUSA PINHEIRO, Princípios

402 Estruturas constitucionais da República

mulgação do Presidente da República, sendo possível diferenciar neles duas categorias:

(1) Os regulamentos independentes directamente fundados na Constituição[596]: emanados ao abrigo do artigo 199.°, alínea g), tendo por objecto matérias situadas fora da reserva de lei e que nunca foram objecto de qualquer intervenção legislativa, permitem ao Governo emanar decretos regulamentares que, sem necessidade de irem a Conselho de Ministros[597], e ao contrário do que sucede com os decretos-lei, são elaborados com maior celeridade decisória pelo Primeiro-Ministro e pelos Ministros competentes em razão da matéria, sendo insusceptíveis de fiscalização preventiva da constitucionalidade e de apreciação parlamentar à luz do mecanismo previsto pelo artigo 169.°[598];

(2) Os regulamentos independentes fundados em leis: visam implementar uma pluralidade de leis ou a ordem jurídica na sua globalidade, produzindo uma normatividade inovadora e, nesse sentido, nunca passível de invadir a reserva de lei;

(ii) *Regulamentos de execução* – visando desenvolver ou pormenorizar o conteúdo de uma lei em concreto, o Governo goza dessa faculdade sem expressa ou específica autorização legal, podendo mesmo ser exercida no silêncio da lei[599]: o artigo 199.°, alínea c), funciona como cláusula geral directamente habilitadora da intervenção reguladora do Governo – inclusive sobre leis referentes a matérias integrantes da competência legislativa reservada da Assembleia da República –, sem prejuízo da possível competência conferida às

---

Gerais da Organização do Poder Político, in PAULO OTERO (coord.), *Comentário...*, III, 1.° tomo, pp. 223 ss..

[596] Para mais desenvolvimentos sobre este tipo de regulamentos independentes, cfr. PAULO OTERO, *O Poder de Substituição...*, II, pp. 616 ss.; IDEM, *Legalidade e Administração Pública*, pp. 736-737. Aderindo à nossa posição, cfr. ANA RAQUEL MONIZ, *A titularidade do poder regulamentar no Direito Administrativo português*, in *Boletim da Faculdade de Direito da Universidade de Coimbra*, vol. LXXX, 2004, pp. 508 ss.

[597] Em sentido contrário, cfr. ALEXANDRE SOUSA PINHEIRO, *Princípios Gerais da Organização do Poder Político*, in PAULO OTERO (coord.), *Comentário...*, III, 1.° tomo, pp. 224 e 230.

[598] Para uma crítica a esta nossa concepção, cfr., por todos, LUÍS PEDRO PEREIRA COUTINHO, *Regulamentos independentes do Governo*, in JORGE MIRANDA (org.), *Perspectivas Constitucionais – Nos 20 Anos da Constituição de 1976*, III, Coimbra, 1998, em especial, pp. 1022 ss.

[599] Cfr. PAULO OTERO, *O Poder de Substituição...*, II, p. 604.

§19.° *Governo* 403

regiões autónomas para regulamentarem a execução das leis da República (artigo 227.°, n.° 1, alínea d), 2.ª parte)[600];

(iii) Regulamentos internos – são actos normativos que, sem projectarem feitos directos no exterior da Administração Pública, podem assumir uma dupla configuração:

(1) Regulamentos de auto-organização interna do Governo (v. *supra*, n.° 19.1.3., IV);

(2) Regulamentos de organização e funcionamento interno dos serviços e entidades da Administração Pública (v.g., instruções, circulares).

19.5. Estatutos especiais do Governo

I. O estudo já desenvolvido em torno do Governo permitiu observar que nem sempre este órgão possui a plenitude do exercício dos seus poderes, ocorrendo diversas vicissitudes que lhe impõem uma *capitis deminutio.*

Há assim, ao lado do estatuto normal do Governo dotado de uma *plenitudo potestatis*, situações que revelam um estatuto especial do Governo, exigindo uma análise autónoma tendente a determinar a amplitude e a natureza da sua margem constitucional de decisão.

Neste contexto se integram três diferentes situações:

(a) Os Governos de gestão;

(b) Os Governos demissionários;

(c) Os Governos com Assembleia da República dissolvida.

Analisemos, sumariamente, cada uma destas realidades.

(a) Governos de gestão

II. A Constituição diz-nos que existem dois tipos de Governo gestão (artigo 186.°, n.° 5)[601]:

(i) Os Governos sem programa apreciado (v. *supra*, n.° 19.1.3., I e II), traduzindo o período que vai da tomada de posse até à apreciação parlamentar do respectivo programa, são Governos que têm o seu

---

[600] Cfr. PAULO OTERO, *Legalidade e Administração Pública*, p. 736.
[601] Cfr. PAULO OTERO, *Conceito e Fundamento da Hierarquia Administrativa*, pp. 347 ss.

404   Estruturas constitucionais da República

mandato sujeito a condição suspensiva[602]: se o programa do Governo não é rejeitado, converte-se em Governo com plenitude de funções; se, pelo contrário, o programa é rejeitado, continua como Governo de gestão, agora a título de Governo demitido;

(ii) Os *Governos demitidos*, segundo qualquer uma das causas anteriormente identificadas (v. *supra*, n.° 19.3.3.), têm sempre a sua permanência em funções dependente de um acto Presidente da República consubstanciado na exoneração dos seus membros e na posse do novo Primeiro-Ministro e respectivo Governo: são Governos, neste sentido, com mandato sujeito a termo final incerto[603].

III. Os Governos de gestão têm um estatuto funcional debilitado e precário, encontrando-se proibidos de exercer todos os poderes integrantes da competência normal do Governo, pois devem limitar-se "à prática dos actos estritamente necessários para assegurar a gestão dos negócios públicos" (artigo 186.°, n.° 5): postula-se assim o exercício dos poderes baseado num princípio de proporcionalidade que exige uma ponderação da importância dos interesses em causa e na inadiabilidade da decisão[604].

Atento o exposto, mostra-se possível indicar os seguintes tópicos caracterizadores da configuração constitucional do estatuto da competência a exercer pelo Governo de gestão[605]:

(i) Deixa de poder iniciar ou continuar a execução do seu programa de governo, salvo tratando-se de um "Governo de transição" com o propósito concreto de preparar a realização de eleições (v. *supra*, 19.3.3., IX);

(ii) Não pode, neste sentido, apresentar propostas de lei junto da Assembleia da República[606], nem fazer precludir ou limitar a liberdade de exercício da competência decisória do Governo seguinte em domínios de natureza política, legislativa ou de "alta administração", salvo se se verificarem circunstâncias extraordinárias;

---

[602] Cfr. Diogo Freitas do Amaral, *Governo de Gestão*, p. 38.

[603] Cfr. Diogo Freitas do Amaral, *Governo de Gestão*, p. 38.

[604] Cfr. Gomes Canotilho/Vital Moreira, *Constituição...*, 3.ª ed., p. 743.

[605] Sobre o tema, sem prejuízo de adoptar soluções nem sempre iguais com as defendidas no texto, cfr. Diogo Freitas do Amaral, *Governo de Gestão*, pp. 18 ss.

[606] Já sucedeu, todavia, em 1983, que um Governo demitido tenha apresentado iniciativa legislativa e até orçamental junto da Assembleia da República, cfr. Jorge Miranda/Rui Medeiros, *Constituição Portuguesa Anotada*, II, p. 646.

§19.º Governo 405

(iii) No caso dos Governos demitidos, os seus membros têm o dever jurídico de se manter em funções (v. *supra*, n.º 12.4.), existindo um congelando da composição do Governo que proíbe remodelações governamentais, salvo se se verificar morte ou impossibilidade física duradoura de um membro importante do Governo;

(iv) Se apresentou propostas de lei e de referendo, pressupondo que teve o exercício de pleno poderes, tais propostas caducam (artigo 167.º, n.º 6);

(v) Se antes era um Governo em plenitude de funções, caducam as autorizações legislativas que lhe tiverem sido concedidas (artigo 165.º, n.º 4), salvo se inseridas na lei do Orçamento e incidirem sobre matéria fiscal (artigo 165.º, n.º 5);

(vi) O Governo continua a ser politicamente responsável perante a Assembleia da República;

(vii) Há um dever acrescido de concertação com o Presidente da República e de cooperação com o Governo anterior, tratando-se de Governo sem programa apreciado, e com o Primeiro-Ministro do Governo seguinte, tratando-se agora de Governo demitido.

(b) Governos demissionários

IV. Os Governos demissionários são aqueles em que se verifique uma de três situações:

(i) O Primeiro-Ministro já expressou publicamente a intenção de apresentar o seu pedido de demissão, mas ainda não o fez junto do Presidente da República;

(ii) O Primeiro-Ministro já apresentou o seu pedido de demissão ao Presidente da República, no entanto este não aceitou ainda esse pedido[607];

(iii) O Presidente da República já comunicou publicamente que considerava estarem reunidos os pressupostos do artigo 195.º, n.º 2, para demitir o Governo, apesar de ainda o não ter feito em termos formais.

Em qualquer destas hipóteses, apesar de se estar diante de um Governo politicamente enfraquecido, a verdade é que não preenche os pressupostos do

___

[607] Considerando que este tipo de Governo demissionário é um Governo de gestão, cfr. Diogo Freitas do Amaral, *Governo de Gestão*, pp. 14-15. Em sentido contrário, cfr. Paulo Otero, *Conceito e Fundamento da Hierarquia Administrativa*, p. 348, nota n.º 132.

406   *Estruturas constitucionais da República*

artigo 186.°, n.° 5: o Governo demissionário não é um Governo de gestão até se verificar o facto que determinará a sua demissão.

V. Não sendo o Governo demissionário ainda um Governo de gestão, será que o exercício da sua competência deve estar sujeito a algum tipo de limitações ou adstrito a certos deveres?

Nada na Constituição impõe ao Governo demissionário uma *capitis deminutio*: o princípio geral é a plenitude de poderes e do seu exercício sem limitações anómalas[608], sem embargo da susceptibilidade de se verificar uma auto-limitação do exercício desses poderes, especialmente nas duas primeiras situações elencadas em que o próprio Governo declarou a vontade de não querer continuar em funções.

(c) Governos com Assembleia da República dissolvida

VI. Diferentemente das anteriores situações, verifica-se agora um cenário em que a Assembleia da República foi objecto de dissolução, tudo residindo em saber se os poderes do Governo são ou não afectados por essa dissolução.

Sendo certo que só o início de nova legislatura acarretará a demissão do Governo (artigo 195.°, n.° 1, alínea a)), torna-se óbvio que a dissolução da Assembleia da República não determina a demissão do Governo[609], tal como o termo da legislatura e a convocação de eleições parlamentares não gera também a demissão do Governo.

Não há aqui a falar, por conseguinte, em Governo de gestão[610].

VII. Não obstante inexistir aqui um Governo de gestão, o certo é que a dissolução da Assembleia de República gera uma limitação *reflexa* ao estatuto funcional do Governo:

    (i) O Governo não pode legislar sobre as matérias de reserva relativa da competência legislativa da Assembleia da República, pois a dis-

---

[608] Em sentido contrário, cfr. DIOGO FREITAS DO AMARAL, *Governo de Gestão*, pp. 14-15.

[609] Ao contrário do que sucede, note-se, no âmbito das regiões autónomas, onde a dissolução da assembleia legislativa determina, nos termos do artigo 234.°, n.° 2, a demissão do governo regional.

[610] Cfr. DIOGO FREITAS DO AMARAL, *Governo de Gestão*, p. 15. Em sentido contrário, entendendo que a situação do Governo após a dissolução da Assembleia da República se deve equiparar aos casos previstos no artigo 186.°, n.° 5, cfr. JORGE MIRANDA/RUI MEDEIROS, *Constituição Portuguesa Anotada*, II, p. 646.

§19.º *Governo*

solução desta determinou a caducidade das autorizações legislati vas concedidas (artigo 165.º, n.º 4);

(ii) O Governo vê as propostas de lei que tinha apresentado junto da Assembleia da República caducarem (artigo 167.º, n.º 5), encontrando-se impossibilitado, por via da dissolução parlamentar, de apresentar novas propostas de lei;

(iii) O veto político do Presidente da República sobre os diplomas legislativos do Governo na área concorrencial passa a assumir uma natureza absolutíssima, pois a dissolução da Assembleia da República impede o Governo de os converter em propostas de lei (v. *supra*, n.º 17.4., VI);

(iv) A próxima eleição de uma nova Assembleia da República e a formação de um novo Governo deve envolver uma contenção do Governo que ainda está em exercício pleno de funções no que respeita a opções políticas e legislativas fundamentais, impedindo um precludir da liberdade decisória do futuro Governo;

(v) O Presidente da República ganha, neste preciso contexto, um papel acrescido na fiscalização política da acção deste Governo *sui generis*.

§20.º
Tribunais

20.1. Caracterização

BIBLIOGRAFIA: GOMES CANOTILHO, *Direito Constitucional e Teoria...*, pp. 653 ss.; JORGE MIRANDA, *Tribunais, juízes e Constituição*, in *Revista da Ordem dos Advogados*, Ano 59.º, 1999, I, pp. 5 ss.

20.1.1. *"Administrar a justiça em nome do povo": função dos tribunais*

I. O artigo 202.º, a propósito da definição dos tribunais, diz-nos que são os órgãos "com competência para administrar a justiça em nome do povo", significando isto o seguinte:

(a) O objecto da actividade dos tribunais consiste em administrar a justiça;

(b) Sucede, porém, que os tribunais não administram a justiça em nome próprio: fazem-no em nome do povo, tornando-se seus representantes.

Observemos cada um destes aspectos.

(a) Objecto de actividade dos tribunais

II. A administração da justiça, se for entendida como exercício da função jurisdicional, envolve uma dupla relação com os tribunais: a administração da justiça é uma competência reservada aos tribunais e os tribunais caracterizam-se por lhes competir o exclusivo da administração da justiça.

Pode dizer-se, neste contexto, que a função jurisdicional é exercida em monopólio pelos tribunais: só aos tribunais e a nenhuns outros órgãos, sem prejuízo dos instrumentos e das formas de composição não jurisdicional de conflitos (artigo 202.º, n.º 4), se encontra confiado o exercício da função jurisdicional.

410   *Estruturas constitucionais da República*

Não se mostra possível afirmar, todavia, que aos tribunais se encontra confiado, única e exclusivamente, o exercício da função jurisdicional[611]:

(*i*) Os tribunais também exercem funções materialmente administrativas, isto no que respeita à gestão e organização dos seus serviços internos administrativos[612], aos processos de jurisdição voluntária ou no que se refere à certificação de puros factos[613], à realização de auditorias[614] ou até a emissão de pareceres[615];

(*ii*) Mostra-se mesmo possível defender uma certa participação no exercício da função política, tal como sucede sempre que o Tribunal Constitucional procede à fiscalização preventiva da constitucionalidade de um diploma legislativo[616] ou decide a extinção de uma organização por perfilhar ideologia fascista[617].

Neste último sentido, há duas alternativas metodológicas e dogmáticas possíveis: ou se procede a um alargamento do conceito de função jurisdicional, no propósito de compreender tais realidades intrinsecamente administrativas e políticas, conferindo-lhes natureza instrumental, acessória ou marginal, ou, pelo contrário, somos forçados a reconhecer que a actividade dos tribunais não se circunscreve ao exercício da função jurisdicional.

---

[611] Em sentido contrário, cfr. JORGE MIRANDA/RUI MEDEIROS, *Constituição Portuguesa Anotada*, III, (2007), pp. 24-25. No entanto, na mesma obra, a páginas 57, fala-se em "decisões dos tribunais não enquadráveis no exercício de funções jurisdicionais".

[612] Neste sentido, os actos materialmente administrativos praticados pelo Tribunal Constitucional e seu Presidente, o Presidente do Supremo Tribunal Administrativo, o Tribunal de Contas e seu Presidente são passíveis de impugnação contenciosa junto da Secção do Contencioso Administrativo do Supremo Tribunal Administrativo, cfr. o artigo 24.º, n.º 1, alínea a), subalínea v), da Lei n.º 13/2002, de 19 de Fevereiro.

[613] Será o caso do Tribunal Constitucional verificar a morte do Presidente da República (artigo 223.º, n.º 2, alínea a)) ou a perda do cargo de Presidente da República, nos casos previstos no artigo 129.º, n.º 3, e no artigo 130.º, n.º 3 (artigo 223.º, n.º 2, alínea b)).

[614] Neste sentido, cfr. artigo 5.º, n.º 1, alínea g), da Lei de Organização e Processo do Tribunal de Contas, aprovada pela Lei 98/97, de 26 de Agosto, com as alterações introduzidas pelas Leis n.º 35/2007, de 13 de Agosto e 48/2006, de 29 de Agosto.

[615] Será o caso também do Tribunal de Contas, impondo-lhe a Constituição a emissão de parecer sobre a Conta Geral do Estado (artigo 214.º, n.º 1, alínea a)), tarefa que não se pode considerar integrante da função jurisdicional (neste último sentido, cfr. GOMES CANOTILHO/ /VITAL MOREIRA, *Constituição...*, 3.ª ed., p. 793).

[616] Cfr. PAULO OTERO, *A fiscalização da constitucionalidade em Portugal*, in *Cadernos de Direito – Cadernos do Curso de Mestrado em Direito da Universidade Metodista de Piracicaba*, vol. 5.º, n.os 8-9, Dez. 2005, p. 122.

[617] Cfr. artigo 10.º da Lei da Organização, Funcionamento e Processo do Tribunal Constitucional, aprovada pela Lei n.º 28/82, de 15 de Novembro.

§20.º *Tribunais* 411

Pela nossa parte, optamos, decididamente, pela última solução da alternativa, sob pena de, recuperando a influência histórica de Bártolo[618], se proceder a um alargamento do conceito material de função jurisdicional alheio às exigências contemporâneas da separação de poderes[619].

A função jurisdicional é exclusiva dos tribunais, mas os tribunais não limitam a sua actividade ao exercício da função jurisdicional[620].

III. Em que consiste, afinal, a função jurisdicional?

Sem prejuízo da multiplicidade de critérios e de definições sobre o que é a função jurisdicional, entendemos que se traduz na *actividade jurídica desenvolvida pelos tribunais que, sob impulso ou iniciativa externa, se consubstancia na resolução definitiva de uma questão controvertida de Direito e que, tendo sempre em vista a prossecução da justiça, visa alcançar a paz jurídica.*

O conceito fornecido permite extrair cinco elementos intrínsecos:

(*i*) *Um elemento orgânico-material*: a função jurisdicional consubstancia-se sempre numa actividade de natureza jurídica proveniente dos tribunais, isto no sentido de que os critérios ou parâmetros de decisão usados pelos tribunais são, em todos os casos, única e exclusivamente, jurídicos[621];

(*ii*) *Um elemento procedimental*: a função jurisdicional, sendo uma actividade jurídica desenvolvida pelos tribunais, nunca resulta de uma iniciativa dos próprios tribunais, antes tem na sua base um impulso que lhes é exterior, encontrando-se a iniciativa do exercício da actividade jurisdicional fora da disponibilidade dos juízes[622];

---

[618] Cfr. ANTÓNIO MANUEL HESPANHA, *Representação dogmática e projectos de poder para uma arqueologia da teoria do Direito Administrativo*, in *Estudos em Homenagem ao Prof. Doutor A. Ferrer-Correia*, III, Coimbra, 1991, pp. 113 ss.; IDEM, *Justiça e Administração entre o Antigo Regime e a Revolução*, in ANTÓNIO MANUEL HESPANHA (org.), *Justiça e Litigiosidade: história e prospectiva*, Lisboa, 1993, pp. 386 ss.

[619] Para mais desenvolvimentos do alargamento do conceito de jurisdição, passando a compreender, a partir da Idade Moderna, outras actividades enquadráveis na ideia de realização do interesse público, ainda que não subsumíveis na tarefa de julgar, cfr. PAULO OTERO, *O Poder de Substituição...*, I, pp. 194 ss.

[620] Igualmente neste último sentido, cfr. GOMES CANOTILHO/VITAL MOREIRA, *Constituição...*, 3.ª ed., p. 793.

[621] Cfr. SÉRVULO CORREIA, *Direito do Contencioso Administrativo*, I, Lisboa, 2005, pp. 587-588.

[622] Anómalo mostra-se, neste último sentido, o artigo 82.º da Lei do Tribunal Constitucional, aprovada pela Lei n.º 28/82, de 15 de Novembro (e sucessivas alterações), que confere

(iii) *Um elemento objectivo*: a função jurisdicional tem como objecto a resolução definitiva de uma questão controvertida de Direito, diferenciando-se da função administrativa, apesar desta também poder envolver a resolução de uma questão controvertida, por essa resolução ser agora proveniente dos tribunais, sem traduzir o resultado de um impulso ou iniciativa do decisor e ter sempre natureza definitiva, isto no sentido de formar caso julgado;

(iv) *Um elemento teleológico ideal*: o fim subjacente à resolução da questão controvertida na função jurisdicional deverá ser sempre alcançar a justiça e não qualquer interesse público relacionado com o bem-estar ou a segurança que são fins próprios da actividade administrativa;

(v) *Um elemento teleológico prático*: a resolução da questão controvertida no âmbito da função jurisdicional deverá visar a paz jurídica[623], isto no sentido da questão suscitada ficar, após a intervenção judicial (declarativa e/ou executiva), definitivamente arrumada, transformando-se os tribunais em "órgãos de pacificação social"[624].

IV. Nem sempre a função jurisdicional exige, no entanto, que a primeira resolução da questão controvertida seja feita pelos tribunais (: reserva da primeira palavra a favor dos tribunais ou reserva absoluta), podendo estes limitarem-se a exercer uma competência de apreciação e julgamento da resolução anteriormente feita da questão controvertida por uma autoridade administrativa (: reserva da última palavra a favor dos tribunais ou reserva relativa)[625]:

---

iniciativa a qualquer juiz do Tribunal Constitucional para, verificando-se ter uma mesma norma sido julgada inconstitucional ou ilegal em três casos concretos, promover a organização de um processo visando a sua fiscalização sucessiva abstracta.

[623] Especificamente sobre a ideia de "paz jurídica" relacionada com o exercício da actividade jurisdicional, cfr. EDUARDO GARCÍA DE ENTERRÍA/TOMÁS-RAMON FERNÁNDEZ, *Curso de Derecho Administrativo*, I, 4.ª ed., Madrid, 1984, pp. 455 ss.

[624] Expressão usada por JORGE MIRANDA/RUI MEDEIROS, *Constituição Portuguesa Anotada*, III, p. 70.

[625] Para um desenvolvimento do tema, apresentando uma síntese das principais teses em confronto e diferentes contributos doutrinais, cfr. JOSÉ DE OLIVEIRA ASCENSÃO, *A reserva constitucional de jurisdição*, in *O Direito*, Ano 123.º, 1991, pp. 465 ss.; PAULO CASTRO RANGEL, *Reserva de Jurisdição: sentido dogmático e sentido jurisprudencial*, Porto, 1997; JORGE MIRANDA/RUI MEDEIROS, *Constituição Portuguesa Anotada*, III, pp. 25 ss.; ANABELA MIRANDA RODRIGUES, *A jurisprudência constitucional portuguesa e a reserva do juiz nas fases anteriores ao julgamento ou a matriz basicamente acusatória do processo penal*, in AA.VV., *XXV Anos de Jurisprudência Constitucional Portuguesa*, Coimbra, 2009, pp. 47 ss.

aos tribunais ficaria a resolução definitiva, enquanto que para os órgãos da Administração ficaria a resolução não definitiva ou a penúltima palavra, pois a última palavra encontrar-se-ia reservada para os tribunais.

Deverá mesmo defender-se, desde que esteja em causa na resolução da questão controvertida a ponderação de critérios não integralmente jurídicos (v.g., ponderações ou parâmetros baseados na experiência pessoal ou colectiva, juízos de prognose, valorações extrajurídicas) que existe uma exclusão, por efeito do princípio da separação de poderes, de uma reserva absoluta de jurisdição, pois os tribunais não se podem substituir aos órgãos administrativos "na adopção de critérios de decisão que não sejam heterodeterminados por normas jurídicas"[626], integrando essa decisão primária a esfera da reserva de Administração Pública, sem prejuízo da sua subsequente possível sujeição a controlo judicial.

Haverá aqui, nesta última hipótese, uma obrigatoriedade constitucional da decisão primária da questão controvertida se encontrar reservada à Administração Pública, assistindo-se a uma inerente imperatividade da reserva jurisdicional se circunscrever somente à última palavra de controlo a favor dos tribunais e mesmo assim, envolvendo apenas uma intervenção de natureza negativo-resolutiva, sem lesar o âmago da função administrativa.

V. Independentemente do conceito abstracto de função jurisdicional, a Constituição ajuda-nos a densificar o que seja em concreto a "administração da justiça", definindo três áreas de incidência desta actividade jurídica a cargo dos tribunais (artigo 202.º, n.º 2):

(i) A *defesa dos direitos e interesses legalmente protegidos dos cidadãos* – indicando aqui uma vertente subjectivista da função jurisdicional, transformando os tribunais em principais guardiões dos direitos fundamentais e, por essa via, do Estado de direitos humanos;

(ii) O *reprimir da violação da legalidade democrática* – traduzindo agora uma vertente objectivista da função jurisdicional, configurando os tribunais como os derradeiros guardiões do princípio da juridicidade e, deste modo, do Estado de Direito material;

(iii) O *dirimir os conflitos de interesses públicos e privados* – conferindo uma função mista à função jurisdicional, simultaneamente subjectivista e objectivista, conduzindo a uma ponderação de inte-

---

[626] Cfr. SÉRVULO CORREIA, *Direito do Contencioso Administrativo*, I, p. 587.

414 Estruturas constitucionais da República

resses em colisão[627], atribui aos tribunais a última palavra decisória, tornando-os instrumentos de segurança e de paz jurídica e,
nesse sentido também, órgãos de garantia do Estado de Direito
democrático.

VI. Note-se, porém, que, tal como o exercício da função jurisdicional
não esgota a actividade dos tribunais, igualmente as três mencionadas áreas
de expressão da "administração da justiça" não esgotam o exercício da função jurisdicional: o artigo 204.°, conferindo aos tribunais o poder de recusar
a aplicação de normas inconstitucionais, instituindo um sistema de fiscalização difusa da constitucionalidade (v. *supra*, n.° 3.6., III), comporta o reconhecimento de uma nova tarefa integrante da função jurisdicional que, atendendo à sua especificidade, não se reconduz a nenhuma das mencionadas no
artigo 202.°, n.° 2.

A temática da fiscalização da constitucionalidade das normas pelos tribunais, atendendo à sua importância como instrumento privilegiado de garantia do Estado de Direito democrático (v. *supra*, n.° 3.6., (a)) e de defesa da
própria Constituição e da sua identidade a nível infraconstitucional, representa mais do que a simples repressão da violação da legalidade democrática
ou a defesa de direitos e interesses legalmente protegidos ou ainda o dirimir
de conflitos de interesses: se é certo que tudo isso pode estar presente nas
questões de fiscalização da constitucionalidade, a verdade, porém, é que tudo
isso é ultrapassado na apreciação e julgamento da conformidade das normas
com a Constituição[628].

A fiscalização da constitucionalidade é uma área de actividade da
"administração da justiça" a cargo dos tribunais que, podendo assumir uma
natureza incidental ou principal no objecto do conhecimento dos tribunais,
importa analisar com detalhe ao nível da competência constitucional dos
tribunais. Ao assunto voltaremos, por conseguinte, mais adiante (v. *infra*,
n.° 20.2.).

---

[627] Note-se que essa ponderação de interesses em conflito pode assumir uma tripla configuração:
    (1) Pode tratar-se de uma colisão entre interesses públicos e interesses privados;
    (2) Pode ser uma colisão entre dois ou mais interesses privados;
    (3) Pode, por último, tratar-se de uma colisão entre dois ou mais interesses públicos.
    [628] Para uma reflexão sobre a jurisdição constitucional e os problemas a ela ligados, cfr.
GOMES CANOTILHO, *Jurisdição constitucional e intranquilidade discursiva*, in JORGE MIRANDA
(org.), *Perspectivas Constitucionais – Nos 20 anos da Constituição de 1976*, I, Coimbra, 1996,
pp. 871 ss.

(b) Tribunais: representantes do povo?

VII. O artigo 202.°, n.° 1, diz-nos que os tribunais administram a justiça em nome do povo.

Há aqui uma clara tentativa de legitimação democrática do exercício da função jurisdicional, resultante de os tribunais aplicarem a "legalidade democrática" elaborada pelos órgãos representativos da vontade da colectividade (v. *supra*, n.° 3.3.2.) ou da vontade inorgânica da nação (v. *supra*, n.° 3.3.3.): os tribunais serão tanto mais representantes do povo através das suas decisões quanto mais vinculados à normatividade democraticamente instituída se encontrarem.

É na vinculação à normatividade exterior por parte do tribunal, decidindo em conformidade com os critérios jurídicos estabelecidos pelas normas elaboradas pelos representantes da colectividade ou resultantes da vontade inorgânica da nação, que os tribunais expressam a vontade do titular último da soberania: o povo.

Há aqui ainda uma implícita visão tradicional do poder judicial que remonta a Montesquieu: os juízes são "a boca que pronuncia as palavras da lei, seres inanimados que não lhe podem moderar a força nem o rigor"[629] e, neste sentido, os tribunais serão tanto mais representativos quanto mais se limitarem a pronunciar as palavras da lei.

Esta é a visão tradicional do problema.

VIII. Sucede, porém, que uma tal visão mecânica e automática ou lógico-silogística de aplicação da normatividade pelo juiz se mostra hoje completamente ultrapassada[630]: o juiz não é escravo da lei, pois tem sempre de analisar e fiscalizar a sua conformidade face à Constituição, verificando--se, por outro lado, que os tribunais têm nas modernas sociedades um papel metodologicamente activo[631].

E esse crescente papel de protagonista que o juiz hoje assume na concretização aplicativa do Direito, segundo um modelo que quase nada tem de silogístico, devendo sempre conferir um sentido axiológico global à activi-

---

[629] Cfr. MONTESQUIEU, *Del Espíritu de las Leyes*, ed. Alianza Editorial, Madrid, 2003, Livro XI, Cap. VI, p. 214.

[630] Cfr. NUNO RICARDO BRANCO, *Ainda a submissão do juiz à lei*, in *Estudos em Memória do Professor Doutor António Marques dos Santos*, II, Coimbra, 2005, pp. 271 ss.

[631] Sobre o tema, incluindo diversas referências bibliográficas, cfr. PAULO OTERO, *O Poder de Substituição...*, I, pp. 45 ss.

416 Estruturas constitucionais da República

dade dos tribunais na realização da ideia de Direito, encontra diversas áreas de incidência:

(i) A interpretação e a aplicação das normas dentro da unidade de valores e princípios do sistema;

(ii) A densificação da "textura aberta" das normas, determinando a medida da pena, o preenchimento ou a valoração de cláusulas gerais e de conceitos indeterminados;

(iii) A integração de lacunas;

(iv) A resolução de conflitos normativos;

(v) O controlo da validade das normas a aplicar.

Em todos estes casos de valorização do papel activo do juiz, sem nunca poderem revelar uma intencionalidade estratégica que corresponda ao exercício de poderes de direcção política pertencentes ao legislador[632], os tribunais assumem um papel central no moderno Estado[633], observando-se até, segundo alguns, o risco de uma perversão do Estado de Direito num Estado judicial[634].

Dizer agora que os tribunais administram a justiça em nome do povo já não pode ser visto com expressão de uma vinculação silogística dos juízes à lei, segundo o modelo setecentista e oitocentista baseado em Montesquieu: se hoje ainda for esse o sentido tradicional da ideia, então, decididamente, estaremos diante de um anacronismo.

Por outro lado, uma vez que os juízes não são em regra eleitos, antes a sua designação se reconduz a um acto de nomeação, não há aqui também uma intrínseca natureza representativa na intervenção dos tribunais ao administrarem a justiça: dizer que o fazem em nome do povo será uma pura ficção jurídica[635].

Na realidade, os tribunais administram a justiça em nome do povo por decisão constitucional: é a Constituição que, fazendo do povo o titular da soberania (artigo 3.°, n.° 1), uma vez que os tribunais são órgãos de soberania que exercem uma autoridade soberana (artigo 110.°, n.° 1), faz também imputar ao representado a autoria última da administração da justiça.

---

[632] Cfr. A. CASTANHEIRA NEVES, *Metodologia Jurídica – Problemas Fundamentais*, Coimbra, 1993, p. 236.

[633] Especificamente sobre o papel que o poder judicial hoje desempenha, cfr. ANTÓNIO GOUCHA SOARES, *A transformação do poder judicial e os seus limites*, in *Revista do Ministério Público*, n.° 82, 2000, pp. 43 ss.

[634] Para mais desenvolvimentos, cfr. PAULO OTERO, *O Poder de Substituição...*, I, p. 47.

[635] Neste último sentido, cfr. GOMES CANOTILHO/VITAL MOREIRA, *Constituição...*, 3.ª ed., p. 791.

§20.° *Tribunais* 417

Trata-se aqui de um puro vínculo jurídico, sem qualquer ideia de repre-sentação política ou de democraticidade legitimadora da intervenção decisória dos juízes, que faz os tribunais administrarem a justiça em nome do povo (artigo 201.°, n.° 1): os tribunais administram a justiça em nome do povo, pois o povo é considerado pela Constituição o titular da soberania, tal como administrariam a justiça em nome do rei, se no monarca residisse a titularidade da soberania constitucional.

20.1.2. Categorias de tribunais

(a) Tribunais (internos e externos) e mecanismos não jurisdicionais

I. Se, até aqui, todos os órgãos de soberania analisados se caracterizavam pela sua unicidade, pois existe um único Presidente da República, uma única Assembleia da República e um único Governo, já no que diz respeito aos tribunais a situação é completamente diferente: não há um só tribunal, antes existe uma pluralidade de tribunais.

E todos os tribunais são órgãos de soberania (artigo 110.°, n.° 1), sem que constituam no seu conjunto um único órgão colectivo ou múltiplo, antes se está diante de um complexo de órgãos de soberania, isto no sentido de cada um dos tribunais ser um órgão de soberania[636], registando-se que todos eles exercem a função jurisdicional, administrando "a justiça em nome do povo" (artigo 202.°, n.° 1).

II. Nada disto pode fazer esquecer que, além dos tribunais nacionais que são órgãos de soberania, a Constituição portuguesa, enquanto expressão do modelo de Estado de direitos humanos que visa instituir (v. *supra*, n.° 2.4., II), e por via das normas que se referem à vinculação internacional do Estado português (artigo 7.°, n.° 7, e artigo 8.°), reconhece (ou permite que se reconheça) ainda a relevância interna do poder decisório de tribunais exteriores ou não portugueses, isto em três distintos planos:

   (i) Reconhece a jurisdição de tribunais internacionais, tenham eles uma vocação universal, tal como sucede com o Tribunal Internacional de Justiça ou o Tribunal Penal Internacional, ou, pelo

---

[636] Cfr. GOMES CANOTILHO/VITAL MOREIRA, *Constituição...*, 3.ª ed., p. 792. E, em termos jurisprudenciais, no mesmo sentido, cfr. Acórdão do Tribunal Constitucional n.° 81/86, de 12 de Março de 1986, relativo ao processo n.° 122/85, in *Diário da República*, I série, de 22 de Abril de 1986.

contrário, uma simples vocação regional, sendo o caso do Tribunal Europeu dos Direitos do Homem, segundo resulta da tradicionalmente designada "Convenção Europeia dos Direitos do Homem";

(ii) Reconhece a jurisdição de tribunais no âmbito da integração supranacional de Portugal no contexto da União Europeia, tal como acontece com o Tribunal de Justiça da União Europeia;

(iii) Reconhece ainda a faculdade de tribunais estrangeiros resolverem litígios envolvendo relações "atravessados por fronteiras"[637] e cujas decisões, comportando uma conexão com a ordem jurídica portuguesa, sejam passíveis de, verificadas certas circunstâncias, produzirem efeitos em Portugal.

Não obstante todos estes tribunais não portugueses exercerem também uma actividade jurisdicional susceptível de produzir efeitos na ordem interna portuguesa, circunscreveremos, seguidamente, todas as referências apenas aos tribunais portugueses, sem prejuízo de se saber que a normatividade constitucional se mostra passível de limitar a operatividade ou a eficácia interna das sentenças de tribunais não nacionais.

III. Exclusivamente no âmbito interno, sem embargo de o fenómeno também ser conhecido em termos internacionais, admite a Constituição que nem sempre os conflitos sejam resolvidos por via jurisdicional: o artigo 202.°, n.° 4, habilita o legislador a criar instrumentos e formas de composição não jurisdicional de conflitos[638].

Há aqui uma primeira área de repartição necessária de matérias entre aquelas que são passíveis de resolução por via não jurisdicional ou extrajudicial e as outras que, pelo contrário, integram a esfera própria ou reservada aos tribunais[639].

Nada disto impede que a lei crie mecanismos não jurisdicionais de resolução de conflitos como condição prévia de acesso aos tribunais, numa espé-

---

[637] A expressão deve-se a ISABEL DE MAGALHÃES COLLAÇO, *Direito Internacional Privado*, I, Policop., Lisboa, 1963, p. 16.

[638] Neste domínio se integram as seguintes figuras: (1) negociações directas; (2) bons ofícios; (3) mediação; (4) conciliação. Para mais desenvolvimentos, incluindo a caracterização de cada uma destas figuras, cfr. PAULO OTERO, *Lições de Introdução ao Estudo do Direito*, I, 1.° tomo, pp. 105-106.

[639] Para um elenco de alguns dos problemas suscitados pelos meios extrajudiciais, cfr. PAULA COSTA E SILVA, *A Nova Face da Justiça – Os meios extrajudiciais de resolução de controvérsias*, Lisboa, 2009, pp. 37 ss-

§20.° *Tribunais* 419

cie de pressuposto processual que tornaria a utilização de tais mecanismos não jurisdicionais como condição necessária para aceder ao tribunal.

Deverá a lei instituir sempre, todavia, mecanismos de recurso para os tribunais das decisões resultantes de processos de composição não jurisdicional de conflitos, garantindo, deste modo, o direito fundamental de acesso aos tribunais (artigo 20.°, n.° 1): poder-se-á mesmo equacionar se a lei, sob pena de lesar este último direito fundamental, será passível de remeter para a autonomia da vontade dos intervenientes a renúncia ao direito de recurso aos tribunais das decisões de instâncias não jurisdicionais de conflitos.

Restringiremos as considerações subsequentes apenas aos tribunais.

(b) Elenco das diversas categorias

IV. Já no âmbito exclusivo dos tribunais, excluída a esfera decisória dos mecanismos não jurisdicionais de resolução de conflitos, o certo é que existem regras materiais de repartição de competência entre os diferentes tribunais: nem todos os tribunais podem intervir na resolução das mesmas questões materiais.

Existem, num primeiro momento, esferas de jurisdição material próprias de certos tribunais, permitindo recortar categorias de tribunais inseridas em determinadas ordens jurisdicionais.

E, num segundo momento, dentro de cada área material de jurisdição, mostra-se possível existir ainda formas de repartição territorial ou hierárquica de competência entre diferentes tribunais.

No entanto, a repartição da competência dentro dos diversos tribunais assume uma complexidade normativa que ultrapassa a dimensão constitucional, encontrando a sua solução, sem prejuízo da específica temática dos conflitos, à luz do ordenamento infraconstitucional.

Limitando a análise à dimensão constitucional das categorias de tribunais, pode observar-se que a Constituição habilita uma primeira distinção:

(i) Temos, por um lado, os tribunais estatais, enquanto órgãos criados por lei, compostos por juízes de carreira, possuindo os poderes exclusivamente definidos pela lei e sendo competentes para exercer a função jurisdicional a cargo do Estado;

(ii) E temos ainda, por outro lado, os tribunais arbitrais que, revelando não existirem apenas tribunais estatais[640], permitem às partes pro-

---

[640] Cfr. Acórdão do Tribunal Constitucional n.° 506/96, de 21 de Março de 1991, referente ao processo n.° 137/93, in http://www.tribunalconstitucional.pt/.

tagonismo na nomeação dos juízes[641], na definição das matérias a decidir e nas regras a observar, mostrando que "a Constituição recusa a vigência de um princípio do monopólio estadual da função jurisdicional"[642].

Circunscreveremos as considerações subsequentes aos tribunais estatais, deixando à margem a situação dos tribunais arbitrais que, apesar de traduzirem uma verdadeira categoria de tribunais, exercendo a função jurisdicional[643], consubstanciam uma forma de exercício privado da actividade jurisdicional[644].

V. No âmbito dos tribunais estatais, isto por oposição aos tribunais arbitrais, a Constituição impõe, sem prejuízo da constituição de tribunais de conflitos (artigo 209.°, n.° 3), uma segunda distinção:

(i) Há os tribunais de existência obrigatória, retirando a Constituição ao legislador qualquer liberdade sobre a sua não criação ou não funcionamento, podendo aqui recortarem-se, todavia, duas diferentes hipóteses:

(1) Os tribunais ordinários, enquanto estruturas permanentes que são titulares de uma competência continuada e normal, neste âmbito se incluindo as seguintes categorias (artigo 209.°, n.° 1):

– O Tribunal Constitucional;
– O Supremo Tribunal de Justiça e os tribunais judiciais de primeira e segunda instância;
– O Supremo Tribunal Administrativo e os demais tribunais administrativos e fiscais;
– O Tribunal de Contas;

(2) Os tribunais especiais, apenas existentes em casos ou situações anormais: é o sucede em cenário de vigência de estado de guerra, uma vez que a Constituição impõe que existam tribunais militares, dotados de competência para o julgamento de crimes de natureza estritamente militar (artigo 213.°);

(ii) Há, num outro sentido, os tribunais de existência facultativa, remetendo a Constituição para a liberdade conformadora do legislador a

---

[641] Especificamente sobre o vínculo do árbitro, cfr. PEDRO ROMANO MARTÍNEZ, *Análise do vínculo jurídico do árbitro em arbitragem voluntária ad hoc*, in *Estudos em Memória do Professor Doutor António Marques dos Santos*, I, Coimbra, 2005, pp. 827 ss.

[642] Cfr. JORGE MIRANDA/RUI MEDEIROS, *Constituição Portuguesa Anotada*, III, p. 17.

[643] Cfr. Acórdão do Tribunal Constitucional n.° 230/86, de 12 de Setembro de 1986, relativo ao processo n.° 178/84, in *Acórdãos do Tribunal Constitucional*, VIII, pp. 115 ss.

[644] Cfr. PAULO OTERO, *O Poder de Substituição...*, I, p. 48, nota n.° 117.

§20.° *Tribunais* 421

sua instituição em concreto, tal como sucede com as duas seguintes situações (artigo 209.°, n.° 2):
– Tribunais marítimos;
– Julgados de paz.

Observemos, seguidamente, alguns traços caracterizadores, segundo os termos da Constituição, das mais importantes categorias de tribunais.

(c) *Tribunal Constitucional*

VI. Criado pela revisão constitucional de 1982[645] e tendo como competência específica administrar a justiça em matérias de natureza jurídico-constitucional (artigo 221.°), o Tribunal Constitucional é composto por treze juízes, sendo dez eleitos pela Assembleia da República e três por eles cooptados (artigo 222.°, n.° 1).

Eleitos por um mandato de nove anos não renovável (artigo 222.°, n.° 3), os juízes do Tribunal Constitucional, tendo seis deles de ser escolhidos de entre juízes dos restantes tribunais e os outros sete de entre juristas que não são juízes (artigo 222.°, n.° 2), são independentes, inamovíveis, imparciais e irresponsáveis (artigo 222.°, n.° 5).

As funções de juiz do Tribunal Constitucional não podem cessar antes do termo do mandato para que foram designados, salvo se se verificar uma das quatro seguintes situações:

(i) Morte ou impossibilidade física permanente do juiz;
(ii) Renúncia ao cargo;
(iii) Aceitação de lugar ou prática de acto legalmente incompatível com o exercício das suas funções;
(iv) Demissão ou aposentação compulsiva, por efeito de processo disciplinar ou criminal.

O Tribunal Constitucional, além de funcionar em plenário, pode também funcionar por secções, reservando a Constituição para o plenário, no entanto, a competência referente à fiscalização abstracta da constitucionalidade e da legalidade (artigo 224.°, n.° 2).

VII. Compete aos próprios juízes, sem prejuízo da intermediação partidária (v. *supra,* n.° 8.2., VII), a eleição de quem entre eles irá exercer as funções de Presidente do Tribunal Constitucional (artigo 222.°, n.° 4).

---

[645] Sobre o processo de criação do Tribunal Constitucional, cfr. JORGE MIRANDA, *Manual...,* VI, pp. 151 ss.

422   *Estruturas constitucionais da República*

Note-se que o Presidente do Tribunal Constitucional, além das inerentes funções decorrentes da presidência das sessões do Tribunal, da direcção dos seus trabalhos e da supervisão da gestão e administração dos seus serviços, ocupa a quarta posição na hierarquia do Estado, depois do Presidente da República, do Presidente da Assembleia da República e do Primeiro-Ministro, exercendo funções de representação do Tribunal Constitucional e assegurando as relações deste órgão com os demais órgãos de soberania e autoridades, além de ser membro por inerência do Conselho de Estado (artigo 142.°, alínea c))[646].

VIII. A competência do Tribunal Constitucional, tendo a sua fonte na Constituição e na lei – especialmente na Lei da Organização, Funcionamento e Processo no Tribunal Constitucional – (artigo 223.°, n.° 3), pode sintetizar-se nos seguintes termos[647]:

(i) Competência para apreciar a constitucionalidade e a ilegalidade de normas (artigos 278.° a 283.°) e ainda dos referendos nacionais, regionais e locais (artigo 223.°, n.° 2, alínea f));

(ii) Competência que não tem como propósito apreciar a constitucionalidade ou a ilegalidade, sendo possível aqui diferenciar os quatro seguintes principais tipos de competência do Tribunal Constitucional (artigo 223.°, n.os 2 e 3) e respectivos exemplos ilustrativos:

(1) Competência certificativa de factos:

– Verificar a morte e declarar a impossibilidade física permanente do Presidente da República ou de qualquer candidato a Presidente da República, para efeitos do artigo 124.°, n.° 3;

– Verificar os impedimentos temporários do exercício de funções do Presidente da República;

– Verificar a perda do cargo de Presidente da República, nos casos previstos no n.° 3 do artigo 129.° e no n.° 3 do artigo 130.°;

– Receber as declarações de património e rendimentos, bem como de incompatibilidades e impedimentos dos titulares de cargos políticos;

---

[646] Nesta última qualidade, enquanto Conselheiro de Estado, o Presidente do Tribunal Constitucional encontra-se sujeito ao correspondente estatuto de titular de um órgão político (v. *infra*, n.° 22.1., VIII).

[647] Adoptando uma sistemática diferente, cfr. JORGE MIRANDA, *Manual...*, VI, pp. 162 ss.; MIGUEL LOBO ANTUNES, *Tribunal Constitucional*, in *Dicionário Jurídico da Administração Pública*, VII, Lisboa, 1996, em especial, pp. 442 ss.; CARLOS BLANCO DE MORAIS, *Justiça Constitucional*, I, pp. 335 ss.

§20.° *Tribunais*   423

(2) Competência como primeira instância decisória:
   – Receber e admitir as candidaturas para Presidente da República e deputados para o Parlamento Europeu;
   – Verificar a legalidade da constituição de partidos políticos e suas coligações, bem como apreciar a legalidade das suas denominações, siglas e símbolos, e ordenar, nos termos da lei, a respectiva extinção;
   – Julgar as acções de impugnação de eleições e deliberações de órgãos de partidos políticos determinadas pela lei;
   – Apreciar a regularidade e a legalidade das contas dos partidos políticos e aplicar, se for o caso, as respectivas sanções;
(3) Competência como instância de recurso:
   – Julgar os recursos das decisões de perda de mandato de deputado da Assembleia da República ou das assembleias legislativas das regiões autónomas;
   – Julgar os recursos relativos às eleições realizadas na Assembleia da República e nas assembleias legislativas das regiões autónomas;
   – Julgar os recursos sobre a regularidade e a validade dos actos do processo eleitoral (: apresentação de candidaturas e apuramento eleitoral) referentes à eleição do Presidente da República, Assembleia da República, Parlamento Europeu, assembleias legislativas das regiões autónomas e órgãos do poder local;
(4) Competência administrativa interna[648]:
   – Aprovar a proposta de orçamento anual do Tribunal;
   – Elaborar regulamentos internos.

Voltaremos, mais adiante, à competência do Tribunal Constitucional para apreciar a constitucionalidade e a ilegalidade.

(d) Supremo Tribunal de Justiça e tribunais judiciais

IX. Os tribunais judiciais, encimados pelo Supremo Tribunal de Justiça, são os tribunais comuns em matéria cível e criminal, gozando ainda de uma

---

[648] Cfr. Armindo Ribeiro Mendes, *Tribunal Constitucional de Portugal*, in *Documentação e Direito Comparado*, Lisboa, 1997, pp. 714 ss.

424 Estruturas constitucionais da República

competência residual (artigo 211.°, n.° 1): pertence-lhes tudo aquilo que não for atribuído a outras ordens jurisdicionais.

E, por via da extinção dos Tribunais Militares, em 1997, salvo em situações de estado de guerra (artigo 213.°), foi a respectiva competência integrada no âmbito destes tribunais comuns, sem prejuízo de estabelecer a obrigatoriedade de, sempre que estiver em causa o julgamento de crimes de natureza estritamente militar, os tribunais judiciais (de qualquer instância) terem na sua composição um ou mais juízes militares (artigo 211.°, n.° 3).

X. Estabelece a Constituição, no entanto, três diferentes estruturas hierarquizadas no âmbito dos tribunais judiciais:

(i) O *Supremo Tribunal de Justiça* apresenta os seguintes traços constitucionais:
(1) É o órgão superior da hierarquia dos tribunais judiciais (artigo 210.°, n.° 1);
(2) Os seus membros são recrutados por concurso curricular aberto aos magistrados judiciais e do Ministério Público e ainda a outros juristas de mérito (artigo 215.°, n.° 4);
(3) O seu Presidente é eleito pelos respectivos juízes (artigo 210.°, n.° 2), sendo também, por inerência, presidente do Conselho Superior da Magistratura (artigo 218.°, n.° 1);
(4) Pode funcionar como tribunal de instância (artigo 210.°, n.° 5), incluindo como tribunal de primeira instância, tal como sucede com o julgamento do Presidente da República por crimes cometidos no exercício das suas funções (artigo 130.°, n.° 1), permitindo-se ainda a sua organização em secções especializadas (artigo 211.°, n.° 4);
(ii) Os *tribunais de segunda instância*, em regra correspondendo aos tribunais da Relação (artigo 210.°, n.° 3), sendo o recrutamento dos seus juízes feito "com prevalência do critério do mérito, por concurso curricular entre juízes da primeira instância" (artigo 215.°, n.° 3), podem funcionar em secções especializadas (artigo 211.°, n.° 4);
(iii) Os *tribunais de primeira instância*, correspondentes, em regra, aos tribunais de comarca (artigo 210.°, n.° 3), a Constituição admite que a lei possa criar tribunais com competência específica e tribunais especializados para o julgamento de matérias determinadas (artigo 211.°, n.° 2).

$20.° Tribunais 425

Refira-se ainda, a título complementar, que a criação pela lei de tribunais marítimos e de julgados de paz também envolveu, por opção do legislador, a respectiva integração na categoria dos tribunais judiciais[649].

(e) Supremo Tribunal administrativo e demais tribunais administrativos e fiscais

XI. Os tribunais administrativos e fiscais, tendo como órgão superior desta categoria de tribunais o Supremo Tribunal Administrativo (artigo 212.°, n.° 1) cujo Presidente é eleito de entre e pelos respectivos juízes (artigo 212.°, n.° 2), têm definida uma reserva constitucional de competência material: pertence-lhes o julgamento dos litígios emergentes das relações jurídicas administrativas e fiscais (artigo 212.°, n.° 3).

Entendidas as relações jurídicas administrativas e fiscais como aquelas que são reguladas, respectivamente, pelo Direito Administrativo e pelo Direito Fiscal[650], uma tal reserva constitucional de jurisdição a cargo dos tribunais administrativos e fiscais, sem prejuízo da competência própria do Tribunal Constitucional (artigo 212.°, n.° 1), envolve a garantia de aplicação do Direito Administrativo e de um dos seus sub-ramos autónomos, o Direito Fiscal, criando, por essa via, uma reflexa reserva constitucional de Direito Administrativo[651] e de Direito Fiscal, que produz um duplo efeito:

(i) Em termos processuais, impede que os litígios envolvendo este tipo de relações sejam submetidos à competência dos tribunais comuns: os tribunais judiciais são absolutamente incompetentes para dirimir tais litígios;

(ii) Em termos materiais, subordina a regulação material de tais relações ao Direito Administrativo e ao Direito Fiscal, condicionando ou limitando a aplicabilidade do Direito privado.

XII. A Constituição remete para a lei ordinária, todavia, o modelo organizativo e de repartição de competência entre os possíveis tribunais administrativos e fiscais integrantes desta ordem jurisdicional, sabendo-se apenas que tem como órgão de topo o Supremo Tribunal Administrativo.

---

[649] Neste sentido, cfr. JORGE MIRANDA/RUI MEDEIROS, *Constituição Portuguesa Anotada*, III, p. 110.

[650] Cfr. GOMES CANOTILHO/VITAL MOREIRA, *Constituição...*, 3.ª ed., p. 815.

[651] Para mais desenvolvimentos, cfr. PAULO OTERO, *Vinculação e Liberdade de Conformação Jurídica do Sector Empresarial do Estado*, Coimbra, 1998, pp. 289 ss.

426 Estruturas constitucionais da República

(f) Tribunal de Contas

XIII. Definido pela Constituição como sendo "o órgão supremo de fiscalização da legalidade das despesas públicas e de julgamento das contas que a lei mandar-lhe submeter" (artigo 214.º, n.º 1), encontrando-se ainda encarregue da fiscalização da execução do Orçamento (artigo 107.º), o Tribunal de Contas é uma estrutura inserida no poder judicial[652], exercendo a função jurisdicional através de dois tipos de competência resultantes da Constituição e da lei (artigo 214.º, n 1):

(i) Por um lado, uma competência essencial[653], passível de ser subdividida nos seguintes termos:

(1) Poderes decisórios:
- Fiscalização prévia da legalidade e do cabimento orçamental de vários actos e contratos geradores de despesa pública[654];
- Verificação das contas das entidades sujeitas à sua intervenção;
- Apreciação da legalidade, bem como da economia, eficácia e eficiência, segundo critérios técnicos, da gestão financeira das entidades sujeitas à sua intervenção, incluindo a organização, o funcionamento e a fiabilidade dos sistemas de controlo interno;
- Fiscalização da cobrança dos recursos próprios e da aplicação dos recursos financeiros oriundos da União Europeia;
- Efectivação de responsabilidades financeiras de quem gere e utiliza dinheiros públicos (v. supra, n.ºs 12.6., VIII, e 13.4., V)[655];

(2) Poderes inspectivos, traduzidos na realização de auditorias;

---

[652] Em sentido contrário, considerando o Tribunal de Contas um órgão da Administração Pública, cfr. DIOGO FREITAS DO AMARAL, Curso..., I, p. 297.

[653] Considerando que esta competência é susceptível de conferir ao Tribunal de Contas a configuração como um "tribunal estranho", cfr. TIAGO DUARTE, Tribunal de Contas, visto prévio e tutela jurisdicional efectiva? Yes, we can, in Cadernos de Justiça Administrativa, n.º 71, Set./Out., 2008, p. 31.

[654] Cfr. JOSÉ TAVARES, O Tribunal de Contas – Do visto em especial, Coimbra, 1998, pp. 122 ss.; DIOGO DUARTE CAMPOS/PEDRO MELO, Visto do Tribunal de Contas, alguns problemas, in Revista de Direito Público e Regulação, n.º 5, 2010, pp. 27 ss.

[655] Cfr. ANTÓNIO L. DE SOUSA FRANCO, Finanças Públicas e Direito Financeiro, I, pp. 482 ss.; GUILHERME D'OLIVEIRA MARTINS, Responsabilidade financeira, pp. 275 ss. Ainda sobre a temática da responsabilidade financeira junto do Tribunal de Contas e a sua articulação com a responsabilidade civil junto dos tribunais judiciais, cfr. ANTÓNIO CLUNY, Responsabilidade financeira reintegratória e responsabilidade civil delitual de titulares de cargos políticos, funcionários e agentes do Estado – problemas de jurisdição, in Revista do Tribunal de Contas, n.º 32, Jul./Dez., 1999, pp. 89 ss.

§20.° *Tribunais* 427

(3) Poderes consultivos:
– Emissão de parecer sobre a Conta Geral do Estado e as contas das regiões autónomas;
– Emissão de pareceres, por solicitação da Assembleia da República ou do Governo, sobre projectos legislativos em matéria financeira;

(ii) Por outro lado, uma competência complementar, envolvendo poderes relativos ao funcionamento interno do próprio Tribunal de Contas, desde a aprovação de regulamentos internos até à emissão e publicação do relatório anual de actividade, e ainda poderes que se traduzem na formulação de propostas, emissão de instruções ou abonar aos responsáveis diferenças de montante não superior ao salário mínimo nacional, quando provenham de erro involuntário.

XIV. A Constituição remete integralmente para a lei a definição da composição do Tribunal de Contas, tal como a possibilidade de funcionar por secções regionais (artigo 214.°, n.° 3), limitando-se a fixar quatro regras:

(i) O Presidente do Tribunal de Contas é nomeado e exonerado pelo Presidente da República, sob proposta do Governo (artigo 133.°, alínea m));

(ii) O mandato do Presidente do Tribunal de Contas é de quatro anos (artigo 214.°, n.° 2);

(iii) Os juízes do Tribunal de Contas, tal como quaisquer outros juízes, gozam do regime de garantias e de incompatibilidades definido pelo artigo 216.°;

(iv) Nos Açores e na Madeira a Constituição impõe a existência de secções do Tribunal de Contas com competência plena em razão da matéria (artigo 214.°, n.° 4).

20.1.3. *Princípios gerais*

BIBLIOGRAFIA: Gomes Canotilho, *Direito Constitucional e Teoria...*, pp. 657 ss.; Carlos Fraga, *Os Juízes na Jurisprudência do Tribunal Constitucional*, Lisboa, 2002; Cristina Queiroz, *Direito Constitucional*, pp. 105 ss.

(a) Princípio da independência

I. O princípio da independência dos tribunais (artigo 203.°), determinando a Constituição que os tribunais estão apenas vinculados à lei, entendida

428   *Estruturas constitucionais da República*

como sujeição à juridicidade ou ao Direito[656], sem prejuízo da sua conformidade à Constituição, não se mostra uma ideia nova.

Já anteriormente, a propósito do Estado de direitos humanos, tivemos oportunidade de salientar que a independência dos tribunais é uma exigência de um poder político democrático, enquanto elemento integrante da perfeição de um verdadeiro Estado de direitos humanos (v. *supra*, n.º 2.4., IV): sem independência dos tribunais, garantindo isenção e neutralidade do decisor perante as questões jurídicas controvertidas a resolver, não há garantia dos direitos humanos, nem verdadeiro Estado de Direito.

O artigo 10.º da Declaração Universal dos Direitos do Homem impõe aos Estados a existência de tribunais independentes e imparciais como elementos integrantes do direito fundamental de cada pessoa a ter acesso aos tribunais.

A essencialidade da independência dos tribunais é mesmo elevada a limite material de revisão constitucional (artigo 288.º, alínea m)), tornando-se um elemento de identidade da Constituição e, num outro sentido, pressuposto do direito de acesso aos tribunais e a obter uma decisão mediante processo equitativo (artigo 20.º, n.ºs 1 e 4): nunca poderá existir processo equitativo se não estiver garantida a independência do julgador – igualmente aqui o artigo 10.º da Declaração Universal dos Direitos do Homem confirma este mesmo entendimento.

A independência dos tribunais, tornando o exercício do poder judicial uma reserva de decisão de uma questão jurídica controvertida imune à intervenção dos restantes poderes do Estado, faz aqui a interdependência dos poderes ceder terreno a favor da separação de poderes: o princípio da independência dos tribunais limita a interdependência dos poderes no exercício da função jurisdicional.

II. O princípio da independência dos tribunais envolve, no entanto, determinadas exigências[657]:

> *(i)* Em primeiro lugar, a independência dos tribunais pressupõe autonomia dos tribunais relativamente a todas as restantes estruturas decisórias públicas e privadas, isto num triplo sentido:

---

[656] Neste último sentido, cfr. JORGE MIRANDA/RUI MEDEIROS, *Constituição Portuguesa Anotada*, III, p. 39.

[657] Sobre o tema, cfr. JOÃO DE CASTRO MENDES, *Nótula sobre o artigo 208.º da Constituição – Independência dos juízes*, in JORGE MIRANDA (org.), *Estudos sobre a Constituição*, III, Lisboa, 1979, pp. 653 ss.

§20.° *Tribunais* 429

– Os tribunais não estão sujeitos a ordens ou a instruções de ninguém: a decisão do juiz depende "directamente e só, das fontes normativas a que constitucionalmente deve obediência"[658];
– Não se podem considerar lícitas quaisquer tentativas de intervenção, pressão, manipulação ou visando influenciar a actividade desenvolvida pelos tribunais;
– A actividade jurisdicional dos tribunais não está sujeita a fiscalização política pela Assembleia da República (v. *supra*, n.° 18.5.3., III);

(ii) Em segundo lugar, a independência dos tribunais postula autonomia de cada tribunal perante os demais tribunais: a hierarquia dos tribunais não se assemelha à hierarquia administrativa, nunca envolvendo qualquer vinculação a uma decisão fora do caso concreto, nem a sujeição dos juízes ao poder disciplinar é passível de afectar a independência de julgamento;

(iii) Em terceiro lugar, a independência dos tribunais "conclama a *independência dos juízes*", assumindo-se esta, "acima de tudo, um dever ético-social"[659]:

– O juiz deve sempre pautar-se pela mais rigorosa imparcialidade, revelando-se descomprometido ou indiferente aos interesses em conflito, assumindo uma postura de terceiridade face às posições em litigio[660];
– A imparcialidade exige consagração legal de um sistema de impedimentos, suspeições e escusas relativos ao juiz;
– A independência determina ainda que o estatuto do juiz se paute pelos princípios da inamovibilidade e da irresponsabilidade, encontrando-se sujeitos a diversas incompatibilidades (artigo 216.°);
– A independência dos juízes determina que a sua nomeação, colocação, transferência, promoção e sancionamento disciplinar não se encontrem dependentes do poder executivo, antes integrem a esfera decisória do Conselho Superior da Magistratura (artigo 217.°, n.° 1);

---

[658] Cfr. Acórdão do Tribunal Constitucional n.° 67/06, de 24 de Janeiro de 2006, relativo ao processo n.° 161/05, in http://www.tribunalconstitucional.pt/.

[659] Cfr. Acórdão do Tribunal Constitucional n.° 393/89, de 18 de Maio de 1989, relativo ao processo n.° 417/88, in http://www.tribunalconstitucional.pt/.

[660] Cfr. ARTUR ANSELMO DE CASTRO, *Direito Processual Civil Declaratório*, I, Coimbra, 1981, pp. 13-14.

430 Estruturas constitucionais da República

(iv) Em quarto lugar, a independência dos tribunais reclama a existência de órgãos e serviços administrativos de apoio à actividade dos tribunais e dos juízes que não encontrem no Governo o seu órgão superior, antes sejam os próprios tribunais que, numa expressão da sua autonomia face ao executivo, exerçam uma competência administrativa interna de organização e gestão destes trabalhadores que exercem funções públicas de natureza administrativa junto dos tribunais.

(b) Princípio da obrigatoriedade das decisões

III. As decisões dos tribunais são obrigatórias para todas as entidades públicas e privadas (artigo 205.°, n.° 2), traduzindo a ideia de que são actos de autoridade soberana do Estado que vinculam tudo e todos em Portugal.

Nestes termos, a obrigatoriedade da intervenção decisória dos tribunais pauta-se pelos seguintes traços caracterizadores:

(i) Fundando-se directamente na própria Constituição, a obrigatoriedade das decisões judiciais envolve os deveres de agir em conformidade, de não violar ou não contrariar e ainda de garantir a sua implementação: as decisões judiciais são fontes de deveres positivos e de deveres negativos, vinculando os seus destinatários directos e impondo uma obrigação universal de respeito a quem entre em contacto com os seus efeitos;

(ii) As decisões judiciais gozam de uma imperatividade que vincula os seus destinatários e que decorre da força jurídica própria de acto soberano do Estado: a obrigatoriedade das decisões dos tribunais portugueses, em Portugal, não depende de qualquer homologação, recepção ou aceitação;

(iii) As decisões dos tribunais, independentemente de terem (ou não) transitado em julgado, impõem-se ainda como resolução concreta de uma questão controvertida de Direito aos órgãos da Administração Pública e ao próprio legislador, incluindo ao legislador constituinte:

– Não é possível, sob pena de inconstitucionalidade, colocar em causa por acto de autoridade constituinte, legislativa ou administrativa uma decisão judicial;

– O legislador constituinte e o legislador ordinário não se encontram impedidos de, em termos gerais e abstractos, emanarem normas reguladoras da matéria, mostrando-se totalmente excluído, todavia, que, sendo as novas normas mais agressivas ou lesivas, lhes possa ser conferida eficácia retroactiva, atingindo, em termos supervenientes, a validade ou a eficácia das decisões judiciais existentes sobre a matéria;

(iv) As decisões judiciais, desde que transitadas em julgado, impõem-se igualmente aos próprios tribunais[661]: nenhum tribunal pode desrespeitar um caso julgado e todos os tribunais estão vinculados a conferir-lhe o estatuto de excepção peremptória;

(v) A obrigatoriedade das decisões judiciais envolve o dever de lhes conferir execução: a execução das decisões dos tribunais é um corolário da sua obrigatoriedade e o seu incumprimento ilícito deverá sempre ser sancionado (artigo 205.°, n.° 3).

IV. A obrigatoriedade das decisões judiciais consagrada no artigo 205.°, n.° 2, a salvaguarda dos casos julgados perante a declaração da inconstitucionalidade com força obrigatória geral (artigo 282.°, n.° 3, 1.ª parte), tal como a tutela dos valores da estabilidade, da segurança e certeza jurídicas e ainda da confiança num contexto de Estado de Direito democrático (v. *supra*, n.° 3.4.2., (b)), sem esquecer a separação de poderes e a inerente reserva da função jurisdicional, permitem, no seu conjunto, servir de fundamento constitucional da garantia do caso julgado[662]: a intangibilidade do caso julgado é uma regra geral do ordenamento jurídico português que se alicerça na Constituição[663].

A intangibilidade do caso julgado não exclui, todavia, excepções que permitam uma nova decisão judicial colocar em causa uma sentença transitada em julgado[664]: o artigo 282.°, n.° 3, 2.ª parte, confirma essa mesma possibilidade, tal como as situações de inconstitucionalidade do caso julgado.

(c) Princípio da prevalência das decisões

V. O artigo 205.°, n.° 2, não se limita a consagrar a obrigatoriedade das decisões judiciais, adicionando-lhe também o princípio da prevalência das decisões dos tribunais sobre as decisões de quaisquer outras autoridades.

---

[661] Para mais desenvolvimentos, cfr. PAULO OTERO, *Ensaio sobre o Caso Julgado Inconstitucional*, Lisboa, 1993, pp. 43 ss.

[662] Cfr. PAULO OTERO, *Ensaio sobre o Caso Julgado Inconstitucional*, pp. 48 ss.

[663] Especificamente sobre o tema do caso julgado ao nível da jurisprudência, cfr. ISABEL ALEXANDRE, *O caso julgado na jurisprudência constitucional portuguesa*, in *Estudos em Homenagem ao Conselheiro José Manuel Cardoso da Costa*, Coimbra, 2003, pp. 11 ss.

[664] Para mais desenvolvimentos, cfr. PAULO OTERO, *Ensaio sobre o Caso Julgado Inconstitucional*, pp. 51 ss. e 93 ss.

Numa primeira aproximação, pode dizer-se que a prevalência das decisões judiciais é um efeito e, simultaneamente, uma garantia da sua obrigatoriedade: as decisões dos tribunais gozam de um primado aplicativo porque são actos obrigatórios.

Neste último sentido, todas as decisões judiciais, independentemente de já terem ou não transitado em julgado, possuem essa prevalência, uma vez que a obrigatoriedade lhes é inerente como acto de autoridade soberana do Estado.

A afirmação da prevalência das decisões dos tribunais sobre as decisões de quaisquer outras autoridades envolve também, num sentido mais aprofundado, uma igual prevalência da vontade dos tribunais perante a vontade decisória de quaisquer outros órgãos constitucionais: o princípio da equiordenação dos órgãos constitucionais sofre aqui uma limitação (v. *supra*, n.º 12.2., III).

A Constituição confere aos tribunais uma força decisória que, sem prejuízo de subordinada ao Direito (artigo 203.º), se impõe às restantes formas de decisão de quaisquer outras autoridades: os órgãos de soberania titulares dos poderes político, legislativo e administrativo encontram-se vinculados a dar prevalência às decisões dos tribunais.

VI. A prevalência das decisões dos tribunais funciona ainda como critério constitucional imediato de resolução de conflitos que envolvam antinomias entre decisões dos tribunais e decisões de quaisquer outras autoridades:

(i) O aplicador ou destinatário de tais decisões contraditórias encontra-se sempre vinculado a obedecer ou a conferir primado aplicativo à decisão judicial: nenhum acto político, legislativo ou proveniente da Administração Pública pode ser aplicado ou deve ser obedecido se contrariar uma decisão judicial;

(ii) A prevalência das decisões judiciais envolve uma implícita presunção constitucional de validade de tais actos: as decisões dos tribunais devem presumir-se sempre válidas e ainda que o não sejam, salvo se atentarem contra direitos, liberdades e garantias dotados de aplicabilidade directa, deve-se-lhes obediência;

(iii) A prevalência das decisões judiciais postula ainda uma exigência sancionatória de todos os actos que contrariarem tais decisões: a nulidade mostra-se o desvalor jurídico que melhor traduz os efeitos de uma tal desconformidade, pois envolve a ausência de dever de obediência ao acto desconforme com a decisão judicial;

(iv) Em termos semelhantes, a prevalência das decisões judiciais vincula o legislador a criar um regime sancionatório para quem, em vez de executar as decisões dos tribunais, confere preferência aplicativa às decisões de quaisquer outras autoridades: o crime de desobediência a decisão judicial mostra-se um instrumento idóneo.

(d) Princípio do controle da validade do fundamento normativo de decisão

VII. A Constituição revela possível alicerçar que os tribunais devem sempre proceder a um controlo da validade do fundamento normativo que lhes serve de parâmetro de decisão, isto por três ordens de argumentos:

(i) A subordinação dos tribunais à juridicidade (artigo 203.°) deve ser entendida no sentido de que só a juridicidade válida pode condicionar os tribunais e, neste sentido, todos os tribunais têm o poder de não aplicar normas inválidas por desconformidade com normas de grau hierárquico superior[665];

(ii) Confirmando isso mesmo, o artigo 204.° estipula que os tribunais não podem aplicar normas que violem a Constituição ou os princípios nela consignados: há aqui uma obrigatoriedade expressa de controlo da constitucionalidade das normas que são chamados a aplicar;

(iii) Em sentido semelhante, o artigo 280.°, n.° 2, torna visível que os tribunais fiscalizam certos aspectos da legalidade de normas que servem de fundamento às suas decisões: há aqui agora uma obrigatoriedade implícita de todos os tribunais procederem a uma fiscalização da legalidade.

Por outras palavras, os tribunais não podem aplicar normas inválidas, gozando para o efeito de uma competência genérica que os habilita a controlar a respectiva validade e, caso verifiquem que as mesmas são inconstitucionais ou ilegais, devem recusar a sua aplicação.

Regista-se aqui, a cargo dos tribunais, um princípio geral de fiscalização difusa da validade do fundamento normativo das decisões judiciais.

Deste modo se garante o respeito pelo princípio da juridicidade inerente ao Estado de Direito democrático (v. *supra*, n.° 3.6., (a)), fazendo dos tribunais os principais guardiões da constitucionalidade e da legalidade do fundamento normativo das suas decisões.

---

[665] Cfr. GOMES CANOTILHO/VITAL MOREIRA, *Constituição...*, 3.ª ed., pp. 797-798.

434 Estruturas constitucionais da República

VIII. A afirmação de um princípio geral de controlo da validade do fundamento normativo da decisão pelos tribunais, transformando-os em guardiões da juridicidade, faz desta competência dos tribunais elemento nuclear do seu estatuto constitucional.

Justifica-se, por isso, que toda a análise subsequente da competência dos tribunais se circunscreva a dois pontos:

– A competência para fiscalizar a constitucionalidade;
– A competência para fiscalizar a legalidade.

20.2. A competência dos tribunais para fiscalizar a constitucionalidade

BIBLIOGRAFIA: LUÍS NUNES DE ALMEIDA, *A justiça constitucional no quadro das funções do Estado*, in *Justiça Constitucional e Espécies, Conteúdo e Efeitos das Decisões sobre a Constitucionalidade de Normas*, Lisboa, 1987, pp. 109 ss.; GOMES CANOTILHO, *Direito Constitucional e Teoria...*, pp. 905 ss., em especial, 973 ss.; GOMES CANOTILHO/VITAL MOREIRA, *Fundamentos...*, pp. 237 ss.; JOSÉ MANUEL CARDOSO DA COSTA, *A Jurisdição Constitucional em Portugal*, 2.ª ed., Coimbra, 1992; JORGE MIRANDA, *Manual...*, VI, pp. 168 ss.: CARLOS BLANCO DE MORAIS, *Justiça Constitucional*, I, pp. 391 ss.; IDEM, *Justiça Constitucional*, II, pp. 149 ss.; CRISTINA QUEIROZ, *Direito Constitucional*, pp. 288 ss.

20.2.1. *Introdução à fiscalização da constitucionalidade*

(a) Conceito de inconstitucionalidade

I. Fiscalizar a constitucionalidade é aferir da conformidade de uma conduta ou de um acto jurídico com a normatividade constitucional, entendida esta em termos de regras e princípios nela consignados, tendo presente o texto formal escrito (: Constituição "oficial") e ainda os efeitos sobre ele produzidos pela normatividade informal que consubstancia a Constituição "não oficial" (v. *supra*, n.º 14.3.1., IV): o conceito de inconstitucionalidade não se limita, por conseguinte, a uma simples desconformidade face à Constituição escrita, envolvendo também a normatividade constitucional de natureza informal que, tendo tornado inaplicável uma norma da Constituição escrita, regula efectivamente e com força constitucional a matéria em causa.

II. O juízo de desconformidade ou ofensa da normatividade constitu-cional tanto pode incidir sobre uma conduta positiva (: inconstitucionalidade por acção), traduzindo um agir contra o estipulado pela Constituição, como pode dizer respeito a uma conduta negativa ou omissiva (: inconstituciona-lidade por omissão), envolvendo uma situação de inércia na implementação de um imperativo constitucional: assim surge a fiscalização da inconstitucio-nalidade por acção e a fiscalização da inconstitucionalidade por omissão (v. *supra*, n.º 3.6., (a)).

III. Mostra-se a inconstitucionalidade por acção, enquanto desconfor-midade de um acto jurídico (normativo ou não normativo) com as normas constitucionais, passível de dizer respeito a quatro distintas vertentes:

(i) Essa desconformidade pode incidir sobre normas constitucionais de competência, verificando-se que o acto foi emanado por uma auto-ridade sem habilitação constitucional para o efeito, antes "invadiu" a esfera de poderes conferida pela Constituição a outra estrutura de-cisória, caso em que existirá uma *inconstitucionalidade orgânica*;

(ii) Pode a desconformidade referir-se à ofensa de normas constitucio-nais reguladoras do procedimento ou da forma a que estava sujeita a feitura e a emanação do acto, situação reconduzível à *inconstitu-cionalidade formal*;

(iii) Pode ainda a desconformidade do acto dizer respeito ao seu objecto ou conteúdo, verificando-se que o mesmo viola regras materiais da Constituição, hipótese subsumível no conceito de *inconstituciona-lidade material*;

(iv) Pode, por último, a desconformidade do acto resultar de ter como motivo principalmente determinante a prossecução de um fim que não corresponde ao fim ou aos fins que a Constituição define para o exercício da competência em causa: essa falta de adequação teleo-lógica do acto à Constituição, identificável com o desvio de poder violador da normatividade constitucional, consubstancia uma *incons-titucionalidade finalística*.

IV. Atendendo à dimensão quantitativa da inconstitucionalidade, esta pode ser *total*, se viciar ou inquinar todo o acto, ou *parcial*, se apenas atingir uma ou algumas das suas partes.

Mostra-se a classificação igualmente passível de se reportar ao tempo de aplicação do acto: a inconstitucionalidade será *total* se toda a vigência do acto for atingida; a inconstitucionalidade será *parcial* se apenas alguns sectores temporais de aplicação do acto forem afectados.

436   *Estruturas constitucionais da República*

V. Tendo presente o momento em que se produz a desconformidade do acto com a normatividade constitucional, a inconstitucionalidade diz originária ou superveniente:

(*i*) A inconstitucionalidade é *originária* se no momento em que o acto foi produzido ele ofende a normatividade constitucional vigente;

(*ii*) A inconstitucionalidade diz-se *superveniente* sempre que o acto, sendo materialmente conforme com a Constituição à data em que foi emanado, se tornou, num momento posterior, por uma qualquer vicissitude (v.g., revisão constitucional, surgimento de uma norma "não oficial" *contra constitutionem* sobre a matéria, nova Constituição formal), desconforme. Mostra-se aqui possível diferenciar, por conseguinte, dois subtipos de inconstitucionalidade superveniente:

– A *inconstitucionalidade superveniente intraconstitucional*: é aquela que ocorre dentro da vigência da mesma Constituição formal (v.g., por efeito da aprovação de uma lei de revisão constitucional);

– A *inconstitucionalidade superveniente extraconstitucional*: é a que resulta do surgimento de uma nova Constituição contendo soluções materiais incompatíveis com anteriores actos infraconstitucionais.

VI. Tomando agora como critério de referência as normas infraconstitucionais sobre as quais incide o juízo de inconstitucionalidade, é possível diferenciar duas situações:

(*i*) O juízo de inconstitucionalidade pode ter por objecto normas infraconstitucionais ainda vigentes;

(*ii*) Ou, em alternativa, esse juízo pode incidir sobre normas infraconstitucionais que já não estão em vigor (v.g., foram revogadas, caducaram, tornaram-se inaplicáveis, caíram em desuso).

VII. Fala-se ainda, por outro lado, sempre que nos encontremos perante actos jurídicos infraconstitucionais que se relacionam em termos de dependência ou implicação jurídica, em *inconstitucionalidade antecedente* ou *originária* e, por outro lado, em *inconstitucionalidade consequente* ou *derivada*: a primeira traduz a desconformidade de um acto que, sendo fundamento jurídico de outros, se mostra directa e imediatamente contrário à normatividade constitucional (v.g., a lei de autorização legislativa é inconstitucional); a inconstitucionalidade consequente, por seu lado, resulta de um acto ser desconforme com a Constituição pelo facto de o acto de que ele dependente ou se fundamenta ser inconstitucional (v.g., o decreto-lei autorizado é inconstitucional por ser inconstitucional a respectiva lei de autorização legislativa).

VIII. Considerando a vigência (ou não) da norma constitucional que serve de padrão para se formular o juízo de inconstitucionalidade, pode falar-se em inconstitucionalidade presente e em inconstitucionalidade pretérita:

  (i) A *inconstitucionalidade presente* diz respeito a um juízo de desconformidade de um acto face ao texto constitucional hoje vigente;
  (ii) A *inconstitucionalidade pretérita*, pelo contrário, toma como referência a desconformidade de um acto perante uma norma constitucional que não está vigente[666], podendo aqui recortarem-se duas situações distintas:
    – Se essa norma constitucional que já não está vigente foi emanada ao abrigo da Constituição ainda em vigor, fala-se em *inconstitucionalidade pretérita intraconstitucional*;
    – Se, ao invés, a norma constitucional não vigente pertence a um texto constitucional anterior à Constituição de 1976 (v.g., Constituição de 1933, Carta Constitucional de 1826), haverá uma *inconstitucionalidade pretérita extraconstitucional*.

Pela sua complexidade, analisemos o problema da inconstitucionalidade pretérita em separado.

(b) Idem: a inconstitucionalidade pretérita

IX. Como se acabou de observar, a propósito da designada inconstitucionalidade pretérita, nem sempre a fiscalização da constitucionalidade diz respeito à conformidade de uma norma ou de um acto concreto face ao texto constitucional vigente: os tribunais são muitas vezes chamados a aplicar normas legislativas e administrativas que foram elaboradas à luz de anteriores textos constitucionais.

E aqui, se é verdade que essas normas têm de ser materialmente conformes com a Constituição de 1976 (artigo 290.º, n.º 2), pode colocar-se a questão, todavia, de saber se essas normas, à data em que foram emanadas, eram ou não conformes com o texto constitucional que as viu nascer.

---

[666] Sobre o referido conceito, cfr., por todos, MIGUEL GALVÃO TELLES, *A inconstitucionalidade pretérita*, in JORGE MIRANDA (org.), *Nos Dez Anos da Constituição*, Lisboa, 1987, p. 272.

438   *Estruturas constitucionais da República*

Este é o designado problema da inconstitucionalidade pretérita[667].
Vamos exemplificá-lo para o tornar mais claro:

(i) *Primeiro exemplo* – Imagine-se que está em causa a aplicação por um tribunal de uma lei emanada durante a vigência da Constituição de 1933 e que a mesma padece, à luz da Constituição do Estado Novo, de uma desconformidade orgânica ou formal (v.g., não houve, devendo ter existido, autorização legislativa ou não foi a lei promulgada). Pergunta-se: deve ou não hoje o tribunal que vai aplicar essa norma de Direito ordinário ainda vigente efectuar um controlo da constitucionalidade tomando como padrão de referência a Constituição de 1933?

(ii) *Segundo exemplo* – Imagine-se que se trata agora de aplicar uma lei emanada durante a vigência da Carta Constitucional de 1826, igualmente sofrendo de desconformidade orgânica ou formal face a esse texto constitucional. A pergunta é a mesma: deve hoje qualquer tribunal em que se coloque a aplicação dessa lei recusar a sua aplicação com fundamento na respectiva inconstitucionalidade orgânica ou formal originária?

Os dois exemplos apresentados, apesar de idênticos na formulação da primeira interrogação que a inconstitucionalidade pretérita coloca, escondem, no entanto, uma importante diferença que consubstancia uma outra vertente desta complexa questão.

Qual é então essa diferença?

A diferença centra-se no seguinte: na Constituição de 1933, aos tribunais estava cometido o poder de controlo da constitucionalidade (material) das normas; durante a vigência da Carta Constitucional de 1826, os tribunais não tinham o poder de fiscalizar a constitucionalidade das normas que aplicavam.

X. A inconstitucionalidade pretérita coloca, por conseguinte, duas interrogações centrais:

1.ª) Será que os tribunais criados à luz da Constituição de 1976 têm legitimidade para controlar a conformidade constitucional de actos de Direito ordinário face a textos constitucionais que já não estão

---

[667] Sobre o tema, cfr., por todos, MIGUEL GALVÃO TELLES, *A inconstitucionalidade pretérita*, pp. 267 ss.

em vigor e que pautaram (ou deveriam ter pautado) a emanação dessas normas ordinárias cuja aplicabilidade hoje se discute ao caso concreto?

2.ª) Em caso de resposta em sentido afirmativo à anterior questão, o exemplo antes apresentado da Carta Constitucional de 1826 impõe a seguinte interrogação: será que os tribunais têm hoje competência para conhecer da inconstitucionalidade de normas face a textos constitucionais que negavam aos tribunais esse poder de controlo da constitucionalidade?

XI. Não obstante a complexidade que as duas questões colocadas em torno da inconstitucionalidade pretérita encerram, vejamos, muito resumidamente, o nosso entendimento:

(i) Quanto ao problema da legitimidade de os tribunais criados pela Constituição de 1976 fiscalizarem a conformidade de normas face a textos constitucionais que já não estão em vigor, cumpre referir que o importante é que a Constituição 1976 confira competência aos tribunais para controlar a constitucionalidade das normas que aplicam, sendo irrelevante saber se o fazem utilizando normas constitucionais em vigor ou normas constitucionais que, apesar de já não estarem em vigor, têm conexão com o acto a aplicar ao caso concreto. É que, em última análise, o problema da inconstitucionalidade pretérita pode colocar-se ao nível da própria Constituição formal vigente, bastando que tenha ocorrido uma revisão constitucional entre o momento da elaboração da norma e o momento da respectiva aplicação;

(ii) Já no que diz respeito ao problema de saber se os tribunais podem hoje controlar a constitucionalidade de actos elaborados ao abrigo de textos constitucionais que não previam a existência de mecanismos de controlo judicial da constitucionalidade, propende-se a responder que, estando aqui em causa um problema de competência dos actuais tribunais e que o princípio da competência se afere sempre no momento presente, se deve entender que os actuais tribunais, uma vez que a Constituição de 1976 lhes atribui o poder de fiscalizar a constitucionalidade das normas, podem emitir juízos de inconstitucionalidade pretérita ainda que envolva tomar em consideração antigos textos constitucionais que negavam aos tribunais esse poder de fiscalização.

440   Estruturas constitucionais da República

(c) Tipos de fiscalização

XII. Sem embargo da discussão em torno da fiscalização administrativa da constitucionalidade das normas[668], a fiscalização judicial da constitucionalidade, como já antes se adiantou (v. *supra*, n.º 3.6., (a)), pressupondo que tanto se pode violar a Constituição por aquilo que se faz contra os seus preceitos como por aquilo que não se faz para tornar efectivos esses mesmos preceitos, determina a existência de uma pluralidade de mecanismos de *fiscalização da inconstitucionalidade por acção* e, paralelamente, um mecanismo de *fiscalização da inconstitucionalidade por omissão* (artigo 283.º).

XIII. A fiscalização da inconstitucionalidade por acção pode ocorrer em dois cenários diferentes:

(i) Poderá verificar-se antes de o acto a fiscalizar estar juridicamente perfeito e de ser publicado no jornal oficial, versando sobre normas já concebidas mas ainda não nascidas para o mundo do Direito: fala-se aqui em *fiscalização preventiva da constitucionalidade* (artigos 278.º e 279.º);

(ii) Pode, pelo contrário, a fiscalização da constitucionalidade acontecer depois de o acto já ter sido publicado no jornal oficial e geralmente após já ter iniciado a produção dos seus efeitos jurídicos, incidindo agora sobre normas já nascidas para o mundo do Direito: trata-se da designada *fiscalização sucessiva da constitucionalidade*. Mostra-se aqui possível diferenciar, todavia, duas distintas situações:

– A fiscalização que se desencadeia face à aplicação por qualquer tribunal de uma determinada norma num caso concreto, falando-se em *fiscalização difusa ou incidental da constitucionalidade* (artigo 204.º) ou, tratando-se de recurso destas decisões judiciais para o Tribunal Constitucional, em *fiscalização concreta da constitucionalidade* (artigo 280.º);

---

[668] Para um desenvolvimento do tema da fiscalização da constitucionalidade pela Administração Pública, isto ao nível das normas que é chamada a aplicar e, neste sentido, que servem de fundamento da sua própria actuação, cfr. PAULO OTERO, *Legalidade e Administração Pública*, pp. 658 ss.; ANDRÉ SALGADO DE MATOS, *A Fiscalização Administrativa da Constitucionalidade*, Coimbra, 2004; ANA CLAÚDIA NASCIMENTO GOMES, *O Poder de Rejeição de Leis Inconstitucionais pela Autoridade Administrativa no Direito Português e no Direito Brasileiro*, Porto Alegre, 2002.

§20.º *Tribunais* 441

– A fiscalização que, independentemente de qualquer caso concreto, surge como objecto principal e exclusivo do processo, falando-se agora em *fiscalização abstracta da constitucionalidade* (artigo 281.º).

Note-se, a título complementar, que a distinção entre a fiscalização difusa ou concreta da constitucionalidade e a fiscalização abstracta é nuclear no ordenamento jurídico, isto a vários títulos:

1.º) – A fiscalização difusa é historicamente anterior, tendo surgido em Portugal com a Constituição 1911, segundo a influência norte--americana proveniente da Constituição brasileira de 1891, mantendo-se até hoje como constante do Direito Constitucional republicano;

2.º) – Se a fiscalização difusa se encontra confiada a todos os tribunais, o certo é que a fiscalização abstracta está concentrada no Tribunal Constitucional: nenhum outro órgão pode exercer controlo abstracto da constitucionalidade das normas;

3.º) – A decisão judicial que, em sede de fiscalização difusa ou concreta, verifica a existência de inconstitucionalidade, tem efeitos circunscritos ao caso concreto (: eficácia *inter partes*); a fiscalização abstracta da constitucionalidade pelo Tribunal Constitucional pode conduzir, pelo contrário, à declaração de inconstitucionalidade com força obrigatória geral (artigo 282.º), falando-se agora em eficácia *erga omnes*.

(d) Objecto da fiscalização

XIV. Determinando o artigo 3.º, n.º 3, que a validade de todos os actos públicos depende da sua conformidade com a Constituição, cabe perguntar: quais ao actos que podem ser objecto de fiscalização da constitucionalidade? A resposta envolve três níveis diferentes de análise:

(i) Em termos de princípio geral, só os actos normativos provenientes de autoridades públicas ou de entidades privadas no exercício de poderes públicos são passíveis de controlo da constitucionalidade, sendo de tomar em consideração, todavia, as duas seguintes excepções:

(1) Os referendos nacionais, regionais e locais, traduzindo actos de natureza política, encontram-se também sujeitos a fiscalização preventiva obrigatória (artigo 223.º, n.º 2, alínea f));

(2) As convenções colectivas de trabalho, apesar de serem actos jurídicos privados, já foram objecto de apreciação pelo Tribunal Constitucional[669];

(ii) A jurisprudência do Tribunal Constitucional tem admitido também, sendo hoje um precedente jurisprudencial vinculativo (v. *supra*, n.º 15.4., XII), o controlo de actos não normativos que revistam forma legislativa;

(iii) No que diz respeito aos restantes actos jurídico-públicos sem carácter normativo que sejam inconstitucionais, o seu controlo encontra-se subordinado ao seguinte regime:

(1) Os actos e contratos administrativos (assim como os actos em matéria administrativa) inconstitucionais são passíveis de controlo judicial através dos mecanismos do contencioso administrativo;

(2) As decisões judiciais inconstitucionais são passíveis de recurso e, caso já se tenha formado caso decidido, a sua inconstitucionalidade fundamenta sempre um recurso extraordinário atípico[670].

XV. Uma nota especial para o problema das designadas "normas constitucionais inconstitucionais"[671]: será que as normas da Constituição que, por violarem padrões ou parâmetros normativos supraconstitucionais[672], habilitando que se fale em "insupraconstitucionalidade"[673], podem ser objecto de fiscalização da constitucionalidade?

Como já tivemos oportunidade de escrever[674], os tribunais (incluindo o Tribunal Constituição) não têm competência para fiscalizar e declarar directamente a inconstitucionalidade de uma norma constitucional originária[675].

---

[669] Sobre a matéria e para mais desenvolvimentos, cfr. JORGE MIRANDA, *Manual...*, VI, pp. 182 ss.

[670] Cfr. PAULO OTERO, *Ensaio sobre o Caso Julgado Inconstitucional*, pp. 118 ss.

[671] Sobre a temática em causa, cfr., por todos, OTTO BACHOF, *Normas Constitucionais Inconstitucionais?*, Coimbra, 1977.

[672] Sobre o tema, cfr. PAULO OTERO, *Legalidade e Administração Pública*, pp. 569 ss.

[673] Expressão usada por FAUSTO DE QUADROS, *A Protecção da Propriedade Privada pelo Direito Internacional Público*, Coimbra, 1998, p. 565. Esse mesmo conceito viria a ser por nós acolhido, cfr. PAULO OTERO, *Legalidade e Administração Pública*, pp. 570, 588, 590, 658 e 659.

[674] Cfr. PAULO OTERO, *Declaração Universal dos Direitos do Homem e Constituição*, p. 618.

[675] Em sentido contrário, admitindo a competência dos Tribunais Constitucionais para fiscalizarem directamente a constitucionalidade de normas da Constituição, cfr. OTTO BACHOF, *Normas Constitucionais Inconstitucionais?*, pp. 70 ss.

§20.° *Tribunais* 443

Afinal, a criatura não se pode rebelar contra o Criador: os tribunais criados pela Constituição de 1976 não podem colocar em causa a validade do texto constitucional que os criou, sem prejuízo de, em termos concretos e difusos, poderem (e deverem) sempre recusar a aplicação de quaisquer normas infraconstitucionais que implementem os preceitos constitucionais inconstitucionais.

A este propósito, o Tribunal Constitucional, segundo o seu Acórdão n.° 480/89, de 13 de Julho de 1989[676], ainda que aparentemente procurasse não tomar posição sobre o problema da inconstitucionalidade de normas constitucionais e da própria competência dos tribunais para efectuar tal fiscalização, acabou por considerar que a proibição constitucional do *lock-out* não é uma norma constitucional inconstitucional: "(...) no presente caso é evidente que se não está em presença de uma norma constitucional inconstitucional"[677]. Ora, daqui decorrem duas importantes conclusões[678]:

1.ª) O Tribunal Constitucional reconhece-se competente para discutir a inconstitucionalidade de uma norma constitucional;

2.ª) Ao referir-se que "(...) no presente caso (...)" não se estava perante uma norma constitucional inconstitucional, o Tribunal Constitucional acaba por reconhecer, implicitamente, que podem existir *outros* casos de verdadeiras normas constitucionais inconstitucionais.

XVI. E quanto à fiscalização dos actos jurídicos privados inconstitucionais? Como se processa o controlo da constitucionalidade dos actos jurídico-privados que violem directa e imediatamente a Constituição?

A resposta resume-se em duas observações:

(i) A inconstitucionalidade de qualquer acto jurídico-privado reconduz-se sempre à figura do negócio jurídico proibido por lei ou contrário à lei, sendo juridicamente nulo;

(ii) O controlo judicial da validade de tais actos, apesar de ter na sua base uma violação da lei constitucional, não tem qualquer especialidade face ao controlo da validade de quaisquer actos jurídico-privados: são os tribunais judiciais, sem prejuízo das situações de arbitragem, os tribunais competentes para o seu conhecimento.

---

[676] In *Diário da República*, II Série, n.° 26 de 31 de Janeiro de 1990, pp. 1071 ss.

[677] Cfr. n.° 7 do Acórdão n.° 480/89.

[678] Cfr. PAULO OTERO, *Declaração Universal dos Direitos do Homem e Constituição*, pp. 618-619, nota n.° 48.

20.2.2. Fiscalização da constitucionalidade de actos normativos: a competência de todos os tribunais

(a) A competência dos tribunais portugueses sobre o Direito português

I. O artigo 204.°, definindo o princípio geral de que os tribunais não podem aplicar normas inconstitucionais, veio conferir uma competência genérica para todos os tribunais fiscalizarem a constitucionalidade das normas que são chamados a aplicar nos casos concretos sujeitos a julgamento: todos os tribunais são, neste sentido, tribunais constitucionais[679] ou "curadores da Constituição"[680], pois todos têm o poder e o dever de recusar aplicar normas inconstitucionais, traduzindo uma competência de exercício oficioso pelo juiz, isto no sentido de que não depende de pedido formulado pelas partes.

Trata-se, segundo o modelo norte-americano, de uma fiscalização incidental, isto é, cujo objecto do processo não tem como propósito conhecer da validade jurídico-constitucional da norma, antes o problema da sua validade surge como tema prévio ou prejudicial face ao objecto principal do processo que pode ser uma questão jurídico-privada ou jurídico-pública: a questão da constitucionalidade só surge na medida em que o juiz tem de aplicar normas jurídicas para resolver o caso concreto que constitui o objecto da questão controvertida sujeita à sua resolução.

O artigo 204.° não habilita, neste sentido, que alguém se dirija a um tribunal propondo uma acção cujo objecto central consista em pedir a declaração da inconstitucionalidade de uma norma: o problema da inconstitucionalidade terá sempre de surgir a propósito de uma outra questão, sendo esta última o tema central a decidir pelo juiz.

Por consequência, qualquer decisão do juiz, aplicando a norma, por não a considerar inconstitucional, ou recusando a sua aplicação, por a julgar inconstitucional, será sempre circunscrita àquele caso concreto: a decisão nunca produzirá efeitos *erga omnes*.

E desta decisão judicial que aprecia a validade constitucional de uma norma, qualquer que seja o seu conteúdo, haverá sempre recurso para o Tribunal Constitucional (artigo 280.°, n.° 1): os tribunais a quem está conferida a fiscalização difusa da constitucionalidade não têm a última palavra sobre

---

[679] Neste sentido, cfr. GOMES CANOTILHO, *Jurisdição constitucional e intranquilidade discursiva*, p. 876.

[680] Adapta-se aqui uma expressão tradicionalmente reservada ao Tribunal Constitucional, cfr., por todos, ANDRÉ RAMOS TAVARES, *Teoria da Justiça Constitucional*, São Paulo, 2005, pp. 71 ss.

§20.° *Tribunais* 445

a matéria, cabendo recurso das suas decisões para o guardião supremo da Constituição – o Tribunal Constitucional. Indispensável para esse recurso torna-se, no entanto, que a questão da inconstitucionalidade tenha sido suscitada junto do tribunal de primeira instância encarregue de resolver a questão jurídica controvertida ou, tendo existido recurso, também junto do tribunal de recurso.

II. Quais os tribunais que, nos termos do artigo 204.°, têm competência para apreciar a inconstitucionalidade das normas que são chamados a aplicar?

A simples interpretação literal do preceito leva-nos a afirmar, sem qualquer margem para dúvidas, que todos os tribunais nacionais são competentes para proceder à fiscalização difusa da constitucionalidade, o que significa o seguinte:

(i) Qualquer tribunal do Estado tem competência para controlar, a título difuso e incidental, a validade constitucional das normas que é chamado a aplicar, incluindo o Tribunal Constitucional sempre que exerce as suas competências decisórias ao abrigo do artigo 223.°, n.os 2 e 3;

(ii) Os tribunais arbitrais também podem e devem rejeitar a aplicação das normas que, sendo chamados a aplicar no âmbito das questões controvertidas que são objecto da sua intervenção, considerem inconstitucionais[681].

E, pergunta-se: serão só os tribunais nacionais que têm competência para fiscalizar a constitucionalidade do Direito português?

Será o que se vai averiguar de imediato.

(b) A competência dos tribunais estrangeiros sobre o Direito português e dos tribunais portugueses sobre o Direito estrangeiro

III. Diferentemente de tudo o que até agora foi analisado, a fiscalização da constitucionalidade nem sempre é feita pelos tribunais portugueses e, por outro lado, nem sempre toma como referência a Constituição (presente ou pretérita) portuguesa.

---

[681] Cfr. PAULO OTERO, *Admissibilidade e limites da arbitragem voluntária nos contratos públicos e nos actos administrativos*, in *II Congresso do Centro de Arbitragem da Câmara de Comércio e Indústria Portuguesa – Intervenções*, Almedina, Coimbra, 2009, p. 86; PAULA COSTA E SILVA, *A Nova Face da Justiça*, pp. 104 ss.

Com efeito, a fiscalização da constitucionalidade pode ser suscitada em cenários substancialmente diferentes daqueles que, por via de regra, se têm em vista quando se fala do tema:

(i) O controlo da constitucionalidade pode colocar-se face à aplicação de uma norma de Direito estrangeiro que, por força das normas de conflitos internas, seja chamado a resolver uma questão "atravessada por fronteiras", isto a dois níveis:

(1) Pode colocar-se ao nível dos resultados da aplicação da lei estrangeira face à Constituição do Estado do foro (: a Constituição portuguesa de 1976), questão esta que se reconduz aos termos de operatividade da cláusula da ordem pública internacional do Estado do foro (: Portugal), sabendo-se que os elementos de índole constitucional são parte integrante ou constitutiva dessa mesma ordem pública do Estado do foro[682];

(2) Pode ainda a aplicação da lei estrangeira suscitar um problema de constitucionalidade face à própria Constituição do Estado estrangeiro cuja lei ordinária está em causa, situação essa que envolve especial melindre para o tribunal do Estado do foro se a interpretação da Constituição em causa for difícil (v.g., ser um texto constitucional de base consuetudinária ou de acentuado desenvolvimento jurisprudencial) ou se o próprio texto constitucional estrangeiro não consagrar a possibilidade de os tribunais controlarem a constitucionalidade das leis (v.g., a Constituição francesa de 1958)[683];

(ii) O controlo da constitucionalidade pode ainda colocar-se quando é o Direito ordinário português que, por força das normas de conflitos de um Estado estrangeiro, é chamando a regular uma questão jurídica "atravessada por fronteiras". Igualmente aqui, cumpre deixar claro, a aplicação do Direito português por um tribunal estrangeiro pode suscitar dois tipos de problemas de constitucionalidade face a tribunais estrangeiros:

(1) Os resultados da aplicação do Direito português no estrangeiro podem ser aferidos face à Constituição desse mesmo Estado

---

[682] Para mais desenvolvimentos, cfr. RUI MOURA RAMOS, *Direito Internacional Privado e Constituição*, Coimbra, 1980, pp. 210 ss.; JORGE MIRANDA, *Manual...*, II, pp. 355 ss.; LUÍS DE LIMA PINHEIRO, *Direito Internacional Privado*, I, 2.ª ed., Coimbra, 2008, pp. 601 ss.

[683] Cfr. RUI MOURA RAMOS, *Direito...*, pp. 235 ss.; JORGE MIRANDA, *Manual...*, II, pp. 356-357.

§20.° *Tribunais* 447

estrangeiro e, eventualmente, segundo os termos da respectiva cláusula de ordem pública internacional do Estado do foro, poderá conduzir a uma situação de afastamento ou adaptação da aplicação do Direito português;

(2) Ou, numa outra situação, pode a aplicação do Direito português no estrangeiro desencadear junto desses tribunais estrangeiros um juízo sobre a validade constitucional dessa normatividade portuguesa face à própria Constituição de 1976 (ou, eventualmente, à luz da Constituição portuguesa vigente à data em que foi emanado)[684], tornando também os tribunais estrangeiros, deste modo, garantes do controlo da constitucionalidade do Direito português.

IV. O quanto se acabou de dizer permite extrair, em síntese, três principais conclusões:

(i) Em primeiro lugar, os tribunais portugueses não têm o monopólio da fiscalização da constitucionalidade do Direito português: sempre que, por força das normas de conflitos, o Direito português seja aplicado no estrangeiro, os tribunais do respectivo Estado estrangeiro podem emitir um juízo sobre a constitucionalidade do Direito português face à Constituição portuguesa, sem embargo de um controlo sobre a conformidade dos efeitos da aplicação das normas portuguesas face à ordem constitucional do Estado estrangeiro;

(ii) Em segundo lugar, em termos recíprocos, os tribunais portugueses não se limitam a controlar a constitucionalidade das normas portuguesas face à Constituição portuguesa: desde que se coloque a aplicação de uma lei estrangeira, os tribunais portugueses podem ser chamados a controlar a constitucionalidade de tais normas face à respectiva Constituição estrangeira, assim como os efeitos resultantes da aplicação da lei estrangeira face à Constituição portuguesa[685];

(iii) Em terceiro lugar, por último, a existência de normas de conflitos e a limitação da operatividade dos seus efeitos pela cláusula de ordem pública do Estado do foro determinam que as nor-

---

[684] Cfr. JORGE MIRANDA, *Manual...*, II, pp. 357-358.

[685] Sublinhando que, em caso de desconformidade constitucional, existirá simples ineficácia da norma estrangeira na ordem jurídica portuguesa, cfr. LUÍS LIMA PINHEIRO, *Direito...*, I, p. 610.

448   *Estruturas constitucionais da República*

mas materiais portuguesas susceptíveis de aplicação no estrangeiro possam ser objecto de um triplo controlo da constitucionalidade:

1.º) – Controlo da constitucionalidade, desde logo, pelos tribunais portugueses;

2.º) – Controlo da constitucionalidade, segundo o padrão de referência resultante da Constituição que as viu nascer, pelos tribunais estrangeiros;

3.º) – Controlo da constitucionalidade dos resultados da sua aplicação como lei estrangeira pelos tribunais estrangeiros e tomando como padrão de referência a Constituição (estrangeira) do Estado do foro.

20.2.3. *Idem: a competência do Tribunal Constitucional*

(a) A fiscalização concreta

I. Na sequência das decisões dos tribunais que, no âmbito da fiscalização difusa da constitucionalidade, aplicaram uma norma cuja inconstitucionalidade tenha sido suscitada ou, em alternativa, recusaram a sua aplicação, por a entenderem inconstitucional, haverá sempre a possibilidade de recurso para o Tribunal Constitucional (artigo 280.º, n.º 1)[686]:

> *(i)* Trata-se de um recurso que tem por objecto a constitucionalidade da norma aplicada (ou não aplicada) pela decisão recorrida de um tribunal: o recurso nunca tem por objecto, sublinhe-se, a conformidade da própria decisão do tribunal *a quo* com a Constituição,

---

[686] Especificamente sobre a fiscalização concreta, cfr. VITAL MOREIRA, *A «fiscalização concreta» no quadro do sistema misto de justiça constitucional*, in *Boletim da Faculdade de Direito – Volume Comemorativo*, Coimbra, 2003, em especial, pp. 831 ss.; INÊS DOMINGOS/ /MARGARIDA MENÉRES PIMENTEL, *O recurso de constitucionalidade (espécies e respectivos pressupostos)*, in AA.VV., *Estudos sobre a Jurisprudência do Tribunal Constitucional*, Lisboa, 1993, pp. 429 ss.; A. MONTEIRO DINIZ, *A fiscalização concreta da constitucionalidade como forma privilegiada de dinamização do direito constitucional (o sistema vigente e o ir e vir dialéctico entre o Tribunal Constitucional e os outros tribunais)*, in AA.VV., *Legitimidade e Legitimação do Tribunal Constitucional*, Coimbra, 1995, pp. 199 ss.; GUILHERME DA FONSECA/INÊS DOMINGOS, *Breviário de Direito Processual Constitucional*, Coimbra, 1997; ANTÓNIO DE ARAÚJO/JOAQUIM PEDRO CARDOSO DA COSTA, *III Conferência da Justiça Constitucional da Ibero-América, Portugal e Espanha – Relatório português*, sep. do *Boletim do Ministério da Justiça*, n.º 493, Lisboa, 2000.

nem de qualquer outro acto não normativo[687], antes incide sobre a norma subjacente à decisão recorrida;

(ii) É sempre, por outro lado, um recurso circunscrito à questão da inconstitucionalidade: o Tribunal Constitucional não pode conhecer nada mais do que o problema de conformidade da norma perante a Constituição (artigo 280.°, n.° 6)[688], passando-lhe totalmente à margem a questão principal que é objecto de decisão no tribunal *a quo*;

(iii) O Tribunal Constitucional, apesar de só poder apreciar a norma ou as normas que a decisão recorrida coloca em causa, não se encontra vinculado, no entanto, à qualificação feita pelo tribunal *a quo* ou pela parte no recurso: o Tribunal Constitucional pode decidir com fundamento em violação de normas ou princípios constitucionais diversos daqueles cuja violação foi invocada[689];

(iv) O recurso da decisão judicial para o Tribunal Constitucional é obrigatório para o Ministério Público sempre que se verifique uma das seguintes situações:

– Se, por razões de inconstitucionalidade, estiver em causa a recusa de aplicação pelo tribunal *a quo* de uma norma constante de convenção internacional, de acto legislativo ou de decreto regulamentar (artigo 280.°, n.° 3);

– Se a decisão do tribunal *a quo* aplicar uma norma que, independentemente da sua fonte, tenha sido anteriormente julgada inconstitucional pelo próprio Tribunal Constitucional (artigo 280.°, n.° 5);

---

[687] Para uma crítica ao sistema vigente, considerando-o deficitário na protecção dos direitos fundamentais sempre que este são violados por decisões ou actos individuais e concretos, cfr. JORGE REIS NOVAIS, *Em defesa do recurso de amparo constitucional (ou uma avaliação crítica do sistema português de fiscalização concreta da constitucionalidade)*, in *Themis – Revista da Faculdade de Direito da UNL*, Ano VI, n.° 10, 2005, em especial, pp. 94 ss.; IDEM, *idem*, in JORGE REIS NOVAIS, *Direitos Fundamentais: Trunfos Contra a Maioria*, Coimbra, 2006, pp. 159 ss.

[688] Sobre o conceito de norma aqui utilizado, cfr. RUI MEDEIROS, *A força expansiva do conceito de norma no sistema português de fiscalização concentrada da constitucionalidade*, in *Estudos em Homenagem ao Prof. Doutor Armando M. Marques Guedes*, Coimbra, 2004, pp. 183 ss.

[689] Sobre a execução das decisões de provimento do Tribunal Constitucional dos recursos interpostos de decisões dos restantes tribunais, cfr. ANTÓNIO ROCHA MARQUES, *O Tribunal Constitucional e os outros tribunais: a execução das decisões do Tribunal Constitucional*, in AA.VV., *Estudos sobre a Jurisprudência do Tribunal Constitucional*, Lisboa, 1993, pp. 455 ss.

450 Estruturas constitucionais da República

(v) Tratando-se de recurso interposto pela parte, verificando-se que na decisão do tribunal foi aplicada uma norma cuja inconstitucionalidade haja sido levantada durante o processo, só a parte que suscitou a questão da inconstitucionalidade tem legitimidade para interpor o recurso (artigo 280.°, n.° 4)[690];

(vi) Porém, o recorrente pode invocar junto do Tribunal Constitucional como tendo sido violada pela norma impugnada uma diversa norma constitucional relativamente à que antes havia invocado junto do tribunal *a quo*[691].

A regulamentação deste tipo de recursos para o Tribunal Constitucional consta da Lei Orgânica sobre Organização, Funcionamento e Processo do Tribunal Constitucional.

II. Qual o significado desta intervenção do Tribunal Constitucional (artigo 280.°) sobre as decisões dos restantes tribunais referentes à constitucionalidade das normas que são chamados a aplicar em sede de fiscalização difusa (artigo 204.°)?

Observa-se aqui, em primeiro lugar, a afirmação do Tribunal Constitucional como último guardião judicial da constitucionalidade, competindo-lhe assegurar a integridade aplicativa da Constituição ao nível de todo o aparelho judicial: se é verdade que todos os tribunais são, por força do artigo 204.°, guardiões da Constituição, o certo é que ao Tribunal Constitucional cabe a última palavra sobre a matéria – aqui reside a justificação de todas as decisões dos tribunais referentes a matéria de constitucionalidade das normas que aplicam serem recorríveis para o Tribunal Constitucional.

Há também aqui, em segundo lugar, uma preocupação de unidade do sistema jurídico, fazendo do Tribunal Constitucional o último intérprete do sentido da normatividade constitucional: a reserva da última palavra sobre a matéria da constitucionalidade ao Tribunal Constitucional, estabelecendo-se a recorribilidade das decisões de todos os restantes tribunais que apliquem normas cuja inconstitucionalidade tenha sido suscitada ou que recusem a sua aplicação por as considerar inconstitucionais, visa unificar e garantir a har-

---

[690] Para mais desenvolvimentos, cfr. MIGUEL TEIXEIRA DE SOUSA, *Legitimidade e interesse no recurso de fiscalização concreta da constitucionalidade*, in *Estudos em Homenagem ao Prof. Doutor Armando M. Marques Guedes*, Coimbra, 2004, pp. 947 ss.

Nem sempre, porém, o interessado dispõe da oportunidade processual de arguir a inconstitucionalidade junto do tribunal *a quo*, tal como antes se adiantou (v. *supra*, n.° 15.4., XII), cfr. JORGE MIRANDA, *Manual...*, VI, pp. 229-230.

[691] Neste sentido, cfr. JORGE MIRANDA, *Manual...*, VI, p. 224.

§20.° *Tribunais*

monia de juízos sobre o sentido das normas constitucionais – a Constituição confere ao Tribunal Constitucional o poder de estabelecer o sentido definitivo das normas da Constituição.

Para garantir este duplo efeito objectivista de defesa da Constituição dentro do sistema jurídico e da proeminência do Tribunal Constitucional no âmbito dos restantes tribunais, a Constituição instituiu no artigo 280.° dois instrumentos jurídicos:

> (*i*) Uma competência vinculada a cargo do Ministério Público: a obrigatoriedade de recorrer para o Tribunal Constitucional das decisões de quaisquer tribunais, nos casos previstos no artigo 280.°, n.os 3 e 5;
>
> (*ii*) Um direito fundamental de recurso para o Tribunal Constitucional das decisões dos tribunais que envolvem a apreciação da constitucionalidade das normas que são chamados a aplicar.

Note-se que esta última vertente subjectivista do recurso é um mero instrumento ao serviço dos assinalados propósitos objectivistas do sistema consagrado no artigo 280.°.

(b) A fiscalização abstracta: tipologia

III. O Tribunal Constitucional possui ainda competência para, independentemente de qualquer decisão judicial concreta que é objecto de recurso, fiscalizar, em termos abstractos, a constitucionalidade de normas nas seguintes situações[692]:

> a) A fiscalização abstracta da inconstitucionalidade por acção, a qual pode assumir duas configurações:
> – A fiscalização preventiva (artigos 278.° e 279.°);
> – A fiscalização sucessiva abstracta (artigos 281.° e 282.°);
> b) A fiscalização abstracta da inconstitucionalidade por omissão (artigo 283.°).

Observemos, muito sumariamente, a competência do Tribunal Constitucional face a cada um destes mecanismos de fiscalização abstracta da constitucionalidade a seu cargo.

---

[692] Especificamente sobre a fiscalização abstracta da constitucionalidade, cfr. MIGUEL LOBO ANTUNES, *Fiscalização abstracta da constitucionalidade – questões processuais*, in AA.VV., *Estudos sobre a Jurisprudência do Tribunal Constitucional*, Lisboa, 1993, pp. 399 ss.

452 Estruturas constitucionais da República

(c) Idem: fiscalização preventiva

IV. Importa começar por sublinhar que a fiscalização preventiva da constitucionalidade é o único mecanismo de intervenção do Tribunal Constitucional no controle da conformidade de actos com a Constituição que, apesar de envolver a apreciação de normas, também compreende actos de natureza política: as propostas de referendos nacionais, regionais e locais, tal como a apreciação dos requisitos relativos ao respectivo universo eleitoral, encontram-se obrigatoriamente sujeitas a fiscalização preventiva da sua constitucionalidade (artigo 223.°, n.° 2, alínea f)).

Circunscrito o presente item à fiscalização da constitucionalidade de actos normativos, limitaremos as referências subsequentes à fiscalização preventiva de normas, deixando para momento posterior a análise da fiscalização preventiva dos actos de referendo (v. *infra*, n.os 20.2.4., I e 20.3.2., III).

V. A fiscalização preventiva da constitucionalidade permite ao Tribunal Constitucional pronunciar-se sobre a conformidade de eventuais futuros diplomas legislativos ou convenções internacionais com a Constituição, evitando-se, deste modo, que entrem em vigor ou, caso entrem, estabelecendo, se não se pronunciar no sentido da inconstitucionalidade, uma presunção de constitucionalidade da solução normativa por eles acolhida.

Verifica-se, neste contexto, que a fiscalização preventiva incide sempre sobre normas que ainda o não são como quais, isto é, tem por objecto normas que ainda não têm o seu processo de desenvolvimento genético integralmente completo: são normas que, apesar de já estarem concebidas, ainda não nasceram para o mundo exterior, mostrando-se uma pronúncia do Tribunal Constitucional no sentido da sua inconstitucionalidade passível de produzir um efeito abortivo, interrompendo o seu nascimento.

A fiscalização preventiva procura evitar, deste modo, que normas desconformes com a Constituição entrem em vigor, produzindo efeitos inconstitucionais, nem sempre de fácil remoção do ordenamento jurídico, atendendo aos valores da segurança, equidade e interesses públicos envolvidos.

Observemos alguns traços do regime constitucional da figura, sem prejuízo de tudo o que já se disse sobre o veto por inconstitucionalidade do Presidente da República (v. *supra*, n.° 17.4., (c)) e ainda aquilo que depois se dirá sobre o veto por inconstitucionalidade do Representante da República nas regiões autónomas (v. *infra*, n.° 23.1., IX).

VI. O regime da fiscalização preventiva da constitucionalidade, tal como resulta da Constituição, resume-se nas seguintes principais ideias:

§20.° Tribunais 453

(*i*) A fiscalização preventiva que incide sobre normas jurídicas é sempre facultativa para quem desencadeia o processo e sempre obrigatória para o Tribunal Constitucional: nenhum órgão com legitimidade processual activa se encontra vinculado a solicitar a apreciação preventiva de uma norma; se o requerer, porém, deve fazê-lo durante o prazo de oito dias depois da recepção do diploma (artigo 278.°, n.° 3), encontrando-se o Tribunal Constitucional vinculado a pronunciar-se no prazo máximo de vinte e cinco dias que, no entanto, poderá ser encurtado pelo Presidente da República (artigo 278.°, n.° 8);

(*ii*) Nem todas as normas jurídicas são passíveis de fiscalização preventiva da constitucionalidade: só as normas que podem tornar-se actos legislativos (: leis, decretos-leis e decretos legislativos regionais) ou convenções internacionais (: tratados e acordos internacionais) podem ser sujeitas a fiscalização preventiva (artigo 278.°, n.os 1 e 2)[693];

(*iii*) A fiscalização preventiva de normas só pode ser desencadeada pelo Presidente da República ou, tratando-se de normas constantes de decreto legislativo regional, pelo Representante da República na respectiva região autónoma (artigo 278.°, n.os 1 e 2), salvo se estiver em causa um decreto para ser promulgado como lei orgânica, caso em que a fiscalização preventiva também pode ser requerida pelo Primeiro-Ministro ou um quinto dos Deputados à Assembleia da República em efectividade de funções (artigo 278.°, n.° 5);

(*iv*) Se o Tribunal Constitucional se pronunciar pela inconstitucionalidade da norma submetida à sua apreciação, tudo ficará paralisado: há lugar a um veto jurídico ou, também dito, veto por inconstitucionalidade obrigatório (artigo 279.°, n.° 1);

(*v*) Se, pelo contrário, o Tribunal Constitucional não se pronunciar pela inconstitucionalidade, poderá ainda existir veto político sobre as normas sujeitas a fiscalização preventiva da constitucionalidade ou, se estiver em causa um tratado internacional, recusa de ratificação;

(*vi*) No caso, porém, de o Tribunal Constitucional se ter pronunciado pela inconstitucionalidade de norma constante de lei ou convenção

---

[693] Para uma postura crítica ao sistema constitucional de fiscalização da constitucionalidade de convenções internacionais, cfr. JOÃO MOTA DE CAMPOS, *O surpreendente sistema português de controlo da constitucionalidade das convenções internacionais*, in *Estudos Jurídicos e Económicos em Homenagem ao Prof. Doutor António de Sousa Franco*, II, Coimbra, 2006, pp. 367 ss.

454 Estruturas constitucionais da República

internacional proveniente da Assembleia da República, a Constituição permite que o diploma possa ser confirmado pelo parlamento, por maioria de dois terços dos Deputados presentes, desde que superior à maioria absoluta dos Deputados em efectividade de funções (artigo 279.°, n.ᵒˢ 2 e 4): não se encontra o Presidente da República, todavia, vinculado a promulgar, assinar ou ratificar, consoante o caso, o diploma em causa;

(vii) Mesmo que o Presidente da República, na última hipótese equacionada, opte pela promulgação da lei, assinatura da resolução que aprova o acordo internacional ou pela ratificação do tratado internacional, uma vez que a confirmação do diploma pela Assembleia da República e a posterior intervenção do Presidente da República não sanaram a sua inconstitucionalidade, qualquer tribunal poderá depois proceder à apreciação da respectiva constitucionalidade, nos termos do artigo 204.°, tal como o próprio Tribunal Constituição pode ser chamado, em sede de fiscalização sucessiva concreta ou abstracta (artigos 280.° e 281.°), a emitir novo juízo sobre a conformidade do diploma face à Constituição.

(d) Idem: fiscalização sucessiva

VI. Nem só a título preventivo o Tribunal Constitucional se mostra competente para proceder a uma fiscalização abstracta da constitucionalidade de normas jurídicas: o Tribunal Constitucional pode também ser chamado a efectuar uma fiscalização abstracta da constitucionalidade de normas que se encontram já a produzir efeitos ou se mostram passíveis de os produzir, envolvendo uma sua declaração de inconstitucionalidade com força obrigatória geral a "eliminação" dessa norma do ordenamento jurídico.

Agora, ao invés do que sucede com a fiscalização concreta onde o Tribunal Constitucional se encontrava limitado a emanar uma decisão cujos efeitos se circunscrevem ao caso subjacente à decisão do tribunal *a quo* que foi objecto de recurso, a intervenção do Tribunal Constitucional, se for no sentido da inconstitucionalidade, goza de uma eficácia *erga omnes*, garantindo uma potencial reposição integral do princípio da constitucionalidade:

(i) A norma declarada inconstitucional com força obrigatória geral torna-se *de facto* uma "não norma", sendo removida do ordenamento jurídico;

(ii) Essa norma jamais poderá ser aplicada por qualquer tribunal ou por qualquer outro aplicador (público ou privado) do Direito: ninguém deve obediência a uma norma declarada inconstitucional com força obrigatória geral;

(iii) Todos os actos jurídicos que tinham o seu fundamento na norma declarada inconstitucional, padecendo de inconstitucionalidade consequente ou derivada, devem considerar-se abrangidos pela declaração: só assim não sucederá se, tratando-se de actos individuais e concretos, se tiverem consolidado na ordem jurídica, excepto se, dizendo respeito a matéria sancionatória, tiverem um conteúdo menos favorável ao destinatário, caso em que se devem também considerar "destruídos" (artigo 282.°, n.° 3);

(iv) Se a norma declarada inconstitucional for repetida, nos exactos termos em que foi declarada com força obrigatória geral, verificando-se a vigência do mesmo texto constitucional, a nova norma goza de uma presunção de inconstitucionalidade, tornando-se lícito não obedecer-lhe.

VII. A fiscalização sucessiva abstracta da constitucionalidade pelo Tribunal Constitucional pode resultar de duas vias distintas:

(i) Poderá ser, por outro lado, o resultado de um pedido autónomo de impugnação de quaisquer normas (artigo 281.°, n.° 1, alínea a)), visando obter do Tribunal Constitucional a sua declaração de inconstitucionalidade com força obrigatória geral, isto independentemente de qualquer anterior aplicação ou recurso de uma concreta decisão judicial conhecedora da constitucionalidade da norma. Trata-se de uma modalidade de fiscalização da constitucionalidade que permite recortar os seguintes principais traços de regime:

– Toda a norma jurídica que resulta do exercício de poderes jurídico-públicos se encontra sujeita a fiscalização sucessiva abstracta, assim como os actos não normativos que revistam forma legislativa (v. *supra*, n.° 20.2.1., XIV);

– Os particulares não podem requerer ao Tribunal Constitucional, por via directa, a fiscalização deste tipo de inconstitucionalidade: só as autoridades a que se refere o artigo 281.°, n.° 2, têm legitimidade processual activa;

– Não há prazo para desencadear este tipo de requerimento junto do Tribunal Constitucional: a qualquer momento, encontrem-se as normas ainda em vigor ou tenham já sido revogadas, desde que vigentes à luz da Constituição de 1976, pode sempre ser requerida a sua declaração de inconstitucionalidade com força obrigatória geral;

(ii) Poderá ainda a fiscalização sucessiva abstracta ser, por outro lado, a consequência de, perante o recurso para o Tribunal Constitucio-

456 Estruturas constitucionais da República

nal de decisões dos restantes tribunais que conheçam da constitucionalidade (artigo 280.°), o Tribunal Constitucional em três casos
concretos tenha entendido que a norma em causa era inconstitucional, passando, a partir desse terceiro caso, a poder conhecer directamente dessa norma para efeitos da sua eventual declaração de inconstitucionalidade com força obrigatória geral (artigo 281.°, n.° 3):
há aqui uma ponte entre a fiscalização sucessiva concreta e a fiscalização sucessiva abstracta por parte do Tribunal Constitucional.

Em qualquer das situações identificadas, a declaração de inconstitucionalidade pelo Tribunal Constitucional limita-se a afastar uma ilusão de óptica
jurídica: as normas em causa nunca foram juridicamente idóneas para produzir efeitos jurídicos, circunscrevendo-se a declaração de inconstitucionalidade
de tais normas a certificar isso mesmo.

VIII. Os efeitos da declaração de inconstitucionalidade com força obrigatória geral encontram-se fixados pelo artigo 282.°, sendo possível extrair as
seguintes ideias nucleares:

(i) A declaração de inconstitucionalidade é retroactiva, produzindo efeitos desde que a norma declarada inconstitucional entrou em vigor,
e envolve efeitos repristinatórios (artigo 280.°, n.° 1), verificando-
-se que só assim não será se se verificar uma de duas situações:
– Se se tratar de uma inconstitucionalidade superveniente, hipótese
em que a declaração de inconstitucionalidade só produz efeitos
a partir da entrada em vigor da nova norma constitucional (artigo
282.°, n.° 2);
– Se a norma declarada inconstitucional não revogou nenhuma
outra, naturalmente que não haverá efeito repristinatório (artigo
282.°, n.° 1, *a contrario*);
(ii) A retroactividade da declaração de inconstitucionalidade ressalva,
todavia, os casos julgados (artigo 282.°, n.° 3, 1.ª parte), só assim
não sucede, ocorrendo, por isso, a sua destruição, se ocorrer uma
das seguintes hipóteses[694]:
– Se o caso julgado respeitar a matéria sancionatória e for de conteúdo menos favorável ao arguido (artigo 282.°, n.° 3, 2.ª parte)[695];

---

[694] Para mais desenvolvimentos, cfr. PAULO OTERO, *Ensaio sobre o Caso Julgado Inconstitucional*, pp. 82 ss.

[695] Pode extrair-se, segundo o argumento *a contrario* do artigo 282.°, n.° 3, 2.ª parte, que
se o caso julgado não disser respeito a matéria sancionatória ou dizendo, for de conteúdo mais

§20.° *Tribunais* 457

– Se o caso julgado se fundar numa norma já declarada inconstitucional com força obrigatória geral à data da respectiva decisão;
– Se se estiver perante um caso julgado de uma decisão judicial directa e imediatamente violadora da Constituição;

(iii) Por identidade de razões fundadas nos princípios da segurança e da estabilidade jurídicas, também os actos administrativos que traduzam a aplicação de uma norma que venha a ser declarada inconstitucional se mantêm na ordem jurídica, desde que à data da declaração de inconstitucionalidade dessa norma eles já se tiverem consolidado, formando "caso decidido administrativo"[696], salvo tratando-se de actos que, dizendo respeito a matéria sancionatória, tenham um conteúdo menos favorável ao destinatário, caso em que o Tribunal Constitucional poderá determinar a restrição da regra geral da ressalva das situações jurídico-administrativas consolidadas;

(iv) Habilita ainda a Constituição que, por razões de segurança, equidade e interesse público de excepcional relevo, o Tribunal Constitucional possa restringir os efeitos da retroactividade da declaração de inconstitucionalidade, permitindo, por esta via, que se mantenham ou consolidem na ordem jurídica os efeitos inválidos de uma norma inconstitucional (artigo 282.°, n.° 4).

IX. Pode extrair-se da susceptibilidade de ressalva de efeitos produzidos por normas inconstitucionais, nos termos do artigo 282.°, que a Constituição permite que outros valores acolhidos pelo seu próprio texto limitem ou debilitem os efeitos normais ou típicos da inconstitucionalidade: o princípio da constitucionalidade tem de concorrer, por via de expressa consagração constitucional, com outros valores que limitam uma operatividade integral ou pura do controlo da constitucionalidade, permitindo que actos feridos de inconstitucionalidade possam ainda, apesar de tudo, produzir efeitos jurídicos[697].

---

favorável ao destinatário, fica sempre ressalvado, apesar de se fundar numa norma que virá a ser declarada inconstitucional com força obrigatória geral.

[696] Para mais desenvolvimentos, cfr. PAULO OTERO, *Legalidade e Administração Pública*, pp. 1014 ss.

[697] Para uma explicação mais desenvolvida do fenómeno que, apesar de circunscrita a situações jurídico-administrativas, se mostra passível, todavia, de ser ampliada a quaisquer tipos de situações jurídicas fundadas em normas declaradas inconstitucionais cujos efeitos foram ressalvados, cfr. PAULO OTERO, *Legalidade e Administração Pública*, pp. 1018-1019.

458 Estruturas constitucionais da República

(e) Idem: fiscalização por omissão

X. Integra ainda a competência do Tribunal Constitucional, a título exclusivo, a fiscalização da designada inconstitucional por omissão.

Note-se, porém, que nem toda a falta ou ausência de normas, medidas, condutas ou comportamentos se mostra passível de gerar inconstitucionalidade por omissão: nos termos do artigo 283.°, n.° 1, da Constituição, a inconstitucionalidade por omissão relevante para efeitos de controlo pelo Tribunal Constitucional diz respeito, única e exclusivamente, à falta de "medidas legislativas necessárias para tornar exequíveis as normas constitucionais".

Qualquer outra omissão, ainda que se traduza numa violação por inércia ou falta de um comportamento imposto pela Constituição, nunca gera uma inconstitucionalidade por omissão susceptível de controlo pelo Tribunal Constitucional pelo meio previsto no artigo 283.°: é necessário, para que exista uma inconstitucionalidade por omissão relevante para efeitos do artigo 283.°, que se verifique uma específica vinculação constitucional dirigida ao legislador, incumbindo-o de agir, isto é, de emanar um acto legislativo destinado a conferir implementação a um preceito constitucional que não goza de aplicabilidade directa, tendo decorrido um considerável lapso de tempo sem que essa incumbência tenha sido executada[698].

Por outro lado, a legitimidade processual activa para desencadear o processo junto do Tribunal Constitucional não se encontra aberta a qualquer interessado: só o Presidente da República, o Provedor de Justiça ou, tendo como fundamento a violação de posições jurídicas das regiões autónomas, os presidentes das respectivas assembleias legislativas, têm competência para requerer a fiscalização da inconstitucionalidade por omissão (artigo 283.°, n.° 1).

E aqui, de duas uma:

(i) O Tribunal Constitucional pode verificar a existência de uma situação de inconstitucionalidade por omissão de medidas legislativas, hipótese em que dará disso conhecimento ao órgão legislativo competente (artigo 283.°, n.° 2), devendo este adoptar a conduta devida, isto é, legislar;

(ii) Ou, em alternativa, o Tribunal Constitucional não verifica a existência de qualquer inconstitucionalidade por omissão, hipótese em

---

[698] Mostra-se possível, neste sentido, que outras modalidades de omissão legislativa, desde que não enquadráveis no artigo 283.°, sejam objecto de diferentes meios de protecção jurisdicional, cfr., por todos, JORGE PEREIRA DA SILVA, *Dever de Legislar e Protecção Jurisdicional Contra Omissões Legislativas*, Lisboa, 2003, pp. 167 ss.

que os órgãos legislativos não se encontram vinculados a emanar o acto legislativo ou, encontrando-se, não se acham obrigados por efeito de decisão judicial.

Na primeira hipótese, se o Tribunal Constitucional verificar a existência de uma inconstitucionalidade por omissão, não há aqui o criar de qualquer dever de legislar: esse dever já resultava directamente da própria Constituição, limitando-se a decisão do Tribunal Constitucional a traduzir uma mera interpelação de cumprimento de um dever cuja omissão assume, a partir de então, natureza ilícita para efeitos de responsabilidade civil do Estado[699].

XI. A inconstitucionalidade por omissão torna-se, nos termos expostos, um mecanismo de garantia de implementação do modelo constitucional de bem-estar social: o legislador não se encontra apenas vinculado a respeitar a Constituição naquilo que faz, nunca a podendo violar por acção, como ainda, simultaneamente, a própria Constituição procurou também instituir um mecanismo de controlo daquilo que o legislador não faz quando a Constituição lhe impunha que fizesse.

A inconstitucionalidade por omissão, tornando-se um mecanismo de garantia do dever jurídico de o legislador agir no sentido de implementar a Constituição, apesar de ser um limite material de revisão constitucional (artigo 288.º, alínea l)), não tem assegurada qualquer força executiva: os princípios da separação de poderes e da equiordenação dos órgãos constitucionais determinam que a efectividade das decisões do Tribunal Constitucional que verificam a existência de inconstitucionalidade nunca possa envolver qualquer substituição da intervenção decisória do legislador, nem seja possível constranger policialmente o legislador a legislar.

É certo que, perante a inércia do órgão legislativo em dar execução à decisão do Tribunal Constitucional que verifica a existência da inconstitucionalidade por omissão, o Tribunal Constituição pode repetir novo juízo de inconstitucionalidade, encontrando-se vinculado ao caso julgado, desde que as circunstâncias jurídico-factuais não tenham sofrido alteração[700], a verdade, todavia, é que nada disto consegue garantir a execução da sua decisão: a obrigatoriedade desta decisão do Tribunal Constitucional é um verdadeiro "tigre de papel", limitando-se a assumir significado simbólico, podendo agravar o dever de indemnizar pela omissão do dever de legislar, nunca garantindo, no entanto, a produção de um acto legislativo.

---

[699] Cfr. Paulo Otero, *Ensaio sobre o Caso Julgado Inconstitucional*, p. 147.
[700] Cfr. Paulo Otero, *Ensaio sobre o Caso Julgado Inconstitucional*, pp. 147-148.

460   *Estruturas constitucionais da República*

Uma tal debilidade da força jurídica da figura da inconstitucionalidade por omissão, aliada a uma função prática diminuta ao longo da vigência da Constituição de 1976, tornam este instituto um genuíno fracasso constitucional.

20.2.4. *Fiscalização da constitucionalidade de actos não normativos*

(a) Actos não normativos públicos

I. Começando pela fiscalização da constitucionalidade dos actos não normativos praticados no exercício da função política, pode dizer-se que, salvo os casos excepcionais previstos na Constituição (artigo 223.°, n.° 2), os actos políticos, apesar de a respectiva validade também depender da sua conformidade com a Constituição (artigo 3.°, n.° 3), não se encontram sujeitos a mecanismos judiciais de fiscalização da sua constitucionalidade[701].

São três as excepções ao princípio formulado, registando-se que o Tribunal Constitucional pode apreciar a constitucionalidade dos seguintes actos políticos:

   (i) Referendos nacionais, regionais e locais (artigo 223.°, n.° 2, alínea f));

  (ii) Os recursos de perda de mandato de Deputado (artigo 223.°, n.° 2, alínea g));

(iii) As eleições realizadas na Assembleia da República e nas assembleias legislativas das regiões autónomas (artigo 223.°, n.° 2, alínea g)).

Neste contexto, uma excepção de vulto representa a competência do Tribunal Constitucional para, em sede de fiscalização preventiva, conhecer da constitucionalidade das propostas de referendos nacionais, regionais e locais, assim como da apreciação dos requisitos relativos ao respectivo universo eleitoral (artigo 223.°, n.° 2, alínea f)).

Trata-se, aliás, de uma fiscalização preventiva obrigatória: visa impedir que se realizem referendos contrários à Constituição, obstando a que a vontade popular ganhe uma força política derrogatória da normatividade constitucional, erigindo-se em verdadeiro poder constituinte fora dos termos previstos pela própria Constituição.

---

[701] Cfr. PAULO OTERO, *Ensaio sobre o Caso Julgado Inconstitucional*, pp. 30 e 31.

§20.º *Tribunais* 461

Compreende-se, nesse sentido, que, ao invés da fiscalização preventiva da constitucionalidade de normas que é sempre facultativa, esta agora, incidindo sobre propostas de referendo, seja sempre obrigatória, registando-se que, se o Tribunal Constitucional se pronunciar pela inconstitucionalidade, o referendo não poderá ser realizado.

II. Tratando-se da inconstitucionalidade de actos não normativos produzidos no exercício da função administrativa (: actos administrativos[702], contratos e actos materialmente administrativos), uma vez que a desconformidade com a Constituição se reconduz a uma situação de invalidade por violação da juridicidade vinculativa da Administração Pública, sem embargo da discussão em torno do respectivo desvalor jurídico e de se tratar de uma inconstitucionalidade originária ou, pelo contrário, derivada ou consequente, a respectiva fiscalização compete aos tribunais administrativos (artigo 212.º, n.º 3).

E aqui, se nunca se colocar em causa a constitucionalidade das normas a aplicar pelos tribunais administrativos, as suas decisões jamais serão recorríveis para o Tribunal Constitucional, isto apesar de tais tribunais apreciarem a constitucionalidade de um acto (não normativo) praticado pela Administração Pública.

O Tribunal Constitucional nunca conhece da inconstitucionalidade de actos não normativos produzidos no exercício da função administrativa, salvo em três hipóteses:

(*i*) Tratando-se, em última instância, de actos de processo eleitoral (artigo 223.º, n.º 2, alínea c))[703];

(*ii*) Se os actos revestirem forma legislativa, caso em que estão sujeitos a um duplo controlo contencioso: o Tribunal Constitucional reconhece-se competente, por força de um precedente nesse sentido (v. *supra*, n.º 15.4., XII), sem prejuízo de também poderem ser objecto de controlo pelos tribunais administrativos;

(*iii*) O raciocínio subjacente à anterior hipótese deve também aplicar-se às situações em que os actos administrativos revestem forma regulamentar (v.g., decreto regulamentar, decreto simples), sendo de considerá-los sujeitos ao mencionado duplo controlo judicial de validade.

---

[702] Para uma análise do conceito e do regime contencioso dos actos administrativos inconstitucionais, cfr., por todos, DINAMENE DE FREITAS, *O Acto Administrativo Inconstitucional*, Coimbra, 2010.

[703] Sobre a amplitude de uma tal competência do Tribunal Constitucional, cfr. JORGE MIRANDA/RUI MEDEIROS, *Constituição Portuguesa Anotada*, III, pp. 260 ss.

462 Estruturas constitucionais da República

Excluídos estes actos, o Tribunal Constitucional não é configurado como estrutura de garantia da constitucionalidade ao nível dos actos não normativos provenientes da Administração Pública: são os tribunais administrativos esses garantes, encontrando-se confiada à própria estrutura da jurisdição administrativa a última palavra na fiscalização da constitucionalidade dos actos administrativos e dos contratos da Administração Pública.

(b) Actos não normativos privados

III. Como se processa a fiscalização da constitucionalidade de actos não normativos privados?

Pode dizer-se que o regime de fiscalização de tais actos não normativos privados (v.g., testamentos, contratos, deliberações sociais) é idêntico ao regime da fiscalização da constitucionalidade dos actos normativos privados (v.g., regulamentos de condomínio, estatutos de uma sociedade ou fundação, regulamentos de empresas): os tribunais judiciais são os únicos competentes para conhecer tais situações de inconstitucionalidade que, em boa verdade, se reconduzem à velha categoria de negócio jurídico proibido por lei ou contrário à lei (v. *supra*, n.º 20.2.1., XVI).

O Tribunal Constitucional não tem aqui qualquer intervenção, nem a título de fiscalização concreta, por efeito de recurso das decisões dos tribunais judiciais (salvo se estes aplicarem ou recusarem a aplicação de normas *públicas* envolvendo questão de inconstitucionalidade), nem por via de fiscalização sucessiva abstracta: por princípio, o controlo da inconstitucionalidade de actos jurídicos privados não integra a competência do Tribunal Constitucional.

Três únicas excepções se podem encontrar no ordenamento jurídico português, registando-se que em ambas o Tribunal Constitucional pode, nos termos a definir por lei, controlar a constitucionalidade de actos não normativos privados:

(i) Os actos constitutivos de partidos políticos e suas coligações, incluindo as suas designações, siglas e símbolos (artigo 223.º, n.º 2, alínea e));

(ii) As eleições de órgãos de partidos políticos (artigo 223.º, n.º 2, alínea h))[704];

---

[704] Para o seu desenvolvimento em termos infraconstitucionais, cfr. CARLA AMADO GOMES, *Quem tem medo do Tribunal Constitucional? A propósito dos artigos 103.º-C, 103.º-D e 103.º-E da LOTC*, in *Estudos em Homenagem ao Conselheiro José Manual Cardoso da Costa*, Coimbra, 2003, pp. 585 ss.

§20.º *Tribunais*

(iii) As deliberações de órgãos de partidos políticos (artigo 223.º, n.º 2, alínea h))[705].

Em qualquer dos casos, estamos perante actos privados provenientes ou envolvendo entidades privadas que exercem ou participam no exercício da função política, apesar de os actos em causa não traduzirem, necessariamente, esse exercício privado de uma função pública.

Fora de tais situações, o Tribunal Constitucional não surge configurado como garante da constitucionalidade de actos jurídicos privados: essa é uma função atribuída pela Constituição aos tribunais comuns, sendo o Supremo Tribunal de Justiça a instância máxima nesse controlo da constitucionalidade.

20.3. A competência dos tribunais para fiscalizar a legalidade

BIBLIOGRAFIA: GOMES CANOTILHO, *Direito Constitucional e Teoria...*, pp. 1029 ss.; JORGE MIRANDA, *Manual...*, VI, pp. 168 ss.: CARLOS BLANCO DE MORAIS, *Justiça Constitucional*, I, pp. 391 ss.; IDEM, *Justiça Constitucional*, II, pp. 149 ss.

20.3.1. *Introdução à fiscalização da legalidade*

(a) Conceito de ilegalidade

I. Numa primeira acepção, a ilegalidade consubstancia a desconformidade de um acto ou de uma conduta com uma norma que, sem revestir natureza constitucional, lhe serve de padrão de referência conformadora ou parâmetro decisório vinculativo.

A noção adiantada carece de quatro esclarecimentos complementares:

(i) Primeiro: se a norma que serve de padrão ou parâmetro fosse uma norma de natureza constitucional, a figura não seria reconduzível à ilegalidade, antes se estaria diante de uma inconstitucionalidade:
  – A ilegalidade consubstancia sempre, por conseguinte, uma violação directa e imediata de uma norma que não é a Constituição, nem tem valor constitucional;
  – Em igual sentido, a inconstitucionalidade traduz sempre uma violação directa e imediata de um preceito da Constituição ("oficial" ou "não oficial") ou dotado de valor constitucional;

---

[705] Cfr. CARLA AMADO GOMES, *Quem tem medo do Tribunal Constitucional?*, pp. 585 ss.

464   *Estruturas constitucionais da República*

– Se através da ilegalidade existe também, indirectamente, a violação da Constituição (v.g., o acto viola a lei que a Constituição impõe que ele deva respeitar), num cenário da designada inconstitucionalidade indirecta, nem por isso deixa de existir ilegalidade e como ilegalidade a matéria deve ser tratada;

(ii) Segundo: a norma que serve de padrão ou parâmetro de conformidade pode resultar da normatividade "oficial" ou, pelo contrário, atendendo à permeabilidade do sistema jurídico formal a impulsos oriundos de uma dimensão informal e factual da juridicidade[706], de uma normatividade "não oficial" de natureza *praeter legem* ou *contra legem*[707]:

– a noção de ilegalidade não se mostra apenas recortável no seu simples confronto com a legalidade escrita ou "oficial", antes envolve uma indagação prévia sobre a normatividade efectivamente reguladora da matéria e, caso se conclua pela existência de uma legalidade "não oficial", terá de se aferir da sua validade para, num momento posterior, se concluir se a actuação concreta respeitou ou não a legalidade vigente[708];

– Assim, o problema da legalidade "não oficial" determina que os tribunais, antes de procurarem saber se determinada conduta é válida ou inválida tenham de averiguar, num momento lógico anterior, qual a legalidade efectivamente vigente, pronunciando-se sobre os efeitos da legalidade "não oficial" sobre a legalidade "oficial"[709];

(iii) Terceiro: só existe ilegalidade se o padrão ou parâmetro normativo assumir natureza vinculativa, determinando uma solução imperativa: se, pelo contrário, a norma tiver natureza meramente exemplificativa, dispositiva ou não imperativa (v.g., recomendações, directivas não vinculativas, advertências, pareceres não vinculativos), podendo ser afastada pelos destinatários ou servir de mero critério de orientação, num cenário de *soft law*[710], naturalmente que uma actuação em sentido desconforme não gera uma situação de ilegalidade;

---

[706] Para mais desenvolvimentos, cfr. PAULO OTERO, *Legalidade e Administração Pública*, pp. 240-241.

[707] Cfr. PAULO OTERO, *Legalidade e Administração Pública*, pp. 418 ss.

[708] Cfr. PAULO OTERO, *Legalidade e Administração Pública*, p. 439.

[709] Cfr. PAULO OTERO, *Legalidade e Administração Pública*, p. 439.

[710] Para mais desenvolvimentos, apesar de formulados a propósito do Direito Administrativo, sendo generalizáveis a todas as situações de legalidade, cfr. PAULO OTERO, *Legalidade e Administração Pública*, pp. 908 ss.

§20.° *Tribunais*   465

(iv) Quarto: a ilegalidade tanto pode incidir sobre comportamentos (v.g., agressão, escuta telefónica, apropriação de um bem) como sobre actos jurídicos normativos (v.g., convenções internacionais, leis, regulamentos) ou não normativos (v.g., actos administrativos, contratos, decisões judiciais), podendo traduzir o exercício de uma actividade pública ou, ao invés, uma actividade de natureza privada.

II. A ilegalidade, tal como a inconstitucionalidade, mostra-se susceptível de assumir duas configurações estruturais básicas:

    (i) A ilegalidade pode consistir em fazer o que uma norma sem natureza constitucional proíbe que se faça – *ilegalidade por acção*;

    (ii) Ou, pelo contrário, a ilegalidade pode consistir em deixar de se fazer aquilo que uma norma sem natureza constitucional impõe que se faça – *ilegalidade por omissão*.

Em qualquer dos casos, há ilegalidade, pois adopta-se sempre um comportamento contrário ao exigido pela norma infraconstitucional.

III. No domínio da ilegalidade por acção, a desconformidade com a normatividade infraconstitucional pode localizar-se em quatro aspectos:

    (i) Pode dizer respeito à autoria do acto, verificando-se que o mesmo foi emanado por quem, não tendo habilitação para o efeito, era incompetente, verificando-se aqui uma *ilegalidade orgânica*;

    (ii) Pode a violação da normatividade dizer respeito ao conteúdo ou ao objecto do acto ou conduta, contrariando o disposto numa regra ou princípio e, nesse sentido, traduzindo uma *ilegalidade material*;

    (iii) Poderá ainda a ilegalidade situar-se na violação das normas procedimentais de feitura do acto ou no incumprimento de requisitos de forma, ocorrendo aqui uma *ilegalidade formal*;

    (iv) Pode, por último, a violação da normatividade dizer respeito ao fim do acto, verificando-se que o motivo principalmente determinante da sua emanação não coincide com o fim que a lei teve em vista ao atribuir essa competência, ocorrendo um desvio de poder que determina uma *ilegalidade teleológica ou finalística*.

IV. Assim como antes se referiu relativamente à inconstitucionalidade, nos mesmos exactos termos, podemos encontrar as seguintes modalidades dicotómicas de ilegalidade:

    (i) Ilegalidade total/ilegalidade parcial (v. *supra*, n.° 20.2.1., IV);

(ii) Ilegalidade originária/ilegalidade superveniente (v. *supra*, n.° 20.2.1., V);

(iii) Ilegalidade de actos ainda vigentes/ilegalidade de actos que já não se encontram em vigor (v. *supra*, n.° 20.2.1., VI);

(iv) Ilegalidade antecedente ou originária/ilegalidade consequente ou derivada (v. *supra*, n.° 20.2.1., VII)[711];

(v) Ilegalidade presente/ilegalidade pretérita (v. *supra*, n.° 20.2.1., VIII).

(b) Tipos de fiscalização

V. A fiscalização da legalidade, se, num primeiro momento, pode ter em vista o controlo de situações de ilegalidade por acção ou, pelo contrário, de ilegalidades por omissão, pode ainda, num segundo momento, incidir sobre actos jurídicos públicos ou actos jurídicos privados, sendo possível de, por último, dizer respeito a actos normativos ou, ao invés, a actos não normativos.

Centremos agora a nossa atenção nos instrumentos de fiscalização da legalidade que incidem sobre actos jurídicos de natureza pública e que revestem conteúdo normativo.

VI. Em matéria de fiscalização da legalidade de normas jurídicas, a Constituição traça um recorte muito nítido entre dois tipos de situações:

(i) Há, por um lado, as situações de ilegalidade normativa equiparadas ao regime de fiscalização da inconstitucionalidade junto do Tribunal Constitucional, compreendendo os três seguintes casos (artigos 280.°, n.° 2, e 281.°, n.° 1, alíneas b), c) e d)):

  – A ilegalidade de norma constante de acto legislativo com fundamento na violação de lei com valor reforçado;

  – A ilegalidade de norma proveniente de uma região autónoma com fundamento na violação do estatuto político-administrativo da respectiva região;

  – A ilegalidade de uma norma proveniente de um órgão de soberania com fundamento na violação do estatuto politico-administrativo de uma região autónoma;

(ii) Existem, por outro lado, todas as restantes situações de ilegalidade normativa que não beneficiam de qualquer equiparação ao regime

---

[711] Para uma ilustração da relevância da distinção ao nível da actuação administrativa, cfr. PAULO OTERO, *Legalidade e Administração Pública*, pp. 709 ss.

§20.° *Tribunais* 467

da fiscalização da inconstitucionalidade junto do Tribunal Constitucional (v.g., regulamento de execução violador de lei).

Numa síntese do respectivo regime jurídico, verifica-se que no primeiro
grupo, integrando as situações de ilegalidade equiparadas à inconstitucionalidade, as normas ilegais se encontram sujeitas a fiscalização sucessiva concreta e também a fiscalização sucessiva abstracta por parte do Tribunal Constitucional, enquanto todas as restantes situações de normas ilegais, integrando
o segundo grupo, se encontram excluídas da esfera de jurisdição do Tribunal
Constitucional.

VII. Regista-se ainda que a fiscalização da ilegalidade de normas pelo
Tribunal Constitucional, assumindo um carácter excepcional, obedece a duas
regras nucleares:

    (i) Não há mecanismos de fiscalização preventiva da ilegalidade de
        normas: o Tribunal Constitucional (assim como qualquer outro tri-
        bunal) nunca pode conhecer, a título preventivo, a ilegalidade de
        uma norma;

    (ii) Não há mecanismos de fiscalização da ilegalidade por omissão de
        normas: o Tribunal Constitucional não tem competência para conhe-
        cer a falta de normas para tornar exequíveis leis ou quaisquer outros
        actos normativos infraconstitucionais.

(c) Objecto da fiscalização

VIII. A fiscalização da legalidade pelos tribunais não incide só sobre
actos normativos, nem exclusivamente sobre actos jurídicos públicos:

    (i) Igualmente a ilegalidade dos actos jurídicos privados, tenham natu-
        reza normativa ou não normativa, é passível de controlo jurisdicional:
        aqui a competência pertence em exclusivo aos tribunais judiciais;

    (ii) Em termos idênticos, também a ilegalidade dos actos públicos sem
        natureza normativa é susceptível de controlo judicial, sendo possí-
        vel diferenciar três grupos de casos:

        – A ilegalidade de actos políticos: sendo o caso dos referendos
          nacionais, regionais e locais;

        – A ilegalidade de actos da Administração Pública: é o que sucede
          com os actos administrativos, os contratos públicos e ainda os
          actos materialmente administrativos;

        – A ilegalidade das decisões judiciais;

468 *Estruturas constitucionais da República*

(iii) O controlo judicial mostra-se ainda passível de compreender a ilegalidade de condutas omissivas violadoras de deveres de acção impostos pela normatividade vinculativa, isto a dois níveis:
– A ilegalidade de condutas omissivas jurídico-públicas (v.g., omissão ilegal de emanação de um regulamento administrativo, inércia na outorga de contrato pela entidade pública adjudicante);
– A ilegalidade de condutas jurídico-privadas (v.g., inexecução de um contrato-promessa ou de uma deliberação social).

IX. Neste universo de condutas sujeitas a fiscalização da legalidade, a delimitação da competência dos tribunais torna-se questão central, podendo, desde já, adiantar-se duas ideias nucleares:

(i) A competência do Tribunal Constitucional na fiscalização da legalidade é substancialmente mais reduzida do que a competência que possui no domínio da fiscalização da constitucionalidade;
(ii) A competência dos restantes tribunais para fiscalizar a legalidade obedece a regras rigorosas de delimitação material, assumindo particular importância as instâncias superiores na definição da última palavra em matéria de ilegalidade.

20.3.2. *Fiscalização da legalidade pelo Tribunal Constitucional*

(a) A fiscalização concreta

I. Um primeiro domínio de intervenção do Tribunal Constitucional na fiscalização concreta da legalidade reside, nos termos do artigo 280.°, n.° 2, na apreciação do recurso das decisões dos tribunais que recusem aplicar norma com fundamento da sua ilegalidade ou que a apliquem tendo sido suscitada a sua ilegalidade, isto, todavia, somente nas três seguintes hipóteses:

(i) Se a norma constar de acto legislativo, desde que com fundamento na violação de lei com valor reforçado;
(ii) Se a norma for proveniente de uma região autónoma, tendo como fundamento a violação do estatuto político-administrativo da respectiva região;
(iii) Se a norma for proveniente de um órgão de soberania, desde que com fundamento na violação do estatuto político-administrativo de uma região autónoma.

$20.° Tribunais 469

Em nenhuma outra hipótese será possível o recurso para o Tribunal Constitucional de decisões dos tribunais que conheçam da ilegalidade das normas que aplicam ou se recusam a aplicar.

Valem aqui, integralmente, as considerações antes formuladas a propósito da fiscalização concreta da inconstitucionalidade (v. *supra*, n.° 20.2.3., (a)).

II. Um segundo domínio de intervenção concreta do Tribunal Constitucional na fiscalização da legalidade diz respeito aos actos sem conteúdo normativo que, por força do artigo 223.°, n.° 2, a Constituição confia a este órgão o controlo da respectiva legalidade, sem prejuízo de também lhe atribuir a fiscalização da respectiva constitucionalidade (v. *supra*, n.° 20.2.4.).

Circunscrevendo agora a análise à fiscalização da legalidade pelo Tribunal Constitucional, pode dizer-se que estão aqui em causa três distintos tipos de actos não normativos:

(*i*) Actos políticos:
  – Os recursos sobre a legalidade da perda de mandato de Deputado (artigo 223.°, n.° 2, alínea g));
  – A legalidade das eleições realizadas na Assembleia da República e nas assembleias legislativas das regiões autónomas (artigo 223.°, n.° 2, alínea g));
(*ii*) Actos administrativos:
  – Julgar, em última instância, a legalidade dos actos de processo eleitoral (artigo 223.°, n.° 2, alínea c));
(*iii*) Actos privados:
  – A legalidade dos actos constitutivos de partidos políticos e suas coligações, incluindo as designações, siglas e símbolos (artigo 223.°, n.° 2, alínea e));
  – A legalidade das eleições de órgãos de partidos políticos (artigo 223.°, n.° 2, alínea h));
  – A legalidade das deliberações de órgãos de partidos políticos (artigo 223.°, n.° 2, alínea h)).

(b) A fiscalização abstracta: fiscalização preventiva

III. Nos termos da Constituição, a fiscalização preventiva da legalidade só conhece um objecto e assume uma natureza obrigatória: as propostas de referendo nacional, regional e local, incluindo a apreciação dos requisitos relativos ao respectivo universo eleitoral, têm de ser submetidas a apreciação prévia do Tribunal Constitucional (artigo 223.°, n.° 2, alínea f)).

470   *Estruturas constitucionais da República*

Nenhum outro acto é passível de fiscalização preventiva da legalidade. A competência do Tribunal Constitucional restringe-se aqui a este único tipo de actos, verificando-se que uma pronúncia no sentido da ilegalidade inviabiliza a realização do referendo, tal como uma pronúncia no sentido da não ilegalidade deixa a decisão política da realização do referendo nacional ou regional nas mãos do Presidente da República.

Mostram-se aqui aplicáveis as anteriores considerações tecidas a propósito da fiscalização preventiva da constitucionalidade dos referendos (v. *supra*, n.° 20.2.4., I).

(c) Idem: fiscalização sucessiva

IV. Nos três casos de ilegalidade de normas equiparados à inconstitucionalidade (v. *supra*, n.° 20.3.1., VI), pode ainda o Tribunal Constitucional proceder a uma fiscalização sucessiva abstracta, visando obter, nos termos do artigo 282.°, a respectiva declaração de ilegalidade com força obrigatória geral.

Tal como sucede em matéria de inconstitucionalidade (v. *supra*, n.° 20.2.3., VII), apesar de aqui tudo se circunscrever às três mencionadas situações de ilegalidade, a fiscalização sucessiva abstracta da ilegalidade pelo Tribunal Constitucional pode ter a sua origem em duas vias:

    (*i*) Poderá resultar de um requerimento autónomo de impugnação das normas a que se refere o artigo 281.°, n.° 1, alíneas b), c) e d), formulado pelas entidades identificadas no n.° 2, visando obter do Tribunal Constitucional a respectiva declaração de ilegalidade com força obrigatória geral;

    (*ii*) Ou, poderá resultar de, perante o recurso para o Tribunal Constitucional de decisões dos restantes tribunais que conheçam os casos limitados de ilegalidade de normas (artigo 280.°, n.° 2), o Tribunal Constitucional em três casos concretos tenha entendido que a norma em causa era ilegal, passando depois a poder conhecer directamente dessa norma para efeitos da sua eventual declaração da ilegalidade com força obrigatória geral (artigo 281.°, n.° 3).

Não existem aqui, sublinhe-se, especialidades dignas de nota no presente regime jurídico da fiscalização da legalidade, remetendo-se para tudo aquilo que antes se escreveu sobre a fiscalização da inconstitucionalidade sucessiva abstracta (v. *supra*, n.° 20. 2.3., (d)).

§20.° Tribunais

20.3.3. Fiscalização da legalidade pelos restantes tribunais: competência difusa genérica

I. A atribuição ao Tribunal Constitucional de uma competência sucessiva concreta, alicerçada no recurso das decisões dos tribunais que, nos termos do artigo 280.°, n.° 2, apreciam a legalidade das normas que aplicam (v. *supra*, n.° 20.3.2., I), permite extrair uma inegável conclusão: nos três mencionados casos, correspondendo às situações de ilegalidade equiparada à inconstitucionalidade (v. *supra*, n.° 20.3.1, VI), todos os tribunais gozam de uma competência genérica para proceder a uma fiscalização difusa e incidental da ilegalidade de tais normas se se colocar a questão da sua aplicação.

Neste sentido, desde que a ilegalidade se refira *(i)* a norma que conste de acto legislativo, ocorrendo violação de lei com valor reforçado, *(ii)* a norma proveniente de uma região autónoma, verificando-se violação do estatuto político-administrativo da respectiva região, *(iii)* ou, por último, se estiver em causa uma norma proveniente de um órgão de soberania, existindo violação do estatuto político-administrativo de uma região autónoma, todo e qualquer tribunal está vinculado, se o problema se suscitar a propósito da resolução de uma questão que envolva a aplicação de tais normas, a recusar a sua aplicação com fundamento em ilegalidade.

Em qualquer caso, recuse o tribunal aplicar a norma, por a considerar ilegal, ou, em alternativa, proceda à sua aplicação, julgando-a não ilegal, ainda assim, a decisão judicial, no aspecto que se refere ao juízo de ilegalidade da norma, é passível de recurso para o Tribunal Constitucional.

II. E quanto às normas cuja ilegalidade resulte de diferentes causas? Será que os tribunais também gozam de uma competência difusa e incidental para proceder à respectiva fiscalização da ilegalidade, recusando a sua aplicação se as considerarem ilegais?

Já anteriormente, a propósito da competência dos tribunais arbitrais, respondemos em sentido afirmativo[712]. E, confirmando esse mesmo entendimento, ampliamo-lo agora a todos os tribunais, isto por duas ordens de razões:

(i) A vinculação à juridicidade que o artigo 203.° estabelece para todos os tribunais, só se pode entender se essa normatividade em causa for válida: os tribunais só estão vinculados ao Direito se o Direito em causa for válido, motivo pelo qual, implicitamente, há que lhes reco-

---

[712] Cfr. PAULO OTERO, *Admissibilidade e limites da arbitragem voluntária nos contratos públicos e nos actos administrativos*, pp. 86-87.

472   *Estruturas constitucionais da República*

nhecer uma competência genérica para apreciar e rejeitar a aplicação de qualquer norma que seja inválida, qualquer que seja a fonte geradora dessa mesma invalidade;

(ii) Se aos tribunais não fosse reconhecida uma competência genérica para apreciar a validade de todas as normas que aplicam, poder-se--ia criar um sistema em que os tribunais se encontrariam obrigados a aplicar normas inválidas, contrariando a sua função constitucional de "reprimir a violação da legalidade" (artigo 202.°, n.° 2): os tribunais tornar-se-iam, nessa hipótese, eles próprios, violadores da legalidade, renunciando ao estatuto de guardiões da juridicidade do Estado de Direito.

Trata-se, note-se, de uma competência de fiscalização que todos os tribunais devem efectuar oficiosamente, isto é, sem dependência de pedido das partes.

Uma advertência cumpre formular à competência genérica que todos os tribunais têm para, em termos difusos, fiscalizarem a legalidade das normas que aplicam: nem todas as subsequentes decisões dos tribunais são recorríveis para o Tribunal Constitucional – só as decisões dos tribunais que conhecem a designada ilegalidade equiparada à inconstitucionalidade (v. *supra*, n.° 20.3.1, VI) são susceptíveis de recurso (artigo 280.°, n.° 2), verificando-se que as restantes encontram no tribunal superior da respectiva ordem jurisdicional a última instância definidora do juízo sobre a ilegalidade.

20.3.4. *Idem: competência específica dos restantes tribunais*

(a) Competência dos Tribunais Judiciais

I. A competência dos tribunais judiciais para fiscalizar a legalidade, sem embargo da competência genérica acabada de mencionar (v. *supra*, n.° 20.3.3.), mostra-se operativa nos seguintes domínios específicos:

(i) Todos os actos e condutas de natureza privada, salvo os que a Constituição resolveu conferir à esfera de intervenção directa do Tribunal Constitucional (v. *supra*, n.° 20.3.2., II), traduzam acções ou omissões ilegais, revestindo as primeiras carácter normativo ou não normativo;

(ii) Todos os demais actos e condutas que, apesar de não assumirem natureza privada, não encontrem como competente para apreciar a sua validade uma outra ordem de tribunais.

§20.º *Tribunais*   473

Em todos estes casos, os tribunais judiciais podem exercer, desde que para isso sejam solicitados por quem tem legitimidade processual activa, uma competência de fiscalização da legalidade, sendo certo, no entanto, que as suas decisões nunca poderão ser recorríveis para o Tribunal Constitucional, encontrando sempre como instância máxima, nos termos da lei, o Supremo Tribunal de Justiça.

(b) Competência dos Tribunais Administrativos

II. No âmbito das relações jurídicas administrativas e fiscais, além da referida competência difusa genérica de controlo da legalidade (v. *supra*, n.º 20.3.3.), os tribunais administrativos e fiscais gozam de uma competência específica para fiscalizar a legalidade das condutas da Administração Pública e ainda de entidades que (sem integrarem organicamente a Administração) praticam actos materialmente administrativos, que, sem prejuízo das anteriores referências (v. *supra*, n.º 3.6., (b)), se pode expressar nas duas seguintes vertentes:

(i) Controlo da legalidade de normas regulamentares, actos administrativos, contratos públicos e actos em matéria administrativa;
(ii) Controlo da legalidade de omissões administrativas relativas a condutas normativas e não normativas.

Em qualquer destas áreas, sem embargo dos diversos meios processuais delineados pela lei, aos tribunais administrativos e fiscais encontra-se reservada a fiscalização da ilegalidade das condutas administrativas, salvas as matérias de índole administrativa que a Constituição confiou à competência de outros tribunais.

A intervenção dos tribunais administrativos e fiscais na fiscalização da legalidade, expressando também uma forma de "reprimir a violação da legalidade democrática" pela actuação administrativa, desenvolve-se à luz de um princípio de tutela jurisdicional efectiva dos direitos dos administrados (artigo 268.º, n.ºs 4 e 5), encontrando no Supremo Tribunal Administrativo a instância última definidora do sentido deste tipo de ilegalidade.

(c) Competência do Tribunal de Contas

III. O Tribunal de Contas é, nos termos do artigo 214.º, n.º 1, a estrutura do poder judicial encarregue da fiscalização da legalidade das despesas públicas (v. *supra*, n.º 20.1.2, XIII).

Neste sentido, todos os aspectos que digam respeito ao controlo judicial da legalidade financeira, preventiva ou sucessiva das despesas públicas, expressando um mecanismo de fiscalização da execução do Orçamento (artigo 107.°), exige a intervenção do Tribunal de Contas: há aqui, sem prejuízo da competência genérica de fiscalização difusa da legalidade das normas que é chamado a aplicar (v. *supra*, n.° 20.3.3.), uma área de reserva de fiscalização da legalidade a favor do Tribunal de Contas conferida directamente pela Constituição.

Note-se, por outro lado, que a intervenção fiscalizadora do Tribunal de Contas não se limita a uma simples apreciação da conformidade dos actos que envolvem despesas públicas com normas jurídicas, pois é passível de envolver também, segundo critérios técnicos, um juízo sobre a economia, eficácia e eficiência das despesas: a fiscalização da legalidade das despesas públicas não é um mero controlo da conformidade jurídico-administrativa da legalidade.

E, neste domínio de fiscalização da legalidade financeira, a intervenção do Tribunal de Contas não conhece qualquer instância superior: o Tribunal de Contas é o único órgão desta ordem jurisdicional e, uma vez mais, as respectivas decisões no âmbito da competência específica de controlo da legalidade financeira não são passíveis de recurso para o Tribunal Constitucional.

SUBSECÇÃO B
Sistema de governo

§21.º
Princípios do sistema de governo

21.1. Explicação prévia

I. Mesmo sem tomar em consideração a já salientada transfiguração da Constituição decorrente da subversão do significado das eleições parlamentares e da emergência de um sistema de governo "não oficial" caracterizado como sendo de presidencialismo de primeiro-ministro (v. *supra*, n.º 8.3., (b)), o estudo realizado em torno do Presidente da República (v. *supra*, §17.º), da Assembleia da República (v. *supra*, §18.º) e do Governo (v. *supra*, §19.º) permitiu encontrar e recortar as grandes coordenadas em torno dos traços do sistema de governo instituído pela Constituição de 1976.

Cumpre agora fazer uma breve síntese de todos os elementos dispersos que foram recolhidos, procurando encontrar uma explicação global e unitária para o sistema de governo vigente: justifica-se, deste modo, a razão pela qual trataremos apenas dos princípios do sistema de governo.

II. Quais são, atendendo ao já exposto, os princípios gerais a que obedece a configuração do sistema de governo português?

Entendemos serem três os mencionados princípios gerais, a saber:

(i) O *princípio do pluralismo orgânico-funcional*, traduzindo a ideia de que todo o sistema de governo gira em torno de um equilíbrio de soluções constitucionais envolvendo um triângulo político formado pelo Presidente da República, a Assembleia da República e o Governo: haverá aqui que, partindo da normatividade do texto escrito da Constituição, procurar qualificar esse equilíbrio orgânico-funcional dentro dos tipos conceituais de sistemas de governo;

(ii) O *princípio da permeabilidade factual*, significando isto que o sistema de governo não se pode determinar apenas através da leitura do texto escrito da Constituição, pois comporta em si também uma

478 Estruturas constitucionais da República

dimensão ou componente extrajurídica que, assumindo-se como realidade informal, pode ganhar relevância jurídica, juridificando-se no contexto da designada Constituição "não oficial": a determinação do sistema de governo nunca pode esquecer ou negligenciar esta vertente complementar e, quase sempre, determinante do exacto sistema de governo efectivamente explicativo do funcionamento das instituições políticas – ninguém pode dizer que conhece a realidade constitucional se se limitar a ler e a interpretar as normas escritas da Constituição "oficial"[713];

(iii) O *princípio da flexibilidade do equilíbrio orgânico-funcional*, revelando que a conjugação entre a normatividade "oficial" e a normatividade "não oficial" respeitante ao sistema de governo mostram a adaptabilidade ou mesmo a plasticidade do modelo traçado e vivido em cada momento histórico: a Constituição de 1976 revela aqui uma insigne habilidade susceptível de ilustrar diferentes equilíbrios institucionais, num modelo verdadeiramente aberto a diferentes vivências plurais de soluções governativas.

Observemos, seguidamente, de modo mais detalhado, a configuração operativa e explicativa de cada um destes princípios referentes ao sistema de governo português.

21.2. Princípio do pluralismo orgânico-funcional: o equilíbrio do triângulo político

BIBLIOGRAFIA: GOMES CANOTILHO, *Direito Constitucional e Teoria...*, pp. 593 ss.; GOMES CANOTILHO/VITAL MOREIRA, *Fundamentos...*, pp. 208 ss.; RAÚL MACHADO HORTA, *A Constituição da República Portuguesa e o regime semipresidencial*, in JORGE MIRANDA (org.), *Perspectivas Constitucional*, I, Coimbra, 1996, pp. 515 ss.; PEDRO SANTANA LOPES/JOSÉ MANUEL DURÃO BARROSO, *Sistema de Governo e Sistema Partidário*, Lisboa, 1980; JORGE MIRANDA, *O sistema semipresidencial português entre 1976 e 1979*, in *Revista da Faculdade de Direito da Universidade de Lisboa*, 1984, pp. 193 ss.; CARLOS BLANCO DE MORAIS, *Le metamorfosi del semipresidenzialismo portoghese*, in LUCIO PEGORARO/ANGELO RINELLA (org.), *Semipresidenzialismi*, Padova, 1997, pp. 125 ss.; ISALTINO DE MORAIS/J. M. FERREIRA DE ALMEIDA/RICARDO LEITE

---

[713] Cfr. PAULO OTERO, *As instituições políticas e a emergência de uma «Constituição não oficial»*, p. 86.

§21.º *Princípios do sistema do governo* 479

PINTO, *O Sistema de Governo Semipresidencial. O caso português*, Lisboa, 1984; RICARDO LEITE PINTO, *A deslocação constitucional do sistema de governo português: o «trialismo governamental»*, sep. *Contributos para a Reforma do Sistema Eleitoral*, Lisboa, 1999; FRANCISCO LUCAS PIRES, *O sistema de governo: sua dinâmica*, in MÁRIO BAPTISTA COELHO (coord.), *Portugal. O Sistema Político e Constitucional 1974/1987*, Lisboa, 1989, pp. 295 ss.; IDEM, *Teoria da Constituição...*, pp. 226 ss.; CRISTINA QUEIROZ, *O Sistema Político e Constitucional Português*, Lisboa, 1992; IDEM, *O sistema de governo português*, in *Homenagem ao Prof. Doutor André Gonçalves Pereira*, Coimbra, 2006, pp. 217 ss.; MARCELO REBELO DE SOUSA, *O Sistema de Governo Português*, 4.ª ed., Lisboa, 1992.

(a) Explicação tradicional: o semipresidencialismo

I. A maioria da doutrina portuguesa interpreta o equilíbrio de poderes estabelecido no texto da Constituição entre o Presidente da República, a Assembleia da República e o Governo como traduzindo a vigência de um sistema de governo semipresidencial[714].

Esse equilíbrio entre os três referidos órgãos, identificado com o sistema semipresidencialista, seria o resultado de duas preocupações dos constituintes durante a génese da Constituição:

(i) Evitar, por um lado, os vícios do parlamentarismo da I República e, paralelamente, a concentração presidencial de poderes típica do Estado Novo[715];

(ii) Alcançar um compromisso político entre o parlamentarismo racionalizado proposto pelos projectos constitucionais dos partidos políticos (: PS, PPD e CDS) e a preferência presidencialista defendida pelo Movimento das Forças Armadas e subjacente à II Plataforma de Acordo Constitucional[716].

Aqui residiria a razão histórica do semipresidencialismo na Constituição.

---

[714] Para um vasto elenco dos autores que qualificam o sistema de governo como sendo semipresidencial, antes e depois da revisão constitucional de 1982, cfr. PAULO OTERO, *O Poder de Substituição...*, II, p. 793, nota n.º 280; JORGE MIRANDA, *Manual...*, I, pp. 359-360, nota n.º 1, e pp. 410-411, nota n.º 2.

[715] Cfr. JORGE MIRANDA, *Manual...*, I, p. 356.

[716] Cfr. MARCELO REBELO DE SOUSA, *O Sistema de Governo Português*, p. 61.

480 Estruturas constitucionais da República

II. O mencionado compromisso político entre o parlamentarismo e o presidencialismo que teria ditado, desde 1976, o semipresidencialismo no texto constitucional seria visível num conjunto de manifestações reveladoras da mencionada dupla influência[717]:

(*i*) A componente parlamentar ditaria as seguintes características do sistema de governo expressas na Constituição:
– O Primeiro-Ministro é escolhido e o Governo é formado tendo em conta os resultados das eleições parlamentares;
– O Governo responde politicamente perante a Assembleia da República, dependendo a sua formação e sobrevivência do parlamento;
– Há uma diarquia no poder executivo, dividido que está entre o Presidente da República e o Primeiro-Ministro;
(*ii*) A componente presidencial do sistema de governo seria observável, por seu turno, nos seguintes aspectos emergentes da normatividade constitucional:
– O Presidente da República é eleito por sufrágio universal e directo;
– O Presidente da República pode demitir o Governo, desde que isso se torne necessário para assegurar o regular funcionamento das instituições democráticas;
– O Presidente da República dispõe de poderes de intervenção, neles se salientando o poder de veto político e o poder de dissolução do parlamento.

A confluência destes contributos geraria, diz-se, um sistema de governo semipresidencial.

III. Problemática mostra-se, no entanto, a definição do que seja o conceito de semipresidencialismo como sistema de governo que, apesar de reunir a confluência de traços do parlamentarismo e do presidencialismo, se tem de configurar como realidade conceptual autónoma.

Há aqui toda uma panóplia de teorias e critérios identificativos do que seja o semipresidencialismo, salientando-se os seguintes principais:

(*i*) A natureza bicéfala do executivo, existindo um Presidente da República, eleito por sufrágio directo, e um Primeiro-Ministro com um

---

[717] Neste sentido, cfr., por todos, MARCELO REBELO DE SOUSA, *O Sistema de Governo Português*, pp. 10 ss. e 64 ss.

§21.º Princípios do sistema do governo

Governo autónomo, responsável perante o parlamento, partilhando ambos o poder executivo[718];

(ii) Num outro sentido, o semipresidencialismo é visto como convergência da influência dos sistemas parlamentares e dos sistemas presidenciais[719], salientando-se dos primeiros a responsabilidade política do Governo perante o parlamento e dos segundos a legitimação democrática directa do Presidente da República[720];

(iii) O estatuto do Presidente da República como "órgão político activo, apto a tomar decisões autónomas frente ao Parlamento e ao Governo" é entendido como requisito necessário para se falar em semipresidencialismo[721];

(iv) Por último, o semipresidencialismo assentaria na verificação de um cenário em que existe, simultaneamente, um Presidente eleito por sufrágio directo, susceptível de "exercer poderes constitucionais significativos", e um Governo que é politicamente responsável perante o Parlamento[722].

IV. O que pensar do exposto?

Entendemos, em primeiro lugar, que o semipresidencialismo como sistema de governo autónomo, enquanto realidade apreensível por um conceito passível de agrupar um conjunto de experiências de sistemas de governo, não existe, nem se mostra cientificamente correcto integrar no mesmo tipo de sistema de governo a V República Francesa (antes ou depois de 1962) e o sistema emergente da Constituição portuguesa de 1976 (antes ou depois de 1982).

Olhando a letra das duas Constituições e a prática política da vivência institucional nos dois países, há um abismo colossal entre o modo de funcionamento do sistema de governo francês e o português:

(i) Em França, o eixo central da vida política é o Presidente da República, assumindo o Primeiro-Ministro e o parlamento um papel secundário; em Portugal, ao invés, o eixo da vida política é o Governo,

---

[718] Cfr. MAURICE DUVERGER, *Os Grandes Sistemas Políticos*, p. 150; GIOVANNI SARTORI, *Ingegneria Costituzionale Comparata*, Bologna, 1998, pp. 146 ss.

[719] Cfr. MARCELO REBELO DE SOUSA, *O Sistema de Governo Português*, p. 10. Num sentido semelhante, falando em "cumulação de componentes (e legitimidades idênticas) presidencial e parlamentar", cfr. MARCELO REBELO DE SOUSA, *A Coabitação Política em Portugal*, Lisboa, 1987, p. 14.

[720] Cfr. MARCELO REBELO DE SOUSA, *O Sistema de Governo Português*, p. 71.

[721] Cfr. JORGE MIRANDA, *Manual...*, I, p. 406.

[722] Cfr. JORGE REIS NOVAIS, *Semipresidencialismo*, I, Coimbra, 2007, p. 141.

segundo a configuração ditada pela Assembleia da República e a liderança que o Primeiro-Ministro confere ao executivo e à maioria do parlamento, deslocado que está o Presidente da República para um papel normalmente secundário de titular de meros poderes *d'empêcher*, sem prejuízo de possuir um poder moderador exercitável em raros e excepcionais momentos;

(ii) Em França, o Presidente da República tem poderes autónomos de intervenção decisória sobre a definição e condução da política governativa, presidindo, por isso, ao Conselho de Ministros; em Portugal, ao contrário, a esmagadora maioria dos poderes do Presidente da República dependem da intervenção do Primeiro-Ministro, traduzindo os designados poderes entrecruzados ou partilhados, pertencendo ao Primeiro-Ministro a direcção da política geral do Governo, ao Conselho de Ministros (sem a presença do Presidente da República) a definição das linhas gerais da política governamental e ao Governo a condução da política geral do país;

(iii) Em França, o Presidente da República representa uma amálgama das vantagens do Primeiro-Ministro britânico e do Presidente norte--americano, sem ter as desvantagens de qualquer um deles[723]; em Portugal, o Presidente da República "reina mas não governa", numa síntese entre o poder moderador do rei da Carta Constitucional, em momentos esporádicos, e o Chefe de Estado de uma república parlamentar, normalmente.

Por tudo isto, se a V República francesa tem um sistema semipresidencial, decididamente que Portugal, segundo os termos da Constituição escrita, não terá um sistema semipresidencial: nunca os dois sistemas podem conviver numa mesma designação[724].

Em segundo lugar, mostra-se um grave erro metodológico construir um conceito de modo assumidamente comprometido com a realidade que nele procuramos, a tudo o custo, ver enquadrada: não é uma postura cientificamente correcta partir da qualificação subjectiva de uma realidade para edificar um conceito objectivo. Não se pode aceitar como admissível a manipulação de um conceito referente a um sistema de governo para nele inserir, segundo um juízo *a priori* formulado, uma determinada experiência constitucional.

---

[723] Cfr. ANDRÉ GONÇALVES PEREIRA, *Direito Público Comparado – O sistema de governo semi-presidencial*, Lisboa, 1984, p. 30.

[724] No mesmo sentido, cfr. GOMES CANOTILHO/VITAL MOREIRA, *Os Poderes do Presidente da República*, pp. 16 ss.

§21.° *Princípios do sistema do governo* 483

O sistema de governo português não é semipresidencial porque se integra num conceito de semipresidencialismo que foi deliberadamente manipulado à imagem e semelhança das características do sistema de governo português: o sistema de governo português será semipresidencial se comungar das características abstractas e objectivamente identificativas de um sistema de governo como sendo semipresidencial.

V. Será que o sistema de governo português comunga das características do sistema de governo semipresidencial?

Já se deixou subentendido que consideramos não existir semipresidencialismo:

(i) Se o traço caracterizador é o executivo bicéfalo, decididamente então que a Constituição de 1933 teria instituído um sistema semipresidencial, verificando-se que a V República Francesa só seria genuinamente semipresidencialista em situações de coabitação[725];

(ii) Se, pelo contrário, o traço caracterizador do semipresidencialismo é a confluência entre um Presidente da República eleito por sufrágio universal e com poderes de intervenção e, por outro lado, um governo responsável politicamente perante o parlamento, duas ilações se podem extrair:

1.ª) O sistema de governo finlandês, desde o seu início e até à alteração constitucional que determinou a eleição por sufrágio directo do Presidente da República, nunca se poderá qualificar como sendo semipresidencial, salientando-se que este terá estado na génese da teoria do sistema semipresidencial[726];

2.ª) Passa a encontrar-se no mesmo grupo semipresidencial o actual sistema francês, o sistema português, o austríaco, o finlandês e o irlandês, isto não obstante as diferenças abissais que separam cada um deles;

(iii) Neste último sentido, se o conceito de semipresidencialismo permite agrupar dentro de si experiências governativas tão diferentes,

---

[725] Para um aprofundamento do conceito de coabitação, cfr. MARCELO REBELO DE SOUSA, *A Coabitação Política em Portugal*, pp. 9 ss.

[726] Especificamente sobre a importância do sistema finlandês para a teoria do semipresidencialismo, cfr. MAURICE DUVERGER, *Xeque-Mate*, pp. 49 ss. No mesmo sentido, considerando que "a Finlândia pode ser legitimamente considerada como o mais antigo dos sistemas semipresidenciais", apesar de contraditório com o conceito que o próprio autor fornece de semipresidencialismo, uma vez que este exige que o Presidente seja eleito por sufrágio popular, cfr. JORGE REIS NOVAIS, *Semipresidencialismo*, I, p. 199 (e p. 141 quanto ao conceito).

484 Estruturas constitucionais da República

compreendendo Presidentes da República com estatutos radicalmente distintos, então estamos, verdadeiramente, diante de uma
conceptualização inútil, desprovida de qualquer valor explicativo
da realidade: de que serve dizer que tudo é semipresidencialismo
se as diferenças entre os sistemas elencados são tão diferentes, tal
como sucede entre o presidencialismo (: França e Finlândia) e o
parlamentarismo (: Áustria, Irlanda e Islândia)[727]?

Este último é, em boa verdade, o problema insolúvel do conceito de
semipresidencialismo: ou parte de um conceito tão restrito que apenas se
adapta a um único sistema, passando no limite a existir uma pluralidade
de conceitos diferentes de semipresidencialismo, tantos quantos os sistemas
de governo que em concreto se pretendam subsumir no conceito elaborado
à imagem e semelhança da realidade que *a priori* se baptizou como sendo
semipresidencialista, ou, em alternativa, constrói-se um conceito tão amplo
que acaba por integrar um pluralidade de sistemas que pouco ou quase nada
têm de comum entre si.

O semipresidencialismo revela-se, neste sentido, uma concepção nebu-
losa, sem sedimentação científica razoável que justifique a sua autonomia
conceitual, isto para já não entrar na consideração de que, centrando a designação na componente presidencial do sistema, se mostra uma expressão
"pouco feliz"[728].

VI. Acresce, por último, que mesmo que se pudesse construir um conceito de semipresidencialismo, a análise da realidade jurídico-constitucional
subjacente ao sistema de governo português nunca pode esquecer os seguintes elementos:

(*i*) O Presidente da República goza de poucos poderes de exercício
livre, registando-se que a esmagadora maioria dos poderes integrantes da sua competência depende de audição, proposta ou referenda do Governo (v. *supra*, n.º 17.3.): os poderes entrecruzados
ou partilhados caracterizam uma parte do estatuto constitucional do
Presidente da República;

---

[727] Note-se que o próprio MAURICE DUVERGER viria, em momento posterior, a qualificar
estas três últimas experiências (austríaca, irlandesa e islandesa) como traduzindo manifestações de sistemas parlamentares, cfr. MAURICE DUVERGER, *Le concept de regime semi-prési-
dentiel*, in MAURICE DUVERGER (org.), *Les Régimes Semi-présidentiels*, Paris, 1986, pp. 7 ss.

[728] Neste último sentido, cfr. GOMES CANOTILHO/VITAL MOREIRA, *Os Poderes do Presidente da República*, p. 13.

§21.º *Princípios do sistema do governo* 485

(ii) É certo que o Presidente da República também é titular de um poder moderador (v. *supra*, n.º 17.1., (b)), exercendo faculdades autónomas que, no entanto, traduzem uma intervenção excepcional e nunca o podem transformar em órgão de definição ou condução da política geral do país: o Governo tem, neste último domínio, uma reserva constitucional de intervenção decisória, sem prejuízo da intervenção política condicionante do Presidente da República e da Assembleia da República (v. *supra*, n.º 19.1.2., (a));

(iii) Encontra-se na Assembleia da República, por outro lado, a fonte constitucional da sobrevivência de qualquer experiência governativa, pois nunca um Governo pode continuar a exercer funções se tiver contra si a maioria do parlamento, além de residir também na Assembleia da República a génese da "maioridade" ou capacidade jurídica plena do Governo: o Presidente da República apenas tem força jurídica para gerar Governos de gestão, pois é a apreciação parlamentar do programa do governo que certifica a maioridade jurídica do Governo (v. *supra*, n.º 19.3.1., II);

(iv) Se é verdade que o Presidente da República pode dissolver a Assembleia da República, sem embargo dos limites temporais hoje existentes, o certo é que, transformadas as eleições parlamentares num processo de escolha do Primeiro-Ministro, a eleição de uma nova Assembleia da República é sempre fonte legitimadora de um novo Primeiro-Ministro e de uma eventual maioria que, se for reconduzida contra a orientação do Presidente que dissolveu a Assembleia da República, pode representar um plebiscito no sentido da não continuidade em funções do Presidente da República: a dissolução política da Assembleia da República nunca é apenas uma devolução para o eleitorado escolher novos Deputados, envolvendo também um implícito plebiscito político à permanência em funções do Presidente da República;

(v) Os últimos anos têm vindo a acentuar a preponderância institucional do Primeiro-Ministro (v. *supra*, n.ºs 8.3., (b) e 19.2.2.), isto num triplo sentido:

– O Primeiro-Ministro absorve em si a representação de todo o Governo: o Governo é e diz aquilo que o Primeiro-Ministro quer que ele seja ou diga – o Governo é o Governo do Primeiro-Ministro (e não do Presidente da República);

– O Primeiro-Ministro, se titular de uma maioria absoluta parlamentar, é o seu líder, controlando-a, e, por essa via, dispõe da vontade decisória da Assembleia da República: o líder da maio-

486 Estruturas constitucionais da República

ria quer, o parlamento aprova; o líder da maioria não quer, o parlamento rejeita;

– O Primeiro-Ministro, além dos poderes que partilha com o Presidente da República, uma vez que as eleições parlamentares se transformaram num verdadeiro processo para o eleger, passa a ter uma legitimidade democrática decorrente de investidura popular que, subordinando a eleição dos Deputados à sua escolha como Primeiro-Ministro, rivaliza ainda com a própria legitimidade política do Presidente da República.

Numa síntese feliz, pode afirmar-se que "a originalidade do sistema de governo português não radica no «semi-presidencialismo» mas no governamentalismo com destaque para os poderes institucionais do primeiro--ministro"[729].

VII. A determinação do sistema de governo, identificado que está o Governo com o Primeiro-Ministro e o Primeiro-Ministro com o Governo, passa a centrar-se no relacionamento entre três órgãos: o Presidente da República, a Assembleia da República e o Primeiro-Ministro.

Sabendo-se que o Primeiro-Ministro é nomeado pelo Presidente da República e tem a sua sobrevivência e a capacidade do seu Governo sempre dependentes da Assembleia da República, sendo perante o primeiro responsável em termos institucionais e perante esta última em termos políticos, uma vez que o sistema não é semipresidencial, urge apurar se estamos diante de um sistema de governo parlamentar ou presidencial.

Eis o que importa averiguar.

(b) Explicação adoptada: o parlamentarismo racionalizado

VIII. Os elementos já reunidos permitem extrair, atendendo ao texto escrito da Constituição "oficial", duas ilações:

(i) Uma vez que o Governo é responsável politicamente perante a Assembleia da República, sendo o Primeiro-Ministro nomeado tendo em conta os resultados eleitorais, nunca podendo o Governo sobreviver se tiver contra si a maioria expressa do parlamento, nem assumir a plenitude dos seus poderes se existir uma maioria parlamentar a rejeitar o seu programa, pode dizer-se que o sistema de

---

[729] Cfr. CRISTINA QUEIROZ, *O Sistema Político e Constitucional Português*, p. 67.

§21.º *Princípios do sistema do governo* 487

governo reúne todos os requisitos para se qualificar como sendo parlamentar;

(ii) Verifica-se, simultaneamente, que o Governo é um órgão autónomo do Presidente da República, traduzindo a ideia de que estamos diante do Governo do Primeiro-Ministro e não do Governo do Presidente da República, competindo àquele (e não a este) a definição, a condução, a direcção e a execução da política geral do Governo e do país, registando-se que a grande maioria dos poderes do Presidente da República são partilhados com o Primeiro-Ministro, sendo o poder moderador daquele excepcional, incluindo a competência para dissolver a Assembleia da República, tudo apontando, por conseguinte, para que o sistema não se possa qualificar de presidencial.

A Constituição instituiu, em suma, um sistema de governo parlamentar.

IX. No parlamentarismo, a dependência política do Governo, se é certo que tem sempre de existir em relação ao parlamento (sem o que nunca existirá parlamentarismo), pode assumir, no entanto, duas diferentes configurações:

(i) Pode existir uma dependência política do Governo, única e exclusivamente, face ao parlamento, falando-se então em *parlamentarismo monista*: o Governo depende apenas da confiança política do parlamento;

(ii) Ou, pelo contrário, o Governo pode carecer de uma dupla confiança política simultânea, conferida pelo parlamento e também pelo Chefe de Estado: trata-se agora de um *parlamentarismo dualista*.

A revisão constitucional de 1982, deixando de possibilitar que o Presidente da República demitisse o Governo por simples quebra da confiança política, sendo apenas passível de o fazer se tal for "necessário para o regular funcionamento das instituições democráticas" (artigo 195.º, n.º 2), permite recortar no sistema de governo português dois momentos[730]:

1.º) Entre 1976 e 1982, uma vez que existia a dupla responsabilidade política do Governo perante a Assembleia da República e o Presidente da República, estamos diante de um sistema de governo parlamentar dualista sob vigilância militar:

– A vigilância militar decorria da presença e da tutela exercida pelo Conselho da Revolução;

---

[730] Para mais desenvolvimentos da concepção adoptada no texto, cfr. PAULO OTERO, *Conceito e Fundamento da Hierarquia Administrativa*, pp. 336 ss.

488 Estruturas constitucionais da República

– A existência do Conselho da Revolução e a sua potencial prevalência habilitada pela normatividade constitucional contribuíam, por outro lado, para uma tendencial irracionalidade do sistema;

2.°) A partir de 1982, desaparecido o Conselho da Revolução e deixando o Governo de ser politicamente responsável perante o Presidente da República, o sistema de governo tornou-se parlamentar monista e racionalizado[731].

Tudo está agora em saber como se expressa, à luz da Constituição, a racionalização do sistema parlamentar monista.

X. A racionalização do sistema parlamentar, partindo da natural responsabilidade política do Governo perante o parlamento, pretende obviar os inconvenientes de um excesso de protagonismo do parlamento que coloque em causa a estabilidade governativa: os mecanismos de racionalização visam, em primeira linha, disciplinar limitativamente a acção do parlamento sobre o Governo.

Neste sentido, o parlamentarismo racionalizado, colocando "travões" a uma possível ligeireza ou leviandade do parlamento na efectivação da responsabilidade política do Governo, dificulta a demissão parlamentar do executivo, garantindo a estabilidade política: os mecanismos de racionalização acabam por proporcionar, numa segunda linha, um reforço da posição política do Governo perante o parlamento.

E como se processa, segundo a ideia de racionalização do sistema parlamentar, esse reforço do estatuto do Governo perante a Assembleia da República?

Tendo presente o texto escrito vigente da Constituição de 1976, verificamos que a racionalização do sistema parlamentar instituído se opera por duas vias distintas:

(i) Há, por um lado, mecanismos constitucionais intraparlamentares que, provenientes das regras de funcionamento interno da Assembleia da República, conduzem à racionalização do sistema parlamentar;

---

[731] Igualmente no sentido do parlamentarismo racionalizado, cfr. ANDRÉ GONÇALVES PEREIRA, *Direito Público Comparado – O sistema de governo semi-presidencial*, p. 75; IDEM, *O Semipresidencialismo em Portugal*, p. 61; PAULO OTERO, *O Poder de Substituição...*, II, p. 792.

Falando, por seu lado, em sistema de natureza mista de dominante parlamentar, cfr. GOMES CANOTILHO/VITAL MOREIRA, *Constituição...*, 3.ª ed., em especial, pp. 728 ss.; IDEM/IDEM, *Fundamentos da Constituição*, pp. 199 ss., em especial, pp. 207 ss.; IDEM/IDEM, *Os Poderes do Presidente da República*, pp. 9 ss.

§21.º Princípios do sistema do governo

(ii) Existem, por outro lado, mecanismos constitucionais extraparlamentares que, tendo a sua origem no exterior da Assembleia da República, podem limitar racionalmente o parlamentarismo.

Observemos, separadamente, cada um destes grupos de mecanismos de racionalização do sistema parlamentar vigente.

XI. *(i)* Começando pelos mecanismos intraparlamentares de racionalização do sistema de governo parlamentar, a Constituição permite recolher os seguintes:

– Apesar de ser obrigatória a apresentação parlamentar do programa de Governo, o certo é que o programa não carece de ser aprovado pela Assembleia da República, nem o Governo necessita de ter a seu favor a confiança da maioria do parlamento para entrar em plenitude de funções: um Governo minoritário pode ser viabilizado pelo parlamento, conferindo-se-lhe o benefício da dúvida, bastando que não tenha contra si a maioria expressa da Assembleia da República;

– Compreende-se, neste sentido, que a rejeição do programa do Governo, envolvendo a sua demissão, só possa ser feita através do voto da maioria absoluta dos deputados em efectividade de funções (artigo 192.º, n.º 4): dificultando-se a demissão parlamentar do Governo, por via da exigência de uma maioria especial para a aprovação da rejeição do seu programa, procura-se garantir a sobrevivência inicial de governos minoritários;

– A apresentação de uma moção de censura não pode ser feita por um único Deputado, ao contrário do que sucede com a iniciativa legislativa, antes se exige que a iniciativa da moção seja desencadeada por um quarto dos Deputados em efectividade de funções ou por qualquer grupo parlamentar (194.º, n.º 1): dificulta-se, deste modo, a iniciativa de apresentação de moções de censura ao Governo;

– Se a moção de censura não for aprovada, os respectivos signatários não podem apresentar outra moção de censura durante a mesma sessão legislativa (artigo 194.º, n.º 3): sanciona-se o insucesso da iniciativa com uma preclusão temporária dos poderes dos respectivos Deputados que desencadearam o processo de censura, evitando constantes tentativas de "derrube" parlamentar do Governo;

– Estabelecimento de um período de reflexão entre a apresentação e a apreciação da moção de censura, evitando-se a precipitação de derrubar um Governo sem existir uma clara alternativa: as moções só podem ser apreciadas quarenta e oito horas após a sua apresentação (artigo 194.º, n.º 2);

490   *Estruturas constitucionais da República*

– A aprovação de uma moção de censura, determinando a demissão do Governo, não se faz por maioria simples, tal como é a regra geral das deliberações parlamentares (artigo 116.°, n.° 3), antes se exige uma maioria absoluta dos Deputados em efectividade de funções (artigo 195.°, n.° 1, alínea f)): dificulta-se, por esta via, a aprovação de moções de censura, contribuindo para a estabilidade governativa mesmo de governos minoritários.

Por todas estas vias, resuma-se, as regras de funcionamento da Assembleia da República no exercício da responsabilização política do Governo conduzem a uma racionalização moderadora dos efeitos típicos da intervenção parlamentar, natural e especialmente se estiverem em causa Governos minoritários.

XII. *(ii)* Já no que respeita aos mecanismos extraparlamentares de racionalização do sistema parlamentar vigente, a Constituição mostra-se particularmente rica, podendo diferenciar-se dois subgrupos de mecanismos:

(1) Mecanismos extraparlamentares de racionalização do parlamentarismo que envolvem o Presidente da República:

  – O poder de dissolução da Assembleia da República que, sendo tendencialmente livre no seu exercício, poderá servir para o Presidente da República sancionar o comportamento irresponsável do parlamento perante determinado Governo, sem esquecer que pode até ser usado para evitar que a Assembleia da República vote uma moção de censura ao Governo, resolvendo o Presidente da República, em alternativa, devolver para o eleitorado a decisão sobre a matéria;

  – A utilização do poder de enviar mensagens à Assembleia da República, tal como o poder informal de exteriorização pública do Presidente da República, criticando, exortando ou advertindo a actuação do parlamento, poderá também servir de parâmetro racionalizador;

  – Numa outra dimensão, igualmente o uso do veto político poderá servir de mecanismo racionalizador da vontade político-legislativa da Assembleia da República;

(2) Mecanismos extraparlamentares de racionalização do parlamentarismo que envolvem o Governo:

  – A elaboração de decretos regulamentares directamente fundados na Constituição, desde que o Governo conte com a colaboração do Presidente da República, permite "fugir" ao instituo da apreciação

§21.° *Princípios do sistema do governo* 491

parlamentar de decretos-leis previsto no artigo 169.° (v. *supra*, n.° 19.4., XV);
– Em matérias de índole financeira, o reconhecimento de uma iniciativa legislativa reservada ao Governo no domínio orçamental (artigo 161.°, alínea g)), acompanhada da proibição de serem apresentadas na Assembleia da República propostas ou projectos de lei ou de referendo (salvo se a iniciativa for do Governo) que envolvam, no ano económico em curso, aumento de despesas ou diminuição das receitas do Estado previstas no Orçamento (artigo 167.°, n.°s 2 e 3), projectando-se limitativamente sobre os próprios poderes da Assembleia da República na apreciação de decretos-leis ao abrigo do artigo 169.°[732], racionaliza ou modera os ímpetos parlamentares de acção contra o Governo;
– Em sentido complementar, a afirmação de um princípio geral de igualdade de valor hieráquico-normativo entre a lei e o decreto-lei na área concorrencial (artigo 112.°, n.° 2), permite concluir que tanto a lei pode revogar ou modificar o decreto-lei, quanto o decreto-lei pode produzir iguais efeitos à lei, num cenário de paridade do valor jurídico das "armas" entre os órgãos envolvidos[733];
– A censura parlamentar ao Governo pela adopção de determinada solução legislativa de relevante interesse nacional pode ser evitada ou adiada se, tendo a colaboração do Presidente da República, o Governo tomar a iniciativa de submeter a questão a referendo nacional;
– A existência a favor do Governo de uma competência reservada de desenvolvimento de leis de bases, limitada que se encontra a Assembleia da República a fixar as bases na área concorrencial (v. *supra*, n.° 19.4., XI), permite aqui observar uma competência legislativa partilhada ou entrecruzada entre o parlamento e o Governo;
– Por último, o Governo tem nas suas mãos o controle da informação que fornece ao parlamento, condicionando ou até mesmo esvaziando, se assim entender, a sua intervenção fiscalizadora (v. *supra*, n.° 18.5.3., VI).

---

[732] Para mais desenvolvimentos, cfr. PAULO OTERO, A «desconstrução»..., p. 618; IDEM, O Desenvolvimento..., pp. 11 ss.
[733] Cfr. PAULO OTERO, A «desconstrução»..., pp. 618-619.

492   *Estruturas constitucionais da República*

XIII. Todos os referidos mecanismos de racionalização do parlamentarismo permitem extrair duas importantes conclusões quanto ao sistema de governo consagrado na Constituição de 1976:

(*i*) Em primeiro lugar, a racionalização do parlamentarismo não resulta apenas das normas reguladoras da Assembleia da República, verificando-se que também decorre de poderes que a Constituição confere ao Presidente da República e ao Governo que assumem um efeito limitativo ou condicionante da intervenção parlamentar;

(*ii*) Deve extrair-se, em segundo lugar, que a racionalização do parlamentarismo não passa apenas pelo estatuto do Presidente da República (tal como alguns defensores da tese semipresidencial procuram demonstrar), verificando-se, igualmente, a essencialidade do estatuto constitucional do Governo neste domínio: o pluralismo orgânico--funcional, envolvendo um equilíbrio entre o triângulo político formado pela Assembleia da República, o Presidente da República e o Governo é essencial à compreensão do sistema de governo vigente[734].

A racionalização do parlamentarismo não pode fazer esquecer, porém, que o sistema de governo é parlamentar: na Assembleia da República reside a base da decisão política sobre a origem, maioridade e sobrevivência do Governo, sem esquecer que, relativamente ao Presidente da República, apesar de este a poder dissolver, o parlamento é o titular da competência das competências, pois pode sempre elaborar uma lei de revisão constitucional que, vinculado o Presidente da República à sua promulgação (artigo 286.°, n.° 3), demonstre residir no parlamento a sede normativa configuradora de todas as demais instituições políticas.

21.3. Princípio da permeabilidade factual: a juridificação da componente extrajurídica

(a) Os factores extrajurídicos: preliminares

I. Se o texto da Constituição "oficial" permitiu alicerçar um princípio de pluralismo orgânico-funcional que, envolvendo um equilíbrio entre o triân-

---

[734] Note-se que esse equilíbrio entre os três componentes do mencionado triângulo não é, porém, um traço caracterizador do sistema semipresidencial, antes revela os mecanismos de racionalização do parlamentarismo. Em sentido contrário, cfr. VITALINO CANAS, *Sistema semipresidencial*, in *Dicionário Jurídico da Administração Pública*, 1.° Suplemento, Lisboa, 1998, pp. 481 e 494.

§21.° *Princípios do sistema do governo* 493

gulo político formado pela Assembleia da República, o Presidente da República e o Governo, faculta a compreensão da existência de um sistema de governo parlamentar monista e racionalizado, há também que ter em conta que um sistema governativo nem sempre (ou mesmo quase nunca) se pode reduzir à normatividade constitucional escrita.

É na designada Constituição "não escrita", enquanto expressão de uma normatividade que se desenvolveu em termos marginais às normas constitucionais escritas, que se encontra o fundamento da verdadeira essência das instituições políticas[735]: raramente se conhece a essência das instituições ou o efectivo modelo de sistema de governo vigente pela simples leitura das normas da Constituição "oficial".

O caso português actual não é aqui excepção: o sistema de governo português revela uma considerável permeabilidade factual.

II. Quais os principais factores extrajurídicos que influem na configuração do sistema de governo?

Podem resumir-se a dois os factores extrajurídicos que são determinantes na configuração do sistema de governo:

– O sistema partidário;
– A prática institucional[736].

Analisemos, sumariamente, o contributo de cada um destes factores para o sistema de governo.

(b) Idem: o sistema partidário

III. O sistema partidário, sendo em parte fortemente influenciável pelo sistema eleitoral adoptado[737], mostra-se particularmente importante na configuração do sistema de governo consoante determine a existência (ou não) de uma maioria absoluta de deputados no parlamento que conferia apoio ao Governo: a intervenção dos partidos políticos não conduz apenas à transfigu-

---

[735] Cfr. PAULO OTERO, *As instituições políticas e a emergência de uma «Constituição não oficial»*, pp. 90-91.

[736] Salientando, neste domínio, a influência do processo de integração europeia sobre o sistema de governo, cfr. FRANCISCO LUCAS PIRES, *A experiência comunitária do sistema de governo na Constituição portuguesa*, in JORGE MIRANDA (org.), *Perspectivas Constitucionais – Nos 20 anos da Constituição de 1976*, II, Coimbra, 1997, pp. 831 ss.

[737] Cfr. ANDRÉ GONÇALVES PEREIRA, *Sistema eleitoral e sistema de governo*, in JORGE MIRANDA (org.), *Nos Dez Anos da Constituição*, Lisboa, 1987, pp. 193 ss.

494   *Estruturas constitucionais da República*

ração global da Constituição (v. *supra*, n.° 8.2., (c)), pois leva também a uma reconfiguração operativa do sistema de governo.

Mostra-se possível, neste contexto, recortar dois cenários distintos de funcionamento das instituições políticas, comprovando-se a permeabilidade factual do modelo de equilíbrio do triângulo político traçado nas normas escritas da Constituição "oficial":

> *(i)* Primeiro cenário – existe uma maioria absoluta na Assembleia da República;
>
> *(ii)* Segundo cenário – não existe uma maioria absoluta na Assembleia da República.

Vejamos os termos de funcionamento do sistema de governo em cada um destes cenários.

V. *(i)* No primeiro cenário, existindo uma maioria absoluta na Assembleia da República, seja de natureza monopartidária ou resulte de uma coligação (pré ou pós-eleitoral), assiste-se a um funcionamento institucional baseado nas seguintes linhas:

> (1) Diminuição da margem de liberdade decisória do Presidente da República quanto à escolha do Primeiro-Ministro e da demissão do Governo sem simultânea dissolução da Assembleia da República, isto sem prejuízo do risco subsequente para o próprio Presidente da República face à natureza plebiscitária das eleições parlamentares no que respeita à sua decisão política de dissolução;
>
> (2) Debilitação da força jurídica do veto político face aos diplomas da Assembleia da República, salvo no que respeita a matérias que exigem confirmação por dois terços dos Deputados, e do próprio veto político sobre decretos-leis da área concorrencial, pois o Governo pode sempre convertê-los em propostas de lei a apresentar junto do parlamento;
>
> (3) Reconhecimento do papel central do Primeiro-Ministro, enquanto chefe do Governo e, simultaneamente, líder da maioria parlamentar, controlando o *seu* Governo e, por via da *sua* maioria, a formação da vontade de quase todas as deliberações da Assembleia da República: legislativo e executivo formam um só bloco político e expressam uma só vontade política – a vontade definida pelo líder da maioria que é o Primeiro-Ministro;
>
> (4) A existência de um princípio de permeabilidade parlamentar à instrumentalização governamental (v. *supra*, n.° 18.1.2., (e)) conduz à irrelevância decisória final de todos os mecanismos parlamentares

§21.º Princípios do sistema do governo 495

de responsabilização política do Governo ou de fiscalização política dos seus decretos-leis ao abrigo do artigo 169.º: qualquer que seja o percurso, o objecto ou o destino dos meios de responsabilização (v.g., rejeição do programa, comissões de inquérito, moções de censura) ou de fiscalização (v.g., cessação de vigência ou alteração dos decretos-leis), sabe-se sempre que a maioria dita o resultado final favorável à vontade política do Governo;

(5) No limite, não está excluído que o Governo e a sua maioria parlamentar possuam um indirecto poder de dissolução da Assembleia da República, visando reforçar e relegitimar a sua força política: basta que seja desencadeada uma moção de confiança e, propositadamente, os Deputados da maioria a não votem favoravelmente, deixando que a oposição minoritária se encarregue de, rejeitando a moção, determinar a demissão do Governo (v. *supra*, n.º 19.3.3., II), recusando-se essa maioria a formar novo Governo sem a convocação de novas eleições parlamentares – o Presidente da República não terá, nesta hipótese, outra alternativa viável senão a dissolução da Assembleia da República por "iniciativa" da maioria governamental.

Num tal cenário, a permeabilidade factual do modelo constitucional desloca o centro do sistema de governo do parlamento para o Governo, sem que exista, porém, um parlamentarismo de gabinete, pois dentro do Governo e da maioria parlamentar, o Primeiro-Ministro ganha uma centralidade única, sendo legítimo falar em presidencialismo de primeiro-ministro (v. *supra*, n.º 8.3., (b)).

A única dúvida reside num ponto: será que estamos diante de uma influência do sistema britânico no sistema de governo português, falando-se em britanização do sistema político português[738], ou, pelo contrário, numa herança acolhida da Constituição de 1933?

Inclinamo-nos hoje para uma resposta neste último sentido (v. *supra*, n.º 8.2., V).

VI. *(ii)* No segundo cenário, verificando-se que não existe uma maioria absoluta na Assembleia da República, quase tudo muda na configuração e funcionamento das instituições políticas:

(1) O Presidente da República poderá assumir protagonismo na escolha do Primeiro-Ministro, especialmente se não estiver em causa a desig-

---

[738] Foi uma ideia já antes por nós defendida, cfr. PAULO OTERO, *Conceito e Fundamento da Hierarquia Administrativa*, p. 346.

nação imediatamente subsequente a eleições que se transformaram num processo de escolha pelo eleitorado do candidato a Primeiro-Ministro ou, numa hipótese diferente, se as eleições parlamentares se mostraram matematicamente inconclusivas quanto ao partido ou coligação que obteve vitória;

(2) Igualmente perante a ausência de maioria parlamentar absoluta, o Presidente da República poderá demitir o Governo sem necessidade de dissolver a Assembleia da República, substituindo-se a uma oposição inerte perante a degradação do regular funcionamento das instituições democráticas (v. *supra*, n.° 19.3.3., VII), procurando encontrar no quadro parlamentar uma nova solução governativa;

(3) O veto político ganha importância contra a vontade legislativa da maioria relativa da Assembleia da República e do Governo, assumindo face a este último órgão agora uma tendencial natureza absoluta, pois a transformação dos decretos-leis vetados em propostas de lei não garante a viabilidade da sua solução perante um veto político do Presidente da República ao novo diploma proveniente do parlamento;

(4) O Primeiro-Ministro de um Governo minoritário, apesar de poder ter a legitimidade democrática decorrente de ter sido "escolhido" pelo eleitorado nas eleições parlamentares, se é certo que continua a gozar do estatuto de "chefe do Governo", sendo este ainda o *seu* Governo, a verdade é que, no entanto, deixa de ter uma maioria na Assembleia da República que permita implementar a sua vontade política: o Primeiro-Ministro é apenas o líder da minoria parlamentar e, nesse sentido, nunca tem garantido o sucesso da aprovação das suas iniciativas, nem a certeza na rejeição das iniciativas da oposição;

(5) Os mecanismos parlamentares de responsabilização e fiscalização política de um Governo minoritário e dos seus decretos-leis ganham agora particular relevância: toda a oposição, tendo a maioria absoluta dos Deputados na Assembleia da República, pode sempre unir-se para "derrubar" ainda que dificilmente se una para "construir" ou encontrar uma solução positiva – o sistema poderá mesmo atingir níveis de bloqueio institucional através da sucessiva formação de maiorias negativas;

(6) O poder de dissolução da Assembleia da República, sendo agora insusceptível de manipulação pelo Governo e a maioria relativa que o apoia no parlamento, torna-se um instrumento de exercício do po-

§21.º *Princípios do sistema do governo*   497

der moderador do Presidente da República na racionalização preventiva da conduta parlamentar ou, numa intervenção *a posteriori*, ultrapassando situações próximas da ingovernabilidade ou ainda, em alternativa, tentando encontrar através do eleitorado soluções que garantam maior governabilidade.

Neste cenário, a circunstância de o Primeiro-Ministro possuir uma legitimidade político-democrática quase directa, proveniente da escolha feita pelo eleitorado nas eleições parlamentares, aliada aos amplos poderes que possui, fruto da sua posição de Chefe de um Governo que concentra em si, em termos singulares, a vontade política, em matéria de definição e direcção da política governamental e condução da política geral do país, faz atenuar a circunstância de ser apenas o líder da minoria parlamentar: o presidencialismo de Primeiro-Ministro ainda se torna visível, apesar de já não existir um parlamentarismo de Primeiro-Ministro.

A situação pode, no entanto, alterar-se, bastando para o efeito que o Primeiro-Ministro seja substituído por quem não foi "eleito" como tal nas eleições parlamentares: o decréscimo de legitimidade político-democrática directa do Primeiro-Ministro fará o sistema de governo regressar às normas da Constituição "oficial", passando este órgão a beneficiar da legitimidade reflexa do Presidente da República que o nomeia e da Assembleia da República que não rejeita o seu programa de Governo – o parlamentarismo racionalizado estará de novo instalado na sua pureza normativa.

(c) Idem: a prática institucional

VII. A permeabilidade factual do sistema de governo igualmente encontra expressão na influência que a prática institucional, enquanto elemento de natureza extrajurídica, exerce sobre a exacta configuração do sistema de governo[739].

Essa prática institucional, mostrando-se passível de resultar de vicissitudes factuais involuntárias (v.g., sintonia ou não entre a maioria política que elegeu o Presidente da República e a maioria parlamentar que suporta o Governo), da personalidade dos principais intervenientes ou protagonistas do triângulo político (: o Presidente da República, os lideres dos partidos com

---

[739] Para uma análise do funcionamento do sistema de governo, cfr. JORGE MIRANDA, *Manual...*, I, pp. 409 ss.; IDEM, *As instituições políticas portuguesas*, in JAVIER TAJADURA TEJADA (org.), *La Constitución Portuguesa de 1976 – Um estúdio académico treinta años después*, Madris, 2006, pp. 58 ss.

representação parlamentar, o Primeiro-Ministro), é susceptível de uma leitura científica e até de habilitar que dela se possam extrair tentativas de juridificação: é o que sucede com a formação de costumes constitucionais, praxes, práticas e usos constitucionais, convenções constitucionais e ainda precedentes constitucionais (v. *supra*, n.º 15.4.).

Neste sentido, a caracterização do sistema de governo não pode deixar de tomar em consideração esta prática institucional que, juridificada ou não, influencia a caracterização e o funcionamento das instituições políticas: o sistema de governo acolhe e, por sua vez, reflecte a prática institucional.

VIII. E, pode bem perguntar-se, quais os elementos mais relevantes da prática institucional que influenciam a caracterização do sistema de governo?

São múltiplos esses elementos, salientando-se os quatro seguintes principais para a caracterização do sistema de governo:

(*i*) *O posicionamento político do Presidente da República face à maioria parlamentar*: será que existe sintonia política entre o Presidente da República e a maioria política que apoia o Governo ou, pelo contrário, existe uma situação de coabitação entre duas diferentes legitimidades?

(*ii*) *A liderança da maioria parlamentar*: quem comanda a maioria parlamentar? Será o Primeiro-Ministro ou, pelo contrário, o Presidente da República?

(*iii*) *A presidência do Conselho de Ministros*: será que a prática tem sido no sentido de os Conselhos de Ministros serem quase sempre presididos pelo Primeiro-Ministro ou, pelo contrário, tem sido habitual o Primeiro-Ministro, nos termos do artigo 133.º, alínea i), solicitar que a presidência do Conselho de Ministros seja assegurada pelo Presidente da República?

(*iv*) *O exercício pelo Presidente da República do poder de enviar mensagens à Assembleia da República*: têm essas mensagens traduzido uma forma de intervenção propulsora do Presidente da República sobre a competência do parlamento, incluindo através de verdadeiros "convites" a legislar ou impulsos legislativos acompanhados de articulados a "adoptar" por algum deputado, ou, pelo contrário, o exercício deste poder do Presidente da República tem assumido natureza excepcional fora das situações fundamentadoras de veto político sobre diplomas legislativos?

Observemos cada um destes tópicos da prática institucional.

§21.° *Princípios do sistema do governo*	499

IX. *(i)* Começando pelo tema do posicionamento político do Presidente da República face à maioria parlamentar, mostra-se possível extrair os seguintes ensinamentos face ao funcionamento do sistema de governo:

(1) Se existe sintonia ou confluência política entre o Presidente da República e a maioria da Assembleia da República, o Presidente, o Governo e a maioria parlamentar formam um único bloco político, registando-se que mesmo em cenários de governo minoritário a solidariedade política do Presidente da República ao Governo reforça o estatuto deste junto da Assembleia da República, servindo de elemento de racionalização do parlamentarismo (v. *supra*, n.° 21.2., XII);

(2) Se, pelo contrário, não há sintonia política, antes se verifica a coabitação entre duas fontes diferentes de legitimidade política[740], existe uma maior propensão para o conflito institucional entre o Presidente da República, por um lado, e o Governo e a sua maioria parlamentar, por outro, isto em dois diferentes cenários:

1.°) Se o Governo goza de maioria absoluta na Assembleia da República, o veto político torna-se um instrumento privilegiado de acção do Presidente da República, tal como, em termos sucedâneos ou complementares, os pedidos de fiscalização preventiva da constitucionalidade, tanto mais que a maioria parlamentar estará sempre pronta a confirmar os diplomas vetados de modo a obrigar o Presidente da República à sua promulgação;

2.°) Se, pelo contrário, o Governo é minoritário, a falta de solidariedade política do Presidente da República é passível de se conjugar com uma oposição parlamentar maioritária, num cenário que tende a acentuar o parlamentarismo e a debilidade política do Governo entre dois possíveis "fogos cruzados".

Tendo presente a prática política ocorrida em Portugal, pode extrair-se que apenas existiu sintonia política entre o Presidente da República e o Governo em três experiências governativas:

– No XIII Governo constitucional, entre 1995 e 1999, sendo Primeiro-Ministro o Eng.° António Guterres, num governo minoritário (quase maioritário) do Partido Socialista, sendo Presidente da República, até 1996, o Dr. Mário Soares e depois o Dr. Jorge Sampaio;

---

[740] Para uma análise da prática político-constitucional nos anos imediatamente subsequentes a 1976, cfr. MARCELO REBELO DE SOUSA, *A Coabitação Política em Portugal*, pp. 15 ss.

500 Estruturas constitucionais da República

– No XIV Governo constitucional, igualmente presidido pelo Eng.°
António Guterres, entre 1999 e 2000, sendo Presidente da República
o Dr. Jorge Sampaio;
– No XVII Governo constitucional, o primeiro de maioria absoluta do
Partido Socialista, liderado pelo Eng.° José Sócrates, somente entre
2005 (data de início de funções) e o termo do mandato do Presidente
da República, Dr. Jorge Sampaio, em 2006.

Em todos os restantes Governos, sublinhe-se, nunca existiu sintonia política entre o Presidente da República e a maioria política que suportava o Governo: a coabitação política tem sido a regra geral no funcionamento do sistema de governo português, ao invés do que tem sucedido na V República francesa.

X. *(ii)* No que respeita à liderança da maioria parlamentar, o sistema de governo pode sofrer uma influência decisiva consoante o líder dessa maioria seja o Primeiro-Ministro ou o Presidente da República.
Vejamos os termos da respectiva configuração:

(1) Se o Primeiro-Ministro é o líder da maioria (absoluta ou relativa) parlamentar, sendo essa a solução que sempre ocorreu em Portugal, salvo durante os Governos de iniciativa presidencial (: III, IV e V Governos constitucionais), naturalmente que existe um ascendente do Primeiro-Ministro sobre o Governo e, desde que exista maioria absoluta na Assembleia da República, a vontade do Primeiro-Ministro também domina, por força do grupo parlamentar do partido (ou da coligação) do qual é líder, a vontade decisória da Assembleia da República: o Governo é o Governo do Primeiro-Ministro, a maioria parlamentar é a maioria do Primeiro-Ministro;

(2) Se, pelo contrário, o líder do partido ou coligação que detém a maioria parlamentar é o Presidente da República, tal como tem sido a regra na V República francesa, salvo em cenários de coabitação, tudo se inverte: o Presidente da República, sendo Chefe do Estado e líder do partido maioritário, escolhe e demite livremente o Primeiro-Ministro, o Governo será o Governo do Presidente, a maioria parlamentar será a maioria presidencial – o sistema tenderá, num tal cenário, a assumir-se como hiperpresidencial[741].

---

[741] Qualificando, neste mesmo sentido, o sistema de governo da V República francesa, verificando-se sintonia entre o Presidente da República e a maioria parlamentar, cfr. ANDRÉ GONÇALVES PEREIRA, *Direito Público Comparado – O sistema de governo semi-presidencial*, pp. 30-31.

§21.° Princípios do sistema do governo 501

No sistema de governo português, sublinhe-se, a última hipótese exposta nunca se verificou: o Presidente da República nunca foi o líder da maioria parlamentar, antes esta tem sempre encontrado no Primeiro-Ministro o seu líder.

XI. *(iii)* No que diz respeito à presidência do Conselho de Ministros, apesar de a Constituição facultar ao Primeiro-Ministro que solicite ao Presidente da República para presidir ao Conselho de Ministros, a verdade é que raras vezes isso aconteceu: a prática é inequívoca no sentido da presidência do Conselho de Ministros ser assegurada pelo Primeiro-Ministro.

Essa é, aliás, mais uma outra significativa diferença com o sistema de governo da V República francesa, onde quem preside ao Conselho de Ministros é sempre o Presidente da República.

Não obstante a Constituição portuguesa e a prática política serem no sentido da presidência do Conselho de Ministros competir ao Primeiro-Ministro, nunca se poderá esquecer que a própria Lei Fundamental permite que, por solicitação deste, a presidência do Conselho de Ministros possa ser exercida pelo Presidente da República. Numa tal hipótese, se essa faculdade alguma vez se tornar uma prática sistemática, isto num cenário em que o Presidente da República fosse o líder na maioria parlamentar e o Primeiro-Ministro um seu mero "um director de gabinete" com a "função de porta-voz no parlamento" (v. *supra*, n.° 19.2.2., III), então todo o sistema de governo poderia ganhar uma coloração bem diversa:

(1) O Governo deixaria de ser, em termos efectivos, o Governo do Primeiro-Ministro para passar a ser o Governo do Presidente da República: o Primeiro-Ministro poderia mesmo ficar reduzido ao papel de mero "seleccionador" da equipa governamental a "contratar" pelo Presidente da República;

(2) Uma vez que compete ao Conselho de Ministros a definição das linhas gerais da política governamental, seria o Presidente da República o seu mentor, tal como da própria política geral do país a cargo do Governo (v. *supra*, n.° 19.3.2., V);

(3) A direcção da política geral do Governo a cargo do Primeiro-Ministro passaria a estar subordinada à definição das linhas políticas feita em Conselho de Ministros pelo Presidente da República: o Primeiro-Ministro ocuparia um papel de "lugar-tenente" do Presidente da República;

(4) O próprio exercício do poder de veto tornar-se-ia simbólico, pois o Conselho de Ministros só aprovaria aquilo que correspondesse à

502 *Estruturas constitucionais da República*

vontade política do seu presidente e, simultaneamente, Presidente da República, tal como o parlamento, dominado pela maioria fiel ao seu líder que era Presidente da República, seria um instrumento ao serviço da sua vontade;

(5) O referendo por iniciativa governamental ou da maioria parlamentar transformar-se-ia num novo instituto ao serviço do Presidente da República, tal como através dos seus deputados passaria a dispor de uma iniciativa indirecta de revisão constitucional junto da Assembleia da República;

(6) As próprias eleições parlamentares passariam a ter uma importância política subalterna face às eleições presidenciais, pois o eixo da vida política ter-se-ia transferido para o Presidente da República: a força da maioria parlamentar estaria nas mãos do Presidente da República.

Num tal cenário, não descartável pelas normas da Constituição vigente, decididamente que o parlamentarismo racionalizado resultante da normatividade do texto oficial se converteria num efectivo hiperpresidencialismo de inspiração francesa, integrante de uma normatividade "não oficial".

Igualmente por esta via se comprova, em suma, a permeabilidade factual do sistema de governo.

XII. (iv) Por último, no que se refere ao exercício pelo Presidente da República do poder de enviar mensagens à Assembleia da República, a prática tem sido de uma reduzida operatividade desta competência: o Presidente da República não se tem servido deste mecanismo para se afirmar como agente político propulsor ou dinamizador do exercício da competência da Assembleia da República.

A Constituição, porém, não exclui que uma prática institucional nesse sentido se possa vir a afirmar, conferindo maior protagonismo ao Presidente da República junto da Assembleia da República. Nem se poderá afastar a hipótese de, por essa via informal, o Presidente da República, sem liderar qualquer partido político parlamentar, passe a dispor de uma simulada ou indirecta faculdade de iniciativa legislativa junto da Assembleia da República.

A prática adoptada ao longo destes mais de trinta anos de vigência da Constituição de 1976 tem sido no sentido de uma intencional não intervenção propulsora do Presidente da República junto da Assembleia da República: o titular do poder moderador aguarda que a vontade legislativa parlamentar lhe seja enviada para promulgação – o poder de enviar mensagens à Assembleia da República encontra a sua principal expressão na justificação das razões do veto político aos diplomas parlamentares.

§21.° *Princípios do sistema do governo* 503

21.4. **Princípio da flexibilidade do equilíbrio orgânico-funcional: a adaptabilidade do modelo**

BIBLIOGRAFIA: ADRIANO MOREIRA, *O Regime: Presidencialismo do Primeiro-Ministro*, pp. 31 ss.; PAULO OTERO, *As instituições políticas e a emergência de uma «Constituição não oficial»*, pp. 91 ss.; IDEM, *A subversão da herança...*, pp. 254 ss.; FAUSTO DE QUADROS, *Das Regierunssytem in Portugal*, sep. *Zur Lage der parlamentarischen Demokratie. Symposium zum 60. Geburtstag von Peter Badura*, Tübingen, s.d., pp. 139 ss.

(a) A transfiguração do parlamentarismo racionalizado em presidencialismo de Primeiro-Ministro

I. O sistema de governo traçado no texto escrito da Constituição "oficial", identificado como sendo um sistema parlamentar monista e racionalizado (v. *supra*, n.° 21.2., (b)), teve na prática, atendendo agora à normatividade constitucional "não oficial" que se foi formando ao longo da segunda metade dos anos 80 do século XX, uma evolução que, subvertendo o significado político das eleições parlamentares num processo de escolha do candidato a Primeiro-Ministro, transfigurou o sistema de governo em presidencialismo de Primeiro-Ministro (v. *supra*, n.° 8.3., (b)).

Consolida-se aqui, depois de historicamente ter existido uma "soberania do parlamento" e uma "soberania governamental"[742], a ideia de uma "soberania do Primeiro-Ministro" dentro das instituições políticas[743]: o Primeiro-Ministro torna-se o eixo do sistema de governo.

II. Remete-se a génese e a caracterização do parlamentarismo de Primeiro-Ministro para o que antes se escreveu sobre a matéria (v. *supra*, n.° 8.3., (b), e n.° 21.3., V), salientando-se apenas os três seguintes traços da sua configuração:

(i) Por via da subversão do significado das eleições legislativas, o Primeiro-Ministro goza de uma legitimidade política quase directa, passível de concorrer com a legitimidade do Presidente da República e, por outro lado, absolutamente determinante da elei-

---

[742] Para mais desenvolvimentos em torno das ideias de "soberania parlamentar" e "soberania governamental", cfr. PAULO OTERO, *Conceito e Fundamento da Hierarquia Administrativa*, pp. 319 ss.

[743] Cfr. PAULO OTERO, *A subversão da herança...*, pp. 257 ss.;

504 *Estruturas constitucionais da República*

ção de cada um dos Deputados da maioria: os Deputados da maioria devem o seu lugar ao Primeiro-Ministro e não este o seu cargo àqueles;

(ii) O Primeiro-Ministro controla o Governo e a definição da sua política e da política geral (interna e externa) do país: o Governo é o *seu* Governo, os Ministros são os *seus* Ministros – só o Presidente da República não é, ao contrário do que sucedia com a Constituição de 1933, o *seu* Presidente da República;

(iii) O Primeiro-Ministro, sendo líder da maioria (absoluta ou relativa) parlamentar, controla, em grau verdadeiramente absoluto se tiver maioria absoluta, a vontade política da Assembleia da República e determina o posicionamento desta perante o Presidente da República em matéria de veto político: em cenários de maioria absoluta, não é o parlamento que, verdadeiramente, confirma o veto político do Presidente da República, antes é o Primeiro-Ministro que determina à maioria parlamentar o que deve fazer perante o veto político do Presidente da República.

(b) Um sistema de governo aberto: síntese

III. O quadro normativo emergente da Constituição é dotado de uma considerável flexibilidade de soluções quanto ao sistema governativo, podendo dizer-se, à luz de tudo quanto se analisou, que a estruturação do sistema parte de uma dicotomia factual de base[744]:

(i) Se existir um Governo maioritário;

(ii) Ou, se o Governo for minoritário.

Enunciemos, sucintamente, os resultados da investigação.

IV. *(i)* Se existir um Governo suportado por uma maioria parlamentar, verifica-se que existe um único bloco político-decisório envolvendo o executivo e o legislativo ou, numa expressão orgânica, o Governo e a Assembleia da República, perdendo aqui relevância efectiva a reserva de competência legislativa da Assembleia da República, pois a vontade política do líder da maioria poderá converter-se quase sempre em vontade legislativa do parlamento.

---

[744] Cfr. PAULO OTERO, *Legalidade e Administração Pública*, pp. 133 ss.

§21.° Princípios do sistema do governo   505

Há a distinguir nos casos de governo maioritário, todavia, duas situações:

(1) Pode suceder, numa primeira hipótese, que o Presidente da República se encontre sintonizado com a maioria política parlamentar, situação esta que permitirá uma maior facilidade e celeridade na consagração legislativa da vontade política do Governo, impedindo sucessivos vetos políticos. É possível aqui, por sua vez, recortarem--se dois diferentes cenários:

    1.°) Poderá o Primeiro-Ministro ser o líder político da maioria parlamentar, caso em que a legalidade reflectirá a vontade propulsora do chefe do executivo, isto num modelo de concentração de poderes político-decisórios análogo ao existente no sistema britânico – fala-se aqui em presidencialismo de primeiro-ministro (v. *supra*, n.° 21.3., V);

    2.°) Ou, pelo contrário, poderá o líder político da maioria parlamentar ser o próprio Presidente da República, cenário este em que a Constituição não exclui a possibilidade de o sistema de governo português passar a funcionar em termos semelhantes ao modelo "hiperpresidencial" da V República francesa (v. *supra*, n.° 21.3., XI);

(2) Pode, numa segunda hipótese, o Presidente da República ser neutro ou sintonizado politicamente com a oposição, situação esta que permite retardar a consagração legal da vontade política da maioria parlamentar, sem que, todavia, o veto absoluto do Presidente sobre os diplomas legislativos do Governo que incidam sobre matérias que não lhe estejam reservadas assuma uma natureza idêntica à recusa de sanção do monarca: o sistema não deixa, numa tal hipótese, de poder funcionar como um presidencialismo de primeiro-ministro.

V. *(ii)* Se, ao invés, o Governo for minoritário, o funcionamento do sistema de governo tende a aproximar-se do texto da Constituição "oficial", afirmando-se como um parlamentarismo monista e racionalizado, salvo se o Primeiro-Ministro tiver sido objecto de uma legitimação político-democrática quase directa através das eleições parlamentares, hipótese em que, apesar de atenuado, o presidencialismo de primeiro-ministro ainda se mostra possível.

Perante a natureza minoritária do Governo, observa-se um acréscimo da liberdade decisória do Presidente da República quanto à nomeação do Primeiro-Ministro e à gestação do novo Governo, acompanhado de uma valorização do papel político e legislativo autónomo da Assembleia da República durante a "vida" do Governo (v. *supra*, n.° 21.3., VI).

506   *Estruturas constitucionais da República*

Cumpre aqui diferenciar, todavia, dois distintos cenários de Governo minoritário:

(1) Se o Presidente da República for politicamente neutro ou assumidamente da oposição política, o Governo encontrará, por via de regra, maiores dificuldades: o veto político, pelo lado do Presidente da República, e a apreciação e cessação parlamentar de vigência dos decretos-leis, nos termos do artigo 169.°, traduzirão mecanismos que, sem assumirem a coragem de dar uma "estocada final" na manutenção em funções do Governo, provocam o seu "definhar" progressivo às mãos das oposições – o sistema de governo revelará aqui a força do parlamentarismo num cenário decadente de presidencialismo de primeiro-ministro;

(2) Já se, em sentido inverso, o Presidente da República se mostrar politicamente solidário com o Governo minoritário, sintonizados ambos em termos políticos ou numa postura de estreita colaboração institucional recíproca, poder-se-á atenuar a debilidade do estatuto do Governo:

– A "magistratura de influência" do Presidente da República e o seu poder de exteriorização podem ser usados ao serviço do Governo, moderando ou racionalizando os ímpetos parlamentares;

– O veto político do Presidente da República pode ser direccionado contra os actos legislativos provenientes da Assembleia da República que afrontam a política definida pelo programa de Governo;

– A apreciação parlamentar de decretos-leis para efeitos de cessação de vigência ou introdução de emendas (artigo 169.°) poderá ser mitigada se o Governo, contando com a colaboração do Presidente da República, substituir a forma de decreto-lei pela emanação de decretos regulamentares directamente fundados na Constituição (artigo 199.°, alínea g)), sabendo-se que os mesmos só podem incidir sobre matérias excluídas do domínio da reserva de lei e que não tenham sido objecto de qualquer prévia intervenção legislativa (v. *supra*, n.° 19.4., XV).

Neste último contexto, a racionalização do parlamentarismo, por meio do efeito conjugado entre o Presidente da República e o Governo, permitirá ainda a sobrevivência do presidencialismo de primeiro-ministro, apesar da última palavra estar agora nas mãos da oposição maioritária no parlamento.

SUBSECÇÃO C
Outros órgãos constitucionais da República

§22.º
Órgãos da República de âmbito nacional

22.1. Conselho de Estado

BIBLIOGRAFIA: GOMES CANOTILHO/VITAL MOREIRA, *Constituição...*, 3.ª ed., pp. 609 ss.; JORGE MIRANDA, *Conselho de Estado*, in *Dicionário Jurídico da Administração Pública*, 1.º suplemento, Lisboa, 1998, pp. 75 ss.; JORGE MIRANDA/RUI MEDEIROS, *Constituição Portuguesa Anotada*, II, pp. 421 ss.

(a) Caracterização

I. Herdeiro da função consultiva desempenhada pelo Conselho da Revolução junto do Presidente da República, o Conselho de Estado só em 1982 surge na Constituição de 1976, configurado como sendo o órgão político de consulta do Presidente da República (artigo 141.º).

Trata-se de um órgão político de consulta do Presidente da República que tem, no entanto, a particularidade da maioria dos seus membros ser designada de forma totalmente alheia a quem o preside e por ele deve ser aconselhado: o Presidente da República limita-se a nomear cinco dos membros do Conselho de Estado. Todos os restantes membros do Conselho de Estado são de designação totalmente alheia ao Presidente da República:

(i) Há membros designados por inerência referida ao momento presente (: Presidente da Assembleia da República, Primeiro-Ministro, Presidente do Tribunal Constitucional, Provedor de Justiça e presidentes dos governos regionais) ou ao passado (: antigos Presidentes da República eleitos na vigência da Constituição e que não tenham sido destituídos do cargo);

(ii) Há ainda cinco membros eleitos pela Assembleia da República, segundo o princípio da representação proporcional, traduzindo, por esta via, a incorporação institucional dos partidos políticos no Conselho de Estado.

510   *Estruturas constitucionais da República*

Se, relativamente a todos estes membros, a Constituição impõe ao Presidente da República a sua presença no Conselho de Estado, também não deixa de ser verdade que a Constituição impõe a todos estes membros o Presidente da República como presidente do Conselho de Estado (artigo 142.°), competindo-lhe, por essa via, a convocação, a fixação da ordem de trabalhos, a direcção e a condução das reuniões do Conselho de Estado.

II. Olhando para a sua composição, o Conselho de Estado pode bem ser mais do que um simples órgão político de consulta do Presidente da República, uma vez que, representando a cúpula das principais figuras do regime, numa espécie de *politburo* da III República, pode configurar-se como uma instância informal de concertação política nacional sob a autoridade do Presidente da República: em vez de ser o Conselho de Estado a aconselhar o Presidente da República, poderá bem este servir-se do Conselho de Estado para exercer uma "magistratura de influência" ou um poder moderador junto dos restantes protagonistas dos demais poderes do Estado.

A presença no Conselho de Estado dos principais titulares dos diversos órgãos de soberania, incluindo os presidentes dos governos regionais, tal como a força simbólica da presença dos antigos Presidentes da República e, por via dos membros eleitos pela Assembleia da República, dos representantes dos principais partidos políticos, pode servir para o Presidente da República, numa aparente e formal operação de consulta da opinião dos "seus" conselheiros, obter um de três propósitos:

    (i) Um compromisso institucional de todos os envolvidos e, por essa via, das principais forças políticas e constitucionais numa determinada solução por si proposta ou acolhida;

   (ii) A tentativa de arbitragem e de resolução de um possível conflito institucional entre titulares dos principais órgãos constitucionais;

 (iii) Uma sensibilização dos protagonistas da vida política para determinado problema ou questão nacional, regional ou sectorial.

O Conselho de Estado tem, neste último sentido, potencialidades constitucionais que, desenvolvidas informalmente e sem conteúdo decisório formal, podem fazer dele bem mais do que um simples órgão passivo de consulta do Presidente da República, num mero propósito condicionante ou limitativo dos poderes presidenciais[745]: há espaço constitucional para uma dinâmica de inte-

---

[745] Em sentido contrário, defendendo esta última ideia como sendo caracterizadora do estatuto constitucional do Conselho de Estado, cfr. JORGE MIRANDA/RUI MEDEIROS, *Constituição Portuguesa Anotada*, II, p. 429.

§22.° *Órgãos da República de âmbito nacional*   511

racção política entre os conselheiros e o aconselhado, não se exigindo que o Presidente da República se limite a ouvir os conselheiros, podendo bem ser ele a falar e os conselheiros a ouvir.

Note-se, a confirmar de modo implícito este entendimento, é o próprio Presidente da República quem preside ao Conselho de Estado e, por outro lado, a Constituição não se limita a caracterizar o Conselho de Estado como sendo um órgão de consulta: o Conselho de Estado é o órgão *político* de consulta do Presidente da República.

III. É ainda esse cunho marcadamente político do Conselho de Estado que justifica, segundo os postulados decorrentes do princípio da renovação (v. *supra*, n.° 13.2.), que os seus membros, excepto no que se refere aos antigos presidentes da República, não exerçam o seu mandato a título vitalício: os membros eleitos pela Assembleia da República têm o mandato por um período correspondente à duração da legislatura (artigo 142.°, alínea h)); os membros designados pelo Presidente da República, por um período correspondente à duração do mandato presidencial (artigo 142.°, alínea g)).

Também por esta via se garante a permanente representatividade deste *politburo* da III República, num implícito propósito constitucional que ultrapassa a simples consulta do Presidente da República: o Conselho de Estado tem todos os germes constitucionais para ser um órgão formal de intervenção informal e simultânea do Presidente da República junto de todos os principais actores políticos.

(b) Competência

IV. Sem tomar em consideração o possível desenvolvimento informal de uma competência de intervenção do Presidente da República no exercício da sua "magistratura de influência" ou do seu poder moderador junto dos membros do Conselho de Estado (v. *supra*, II), verifica-se, nos termos da Constituição, que a competência do Conselho de Estado assume uma dupla configuração[746]:

(i) O Conselho de Estado tem uma competência interna, relativa à sua organização e funcionamento (artigo 144.°), que, segundo a Consti-

---

[746] Adoptando uma diferente sistematização da competência do Conselho de Estado, cfr. JORGE MIRANDA, *Conselho de Estado*, pp. 78 ss.

512   *Estruturas constitucionais da República*

tuição e a lei relativa ao estatuto dos seus membros[747], envolve os seguintes poderes:

(1) Elaborar o seu regimento[748], proceder à sua interpretação e integração das lacunas;

(2) Poderes decisórios sobre os seus membros na qualidade de conselheiros de Estado (v.g., deliberação sobre a declaração de impossibilidade física permanente; deliberação sobre a autorização para ser perito, testemunha ou declarante; deliberação sobre a suspensão em caso de procedimento criminal, se o membro tiver sido indiciado definitivamente por despacho de pronúncia ou equivalente);

(ii) O Conselho de Estado tem a natural competência consultiva face ao Presidente da República, sendo possível aqui distinguir duas situações:

(1) Os casos de competência consultiva obrigatória: artigo 145.º, alíneas a) a d);

(2) Os casos de competência consultiva facultativa: artigo 145.º, alínea e).

Observemos, seguidamente, cada uma destas últimas situações no âmbito da competência consultiva do Conselho de Estado.

V. Começando pela competência consultiva obrigatória do Conselho de Estado, enquanto conjunto de situações tipificadas pela Constituição de imperativa convocação deste órgão para, antes de o Presidente da República exercer um poder decisório que lhe pertence, recolher a pronúncia dos respectivos conselheiros, mostra-se ainda possível aqui diferenciar duas hipóteses:

– Temos, por um lado, as hipóteses ocorridas em situações de exercício normal do mandato do Presidente da República, tal como sucede quando está em causa a dissolução da Assembleia da República ou das assembleias legislativas das regiões autónomas, a demissão do Governo ou a declaração da guerra ou a feitura da paz;

---

[747] A lei referente ao estatuto dos membros do Conselho de Estado integra a esfera da reserva absoluta da competência legislativa da Assembleia da República (artigo 164.º, alínea l)), constando hoje da Lei n.º 31/84, de 6 de Setembro.

[748] O actual Regimento do Conselho de Estado, aprovado em 7 de Novembro de 1984, foi publicado no *Diário da República*, I Série, suplemento n.º 261, de 20 de Novembro de 1984, tendo sido alterado por deliberação publicada no *Diário da República*, I Série, n.º 97, de 26 de Abril de 2001.

§22.º *Órgãos da República de âmbito nacional*   513

– Existem, por outro lado, as hipóteses de intervenção do Conselho de Estado relativamente a actos do Presidente da República interino (v. *supra*, n.º 17.2.3., III).

Em qualquer dos casos, o parecer do Conselho de Estado, sendo obrigatório, nunca é, todavia, vinculativo, podendo o Presidente da República decidir em sentido contrário ao parecer da maioria ou da unanimidade dos membros do Conselho de Estado.

Não obstante o sentido da intervenção do Conselho de Estado nunca vincular o conteúdo da decisão a adoptar pelo Presidente da República, a verdade é que a falta de intervenção obrigatória do Conselho de Estado gera sempre a invalidade procedimental ou formal da decisão final, sem prejuízo de nem sempre existirem mecanismos judiciais de controlo deste tipo de inconstitucionalidade (v.g., se o Presidente da República dissolve a Assembleia da República ou demite o Governo sem ouvir previamente o Conselho de Estado, nenhum tribunal pode apreciar e declarar a inconstitucionalidade formal do acto).

A ausência de carácter vinculativo dos pareceres do Conselho de Estado no exercício da sua competência consultiva obrigatória é atenuada, no entanto, pela regra da publicitação do respectivo parecer quando for praticado o acto a que se refere (artigo 146.º). Assim, por exemplo, se o Presidente da República decide dissolver a Assembleia da República ou demitir o Governo existindo um parecer em sentido contrário do Conselho de Estado, considerando inoportuna a dissolução ou que o Governo não está a colocar em causa o regular funcionamento das instituições democráticas, a responsabilidade pessoal do acto assume maior dimensão política: o Presidente da República assume sozinho a responsabilidade pela decisão e o parecer contrário do Conselho de Estado agrava a responsabilidade política difusa pela decisão. Em sentido inverso, se o parecer do Conselho de Estado é convergente com a decisão do Presidente da República, a responsabilidade política do Presidente da República pode bem "repousar" no conforto da opinião idêntica do Conselho de Estado.

VI. No que diz respeito à competência consultiva facultativa do Conselho de Estado, o artigo 145.º, alínea e), confere ao Presidente da República a faculdade de, sempre que entender, solicitar que o Conselho de Estado o aconselhe.

Trata-se de uma competência cuja configuração se resume em três traços essenciais:

(*i*) A competência do Presidente da República é aqui totalmente discricionária ou, tal como antes se designou (v. *supra*, n.º 7.3., XII),

514   *Estruturas constitucionais da República*

de exercício livre: o Presidente da República pode ou não, segundo o seu completo arbítrio, convocar o Conselho de Estado e, se o fizer, obviamente que não está vinculado ao sentido do "conselho" ouvido;

(ii) No entanto, o Conselho de Estado encontrava-se vinculado a pronunciar-se sobre o assunto relativamente ao qual o Presidente da República pretende ser aconselhado: os conselheiros de Estado não se podem recusar a aconselhar, nem é legítimo que recorram à abstenção para evitar tomar posição sobre a matéria que lhes foi colocada à apreciação;

(iii) A publicidade do respectivo parecer do Conselho de Estado, igualmente no momento da prática do acto a que respeita (artigo 146.º), pode agora, desde que conforme com a decisão do Presidente da República, ter o efeito de transferir parcialmente para quem aconselhou a responsabilidade pela decisão final.

(c) Os Conselheiros de Estado

VII. Designados nos termos anteriormente descritos (v. *supra*, I), os membros do Conselho de Estado são empossados pelo Presidente da República (artigo 143.º, n.º 1) e o seu mandato pode cessar no âmbito do seguinte quadro de causas:

(i) Causas de cessação do mandato comuns a todos os membros do Conselho de Estado:
– Morte;
– Impossibilidade física permanente;
– Renúncia, salvo no que se refere aos membros por inerência (v. *supra*, n.º 13.8., VI);

(ii) Causas específicas de cessação do mandato:
– Se forem membros por inerência relativamente a cargos de exercício presente, as suas funções cessam se deixarem de exercer os respectivos cargos (artigo 143.º, n.º 2);
– Tratando-se de membros eleitos pela Assembleia da República, o mandato termina com o termo da legislatura (artigo 142.º, alínea h)), apesar de continuarem em funções até à posse dos que os substituírem (artigo 143.º, n.º 3);
– No que se refere aos membros designados pelo Presidente da República, as funções cessam com o termo do mandato presidencial (artigo 142.º, alínea g)) ou, atendendo ao vínculo de confiança

§22.° *Órgãos da República de âmbito nacional* 515

política entre o autor da nomeação e o nomeado, com a sua revogação pelo Presidente da República (v. *supra*, n.° 12.9., IX).

VIII. A Assembleia da República goza de reserva absoluta de competência legislativa em matéria de definição do estatuto dos membros do Conselho de Estado (artigo 164.°, alínea m)), devendo tomar em consideração os seguintes parâmetros constitucionais:

(i) Os Conselheiros de Estado exercem um cargo político: a definição do Conselho de Estado como órgão *político* (artigo 141.°) tem como imediato efeito reflexo que os seus membros se tenham de considerar titulares de um cargo político;

(ii) Enquanto titulares de um cargo político, os Conselheiros de Estado estão sujeitos aos princípios do artigo 117.°:

– Princípio geral da responsabilidade pelas acções e omissões que pratiquem no exercício das suas funções, salvo existindo norma constitucional expressa em sentido contrário (o que não existe no caso dos Conselheiros de Estado);

– Regime próprio de incompatibilidades, sendo aqui lícito que o legislador consagre a acumulação com o exercício de qualquer actividade pública ou privada (v. *supra*, n.° 13.6., (c) e (d));

– Princípio da titularidade de situações funcionais (v. *supra*, n.° 13.5.): previsão de um regime próprio de direitos, regalias e imunidades;

– Sujeição (total ou parcial) ao regime da responsabilidade criminal dos titulares de cargos políticos.

Naturalmente que, urge explicitar, a eventual existência de soluções contrárias na lei reguladora do estatuto dos membros do Conselho de Estado, se fora da margem de liberdade decisória do legislador conferida pela Constituição, revelará a inconstitucionalidade das respectivas normas.

22.2. Conselho Superior de Defesa Nacional

BIBLIOGRAFIA: GOMES CANOTILHO/VITAL MOREIRA, *Constituição...*, 3.ª ed., pp. 959 ss.; JORGE MIRANDA/RUI MEDEIROS, *Constituição Portuguesa Anotada*, III, pp. 686 ss.

I. Presidido pelo Presidente da República (artigo 274.°, n.° 1), o Conselho Superior de Defesa Nacional foi constitucionalmente criado em 1982, sem

516 Estruturas constitucionais da República

prejuízo de com igual designação ter existido, entre 1956 e 1974, um órgão com composição e estatuto diferentes[749], herdando agora este novo órgão parte dos poderes do extinto Conselho da Revolução.

II. O Conselho Superior de Defesa Nacional pode exercer, nos termos do artigo 274.°, n.° 2, uma dupla função:

(i) Trata-se de um órgão consultivo, sendo aqui titular de poderes referentes a dois domínios:
 – Defesa nacional;
 – Organização, funcionamento e disciplina das Forças Armadas;
(ii) Poderá ainda, se a lei para o efeito permitir, exercer funções deliberativas em matéria administrativa (nos mesmos domínios), podendo diferenciar-se, segundo a lógica constitucional, dois cenários distintos:
 – Os poderes decisórios em tempos de paz – tendencialmente mais reduzidos, atendendo à competência do Governo como órgão de direcção da Administração militar (artigo 199.°, alínea d)), e ao estatuto do Presidente da República como Comandante Supremo das Forças Armadas (v. supra, n.° 17.1. (c));
 – Os poderes decisórios em estado de guerra – previsivelmente mais amplos, atendendo à necessidade de concertação entre o poder civil (: Presidente da República e Governo) e as chefias militares.

Em qualquer das suas funções, tanto a nível consultivo como em termos decisórios, o Conselho Superior de Defesa Nacional surge como órgão de concertação institucional[750].

---

[749] O órgão Conselho Superior de Defesa Nacional na vigência da Constituição de 1933 foi criado pela Lei n.° 2084, de 16 de Agosto de 1956, funcionando como verdadeiro conselho de ministros restrito presidido pelo Chefe do Governo (cfr. DIOGO FREITAS DO AMARAL, A Constituição e as Forças Armadas, in MÁRIO BAPTISTA COELHO (coord.), Portugal. O Sistema Político e Constitucional 1974/1987, Lisboa, 1989, p. 656). Note-se, porém, que a origem histórica da designação do Conselho Superior de Defesa Nacional poderá mesmo remontar ao Conselho Consultivo de Defesa, existente entre 1859 e 1907, tendo sido criado, entre 1907 e 1911, o Superior Conselho de Defesa Nacional. Cfr. ALEXANDRA LEITÃO, A Administração militar, in JORGE MIRANDA/CARLOS BLANCO DE MORAIS (coord.), O Direito da Defesa Nacional e das Forças Armadas, Lisboa, 2000, p. 520.

[750] Cfr. GOMES CANOTILHO/VITAL MOREIRA, Constituição..., 3.ª ed., p. 960; DIOGO FREITAS DO AMARAL, A Constituição e as Forças Armadas, p. 656; ALEXANDRA LEITÃO, A Administração militar, p. 472.

§22.° *Órgãos da República de âmbito nacional* 517

III. A competência que o Conselho Superior de Defesa Nacional exerce como órgão consultivo não se pode confundir, nem sobrepor, com a competência consultiva do Conselho de Estado, isto por duas ordens de razões:

(i) Em primeiro lugar, o Conselho de Estado é um órgão geral de consulta do Presidente da República, assumindo-se constitucionalmente como órgão político; o Conselho Superior de Defesa Nacional, ao invés, é um órgão específico de consulta relativo a assuntos militares, sem reflectir uma composição exclusivamente política e procurando exercer um papel de concertação entre diferentes ângulos e interesses (civil/militar; político/técnico; administrativo/estratégico);

(ii) Em segundo lugar, independentemente da diferente composição dos órgãos em causa, o Conselho de Estado, salvo no que se refere à sua competência interna (v. *supra*, n.° 22.1., IV), exerce poderes exclusivamente consultivos; o Conselho Superior de Defesa Nacional, ao contrário, pode também ser titular de competência decisória no domínio administrativo.

Neste último domínio, aliás, a lei definidora da competência administrativa do Conselho Superior de Defesa Nacional nunca poderá conferir a este órgão poderes que coloquem em causa o estatuto constitucional do Governo como órgão superior da Administração militar e a inerente responsabilidade política perante a Assembleia da República, podendo servir de centro de exercício das competências entrecruzadas ou partilhadas entre Presidente da República e Governo nos domínios militares (v.g., promoções de oficiais no seio das Forças Armadas[751]).

IV. No exercício dos seus poderes, o Conselho Superior de Defesa Nacional, além de uma competência de auto-organização interna que lhe é inerente em assuntos referentes à organização e funcionamento dos seus trabalhos e serviços (v. *supra*, n.° 12.5.), pode ainda praticar actos materialmente administrativos que, sendo susceptíveis de apreciação política pela Assembleia da República, se encontram sujeitos a controlo judicial perante os tribunais administrativos.

---

[751] Especificamente sobre o tema na génese da proposta de lei de defesa nacional e das Forças Armadas, cfr. DIOGO FREITAS DO AMARAL, *Política Externa e Política de Defesa Nacional*, p. 212.

518 *Estruturas constitucionais da República*

V. No que diz respeito à composição do Conselho Superior de Defesa Nacional, a Constituição remete para a lei a sua definição (artigo 274.°, n.° 1), podendo extrair-se, no entanto, as seguintes vinculações constitucionais:

(*i*) Tem de incluir, além do Presidente da República que preside, membros eleitos pela Assembleia da República;

(*ii*) Uma vez que trata assuntos relativos à Defesa Nacional e às Forças Armadas, incluindo o exercício de competência administrativa, o Governo não pode deixar de estar representado no Conselho Superior de Defesa Nacional, devendo até, sempre que estiver em causa a decisão de matérias administrativas, essa representação governamental ser maioritária[752] ou, em alternativa, a decisão colegial ter sempre de contar com a concordância do Primeiro-Ministro e dos Ministros sectorialmente envolvidos;

(*iii*) Por último, tratando de assuntos militares, o Conselho Superior de Defesa Nacional não pode deixar de incluir na sua composição as mais altas chefias militares que, em conjunto com o Presidente da República e o Governo, assumem as responsabilidades no sector.

Confirma-se, igualmente atendendo às linhas directrizes que se podem extrair da Constituição em matéria de composição do Conselho Superior de Defesa Nacional, que, integrando representantes do poder político e representantes das chefias militares, estamos diante de um órgão misto[753].

Trata-se de um órgão que, olhando para a sua composição, permite estabelecer uma concertação institucional que vai para além dos titulares dos órgãos políticos de soberania, compreendendo também as chefias militares.

VI. Naturalmente que, segundo um princípio geral do Direito público português, o silêncio da Constituição quanto à natureza dos pareceres do Conselho Superior de Defesa Nacional determina que ele sejam obrigatórios, isto sempre que a lei os exija, sem serem vinculativos: os órgãos com competência decisória nos domínios em que o Conselho Superior de Defesa Nacional

---

[752] Neste sentido, cfr. DIOGO FREITAS DO AMARAL, *Política Externa e Política de Defesa Nacional*, pp. 211-212. Para uma crítica de natureza constitucional à solução legislativa que determinava que os membros do Governo ficassem sempre em maioria quando se tratava de assuntos de natureza administrativa, cfr. ANTÓNIO DE ARAÚJO, *Competências constitucionais relativas à Defesa Nacional e suas implicações no sistema de governo*, in JORGE MIRANDA/ /CARLOS BLANCO DE MORAIS (coord.), *O Direito da Defesa Nacional e das Forças Armadas*, Lisboa, 2000, pp. 180 ss.

[753] Cfr. ALEXANDRA LEITÃO, *A Administração militar*, p. 471.

§22.° *Órgãos da República de âmbito nacional* 519

é consultado podem livremente decidir em sentido contrário ao conteúdo do parecer emitido pelo Conselho.

VII. No respeitante aos membros do Conselho Superior de Defesa Nacional, uma vez que não estamos diante de um órgão político, desde que aqueles não desempenhem outras funções de natureza política, não se devem considerar titulares de um cargo político, encontrando-se excluídos do estatuto a que se refere o artigo 117.°, sem prejuízo de competir à Assembleia da República a definição legal do seu estatuto (artigo 164.°, alínea m)).

22.3. Provedor de Justiça

BIBLIOGRAFIA: AA.VV., *Democracia e Direitos Humanos no Século XXI*. Lisboa, 2003; AA.VV., *O Provedor de Justiça – Estudos*, Lisboa, 2006; AA.VV., *O Provedor de Justiça – Novos estudos*, Lisboa, 2008; FILIPE DA BOA BAPTISTA, *O Provedor de Justiça. A actividade e o seu fundamento*, dissertação de mestrado, inédita, apresentada na Faculdade de Direito da Universidade de Lisboa, 2 vols., Lisboa, 1998; GOMES CANOTILHO/VITAL MOREIRA, *Constituição...*, I, 4.ª ed., pp. 439 ss.; F. ALVES CORREIA, *Do Ombudsman ao Provedor de Justiça*, Coimbra, 1979; MARIA EDUARDA FERRAZ, *O Provedor de Justiça na Defesa da Constituição*, Lisboa, 2008; MANUEL MEIRINHO MARTINS/JORGE DE SÁ, *O Exercício do Direito de Queixa como Forma de Participação Política*, Lisboa, 2005; JORGE MIRANDA, *Manual...*, IV, pp. 341 ss.; JORGE MIRANDA/RUI MEDEIROS, *Constituição Portuguesa Anotada*, I, pp. 217 ss.; ANA FERNANDA NEVES, *O Provedor de Justiça e a Administração Pública*, in *Estudos em Homenagem ao Prof. Doutor Joaquim Moreira da Silva Cunha*, Coimbra, 2005, pp. 51 ss.; J. MENERES PIMENTEL, *Provedor de Justiça*, in *Dicionário Jurídico da Administração Pública*, VI, Lisboa, 1994, pp. 653 ss.; LUÍS LINGNAU DA SILVEIRA, *O Provedor de Justiça*, in MÁRIO BAPTISTA COELHO (coord.), *Portugal. O Sistema Político e Constitucional 1974/1987*, Lisboa, 1989, pp. 701 ss.; CATARINA SAMPAIO VENTURA, *Direitos Humanos e Ombudsman*, Lisboa, 2007.

(a) Caracterização

I. O Provedor de Justiça, tendo sido introduzido por via legislativa em 1975[754], viria a receber, em 1976, consagração constitucional.

---

[754] Cfr. Decreto-Lei n.° 212/75, de 21 de Abril.

520 *Estruturas constitucionais da República*

A sua origem mostra-se, porém, controversa, pois tanto se pode filiar, em termos cronológicos mais próximos, na figura sueca do *Ombudsman*[755], ou, mais remotamente, na figura do Chanceler-Mor que, desde as Ordenações Afonsinas, surge identificado como "medianeiro" entre o rei e os homens nas coisas temporais[756].

II. Eleito pela Assembleia da República (artigo 23.°, n.° 3), por maioria de dois terços dos Deputados presentes, desde que superior à maioria absoluta dos Deputados em efectividade de funções (artigo 163.°, alínea h)), o Provedor de Justiça tem o seu estatuto constitucional recortado através dos três seguintes traços caracterizadores:

   (i) Trata-se de um órgão independente do Estado (artigo 23.°, n.° 3), significando isto o seguinte:
  – Não se encontra sujeito a poderes governamentais de intervenção administrativa, nem a orientação política de qualquer órgão;
  – Não é responsável politicamente perante ninguém, salvo no âmbito da responsabilidade política difusa perante a opinião pública
  – Não pode ser destituído antes do termo do seu mandato, gozando, por isso, de inamovibilidade;
  – A Provedoria de Justiça compreende um conjunto de órgãos e serviços administrativos, técnicos e de apoio à actividade do Provedor de Justiça que, assumindo natureza própria, não se encontram dependentes do Governo, antes conferem ao Provedor de Justiça uma competência administrativa interna de gestão;
   (ii) A figura do Provedor de Justiça está sistematicamente inserida na parte referente aos direitos e deveres fundamentais (artigo 23.°), o que, fazendo dele um instrumento privilegiado de garantia dos direitos fundamentais (: função subjectivista), não pode fazer esquecer que, possuindo legitimidade processual activa para desencadear junto do Tribunal Constitucional a declaração de inconstitucionalidade e da ilegalidade com força obrigatória geral (artigo 281.°, n.° 2, alínea d)) e a verificação da inconstitucionalidade por omissão (artigo 283.°), o transforma também em órgão de garantia da juridicidade (: função objectivista);

---

[755] Para mais desenvolvimentos, cfr. ANA FERNANDA NEVES, *O Provedor de Justiça...*, pp. 51 ss.

[756] Cfr. Ordenações Afonsinas, Liv. I, Tit. 2.°.

§22.º Órgãos da República de âmbito nacional

(iii) O Provedor de Justiça surge ainda como membro por inerência do Conselho de Estado (artigo 142.º, alínea d))[757] e, por essa via, investido de uma intervenção política consultiva junto do Presidente da República que ultrapassa as meras funções subjectivistas e objectivistas que recortam o essencial do seu perfil constitucional, encontrando-se aqui sujeito, enquanto Conselheiro de Estado, ao correspondente estatuto de titular de um órgão político (v. *supra*, n.º 22.1., VIII).

III. Paralelamente a tais traços caracterizadores do estatuto do Provedor de Justiça que emergem do texto da Constituição "oficial", a verdade é que, decorrente da natureza unipessoal e do prestígio do titular do órgão assente na sua independência, imparcialidade e integridade moral, a prática permite ainda recortar que, mediante diligências pessoais e contactos directos, o Provedor de Justiça exerce ainda, em termos informais que se mostram integrantes de uma normatividade constitucional "não oficial", uma "magistratura de influência"[758].

IV. Não será exagero, atendendo à caracterização formal e informal feita do estatuto do Provedor de Justiça, que, sem prejuízo de desenvolvimentos subsequentes quanto ao seu papel de garante dos direitos fundamentais e da juridicidade, que se veja no Provedor de Justiça a expressão de um "quarto poder do Estado"[759]: trata-se de um poder que "controla e fiscaliza, no todo ou em parte, os outros três poderes; mas nenhum destes três poderes pode controlar ou fiscalizar o *Ombudsman*"[760].

Preferimos falar, neste contexto de protagonista de um "quarto poder do Estado", na caracterização do Provedor de Justiça como titular de um

---

[757] Cfr. TIAGO DUARTE, *O Provedor de Justiça e o Conselho de Estado*, in AA.VV., *O Provedor de Justiça – Novos estudos*, Lisboa, 2008, pp. 81 ss.

[758] Neste último sentido, cfr. HENRIQUE NASCIMENTO RODRIGUES, *A função preventiva, personalizadora e inovadora do Provedor de Justiça*, in AA.VV., *Democracia e Direitos Humanos no Século XXI*. Lisboa, 2003, pp. 79-80.

[759] Em sentido contrário, considerando que "o Provedor de Justiça exerce uma actividade susceptível de ser reconduzida à função administrativa", cfr. JOÃO CAUPERS, *A pretexto do dever de sigilo do Provedor de Justiça*, in AA.VV., *O Provedor de Justiça – Estudos*, Lisboa, 2006, pp. 89-90.

No sentido de que o Provedor de Justiça não se enquadra em nenhum dos três clássicos poderes do Estado, cfr. ANA FERNANDA NEVES, *O Provedor de Justiça...*, p. 62.

[760] Cfr. DIOGO FREITAS DO AMARAL, *Limites jurídicos, políticos e éticos da actuação do "Ombudsman"*, in AA.VV., *Democracia e Direitos Humanos no Século XXI*, p. 50.

522 Estruturas constitucionais da República

poder moderador garantístico dos particulares e da juridicidade (v. *supra*, n.º 12.1., V): trata-se de um poder superior aos demais, podendo intervir em todos eles, fiscalizado, harmonizando, alertando, recomendando, solicitando a prevenção ou a reparação de injustiças, sem prejuízo de limites materiais decorrentes da independência dos tribunais e da ausência de competência decisória, sendo irresponsável no exercício legal de tais poderes.

Urge proceder, por conseguinte, a uma análise da função subjectivista e da função objectivista subjacente aos poderes conferidos pela Constituição ao Provedor de Justiça.

(b) Competência de incidência subjectivista

V. A inserção sistemática do Provedor de Justiça na parte referente aos direitos e deveres fundamentais transforma-o, antes de tudo, em meio de garantia de posições jurídicas subjectivas dos particulares.

Os particulares podem dirigir queixas ao Provedor de Justiça contra acções ou omissões dos poderes públicos (artigo 23.º, n.º 1), sabendo-se que o exercício deste instrumento de tutela de posições jurídicas subjectivas "é independente dos meios graciosos e contenciosos previstos na Constituição e nas leis" (artigo 23.º, n.º 2). Significa isto o seguinte:

(i) As acções ou omissões resultantes dos poderes públicos podem consubstanciar comportamentos injustos ou ilegais[761], estando em causa atentados a direitos (fundamentais ou não)[762], interesses legítimos[763]

---

[761] Considerando (e bem) que a justiça transcende a legalidade, cfr. ANA FERNANDA NEVES, *O Provedor de Justiça...*, p. 76.

Já se devem considerar excluídos do âmbito da intervenção do Provedor de Justiça, por outro lado, as situações de controlo do mérito ou da eficiência e produtividade dos serviços públicos. Neste sentido, cfr. DIOGO FREITAS DO AMARAL, *Limites jurídicos, políticos e éticos da actuação do "Ombudsman"*, pp. 26 e 29-30. Em sentido contrário, considerando o Provedor de Justiça também garante da boa administração, incluindo elementos jurídicos e não jurídicos, cfr. MÁRIO AROSO DE ALMEIDA, *O Provedor de Justiça como garante da boa administração*, in AA.VV., *O Provedor de Justiça – Estudos*, Lisboa, 2006, pp. 11 ss. ainda sobre o tema, cfr. FILIPE DA BOA BAPTISTA, *O Provedor de Justiça*, pp. 280 ss.

[762] Cfr. CATARINA SAMPAIO VENTURA, *Direitos Humanos e Ombudsman*, em especial, pp. 119 ss.; JOSÉ CARLOS VIEIRA DE ANDRADE, *O Provedor de Justiça e a protecção efectiva dos direitos fundamentais dos cidadãos*, in AA.VV., *O Provedor de Justiça – Estudos*, Lisboa, 2006, pp. 57 ss.

[763] Cfr. ANA FERNANDA NEVES, *O Provedor de Justiça...*, p. 75.

§22.° Órgãos da República de âmbito nacional

ou interesses difusos[764]: tudo isto se insere na esfera de conhecimento do Provedor de Justiça;

(ii) O âmbito de intervenção incide sobre a conduta de quaisquer estruturas decisórias integrantes dos poderes públicos, o que envolve:

– Toda a actividade desenvolvida ao abrigo das funções administrativa[765], legislativa[766] e política, mostrando-se ainda susceptível de compreender os aspectos da função jurisdicional que não coloquem em causa a independência dos tribunais[767];

– Abrange toda a actuação dos poderes públicos, em qualquer domínio material, conferindo-lhe o carácter de órgão "generalista"[768], isto independentemente de agirem ao abrigo do Direito Público ou do Direito Privado;

– Tenha essa actividade como protagonista o Estado ou qualquer outra autoridade pública, incluindo as autoridades administrativas independentes, e ainda os privados que exercem funções públicas;

(iii) A própria apresentação de queixas individuais ou colectivas junto do Provedor de Justiça pelos privados[769], sejam pessoas singulares

---

[764] Relativamente a estes últimos, cfr. LUÍS FILIPE COLAÇO ANTUNES, *Provedor de Justiça, ilustração e crise da legalidade especial*, in AA.VV., *O Provedor de Justiça – Estudos*, Lisboa, 2006, pp. 75 ss.; CARLA AMADO GOMES, *O Provedor de Justiça e a tutela de interesses difusos*, in AA.VV., *O Provedor de Justiça – Novos estudos*, Lisboa, 2008, pp. 105 ss.

[765] Sobre o tema do controlo pelo Provedor de Justiça da função administrativa, cfr. ANA FERNANDA NEVES, *O Provedor de Justiça...*, pp. 69 ss.; DAVID DUARTE, *A discricionariedade administrativa e a competência (sobre a função administrativa) do Provedor de Justiça*, in AA.VV., *O Provedor de Justiça – Novos estudos*, Lisboa, 2008, pp. 67 ss.; ANDRÉ SALGADO DE MATOS, *O Provedor de Justiça e os meios administrativos e jurisdicionais de controlo da actividade administrativa*, in AA.VV., *O Provedor de Justiça – Novos estudos*, Lisboa, 2008, pp. 157 ss.

[766] Para mais desenvolvimentos, cfr. ANA FERNANDA NEVES, *O Provedor de Justiça...*, pp. 63 ss.

[767] Para uma articulação entre o Provedor de Justiça e o poder judicial, cfr. ANA FERNANDA NEVES, *O Provedor de Justiça...*, pp. 65 ss.; MARIA LÚCIA AMARAL, *O Provedor de Justiça e o poder judicial*, in AA.VV., *O Provedor de Justiça – Estudos*, Lisboa, 2006, pp. 41 ss.; RUI CHANCERELLE DE MACHETE, *As funções do Provedor de Justiça e os limites jurídicos da sua intervenção*, in AA.VV., *O Provedor de Justiça – Estudos*, Lisboa, 2006, em especial, pp. 102 ss.

[768] Expressão de FILIPE DA BOA BAPTISTA, *O Provedor de Justiça*, p. 208.

[769] Não se deve admitir, por conseguinte, que entidades públicas possam recorrer ao Provedor de Justiça no sentido de apresentarem queixas contra actuações de outras entidades públicas, cfr. JORGE MIRANDA, *Sobre o âmbito de intervenção do Provedor de Justiça*, in AA.VV., *O Provedor de Justiça – Estudos*, Lisboa, 2006, pp. 111 ss.

524 Estruturas constitucionais da República

ou pessoas colectivas, nacionais, estrangeiros ou apátridas, traduz já o exercício de um direito fundamental: a queixa consubstancia uma forma de participação política[770];

(iv) O exercício do direito de queixa é independente de estar em curso ou de já ter precludido qualquer impugnação graciosa ou judicial do acto ou omissão objecto da queixa, tal como se mostra independente de condições de legitimidade decorrentes da titularidade de um interesse directo, pessoal e legítimo[771];

(v) O Provedor de Justiça não se encontra limitado, todavia, às queixas que lhe são dirigidas, podendo agir, igualmente, a título oficioso[772], gozando de uma autonomia de actuação que lhe permite exigir cooperação de todas as estruturas públicas na prestação de informações e esclarecimentos, na exibição de documentos ou na realização de inspecções e visitas (artigo 23.°, n.° 4);

(vi) O dever de cooperação de todas as autoridades com o Provedor Justiça tem fundamento constitucional, traduzindo um dever jurídico cujo incumprimento deverá estar assistido de mecanismos sancionatórios.

VI. Identificado o problema, por via de queixa ou de actuação oficiosa, o Provedor de Justiça aprecia a questão e, apesar de não possuir poder decisório, se achar que há fundamento para intervir, visando prevenir ou reparar injustiças, deverá dirigir recomendações aos órgãos competentes (artigo 23.°, n.° 1).

As recomendações do Provedor de Justiça, sendo dotadas de um amplo espaço de operatividade, podendo assumir uma configuração normativa ou não normativa[773], têm por objecto a correcção pelo órgão competente do acto ou da situação irregular ou injusta que, em termos preventivos ou reparadores, motivou a queixa apresentada ou a actividade oficiosamente desenvolvida pelo Provedor de Justiça, verificando-se que as mesmas podem não ser acatadas, desde que para o efeito seja apresentada fundamentação[774].

---

[770] Cfr. MANUEL MEIRINHO MARTINS/JORGE DE SÁ, *O Exercício do Direito de Queixa como Forma de Participação Política*, em especial, pp. 43 ss.

[771] Neste último sentido, cfr. JORGE MIRANDA/RUI MEDEIROS, *Constituição Portuguesa Anotada*, I, p. 219.

[772] Cfr. DIOGO FREITAS DO AMARAL, *Limites jurídicos, políticos e éticos da actuação do "Ombudsman"*, pp. 38 ss.; ANA FERNANDA NEVES, *O Provedor de Justiça...*, pp. 78 ss.

[773] Cfr. JOSÉ MENÉRES PIMENTEL, *Provedor de Justiça*, p. 659.

[774] Cfr. artigo 38.°, n.° 3, do Estatuto do Provedor de Justiça, aprovado pela Lei n.° 9/91, de 9 de Abril. Especificamente sobre a configuração deste dever de fundamentação e seus aspectos procedimentais, cfr. JOSÉ MENÉRES PIMENTEL, *Provedor de Justiça*, pp. 659-660.

§22.º *Órgãos da República de âmbito nacional*   525

Sem prejuízo do dever jurídico de colaboração que recai sobre todos os órgãos e agentes públicos, sancionável no seu incumprimento através do crime de desobediência, o certo é que as próprias recomendações do Provedor de Justiça não gozam de imperatividade face ao destinatário, razão pela qual o seu não acatamento, podendo desencadear diversos procedimentos junto de diferentes órgãos administrativos e políticos visando obter o respectivo cumprimento, não traduz uma ilegalidade[775].

Sem se excluir a possibilidade de uma recomendação do Provedor de Justiça se encontrar fundada em erro nos respectivos pressupostos ou fazer pelo seu conteúdo uma interpretação errada da lei, situações estas que fundamentariam legitimamente o seu não acatamento, as recomendações válidas, apesar de expressarem um grau de vinculação mínima para o respectivo destinatário, deparam com um regime legal que, impondo em termos procedimentais a colaboração da Administração Pública sob pena de crime de desobediência, transfere para o superior hierárquico do órgão seu destinatário ou para um órgão político a responsabilidade pela imposição ao órgão renitente do cumprimento da recomendação, sem embargo da possibilidade de dar conhecimento público desse não acatamento através dos meios de comunicação social[776].

Observa-se aqui a instituição de um regime legal visando conferir um "mínimo de injuntividade" às recomendações do Provedor de Justiça[777] que, sem deixar de as integrar no domínio do *"soft law"*[778], proporciona mecanismos alternativos ou indirectos de natureza intra-administrativa e política visando pressionar o respectivo destinatário ao seu cumprimento.

As recomendações do Provedor de Justiça são, por conseguinte, a expressão de um *"soft law"* dotado de um grau de vinculatividade reduzido para os respectivos destinatários, sem embargo da produção de efeitos autovinculativos para o próprio autor que, apesar de poder revogar as suas recomendações, se encontra a elas adstrito na sequência da formação, por efeito do princípio da igualdade, de um precedente.

(c) Competência de incidência objectivista

VII. Nem sempre, porém, as queixas ou a intervenção oficiosa do Provedor de Justiça tem por base a lesão ou o perigo de lesão a posições jurídicas

---

[775] Cfr. Luís LINGNAU DA SILVEIRA, *O Provedor de Justiça*, p. 716.

[776] Neste último sentido, cfr. Luís LINGNAU DA SILVEIRA, *O Provedor...*, p. 716.

[777] Sublinhando esta possibilidade conferida pela Constituição ao legislador, cfr. GOMES CANOTILHO/VITAL MOREIRA, *Constituição...*, I, 4.ª ed., p. 443.

[778] Cfr. PAULO OTERO, *Legalidade e Administração Pública*, pp. 913-914.

526 Estruturas constitucionais da República

subjectivas: o Provedor de Justiça tem também a função de garante da juridicidade[779] e, por essa via, exerce uma competência de incidência objectivista. A competência de garante da juridicidade, visando prevenir ou reparar as situações de violação objectiva da ordem jurídica, tanto ao nível da constitucionalidade como da legalidade infraconstitucional, habilita que o Provedor de Justiça tenha os seguintes meios ao seu dispor:

> (i) Tratando-se de normas inconstitucionais ou de normas feridas da designada "ilegalidade equiparada à inconstitucionalidade" (v. supra, n.º 20.3.1., VI), o Provedor de Justiça poderá desencadear junto do Tribunal Constitucional a respectiva declaração de inconstitucionalidade ou de ilegalidade com força obrigatória geral (artigo 281.º, n.º 2, alínea d));
>
> (ii) Num cenário de incumprimento da Constituição por omissão de medidas legislativas necessárias para tornar exequíveis as normas constitucionais, o Provedor de Justiça poderá agora requerer ao Tribunal Constitucional a fiscalização da inconstitucionalidade por omissão (artigo 283.º, n.º 1);
>
> (iii) Nada impede o Provedor de Justiça de dirigir recomendações aos órgãos competentes visando obter deles a reparação das ilegalidades (por acção ou omissão) cometidas;
>
> (iv) Nem se mostra excluído que, sem formalizar qualquer recomendação, o Provedor de Justiça, exercendo a mencionada "magistratura de influência" (v. supra, III), promova uma informal sensibilização dos órgãos competentes para prevenirem ou repararem violações da juridicidade.

VIII. Note-se que, como já tem sido sublinhado[780], apesar de não existir no ordenamento jurídico português uma acção directa de inconstitucionalidade por parte dos particulares junto do Tribunal Constitucional, a atribuição de legitimidade processual activa ao Provedor de Justiça para desencadear a fiscalização da inconstitucionalidade pode tornar-se, atendendo ao direito de queixa dos particulares, um meio alternativo ou sucedâneo que, fazendo do Provedor de Justiça uma instância de selecção prévia dos casos, acaba por permitir que os particulares, indirectamente, possam ter intervenção no desen-

---

[779] Cfr. MARIA EDUARDA FERRAZ, O Provedor de Justiça na Defesa da Constituição, pp. 17 ss.

[780] Cfr. GOMES CANOTILHO/VITAL MOREIRA, Constituição..., I, 4.ª ed., pp. 443-444; JORGE MIRANDA/RUI MEDEIROS, Constituição Portuguesa Anotada, I, p. 218; JORGE MIRANDA, Sobre o âmbito de intervenção do Provedor de Justiça, p. 111.

§22.° *Órgãos da República de âmbito nacional* 527

cadear da fiscalização sucessiva abstracta da constitucionalidade e da fiscalização da inconstitucionalidade por omissão.

22.4. Conselho Superior da Magistratura

> BIBLIOGRAFIA: GOMES CANOTILHO, *A questão do autogoverno das magistraturas como questão politicamente incorrecta*, in *AB VNO AD OMNES – 75 Anos da Coimbra Editora*, Coimbra, 1998, pp. 247 ss.; GOMES CANOTILHO/ /VITAL MOREIRA, *Constituição...*, 3.ª ed., pp. 827 ss.; CARLOS FRAGA, *Sobre a Independência dos Juízes e Magistrados*, Lisboa, 2003, pp. 35 ss.; JORGE MIRANDA, *Le Conseil Supérieur de la Magistrature – Portugal*, in AA.VV., *Les Conseils Supérieureus de la Magistrature en Europe*, Paris, 1999, pp. 257 ss.; JORGE MIRANDA/RUI MEDEIROS, *Constituição Portuguesa Anotada*, III, pp. 194 ss.; PAULO CASTRO RANGEL, *Repensar o Poder Judicial – Fundamentos e Fragmentos*, Porto, 2001, pp. 216 ss.

(a) Competência

I. O Conselho Superior da Magistratura é um órgão constitucional autónomo que, visando conferir eficácia aos princípios da independência dos tribunais (artigo 203.°) e da inamovibilidade dos juízes (artigo 216.°, n.° 1), tem competência para, relativamente aos juízes dos tribunais judiciais, proceder às seguintes tarefas (artigo 217.°, n.° 1):

(i) Nomeação, colocação, transferência e promoção dos juízes;
(ii) Exercício da acção disciplinar sobre os juízes.

Pelo Conselho Superior da Magistratura passa a garantia de um poder judicial livre de intervenções instrumentalizadoras das suas decisões relativamente aos juízes que são os únicos protagonistas do exercício da função jurisdicional: o Conselho Superior da Magistratura traduz uma instituição de autogoverno administrativo dos juízes.

II. Paralelamente a tais poderes sobre os juízes, o Conselho Superior da Magistratura, expressando a necessidade de independência administrativa dos tribunais face ao Governo, possuindo no seu âmbito serviços administrativos de apoio ao exercício da actividade jurisdicional pelos tribunais (v. *supra*, n.° 20.1.3., II), goza ainda de poderes relativos a matérias referentes à apreciação do mérito profissional e ao exercício da função disciplinar sobre os funcionários de justiça (artigo 218.°, n.° 2).

528   *Estruturas constitucionais da República*

Mostra-se discutível, todavia, se uma tal competência do Conselho Superior da Magistratura resulta imperativa da Constituição, existindo apenas liberdade de conformação quanto à integração de funcionários de justiça na composição deste órgão (artigo 218.°, n.° 2), ou, pelo contrário, se se remete para o legislador a liberdade de decisão sobre a inclusão desta matéria na esfera material de decisão do Conselho Superior da Magistratura, hipótese esta última que determinaria a inconstitucionalidade do Conselho de Oficiais de Justiça.

III. Integra ainda a competência do Conselho Superior da Magistratura, segundo o princípio da auto-organização interna (v. *supra*, n.° 12.5.), a faculdade de definir, interpretar e aplicar regras referentes à organização e funcionamento interno dos seus trabalhos e serviços: trata-se de uma competência interna de natureza materialmente administrativa.

IV. Fora da jurisdição do Conselho Superior da Magistratura ficam, no entanto, todos os assuntos relativos à gestão e disciplina dos seguintes juízes:

– Os juízes dos tribunais administrativos e fiscais;
– Os juízes dos restantes tribunais que não são tribunais judiciais, nem tribunais administrativos e fiscais.

Se, relativamente aos primeiros a Constituição cria uma estrutura semelhante ao Conselho Superior da Magistratura (artigo 217.°, n.° 2), já no respeitante aos juízes dos restantes tribunais, a Constituição remete para a lei a definição das regras e da estrutura competente para a gestão e exercício da disciplina (artigo 217.°, n.° 3).

Neste último domínio, estando em causa os "juízes dos restantes tribunais", a Constituição habilita que se diferenciem dois grupos: *(i)* num primeiro, integrando os juízes do Tribunal Constitucional e do Tribunal de Contas, cada um deles expressando uma ordem jurisdicional autónoma, devem os próprios tribunais exercer o poder disciplinar sobre os seus juízes; *(ii)* num segundo grupo, integrando os juízes dos tribunais militares, dos tribunais marítimos e dos julgados de paz, pode a gestão e o exercício do poder disciplinar ser atribuído ao Conselho Superior da Magistratura ou, em alternativa, nos termos do artigo 217.°, n.° 3, poderá o legislador criar um órgão específico para esse efeito[781].

---

[781] Cfr. JORGE MIRANDA/RUI MEDEIROS, *Constituição Portuguesa Anotada*, III, pp. 192--193.

§22.º Órgãos da República de âmbito nacional

(b) Composição

V. No que se refere à composição do Conselho Superior da Magistratura, reflectindo um modelo de autogoverno administrativo baseado num doseamento entre uma componente mais política ou mais corporativa, observa-se que o figurino traçado pela Constituição tem sido objecto de sucessivas modificações, pautando-se hoje pelas seguintes regras (artigo 218.º, n.º 1):

  (i) O Conselho Superior da Magistratura é presidido pelo Presidente do Supremo Tribunal de Justiça;

  (ii) A Constituição permite que a maioria dos seus membros seja composta por não juízes, atendendo a que:
  – Nove dos seus membros (dois designados pelo Presidente da República e sete eleitos pela Assembleia da República) têm uma legitimidade político-democrática pelo facto de resultarem de órgãos eleitos por sufrágio universal;
  – Sete são juízes eleitos pelos seus pares, segundo o princípio da representação proporcional, num modelo de legitimação corporativa ou autogoverno;

  (iii) Admite ainda a Constituição que, tratando o Conselho Superior da Magistratura de matérias relativas aos funcionários de justiça (v. *supra*, II), este órgão integre também, na discussão e votação deste domínio específico de matérias, funcionários de justiça, eleitos pelos seus pares (artigo 218.º, n.º 3).

Se não se tomar em consideração este último grupo de elementos, confirma-se que a legitimidade democrática domina o Conselho Superior da Magistratura, uma vez que o número de membros designados pelos órgãos políticos é superior ao número de vogais designados pelos próprios juízes.

VI. Todos os membros do Conselho Superior da Magistratura gozam das garantias dos juízes (artigo 218.º, n.º 2), mostrando-se aplicável esta disposição, desde logo, aos vogais que não são juízes, sendo discutível que os funcionários de justiça que, nos termos do artigo 218.º, n.º 3, podem integrar o Conselho Superior da Magistratura, beneficiem de igual situação funcional.

VII. Sublinhe-se, por último, que os actos do Conselho Superior da Magistratura, expressando o exercício de uma competência materialmente administrativa, são passíveis de controlo político pela Assembleia da Re-

530 Estruturas constitucionais da República

pública, de controlo judicial[782] e ainda de intervenção do Provedor de Justiça[783].

22.5. Conselho Superior dos Tribunais Administrativos e Fiscais

BIBLIOGRAFIA: JOSÉ CARLOS VIEIRA DE ANDRADE, *Justiça Administrativa*, 7.ª ed., Coimbra, 2005, pp. 154-155; GOMES CANOTILHO/VITAL MOREIRA, *Constituição...*, 3.ª ed., pp. 825 ss.; SÉRVULO CORREIA, *Contencioso Administrativo*, Policop., Lisboa, 1990, pp. 123 ss.; JORGE MIRANDA/RUI MEDEIROS, *Constituição Portuguesa Anotada*, III, pp. 189 ss.; PAULO CASTRO RANGEL, *Repensar o Poder Judicial*, pp. 221 ss.

I. Expressão da existência de uma jurisdição administrativa e fiscal dotada de autonomia constitucional face à jurisdição dos tribunais judiciais (v. *supra*, n.° 20.1.2., (e)), a gestão e a disciplina dos juízes dos tribunais administrativos e fiscais não poderia estar sujeita ao Conselho Superior da Magistratura.

Surge, deste modo, a razão de ser do Conselho Superior dos Tribunais Administrativos e Fiscais (artigo 217.°, n.° 3), enquanto estrutura de autogoverno dos juízes desta jurisdição.

II. A Constituição limita-se a uma breve referência a este órgão de autogoverno dos juízes dos tribunais administrativos e fiscais, sem lhe atribuir a referida designação específica (artigo 217.°, n.° 2), conferindo-lhe, todavia, competência relativamente a dois tipos de matérias:

(i) Nomeação, colocação, transferência e promoção dos juízes dos tribunais administrativos e fiscais;

(ii) Exercício da acção disciplinar sobre esses mesmos juízes.

Nenhuma outra referência constitucional é feita ao órgão.

---

[782] Atribui a lei ordinária esse controlo à competência do Supremo Tribunal de Justiça, sendo a questão controvertida face ao artigo 212.°, n.° 3. Para uma discussão do problema, à luz da jurisprudência do Tribunal Constitucional, cfr. J. M. SÉRVULO CORREIA, *A jurisprudência constitucional portuguesa e o Direito Administrativo*, in AA.VV., *XXV Anos de Jurisprudência Constitucional Portuguesa*, Coimbra, 2009, pp. 117 ss.

[783] Cfr. JORGE MIRANDA/RUI MEDEIROS, *Constituição Portuguesa Anotada*, III, pp. 191-192.

§22.° *Órgãos da República de âmbito nacional* 531

III. Significará essa ausência de referências constitucionais ao Conselho Superior dos Tribunais Administrativos e Fiscais que o legislador goza de uma ampla liberdade conformadora na configuração deste órgão?

Respondemos em sentido negativo.

O legislador encontra-se limitado na definição configurativa do Conselho Superior dos Tribunais Administrativos e Fiscais[784], devendo pautar-se pelos princípios constitucionais subjacentes à composição do Conselho Superior da Magistratura[785], a saber:

(i) O Conselho Superior dos Tribunais Administrativos e Fiscais deve ser presidido pelo Presidente do Supremo Tribunal Administrativo;

(ii) Nunca podendo deixar de integrar na sua composição juízes, eleitos pelos seus pares, a maioria dos membros do Conselho Superior dos Tribunais Administrativos e Fiscais deve possuir legitimidade democrática[786];

(iii) Pode admitir-se que o Conselho Superior dos Tribunais Administrativos e Fiscais integre, exclusivamente no domínio referente aos assuntos que lhes digam respeito, funcionários de justiça deste tipo de tribunais, eleitos pelos seus pares;

(iv) Os membros do Conselho Superior dos Tribunais Administrativos e Fiscais encontram-se sujeitos às garantias dos juízes;

(v) O Conselho Superior dos Tribunais Administrativos e Fiscais goza também de uma competência interna referente à organização e funcionamento dos seus trabalhos e serviços (v. *supra*, n.° 22.4., III).

IV. Os actos provenientes do Conselho Superior dos Tribunais Administrativos e Fiscais encontram-se sujeitos aos mecanismos fiscalização aplicáveis aos actos do Conselho Superior da Magistratura[787].

---

[784] Esse legislador tem sido aquele que elabora a lei referente ao Estatuto dos Tribunais Administrativos e Fiscais, actualmente constando da Lei n.° 13/2002, de 19 de Fevereiro, e sucessivas alterações.

[785] Cfr. GOMES CANOTILHO/VITAL MOREIRA, *Constituição...*, 3.ª ed., p. 826.

[786] Mostra-se discutível, todavia, que essa legitimidade democrática seja conferida através de designação feita pelo Presidente da República, atendendo à natureza taxativa dos seus poderes definidos pela Constituição e sem cláusula que permita mediante a lei o seu alargamento (v. *supra*, n.° 12.8.,I).

[787] Cfr. JORGE MIRANDA/RUI MEDEIROS, *Constituição Portuguesa Anotada*, III, pp. 191-192.

532 Estruturas constitucionais da República

22.6. Procuradoria-Geral da República

BIBLIOGRAFIA: Gomes Canotilho/Vital Moreira, *Constituição...*, 3.ª ed., pp. 829 ss.; Jorge Miranda/Rui Medeiros, *Constituição Portuguesa Anotada*, III, pp. 201 ss.; Cunha Rodrigues, *Ministério Público*, in *Dicionário Jurídico da Administração Pública*, V, Lisboa, 1993, pp. 502 ss.

I. A Procuradoria-Geral da República é uma estrutura orgânica complexa, pois é formada por dois órgãos:

(*i*) O Procurador-Geral da República, nomeado e exonerado pelo Presidente da República, sob proposta do Governo (artigo 133.°, alínea m)), tem um mandato com a duração de seis anos (artigo 220.°, n.° 3), presidindo à Procuradoria-Geral da República (artigo 220.°, n.° 2);

(*ii*) O Conselho Superior do Ministério Público que, presidido pelo Procurador-Geral da República, integra uma composição mista, pois parte dos seus membros são eleitos pela Assembleia da República, sendo dotados de uma inerente legitimidade político-democrática, e outra parte são eleitos pelos próprios magistrados do Ministério Público, numa expressão de legitimidade corporativa (artigo 220.°, n.° 2).

A Constituição remete para a lei, segundo se pode extrair de forma implícita do artigo 220.°, n.° 2, o número e a relação de proporção entre os dois grupos de membros do Conselho Superior do Ministério Público, tal como a repartição de poderes decisórios entre este órgão colegial e o Procurador--Geral da República.

II. A Procuradoria-Geral da República é o órgão superior do Ministério Público (artigo 220.°, n.° 1), tornando-se inequívoco, nestes termos, que os agentes do Ministério Público não se encontram subordinados ao Governo[788]: a garantia de independência do Ministério Público face ao Governo é, atendendo aos poderes que estão confiados a esta magistratura, um dos corolários do Estado de Direito.

Compreende-se, neste sentido, que a Constituição proclame o princípio da autonomia do Ministério Público (artigo 219.°, n.° 2), definindo os seus

---

[788] Cfr. Paulo Otero, *Conceito de Fundamento da Hierarquia Administrativa*, pp. 239--240.

§22.º Órgãos da República de âmbito nacional

agentes como magistrados responsáveis e hierarquicamente subordinados à Procuradoria-Geral da República, gozando de garantias de inamovibilidade semelhantes aos juízes (artigo 219.º, n.º 4): os magistrados do Ministério Público não podem ser transferidos, suspensos, aposentados ou demitidos, salvo nos casos previstos na lei.

III. Sendo dotado de autonomia administrativa e política face ao Governo, expressando uma estrutura de autogoverno dos magistrados do Ministério Público, compete à Procuradoria-Geral da República, nos termos da Constituição, o exercício das seguintes tarefas:

(i) A nomeação, colocação, transferência e promoção dos agentes do Ministério Público (artigo 219.º, n.º 5);

(ii) O exercício da acção disciplinar sobre os agentes do Ministério Público (artigo 219.º, n.º 5);

(iii) E, enquanto órgão hierarquicamente superior do Ministério Público (v. *supra*, n.º 12.2., V), a Procuradoria-Geral da República tem ainda intervenção nos seguintes domínios (artigo 219.º, n.º 1)[789]:

– Representação judicial do Estado;

– Defesa dos interesses que a lei determinar;

– Participação na execução da política criminal definida pelos órgãos de soberania;

– Exercício da acção penal pautada pelo princípio da legalidade;

– Defesa da juridicidade (ou legalidade).

Em qualquer destas actuações, os magistrados do Ministério Público e a Procuradoria-Geral da República formam um todo unitário, entre si ligado por um vínculo hierárquico, sem dependência ou permeabilidade a quaisquer poderes externos.

IV. Não pode deixar de se sublinhar que a autonomia do Ministério Público e da Procuradoria-Geral da República envolve, à semelhança do que sucedeu com outras estruturas autónomas já analisadas, a existência de um conjunto de órgãos e serviços de apoio administrativo que, sem estarem na dependência do Governo, se encontram directamente relacionados com o Procurador-Geral da República e o Conselho Superior do Ministério Público, exercendo-se aqui uma competência de auto-organização interna de natureza materialmente administrativa cujos actos são passíveis, nos termos

---

[789] Para mais desenvolvimentos, cfr. JORGE MIRANDA/RUI MEDEIROS, *Constituição Portuguesa Anotada*, III, pp. 209 ss.

534 Estruturas constitucionais da República

da legislação do contencioso administrativo, de impugnação junto dos tribunais administrativos.

22.7. Conselho Económico e Social

> BIBLIOGRAFIA: GOMES CANOTILHO/VITAL MOREIRA, *Constituição...*, I 4.ª ed., pp. 1040 ss.; RUI GUERRA DA FONSECA, *Organização Económica*, in PAULO OTERO (coord.), *Comentário...*, II, pp. 541 ss.; JOÃO BAPTISTA MACHADO, *Participação e Descentralização...*, pp. 39 ss.; JORGE MIRANDA, *Conselho Económico e Social e Comissão de Concertação Social*, in *O Direito* 1998, pp. 23 ss.; JORGE MIRANDA/RUI MEDEIROS, *Constituição Portuguesa Anotada*, II, pp. 148 ss.

I. O Conselho Económico e Social, tendo como antecessor o Conselho Nacional do Plano, foi criado pela revisão constitucional de 1989, sendo configurado como "órgão constitucional auxiliar do poder político"[790], e encontra-se dotado de uma dupla função (artigo 92.º, n.º 1):

  (i) É órgão de consulta e concertação no domínio das políticas económica e social – trata-se, neste sentido, do único órgão de concertação constitucionalizado, conferindo concretização ao princípio da democracia participativa integrante da própria definição de Estado de Direito democrático[791];

  (ii) É órgão de participação na elaboração das propostas das grandes opções e dos planos de desenvolvimento económico e social.

Admite a Constituição, por outro lado, a existência de uma cláusula aberta em matéria de funções do Conselho Económico e Social, pois remete para a lei a possibilidade de lhe atribuir novas funções (artigo 92.º, n.º 1).

II. O recorte do estatuto constitucional do Conselho Económico e Social revela uma postura de um mínimo de intervenção densificadora, remetendo a Constituição para a liberdade conformadora do legislador a definição dos seguintes aspectos:

  (i) A composição do órgão, sem prejuízo do disposto no artigo 92.º, n.º 2;

---

[790] Cfr. GOMES CANOTILHO/VITAL MOREIRA, *Constituição...*, I, 4.ª ed., p. 1041.
[791] Cfr. RUI GUERRA DA FONSECA, *Organização Económica*, in PAULO OTERO (coord.), *Comentário...*, II, p. 545.

§22.° Órgãos da República de âmbito nacional

(ii) A sua organização e funcionamento (artigo 92.°, n.° 3);
(iii) O estatuto dos seus membros (artigo 92.°, n.° 3);
(iv) O alargamento das funções previstas no artigo 92.°, n.° 1.

Note-se, porém, que a remissão para a lei da configuração do Conselho Económico e Social aponta para um regime que não se mostra unitário, antes revela falta de coerência[792], pois a composição do órgão integra a reserva relativa da competência legislativa da Assembleia da República (artigo 165.°, n.° 1, alínea m)), a eleição e o estatuto dos seus membros faz parte da reserva absoluta da competência da Assembleia da República (artigo 164.°, alíneas l) e m)), devendo entender-se que todas as restantes matérias referentes ao Conselho Económico e Social se inserem na esfera da competência legislativa concorrencial entre parlamento e Governo.

III. Não obstante a considerável margem de liberdade conformadora do legislador em torno do Conselho Económico e Social, cumpre referir que a Constituição fixa os seguintes imperativos quanto à composição deste órgão:

(i) O presidente do Conselho Económico e Social é eleito pela Assembleia da República, exigindo-se para o efeito uma maioria de dois terços dos Deputados presentes, desde que superior à maioria absoluta dos Deputados em efectividade de funções (artigo 163.°, alínea h));

(ii) Têm de fazer parte da composição do Conselho Económico e Social, sem prejuízo de outros membros a definir por lei, representantes do Governo, das organizações representativas dos trabalhadores, das actividades económicas e das famílias, das regiões autónomas e das autarquias locais (artigo 92.°, n.° 2).

IV. Olhando para a sua composição, o Conselho Económico e Social, traduzindo a conjugação entre uma representação institucional e uma representação de interesses, consubstancia uma manifestação de "democracia neocorporativa" ou de "neocorporativismo"[793], procurando encontrar através de uma política de concertação entre os parceiros sociais consensos que promovam a paz social.

---

[792] Cfr. RUI GUERRA DA FONSECA, *Organização Económica*, in PAULO OTERO (coord.), *Comentário...*, II, pp. 551-552.

[793] Cfr. JOÃO BAPTISTA MACHADO, *A Hipótese Neocorporativa*, in JOÃO BAPTISTA MACHADO, *Obra Dispersa*, II, Braga, 1993, pp. 449 ss., em especial, pp. 461 ss.

536 *Estruturas constitucionais da República*

A concertação social faz apelo a mecanismos de co-decisão ou contratualização da juridicidade, gerando um fenómeno de bilateralidade constituinte do Direito[794] que transfigura (procedimental e materialmente) a normatividade, elevando o consenso a critério legitimador do princípio da justiça[795] ou mesmo à formulação de teorias legitimadoras da argumentação jurídica centradas no consenso[796].

A consensualidade decisória, fazendo dos contratos, convénios e acordos as formas jurídicas típicas de actuação administrativa, permite vislumbrar a emergência de um conceito de "Estado cooperativo"[797] ou a formulação de um princípio de cooperação[798] que tem uma virtualidade expansiva muito para além da função administrativa.

É dentro deste espírito, procurando promover pactos sociais que gerem consensos e a pacificação entre os parceiros sociais, que a Constituição criou o Conselho Económico e Social e lhe conferiu poderes de concertação social.

V. A atribuição ao Conselho Económico e Social de uma função de concertação social não pode deixar de ser articulada com a centralidade que o Governo assume em todo o processo[799]: o Governo representa o Estado; o Governo negoceia com os parceiros sociais; o Governo subscreve os acordos de concertação social e responsabiliza-se ainda por obter a implementação do alcançado "consenso social" junto dos restantes órgãos de soberania que, por consequência, se encontram enfraquecidos na sua autonomia decisória.

Verifica-se mesmo que os acordos de concertação social são passíveis de envolver compromissos relativos a políticas de rendimentos e preços, de emprego e formação profissional cuja implementação se fixa e em relação às quais o Governo se responsabiliza mas que ultrapassam o âmbito da fun-

---

[794] Para mais desenvolvimentos, cfr. PAULO OTERO, *Lições...*, I, 2.º tomo, pp. 105 ss.

[795] Cfr. LUIS MARTÍNEZ ROLDÁN/JESÚS A. FERNÁNDEZ SUÁREZ, *Curso de Teoría del Derecho y Metodología Jurídica*, Barcelona, 1994, pp. 222 ss.

[796] Especificamente sobre a designada "teoria consensual da verdade" de Habermas, cfr. JÜRGEN HABERMAS, *Wahrheitstheorien*, in H. FAHRENBACH (org.), *Wirklichkeit und Reflexion. Festschrift für W. Schulz*, Pfullingen, 1973, em especial, pp. 220 ss.; ROBERT ALEXY, *Teoría de la Argumentacíon Jurídica*, Madrid, 1989, pp. 110 ss.; FERNANDO JOSÉ BRONZE, *A Metodonomologia entre a Semelhança e a Diferença (Reflexão problematizante dos pólos da radical matriz analógica do discurso jurídico)*, Coimbra, 1994, pp. 367 ss.

[797] Cfr. JOACHIM RITTER, *Der Kooperative Staat*, in *Archiv des öffentlichen Rechts*, n.º 104, 1979, pp. 389 ss.

[798] Cfr. SCHRADER, *Das Kooperationsprinzip – ein Rechtsprinzip?*, in *Die Öffentlich Verwaltung*, 1990, pp. 326 ss.

[799] Cfr. PAULO OTERO, *Legalidade e Administração Pública*, pp. 142-143.

§22.° *Órgãos da República de âmbito nacional* 537

ção administrativa, envolvendo o exercício da função política e da função legislativa através de actos que exigem a intervenção de outros órgãos de soberania[800].

A concertação social promovida pelo Conselho Económico e Social pode comportar, deste modo, uma forma de governamentalização ou condicionamento governamental das decisões de outros órgãos de soberania, num cenário informal de subversão da separação de poderes: o Governo negoceia e assume compromissos em sede de concertação social cujo cumprimento passa pela formalização decisória através de leis da Assembleia da República.

O Conselho Económico e Social traduzirá, neste sentido, um órgão objecto de captura governamental[801].

VI. A configuração constitucional do Conselho Económico e Social como órgão consultivo e de concertação social habilita que o legislador lhe confira uma natureza complexa, procedendo ao seu desdobramento orgânico[802]: a Constituição não veda que o Conselho Económico e Social seja um órgão composto por vários órgãos.

Já se mostra de todo insusceptível, à luz da Constituição, que o desdobramento do Conselho Económico e Social possa dar origem a órgãos que exerçam competência directamente conferida pelo artigo 92.°, n.° 1, ao próprio Conselho Económico e Social e cuja presidência seja confiada a quem não foi eleito pela Assembleia da República para exercer as funções de Presidente do Conselho Económico e Social.

Concretizando: é inconstitucional que a Comissão Permanente de Concertação Social, enquanto órgão integrante do Conselho Económico e Social especialmente encarregue de promover a concertação social, seja presidida pelo Primeiro-Ministro (ou pelo Ministro a quem aquele delegar essa competência) e não pelo Presidente do Conselho Económico e Social[803]. Há aqui uma patente governamentalização deste órgão consultivo e uma subalternização do seu Presidente ao Primeiro-Ministro que não se mostra adequada ao modelo constitucional traçado para o Conselho Económico e Social.

---

[800] Neste sentido e para mais desenvolvimentos, cfr. PAULO OTERO, *A «desconstrução»...*, pp. 639-640.

[801] Cfr. RUI GUERRA DA FONSECA, *Organização Económica*, in PAULO OTERO (coord.), *Comentário...*, II, p. 552.

[802] Cfr. RUI GUERRA DA FONSECA, *Organização Económica*, in PAULO OTERO (coord.), *Comentário...*, II, pp. 546 ss..

[803] Neste sentido, cfr. JORGE MIRANDA, *Conselho Económico e Social e Comissão de Concertação Social*, pp. 27 ss.

22.8. Excurso: autoridades administrativas independentes

BIBLIOGRAFIA: José Lucas Cardoso, *Autoridades Administrativas Independentes e Constituição*, Coimbra, 2002; Carlos Blanco de Morais, *As autoridades administrativas independentes na ordem jurídica portuguesa*, in *Revista da Ordem dos Advogados*, Ano 61, 2001, pp. 101 ss.; Idem, *Le autorità amministrative indipendenti nell'ordinamento portoghese*, in *Diritto Pubblico Comparato ed Europeo*, 2000-III, pp. 1 ss.

I. Em 1997, visando solucionar a questão em torno da tipicidade constitucional das autoridades administrativas independentes[804], a revisão da Lei Fundamental veio introduzir no artigo 267.° um n.° 3 com o seguinte conteúdo: "a lei pode criar entidades administrativas independentes".

E a própria Constituição, utilizando a expressão "entidades administrativas independentes", impõe a existência obrigatória de duas delas: uma entidade administrativa independente de garantia de dados pessoais (artigo 35.°, n.° 2), correspondendo à designada pelo legislador "Comissão Nacional de Protecção de Dados", e uma entidade administrativa independente reguladora da comunicação social (artigo 39.°), designada, precisamente, de "Entidade Reguladora da Comunicação Social"[805].

II. Para além das autoridades administrativas independentes que existem por expressa imposição constitucional, o artigo 267.°, n.° 3, parece habilitar o legislador, numa primeira interpretação, a criar novas entidades administrativas independentes sem limites.

Não se mostra aceitável, todavia, uma solução interpretativa que habilite a proliferação de autoridades administrativas independentes, isto por duas ordens de razões[806]:

(*i*) A multiplicação de autoridades administrativas independentes debilita o estatuto constitucional do Governo como órgão superior da

---

[804] Esse era o nosso entendimento antes da revisão constitucional de 1997, cfr. Paulo Otero, *O Poder de Substituição...*, II, pp. 722-723.

[805] Especificamente sobre a entidade reguladora para a comunicação social, cfr. Miguel Prata Roque, *Os poderes sancionatórios da ERC – entidade reguladora para a comunicação social*, in Maria Fernanda Palma/Augusto Silva Dias/Paulo de Sousa Mendes (org.), *Direito Sancionatório das Autoridades Reguladoras*, Coimbra, 2009, pp. 367 ss.

[806] Para mais desenvolvimentos, cfr. Paulo Otero, *Legalidade e Administração Pública*, pp. 321 ss.

§22.° Órgãos da República de âmbito nacional

Administração Pública e diminui a inerente responsabilidade política do Governo junto da Assembleia da República;

(ii) Mostra-se uma solução pouco compatível com o princípio da legitimação democrática da Administração Pública, designadamente em todos os casos cujo processo de designação dos titulares dos respectivos órgãos escapa à intervenção da Assembleia da República, tornando tais entidades facilmente capturáveis pelo Governo e transformáveis num feudo "desparlamentarizado".

O legislador não goza, por conseguinte, e bem ao contrário do que parece sugerir o artigo 267.°, n.° 3, de uma liberdade ilimitada na criação de autoridades administrativas independentes.

III. Onde reside, porém, a essência qualificativa de uma autoridade administrativa como sendo independente?

Entendemos que a essência das autoridades administrativas independentes encontra-se na sua não dependência hierárquica do Governo, visando garantir mais imparcialidade, isenção e objectividade na sua actuação, numa proclamada ausência de influência ou orientação política no exercício da respectiva actividade[807].

A neutralidade política e a imparcialidade decisória destas autoridades administrativas independentes têm encontrado explicação na ideia de contrapeso ao Estado pluralista de partidos e num sentimento de desconfiança em relação ao funcionamento do sistema democrático e dos critérios de decisão governamentais, justificando-se a criação de tais espaços livres de controlo governamental pela necessidade de sobre certas matérias ou sectores de especial sensibilidade existirem decisões dotadas de uma imparcialidade maior do que aquela que resultaria da intervenção ou intromissão ministerial.

Naturalmente que, cumpre sublinhar, se os titulares dos órgãos destas autoridades administrativas independentes são designados pelo Governo, a sua independência começa logo a ficar beliscada, tornando-se instituições governamentalizáveis com a agravante de, paradoxalmente, o Governo não poder por elas ser integralmente responsabilizado junto da Assembleia da República.

IV. Será que as autoridades administrativas independentes criadas ao abrigo do artigo 267.°, n.° 3, são órgãos constitucionais da República de âmbito nacional?

---

[807] Cfr. PAULO OTERO, *Legalidade e Administração Pública*, pp. 318-319.

Cumpre sublinhar que há dois tipos radicalmente distintos de autoridades administrativas independentes:

(*i*) Há as autoridades administrativas independentes que são dotadas de personalidade jurídica, situação que, reconduzindo-as a verdadeiras entidades administrativas, as integra no âmbito de uma Administração independente do Estado, afastando-as do grupo dos *órgãos* da República;

(*ii*) Há, por outro lado, as autoridades administrativas independentes que, carecendo de personalidade jurídica, se integram na pessoa colectiva Estado, apesar de não estarem sujeitas a direcção do Governo, sendo verdadeiros *órgãos* da República.

Nestas últimas autoridades administrativas independentes, e só nelas, uma vez que carecem de personalidade jurídica, encontramos órgãos da República de âmbito nacional: sucede, porém, que, remetida para a lei a sua criação e configuração concreta, nos termos do artigo 267.º, n.º 3, estamos aqui diante de estruturas decisórias que não são órgãos constitucionais, antes se pode falar em órgãos *legais* da República de âmbito nacional – o seu tratamento mostra-se, nestes termos, deslocado do Direito Constitucional para o Direito Administrativo.

§23.º
Órgãos da República de âmbito local

23.1. Representante da República para a região autónoma

BIBLIOGRAFIA: JORGE MIRANDA/RUI MEDEIROS, *Constituição Portuguesa Anotada*, III, pp. 387 ss.

(a) Estatuto

I. A figura do Representante da República para a região autónoma foi introduzida pela revisão constitucional de 2004, substituindo o designado Ministro da República que, desde 1976, representava a soberania da República em cada uma das regiões autónomas[808].

O Representante da República é um órgão político do Estado que, criado pela Constituição e com a competência nela definida, não assume carácter nacional no desempenho dos seus poderes, exercendo as respectivas funções no âmbito da região autónoma para que foi nomeado.

---

[808] Sobre a figura do Ministro da República, cfr. JORGE MIRANDA, *Os Ministros da República para as Regiões Autónomas*, in *Direito e Justiça*, 1980, I, pp. 103 ss.; IDEM, *O Ministro da República*, in *Dicionário Jurídico da Administração Pública*, V, Lisboa, 1993, pp. 597 ss.; GOMES CANOTILHO/VITAL MOREIRA, *Constituição...*, 3.ª ed., pp. 869 ss.; RUI MEDEIROS, *O Ministro da República e a coordenação da actividade dos serviços centrais do Estado no tocante aos interesses da região*, in AA.VV., *Estudos de Direito Regional*, Lisboa, Lex., 1995, pp. 339 ss.; DIOGO FREITAS DO AMARAL/JOÃO AMARAL E ALMEIDA, *As competências de coordenação e de superintendência do Ministro da República*, in AA.VV., *Estudos de Direito Regional*, Lisboa, Lex., 1995, pp. 371 ss.; RUI MACHETE, *As competências administrativas do Ministro da República*, in AA.VV., *Estudos de Direito Regional*, Lisboa, Lex., 1995, pp. 407 ss.; JORGE PEREIRA DA SILVA, *O Ministro da República para as regiões autónomas na próxima revisão constitucional*, in AA.VV., *Estudos de Direito Regional*, Lisboa, Lex., 1995, pp. 427 ss.; CARLOS BLANCO DE MORAIS, *O Ministro da República*, Lisboa, 1995.

542 *Estruturas constitucionais da República*

II. O Representante da República é nomeado e exonerado pelo Presidente da República, ouvido o Governo (artigo 230.º, n.º 1) e os órgãos de governo regional (artigo 229.º, n.º 2), verificando-se que, salvo em caso de exoneração ou vagatura do cargo por morte ou impedimento permanente, tem o seu mandato moldado pelo mandato do Presidente da República (artigo 230.º, n.º 2):

(*i*) O mandato tem a duração do mandato do Presidente da República, significando isto que qualquer antecipação do termo do mandato presidencial (v. *supra*, n.º 17.2.2., (b)) se reflectirá no mandato do Representante da República;

(*ii*) No entanto, excepto em casos de vagatura do cargo, o mandato do Representante da República só termina, efectivamente, com a posse do novo Representante da República.

III. Não obstante, desde 1997, a Constituição deixar de falar em representação da soberania da República nas regiões autónomas, torna-se óbvio que o Representante da República em cada uma das regiões autónomas exerce uma dupla representação:

(*i*) Ele representa, tal como a designação esclarece, a República ou o Estado, enquanto entidade soberana e, neste sentido, o Representante da República é hoje, tal como antes o Ministro da República era, representante da soberania da República na região autónoma[809];

(*ii*) Ele representa ainda em cada região autónoma o Presidente da República, símbolo da independência e unidade do Estado, razão pela qual o Representante da República se pode considerar o "vigário do Presidente da República na região autónoma"[810], explicando isso a interdependência do mandato daquele face ao mandato do representado (artigo 230.º, n.º 2).

Não significa isto, note-se, que as regiões autónomas se situem fora da República: as regiões autónomas são parte da República, tal como todos os órgãos constitucionais da República – incluindo, até por maioria de razão, os órgãos de soberania – exercem também poderes sobre a esfera das regiões autónomas.

---

[809] Considerando, igualmente, que o Representante da República representa a soberania do Estado na região autónoma, cfr. DIOGO FREITAS DO AMARAL, *Curso...*, I, 3.ª ed., p. 691.

[810] Neste sentido, cfr. JORGE MIRANDA/RUI MEDEIROS, *Constituição Portuguesa Anotada*, III, p. 431.

§23.° *Órgãos da República de âmbito local*   543

O Representante da República tem apenas a seu cargo uma representação *especial*, apesar de não exclusiva, da soberania do Estado e da sua chefia em cada uma das regiões autónomas.

IV. A aproximação constitucional entre o Representante da República e o Presidente da República, desde a nomeação até à duração do mandato, sem esquecer a função representativa do Chefe de Estado que aquele desempenha na respectiva região autónoma, objecto até de uma posterior projecção no quadro configurativo dos poderes que exerce (v. *infra*, n.° VI), permite alicerçar duas ilações:

(i) Existe uma relação directa de confiança política entre o Presidente da República e cada Representante da República: é essa confiança que justifica a nomeação deste último pelo Presidente da República, tal como pode, verificando-se a quebra dessa mesma confiança política, conduzir à exoneração presidencial do Representante da República;

(ii) Existe uma relação permanente de responsabilidade política do Representante da República perante o Presidente da República, tendo aquele o dever de informar e ouvir o Presidente da República sobre os assuntos de índole regional que tome conhecimento e ainda, perante as orientações políticas que receba do Presidente da República, tem o dever de prontamente as implementar ou, discordando, demitir-se.

V. Ocorrendo vagatura do cargo de Representante da República, assim como em situações de ausência e impedimento (temporário), a substituição do Representante da República é feita, nos termos do artigo 230.°, n.° 3, pelo presidente da assembleia legislativa da respectiva região autónoma.

Trata-se de uma modalidade constitucional de substituição que, atendendo à sua importância dogmática, carece, no entanto, de um tratamento autónomo – ao assunto voltaremos mais adiante (v. *infra*, n.° 23.2.).

(b) Competência: quadro geral

VI. Sem prejuízo de, por via legislativa, a Constituição não impedir que se proceda a uma densificação do estatuto funcional do Representante da República, sabendo-se, todavia, que nunca poderão ser os estatutos político--administrativos o meio idóneo para o efeito, a Constituição permite extrair que hoje, afastados os poderes governamentais de carácter administrativo que

544 Estruturas constitucionais da República

foram inicialmente confiados ao Ministro da República, o Representante da República goza de uma competência essencialmente política, moldada ou decalcada dos poderes do Presidente da República.

Pode falar-se, neste sentido, num recentramento constitucional do cargo de Representante da República "em torno das funções de cariz presidencial"[811]: o Representante da República exerce na região autónoma e face aos órgãos de governo próprio e aos actos normativos regionais deles provenientes poderes semelhantes àqueles que o Presidente da República exerce face ao Governo e aos actos normativos da República.

Observemos, seguidamente, os poderes integrantes da competência do Representante da República, dividindo-os em quatro grupos:

– Competência relativa à formação do governo regional;
– Competência de assinatura e veto de diplomas regionais (: decretos legislativos regionais e decretos regulamentares regionais);
– Competência de defesa da juridicidade;
– Competências inerentes e implícitas.

(c) Idem: poderes relativos à formação do governo regional

VII. Uma primeira competência do Representante da República diz respeito à formação do governo regional, competindo-lhe aqui, tal como sucede com o Presidente da República face ao Governo da República, o exercício de dois poderes:

(i) A nomeação do presidente do governo regional, tendo em conta os resultados eleitorais (artigo 231.º, n.º 3);
(ii) A nomeação e a exoneração dos restantes membros do governo regional, sob proposta do seu presidente (artigo 231.º, n.º 4).

Naturalmente que também aqui, note-se, o Representante da República, apesar de ter sempre de tomar em consideração os resultados eleitorais, não está obrigado a nomear presidente do governo regional o líder regional do partido mais votado, sendo certo, no entanto, que essa liberdade de decisão será tanto menor quanto maior for a maioria que o partido vencedor disponha no parlamento regional: se existir uma maioria absoluta, a prática diz-nos que o Representante da República se limita a "homologar" o nome que lhe é indicado pelo partido vencedor; porém, se não existir maioria absoluta, o sistema constitucional não exclui que o Representante da República possa assumir

---

[811] Cfr. JORGE MIRANDA/RUI MEDEIROS, *Constituição Portuguesa Anotada*, III, p. 391.

§23.º *Órgãos da República de âmbito local* 545

maior protagonismo na busca de uma solução governativa que garanta estabilidade, podendo até forçar a assunção de compromissos políticos com a individualidade indigitada ou nomeada presidente do governo regional, os quais podem incidir sobre o programa de governo ou o perfil dos futuros membros do executivo regional.

Nem se poderá excluir, verificando-se um cenário de fragmentação partidária, sem prejuízo da última palavra competir à assembleia legislativa da região autónoma, que o Representante da República promova a constituição de um governo regional de iniciativa própria, nomeando presidente do governo uma individualidade regional fora do quadro partidário[812].

VIII. No que respeita à nomeação dos restantes membros do governo regional, se é certo que os nomes propostos têm sempre de ter a sua origem no presidente do governo regional, a verdade é que o Representante da República não se encontra obrigado a ter de aceitar os nomes propostos: há aqui, uma vez mais à semelhança do que acontece em Lisboa entre o Presidente da República e o Primeiro-Ministro, uma competência partilhada ou entrecruzada envolvendo o Representante da República e o presidente do governo regional.

Verifica-se mesmo, ao nível da própria estrutura organizativa e de funcionamento do governo regional, por efeito da reserva de competência decisória conferida pelo artigo 231.º, n.º 6, a favor do governo regional, que o Representante da República passa a ter uma palavra decisiva: é que, configurando a Constituição a matéria como sendo da exclusiva competência do governo regional, o veto político do Representante da República sobre o respectivo diploma, uma vez que é insusceptível de ser convertido em proposta de decreto a apresentar à assembleia legislativa[813], assume natureza absolutíssima[814].

Mostra-se recomendável, por isso, que, o presidente do governo regional, antes de definir ou alterar a definição da estrutura organizativa do seu executivo proceda a uma prévia concertação de posições com o Representante da República, sob pena de, não o fazendo, a discordância deste gerar um veto

---

[812] Manifestando "as maiores reservas" a uma tal solução, cfr. JORGE MIRANDA/RUI MEDEIROS, *Constituição Portuguesa Anotada*, III, p. 404.

[813] Em sentido contrário, cfr. JORGE MIRANDA/RUI MEDEIROS, *Constituição Portuguesa Anotada*, III, pp. 408-409.

[814] Cfr. PAULO OTERO, *Organização do Poder Político e Revisão Constitucional de 1997*, in PABLO PÉREZ TREMPS (Coord.), *Jornadas Luso Españolas de Derecho Constitucional*, Mérida, Editora Regional de Estremadura, 1999, p. 61.

546 Estruturas constitucionais da República

político inultrapassável: o artigo 231.°, n.° 6, reforça o peso político da intervenção do Representante da República em matérias respeitantes à organização e funcionamento do governo regional.

(d) Idem: poderes de assinatura e veto de diplomas regionais

IX. Uma outra competência do Representante da República respeita à assinatura dos decretos legislativos regionais e dos decretos regulamentares regionais (artigo 233.°).

Comecemos por traçar o regime aplicável aos decretos legislativos regionais.

Os decretos legislativos regionais são provenientes em exclusivo da assembleia legislativa da região autónoma e o seu envio para assinatura do Representante da República mostra-se passível de deparar com uma de três condutas possíveis:

(i) Pode o Representante da República, nos quinze dias subsequentes, proceder à sua imediata assinatura, mandando publicar o diploma no jornal oficial;

(ii) Pode o Representante da República, tendo dúvidas sobre a sua constitucionalidade, requerer ao Tribunal Constitucional a fiscalização preventiva da constitucionalidade (artigo 278.°, n.° 2), cenário em que se podem abrir duas hipóteses:

(1) Se o Tribunal Constitucional se pronuncia pela inconstitucionalidade, o diploma deverá ser objecto de veto jurídico ou por inconstitucionalidade do Representante da República e devolvido à assembleia legislativa (artigo 279.°, n.° 1), sendo possível então acontecer uma de três sub-hipóteses:

– A assembleia expurga a solução considerada inconstitucional, podendo o diploma ser assinado (artigo 279.°, n.° 2) ou, em alternativa, objecto de veto político (artigo 233.°, n.° 2);

– A assembleia substitui a solução tida como inconstitucional por uma outra, reformulando o diploma, caso em que pode haver novo pedido de apreciação preventiva da constitucionalidade (artigo 279.°, n.° 3), assinatura ou veto político (artigo 233.°, n.° 2);

– A assembleia pode nada fazer, terminando o processo legislativo aqui e sem que se tenha produzido qualquer decreto legislativo regional.

Um ponto, porém, mostra-se certo: a assembleia legislativa não pode confirmar o diploma por maioria de dois terços, tal como

§23.º Órgãos da República de âmbito local 547

o artigo 279.º, n.º 2, 2.ª parte, permite à Assembleia da República, pois um órgão que não é de soberania nunca poderá fazer prevalecer um seu juízo político sobre um juízo jurídico de um órgão de soberania (: o Tribunal Constitucional)[815], além de que o Representante da República não é órgão de soberania para poder arbitrar um conflito que envolve a intervenção de um órgão de soberania cujas decisões, nos termos do artigo 205.º, n.º 2, prevalecem sobre as de quaisquer outras autoridades;

(2) Se, pelo contrário, o Tribunal Constitucional não se pronuncia pela inconstitucionalidade, o Representante da República pode assinar o diploma ou, em alternativa, vetá-lo politicamente (artigo 233.º, n.º 2);

(iii) Pode ainda o Representante da República, relativamente a um diploma que lhe tenha sido enviado para assinatura, vetá-lo politicamente, solicitando à assembleia legislativa, por via de mensagem fundamentada, nova apreciação do diploma (artigo 233.º, n.º 2). E aqui, três hipóteses se abrem:

(1) A assembleia legislativa pode teimar em confirmar o texto do diploma, hipótese que pode terminar de uma de duas maneiras possíveis:

– Existe uma maioria absoluta de votos de deputados em efectividade de funções confirmativa do diploma, caso em que o Representante da República está obrigado a assinar o decreto legislativo regional, nos oito dias subsequentes à recepção do diploma;

– Não se consegue alcançar uma maioria absoluta de votos a confirmar o diploma, caso em que o veto não é ultrapassado, terminando aqui o respectivo processo legislativo;

(2) A assembleia legislativa pode conformar-se ao sentido político do veto, alterando o diploma em conformidade com a vontade política do Representante da República que, por isso, em princípio, o assinará;

(3) Poderá ainda, por último, a assembleia legislativa nada fazer perante o veto político do Representante da República, deixando "morrer" o diploma e, por essa via, prevalecendo a *faculté d'empêcher* deste último.

---

[815] Cfr. Gomes Canotilho/Vital Moreira, *Constituição...*, 3.ª ed., pp. 878 e 1008-1009; Carlos Blanco de Morais, *Justiça Constitucional*, II, pp. 103 ss.

548 *Estruturas constitucionais da República*

X. Note-se que o veto político do Representante da República sobre os decretos legislativos regionais revela que razões políticas de interesse nacional, definido e protagonizado pelo Representante da República, podem obstar à adopção de soluções normativas produzidas pelos órgãos de governo próprio da região autónoma: através do veto político, a Constituição reconhece ao Representante da República um poder implícito de orientação política ou, pelo menos, de tentativa de orientação política das opções normativas regionais.

Trata-se de uma solução constitucional, no entanto, em que o veto assume natureza suspensiva, pois a assembleia legislativa da região autónoma tem sempre a faculdade de, por maioria absoluta dos seus deputados, tornar obrigatória a assinatura do diploma: a legitimidade democrática directa da vontade da assembleia legislativa prevalece sobre a legitimidade democrática indirecta da vontade política do Representante da República.

Não obstante a assinatura dos diplomas regionais poder tornar-se obrigatória, a verdade é que se o Representante da República os não assinar, adoptando um comportamento de inércia contrário à Constituição, inexistem quaisquer mecanismos jurídicos sancionatórios ou passíveis de ultrapassar o impasse criado[816]: só a perda de confiança política do Presidente da República no Representante da República, conduzindo à sua exoneração, poderá ser uma via de solução do conflito.

XI. Será que tudo se passa de modo idêntico face aos decretos regulamentares regionais?

Há, antes de tudo, duas importantes diferenças entre a intervenção do Representante da República perante diplomas que lhe tenham sido enviados para assinar como decretos legislativos regionais ou como decretos regulamentares regionais:

(*i*) Em primeiro lugar, não existe fiscalização preventiva da constitucionalidade (nem da legalidade) de decretos regulamentares: perante um decreto regulamentar, o Representante da República só tem uma de duas alternativas – assina ou veta-o politicamente;

(*ii*) Em segundo lugar, os decretos regulamentares regionais podem ter a sua origem na assembleia legislativa da região autónoma ou, pelo contrário, podem ser provenientes do governo regional: se, relativamente aos que provêm da assembleia legislativa, se aplica tudo

---

[816] Cfr. JORGE MIRANDA/RUI MEDEIROS, *Constituição Portuguesa Anotada*, III, pp. 426--427.

§23.º Órgãos da República de âmbito local   549

quanto antes se disse face aos decretos legislativos regionais, salvo o que se refere à fiscalização preventiva; já no que diz respeito aos decretos regulamentares produzidos pelo governo regional, há diversos aspectos de regime jurídico a esclarecer – será o que se vai fazer de imediato.

XII. No que respeita aos decretos regulamentares provenientes do governo regional, uma vez enviados para assinatura do Representante da República, deverá este, nos vinte dias subsequentes à sua recepção, assiná-los ou vetá-los politicamente, devolvendo-os ao governo regional, comunicando as razões da recusa de assinatura (artigo 233.º, n.º 4).

Perante o veto político do Representante da República, o governo regional pode adoptar uma de três condutas:

(i) Pode não fazer nada, deixando "cair" o diploma e, deste modo, terminando o processo regulamentar em curso;

(ii) Pode submeter-se ao sentido do veto, alterando o diploma em conformidade com a vontade política do Representante da República;

(iii) Pode, por último, converter o decreto em proposta a apresentar à assembleia legislativa da região autónoma (artigo 233.º, n.º 4, *in fine*), aguardando que, mais tarde ou mais cedo, se o governo tiver maioria parlamentar, o Representante da República seja obrigado a assiná-lo (v. *supra*, IX).

Esta terceira hipótese só não poderá suceder se o decreto regulamentar regional consubstanciar o exercício de uma competência exclusiva do governo regional: é o que acontece quando está em causa a matéria respeitante à organização e funcionamento do próprio governo regional (artigo 231.º, n.º 6). Aqui, uma vez que o decreto não pode ser convertido em proposta a apresentar à assembleia legislativa, o veto político do Representante da República assume uma natureza absolutíssima (v. *supra*, VIII).

(e) Idem: poderes de defesa da juridicidade

XIII. Viu-se já que, podendo desencadear a fiscalização preventiva da constitucionalidade de decretos legislativos regionais que lhe tenham sido enviados para assinatura (artigo 278.º, n.º 2), o Representante da República é configurado como garante da defesa da juridicidade da actuação legislativa das regiões autónomas, impedindo, por via da intervenção requerida do Tribunal Constitucional, a entrada em vigor de soluções inconstitucionais.

550   *Estruturas constitucionais da República*

Nem se pode excluir que, a propósito dos decretos regulamentares regionais que, apesar de carecerem de assinatura do Representante da República, não são susceptíveis de fiscalização preventiva da constitucionalidade, as razões de uma eventual recusa de assinatura, conduzido ao veto, resultem de fundamentos jurídicos decorrentes da sua ilegalidade ou inconstitucionalidade, os quais devem ser comunicados na mensagem justificativa da recusa de assinatura ao seu autor.

A Constituição vai ainda mais longe, pois confere ao Representante da República legitimidade processual activa para formular junto do Tribunal Constitucional dois tipos de pedidos (artigo 281.°, n.° 2, alínea g)):

    (i) A declaração de inconstitucionalidade com força obrigatória geral de quaisquer normas com fundamento "em violação de direitos das regiões autónomas";

    (ii) A declaração de ilegalidade com força obrigatória geral de quaisquer normas com fundamento em violação do estatuto da respectiva região autónoma.

Deste modo se confirma, atendendo aos poderes que possui para desencadear a intervenção do Tribunal Constitucional, a configuração do Representante da República com garante da defesa da juridicidade no âmbito das regiões autónomas.

(f) Idem: os poderes inerentes e implícitos

XIV. A Constituição mostra-se ainda susceptível de revelar um conjunto de poderes do Representante da República que, num primeiro momento, se podem considerar inerentes ao seu estatuto constitucional.

Neste domínio se inserem, desde logo, as seguintes faculdades:

    (i) Competindo-lhe representar o Estado e o Presidente da República (v. *supra*, III), o Representante da República deve gozar de prerrogativas protocolares de natureza simbólica e cerimonial nos principais actos oficiais promovidos pelos órgãos de governo próprio da respectiva região autónoma;

    (ii) O Represente da República possui um poder de auto-organização interna (v. *supra*, n.° 12.5.) que lhe confere competência administrativa de organização e gestão dos órgãos, serviços administrativos e pessoal de apoio ao exercício das suas funções, praticando actos materialmente administrativos, passíveis de impugnação junto dos tribunais administrativos;

§23.° *Órgãos da República de âmbito local* 551

(iii) Podem ainda, em cenários de estado de excepção constitucional, ser atribuídos ao Representante da República poderes especiais que, sem afectarem as regras constitucionais de competência dos órgãos de soberania e de governo próprio das regiões autónomas, se mostrem aptos ao pronto restabelecimento da normalidade constitucional na região autónoma (artigo 19.°, n.os 7 e 8).

XV. Paralelamente a tais poderes inerentes, pode dizer-se que o estatuto constitucional do Represente da República na região autónoma, sendo moldado ou decalcado do papel do Presidente da República, torna passível que se extraiam ainda os seguintes poderes implícitos:

(i) Não obstante o governo regional não ser politicamente responsável perante o Represente da República, uma vez que foi este que lhe deu origem, nomeando o seu presidente e todos os restantes membros, impõe-se a existência de um dever jurídico ou, pelo menos, de uma regra de cortesia constitucional que vincula o presidente do governo regional a informar, regular e directamente, o Representante da República sobre o andamento dos principais assuntos de interesse público para a região autónoma;

(ii) Atendendo à sua posição exterior à conflitualidade partidária regional, o Representante da República não está impedido de exercer uma "magistratura de influência" junto dos protagonistas dos órgãos de governo próprio da região autónoma;

(iii) Além das mensagens em que fundamenta o sentido e as razões do veto político, deve reconhecer-se ao Representante da República a faculdade de dirigir mensagens à assembleia legislativa da respectiva região autónoma;

(iv) Por último, o Representante da República poderá ainda, nos temos permitidos pelo princípio da cooperação e respeito institucional (v. *supra*, n.° 12.3.), exercer um poder informal de exteriorização da sua vontade junto dos meios de comunicação social.

23.2. Presidente da assembleia legislativa da região autónoma como substituto do Representante da República

I. Como já tivemos oportunidade referir (v. *supra*, n.° 23.1., V), a substituição do Representante da República é feita pelo presidente da assembleia

552   *Estruturas constitucionais da República*

legislativa da respectiva região autónoma (artigo 230.°, n.° 3), verificando-se uma de três hipóteses:

> *(i)* Vagatura do cargo, tal como sucede em caso de morte, incapacidade permanente, destituição judicial do cargo ou abandono de funções por parte do Representante da República;
> *(ii)* Ausência do Representante da República, devendo entender-se que respeita não apenas à ausência do território nacional, como também à ausência do território da região autónoma[817];
> *(iii)* Impedimentos temporários do Representante da República.

Em qualquer destes cenários, repete-se, ocorre o assumir pelo presidente da assembleia legislativa da região autónoma da posição jurídica do Representante da República: há aqui lugar a uma substituição vicarial[818].

II. A substituição vicarial do Representante da República pelo presidente da assembleia legislativa assume três particularidades que cumpre sublinhar:

> *(i)* Em primeiro lugar, estamos diante de uma competência de exercício obrigatório: o presidente da assembleia legislativa não pode recusar-se a exercer os poderes como substituto constitucional do Representante da República, pois traduzir-se-ia numa renunciabilidade à competência que seria violadora do princípio da sua imodificabilidade (v. *supra*, n.° 12.8.) – se pretender não exercer essas funções, só lhe resta a solução de renunciar ao cargo de presidente da assembleia legislativa;
> *(ii)* Em segundo lugar, durante o exercício dessas funções substitutivas pelo presidente da assembleia legislativa, deve entender-se, à semelhança do preceituado no artigo 132.°, n.° 2, que se suspende automaticamente o mandato de deputado do presidente da assembleia[819], exercendo em exclusivo as funções de substituto do Representante da República;

---

[817] Defendendo apenas no primeiro sentido, além de considerar que só gera substituição se essa ausência for susceptível de afectar o exercício das suas funções, cfr. JORGE MIRANDA/ /RUI MEDEIROS, *Constituição Portuguesa Anotada*, III, p. 394.

[818] Sobre o conceito da figura, cfr. PAULO OTERO, *O Poder de Substituição...*, II, pp. 492-493.

[819] Neste sentido, cfr. JORGE MIRANDA/RUI MEDEIROS, *Constituição Portuguesa Anotada*, III, pp. 393-394.

§23.° Órgãos da República de âmbito local   553

(iii) Em terceiro lugar, assumindo o substituto a posição jurídica do substituído, subentrando ou subingressando o presidente da assembleia legislativa na posição do Representante da República, isto significa que há identidade de poderes entre substituto e substituído[820]: o presidente da assembleia passa a ocupar o lugar e a agir na posição do Representante da República, assistindo-se a uma mera troca de órgãos no exercício de uma competência que permanece imóvel e intocável.

III. Uma vez que, por efeito da substituição determinada pela Constituição (artigo 230.°, n.° 3), o presidente da assembleia legislativa da região autónoma passa a assumir o lugar ou a posição jurídica do Representante da República, há aqui a produção de um fenómeno de conversão temporária do presidente da assembleia legislativa, enquanto substituto do Representante da República, em verdadeiro órgão da República.

Por outras palavras, sempre que o presidente da assembleia legislativa substitui o Representante da República, aquele órgão deixa de se configurar como titular de um órgão de governo próprio das regiões autónomas para se tornar num órgão da República de âmbito regional: o presidente da assembleia legislativa incorpora e assume o estatuto constitucional do Representante da República.

Significa isto, desde logo, o seguinte:

(i) No exercício das suas funções como substituto, o presidente da assembleia legislativa não se pode comportar como titular de um órgão de governo próprio da região autónoma (tal como é, enquanto presidente da assembleia legislativa), antes deve adoptar uma conduta típica de titular de um órgão que representa a República e o Presidente da República: são os interesses em torno da unidade do Estado que o têm de passar a mover e não os puros interesses regionais autonómicos;

(ii) Os critérios de decisão da assinatura dos diplomas regionais ou da sua eventual recusa, exercendo veto político ou requerendo a fiscalização preventiva da constitucionalidade dos decretos legislativos regionais, não podem ser aqueles que estariam subjacentes à actuação como presidente da assembleia legislativa, antes só podem ser

---

[820] Neste sentido e para mais desenvolvimentos sobre os elementos estruturais caracterizadores da substituição como fenómeno jurídico entre órgãos, cfr. PAULO OTERO, *O Poder de Substituição...*, II, pp. 401 ss.

aqueles que, protagonizados normalmente pelo Representante da República, visam a tutela dos interesses da soberania da República e a defesa da juridicidade;

(iii) No exercício das suas funções a título substitutivo, deve o presidente da assembleia legislativa informar e ouvir o Presidente da República e, apesar de não existir entre ambos qualquer vínculo de confiança ou responsabilidade política, deverá aquele promover a implementação das orientações políticas recebidas de Belém (v. *supra*, n.° 23.1., IV);

(iv) Os danos resultantes da actuação a título substitutivo do presidente da assembleia legislativa que sejam geradores de responsabilidade civil são juridicamente imputáveis ao Estado e não ao património da região autónoma, sem prejuízo do eventual direito de regresso que possa existir.

IV. Note-se que esta dupla função protagonizada pelo presidente da assembleia legislativa da região autónoma, enquanto órgão de governo próprio da região e, no exercício de funções substitutivas do Representante da República, como órgão da República de âmbito local[821], nunca se revela temporalmente coincidente.

Na realidade, uma vez que a assunção dos poderes substitutivos determina a suspensão automática do mandato como deputado (v. *supra*, II), essa dupla função exercida pelo presidente da assembleia legislativa é sempre sucessiva:

(i) Num primeiro momento, antes da substituição, é titular de um órgão de governo próprio da região autónoma;

(ii) Num segundo momento, durante a substituição, é titular (temporário) de um órgão da República;

(iii) Num terceiro momento, cessada a substituição, reassumido o cargo de presidente da assembleia, retoma o estatuto de titular de um órgão de governo próprio da região autónoma.

Aqui interessou-nos, única e exclusivamente, recortar e caracterizar esse segundo momento, pois é ai que se surpreende a configuração do presidente

---

[821] Criticando a solução semelhante a nível autárquico que antes fazia do presidente da câmara municipal órgão próprio da autarquia local e, simultaneamente, órgão do Estado, representando o Governo em termos locais, considerando tratar-se de uma dupla função que "não é muito consentânea com a autonomia", cfr. João Baptista Machado, *Participação e Descentralização*..., p. 21.

§23.° Órgãos da República de âmbito local 555

da assembleia legislativa da região autónoma, enquanto substituto do Representante da República, como órgão da República.

23.3. O governo regional como delegado do Governo da República

BIBLIOGRAFIA: DIOGO FREITAS DO AMARAL, *Curso...*, I, 3.ª ed., pp. 711 ss.; JORGE MIRANDA/RUI MEDEIROS, *Constituição Portuguesa Anotada*, III, pp. 383 ss.

I. A supressão dos poderes de coordenação e de superintendência que inicialmente estavam confiados ao Ministro da República, permitindo uma articulação entre as estruturas da Administração do Estado e as estruturas da Administração das regiões autónomas, se, por um lado, deixou o Representante da República confinado a um papel essencialmente político (v. *supra*, n.° 23.1., VI), a verdade é que, por outro lado, deixou em aberto o relacionamento entre as duas Administrações: a um regime de articulação centrando no Ministro da República sucedeu um regime de cooperação voluntária entre o Governo da República e os governos regionais (artigo 229.°, n.° 4).

Esse regime de cooperação administrativa, marginalizando completamente o Representante da República, obedece às seguintes directivas constitucionais (artigo 229.°, n.° 4):

(i) Trata-se de um regime voluntário e exclusivamente centrado numa articulação directa entre o Governo da República e o governo regional de cada uma das regiões autónomas;

(ii) Essa cooperação pode envolver delegação de competências entre o Governo da República e os governos regionais, sendo legítimo extrair duas ilações:
   – A delegação não é a única forma de cooperação permitida pela Constituição;
   – Se a Constituição exemplifica com a delegação, significa que, neste âmbito, não é legítima a transferência de atribuições para a esfera da região autónoma: a ideia de delegação visa sublinhar que os poderes de raiz pertencem ao Governo da República e que, a todo o momento, pode fazer regressar a si o exclusivo do respectivo exercício;

(iii) Qualquer forma de cooperação obriga à transferência dos correspondentes meios financeiros;

556 Estruturas constitucionais da República

(iv) A cooperação impõe a existência de mecanismos de fiscalização que, pela natureza das coisas, não podem ser dos governos regionais face ao Governo da República, antes deparamos com uma habilitação de exercício de poderes de fiscalização do Governo da República sobre este tipo de actividade desenvolvida pelos governos regionais.

Centremos a nossa atenção, unicamente, na possibilidade de delegação de poderes pelo Governo da República nos governos regionais.

II. A delegação de competência do Governo da República nos governos regionais, tendo de se situar "numa zona de fronteira ou de transição entre a reserva executiva do Governo da República e o âmbito das competências dos órgãos regionais"[822], mostra-se passível de ter por objecto parte daquelas faculdades que eram, antes das revisões constitucionais de 1997 e 2004, integrantes da competência administrativa do Ministro da República.

Com efeito, se exceptuarmos os poderes de coordenação da actividade dos serviços centrais do Estado no tocante aos interesses da região autónoma que, pela sua natureza se mostram indelegáveis nos governos regionais, passando a integrar a esfera decisória de cada departamento ministerial do Governo da República, verifica-se que a delegação de poderes a que se refere o artigo 229.°, n.° 4, pode ter como objecto:

(i) Os poderes de superintendência da função administrativa exercida pelo Estado na região autónoma[823];
(ii) Os poderes de coordenação entre a actividade exercida pelo Estado na região autónoma e a actividade exercida pela própria região.

Relativamente a qualquer destas matérias, o Governo da República encontra-se habilitado a, por via de acordo com os governos regionais, delegar nestes a prática dos respectivos actos: trata-se de uma delegação intersubjectiva.
É neste domínio em concreto que vamos localizar a nossa reflexão.

III. A transformação dos governos regionais em órgãos delegados do Governo da República no exercício de competências que pertencem de raiz a este último, segundo os termos da habilitação constitucional emergente do

---

[822] Cfr. DIOGO FREITAS DO AMARAL, *Curso...*, I, 3.ª ed., p. 712.
[823] Neste sentido. cfr. JORGE MIRANDA/RUI MEDEIROS, *Constituição Portuguesa Anotada*, III, p. 384.

§23.º *Órgãos da República de âmbito local*   557

artigo 229.º, n.º 4, comporta uma alteração substancial do normal relacionamento entre tais órgãos constitucionais:

(i) O Governo da República, enquanto delegante, pode orientar o modo como os governos regionais, na qualidade de órgãos delegados, exercem a competência delegada, definindo instruções genéricas e directivas; o órgão delegado, se é certo que o artigo 229.º, n.º 4, lhe conferiu o poder de acordar na existência da delegação, a verdade é que, depois da delegação estar efectuada, não pode renunciar ao exercício da competência, nem furtar-se ao cumprimento das orientações do delegante;

(ii) Tanto mais que, possuindo o delegante poderes de fiscalização sobre o modo como o delegado exerce os poderes delegados – possibilidade essa, aliás, expressamente reconhecida no artigo 229.º, n.º 4, *in fine* –, o Governo da República pode sempre controlar o exercício dos poderes pelos governos regionais[824];

(iii) Mais: o Governo da República, exercendo as funções de delegante, pode sempre, a qualquer momento, revogar a delegação de poderes, chamando a si o exercício em exclusivo dos poderes delegados, tal como pode revogar os actos praticados pelo delegado ao abrigo da delegação de poderes.

Observa-se aqui, por conseguinte, o surgimento de uma relação de delegação entre os órgãos envolvidos, a qual confere poderes de supremacia ao Governo da República sobre os governos regionais que, neste domínio circunscrito, passam a ficar numa certa dependência do delegante[825].

IV. A referida modificação do estatuto dos governos regionais, enquanto órgãos delegados do Governo da República ao abrigo da delegação intersubjectiva prevista no artigo 229.º, n.º 4, permite registar que se opera aqui uma transformação da natureza dos governos regionais: no âmbito do exercício destes poderes delegados, os governos regionais transformam-se em órgãos indirectos ou secundários do Estado[826].

---

[824] Cfr. DIOGO FREITAS DO AMARAL, *Curso...*, I, 3.ª ed., p. 712.

[825] Para mais desenvolvimentos sobre a relação de delegação que se estabelece entre delegante e delegado, cfr. PAULO OTERO, *A Competência delegada no Direito Administrativo Português*, Lisboa, 1987, pp. 255 ss.

[826] Trata-se de uma solução conforme com aquilo que, desde 1987, temos vindo a escrever sobre a matéria, cfr. PAULO OTERO, *A Competência delegada no Direito Administrativo Português*, p. 105.

558 Estruturas constitucionais da República

O que significa, por outras palavras, que os governos regionais se tornam, no domínio do exercício dos poderes delegados ao abrigo do artigo 229.°, n.° 4, em órgãos da República de âmbito local.

Igualmente aqui se pode afirmar que os governos regionais assumem uma dupla função: são órgãos das regiões autónomas e, no âmbito dos poderes delegados pelo Governo da República, surgem como órgãos indirectos do Estado, funcionando, neste último contexto, como verdadeiros órgãos (delegados) da República.

Trata-se de um desdobramento funcional que, além dos já referidos efeitos no âmbito da relação de delegação que se estabelece entre delegante e delegado (v. *supra*, III), tem consequências de regime assinaláveis:

(i) Os danos produzidos pelo governo regional como órgão delegado, uma vez que estamos diante de um órgão da República, são imputados ao Estado e não à região autónoma[827], sem prejuízo de eventual direito de regresso sobre os titulares envolvidos;

(ii) A actividade administrativa desenvolvida pelo governo regional como delegado do Governo da República, transformando-o em órgão da República, encontra-se sujeita a fiscalização política pela Assembleia da República (e não pela assembleia legislativa da região autónoma).

23.4. Governador Civil

BIBLIOGRAFIA: DIOGO FREITAS DO AMARAL, *Curso...*, I, 3.ª ed., pp. 330 ss.; JOSÉ FERNANDO NUNES BARATA, *Governador Civil*, in *Dicionário Jurídico da Administração Pública*, V, Lisboa, 1993, pp. 7 ss.; GOMES CANOTILHO/VITAL MOREIRA, *Constituição...*, 3.ª ed., pp. 1074-1075; JORGE MIRANDA/RUI MEDEIROS, *Constituição Portuguesa Anotada*, III, pp. 969 ss.; MARCELO REBELO DE SOUSA, *Lições...*, I, pp. 268 ss.

I. Inerido no âmbito do distrito, enquanto circunscrição administrativa existente até que um dia venham a ser instituídas em concreto as regiões administrativas (artigo 291.°, n.° 1), o governador civil tem como função "representar o Governo e exercer os poderes de tutela na área do distrito" (artigo 291.°, n.° 3).

---

[827] Cfr. PAULO OTERO, *A Competência delegada no Direito Administrativo Português*, p. 106.

§23.º *Órgãos da República de âmbito local* 559

O exercício de funções como representante constitucional do Governo a nível distrital faz do governador civil um órgão da República de âmbito local: trata-se, porém, de um representante local do Governo apenas ao nível do exercício da função administrativa, pois o exercício de quaisquer outras competências do Governo encontra-se excluído da esfera do governador civil.

II. Refira-se, por outro lado, que a figura do governador civil se mostra transitória, subsistindo enquanto existirem os distritos, isto é, até ao momento em que forem concretamente instituídas as regiões administrativas. O certo, porém, é que, desde a entrada em vigor da Constituição, já passaram mais de trinta anos e a transitoriedade do governador civil tem maior durabilidade que a alegada definitividade de certas instituições criadas pela Lei Fundamental ao longo da sua história.

Encontra-se prevista a mera possibilidade de existir, desde 1997, junto de cada região administrativa, um representante do Governo (artigo 262.º) que, sendo nomeado pelo Conselho de Ministros, tudo indica que virá a substituir o papel até hoje desempenhado pelo governador civil. Para que isso aconteça será necessário, em primeiro lugar, que as regiões administrativas sejam instituídas em concreto e, em segundo lugar, que o legislador se decida a extinguir a actual figura do governador civil, criando em seu lugar o referido "representante do Governo" junto da região administrativa.

III. Até esse momento, se é que alguma vez as regiões administrativas virão a ser efectivadas, o governador civil mantém-se com órgão da República de âmbito local, dotado de competências administrativas e cujo estudo se remete para a disciplina de Direito Administrativo.

SECÇÃO 3.ª
Estruturas políticas infra-estaduais

§24.º
Regiões autónomas

24.1. O sentido da autonomia regional

BIBLIOGRAFIA: AA.VV., *Estudos de Direito Regional*, Lisboa, Lex., 1995; Amâncio Ferreira, *As Regiões Autónomas na Constituição Portuguesa*, Coimbra, 1980; Jorge Miranda, *Manual...*, III, pp. 300 ss.; Jorge Miranda/Rui Medeiros, *Constituição Portuguesa Anotada*, III, pp. 270 ss.; Carlos Blanco de Morais, *A Autonomia Legislativa Regional*, Lisboa, 1993, pp. 55 ss. e 393 ss.

(a) A génese constituinte da autonomia regional

I. Já anteriormente, a propósito do princípio do Estado unitário descentralizado, tivemos oportunidade de recortar a existência de um fenómeno de descentralização político-administrativa que, nas regiões autónomas dos Açores e da Madeira, permite falar em princípio constitucional da autonomia regional (v. *supra*, n.º 5.2., II)[828].

Remonta à Assembleia Constituinte de 1975/76, a consagração, por efeito directo do projecto de Constituição apresentado pelo Partido Popular Democrático[829], da existência de duas regiões autónomas formadas pelos arquipélagos dos Açores e da Madeira, sublinhando-se que a autonomia regional seria exercida no seio de um Estado unitário e no respeito pela integridade da soberania e solidariedade entre as várias parcelas do território português.

---

[828] Traçando um recorte das diferenças entre a descentralização administrativa e a descentralização político-administrativa, cfr. Paulo Otero, *O Poder de Substituição...*, II, pp. 704 ss.

[829] Para um elenco dos diversos projectos constituintes em matéria de regiões autónomas, cfr. Amâncio Ferreira, *As Regiões Autónomas...*, pp. 49 ss.

564 *Estruturas políticas infra-estaduais*

II. Não obstante a escassez de disposições respeitantes aos Açores e à Madeira nos restantes projectos de Constituição elaborados pelos partidos políticos[830], a 8.ª Comissão da Constituição, sem prejuízo de uma intensa discussão interna entre os adeptos de uma solução autonomista e aqueles que a não preconizavam[831], apresentou um projecto de articulado cujos traços relevantes eram os seguintes[832]:

(i) Consagração da autonomia político-administrativa no quadro da unidade da soberania do Estado;

(ii) A autonomia tem como objectivo a participação dos cidadãos, o desenvolvimento económico-social e a promoção e defesa dos interesses regionais;

(iii) O Estado cooperará com as regiões no sentido da correcção das desigualdades e da promoção do desenvolvimento regional;

(iv) As regiões são dotadas de competência legislativa nas matérias de interesse para a região;

(v) Existência de poder executivo próprio e ampla autonomia financeira e administrativa, nomeadamente face aos entes públicos regionais;

(vi) Autonomia de planeamento económico regional;

(vii) Poderes de participação a nível nacional em assuntos respeitantes às regiões;

(viii) Estrutura orgânica constituída por uma assembleia regional directamente eleita e um governo regional perante ela responsável, passíveis de serem suspensos ou dissolvidos pelo Presidente da República;

(ix) A representação da soberania da República nas regiões autónomas seria efectuada pelo Ministro da República;

(x) Os estatutos político-administrativos seriam elaborados pelas assembleias regionais mas careceriam de sanção da Assembleia da República, antes de serem promulgados pelo Presidente da República.

III. O debate na Assembleia Constituinte trava-se entre aqueles que acusam o projecto da 8.ª Comissão como tendo uma vertente federalista e os

---

[830] Para uma síntese dos projectos dos restantes partidos, cfr. PAULO OTERO, *O Poder de Substituição...*, II, pp. 683-684, nota n.° 22.

[831] Cfr. PAULO OTERO, *O Poder de Substituição...*, II, p. 684.

[832] Cfr. *Diário da Assembleia Constituinte*, n.° 121, de 18 de Março de 1976, pp. 4023--4024.

§24.° *Regiões autónomas* 565

que, em sentido contrário, defendem que está em causa uma simples autonomia político-administrativa no quadro de um Estado unitário[833]:

(i) A característica fundamental do Estado unitário consiste no facto de a organização de cada entidade infra-estadual ser feita por lei geral do próprio Estado e não por um acto da própria entidade infra-estadual sem dependência da intervenção do Estado – o projecto da 8.ª Comissão relativo aos Açores e à Madeira não consagra uma solução federal, antes cria um "Estado unitário, regional incompleto";

(ii) Pertence aos órgãos de soberania a última palavra quanto à definição dos estatutos regionais, ficando sempre salvaguardada, por isso, a unidade do Estado: a institucionalização das regiões autónomas é feita no espírito da unidade nacional.

IV. São visíveis, no entanto, a formulação de duas diferentes concepções autonómicas em plena Assembleia Constituinte:

(i) Há, por um lado, uma concepção contratualista, entendendo a autonomia como um acordo entre interesses opostos, falando-se até em "contrato regional"[834] ou em "contrato institucional entre o Estado e a região"[835]: a autonomia das regiões não afectará a integridade da soberania do Estado e o Estado, por sua vez, cooperará com as regiões para o seu desenvolvimento económico-social, isto de modo a corrigir as desigualdades resultantes da insularidade;

(ii) Há, por outro lado, uma concepção unilateralista mitigada, entendendo que a descentralização política é o resultado de um acto unilateral do Estado, apesar dessa unilateralidade se encontrar mitigada por dois princípios:
1.°) O princípio da participação, impondo aos órgãos de soberania a obrigação de ouvirem os órgãos regionais em todas as matérias da competência deles respeitantes às regiões;
2.°) O princípio da cooperação, impondo ao Estado uma actuação no sentido do desenvolvimento das regiões autónomas, visando corrigir os desequilíbrios insulares.

---

[833] Neste último sentido, cfr. intervenção do deputado JORGE MIRANDA (PPD), in *Diário da Assembleia Constituinte*, n.° 126, de 26 de Março de 1976, pp. 4202-4203.

[834] Neste sentido, deputado Jaime Gama (PS), in *Diário da Assembleia Constituinte*, n.° 123, de 20 de Março de 1976, p. 4079.

[835] Cfr. deputado Rúben Raposo (PPD), in *Diário da Assembleia Constituinte*, n.° 123, de 20 de Março de 1976, p. 4085.

566 Estruturas políticas infra-estaduais

(b) Fundamento da autonomia

V. Olhando para os debates travados na Assembleia Constituinte, a autonomia regional encontra o seu fundamento em quatro ordens de factores:

(i) Pode dizer-se, em primeiro lugar, que a autonomia regional resulta de circunstancialismos geográficos e de características próprias das populações insulares[836], falando o artigo 225.°, n.° 1, nos traços caracterizadores de natureza geográfica, económica, social e cultural dos arquipélagos dos Açores e da Madeira;

(ii) A autonomia decorre, em segundo lugar, das designadas "históricas aspirações autonomistas das populações insulares" (artigo 225.°, n.° 1, *in fine*)[837], sendo certo que só em relação aos Açores, apesar de apenas datadas de finais do século XIX, se conhecem manifestações de aspirações autonomistas[838];

(iii) Em terceiro lugar, o entendimento do 25 de Abril de 1974 como sendo também uma "revolução regional", pois a descentralização e a autonomia regional surgem configuradas como "peças essenciais da vida democrática de uma nação livre"[839];

(iv) Em quarto lugar, por último, a autonomia regional pode também encontrar o seu fundamento numa exigência democrática de "respeito por todas as minorias, incluindo as minorias regionais"[840].

Note-se que, de todos estes fundamentos da autonomia regional que foram discutidos durante a Assembleia Constituinte, somente os dois primeiros acabaram por encontrar expresso acolhimento no artigo 225.°, n.° 1, da Constituição.

---

[836] Neste sentido, cfr. deputado Mota Amaral (PPD), in *Diário da Assembleia Constituinte*, n.° 122, de 19 de Março de 1976, p. 4053.

[837] Deve-se ao deputado Mota Amaral (PPD) a formulação deste entendimento, in *Diário da Assembleia Constituinte*, n.° 122, de 19 de Março de 1976, p. 4053.

[838] Para uma síntese da questão, cfr. JORGE MIRANDA/RUI MEDEIROS, *Constituição Portuguesa Anotada*, III, pp. 275-276. Recolhendo os contributos de projectos legislativos e os actos legislativos que, desde finais do século XIX, se referiam à autonomia dos Açores, cfr. JOSÉ GUILHERME REIS LEITE, *A Autonomia dos Açores na Legislação Portuguesa (1892-1947)*, Horta, 1987.

[839] Cfr. deputado Jaime Gama (PS), in *Diário da Assembleia Constituinte*, n.° 122, de 19 de Março de 1976, p. 4051.

[840] Cfr. deputada Maria José Sampaio (CDS), in *Diário da Assembleia Constituinte*, n.° 122, de 19 de Março de 1976, p. 4056.

§24.° Regiões autónomas

VI. E hoje, decorridos que são mais de trinta anos sobre a Assembleia Constituinte, qual o fundamento da autonomia regional?

Indiscutivelmente que, num Estado constitucional, o primeiro e principal fundamento da autonomia regional se encontra na própria Constituição: a Constituição é o fundamento, o limite e o critério da autonomia das regiões autónomas dos Açores e da Madeira.

Não existe autonomia regional contra a Constituição, fora da Constituição ou à margem da Constituição (artigo 225.°, n.° 3, *in fine*): a autonomia regional é um fenómeno constitucional e que se move dentro da normatividade constitucional.

A própria Constituição, depois de colocar o princípio autonómico como elemento definidor da forma de Estado unitário (artigo 6.°), resolveu elevar a autonomia político-administrativa dos arquipélagos dos Açores e da Madeira a limite material de revisão constitucional (artigo 288.°, alínea o)), tornando a autonomia regional um traço da identidade constitucional.

Observa-se aqui uma intrínseca unidade entre Constituição e autonomia regional: a autonomia das regiões autónomas dos Açores e da Madeira é um elemento identificador desta Constituição e só à luz da normatividade constitucional a autonomia regional ganha relevância e operatividade.

Não existe, porém, nem se mostra passível de ser extraído do artigo 288.°, alínea o), qualquer princípio de irreversibilidade da autonomia regional, isto no sentido de se encontrar garantida a exclusão de qualquer movimento de "marcha a trás" no progresso ou no aprofundamento da autonomia[841]: a modificação da Constituição não exclui a validade de serem introduzidas soluções restritivas ou limitativas do grau já alcançado de autonomia, registando mesmo a História que têm existido revisões constitucionais que, sob um aparente alargamento ou ampliação dos poderes das regiões autónomas, acabaram por introduzir verdadeiros retrocessos na autonomia regional[842].

---

[841] Neste sentido, cfr. José Luís Pereira Coutinho, *Existe uma proibição do retrocesso na regionalização efectuada?*, in *Direito e Justiça*, Vol. X, 1996, pp. 101 ss., em especial, pp. 109 ss.

[842] Para uma exemplificação deste entendimento na revisão constitucional de 1989, cfr. Paulo Otero, *O Poder de Substituição...*, II, pp. 694-695.

Em sentido contrário, considerando que a evolução tem sido no sentido do aprofundamento da autonomia, cfr. Jorge Miranda/Rui Medeiros, *Constituição Portuguesa Anotada*, III, pp. 279 ss., em especial, p. 282.

568 *Estruturas políticas infra-estaduais*

VII. A fundamentação da autonomia regional na Constituição encontra hoje alicerce em três princípios justificativos da descentralização político--administrativa:

(i) O princípio da subsidiariedade que, alicerçando uma orientação genérica de repartição de atribuições entre os entes públicos (artigo 6.°, n.° 1), reserva para o Estado tudo aquilo que não possa ou não deva ser feito com a mesma eficiência pelas regiões autónomas (v. *supra*, n.° 5.4.): a subsidiariedade assume uma dupla feição, pois tanto limita a intervenção decisória do Estado a favor da regiões autónomas, traduzindo fundamento de tarefas materiais a cargo destas entidades infra-estaduais, tal como sucede com o desenvolvimento económico-social e a promoção e defesa dos interesses regionais (artigo 225.°, n.° 2), quanto habilita que seja o Estado a decidir se os interesses em causa tiverem um âmbito mais vasto ou mais geral do que aqueles que estão a cargo das regiões autónomas (artigo 225.°, n.° 3), fundamentando agora poderes a favor do Estado;

(ii) O princípio democrático, postulando uma estrutura administrativa pluralista e participada, nega ao Estado o papel de única entidade pública ou de detentor do monopólio administrativo, justificando antes a repartição do exercício das funções política e legislativa entre o Estado e os entes menores, surgindo as regiões autónomas como protagonistas da manifestação mais importante do pluralismo de Administrações Públicas, revelando uma estrutura organizativa democrática e participada (artigo 225.°, n.° 2): as regiões autónomas são a melhor garantia da limitação administrativa, legislativa e política do Estado, produzindo uma separação territorial de poderes;

(iii) O princípio da unidade nacional, pois a autonomia, sendo apenas possível no quadro definido pela Constituição, deverá sempre traduzir um meio de reforço da unidade nacional e dos laços de solidariedade entre todos os portugueses (artigo 225.°, n.° 2), numa permanente dinâmica bilateral entre República e regiões autónomas: o reforço da unidade nacional e da solidariedade não são apenas imperativos constitucionais da República face às regiões autónomas, revelando também a obrigatoriedade de conduta genérica das regiões autónomas face à República.

§24.° Regiões autónomas

(c) Objectivos da autonomia

VIII. Os objectivos da autonomia regional surgem identificados no artigo 225.°, n.° 2, podendo extrair-se a seguinte síntese das principais ideias:

(i) A autonomia tem como propósito o reforço da participação democrática dos cidadãos, traduzindo, por força das características geográficas dos arquipélagos dos Açores e da Madeira, um nível intermédio entre o Estado e as autarquias locais de participação das populações insulares na gestão dos negócios públicos;

(ii) A autonomia visa o desenvolvimento económico-social da região autónoma, sem embargo deste objectivo ter de ser articulado com a tarefa fundamental do Estado de promover o desenvolvimento harmonioso de todo o território nacional, incluindo o carácter ultraperiférico dos arquipélagos dos Açores e da Madeira (artigo 9.°, alínea g))[843], dispondo o Governo da República de uma genérica competência administrativa para o efeito (artigo 199.°, alínea g))[844]: há aqui um espaço ou zona de condomínio entre o Estado e as regiões autónomas que envolve a necessidade de articulação decisória entre as duas esferas de intervenção[845];

(iii) A autonomia tem ainda como propósito a promoção e a defesa dos interesses regionais, sabendo-se que são esses interesses regionais que consubstanciam o alicerce material da autonomia e traduzem o critério definidor das atribuições das regiões autónomas:

    (1) Uma matéria diz-se de interesse regional sempre que goze de uma especial conexão com a realidade regional, em termos de exigir, pelas questões levantadas ou pelas soluções a adoptar, um tratamento diferencial face ao restante território[846];

---

[843] Neste sentido, como refere o Tribunal Constitucional, "tratando-se de adoptar medidas legislativas que respeitem ou se representem nas várias parcelas do território nacional, haverão que intervir os órgãos legislativos nacionais, como órgãos representativos que são dos cidadãos de todas essas partes", cfr. Acórdão n.° 164/86, de 15 de Maio de 1986, processo n.° 44/85, in http://www.dgsi.pt/atco1.nsf.

[844] Especificamente sobre a competência administrativa do Governo ao abrigo do artigo 199.°, alínea g), e as regiões autónomas, expondo duas soluções diferentes sobre a questão, cfr. PAULO OTERO, *O Poder de Substituição...*, II, pp. 833 e 834; IDEM, *Autonomia regional, igualdade e Administração de bem-estar*, in *O Direito*, ano 130.°, 1998, I-II, pp. 98 ss.

[845] Para mais desenvolvimentos, cfr. PAULO OTERO, *Autonomia regional, igualdade e Administração de bem-estar*, pp. 89 ss., em especial, 92 ss.

[846] Neste sentido, cfr. PAULO OTERO, *A competência legislativa das regiões autónomas*, n AA.VV., *Estudos de Direito Regional*, Lisboa, 1995, p. 24.

570   *Estruturas políticas infra-estaduais*

    (2) Ora, só no domínio dos interesses regionais se mostra válida a actuação das estruturas decisórias das regiões autónomas, pois onde não há interesse regional não pode existir esfera de intervenção decisória das regiões autónomas;

    (3) Nem sempre, porém, a existência de interesses regionais significa uma área de reserva de decisão regional, pois a Constituição pode criar matérias de interesse regional reservadas à decisão dos órgãos de soberania e, por essa via, excluídas da esfera de intervenção decisória das regiões autónomas;

(iv) A autonomia visa o reforço da unidade nacional, salientando-se que não há autonomia regional juridicamente relevante se, atentando contra a Constituição, colocar em causa a unidade nacional: a autonomia regional pressupõe e exige uma permanente compatibilidade com a unidade nacional, podendo dizer-se que esta serve de objectivo e, simultaneamente, de limite à relevância operativa da autonomia – não há autonomia contra a unidade, só podendo a autonomia ser exercida como instrumento de reforço da unidade nacional[847];

(v) A autonomia tem ainda como objectivo o reforço dos laços de solidariedade entre todos os portugueses, traduzindo uma bilateralização desses mesmos laços[848], pois, nas palavras do Tribunal Constitucional, "a ideia de solidariedade co-envolve a de reciprocidade"[849]: a autonomia das regiões não inviabiliza a solidariedade dos portugueses do restante território nacional para com as regiões autónomas, tal como a autonomia regional não afasta a solidariedades das populações regionais para com os portugueses do restante território nacional.

---

[847] Nas sugestivas palavras do Tribunal Constitucional, a autonomia regional é um "conceito juridicamente configurado pela Constituição, no quadro da unidade do Estado Português", cfr. Acórdão n.º 32/09, de 20 de Janeiro de 2009, processo n.º 232/08, in http://www.tribunalconstitucional.pt.

[848] Como refere o Tribunal Constitucional, "o princípio, dito da solidariedade nacional, não pode ser perspectivado por forma a dele se extrair uma só direccionalidade, qual seja a da solidariedade representar unicamente a imposição de obrigações do Estado para com as Regiões Autónomas", in Acórdão n.º 11/2007, de 12 de Janeiro de 2007, relativo ao processo n.º 1136/2006, in http://www.tribunalconstitucional.pt.

[849] Cfr. Acórdão n.º 581/07, de 21 de Novembro de 2007, processo n.º 718/07, in http://www.tribunalconstitucional.pt.

(d) Limites da autonomia

IX. O artigo 225.º, n.º 3, determinando que a autonomia regional não afecta a integridade da soberania do Estado e que se exerce no quadro da Constituição, veio estabelecer, segundo o princípio geral de que a validade dos actos das regiões autónomas depende da sua conformidade com a Constituição (artigo 3.º, n.º 3), o quadro genérico de referenciais limitativos ou condicionantes da autonomia dos arquipélagos dos Açores e da Madeira.

A leitura da Constituição permite registar os seguintes principais limites à autonomia regional:

(i) A autonomia nunca pode ser exercida no sentido de colocar em causa as soluções materiais e as exigências procedimentais impostas pela normatividade constitucional: é sempre no quadro da Constituição que se pode exercer a autonomia regional;

(ii) A autonomia não pode afectar a natureza unitária do Estado, nem a integridade da sua soberania, deparando-se aqui com um comando vinculativo para as regiões autónomas, o legislador da República e o próprio revisor constitucional: a existência de interesses decorrentes da unidade do Estado, da integridade da sua soberania e do reforço de laços de solidariedade entre todos os portugueses habilitam a titularidade de poderes decisórios a favor do Estado[850], insusceptíveis de transferência para a esfera das regiões autónomas e, por essa via, limitativos da relevância de eventuais interesses regionais fundamentadores de autonomia decisória das regiões autónomas[851];

(iii) A autonomia nunca pode lesar as normas constitucionais definidoras de reserva de competência (política, legislativa, administrativa e judicial) a favor dos órgãos de soberania: salvo preceito constitucional em contrário, a existência de interesses regionais em áreas materiais reservadas aos órgãos de soberania nunca habilita o exercício de poderes decisórios das regiões autónomas;

---

[850] Nas palavras do Tribunal Constitucional, "o carácter unitário do Estado e os laços de solidariedade que devem unir todos os portugueses exigem que a legislação sobre matéria com relevo imediato para a generalidade dos cidadãos seja produzida pelos órgãos de soberania", cfr. Acórdão n.º 212/92, de 4 de Junho de 1992, processo n.º 200/92, in http://www.dgsi.pt/atco1.nsf.

[851] Em sentido convergente, citado jurisprudência constitucional, cfr. ALEXANDRE SOUSA PINHEIRO, *Princípios Gerais da Organização do Poder Político*, in PAULO OTERO (coord.), *Comentário...*, III, 1.º tomo, pp. 187-188.

572 Estruturas políticas infra-estaduais

(iv) A autonomia tem sempre de se harmonizar com a existência (originária ou superveniente) de interesses nacionais que justifiquem a prevalência do Direito do Estado relativamente a opções legislativas ou administrativas regionais (v. *supra*, n.° 5.3.): excepto em domínios de reserva constitucional de decisão a favor das regiões autónomas, a autonomia regional nunca pode constituir impedimento para a intervenção legislativa dos órgãos de soberania;

(v) A autonomia regional não pode prejudicar os compromissos internacionais assumidos pelo Estado português, designadamente a sua responsabilidade exclusiva pela implementação do Direito da União Europeia, tal como o exercício da liberdade conformadora das regiões autónomas se encontra subordinado ao dever de agir em conformidade com as opções adoptadas pelo Direito da União Europeia, sem prejuízo da verdadeira "expropriação" de atribuições descentralizadas no contexto interno do Estado que são agora confiadas a instâncias decisórias externas[852]: a autonomia regional exerce-se no quadro permitido e resultante dos compromissos internacionais de Portugal;

(vi) A autonomia regional tem ainda de se pautar pelo respeito dos estatutos político-administrativos de cada uma das regiões autónomas: os estatutos exercem uma função de parâmetro habilitador e pauta de conformidade de toda a actuação regional, razão pela qual não há autonomia regional contra os estatutos, fora dos estatutos ou à margem dos estatutos.

Vejamos, seguidamente, o significado e o papel dos estatutos regionais.

24.2. Estatutos regionais

BIBLIOGRAFIA: JORGE MIRANDA, *Estatutos das regiões autónomas*, in *Dicionário Jurídico da Administração Pública*, IV, Lisboa, 1991, pp. 265 ss.; IDEM, *Manual...*, III, pp. 305 ss.; IDEM, *A jurisprudência constitucional sobre as regiões autónomas*, in AA.VV., *XXV Anos de Jurisprudência Constitucional Portuguesa*, Coimbra, 2009, pp. 420 ss.; JORGE MIRANDA/RUI MEDEIROS, *Constituição Portuguesa Anotada*, III, pp. 284 ss.; CARLOS BLANCO DE MORAIS,

---

[852] Cfr. PAULO OTERO, *O Poder de Substituição...*, II, pp. 701 ss.; IDEM, *Autonomia regional, igualdade e Administração de bem-estar*, pp. 103-104.

§24.° *Regiões autónomas*

A Autonomia..., pp. 113 ss. e 516 ss.; IDEM, *As Leis Reforçadas*, pp. 769 ss.; IDEM, *Curso...*, I, pp. 357 ss.; FRANCISCO LUCAS PIRES/PAULO CASTRO RANGEL, *Autonomia e soberania (Os poderes de conformação da Assembleia da República na aprovação dos projectos de estatutos das regiões autónomas)*, in *JURIS ET DE JURE – Nos 20 Anos da Faculdade de Direito da UCP – Porto*, Porto, 1998, pp. 411 ss.; MANUEL ARAGÓN REYES/CÉSAR AGUADO RENEDO, *Los estatutos de autonomia regional en el ordenamiento portugues*, in JORGE MIRANDA (org.), *Perspectivas Constitucionais – Nos 20 anos da Constituição de 1976*, I, Coimbra, 1996, pp. 703 ss.; ANTÓNIO VITORINO, *O estatuto jurídico- -político das regiões autónomas: tensões e ambiguidades*, in *Direito e Justiça*, Vol. X, 1996, pp. 57 ss.

(a) Procedimento e natureza

I. Os estatutos político-administrativos das regiões autónomas não são uma constituição regional, nem traduzem a expressão jurídica exclusiva ou final da vontade das regiões autónomas: os estatutos regionais são leis do Estado, consubstanciando actos legislativos provenientes da Assembleia da República e, nesse sentido, estão sujeitos a promulgação pelo Presidente da República, registando-se ainda que este acto se encontra sujeito a referenda ministerial.

Sucede, porém, que o Estado, sem prejuízo dos seus poderes de modificação do texto constitucional, se encontra impossibilitado de desencadear qualquer processo legislativo ordinário tendente a alterar, unilateralmente, os poderes das regiões autónomas: aqui reside uma garantia das regiões autónomas face ao Estado.

Regista-se, neste domínio, uma especialidade constitucional do procedimento de feitura e alteração da lei estatutária.

II. Onde residirá então essa referida especialidade procedimental da lei estatutária?

Essa especialidade localiza-se, nos termos do artigo 226.°, em três factores[853]:

> *(i)* Os projectos de estatutos político-administrativos, tal como as suas alterações, são obrigatoriamente elaborados pela respectiva

---

[853] Note-se que, por força do artigo 226.°, a especialidade procedimental subjacente à elaboração ou introdução de modificações aos estatutos político-administrativos é hoje também, desde a revisão constitucional de 2004, aplicada às leis relativas à eleição dos deputados as assembleias legislativas das regiões autónomas.

574 *Estruturas políticas infra-estaduais*

assembleia legislativa e enviados para discussão e aprovação à Assembleia da República: ninguém mais do que a assembleia legislativa da região autónoma em causa tem iniciativa legislativa sobre a matéria, existindo aqui uma iniciativa reservada ou exclusiva que confere às regiões autónomas o monopólio da faculdade de desencadear o processo de feitura ou alteração dos estatutos regionais;

(ii) Recebido o projecto, a Assembleia da República pode adoptar uma de três condutas:

1.ª) Pode aprovar o projecto, convertendo-o em decreto a enviar ao Presidente da República para efeitos de ser promulgado como lei;

2.ª) Pode, pelo contrário, rejeitar o projecto, hipótese em que o mesmo será reenviado para a respectiva assembleia legislativa para apreciação e emissão de parecer;

3.ª) Pode, por último, introduzir-lhe alterações, exercendo uma iniciativa legislativa superveniente, caso em que o diploma é de novo remetido para a assembleia legislativa que o aprovou, devendo esta apreciá-lo e emitir parecer;

(iii) Elaborado o parecer pela assembleia legislativa da região autónoma, o mesmo é enviado para Lisboa, procedendo a Assembleia da República à sua discussão e deliberação final sobre o projecto já antes por si, provisoriamente, rejeitado ou aprovado com alterações – é que o parecer em causa, tal como constitui princípio geral do ordenamento jurídico português, é obrigatório mas não é vinculativo.

A decisão final, seja de aprovação ou de rejeição, é sempre da Assembleia da República.

III. Nestes termos configurado o procedimento de feitura ou introdução de alterações aos estatutos regionais, pode extrair-se a seguinte ilação: apesar de o impulso inicial de todo o procedimento pertencer em exclusivo à região autónoma, a verdade é que a decisão final sobre a exacta configuração da lei estatutária compete sempre à Assembleia da República.

O estatuto regional como que assenta numa estrutura procedimental tendencialmente bilateralizada: a iniciativa compete à região autónoma e a decisão final à República, sendo certo que esta última nunca poderá desencadear o processo e aquela nunca poderá obter uma decisão sem a intervenção concordante da Assembleia da República.

§24.° *Regiões autónomas* 575

Exige-se aqui, em síntese, a necessidade de uma convergência de vontades, sem embargo da vontade da Assembleia da República, apesar de carecer do impulso inicial da assembleia legislativa da região autónoma, nunca depender de uma manifestação de vontade concordante da região autónoma: o parecer proveniente da assembleia legislativa pode bem ser em sentido negativo às alterações introduzidas pela Assembleia da República que este órgão, apesar disso, nunca está impedido de aprovar a respectiva lei.

Desencadeado o procedimento pela região autónoma, é a Assembleia da República que passa a ter a última palavra sobre a matéria. Não admira, por isso, que o estatuto regional seja uma lei do Estado e nunca se possa configurar como uma genuína Constituição regional.

(b) Função e significado

IV. A Constituição cria em torno dos estatutos político-administrativos das regiões autónomas uma dupla reserva estatutária:

(*i*) Os estatutos permitem uma pormenorização ou densificação configurativa dos poderes das regiões autónomas (artigo 227.°, n.° 1), incluindo o elenco de matérias sobre as quais pode incidir a autonomia legislativa (artigo 228.°, n.° 1): as leis estatutárias integram normas definidoras de atribuições das regiões e de competências das suas estruturas orgânicas;

(*ii*) Os estatutos definem os traços caracterizadores do estatuto dos titulares dos órgãos de governo próprio das regiões autónomas (artigo 231.°, n.° 7): as leis estatutárias integram normas relativas à organização, funcionamento e relacionamento dos órgãos regionais.

Fora de tais matérias, qualquer regulação normativa inserida nos estatutos regionais não beneficia da identidade da força jurídica, nem do regime procedimental de aprovação e alteração das matérias estatutárias[854].

V. Os estatutos político-administrativos servem de padrão de conformidade e, por consequência, de validade de todas as normas do ordenamento

---

[854] Neste último sentido, cfr. Acórdão do Tribunal Constitucional n.° 1/91, de 22 de Janeiro de 1991, processo n.° 377/90, in http://www.tribunalconstitucional.pt: Acórdão do Tribunal Constitucional n.° 291/99, de 12 de Maio de 1999, processo n.° 30/99, in http://www.tribunalconstitucional.pt.

576 *Estruturas políticas infra-estaduais*

jurídico português provenientes da República e também das regiões autónomas, isto nos seguintes termos:

(i) Todas as normas provenientes dos órgãos de soberania nunca podem, sob pena de ilegalidade, violar o estatuto de uma região autónoma (artigos 280.º, n.º 2, alínea c), e 281.º, n.º 1, alínea d));

(ii) Todas as normas constantes de diploma regional não podem, sob risco de ilegalidade, violar o respectivo estatuto da região autónoma (artigos 280.º, n.º 2, alínea b), e 281.º, n.º 1, alínea c));

(iii) O próprio regimento da assembleia legislativa de cada região autónoma deve também ser elaborado de harmonia com o respectivo estatuto político-administrativo (artigo 232.º, n.º 3).

Compreende-se, atendendo à amplitude do grau de vinculação produzido pelo estatuto político-administrativo relativamente ao ordenamento jurídico português, que se diga serem os estatutos regionais a mais reforçada das leis ordinárias reforçadas[855].

24.3. O conteúdo da autonomia: as atribuições regionais

BIBLIOGRAFIA: Jorge Miranda, *Manual...*, III, pp. 308 ss.; Jorge Miranda/Rui Medeiros, *Constituição Portuguesa Anotada*, III, pp. 302 ss.; Carlos Blanco de Morais, *O défice estratégico da ordenação constitucional das autonomias regionais*, in *Revista da Ordem dos Advogados*, Ano 66, 2006, pp. 1153 ss.; Jorge Pereira da Silva, *Região autónoma*, in *Dicionário Jurídico da Administração Pública*, VII, Lisboa, 1996,em especial, pp. 147 ss.

24.3.1. *Preliminares*

I. As regiões autónomas, expressão de um fenómeno constitucional de autonomia político-administrativa, surgem qualificadas como pessoas colectivas territoriais (artigo 227.º, n.º 1), dotadas de um conjunto de atribuições que, constituindo poderes regionais próprios, traduzem o cerne do conteúdo da própria autonomia: são os poderes regionais que, nos termos da sua origem e configuração, marcam a diferença entre as regiões autónomas e as autarquias locais ou o Estado, conferindo substancialidade à autonomia

---

[855] Cfr. Paulo Otero, *O Poder de Substituição...*, II, pp. 705-706.

§24.º *Regiões autónomas* 577

– uma autonomia sem poderes será uma autonomia vazia ou, verdadeiramente, uma "não autonomia".

Os poderes regionais, sem prejuízo de encontrarem a sua expressão configurativa complementar nos estatutos político-administrativos, têm sempre na letra da Constituição o seu alicerce e um mínimo de operatividade imediata: a Constituição, além de envolver limite, serve, simultaneamente, de fundamento e de garantia da autonomia regional.

Neste último sentido, os poderes regionais são ainda (e sempre) uma manifestação de vontade do Estado.

II. E quais são os poderes regionais que densificam o conteúdo da autonomia?

O exame do artigo 227.º, n.º 1, sem tomar em consideração as soluções emergentes dos estatutos regionais, permite recortar a existência de cinco principais poderes regionais que correspondem a outras tantas manifestações de autonomia:

(i) O poder legislativo regional, materializando a autonomia legislativa;

(ii) O poder financeiro regional, permitindo falar em autonomia financeira;

(iii) O poder administrativo regional, consubstanciando a autonomia administrativa;

(iv) Um conjunto diversificado de poderes internacionais protagonizados pelas regiões autónomas, habilitando que se recorte uma autonomia de intervenção internacional;

(v) E, por último, uma pluralidade de poderes de participação regional, traduzindo uma autonomia de participação.

Observemos, seguidamente, cada uma destas formas de concretização da autonomia constitucional das regiões autónomas.

24.3.2. *Autonomia legislativa: o poder legislativo regional*

BIBLIOGRAFIA (posterior a 2004): JORGE MIRANDA, *A autonomia legislativa das regiões autónomas após a revisão constitucional de 2004*, in *Scientia Iuridica*, 2005; IDEM, *Manual...*, III, pp. 312 ss.; IDEM, *Manual...*, V, pp. 187 ss.; IDEM, *A jurisprudência constitucional sobre as regiões autónomas*, pp. 425 ss.; JORGE MIRANDA/RUI MEDEIROS, *Constituição Portuguesa Anotada*, III, pp. 337 ss.; CARLOS BLANCO DE MORAIS, *Curso...*, I, pp. 456 ss.;

ALEXRANDE SOUSA PINHEIRO, *Princípios Gerais da Organização do Poder Político*, in PAULO OTERO (coord.), *Comentário...*, III, 1.º tomo, pp. 171 ss.; JOAQUIM FREITAS ROCHA, *Constituição, Ordenamento e Conflitos Normativos*, pp. 658 ss.; MARIA BENEDITA URBANO, *Poder legislativo regional: os difíceis contornos da autonomia das regiões. O caso português*, in *Dereito – Revista Xurídica da Universidade de Santiago de Compostela*, Vol. 15, n.º 1, 2006.

(a) Breve evolução da autonomia legislativa

I. A autonomia legislativa, habilitando as regiões autónomas a emanar actos legislativos – no caso, designados de decretos legislativos regionais –, traduz a mais importante manifestação da autonomia regional, permitindo diferenciar, desde logo, a descentralização de que gozam as regiões autónomas face a qualquer outro fenómeno de descentralização existente no ordenamento jurídico português: só em relação às regiões autónomas se verifica uma descentralização da função legislativa do Estado.

Desde 1976 que a Constituição confere autonomia legislativa às regiões autónomas, segundo um modelo que conheceu três distintas fases de evolução:

– Primeira fase: de 1976 a 1989;
– Segunda fase: de 1989 a 2004;
– Terceira fase: de 2004 até ao presente.

Vejamos cada uma destas fases.

II. Numa primeira fase, correspondendo ao período que vai do texto constitucional originário até à revisão constitucional de 1989[856], as regiões autónomas tinham dois tipos de competência legislativa:

(i) Uma competência legislativa exclusiva ou reservada em matéria de aprovação do orçamento regional e do plano económico regional;
(ii) Uma competência legislativa primária que lhes permitia, respeitando a Constituição e as leis gerais da República, legislar em maté-

---

[856] Para um elenco da bibliografia portuguesa sobre o poder legislativo das regiões autónomas antes da revisão constitucional de 1989, cfr. PAULO OTERO, *O Poder de Substituição...*, II, p. 597, nota n.º 235.

§24.º *Regiões autónomas*

rias de interesse específico regional, desde que não estivessem reservadas à competência própria dos órgãos de soberania[857].

Ainda nesta primeira fase, a revisão constitucional de 1982 limitou-se a alargar as matérias da reserva absoluta da competência regional, fazendo incluir o exercício de poder tributário próprio, a criação e extinção de autarquias locais e modificação da respectiva área, a elevação de povoações a vilas ou cidades e ainda a definição de actos ilícitos de mera ordenação social e respectivas sanções.

III. Uma segunda fase, iniciada com a revisão constitucional de 1989[858] e que vai até 2004, mostra-se a autonomia legislativa das regiões autónomas caracterizável pelos seguintes aspectos[859]:

(i) Manutenção da competência legislativa primária em matérias de interesse específico para as regiões autónomas, nos termos antes delimitados;

(ii) Atribuição de uma competência legislativa autorizada, facultando que a Assembleia da República, por via de lei de autorização legislativa, habilite que as regiões autónomas, existindo interesse específico regional e não estando em causa matérias reservadas à competência própria dos órgãos de soberania, possam derrogar leis gerais da República;

(iii) Reconhecimento de uma competência legislativa de desenvolvimento de leis de bases, permitindo que as regiões autónomas exerçam essa função legislativa complementar;

(iv) Atribuição da faculdade de as regiões autónomas, a título reservado, adaptar o sistema fiscal nacional às especificidades regionais.

---

[857] Para mais desenvolvimentos sobre o conceito de interesse específico regional, cfr. JORGE MIRANDA, *A autonomia legislativa regional e o interesse específico das regiões autónomas*, in AA.VV., *Estudos de Direito Regional*, Lisboa, 1995, pp. 13 ss.; IDEM, *O interesse específico das regiões autónomas*, in IDEM, pp. 37 ss.; PAULO OTERO, *A competência legislativa das regiões autónomas*, pp. 21 ss.; JORGE PEREIRA DA SILVA, *O conceito de interesse específico e os poderes legislativos regionais*, in AA.VV., *Estudos de Direito Regional*, Lisboa, 1995, pp. 297 ss.

[858] Para uma bibliografia sobre o poder legislativo das regiões autónoma após a revisão constitucional de 1989, cfr. PAULO OTERO, *O Poder de Substituição...*, II, pp. 597-598, nota n.º 235.

[859] Especificamente sobre a revisão constitucional de 1989, cfr. ANTÓNIO VITORINO, *Os poderes legislativos das regiões autónomas na segunda revisão constitucional*, in AA.VV., *Estudos de Direito Regional*, Lisboa, 1995, pp. 147 ss.

580   *Estruturas políticas infra-estaduais*

Note-se que, no âmbito da revisão constitucional de 1997 foram ainda introduzidas três principais alterações[860]:

– Reformulou-se o conceito de leis gerais da República, passando a exigir-se, além de uma razão de ser que envolva a sua aplicação a todo o território nacional, a expressa menção do qualificativo de lei geral da República;
– Deixou de se exigir o respeito por todo o conteúdo das leis gerais da República, passando apenas a impor-se o respeito pelo "princípios fundamentais das leis gerais da República", sem prejuízo da possibilidade de ser autorizada, por via legislativa, a sua derrogação;
– Passou a existir um elenco constitucional de natureza exemplificativa de matérias consideradas de interesse específico das regiões autónomas, sem prejuízo de uma cláusula genérica que compreendia ainda "todas as matérias que respeitem exclusivamente à respectiva região ou que nela assumam particular configuração".

IV. Uma terceira fase inicia-se, por último, com a revisão constitucional de 2004, correspondendo ao modelo hoje vigente, podendo dizer-se que se produziu aqui uma verdadeira "movimentação tectónica" no quadro constitucional configurativo do poder legislativo das regiões autónomas[861].

A revisão constitucional de 2004 comportou três principais alterações no quadro até então vigente da competência legislativa das regiões autónomas:

(i) Desapareceu a categoria das leis gerais da República, enquanto limite a cujos princípios fundamentais os decretos legislativos regionais se encontravam subordinados, salvo autorização da Assembleia da República para a respectiva derrogação;
(ii) Eliminou-se a necessidade expressa de existir um interesse específico regional para as regiões autónomas exercerem poder legislativo;
(iii) Remeteu-se para os estatutos regionais o elenco de matérias passíveis de integrar a autonomia legislativa das regiões autónomas.

---

[860] Sobre o tema e para mais desenvolvimentos, cfr. PAULO OTERO, *Organização do Poder Político e Revisão Constitucional de 1997*, pp. 50 ss.; IDEM, *A revisão constitucional de 1997 – Sistema de actos legislativos*, in *Legislação – Cadernos de Ciência de Legislação*, n.º 19/20, INA, Abril-Dezembro 1997, pp. 123 ss.

[861] Neste sentido, cfr. ALEXANDRE SOUSA PINHEIRO, *Princípios Gerais da Organização do Poder Político*, in PAULO OTERO (coord.), *Comentário...*, III, 1.º tomo, p. 172.

§24.º *Regiões autónomas* 581

Sem prejuízo de tais alterações, o Tribunal Constitucional entende que "o poder legislativo das regiões autónomas continua, porém, a enquadrar-se pelos fundamentos da autonomia das regiões consagrados no artigo 225.º da CRP e a restringir-se ao âmbito regional e às matérias enunciadas no respectivo estatuto político-administrativo", subsistindo "ainda como requisito de exercício da competência legislativa das regiões autónomas o respeito da reserva de competência legislativa dos órgãos de soberania"[862].

V. Não obstante hoje o artigo 228.º, n.º 1, referir que a autonomia legislativa regional "incide sobre as matérias enunciadas no respectivo estatuto político-administrativo que não estejam reservadas aos órgãos de soberania", a verdade é que nem sempre o exercício do poder legislativo regional se circunscreve às matérias enunciadas no estatuto regional[863].

O poder legislativo regional mostra-se passível de, nos termos dos artigos 227.º, n.º 1, e 232.º, n.º 1, integrar quatro diferentes tipos de competência:

– Competência legislativa exclusiva ou reservada;
– Competência legislativa autorizada;
– Competência legislativa de desenvolvimento;
– Competência legislativa estatutária.

Vejamos cada um destes quatro tipos de competência legislativa das regiões autónomas.

(b) Competência legislativa exclusiva ou reservada

VI. A titularidade de uma esfera de competência legislativa regional exclusiva ou reservada significa que estamos diante de um conjunto de matérias relativamente às quais a Constituição confiou a respectiva disciplina unicamente às regiões autónomas, excluindo de intervenção legislativa, neste domínio, quaisquer outros órgãos: se a Assembleia da República ou o Governo da República legislarem nestas matérias, os respectivos actos legislativos estarão feridos de inconstitucionalidade orgânica.

---

[862] Cfr. Acórdão do Tribunal Constitucional n.º 246/2005, de 10 de Maio de 2005, processo n.º 508/03, in http://www.tribunalconstitucional.pt.

[863] Para mais desenvolvimentos sobre o sentido interpretativo do artigo 228.º, n.º 1, cfr. ALEXANDRE SOUSA PINHEIRO, *Princípios Gerais da Organização do Poder Político*, in PAULO OTERO (coord.), *Comentário...*, III, 1.º tomo, pp. 176 ss.

582 *Estruturas políticas infra-estaduais*

A competência legislativa exclusiva ou reservada das regiões autónomas é o núcleo mais sagrado da sua autonomia legislativa, correspondendo a matérias que, no contexto sistemático da Constituição, desempenham uma função semelhante ao artigo 164.° perante a Assembleia da República ou ao artigo 198.°, n.° 2, face ao Governo da República.

VII. Quais são as matérias integrantes da competência legislativa exclusiva ou reservada das regiões autónomas?

A leitura do artigo 232.°, n.° 1, definindo a competência exclusiva da assembleia legislativa da região autónoma no domínio legislativo, permite recortar as seguintes matérias da competência legislativa exclusiva ou reservada das regiões autónomas:

- Exercício de poder tributário próprio (artigo 227.°, n.° 1, alínea i), 1.ª parte);
- Adaptar o sistema fiscal nacional às especificidades regionais (artigo 227.°, n.° 1, alínea i), 2.ª parte);
- Criar e extinguir autarquias locais, assim como modificar a respectiva área (artigo 227.°, n.° 1, alínea l));
- Elevar povoações à categoria de vilas ou cidades (artigo 227.°, n.° 1, alínea n));
- Aprovar o plano de desenvolvimento económico e social da região (artigo 227.°, n.° 1, alínea p), 1.ª parte)[864];
- Aprovar o orçamento da região (artigo 227.°, n.° 1, alínea p), 2.ª parte);
- Definir os actos ilícitos de mera ordenação social e respectivas sanções, sem prejuízo da competência da Assembleia da República (artigo 227.°, n.° 1, alínea q)).

Em todas estas matérias, sublinhe-se, só as regiões autónomas podem aprovar actos legislativos, registando-se que qualquer intervenção decisória dos órgãos de soberania sobre a matéria, desde que especificamente destinada a vigorar numa região autónoma (ou em ambas), estará sempre ferida de inconstitucionalidade orgânica.

---

[864] Note-se, porém, que o plano económico regional deve sempre mover-se no âmbito da liberdade de conformação deixada pelos instrumentos nacionais de planeamento económico, cfr. para mais desenvolvimentos, PAULO OTERO, *Autonomia regional, igualdade e Administração de bem-estar*, pp. 96 ss.

§24.° Regiões autónomas 583

(c) Competência legislativa autorizada

VIII. Na sequência da revisão constitucional de 2004, o artigo 227.°, n.° 1, alínea b), confere às regiões autónomas a faculdade de, mediante autorização legislativa da Assembleia da República, legislarem sobre certas matérias do artigo 165.°, n.° 1, isto é, matérias integrantes da reserva relativa de competência legislativa da Assembleia da República: trata-se de uma competência legislativa regional autorizada ou delegada.

Se, até então, as matérias reservadas à esfera decisória dos órgãos de soberania traduziam um feudo isento de intervenção legislativa das regiões autónomas, a partir de 2004, por via de uma lei de autorização legislativa, a Assembleia da República pode permitir que, em algumas das matérias do artigo 165.°, n.° 1, as regiões autónomas possam emanar decretos legislativos regionais: há aqui uma tipificação fechada das matérias que podem ser objecto de tratamento legislativo autorizado[865].

O artigo 227.°, n.° 1, alínea b), dizendo-nos as alíneas do artigo 165.°, n.° 1, que se encontram excluídas de qualquer autorização legislativa a favor das regiões autónomas, permite, *a contrario*, extrair as matérias passíveis de integrar a competência legislativa regional autorizada.

IX. Sublinhe-se, no entanto, que a competência legislativa autorizada ou delegada das regiões autónomas surge, à luz da Constituição, condicionada a diversos títulos, revelando bem que o titular de raiz ou originário dos poderes decisórios sobre tais matérias é a Assembleia da República:

(i) Em primeiro lugar, as regiões autónomas apenas podem exercer esta competência legislativa se forem habilitadas por lei de autorização legislativa da competência exclusiva da Assembleia da República e no exercício de um poder de decisão totalmente discricionário: a Assembleia da República nunca está vinculada a conferir autorizações legislativas às regiões autónomas, podendo, a todo o momento, revogar as autorizações já concedidas e ainda não implementadas;

(ii) Em segundo lugar, as leis de autorização legislativa não se limitam a determinar o objecto, a extensão da matéria ou a fixar a duração da habilitação (artigo 165.°, n.° 2): as leis de autorização têm sempre de definir também o sentido a imprimir pelo delegado no exercício da competência autorizada, significando isto que as regiões

---

[865] Cfr. ALEXANDRE SOUSA PINHEIRO, *Princípios Gerais da Organização do Poder Político*, in PAULO OTERO (coord.), *Comentário...*, III, 1.° tomo, p. 179.

584   *Estruturas políticas infra-estaduais*

autónomas se encontram sujeitas à orientação política definida pela Assembleia da República na lei de autorização legislativa;

(*iii*) Em terceiro lugar, sempre que uma região autónoma solicitar junto da Assembleia da República uma lei de autorização legislativa deve a respectiva proposta ser acompanhada do anteprojecto do decreto legislativo regional a autorizar (artigo 227.°, n.° 2): a lei de autorização legislativa, definindo o sentido a conferir ao futuro decreto legislativo regional autorizado, pode comportar uma implícita modificação do sentido ou dos termos do anteprojecto de decreto legislativo regional apresentado em anexo à proposta de lei de autorização;

(*iv*) Em quarto lugar, por último, o decreto legislativo regional autorizado, além de poder ser objecto de veto político pelo Representante da República e de fiscalização preventiva da constitucionalidade (v. *supra*, n.° 23.1.(d)), poderá também ser objecto de apreciação política pela Assembleia da República ao abrigo do artigo 169.°, circunstância que faculta ao parlamento de Lisboa fazer cessar a sua vigência ou até introduzir-lhe alterações (artigo 227.°, n.° 4).

A competência legislativa autorizada das regiões autónomas assume-se como forma de expressão de uma competência precária e imperfeita, enquanto dependente, a diversos títulos, do seu titular originário: a Assembleia da República.

(d) Competência legislativa de desenvolvimento

X. Na sequência da revisão constitucional de 1989, permite o artigo 227.°, n.° 1, alínea c), que as regiões autónomas possam desenvolver "princípios ou bases gerais dos regimes jurídicos contidos em leis que a eles se circunscrevam".

Trata-se agora de uma competência de desenvolvimento das leis (ou decretos-leis) de bases que assenta nos seguintes pressupostos:

(*i*) É necessário, antes de tudo, que exista uma lei de bases: se não existir essa lei de bases não há em concreto qualquer competência regional de desenvolvimento, razão pela qual se pode dizer que está na total disponibilidade dos órgãos de soberania a concessão em concreto às regiões autónomas do exercício de uma tal competência complementar de desenvolvimento de leis de bases[866];

---

[866] Neste sentido, cfr. PAULO OTERO, *O Desenvolvimento...*, p. 64.

§24.° *Regiões autónomas* 585

(ii) A emanação de leis de bases ou de decretos-leis de bases deve considerar-se uma matéria reservada à competência legislativa dos órgãos de soberania;

(iii) O desenvolvimento regional de leis de bases só é possível se a matéria a desenvolver não se situar na área de competência legislativa reservada da Assembleia da República: se o desenvolvimento for matéria reservada, salvo existindo autorização legislativa ao abrigo da alínea b) do artigo 227.°, n.° 1, não há possibilidade de desenvolvimento por via de decreto legislativo regional;

(iv) No entanto, numa primeira análise, o artigo 227.°, n.° 1, alínea c), reduz o campo de operatividade da competência legislativa reservada do Governo para desenvolver leis de bases (artigo 198.°, n.° 1, alínea c)): só assim não sucederá se, nos termos antes expostos (v. *supra*, n.° 24.1., IX), existirem razões decorrentes da unidade nacional, da integridade da soberania do Estado e dos laços de solidariedade entre todos os portugueses que fundamentem um desenvolvimento governamental aplicável a todo o território nacional;

(v) Pode mesmo suceder que, independentemente de razões decorrentes da prevalência do Direito do Estado, o decreto-lei de desenvolvimento possa ser aplicado também nas regiões autónomas sempre que, por força do princípio da supletividade do Direito do Estado (artigo 228.°, n.° 2), se verifique uma de três situações[867]:

1.ª) Durante todo o período até que ocorra o desenvolvimento regional da lei de bases, isto é, desde que as bases entraram em vigor e até ao momento em que a região autónoma exerça efectivamente o poder de as desenvolver;

2.ª) Perante as lacunas do decreto legislativo regional de desenvolvimento;

3.ª) Em situações de declaração judicial de inconstitucionalidade ou ilegalidade do decreto legislativo regional de desenvolvimento;

(vi) No desenvolvimento regional das bases, as regiões autónomas têm sempre de respeitar os princípios e as bases fixadas pelas respectivas leis, nunca podendo, sob pena de invalidade do acto, dispor em sentido contrário;

---

[867] Cfr. PAULO OTERO, *O Desenvolvimento...*, p. 70.

586   *Estruturas políticas infra-estaduais*

(vii) O desenvolvimento das leis de bases pelas regiões autónomas nunca pode deixar de ser feito sob forma legislativa: só por decreto legislativo regional uma lei de bases pode ser objecto de desenvolvimento regional, devendo sempre invocar expressamente a respectiva lei de bases (artigo 227.°, n.° 4);

(viii) A revogação não substitutiva da lei de bases determina a imediata cessação de vigência do respectivo decreto legislativo regional de desenvolvimento[868], sem prejuízo de, se a matéria constar do elenco enunciado no respectivo estatuto regional, poder o diploma regional ser renovado ao abrigo da alínea a) do artigo 227.°, n.° 1.

XI. Cumpre sublinhar que, em qualquer matéria, a Assembleia da República e o Governo da República podem, segundo as áreas materiais de competência distribuídas pela Constituição, elaborar leis de bases, passando a vigorar, por esta via, uma competência subordinada ou complementar a favor das regiões autónomas.

Se exceptuarmos a esfera de competência reservadas das regiões autónomas (v. *supra*, VII), não há aqui, note-se, qualquer zona material imune a uma intervenção reguladora por via de lei de bases ou decreto-lei de bases.

Significa isto, por outras palavras, o seguinte: se, numa determinada matéria, não existia até então lei de bases, tendo a região autónoma legislado sobre a matéria, ao abrigo do artigo 227.°, n.° 1, alínea a), o surgimento, em termos supervenientes, de uma lei de bases, podendo determinar a ilegalidade superveniente do decreto legislativo regional existente sobre essa matéria, vai obrigar a região autónoma, em qualquer caso, a deixar de continuar a exercer uma competência fundada na alínea a) para passar a ter como fundamento da sua competência legislativa a alínea c) do artigo 227.°, n.° 1.

Através das leis de bases, a Constituição criou um instrumento de prevalência (originária ou superveniente) do Direito do Estado relativamente a todos os decretos legislativos regionais, salvo os emanados ao abrigo da competência exclusiva das regiões autónomas (v. *supra*, VII): as leis de bases são um meio de garantia da vontade do Estado em sectores já objecto (ou que venham a ser objecto) de intervenção legislativa das regiões autónomas.

---

[868] Cfr. PAULO OTERO, *O Desenvolvimento...*, p. 67.

(e) Competência legislativa estatutária

XII. Antes da revisão constitucional de 2004, a alínea a) do artigo 227.º, n.º 1, conferia às regiões autónomas uma competência legislativa primária que lhes permitia, com fundamento directo na Constituição, exercer uma competência legislativa genérica.

Hoje, porém, há aqui uma alteração substancial: se excluirmos os casos de competência reservada, autorizada e de desenvolvimento, as regiões autónomas só podem legislar sobre as matérias que venham elencadas nos estatutos regionais, desde que não estejam reservadas aos órgãos de soberania, significando isto que o artigo 227.º, n.º 1, alínea a), se encontra reflectido no artigo 228.º, n.º 1, tendo deixado de servir de habilitação para o exercício de uma competência legislativa directamente fundada na Constituição.

Deste modo, o poder legislativo previsto no artigo 227.º, n.º 1, alínea a), passou a ter como fundamento matérias previstas nos estatutos político-administrativos: se a matéria não se encontra prevista no elenco estatutário, a região autónoma não poderá legislar – não é admissível, neste sentido, um elenco estatutário aberto ou uma cláusula geral e indeterminada definidora de matérias habilitadoras de intervenção legislativa regional ao abrigo do artigo 227.º, n.º 1, alínea a)[869].

Esta competência legislativa regional estatutária, uma vez que se encontra totalmente condicionada pelos estatutos político-administrativos, e atendendo ao facto de não ser passível de invadir a esfera de matérias reservadas aos órgãos de soberania, permite extrair duas ilações[870]:

(i) Nas matérias enunciadas nos estatutos, as regiões autónomas podem legislar em sentido contrário aos actos legislativos da Assembleia da República e do Governo da República: não existe aqui, todavia, qualquer fenómeno de revogação, antes deparamos com uma situação geradora de inaplicabilidade da lei da República[871];

(ii) As leis e os decretos-leis não podem incluir regras de auto-reforço face aos decretos legislativos regionais, isto no sentido de proibir

---

[869] Neste último sentido, cfr. Acórdão do Tribunal Constitucional n.º 402/2008, de 29 de Julho de 2008, relativo ao processo n.º 573/08, in http://www.tribunalconstitucional.pt. Para um desenvolvimento doutrinário convergente, cfr. JORGE MIRANDA, *A jurisprudência constitucional sobre as regiões autónomas*, pp. 431-432.

[870] Neste sentido, cfr. ALEXANDRE SOUSA PINHEIRO, *Princípios Gerais da Organização do Poder Político*, in PAULO OTERO (coord.), *Comentário...*, III, 1.º tomo, p. 204.

[871] Sobre o conceito de inaplicabilidade e suas diferenças face à revogação, cfr. PAULO OTERO, *Lições de Introdução ao Estudo do Direito*, I, 2.º tomo, pp. 227 ss.

que estes últimos possam derrogar a solução proveniente da República: não há lugar a qualquer auto-qualificação de uma lei, antes a sua prevalência tem de resultar do âmbito material de carácter nacional dos interesses que regula.

A Constituição consagra aqui, neste sentido, uma reserva estatutária de competência legislativa das regiões autónomas.

XIII. Num contexto diferente, a competência legislativa das regiões autónomas prevista no artigo 227.º, n.º 1, alínea a), incidindo sobre matérias enunciadas no estatuto político-administrativo, habilita ainda que se possam retirar os seguintes corolários:

(i) Não estando em causa matérias reservadas à competência dos órgãos de soberania, não se mostra válido, à luz dos estatutos regionais, que uma lei ou um decreto-lei possam regular uma matéria exclusivamente aplicável a uma ou às duas regiões autónomas, tal como não será de admitir que um acto legislativo de um órgão de soberania revogue um decreto legislativo regional emanado ao abrigo do artigo 227.º, n.º 1, alínea a): todavia, se tal suceder, verificando-se uma situação de ilegalidade do acto legislativo do órgão de soberania, uma vez que não há fiscalização preventiva da legalidade, a lei ou o decreto-lei não podem ser, por este motivo em concreto, objecto de fiscalização preventiva junto do Tribunal Constitucional;

(ii) Se é certo que, por atentar contra o estatuto regional, não será possível uma lei ou um decreto-lei especificamente regulador de uma matéria enunciada num estatuto regional e destinado a ser aplicado a uma ou às duas regiões autónomas, a verdade é que nada impede que sobre essas matérias enunciadas num estatuto político-administrativo a Assembleia da República ou o Governo possam emanar uma lei de bases, determinando um de dois efeitos:

(1) Se a região já tinha legislado, pode a lei de bases gerar a ilegalidade superveniente do decreto legislativo regional existente sobre a matéria que se mostre incompatível com a lei nova (v. *supra*, IX);

(2) Se, pelo contrário, a região nunca tinha legislado sobre a matéria, ela agora só o poderá fazer ao abrigo da alínea c) do artigo 227.º, n.º 1, tendo ocorrido, por efeito da emanação da lei de bases, uma preclusão da competência legislativa regional fundada na alínea a) da referida disposição;

(iii) A competência legislativa estatutária das regiões autónomas assume uma natureza residual, devendo entender-se que, tendo sempre de respeitar as matérias que estão reservadas aos órgãos de soberania, isto significa não serem apenas as matérias que integram a competência legislativa constante dos artigos 164.°, 165.° e 198.°, n.° 2, pois é também competência reservada aos órgãos de soberania toda aquela que reclama a intervenção do legislador nacional[872], a saber:

(1) As matérias que, por força dos princípios da unidade do Estado e da solidariedade entre todos os portugueses, exigem que a legislação com relevo imediato para a generalidade dos cidadãos ou que se repercute nas diferentes parcelas do território nacional seja produzida pela Assembleia da República ou pelo Governo[873];

(2) As matérias que sejam objecto de uma intervenção legislativa da Assembleia da República ou do Governo da República limitada à fixação de princípios gerais ou bases gerais dos respectivos regimes jurídicos: as leis de bases ou os decretos-leis de bases são sempre matérias objecto de reserva de competência dos órgãos de soberania.

Neste último sentido, conclua-se, a emanação de bases de regimes jurídicos pelos órgãos de soberania pode sempre, a título originário ou superveniente, fazer precludir a competência legislativa regional estatutária, deslocando a esfera legislativa das regiões autónomas da alínea a) para a alínea c) do artigo 227.°, n.° 1.

24.3.3. *Autonomia financeira e tributária: o poder financeiro regional*

BIBLIOGRAFIA: Maria Luísa Duarte, *As receitas tributárias das regiões autónomas*, in *Revista da Faculdade de Direito da Universidade de Lisboa*, 1988, pp. 99 ss.; Eduardo Paz Ferreira, *As Finanças Regionais*, Lisboa, 1985; Idem, *A nova lei de finanças das regiões autónomas*, in *Estudos em Homenagem ao Professor Doutor Pedro Soares Martínez*, II, Coimbra, 2000,

---

[872] Cfr. Acórdão do Tribunal Constitucional n.° 257/2007, de 17 de Abril de 2007, processo n.° 411/07, in http://www.tribunalconstitucional.pt.

[873] Cfr. Acórdão do Tribunal Constitucional n.° 257/2007, de 17 de Abril de 2007, processo n.° 411/07, in http://www.tribunalconstitucional.pt.

pp. 135 ss. Idem, *O poder tributário das regiões autónomas: desenvolvimentos recentes*, in *Boletim de Ciências Económicas*, Vol. 45-A, 2002; António de Sousa Franco, *Considerações sobre a problemática das relações financeiras do Estado com as regiões autónomas*, in *Direito e Justiça*, Vol. X, 1996, pp. 141 ss.; Idem, *A autonomia tributária das regiões*, in AA.VV., *Estudos de Direito Regional*, Lisboa, 1997, pp. 459 ss.; Idem, *As finanças das regiões autónomas: uma tentativa de síntese*, AA.VV., *Estudos de Direito Regional*, Lisboa, 1997, pp. 515 ss.; Jorge Miranda/Rui Medeiros, *Constituição Portuguesa Anotada*, III, pp. 320 ss.; Teixeira Ribeiro, *Criação de imposto pelas regiões autónomas*, in AA.VV., *Estudos de Direito Regional*, Lisboa, 1997, pp. 453 ss.; Joaquim Freitas Rocha, *As finanças das regiões autónomas numa perspectiva jurídica (aproximação ao Direito Financeiro Regional)*, in *Direito Regional e Local*, n.° 8, 2009, pp. 9 ss.; António Lobo Xavier, *As receitas regionais e as receitas das outras parcelas do território nacional: concretização ou violação do princípio da igualdade?*, in *Direito e Justiça*, Vol. X, 1996, pp. 173 ss.

(a) O quadro geral da autonomia financeira

I. A autonomia financeira das regiões autónomas, traduzindo a margem de liberdade decisória destes entes infra-estaduais na definição da afectação das receitas às despesas ou, numa definição mais ampla, consubstanciando a medida da liberdade dos poderes financeiros das regiões autónomas[874], pressupõe quatro principais vertentes:

(i) Uma autonomia patrimonial, envolvendo a faculdade de as regiões autónomas administrarem e disporem de património próprio (artigo 227.°, n.° 1, alínea h), 1.ª parte), incluindo a titularidade de bens integrantes do domínio público das regiões autónomas (artigo 84.°, n.° 2);

(ii) Uma autonomia orçamental, traduzindo o poder que as regiões autónomas têm de elaborar e aprovar o seu próprio orçamento (artigo 227.°, n.° 1, alínea p))[875];

---

[874] Cfr. António Sousa Franco, *Finanças Públicas e Direito Financeiro*, I, p. 152.

[875] Note-se que, nos termos da Lei de Enquadramento Orçamental, na elaboração, aprovação e execução dos respectivos orçamentos, as regiões autónomas têm de respeitar as vinculações provenientes do Direito da União Europeia. Assim, no âmbito das obrigações de estabilidade orçamental impostas a Portugal pelo Direito da União Europeia, a Lei de Enquadramento Orçamental estipula que a lei do Orçamento deverá estabelecer limites ao endividamento anual da Administração das regiões autónomas, registando-se que o seu incumprimento é passível de gerar uma redução, na proporção do incumprimento, das transferências a efectuar pela lei do Orçamento para a região autónoma em causa. Para mais desenvolvimen-

§24.º *Regiões autónomas* 591

(iii) Uma autonomia financeira em sentido restrito, enquanto faculdade de gestão de receitas próprias e de inerente afectação às suas despesas, isto numa tripla acepção (artigo 227.º, n.º 1, alínea j))[876]:
- As regiões autónomas podem dispor das receitas fiscais cobradas ou geradas no seu território;
- As regiões autónomas têm direito a uma participação nas receitas tributárias do Estado e a subsequente faculdade de dispor dessas mesmas receitas;
- As regiões autónomas gozam ainda da faculdade de dispor de outras receitas que lhes sejam atribuídas;

(iv) Uma autonomia tributária, consubstanciando uma margem de liberdade de intervenção decisória das regiões autónomas sobre a criação de receitas coactivas, isto é, taxas e impostos, sendo isso visível a dois níveis (artigo 227.º, n.º 1, alínea i)):
- Exercício de poder tributário próprio;
- Adaptação do sistema fiscal nacional às especificidades regionais.

II. Em qualquer das manifestações de autonomia financeira, as regiões autónomas encontram-se vinculadas aos termos estatutários de configuração dos seus poderes de intervenção, além de que, em diversas das mencionadas alíneas do artigo 227.º, n.º 1, se exige ainda a precedência de uma específica lei da Assembleia da República que molde em concreto os termos de exercício dos poderes financeiros das regiões autónomas. É o que sucede nos seguintes casos:
- A autonomia orçamental exerce-se no quadro da lei de enquadramento orçamental (artigo 164.º, alínea r)) e até, por remissão desta última, da lei do Orçamento do Estado;
- A autonomia de gestão das receitas próprias é feita à luz da lei das finanças das regiões autónomas (artigo 227.º, n.º 1, alínea j));
- A adaptação do sistema fiscal nacional às especificidades regionais faz-se nos termos de uma lei quadro elaborada pela Assembleia da República (artigo 227.º, n.º 1, alínea i));

---

tos, cfr. PAULO OTERO, *Endividamento das regiões autónomas, redução das transferências orçamentais e intervenção do Ministro das Finanças: o artigo 9.º, n.º 3, da Lei de Enquadramento Orçamental*, in *Estudos em Homenagem ao Prof. Doutor Paulo de Pitta e Cunha*, Coimbra, 2010, pp. 605 ss.

[876] Sublinhando a "generosidade das disposições constitucionais" quanto às receitas das regiões autónomas, cfr. DIOGO FREITAS DO AMARAL, *Curso...*, I, 3.ª ed., p. 704.

592 *Estruturas políticas infra-estaduais*

– O exercício do poder tributário próprio é também feito "nos termos da lei" (artigo 227.º, n.º 1, alínea i)).

Existe aqui, e sem tomar em consideração as imposições provenientes do Direito da União Europeia, um duplo condicionamento de tais poderes financeiros das regiões autónomas.

(b) Exercício de poder tributário próprio

III. A soberania fiscal é um elemento integrante da soberania do Estado.

Uma vez, porém, que as regiões autónomas não são titulares de soberania, nem sequer na ordem interna – isto ao invés do que sucede com os Estados federados –, elas não podem ser titulares de soberania fiscal, tanto mais que a autonomia regional nunca pode afectar a integridade da soberania do Estado (artigo 225.º, n.º 3).

Qual será então o significado da expressão "exercer poder tributário próprio" (artigo 227.º, n.º 1, alínea i))?

O elemento literal diz-nos que as regiões autónomas não têm poder tributário no sentido da sua titularidade: a Constituição limita-se a conferir-lhes a faculdade de *exercer* poder tributário próprio.

Neste sentido, as regiões autónomas têm apenas o exercício da soberania fiscal, registando-se que a sua titularidade continua a residir no Estado.

Note-se, todavia, que as regiões autónomas exercem esse poder cuja titularidade não lhes pertence em nome próprio e não alheio: o termo "próprio" a que se refere a alínea i) do artigo 227.º, n.º 1, não se refere ao poder, antes diz respeito ao exercício desse poder. Significando isto que as regiões autónomas exercem em nome próprio um poder tributário cuja titularidade pertence ao Estado.

Confirma-se, por essa via, que as regiões autónomas não possuem a titularidade do poder tributário, pois se a tivessem não faria sentido dizer que a mesma era própria, uma vez que não há titularidade de poderes alheios, apesar de poder existir o exercício em nome próprio de poderes cuja titularidade pertence a um terceiro.

IV. O exercício do poder tributário das regiões autónomas é feito a título originário, uma vez que resulta expressamente da Constituição, e não em termos derivados.

Porém, o facto de um tal exercício se encontrar dependente de uma lei, torna-o um poder de operatividade mediata: sem a lei da Assembleia da Repú-

§24.° *Regiões autónomas* 593

blica a que se refere a alínea i) do artigo 227.°, n.° 1, as regiões autónomas não podem exercer o poder tributário.

E, neste sentido, não se mostra possível uma revogação não substitutiva da lei da Assembleia da República que permite as regiões autónomas exercer poder tributário próprio, pois deixaria sem execução uma norma constitucional que, referindo-se aos poderes das regiões autónomas, já estava a ser executada. Nada impede a Assembleia da República, todavia, de modificar a lei vigente, introduzindo alterações que ampliem ou diminuam o cenário de exercício do poder tributário pelas regiões autónomas.

V. Qual o conteúdo que pode, à luz da Constituição, assumir o exercício de poder tributário próprio pelas regiões autónomas?

Entendemos que o artigo 227.°, n.° 1, alínea i), habilita as regiões autónomas a exercer um poder tributário próprio que se traduza nas seguintes faculdades:

(*i*) Criar impostos para vigorar apenas na respectiva região autónoma, nos termos permitidos pela lei da Assembleia da República, disciplinando a incidência, a taxa, os benefícios fiscais e as garantias dos contribuintes;

(*ii*) Adaptar os impostos de âmbito nacional, nos termos da lei da Assembleia da República, às especificidades regionais, sem que isso permita, no entanto, que as regiões autónomas possam derrogar totalmente a aplicação dos impostos gerais, por traduzir um atentado à luz da igualdade de todos perante a lei: as regiões poderão modificar os elementos acessórios da relação jurídica fiscal decorrentes de impostos gerais e, eventualmente, poderão lançar adicionais sobre esses impostos;

(*iii*) Sem a faculdade de ter um sistema fiscal próprio, as regiões autónomas podem adaptar o sistema fiscal nacional às suas especificidades, segundo os termos de uma lei-quadro da competência da Assembleia da República: nunca pode essa adaptação ir mais além do que as especificidades regionais justificarem e o interesse nacional protagonizado pelo Estado consentir;

(*iv*) As regiões autónomas podem ainda proceder à criação de serviços tributários próprios, deixando de utilizar, a título de empréstimo de órgãos, os serviços do Estado[877].

---

[877] Para mais desenvolvimentos sobre o empréstimo legal de órgãos ao nível dos serviços da administração tributária, cfr. PAULO OTERO, *O Poder de Substituição...*, II, pp. 447-448.

594   *Estruturas políticas infra-estaduais*

24.3.4. *Autonomia administrativa: o poder administrativo regional*

BIBLIOGRAFIA: DIOGO FREITAS DO AMARAL, *Curso...*, I, 3.ª ed., pp. 702 ss.; JORGE MIRANDA/RUI MEDEIROS, *Constituição Portuguesa Anotada*, III, pp. 307 ss.

(a) Amplitude da autonomia administrativa

I. O terceiro nível da autonomia das regiões autónomas, depois dos poderes legislativos e financeiros, respeita ao exercício da função administrativa: a autonomia regional, sendo política e legislativa, comporta também na sua essência uma forte componente administrativa.

Essa autonomia administrativa das regiões autónomas, conferindo-lhe autotutela declarativa e autotutela executiva em múltiplas áreas decisórias reservadas, enquanto espaços materiais sem a intervenção de quaisquer órgãos administrativos ou políticos exteriores às regiões autónomas, numa situação de verdadeiro autogoverno administrativo, encontra diversas manifestações constitucionais:

(i) A titularidade de uma ampla competência regulamentar (artigo 227.º, n.º 1, alínea d)), adiante objecto de análise mais detalhada;

(ii) O exercício de poder executivo próprio (artigo 227.º, n.º 1, alínea g)), significando que o governo regional goza de um espaço decisório reservado de implementação administrativa da legalidade regional[878], o qual, todavia, tem de tomar em consideração o seguinte:

– Não existe aqui uma exclusividade a favor do governo regional de exercício de poderes administrativos no território das regiões, pois há também que ter em conta o exercício de competência administrativa do Governo da República sobre todo o território nacional[879]: o artigo 199.º, alínea g), habilita que o Governo da República emane actos que, fundados directamente na Constituição, sejam dotados de aplicabilidade em todo o território nacional[880]; a Constituição também permite que os actos legislativos

---

[878] Neste sentido, cfr. PAULO OTERO, *O Poder de Substituição...*, II, pp. 831 e 832; DIOGO FREITAS DO AMARAL, *Curso...*, I, 3.ª ed., p. 706.

[879] Neste último sentido, cfr. Acórdão do Tribunal Constitucional n.º 192/88, de 27 de Setembro de 1988, processo n.º 296/87, in http://www.dgsi.pt/atco1.nsf.

[880] Cfr. PAULO OTERO, *O Poder de Substituição...*, II, p. 833.

§24.º *Regiões autónomas* 595

dos órgãos de soberania reservem para o Governo da República a respectiva regulamentação, excluindo a intervenção regulamentar regional (artigo 227.º, n.º 1, alínea d), 2.ª parte);
– Deve admitir-se, todavia, que, por força do princípio da subsidiariedade, o governo regional goza também de competência de execução nas regiões autónomas da legislação da República[881], sem embargo da determinação material deste poder de execução regional se fazer, numa ponderação sempre presente do princípio da unidade do Estado, caso a caso e lei a lei[882];
– O exercício do poder executivo próprio das regiões autónomas pelo governo regional, apesar de imune ao controlo político da Assembleia da República, encontra-se sujeito à fiscalização política da assembleia legislativa da respectiva região autónoma;
(iii) A capacidade para celebrar actos e contratos em que as regiões tenham interesse (artigo 227.º, n.º 1, alínea h), 2.ª parte);
(iv) Exercício de poderes intra-administrativos sobre as estruturas da Administração regional ou situada na região autónoma:
– A tutela sobre as autarquias locais (artigo 227.º, n.º 1, alínea m)) e as universidades públicas;
– A superintendência da Administração regional indirecta (artigo 227, n.º 1, alínea o));
– A direcção dos serviços da Administração regional directa[883].

II. A limitação da intervenção política e administrativa dos órgãos de soberania sobre a esfera decisória das regiões autónomas inserida na sua autonomia administrativa não impede três tipos de intervenção do Estado:

(i) Por um lado, o Governo da República, encontrando-se investido das funções de guardião administrativo do bem-estar, além de ser o órgão de condução da política geral do país, tem sempre de possuir, atendendo à natureza unitária do Estado, ao princípio da igualdade e ao imperativo da autonomia nunca afectar a integridade da soberania, poderes decisórios de intervenção nas regiões autónomas[884];

---

[881] Especificamente sobre a temática em causa, cfr. PEDRO MACHETE, *A obrigatoriedade de executar a legislação nacional: uma obrigação sem sanção?*, in *Direito e Justiça*, Vol. X, 1996, pp. 113 ss.
[882] Neste sentido, cfr. DIOGO FREITAS DO AMARAL, *Curso...*, I, 3.ª ed., pp. 706 e 707.
[883] Neste último sentido, cfr. DIOGO FREITAS DO AMARAL, *Curso...*, I, 3.ª ed., pp. 705-706.
[884] Neste sentido e para mais desenvolvimentos, cfr. PAULO OTERO, *Autonomia regional, igualdade e Administração de bem-estar*, pp. 94 ss. Igualmente em sentido convergente, cfr.

596 *Estruturas políticas infra-estaduais*

(ii) Por outro lado, todos os actos regulamentares emanados pela assembleia legislativa da região autónoma ou pelo governo regional encontram-se sujeitos a controlo político pelo Representante da República (v. *supra*, n.° 23.1., (d));

(iii) Por último, toda a actividade administrativa externa das regiões autónomas está sujeita a controlo jurídico pelos tribunais, assim como, no âmbito das despesas públicas, o controlo da legalidade financeira encontra-se a cargo do Tribunal de Contas.

(b) Poder regulamentar regional

III. Independentemente dos desenvolvimentos provenientes dos estatutos regionais em matéria de poder regulamentar das regiões autónomas[885], o artigo 227.°, n.° 1, alínea d), permite traçar dois tipos de competência regulamentar regional:

(i) As regiões podem regulamentar a legislação regional, reservando a Constituição a seu favor toda a regulamentação resultante de decretos legislativos regionais;

(ii) As regiões podem também regulamentar as leis emanadas pela Assembleia da República e pelo Governo, desde que estas não reservem para o Governo da República o respectivo poder regulamentar.

IV. Se é verdade que no silêncio da lei a competência para a regulamentação das leis da República pertence às regiões autónomas, inclusive em áreas de reserva da competência legislativa da Assembleia da República, também não deixa de ser importante que a Constituição possibilita sempre à lei da República reservar, a título originário ou superveniente, a competência regulamentar para o Governo da República, afastando a

---

DIOGO FREITAS DO AMARAL, *Curso...*, I, 3.ª ed., p. 707; JORGE MIRANDA/RUI MEDEIROS, *Constituição Portuguesa Anotada*, III, p. 315.

[885] Para uma discussão em torno da constitucionalidade de algumas das suas soluções, cfr. PAULO OTERO, *O Poder de Substituição...*, II, pp. 606 ss.; JORGE PEREIRA DA SILVA, *Algumas questões sobre o poder regulamentar regional*, in JORGE MIRANDA (org.), *Perspectivas Constitucionais – Nos 20 anos da Constituição de 1976*, I, Coimbra, 1996, pp. 813 ss.; ANA RAQUEL MONIZ, *A titularidade do poder regulamentar no Direito Administrativo português*, pp. 527 ss.

§24.° *Regiões autónomas* 597

intervenção regulamentar da assembleia legislativa da região autónoma[886], isto em dois cenários possíveis.

(i) Se a reserva do poder regulamentar a favor do Governo da República for originária, a região autónoma nunca poderá regulamentar essa lei, sob pena de inconstitucionalidade orgânica;

(ii) Se, pelo contrário, a reserva do poder regulamentar for superveniente, existindo sobre a matéria regulamentação regional da lei, ocorrerá então a caducidade do respectivo regulamento regional.

Note-se, porém, que se a lei da República não for reservada aos órgãos de soberania, apesar de o seu conteúdo poder ser afastado por intervenção legislativa das regiões autónomas, isto desde que verse sobre matérias enunciadas no respectivo estatuto político-administrativo, a reserva de competência regulamentar a favor do Governo da República, sendo uma decisão reservada aos órgãos de soberania, jamais poderá ser afastada pela região autónoma[887].

Com efeito, a autonomia regional não pode consubstanciar-se numa fonte de auto-atribuição de poderes regulamentares para as regiões autónomas, nem servir de instrumento de transferência de poderes regulamentares do Estado para as regiões: só ao Estado pertence, enquanto matéria integrante da competência reservada aos órgãos de soberania, a transferência de atribuições para as regiões autónomas.

Por outro lado, se a lei da República não reserva para o Governo da República a respectiva competência regulamentar, gozando as regiões autónomas de poder regulamentar em concreto, não se pode esquecer que, enquanto as regiões não procederem à regulamentação ou, tendo feito, nas situações lacunares ou omissas, aplica-se, segundo os termos do princípio da supletividade do Direito do Estado (artigo 228.°, n.° 2), o regulamento emanado pelo Governo da República[888].

V. Já no que diz respeito à regulamentação da legislação regional, a Constituição atribui às regiões uma competência regulamentar exclusiva, sig-

---

[886] Para mais desenvolvimentos, cfr. PAULO OTERO, *Autonomia regional, igualdade e Administração de bem-estar*, p. 96.

[887] Reformula-se, deste modo, o que antes se escreveu em momento anterior à revisão constitucional de 2004, cfr. PAULO OTERO, *O Poder de Substituição...*, II, p. 607.

[888] Para mais desenvolvimentos argumentativos, cfr. PAULO OTERO, *O Poder de Substituição...*, II, p. 707; IDEM, *Autonomia regional, igualdade e Administração de bem-estar*, p. 94, nota n.° 8.

598   *Estruturas políticas infra-estaduais*

nificando isto que o Governo da República nunca poderá sobre tais matérias exercer quaisquer poderes executivos: o artigo 199.º, alínea c), nunca habilita o Governo da República a regulamentar a legislação regional.

Todavia, tal como sucede com a competência regulamentar do Governo da República, o poder regulamentar das regiões autónomas sobre os decretos legislativos regionais tem de contar com a concorrência da autonomia normativa das respectivas autarquias locais.

24.3.5. *Autonomia de intervenção internacional: poderes internacionais regionais*

BIBLIOGRAFIA: MARIA LUÍSA DUARTE, *União Europeia e entidades regionais: as regiões autónomas e o processo comunitário de decisão – relatório português*, in *Revista da Faculdade de Direito da Universidade de Lisboa*, 2002, pp. 55 ss.; FRANCESCO PALERMO, *Il Potere Estero delle Regioni*, Padova, 1999.

I. A autonomia das regiões autónomas envolve também um poder de intervenção internacional destes entes infra-estaduais, inserindo-se o fenómeno, todavia, no âmbito mais vasto da possibilidade, segundo o ordenamento jurídico português, de certas estruturas da Administração Pública assumirem compromissos bilaterais na esfera internacional:

(*i*) Há aqui lugar a vinculações internacionais que, comprovando a transmutação das fontes tradicionais do Direito Administrativo, revelam que nem todo o *ius contrahendi* no domínio internacional envolve a celebração de tratados ou acordos internacionais pelos órgãos constitucionalmente titulares de uma aparente competência exclusiva sobre a matéria[889];

(*ii*) Existe, igualmente, a susceptibilidade de serem criadas instituições internacionais que contam com a participação autónoma de estruturas administrativas infra-estaduais, comprovando a existência de uma dinâmica organizativa internacional que escapa ao tradicional protagonismo exclusivo do Estado.

Ora, é neste âmbito de reforma do entendimento da normatividade e das instituições internacionais, num claro processo de progressiva destatização

---

[889] Para mais desenvolvimentos sobre o fenómeno, cfr. PAULO OTERO, *Legalidade e Administração Pública*, pp. 530 ss.

§24.° *Regiões autónomas* 599

ou quebra do clássico monopólio do Estado, conduzindo a um protagonismo internacional dos entes infra-estaduais das Administrações Públicas, que se integram os poderes internacionais que a Constituição confia às regiões autónomas dos Açores e da Madeira.

II. A autonomia de intervenção internacional das regiões autónomas e os inerentes poderes internacionais regionais encontram as seguintes formas de expressão constitucional:

(*i*) O estabelecimento de mecanismos de cooperação com outras entidades regionais estrangeiras (artigo 227.°, n.° 1, alínea u), 1.ª parte);

(*ii*) A participação em organizações internacionais que tenham por objecto fomentar o diálogo e a cooperação inter-regional (artigo 227.°, n.° 1, alínea u), 2.ª parte);

(*iii*) A representação nas instituições regionais da União Europeia (artigo 227.°, n.° 1, alínea x), 1.ª parte);

(*iv*) A integração nas delegações portuguesas envolvidas em processos de decisão da União Europeia, desde que estejam em causa matérias que digam respeito às regiões autónomas (artigo 227.°, n.° 1, alínea x), 2.ª parte).

24.3.6. *Autonomia de participação: os poderes de participação regionais*

BIBLIOGRAFIA: JORGE MIRANDA, *Manual...*, III, pp. 314 ss.; JORGE MIRANDA/RUI MEDEIROS, *Constituição Portuguesa Anotada*, III, pp. 332 ss.

(*a*) *Quadro geral dos mecanismos de participação*

I. A autonomia regional não significa sempre reserva de decisão ou mesmo intervenção decisória a cargo das regiões autónomas: a autonomia pode também consistir numa simples participação das regiões autónomas em procedimentos que, integrando decisões da competência de terceiras estruturas, visam que se tome em consideração os interesses regionais.

Neste último sentido, a participação das regiões autónomas no processo decisório, envolvendo um pluralismo de intervenção procedimental, comporta uma tentativa de integração ponderativa dos interesses protagonizados pelas regiões na decisão final, determinando que esse resultado decisório traduza uma síntese avaliativa dos múltiplos interesses susceptíveis de convocação ou afectação pela decisão.

600   *Estruturas políticas infra-estaduais*

Os mecanismos de participação acabam por tornar presentes os interesses defendidos pelas regiões autónomas junto de instâncias decisórias que, podendo produzir efeitos sobre interesses relacionados com as regiões autónomas, nunca podem deixar de ter reservada para si a decisão final.

II. A leitura da Constituição permite recortar, neste contexto, três principais mecanismos de participação das regiões autónomas:

– A participação política;
– A participação no procedimento legislativo;
– A participação garantística da autonomia.

Vejamos, separadamente, cada um destes poderes de participação das regiões autónomas.

(b) Participação política

III. Os mecanismos de participação política das regiões autónomas podem dividir-se nos quatro seguintes grupos:

(i) A participação política referendária, traduzida na faculdade de a assembleia legislativa apresentar propostas de referendo regional visando que os cidadãos eleitores recenseados no território de uma região autónoma sejam chamados a pronunciar-se, por decisão do Presidente da República, sobre questões de relevante interesse específico regional (artigo 232.°, n.° 2)[890];

(ii) A participação no âmbito de negociações internacionais levadas a cabo pelo Estado português, isto a dois níveis:
– No que diz respeito a convenções internacionais que directamente digam respeito às regiões autónomas (artigo 227.°, n.° 1, alínea t));
– No referente ao processo de construção europeia, estando em causa matérias que digam respeito às regiões autónomas (artigo 227.°, n.° 1, alíneas v) e x))[891];

---

[890] Note-se que a circunstância de o referendo regional determinar a emanação de um decreto legislativo regional não exclui a faculdade de o Representante da República exercer o seu poder de veto ou de solicitar a fiscalização preventiva da constitucionalidade de tal decreto. Cfr. PAULO OTERO, *Organização do Poder Político e Revisão Constitucional de 1997*, p. 43; IDEM, *A revisão constitucional de 1997 – Sistema de actos legislativos*, p. 141.

[891] Cfr. MARIA LUÍSA DUARTE, *União Europeia e entidades regionais...*, pp. 58 ss.

§24.° *Regiões autónomas* 601

(iii) A participação política sectorial, habilitando a intervenção das regiões autónomas na definição e/ou execução de um conjunto de políticas específicas definidas no artigo 227.°, n.° 1, a saber:
  – Políticas fiscal, monetária, financeira e cambial, visando dois propósitos (alínea r)): (1.°) assegurar o controlo regional dos meios de pagamento em circulação, (2.°) garantir o financiamento dos investimentos necessários ao desenvolvimento económico-social das regiões;
  – Políticas respeitantes às águas territoriais, à zona económica exclusiva e aos fundos marinhos contíguos (alínea s));
(iv) A participação política genérica, isto no que se refere à audição das regiões autónomas nas questões da competência dos órgãos de soberania que digam respeito às regiões autónomas ou que incidam sobre matérias do seu interesse específico (artigo 227.°, n.° 1, alínea v))[892], podendo essa pronúncia efectuar-se por iniciativa própria ou sob consulta dos órgãos de soberania, salientando-se que o artigo 229.°, n.° 2, cria para estes últimos uma obrigação vinculativa de audição no domínio das questões da competência deles respeitantes às regiões autónomas – trata-se, note-se, de uma participação regional que tem incidência no exercício da função política, da função legislativa e da função administrativa.

(c) Participação no procedimento legislativo

IV. Numa primeira acepção, a participação no procedimento legislativo das regiões autónomas leva a distinguir duas diferentes manifestações:

  (i) A participação que se traduz no exercício pelas regiões autónomas de iniciativa legislativa junto da Assembleia da República;
  (ii) A participação que se consubstancia no direito de audição ou de pronúncia das regiões autónomas no âmbito de um determinado processo legislativo em curso junto da Assembleia da República ou do Governo da República, isto sempre que estejam em causa matérias da competência destes órgãos de soberania que respeitem às regiões autónomas.

---

[892] Cfr. JORGE MIRANDA, *Sobre a audição dos órgãos das regiões autónomas pelos órgãos de soberania*, in *Estudos em Homenagem à Professora Doutora Isabel de Magalhães Collaço*, II, Coimbra, 2002, pp. 779 ss.

602 *Estruturas políticas infra-estaduais*

Sucede, porém, que a circunstância desta última forma de participação no procedimento legislativo já ter sido abordada ao nível da participação política genérica das regiões autónomas (v. *supra*, III) conduz a que se circunscreva agora a análise à participação regional no procedimento legislativo traduzida no exercício da iniciativa legislativa.

V. No que se refere à participação das regiões autónomas através da iniciativa legislativa no âmbito do procedimento legislativo junto da Assembleia da República, há a distinguir, segundo a Constituição, duas situações:

(1) Os mecanismos de iniciativa legislativa reservada ou exclusiva das regiões autónomas, enquanto matérias cujo procedimento legislativo parlamentar carece de impulso regional, tal como sucede no âmbito dos estatutos político-administrativos e nas leis relativas às eleições dos deputados às assembleias legislativas das regiões autónomas (artigos 227.°, n.° 1, alínea e)) e 226.°, n.° 1): aqui, apesar de se estar diante de uma matéria que integra a reserva absoluta da competência legislativa da Assembleia da República, a verdade é que o desencadear do procedimento legislativo está na dependência exclusiva das regiões autónomas (v. *supra*, n.° 24.2. (a));

(2) Os mecanismos de iniciativa legislativa regional junto da Assembleia da República que, sem prejuízo da iniciativa legislativa das restantes estruturas identificadas no artigo 167.°, n.° 1, permite às regiões autónomas apresentar propostas de lei e respectivas propostas de alteração sobre matérias que lhes digam respeito (artigos 167.°, n.° 1, e 227.°, n.° 1, alínea f)).

(d) Participação garantística da autonomia

VI. As regiões autónomas, através de alguns dos seus órgãos, são ainda titulares de poderes de iniciativa processual junto do Tribunal Constitucional que, conferindo-lhes legitimidade processual activa, lhes permite defender ou garantir a autonomia regional.

Neste âmbito se inserem os seguintes mecanismos de participação garantística da autonomia regional:

(i) No que respeita à fiscalização da inconstitucionalidade e da ilegalidade por acção, as assembleias legislativas das regiões autónomas, os respectivos presidentes ou um décimo dos seus deputados, tal

§24.° Regiões autónomas

como o presidente do governo regional, podem requerer ao Tribunal Constitucional, nos termos do artigo 281.°, n.° 2, alínea g):

– A declaração de inconstitucionalidade com força obrigatória geral de normas violadoras dos direitos das regiões autónomas;
– A declaração de ilegalidade com força obrigatória geral de normas violadoras do estatuto da respectiva região autónoma;

(ii) No domínio da fiscalização da inconstitucionalidade por omissão, os presidentes das assembleias legislativas podem requerer ao Tribunal Constitucional que, tendo como fundamento a violação de direitos das regiões autónomas, verifique o não cumprimento da Constituição por omissão das medidas legislativas necessárias para tornar exequíveis as normas constitucionais (artigo 283.°, n.° 1).

24.4. Estrutura organizativa

BIBLIOGRAFIA: DIOGO FREITAS DO AMARAL, *Curso...*, I, 3.ª ed., pp. 691 ss.; JORGE MIRANDA, *Manual...*, III, pp. 317 ss.; JORGE MIRANDA/RUI MEDEIROS, *Constituição Portuguesa Anotada*, III, pp. 398 ss.; JORGE PEREIRA DA SILVA, *Região autónoma*, pp. 141 ss.

24.4.1. *Assembleia legislativa da região autónoma*

(a) Caracterização

I. A assembleia legislativa da região autónoma é um órgão de governo próprio de cada região autónoma (artigo 231.°, n.° 1), sendo eleita por sufrágio universal, directo e secreto, segundo o princípio da representação proporcional (artigo 231.°, n.° 2).

A eleição dos deputados é feita por círculos eleitorais, variando o número de deputados por cada círculo em função do número de eleitores residentes[893].

II. A assembleia legislativa de cada região autónoma, assumindo a natureza de verdadeiro parlamento regional criado pela Constituição da República, surge como órgão representativo dos portugueses residentes na res-

---

[893] Cfr. DIOGO FREITAS DO AMARAL, *Curso...*, I, 3.ª ed., pp. 691-692.

604 Estruturas políticas infra-estaduais

pectiva região autónoma, inexistindo, por força da autonomia nunca poder lesar a integridade da soberania do Estado e ser sempre instrumento de reforço da unidade nacional, qualquer noção de cidadãos açorianos ou madeirenses: quem está representando nas assembleias legislativas das regiões autónomas são sempre cidadãos portugueses, definidos em função do local da residência habitual e independentemente do local de nascimento[894].

III. A configuração política da assembleia legislativa, segundo decorre dos resultados eleitorais, torna-se um factor determinante na escolha pelo Representante da República da pessoa a nomear como presidente do governo regional (artigo 231.º, n.º 3).

Pode dizer-se que da eleição da assembleia legislativa decorre a legitimação e a formação dos órgãos de governo próprio de cada região autónoma: é em torno da eleição da assembleia legislativa que a autonomia regional ganha a sua força democrático-representativa.

IV. Sem prejuízo do espaço de liberdade conformadora resultante do estatuto político-administrativo de cada região autónoma ser passível de densificar a caracterização da assembleia legislativa, a Constituição, permitindo a dissolução deste órgão, diz-nos o seguinte:

(i) A decisão de dissolução pertence ao Presidente da República, ouvidos o Conselho de Estado e os partidos com representação na respectiva assembleia legislativa (artigo 234.º, n.º 1);

(ii) Não existem hoje quaisquer limites ao fundamento passível de gerar a dissolução da assembleia legislativas das regiões autónomas, podendo ocorrer por razões de índole jurídica (v.g., a prática de actos contrários à Constituição) ou política (v.g., instabilidade governativa e impossibilidade de formação de um governo);

(iii) A dissolução da assembleia legislativa determina, sob pena de inexistência jurídica do acto, a imediata marcação da data de realização das novas eleições, isto nos sessenta dias seguintes, segundo a lei eleitoral vigente ao tempo da dissolução (artigo 113.º, n.º 6);

(iv) A dissolução da assembleia legislativa acarreta, automaticamente, a demissão do governo regional (artigo 234.º, n.º 2).

---

[894] Cfr. Acórdão do Tribunal Constitucional n.º 136/90, de 23 de Abril de 1990, processo n.º 350/88, in http://www.tribunalconstitucional.pt.

§24.° Regiões autónomas

(b) Deputados e organização interna

V. A circunstância de as matérias referentes aos deputados e à organização interna da assembleia legislativa de cada região autónoma se mostrarem particularmente propícias para a intervenção reguladora complementar dos estatutos regionais e do regimento do respectivo parlamento regional não exclui ser possível extrair da Constituição um princípio geral de equiparação ou aproximação entre o regime vigente ao nível da Assembleia da República e o regime aplicável às assembleias legislativas das regiões autónomas. Essa equiparação ou aproximação de regimes é visível nos dois seguintes domínios:

– Estatuto dos deputados regionais;
– Organização interna do parlamento regional.

Observemos, separadamente, cada uma destas situações.

VI. Começando pela referida equiparação ou aproximação de regimes no que se refere aos deputados das assembleias legislativas das regiões autónomas, verificam-se os seguintes corolários constitucionais:

(i) Os deputados regionais eleitos por cada partido ou coligação podem organizar-se em grupo parlamentar (artigo 232.°, n.° 4);

(ii) Os grupos parlamentares regionais têm os direitos mencionados no artigo 180.°, n.os 2 a 4;

(iii) A dissolução da assembleia legislativa da região autónoma não prejudica a subsistência do mandato dos deputados, o qual só termina na primeira reunião da assembleia após as eleições (artigo 234.°, n.° 3);

(iv) Independentemente de expressa previsão constitucional, os deputados das assembleias legislativas encontram-se sujeitos a um regime moldado pelo preceituado nos artigos 154.° a 160.° da Constituição, significando isto um conjunto de incompatibilidades, impedimentos, imunidades, poderes, direitos, regalias e deveres.

Todo este regime traçado é completado através da normação proveniente dos estatutos político-administrativos e do regimento de cada parlamento regional.

VII. Já no que se refere à organização interna das assembleias legislativas das regiões autónomas, a Constituição permite extrair as seguintes ilações:

(i) A assembleia legislativa é um órgão complexo, uma vez que, para além do Plenário da assembleia, existe o Presidente da assembleia legislativa, a mesa da assembleia, comissões parlamentares, uma comissão permanente, sem prejuízo de órgãos e serviços técnicos e de apoio aos trabalhos parlamentares regionais;

(ii) O presidente da assembleia legislativa tem o seu estatuto recortado nos seguintes termos:

– Exerce funções relativas à organização e funcionamento interno do parlamento regional, incluindo a direcção dos trabalhos do plenário;

– Goza de legitimidade processual activa para requerer ao Tribunal Constitucional a declaração de inconstitucionalidade ou de ilegalidade com força obrigatória geral, nos termos do artigo 281.º, n.º 2, alínea g), e ainda para desencadear a inconstitucionalidade por omissão, segundo o artigo 283.º, n.º 1;

– Encontra-se ainda habilitado a exercer funções substitutivas do Representante da República (v. *supra*, n.º 23.2.);

(iii) As assembleias legislativas têm as comissões previstas no regimento e podem ainda constituir comissões eventuais de inquérito ou para qualquer outro fim determinado, nos termos do artigo 178.º (artigo 232.º, n.º 4);

(iv) Existe ainda uma comissão permanente da assembleia legislativa de cada região autónoma, nos termos do artigo 179.º (artigo 232.º, n.º 4), verificando-se que a dissolução da assembleia legislativa não prejudica a subsistência do mandato desta comissão até à primeira reunião da assembleia após as subsequentes eleições (artigo 234.º, n.º 3).

Igualmente aqui, os estatutos regionais e os regimentos de cada uma das assembleias legislativas desempenham um papel nuclear na densificação do presente quadro jurídico emergente da Constituição.

(c) Competência

VIII. As assembleias legislativas das regiões autónomas possuem, à luz da Constituição, três tipos de competência:

(i) Competência política;
(ii) Competência legislativa;
(iii) Competência administrativa.

Vejamos, muito sucintamente, cada um destes grupos de poderes.

§24.° *Regiões autónomas* 607

IX. *(i)* A competência política da assembleia legislativa da região autónoma assume múltiplas formas de expressão, podendo recortar-se as três seguintes principais manifestações:

(1) A fiscalização política do governo regional que, sendo perante ela politicamente responsável (artigo 231.°, n.° 3), envolve o reconhecimento de um conjunto de faculdades à assembleia legislativa:
 – Aprecia o programa do governo regional;
 – Vota moções de confiança e de censura ao governo regional;
 – Controla os actos do governo regional e da restante Administração Pública regional, gozando de poderes de fiscalização semelhantes aos que a Assembleia da República dispõe face ao Governo da República (v. *supra*, n.° 18.5.3.);
(2) A iniciativa do referendo regional a apresentar ao Presidente da República (artigo 232.°, n.° 2);
(3) A iniciativa legislativa junto da Assembleia da República (artigos 226.°, n.° 2, e 227.°, n 1, alínea f)).

X. *(ii)* No respeitante à competência legislativa, as assembleias legislativas gozam de um monopólio decisório ao nível das regiões autónomas (artigo 232.°, n.° 1), pois o governo regional não possui competência legislativa, nem se mostra possível, atendendo ao princípio definido pelo artigo 111.°, n.° 2, que a assembleia legislativa (ou qualquer outro órgão com poder legislativo) delegue competência legislativa no governo regional.

O modelo de distribuição da competência legislativa nas regiões autónomas é totalmente fiel ao figurino liberal oitocentista[895]: o órgão parlamentar é o único titular da competência legislativa, encontrando-se o executivo afastado do exercício de quaisquer poderes legislativos.

XI. *(iii)* Já no que se refere à competência administrativa, apesar de o órgão parlamentar regional se designar assembleia *legislativa*, o certo é que também possui competência regulamentar, razão pela qual as assembleias legislativas das regiões autónomas também são órgãos da Administração Pública autonómica[896].

---

[895] Cfr. Paulo Otero, *Sistema de governo e controlo da actividade regional: vantagens e defeitos das soluções em vigor*, in *Direito e Justiça*, Vol. X, tomo 1.°, 1996, p. 82.
[896] Cfr. Diogo Freitas do Amaral, *Curso...*, I, 3.ª ed., p. 693.

608   *Estruturas políticas infra-estaduais*

Mostra-se possível, neste domínio, traçar o seguinte quadro da competência administrativa das assembleias legislativas das regiões autónomas:

(1) Têm uma competência regulamentar exclusiva ou reservada no que se refere à regulamentação das leis da República que não reservaram para o Governo da República o respectivo poder regulamentar (artigo 232.°, n.° 1): só as assembleias legislativas podem regulamentar essas leis e fazem-no sob a forma de decreto legislativo regional;

(2) Gozam de uma competência regulamentar concorrencial com o governo regional no que diz respeito à regulamentação dos decretos legislativos regionais;

(3) Possuem uma competência administrativa de auto-organização interna, elaborado e aprovado o regimento parlamentar (artigo 232.°, n.° 3), além de praticarem actos em matéria administrativa no que se refere aos seus órgãos e serviços administrativos e técnicos de apoio.

24.4.2. *Governo regional*

(a) *Caracterização*

I. Pode dizer-se que o governo regional exerce, relativamente à região autónoma, uma função semelhante à que o Governo da República desempenha em termos nacionais: o governo regional é o órgão de condução da política geral da região autónoma e exerce também a função de órgão superior da Administração Pública da região autónoma[897].

Diferentemente do Governo da República, todavia, o governo regional não possui competência legislativa, exercendo apenas poderes administrativos e participando da função política no âmbito do seu relacionamento com a assembleia legislativa da região autónoma.

II. Sabe-se já que o governo regional é nomeado pelo Representante da República, segundo duas fases distintas (v. *supra*, n.° 23.1. (c)):

(i) Numa primeira fase, o Representante da República, tendo em conta os resultados eleitorais, nomeia o presidente do governo regional (artigo 231.°, n.° 3, 2.ª parte);

---

[897] Neste sentido, cfr. DIOGO FREITAS DO AMARAL, *Curso…*, I, 3.ª ed., p. 696.

§24.° Regiões autónomas

(ii) Numa segunda fase, o presidente do governo regional apresenta ao Representante da República a proposta dos nomes dos restantes membros do governo regional e, se obtiver o seu acordo, aquele procede à respectiva nomeação.

Não basta, porém, a legitimidade proveniente do Representante da República para o governo regional adquirir a plenitude do exercício dos respectivos poderes: até ver apreciado o seu programa de governo pela respectiva assembleia legislativa, o governo regional assume a natureza de mero governo de gestão, limitando-se à prática dos actos estritamente necessários para assegurar a gestão dos negócios públicos[898].

Tal como sucede ao nível da República, só a intervenção do órgão parlamentar confere "maioridade" decisória ao governo regional.

III. Atendendo agora à estrutura e organização interna do governo regional, tivemos já oportunidade de salientar que, por força da competência exclusiva conferida pelo artigo 231.°, n.° 6, ao governo regional em matéria de organização e funcionamento, o Representante da República adquiriu um importante meio de intervenção decisória (v. *supra*, n.° 23.1., VIII): sem a concordância do Representante da República, atendendo ao seu veto político absolutíssimo, torna-se hoje impossível o presidente do governo regional definir a organização e o funcionamento deste órgão.

Tendo o governo regional como membros essenciais o presidente do governo e os secretários regionais, podem também existir, sem revestir carácter necessário, um ou mais vice-presidentes do governo regional e subsecretários regionais. Sendo todos nomeados pelo Representante da República, sob proposta do presidente do governo regional, torna-se inevitável que os membros do governo têm de ter a confiança política do presidente do governo regional, registando-se que a perda dessa confiança determina uma imediata proposta de exoneração que, todavia, se encontra dependente de aceitação do Representante da República.

E também por essa via, conclua-se, o Representante da República pode desempenhar um papel activo na composição do governo regional, não se podendo excluir que, perante a recusa do Representante da República em aceitar a exoneração de um membro do governo proposta pelo seu presidente, reste apenas ao presidente do governo regional apresentar a demissão do seu governo.

---

[898] Cfr. Diogo Freitas do Amaral, *Curso...*, I, 3.ª ed., p. 697.

610   *Estruturas políticas infra-estaduais*

IV. Verifica-se, num outro sentido, que o governo regional é, tal como o Governo da República, um órgão complexo:

    (i) O governo regional funciona individualmente, isto é, através de cada um dos seus membros – presidente do governo e cada um dos secretários regionais que integram o governo;

    (ii) O governo regional também funciona e delibera em termos colegiais, agindo através do designado "conselho do governo regional".

V. Note-se, por último, que a dissolução da assembleia legislativa pelo Presidente da República determina, automaticamente, a demissão do governo regional (artigo 234.°, n.° 2), mantendo-se o órgão, no entanto, a exercer funções a título de governo de gestão.

(b) Competência

VI. O governo regional goza, nos termos da Constituição, de dois diferentes tipos de competência:

    (i) Por um lado, o governo regional, enquanto órgão de governo próprio da região autónoma (artigo 231.°, n.° 1), possui competência visando a prossecução das atribuições ou interesses próprios da pessoa colectiva territorial correspondente à região autónoma em que se encontra inserido;

    (ii) Por outro lado, o governo regional pode também exercer competência que lhe seja delegada pelo Governo da República (artigo 229.°, n.° 4), tornando-se, por essa via, órgão indirecto ou secundário da República, pois prosseguirá interesses da pessoa colectiva Estado (v. *supra*, n.° 23.3.).

Pode dizer-se, atendendo ao exposto, que o governo regional se encontra investido de uma dupla função constitucional: é órgão próprio da região autónoma e pode ainda, por via de delegação de poderes, tornar-se órgão delegado do Estado.

Atendendo ao estudo já efectuado do estatuto do governo regional como delegado do Governo da República (v. *supra*, n.° 23.3.), limitaremos a análise subsequente à competência do governo regional como órgão próprio da região autónoma.

VII. Como órgão de governo próprio da região autónoma, o governo regional possui uma dupla competência:

(i) O governo regional é titular de competência de natureza política, a qual se expressa nos seguintes termos:
- Elaboração e apresentação do seu programa de governo junto da assembleia legislativa;
- Decisão sobre a apresentação de uma moção de confiança à assembleia legislativa;
- Condução da política geral da região autónoma;
- Apresentação, junto da assembleia legislativa, de propostas de decretos legislativos regionais e antepropostas de lei;
- Exercício dos poderes de participação da definição ou execução das políticas sectoriais integrantes da competência do Estado e, em termos gerais, garantir a audição geral das regiões autónomas em matérias que lhes digam respeito da competência dos órgãos de soberania (v. *supra*, n.º 24.3.6., III);
- Participação nas negociações internacionais levadas a cabo pelo Estado sobre assuntos que, dentro ou fora da União Europeia, directamente digam respeito às regiões autónomas (v. *supra*, n.º 24.3.6., III);
- Intervenção internacional de cooperação inter-regional (v. *supra*, n.º 24.3.5.);
(ii) O governo regional é igualmente titular de uma ampla competência administrativa, a qual se materializa nas seguintes principais faculdades:
- Exercício de poder executivo;
- Administrar o património da região e as suas receitas fiscais;
- Emanar regulamentos de execução da legislação regional, em concorrência com a assembleia legislativa, e, agora em termos reservados ou exclusivos, o regulamento definidor da organização e funcionamento do governo regional;
- Celebrar actos e contratos em que a região autónoma tenha interesse;
- Exercício de poderes de intervenção intra-administrativa sobre as diversas estruturas da Administração Pública regional – poder de direcção sobre a Administração directa regional, poder de superintendência sobre a Administração indirecta regional e poder de tutela sobre a Administração autónoma regional;
- Praticar todos os actos relativos aos funcionários e agentes da Administração Pública da região autónoma;
- Apresentar as contas da região à assembleia legislativa.

612   *Estruturas políticas infra-estaduais*

24.4.3. Sistema de governo

BIBLIOGRAFIA: PAULO OTERO, *Sistema de governo e controlo da actividade regional*, em especial, pp. 83 ss.

I. A leitura da Constituição permite apurar quatro elementos centrais para a caracterização do sistema de governo:

(i) O governo regional é formado tendo em consideração a composição parlamentar (artigo 231.°, n.° 2, 2.ª parte);

(ii) O governo regional é politicamente responsável perante a assembleia legislativa da região autónoma (artigo 231.°, n.° 2, 1.ª parte);

(iii) O governo regional toma posse perante a assembleia legislativa da região autónoma (artigo 231.°, n.° 5) e não, sublinhe-se, perante o Representante da República;

(iv) Não há qualquer previsão ou indício de responsabilidade política do presidente do governo regional perante o Representante da República.

O sistema de governo regional mostra-se, atendendo ao texto da Constituição "oficial", um típico sistema parlamentar.

II. Sucede, porém, que a observação da realidade regional, tomando agora em consideração uma normatividade não escrita, diz-nos o seguinte:

(i) As eleições para a assembleia legislativa da região autónoma deixaram de ser um genuíno processo de escolha de deputados para se tornarem, na realidade, um mecanismo plebiscitário da Administração cessante e de escolha do presidente do governo regional[899]: não é o chefe do governo regional que resulta da maioria parlamentar, antes é a maioria parlamentar que surge por arrastamento da escolha pelo eleitorado do presidente do governo regional;

(ii) O presidente do governo regional ganha uma verdadeira legitimidade democrática directa, assistindo-se a uma inversão do grau de legitimidade representativa no binómio parlamento/executivo: a assembleia legislativa acaba por ter uma legitimidade política debilitada para controlar ou fiscalizar um presidente do governo regional que tem a plenitude da legitimidade política;

---

[899] Cfr. PAULO OTERO, *O Poder de Substituição...*, II, p. 635.

§24.º *Regiões autónomas* 613

(iii) A existência de uma maioria parlamentar absoluta de um único partido político e a circunstância de se verificar uma união pessoal entre o líder regional do partido maioritário e o presidente do governo regional levam ao ascendente total do governo regional sobre a assembleia legislativa e retiram a eficácia de qualquer controlo político parlamentar sobre o executivo.

O sistema de governo regional evoluiu, deste modo, de um parlamentarismo para um presidencialismo de primeiro-ministro: o presidente do governo regional é o verdadeiro eixo central da vida política e governativa das regiões autónomas.

III. Regista-se aqui uma aproximação entre o sistema de governo vigente nas regiões autónomas e o sistema de governo da República, ambos partindo de um modelo parlamentar resultante da normatividade escrita e acabando, à luz da Constituição "não oficial", num sistema de presidencialismo de primeiro-ministro.

Existem, porém, duas significativas diferenças que permitem separar o sistema de governo das regiões autónomas do sistema de governo da República[900]:

(i) O presidencialismo de primeiro-ministro do sistema de governo das regiões autónomas é anterior a idêntico fenómeno ao nível da República:

– Desde 1976 que, por via de regra, sem prejuízo de um curto período de excepção na região autónoma dos Açores, os governos regionais sempre tiveram na sua base maiorias absolutas monopartidárias;

– A estabilidade dos governos regionais pode também aferir-se pelo número de presidentes do governo regional existentes entre 1976 e 2010: nos Açores, existiram três presidentes do governo regional (: Mota Amaral, Madruga da Costa e Carlos César); na Madeira, um único presidente do governo regional (: Alberto João Jardim);

(ii) A legitimidade política do Primeiro-Ministro da República encontra limite na legitimidade democrática directa do Presidente da República, registando-se, em sentido contrário, que a legitimidade política do presidente do governo regional não encontra idêntica força limitativa na legitimidade do Representante da República.

---

[900] Cfr. PAULO OTERO, *Sistema de governo e controlo da actividade regional*, p. 85.

§25.º
Poder local: as autarquias locais

25.1. O sentido constitucional do "poder local"

BIBLIOGRAFIA: JORGE MIRANDA, *Constituição e Democracia*, pp. 401 ss.; IDEM, *A Constituição de 1976*, pp. 451 ss.; IDEM, *O conceito de poder local*, in JORGE MIRANDA (org.), *Estudos Sobre a Constituição*, I, Lisboa, 1977, pp. 317 ss.; JORGE MIRANDA/RUI MEDEIROS, *Constituição Portuguesa Anotada*, III, pp. 442 ss.; JOSÉ CASALTA NABAIS, *A autonomia local*, pp. 38 ss.; ANTÓNIO CÂNDIDO DE OLIVEIRA, *30 Anos de Poder Local na Constituição da República Portuguesa*, Braga, 2007.

I. O título VIII da Parte III da Constituição, referente à organização do poder político, tem como epígrafe "poder local", esclarecendo o artigo 235.º, n.º 1, que "a organização democrática do Estado compreende a existência de autarquias locais".

O poder local corresponde, deste modo, à expressão institucional da organização autárquica que, traduzindo um elemento de democraticidade organizativa infra-estadual, encontra acolhimento na Constituição.

(a) Origem da expressão

II. A expressão "poder local" encontrava-se consagrada no projecto de Constituição apresentado pelo MDP/CDE[901]. No entanto, a sua configuração substantiva não correspondia à solução que viria a ser acolhida no texto definitivo.

---

[901] Cfr. *Diário da Assembleia Constituinte*, n.º 16, de 24 de Julho de 1975, p. 358 – (32).

616   *Estruturas políticas infra-estaduais*

Foi a Comissão de Sistematização da Assembleia Constituinte que introduziu a expressão "poder local" com a caracterização descentralizadora que acabaria por ficar consagrada no texto da Constituição[902].

III. Traduzirá, porém, a expressão "poder local" uma concepção inovadora no Direito Constitucional português?

A análise da História constitucional permite verificar que já nas Cortes Constituintes de 1821-1822 se entendia a Administração local como expressão de um "quarto poder", paralelo aos poderes legislativo, executivo e judicial, falando-se então em "poder administrativo"[903]: a solução viria, no entanto, a ser rejeitada, não ficando consagrada na Constituição de 1822.

Em igual sentido, também nas Cortes Constituintes de 1837-1838 há a notícia de um projecto que, sob a influência de Benjamin Constant, configurava o poder municipal (ou poder administrativo interno) como verdadeiro poder autónomo, paralelo aos demais poderes do Estado[904]: não viria um tal entendimento, uma vez mais, a obter acolhimento no texto da Constituição de 1838.

IV. Neste contexto, a expressão "poder local" inserida na Constituição de 1976 assume um triplo carácter inovatório:

    (i) Trata-se da primeira consagração formal de uma concepção que, configurando a organização administrativa local como um verdadeiro poder, já anteriormente tinha sido debatida, apesar de nunca ter obtido assento constitucional;

    (ii) Traduz uma ruptura entre a concepção centralizadora das instituições autárquicas durante a vigência da Constituição de 1933 e o modelo que viria a ser consagrado na Constituição de 1976;

    (iii) O fundamento do "poder local" de 1976 não radica no pensamento de Benjamin Constant, nem directamente em qualquer tradição oitocentista, antes se encontra numa concepção democrá-

---

[902] Para um aprofundamento do tema, cfr. PAULO OTERO, *O Poder de Substituição...*, II, p. 681.

[903] Para mais desenvolvimentos, cfr. PAULO OTERO, *A Administração local nas Cortes Constituintes de 1821-1822*, in *Revista de Direito e Estudos Sociais*, ano XXX, III, 2.ª série, n.º 2, 1988, pp. 237 ss.

[904] Cfr. PAULO OTERO, *A descentralização territorial na Assembleia Constituinte de 1837-1838 e no Acto Adicional de 1852*, in *Revista da Faculdade de Direito da Universidade de Lisboa*, 1989, pp. 301-302.

§25.° Poder local: as autarquias locais

tico-descentralizadora de tipo pluralista e natureza representativo-participativa[905].

Em suma, o "poder local" configura-se na Assembleia Constituinte de 1975-76 como uma concepção inovadora, sem prejuízo de encontrar algumas das suas raízes em anteriores momentos constituintes.

(b) Caracterização do poder local

V. Nos termos da intervenção do deputado constituinte Jorge Miranda, a expressão "poder local" pode configurar-se à luz das seguintes perspectivas[906]:

(i) O poder local é um *poder paralelo*, isto no sentido de se tratar de um poder que existe por força da Constituição e é por ela garantido: o poder local é um poder constitucional que se localiza ao lado do poder exercido pelos órgãos de soberania;

(ii) O poder local é um *poder especial*, traduzindo-se essa especialidade no facto de o poder local exprimir problemas e aspirações diferentes dos existentes a nível geral de todo o país: é um poder que expressa anseios geográficos e humanamente localizados e individualizados;

(iii) O poder local é um *poder subordinado*, uma vez que não afecta de modo algum a soberania do Estado e a sua independência;

(iv) O poder local é um *poder autónomo*, pois as comunidades locais não podem ser absorvidas pelo Estado, antes adquirem relevância política e autonomia num contexto pluralista de organização: o Estado não pode ignorar o poder local, nem o poder político se esgota nos órgãos do Estado, compreendendo a soberania e o poder local, num modelo de limitação recíproca entre os respectivos órgãos;

(v) O poder local é um *poder instrumental*, servindo de mecanismo de reforço da democracia, garantindo a participação popular e a descentralização, sendo mesmo configurado como "pedra angular" da democracia social e económica, sem deixar de se sublinhar que o poder local podia também ser visto como uma das vias de realização do socialismo.

---

[905] Cfr. JORGE MIRANDA, *O conceito de poder local*, pp. 319-320.

[906] Cfr. *Diário da Assembleia Constituinte*, n.° 104, de 15 de Janeiro de 1976, pp. 3369 e 3370. Em termos semelhantes, cfr. JORGE MIRANDA, *O conceito de poder local*, pp. 317 ss.

618   *Estruturas políticas infra-estaduais*

VI. Hoje, passadas mais de três décadas sobre a consagração constitucional do "poder local", pode bem suscitar-se a seguinte interrogação: o que resta da caracterização inicial do "poder local" como sendo um poder paralelo, especial, subordinado, autónomo e instrumental?

A resposta não pode deixar de ser decepcionante:

    (i) O poder local é a manifestação de uma realidade que nunca chegou a ser ou a ter a força de um poder constitucional paralelo ao poder protagonizado pelos órgãos de soberania: dificuldades financeiras quase inultrapassáveis por efeito do modelo de financiamento[907], a escassez dos meios técnicos e humanos disponíveis face a atribuições marginais e uma apertada influência dos directórios partidários, produzindo um fenómeno de colonização partidária integral da organização autárquica, transformaram as autarquias locais num poder decadente e satélite dos grandes partidos políticos[908];

    (ii) O poder local é hoje, salvas honrosas excepções, expressão de um velho caciquismo local de raízes oitocentistas, por vezes envolvido em promíscuas ligações urbanísticas e desportivas, ou, em alternativa, um trampolim para aspirações políticas nacionais de alguns dos seus protagonistas, revelando uma subordinação ou uma irreverência ao Estado que depende quase exclusivamente da sintonia ou da oposição político-partidária entre o executivo local e o executivo nacional.

É certo que a possibilidade de candidaturas de grupos de cidadãos eleitores para as eleições dos órgãos das autarquias locais (artigo 239.º, n.º 4), pondo termo ao monopólio dos partidos políticos, poderia ter feito toda a diferença na edificação de um verdadeiro poder local independente dos aparelhos partidários e, nesse sentido, afastado do enfeudamento aos directórios partidários de Lisboa. A verdade, porém, é que as candidaturas de grupos de cidadãos quase sempre traduzem exemplos de dissidências partidárias, aflorando formas de caciquismo em busca de legitimação democrática.

Não admira, neste contexto, a distância progressiva que se foi cimentando entre as estruturas autárquicas e as populações: a intermediação partidária desvitalizou a genuína democraticidade do poder local, transformando

---

[907] Neste sentido e para mais desenvolvimentos, cfr. ANTÓNIO L. DE SOUSA FRANCO, *Prefácio*, in MARTA REBELO, *Obrigações Municipais – Uma solução de mercado para o financiamento municipal. As experiências do Direito comparado e a dinâmica de implementação*, Coimbra, 2004, pp. XII ss.

[908] Para mais desenvolvimentos desta última ideia, cfr. PAULO OTERO, *O Poder de Substituição...*, II, pp. 699-700.

§25.° *Poder local: as autarquias locais* 619

as autarquias em mecanismos de domínio partidário deste sector da Administração Pública – o poder local encontra-se transformado em centro periférico de partidos políticos centralizados[909].
Não existe, em suma, poder local em Portugal[910].

VII. Resta da concepção originária, além da designação constitucional "poder local", a ideia de autonomia local, enquanto espaço material de decisão reservado às autarquias locais, insusceptível de qualquer controlo de mérito por parte do Estado, e que, sendo limite material de revisão constitucional (artigo 288.°, alínea n)), traduz um traço identificativo da Constituição de 1976.

A autonomia local mostra-se, nestes termos, um conceito que, sendo politicamente mais modesto e juridicamente mais rigoroso do que a expressão "poder local", traduz melhor a efectiva realidade configurativa do estatuto constitucional das autarquias locais.

Importa, por conseguinte, proceder a uma brevíssima análise da autonomia local como princípio da Constituição de 1976.

25.2. Autonomia local: princípio constitucional

25.2.1. *Caracterização*

BIBLIOGRAFIA: DIOGO FREITAS DO AMARAL, *Curso...*, I, 3.ª ed., pp. 489 ss.; ANDRÉ FOLQUE, *A Tutela Administrativa nas Relações entre o Estado e os Municípios*, pp. 50 ss.; AUTUR MAURÍCIO, *A garantia constitucional da autonomia local à luz da jurisprudência do Tribunal Constitucional*, in *Estudos em Homenagem ao Conselheiro José Manuel Cardoso da Costa*, Coimbra, 2003, pp. 625 ss.; JORGE MIRANDA, *Manual...*, III, pp. 231 ss.; JOSÉ CASALTA NABAIS, *A autonomia local*, pp. 50 ss.; ANTÓNIO CÂNDIDO DE OLIVEIRA, *Direito das Autarquias Locais*, Coimbra, 1993, pp. 125 ss.; PAULO OTERO, *O Poder de Substituição...*, II, pp. 545 ss., 608 ss. e 771 ss.

(a) Configuração do princípio da autonomia local

I. A configuração constitucional do Estado como sendo unitário descenralizado (artigo 6.°, n.° 2) envolve a existência de um princípio de autonomia

---

[909] Cfr. PAULO OTERO, *O Poder de Substituição...*, II, p. 700.

[910] Neste mesmo sentido, utilizando diferentes argumentos e fazendo um estudo comparativo com outros países, cfr. DIOGO FREITAS DO AMARAL, *Curso...*, I, 3.ª ed., p. 488.

local (v. *supra*, n.º 5.2., II): a autonomia local, traduzindo um espaço reservado de intervenção decisória das autarquias locais sobre certas matérias, é um princípio constitucional limitativo da esfera de acção do Estado.

Pode mesmo dizer-se que a autonomia local, independentemente de estar consagrada como limite material de revisão constitucional, se assume como decorrência da concepção de Estado democrático[911]: a autonomia local é um postulado inerente ao pluralismo de organização do poder (v. *supra*, n.º 3.3.2., VI).

Produz-se aqui uma dupla interacção de princípios constitucionais: o Estado tem de respeitar a autonomia das autarquias locais e as autarquias locais não podem afectar a integridade da soberania e da unidade do Estado.

A descentralização e a autonomia são fenómenos integrados dentro da juridicidade[912]: fora da juridicidade não há descentralização, razão pela qual o princípio da autonomia local leva implícita uma cláusula de prossecução do interesse público pelos entes autárquicos sempre dentro dos limites traçados pela Constituição e pela legalidade.

II. O princípio da autonomia local envolve um duplo espaço de liberdade a favor das autarquias locais:

(i) Liberdade de decisão através de órgãos próprios e representativos sobre matérias que, à luz do postulado da subsidiariedade, expressam interesses específicos ou próprios das respectivas populações (artigo 235.º, n.º 2): as autarquias locais não existem para prosseguir os interesses gerais do Estado, antes têm sempre de dar livre expressão aos interesses locais do agregado populacional que elegeu os seus órgãos[913];

(ii) Liberdade face ao Estado na prossecução pelas comunidades locais dotadas de órgãos representativos de interesses próprios, sem qualquer forma de direcção ou orientação política estadual das suas atribuições, segundo um modelo pluralista e democrático de organização administrativa (artigo 235.º, n.º 1): a autonomia local limita o tipo e a natureza dos poderes de intervenção do Estado sobre os interesses específicos protagonizados pelas autarquias locais.

---

[911] Cfr. José Casalta Nabais, *A autonomia local*, p. 97.

[912] Cfr. Paulo Otero, *O Poder de Substituição...*, II, p. 679.

[913] Cfr. João Baptista Machado, *Participação e Descentralização...*, pp. 15 ss.

§25.º *Poder local: as autarquias locais* 621

III. A garantia constitucional da autonomia local, consubstanciando uma genuína garantia institucional que se encontra protegida em termos materiais e processuais[914], envolve para o Estado um conjunto significativo de vinculações:

(i) O Estado não pode extinguir a totalidade das autarquias locais (artigo 235.º, n.º 1), suprimindo a existência completa de estruturas autárquicas ou substituindo-as por um modelo exclusivo de administração local do Estado, pois a autonomia local ergue-se como "barragem inultrapassável ao próprio legislador (constitucional) de revisão"[915], sem prejuízo de lhe competir criar e extinguir em concreto, por via legislativa, as autarquias que entender (artigo 164.º, alínea n));

(ii) O Estado não pode criar outras categorias ou tipos de autarquias locais, encontrando-se vinculado a respeitar um princípio da tipicidade quanto às categorias de tais entidades públicas[916], sem que exista aqui qualquer tipicidade quanto ao número em concreto de autarquias locais (ao invés do que sucede com as regiões autónomas);

(iii) O Estado não pode esvaziar o conteúdo mínimo de atribuições a cargo das autarquias locais, enquanto matérias integrantes de um espaço decisório primário delas exclusivo ou reservado[917], nem poderá aqui ocorrer uma inversão de sentido do princípio da subsidiariedade[918]: o legislador encontra-se adstrito a confiar um conjunto de atribuições às autarquias locais que, expressando áreas de satisfação dos interesses específicos das respectivas populações, permitam o exercício de uma auto-administração;

(iv) O Estado não pode proceder à revogação simples e, por maioria de razão, à revogação substitutiva de actos emanados pelas autarquias locais[919]: a existência de um fenómeno de auto-administração, envolvendo a existência de órgãos representativos das populações locais na condução das autarquias locais, e de um princípio de subsidiariedade da intervenção do Estado excluem uma supervisão da

---

[914] Cfr. Paulo Otero, *O Poder de Substituição...*, II, pp. 546-547.
[915] Cfr. José Casalta Nabais, *A autonomia local*, p. 96.
[916] Cfr. Paulo Otero, *O Poder de Substituição...*, II, p. 545.
[917] Cfr. Paulo Otero, *O Poder de Substituição...*, II, p. 547.
[918] Cfr. José Casalta Nabais, *A autonomia local*, p. 55.
[919] Cfr. Paulo Otero, *O Poder de Substituição...*, II, p. 548.

622 *Estruturas políticas infra-estaduais*

actividade autárquica – a autonomia local é incompatível com poderes de supervisão do Estado;

(v) O Estado deve proporcionar meios financeiros que, sendo proporcionais às atribuições das autarquias locais, lhes possibilitem a prossecução dos seus interesses específicos (artigo 238.°): sem recursos financeiros adequados, a autonomia local será sempre uma ficção, funcionando a autonomia financeira autárquica como verdadeiro pressuposto da autonomia local[920] e a intervenção financeira do Estado como expressão de uma "tutela indirecta"[921].

(b) *A definição das atribuições autárquicas: entre os interesses "próprios" locais e o interesse geral nacional*

IV. As autarquias locais "visam a prossecução de interesses próprios das populações respectivas" (artigo 235.°, n.° 2)[922].

Mostra-se ausente da Constituição, todavia, a identificação material dos interesses locais, isto é, dos interesses próprios das populações da respectiva autarquia local[923].

Pode dizer-se, numa primeira observação, que os interesses locais, revelando anseios ou aspirações próprios do "poder local" são distintos dos interesses do poder do Estado: teríamos aqui, de um lado, interesses locais, protagonizados pelas autarquias locais e, de um outro, interesses nacionais, definidos e prosseguidos pelo Estado. Haveria, neste contexto, um regime de separação rigorosa de duas esferas de interesses.

Sucede, porém, como reconhece o Parecer da Procuradoria-Geral da República n.° 90/95, de 12 de Janeiro de 1989, que "entre os interesses próprios das populações locais e os interesses da comunidade estadual nem sempre será fácil estabelecer uma fronteira precisa. Há decerto interesses com especial dimensão local (...). Outros projectam-se claramente no plano nacional (...). Na intermediária esbatem-se, por seu turno, interesses simultaneamente nacional e locais"[924].

---

[920] Neste último sentido, cfr. José Casalta Nabais, *A autonomia local*, p. 88.

[921] Cfr. João Baptista Machado, *Participação e Descentralização...*, pp. 23 ss.

[922] Para uma densificação do conceito de interesses próprios das autarquias locais, cfr. André Folque, *A Tutela Administrativa nas Relações entre o Estado e os Municípios*, pp. 71 ss.

[923] Cfr. Paulo Otero, *O Poder de Substituição...*, II, pp. 608 ss.

[924] In *Boletim do Ministério da Justiça*, n.° 392, 1990, pp. 106-107.

§25.° *Poder local: as autarquias locais* 623

Compreende-se, por isso mesmo, que a definição concreta dos interesses a cargo das autarquias locais tenha de ser feita por lei, pois não existem atribuições locais por natureza[925]: o artigo 237.°, n.° 1, nega a existência de atribuições ou competências autárquicas directamente fundadas na Constituição. Note-se, porém, que a lei em causa, encontrando-se subordinada ao princípio da descentralização (artigo 237.°, n.° 1), deve conferir às autarquias locais, segundo os postulados decorrentes do princípio da subsidiariedade (artigo 6.°, n.° 1), o exercício dos poderes administrativos que envolvam a prossecução de interesses próprios das populações locais, segundo a densificação concretizadora deste conceito feita pelo legislador, isto sempre sem prejuízo do respeito pelo interesse nacional e a unidade do Estado[926].

V. Num outro sentido, pode dizer-se que os interesses locais, segundo o preceituado pelo artigo 235.°, n.° 2, se é verdade que dependem de concretização pela lei, também é certo que se impõem ao legislador, sob pena de inconstitucionalidade da própria lei.

Não há, porém, uma aplicabilidade imediata ou directa dos princípios da descentralização e da subsidiariedade que permita às autarquias locais exercer, tendo como fundamento directo a cláusula geral do artigo 235.°, n.° 2, atribuições locais por natureza. A isso obsta a cada vez maior interdependência material de interesses e o próprio princípio da reserva de lei, aqui particularmente expresso na reserva (relativa) da competência legislativa da Assembleia da República na definição do estatuto das autarquias locais, compreendendo este "(...) seguramente (...) as suas atribuições e a competência dos seus órgãos (...)"[927].

Não existe, por conseguinte, um elenco pré-determinado de atribuições autárquicas.

VI. Deve mesmo entender-se, à luz deste modelo de miscigenação de interesses, substituindo uma visão rígida de separação ou distinção entre interesses ou assuntos locais e nacionais, que o interesse geral ou nacional constitui uma cláusula implícita de reserva de poderes a favor do Estado integrada em todas as normas descentralizadoras (v. *supra*, n.° 5.3., II)[928].

---

[925] Cfr. JORGE MIRANDA/RUI MEDEIROS, *Constituição Portuguesa Anotada*, III, p. 457.

[926] Sublinhando estes últimos aspectos, enquanto "elementos de contenção" na distribuição de poderes entre o Estado e as autarquias locais, cfr. ANDRÉ FOLQUE, *A Tutela Administrativa nas Relações entre o Estado e os Municípios*, pp. 151 ss.

[927] Cfr. GOMES CANOTILHO/VITAL MOREIRA, *Constituição...*, 3.ª ed., p. 676.

[928] Cfr. PAULO OTERO, *O Poder de Substituição...*, II, pp. 771 ss.

624   *Estruturas políticas infra-estaduais*

Um modelo de Estado intervencionista impossibilita que se atribua normalmente a um ente descentralizado a competência exclusiva e a inerente responsabilidade sobre blocos inteiros de matérias, antes se adoptam modelos de entrecruzamento de atribuições ou competências, num sistema de elasticidade de poderes fundado numa relação directa com a tutela de certos interesses[929].

Como refere o Acórdão da 1.ª Secção do Supremo Tribunal Administrativo, de 14 de Março de 1991, "(...) ao lado dos interesses próprios das autarquias, há o interesse geral prosseguido pelo Estado"[930].

Neste sentido, cada norma de descentralização deve sempre ser lida sem prejuízo da existência de um interesse geral ou nacional titulado pelo Estado[931], desempenhando três principais efeitos:

(*i*) Serve de critério de repartição de poderes entre o Estado e as entidades infra-estaduais;

(*ii*) Traduz uma cláusula habilitante de poderes excepcionais do Estado;

(*iii*) Comporta sempre um limite aos poderes atribuídos aos entes infra-estaduais.

Carece de sentido, por conseguinte, qualquer interpretação que reconduza a atribuição de interesses "próprios" a determinada pessoa colectiva pública infra-estadual a uma forma de "independência" em relação ao Estado, criando um couto privado ou feudo de poderes isento de intervenção decisória por parte do Estado: a autonomia local nunca envolve um espaço de total exclusão de intervenção do Estado.

Note-se que, tratando-se de autarquias locais situadas no território de uma região autónoma, os interesses gerais que no Continente são protagonizados pelo Estado serão aí liderados pela respectiva região autónoma.

VI. Os interesses próprios das populações de cada autarquia local, constituindo o alicerce das atribuições autárquicas, pautam-se, em suma, pelas seguintes regras concretizadoras[932]:

(*i*) Tais interesses não constituem obstáculo a que sobre essas matérias concorram interesses gerais titulados pelo Estado, pois não

---

[929] Cfr. PAULO OTERO, *Principales tendencias del Derecho de la organización administrativa em Portugal*, in *Documentacíon Administrativa*, n.° 257-258, 2000, pp. 26 ss.

[930] In *Acórdãos Doutrinais*, n.° 370, p. 1071.

[931] Isto no que diz respeito a quaisquer interesses "próprios" de entidades descentralizadas, cfr. PAULO OTERO, *O Poder de Substituição...*, II, p. 771.

[932] Cfr. PAULO OTERO, *O Poder de Substituição...*, II, pp. 772-773.

§25.º *Poder local: as autarquias locais* 625

há uma reserva total de matéria a favor das autarquias locais que seja imune a qualquer intervenção normativa do Estado: em cada matéria cuja prossecução dos respectivos interesses é confiada "exclusivamente" a uma entidade pública menor há sempre a possibilidade de se revelar a existência paralela de um interesse geral justificativo de um certo grau de intervenção normativa do Estado[933];

(ii) Os interesses específicos a cargo das autarquias locais (assim como de quaisquer outras entidades infra-estaduais) constituem sempre o fundamento e o limite da actuação de tais entes, não podendo ser entendidos, porém, como limites absolutos de exclusão de qualquer intervenção decisória por parte do Estado visando a prossecução de interesses gerais, apesar de esta se dever pautar em todos os casos pelo princípio da subsidiariedade;

(iii) Se as atribuições materiais das entidades públicas infra-estaduais se devem encarar como zonas de possível concorrência (em diferentes graus verticais de intervenção) entre o Estado e os entes descentralizados, daí resulta que um acto normativo do Estado sobre tais matérias não é necessariamente inconstitucional ou ilegal: só o será se, violando o princípio da subsidiariedade, não for justificado ante a situação concreta pelo princípio da unidade, traduzível na prossecução de interesses gerais por parte do Estado (v. *supra*, n.º 5.3., (b));

(iv) De igual modo, nem todas as normas sobre matérias integrantes das atribuições das autarquias locais (ou dos restantes entes públicos menores) que disponham em sentido diferente da solução inserida em acto normativo do Estado são forçosamente ilegais: em tal cenário, as normas dos entes infra-estaduais só serão ilegais se violarem normas estaduais cuja aplicação não se reconduza ao princípio da supletividade (v. *supra*, n.º 5.3., (c));

(v) Note-se, todavia, que a prossecução do interesse nacional ou geral e as suas relações com os interesses próprios das autarquias locais não é deixada à arbitrariedade do Estado: aos tribunais está sempre confiada a última palavra no equilíbrio de repartição de atribuições assentes num modelo de relacionamento entre diferentes interesses – entre o interesse nacional ou geral, fundamentador da intervenção

---

[933] Cfr. Paulo Otero, *Principales tendencias del Derecho de la organización administrativa em Portugal*, pp. 27-28.

626 *Estruturas políticas infra-estaduais*

estadual, e os interesses "próprios" dos entes infra-estaduais – e, consequentemente, na determinação da natureza imperativa ou supletiva das normas estaduais.

VII. A definição das atribuições autárquicas revela, em suma, um processo complexo e necessariamente aberto, pois há sempre que ponderar se, em cada matéria reveladora de interesses "próprios" locais, não existem, em termos originários ou supervenientes, interesses gerais ou nacionais que, titulados pelo Estado, justifiquem uma intervenção normativa reguladora da matéria.

Não significa isto, note-se, que o Estado passe a dispor de poderes de intervenção decisória concreta sobre a esfera de autonomia decisória individual ou contratual confiada por lei às autarquias locais. Tudo se resume, sublinhe-se, a habilitar uma intervenção normativa do Estado, regulando, conformando ou disciplinando os termos de exercício da actividade administrativa das autarquias locais sobre as matérias em causa ou, no limite, procedendo, à luz da vertente centrípeta do princípio da subsidiariedade, a uma "reversão" da matéria para a esfera decisória do Estado.

A autonomia local, apesar de se encontrar garantida pela Constituição, não goza, todavia, de uma garantia de atribuições integrantes da esfera decisória das autarquias locais semelhante à que, por força do artigo 227.º, n.º 1, a autonomia das regiões autónomas possui face ao Estado.

(c) Idem: o núcleo essencial da autonomia local

VIII. Assente que a autonomia local não é uma realidade exclusivamente fundada na ponderação isolada de interesses das populações locais, antes exige, por imperativo constitucional, um entrecruzar ou partilhar de ponderações envolvendo o interesse geral ou nacional protagonizado pelo Estado, há que ter presente que a autonomia das autarquias locais pode compreender diferentes faculdades, materializando essa complexidade cruzada de interesses.

Não obstante essa realidade ao nível dos interesses subjacentes à delimitação das atribuições das autarquias locais, torna-se evidente que tem de existir uma garantia constitucional de um núcleo essencial da autonomia local[934]: a abertura da definição constitucional delimitativa das atribuições

---

[934] Cfr. ANDRÉ FOLQUE, *A Tutela Administrativa nas Relações entre o Estado e os Municípios*, pp. 145 ss.

§25.° Poder local: as autarquias locais 627

autárquicas não significa a ausência de parâmetros mínimos de autonomia local, nem um espaço de ilimitada liberdade conformadora do legislador. Há, neste sentido, que tentar identificar um núcleo essencial do princípio da autonomia local acolhido pela Constituição, sob pena de se estar diante de um conceito sem um mínimo de operatividade constitucional: a autonomia local não é um princípio constitucional sem qualquer densificação e totalmente dependente da discricionariedade do legislador.

IX. Mostra-se possível extrair da Constituição, com efeito, um núcleo essencial da autonomia local que se densifica nas seguintes exigências vinculativas diante do legislador:

(i) A existência de órgãos representativos dos eleitores recenseados na respectiva área territorial (artigo 239.°), competindo-lhes expressar uma vontade definidora da direcção política autárquica e reveladora dos interesses próprios e específicos do agregado populacional que está subjacente a esse espaço territorial (artigo 235.°, n.° 2);

(ii) A atribuição de uma área reservada de decisão individual ou concreta, enquanto espaço de resolução de matérias da sua exclusiva responsabilidade, envolvendo a prossecução de interesses próprios (artigo 235.°, n.° 2), sem interferências individuais de direcção ou supervisão do Estado ou qualquer mecanismo de controlo do mérito decisório (artigo 242.°, n.° 1);

(iii) A intervenção das autarquias na regulação aplicativa a nível local de normas provenientes do Estado (e/ou das regiões autónomas), expressando o exercício de um poder regulamentar próprio (artigo 241.°), densificador e materializador de interesses específicos das respectivas populações;

(iv) A faculdade de cada autarquia possuir e afectar as receitas próprias às despesas que, nos limites da lei, entenda definir como prioritárias, elaborado e aprovando o seu orçamento (artigo 238.°);

(v) Mecanismos formais de participação procedimental na definição (legislativa ou administrativa) de políticas nacionais susceptíveis de projectarem efeitos directos sobre interesses próprios das autarquias locais (v.g., artigo 92.°, n.° 2, e, num nível de colaboração com o Estado, v.g., artigos 65.°, n.° 2, alínea a), 70.°, n.° 3, e 73.°, n.° 3);

(vi) Intervenção co-decisória ou materialmente condicionante das autarquias em matérias de interesse comum envolvendo também o Estado (ou as regiões autónomas), num cenário de partilha de

poderes de decisão em matérias entrecruzadas (v.g., artigo 65.º, n.º 4, artigo 66.º, n.º 2, alínea e)), artigo 91.º, n.º 3);

(vii) A possibilidade de serem impugnadas judicialmente pelas autarquias locais todas as medidas administrativas provenientes das entidades de tutela (: Estado ou regiões autónomas) que, por atentarem contra a autonomia local, sejam consideradas ilegais ou inconstitucionais (artigos 20.º, n.º 1, e 268.º, n.º 4), sem prejuízo da faculdade de, por via das entidades dotadas de legitimidade processual para o efeito, ser solicitada a fiscalização da constitucionalidade das normas violadoras das garantias da autonomia local[935].

(d) Espécies de autonomia

X. Tendo presente o quadro de vinculações emergente da Constituição ao nível do núcleo essencial integrante do conceito de autonomia local, verifica-se, atendendo a uma interpretação global das disposições constitucionais, que a Constituição investe as autarquias locais de quatro diferentes espécies de autonomia:

– Autonomia política;
– Autonomia normativa;
– Autonomia financeira;
– Autonomia administrativa (não normativa).

Sem prejuízo da margem de liberdade conformadora do legislador na determinação do grau de amplitude de cada uma destas manifestações da autonomia local, nunca poderá a lei, sob pena de ser inconstitucional, deixar de reconhecer a cada uma das categorias de autarquias locais, assim como a cada uma delas em concreto, poderes integrantes destas quatro modalidades de autonomia: não é possível existirem no ordenamento jurídico português autarquias locais sem autonomia política, normativa, financeira e administrativa (não normativa).

O que significa, por outras palavras, que a autonomia local não é apenas um mero fenómeno de descentralização administrativa, pois também compreende uma componente política: o poder local subjacente às autarquias

---

[935] Desenvolvendo estes últimos meios gerais de garantia da autonomia local, cfr. José Casalta Nabais, *A autonomia local*, pp. 96 ss.; José de Melo Alexandrino, *O défice de protecção do poder local: defesa da autonomia local perante o Tribunal Constitucional*, in *Direito Regional e Local*, n.º 5, 2009, pp. 12 ss.

§25.º *Poder local: as autarquias locais* 629

locais expressa ainda, apesar da sua natureza decadente (v. *supra*, n.º 25.1., VI), uma forma pluralista de descentralização da função política (v. *supra*, n.º 3.3.2., VI).

XI. Torna-se imperioso, por conseguinte, que se proceda a uma sumária análise do conteúdo de cada uma das diferentes manifestações integrantes da autonomia local, possibilitando-se um recorte mais rigoroso da liberdade decisória do legislador na positivação normativa destas faculdades das autarquias locais e, simultaneamente, na densificação do que seja, em termos efectivos, a própria autonomia local como princípio constitucional.

25.2.2. *Manifestações da autonomia local*

BIBLIOGRAFIA: André Folque, *A Tutela Administrativa nas Relações entre o Estado e os Municípios*, pp. 111 ss.; José Casalta Nabais, *A autonomia local*, pp. 79 ss.;

(a) Autonomia política

I. Uma das primeiras e mais importantes manifestações da autonomia local consiste na designada autonomia política: as autarquias locais não são apenas expressão de uma pura descentralização administrativa[936], pois nelas existe também, enquanto expressão de um modelo pluralista de organização do poder, o exercício de uma fracção do poder político (v. *supra*, n.º 3.3.2., VI).

Dentro dos limites definidos pela juridicidade, as autarquias locais têm a faculdade de, por via dos seus órgãos representativos, se encontrarem investidas de uma margem de livre orientação e definição política dos seus interesses próprios[937], isto através de dois principais mecanismos:

> (i) Há, por um lado, uma esfera material de decisão autárquica que, traduzindo um fenómeno de autodeterminação, habilita o desenvolvimento de uma acção política própria, estabelecendo os órgãos de cada autarquia local uma linha ou um programa de actuação que, expressando o exercício de uma liberdade de decisão e conformação

---

[936] Em sentido contrário, cfr. Marcelo Rebelo de Sousa, *Lições...*, I, pp. 330-331; Maria Lúcia Amaral, *A Forma da República*, p. 381.

[937] Cfr. João Baptista Machado, *Participação e Descentralização...*, em especial, pp. 10 e 20.

política[938], se encontra na sua formulação e execução sempre sujeito a responsabilidade política junto do eleitorado;

(ii) Há, por outro lado, a faculdade de os órgãos autárquicos, sem assumirem eles a decisão material imediata, submeterem a referendo junto dos respectivos cidadãos eleitores a decisão política sobre matérias integrantes da respectiva competência (artigo 240.°, n.° 1)[939], fazendo aqui apelo a um modelo de democracia semidirecta que chama o próprio eleitorado a intervir na definição das opções políticas autárquicas.

Em qualquer destas hipóteses, urge ter presente que as próprias candidaturas para as eleições dos órgãos das autarquias locais envolvem a apresentação de programas eleitorais que, assumindo indiscutível conteúdo político, se mostram passíveis de definir prioridades, métodos e objectivos que, sufragados pelo eleitorado, serão depois objecto de implementação decisória, por via directa ou referendária, pelos respectivos órgãos autárquicos[940].

II. A autonomia política ao nível das autarquias locais, além de se expressar num poder material de direcção política no que respeita aos interesses ou áreas de decisão integrantes da esfera autárquica, mostra-se ainda visível no domínio organizativo, isto numa tripla acepção:

(i) Uma vez que as autarquias locais envolvem a existência de órgãos representativos (artigo 235.°, n.° 2), eleitos por sufrágio universal (artigo 239.°, n.° 2), há aqui uma componente política que faz a própria organização autárquica, segundo um modelo de auto-administração, expressar uma vontade política distinta da vontade do Estado e confere ainda a cada autarquia local uma autonomia política perante todas as restantes: cada autarquia representa um espaço próprio de autonomia política;

(ii) Mesmo nas freguesias de população diminuta, transformado o plenário de cidadãos eleitores em órgão substituto da assembleia de freguesia (artigo 245.°, n.° 2), num modelo de democracia directa, há aqui a consagração de uma solução política e o investir de todos os referidos cidadãos num papel politicamente activo;

---

[938] Cfr. JOSÉ CASALTA NABAIS, *A autonomia local*, p. 82.

[939] Cfr. CLÁUDIA VIANA, *O instituto do referendo local à luz da jurisprudência constitucional*, in *Direito Regional e Local*, n.° 5, 2009, pp. 28 ss.

[940] Cfr. ANDRÉ FOLQUE, *A Tutela Administrativa nas Relações entre o Estado e os Municípios*, pp. 119-120.

§25.° *Poder local: as autarquias locais* 631

(iii) Por último, a existência de um relacionamento inter-orgânico que faz o órgão executivo colegial ser responsável perante uma assembleia eleita que funciona como órgão deliberativo (artigo 239.°, n.° 1) revela bem que estamos diante de uma genuína componente política do sistema de governo autárquico: há uma dinâmica política nas relações entre os órgãos integrantes de cada autarquia local.

Por todas estas razões, a autonomia local envolve e pressupõe, nos termos do quadro definido pela Constituição, uma autonomia política decisória e organizativa.

(b) Autonomia normativa

III. Uma segunda manifestação da autonomia local diz respeito à autonomia normativa, traduzida na faculdade de, nos termos do artigo 241.°, as autarquias locais disporem de poder regulamentar.

Note-se, porém, que o artigo 241.° não permite às autarquias locais a emanação de regulamentos sem fundamento na lei, inexistindo a figura de regulamentos autárquicos directamente fundados na Constituição[941]: o papel da lei surge até reforçado pela necessidade de se definirem áreas de exercício de poderes autárquicos, ante a interpenetração e interdependência de interesses locais e nacionais sobre as mesmas matérias (v. *supra*, n.° 25.2.1. (b)).

Em sentido complementar, é também verdade que o artigo 241.°, garantindo uma autonomia normativa às autarquias locais, alicerça a inconstitucionalidade das normas legais ou regulamentares do Estado que esvaziem ou diminuam para além de um mínimo razoável – revelando a ideia de um conteúdo essencial da autonomia local (v. *supra*, n.° 25.2.1. (c)) – a área do poder regulamentar autárquico em matéria de interesses locais[942].

IV. A autonomia normativa como manifestação da autonomia local, enquanto esfera própria de poder regulamentar confiado pela Constituição às autarquias locais, envolvendo uma imposição constitucional dirigida ao legislador, gera um efeito directo sobre o âmbito da competência regulamentar do Governo para a execução das leis: o artigo 241.° produz uma compressão tendencial do espaço de operatividade do artigo 199.°, alínea c)[943].

---

[941] Cfr. PAULO OTERO, *O Poder de Substituição...*, II, p. 609.
[942] Cfr. PAULO OTERO, *O Poder de Substituição...*, II, pp. 609-610.
[943] Cfr. PAULO OTERO, *O Poder de Substituição...*, II, p. 610.

632   *Estruturas políticas infra-estaduais*

Por outras palavras, o Governo, ao emitir um regulamento para a boa execução das leis, deve garantir o espaço da autonomia normativa autárquica, não invadindo arbitrariamente áreas respeitantes a interesses locais cuja prossecução pertence às autarquias locais, sob pena de inconstitucionalidade.

V. A indispensabilidade da lei para o exercício do poder regulamentar das autarquias locais não significa a existência somente de uma actividade regulamentar executiva de uma lei em particular ou a exigência para todos os casos de uma autorização legal específica[944].

Dentro das atribuições autárquicas definidas em concreto por uma lei de regime geral, poderá a Administração autárquica elaborar regulamentos que não se traduzam na execução de uma lei em particular, mas sim na "dinamização da ordem legislativa"[945] a nível local, tendo em consideração os interesses das respectivas populações, sem prejuízo dos limites consagrados no artigo 241.°.

Note-se, porém, que o sentido e as soluções da complementaridade regulamentar de certas leis pelas autarquias locais podem quase sempre ser postos em causa através da simples alteração pelo Governo-legislador dos parâmetros e critérios legais fundamentadores das soluções regulamentares autárquicas, provocando a respectiva ilegalidade superveniente, senão mesmo a sua caducidade, isto tudo sem que o Governo-administrador cometa a ilegalidade ou a inconstitucionalidade de intervir directa e imediatamente sobre o espaço de autonomia regulamentar autárquica[946].

VI. Verdadeiramente independente da lei, isto no sentido de não carecer de expressa habilitação legal, as autarquias locais possuem ainda uma autonomia regulamentar interna que, traduzindo uma manifestação do poder de auto-organização interna (v. *supra*, n.° 12.5.), lhes permite assumir uma dupla manifestação:

(i) Cada autarquia local, enquanto pessoa colectiva pública, goza, nos limites da lei, de um poder de regular a sua própria organização e funcionamento internos;

(ii) Cada órgão de todas as autarquias locais possui também uma competência regulamentar interna que, respeitando a lei e os regulamentos de auto-organização da entidade pública, estabelecem regras complementares de organização e funcionamento internos.

---

[944] Cfr. PAULO OTERO, *O Poder de Substituição...*, II, pp. 610-611.

[945] Expressão utilizada num outro contexto por MARCELLO CAETANO, *Manual de Direito Administrativo*, I, 10.ª ed., Reimp., Coimbra, 1980, p. 98.

[946] Cfr. PAULO OTERO, *O Poder de Substituição...*, II, p. 629.

§25.° *Poder local: as autarquias locais* 633

(c) Autonomia financeira

VII. Uma terceira manifestação da autonomia local consiste na designada autonomia financeira: as autarquias locais são titulares de património e finanças próprios (artigo 238.°, n.° 1).

Não basta, porém, a simples titularidade de património e finanças próprios para se poder afirmar que há autonomia financeira autárquica: a autonomia financeira pressupõe liberdade de gestão, de definição e afectação das receitas às despesas, nos ternos da lei, segundo a livre expressão da vontade dos órgãos representativos das autarquias locais.

Não exige a autonomia financeira, todavia, auto-suficiência financeira das autarquias locais[947], enquanto poder de decisão sobre todas as fontes de financiamento ou titularidade de todas as receitas próprias: a Constituição, sem embargo do reconhecimento da titularidade de receitas próprias pelas autarquias locais (artigo 238.°, n.° 3), impõe ao Estado a transferência de verbas para as autarquias locais (artigo 106.°, n.° 3, alínea e)), visando uma justa repartição de recursos públicos entre o Estado e as autarquias locais e a correcção de desigualdades entre autarquias do mesmo grau (artigo 238.°, n.° 2)[948].

VIII. A autonomia financeira das autarquias locais, sendo certo que tem hoje subjacente um modelo de financiamento esgotado[949], confere às estruturas autárquicas as seguintes principais faculdades[950]:

(i) Titularidade de receitas próprias, incluindo a possibilidade de dispor de poderes tributários (artigo 238.°, n.° 4) ou da emissão de obrigações no domínio do mercado de capitais[951], sem prejuízo da susceptibilidade de o legislador lhes atribuir outras receitas, isto até pela conversão de impostos do Estado em impostos autárquicos, além da faculdade de exigir do Estado a transferência de verbas;

---

[947] Neste sentido, cfr. JOSÉ CASALTA NABAIS, *A autonomia local*, p. 89.

[948] Cfr. JORGE MIRANDA/RUI MEDEIROS, *Constituição Portuguesa Anotada*, III, pp. 462 ss.

[949] Neste sentido, cfr. ANTÓNIO L. DE SOUSA FRANCO, *Prefácio*, in MARTA REBELO, *Obrigações Municipais*, p. XIII.

[950] Cfr. JOSÉ CASALTA NABAIS, *A autonomia local*, pp. 88 ss.

[951] Neste último sentido, desenvolvendo a possibilidade de os municípios recorrerem à emissão de obrigações que, diversificando as fontes de financiamento autárquico, aumentem receitas, num cenário em que se verifica uma expansão das despesas e uma retracção constantes das receitas, cfr. MARTA REBELO, *Obrigações Municipais*, em especial, pp. 16 ss.

634   *Estruturas políticas infra-estaduais*

(ii) Liberdade de definição do destino das receitas e de estabelecimento de prioridades na realização de despesas, consignando e afectando as receitas às despesas, segundo uma decisão político-financeira própria, imune a quaisquer intervenções fiscalizadoras do Estado sobre o respectivo mérito decisório;

(iii) Elaborar, aprovar e modificar orçamentos próprios e inerentes opções dos planos (artigo 237.º, n.º 2) que, consubstanciando decisões de direcção política, são igualmente o exercício de uma competência exclusiva, insusceptível de qualquer controlo pelo Estado da conveniência ou oportunidade das opções políticas adoptadas;

(iv) Elaborar e aprovar, segundo os ditames da lei, os balanços e as contas da actividade financeira exercida;

(v) Liberdade de, nos termos da lei, gerir e dispor de património próprio, incluindo a titularidade de um domínio público autárquico (artigo 84.º, n.º 2)[952].

IX. A autonomia financeira das autarquias locais move-se sempre no quadro da lei, segundo as opções definidas pelo legislador nacional à luz dos interesses gerais da colectividade, e nunca pode afectar o respeito pelos compromissos internacionais do Estado, designadamente os resultantes da União Europeia.

(d) Autonomia administrativa (não normativa)

X. Uma quarta manifestação da autonomia local reside na autonomia administrativa que, sem tomar agora em consideração a competência regulamentar, assume uma natureza não normativa, permitindo a cada autarquia local o exercício dos poderes de autotutela declarativa e de autotutela executiva, envolvendo o reconhecimento às autarquias das seguintes principais faculdades:

(i) A prática de actos administrativos e, se necessário, a sua imposição coactiva, verificando-se recusa de acatamento voluntário da sua determinação;

(ii) A celebração de contratos de direito público ou de direito privado sobre matérias administrativas referentes aos interesses próprios legalmente a cargo da autarquia local;

---

[952] Especificamente sobre o domínio público autárquico, cfr. ANA RAQUEL GONÇALVES MONIZ, *O âmbito do domínio público autárquico*, in *Estudos em Homenagem ao Professor Doutor Marcello Caetano*, I, Coimbra, 2006, pp. 153 ss.

§25.° *Poder local: as autarquias locais* 635

(iii) O exercício de poderes intra-administrativos sobre as diferentes estruturas da Administração autárquica directa e indirecta, designadamente no que diz respeito ao sector empresarial autárquico;

(iv) A gestão e disciplina do pessoal autárquico que se encontra integrado em quadros próprios (artigo 243.°), distintos dos quadros do pessoal do Estado;

(v) A intervenção procedimental em matérias da competência de estruturas decisórias não autárquicas sempre que, nos termos da Constituição ou da lei, se encontre em causa a decisão sobre matérias respeitantes às autarquias locais (v.g., artigo 242.°, n.° 2, artigo 249.°).

25.3. Estrutura organizativa

25.3.1. *As concepções em confronto na Assembleia Constituinte*

BIBLIOGRAFIA: PAULO OTERO, *O Poder de Substituição...*, II, pp. 681-682 e 685-686.

I. Durante a Assembleia Constituinte de 1975/1976 discutiram-se projectos constitucionais profundamente diferentes quanto à configuração institucional do modelo de organização autárquica, sendo possível recortar três principais concepções:

(i) Uma concepção tradicional de organização autárquica, subjacente aos projectos apresentados pelo Partido Popular Democrático e pelo Centro Democrático e Social, consagrando a existência de freguesias, concelhos e regiões, tendo por base a representatividade democrática dos órgãos autárquicos e os princípios da autonomia administrativa e financeira, sem prejuízo de sujeição a tutela;

(ii) Uma concepção revolucionária, defendida pelos projectos apresentados pelo Partido Comunista Português e pelo Movimento Democrático Português, visando a ligação entre as estruturas tradicionais e o "poder popular", traduzindo, todavia, um predomínio das organizações populares locais criadas durante a face revolucionária, visando no fim a instrumentalização da organização autárquica para a concretização "(...) do avanço democrático e socialista do País"[953];

---

[953] Cfr. Preâmbulo do projecto de Constituição apresentado pelo MDP/CDE, in *Diário da Assembleia Constituinte*, n.° 16, de 24 de Julho de 1975.

636   *Estruturas políticas infra-estaduais*

(iii) Uma concepção compromissória, segundo resultava do projecto apresentado pelo Partido Socialista, consagrando, ao lado das estruturas tradicionais autárquicas, as inovações revolucionárias, admitindo as "comunidades locais" e as associações de moradores, e, por outro lado, o compromisso entre uma estrutura representativo-partidária e outra de natureza corporativa quanto à designação dos titulares dos órgãos autárquicos.

II. Já no que respeita à concepção legitimadora do poder local, a Assembleia Constituinte foi palco de confronto entre duas correntes:

(i) Por um lado, defendia-se um poder local baseado numa concepção de democracia representativa, isto é, tendo como pressuposto uma estrutura orgânica eleita por sufrágio universal e representativa dos diversos agrupamentos político-partidários, sem prejuízo de se consagrar, ao lado da representação partidária, uma representação de grupos de interesses, verdadeira sequela da tradição corporativa;

(ii) Por outro lado, existia uma concepção defensora de uma democracia participativa, visando a desvalorização do sufrágio universal, fortemente influenciada pela ideia revolucionária de "poder popular", procurando alicerçar a organização local no desenvolvimento de comissões de moradores e demais formas de organização populares de base, segundo o espírito decorrente do Documento-Guia do Projecto Aliança Povo-MFA, aprovado pela Assembleia do Movimento das Forças Armadas, em 8 de Junho de 1975: a organização popular tinha como princípio orientador "o objectivo fundamental e último de construção da sociedade socialista (...)"[954].

III. A natureza compromissória do modelo de poder local consagrado no texto constitucional de 1976, reflexo de uma síntese entre as diferentes concepções em presença, permite concluir que a descentralização autárquica subjacente à versão inicial da Constituição não se funda num corolário directo e exclusivo do modelo de Estado de Direito democrático, apesar de estar configurada em frontal oposição teleológica ao modelo corporativo de organização local da Constituição de 1933: a organização autárquica surge em 1976 como resultado de uma ruptura com "(...) a tendência centralista, macrocéfala, concentracionista (...)"[955], expressando a participação democrática dos

---

[954] Cfr. Ponto n.º 3.2.1. do Projecto de Aliança Povo-MFA.

[955] Cfr. deputado Rúbem Raposo (PPD), in *Diário da Assembleia Constituinte*, n.º 104, de 15 de Janeiro de 1976, p. 3372.

§25.° *Poder local: as autarquias locais* 637

cidadãos na vida administrativa local e constituindo, por último, instrumento de base da transição para o socialismo.

Há aqui um compromisso imposto pelas forças políticas radicais às forças moderadas: o compromisso assenta num equívoco contraditório em que as forças políticas radicais, instrumentalizando o poder local e a descentralização à prossecução do fim último do Estado da transição para o socialismo, são contrariadas pelas forças políticas moderadas que vêem o poder local e a descentralização como formas de aliar a democracia participativa à democracia representativa, traduzindo esta conciliação um processo de "democratizar a democracia"[956].

A referida intrumentalização das estruturas autárquicas ao fim último de construção do socialismo permite verificar que o princípio da descentralização autárquica não foi entendido pelas forças políticas radicais como expressão de pluralismo organizativo no contexto de um Estado de Direito democrático[957].

No entanto, o modelo de descentralização autárquica consagrado na versão inicial da Constituição, apesar da sua natureza compromissória, não se pode dizer que tenha por base a dinâmica revolucionária das forças políticas radicais: a descentralização autárquica é produto das forças políticas moderadas representadas na Assembleia Constituinte, sem embargo de conjugar a concorrência de motivações políticas radicais e favoráveis a um modelo final de Estado de cunho centralizador.

25.3.2. *O modelo organizativo vigente*

BIBLIOGRAFIA: DIOGO FREITAS DO AMARAL, *Curso...*, I, 3.ª ed., pp. 497 ss.; ANTÓNIO CÂNDIDO DE OLIVEIRA, *Direito das Autarquias Locais*, pp. 306 ss.; IDEM, *Democracia local*, in *Estudos em Memória do Professor Doutor António Marques dos Santos*, II, Coimbra, 2005, pp. 31 ss. MARCELO REBELO DE SOUSA, *Lições...*, I, pp. 333 ss.

(a) *Categorias de autarquias locais*

I. O modelo organizativo autárquico vigente, moldado pela revisão constitucional de 1982 que esvaziou ou certificou o óbito do papel inicial-

---

[956] Expressão do deputado Romero Magalhães (PS), in *Diário da Assembleia Constituinte*, n.° 106, de 17 de Janeiro de 1976, p. 3473.
[957] Cfr. PAULO OTERO, *O Poder de Substituição...*, II, p. 686.

638 *Estruturas políticas infra-estaduais*

mente conferido às organizações populares de base territorial no âmbito do poder local, obedece ao reconhecimento constitucional de três categorias de autarquias locais (artigo 236.°, n.° 1):

– As freguesias;
– Os municípios;
– As regiões administrativas.

Note-se que nas regiões autónomas a Constituição apenas admite a existência de freguesias e de municípios (artigo 236.°, n.° 2), encontrando-se excluída a criação de regiões administrativas.

Importa ainda formular, no entanto, três observações complementares:

(*i*) A Constituição permite que a lei possa estabelecer, atendendo às condições específicas, "outras formas de organização territorial autárquica" nas grandes áreas urbanas e nas ilhas (artigo 236.°, n.° 3);

(*ii*) Possibilita-se também a constituição de associações entre autarquias locais, visando a administração conjunta de interesses comuns (artigos 247.° e 253.°);

(*iii*) Admite-se, em áreas inferiores à freguesia, a constituição de organizações de moradores (artigo 263.°, n.° 1) que, herdeiras das iniciais organizações populares de base territorial, podem realizar tarefas definidas por lei ou nelas delegadas pelos órgãos da freguesia (artigo 265.°, n.° 2).

Não obstante o reconhecimento destas últimas realidades no âmbito da organização autárquica, circunscreveremos as observações seguintes a cada uma das três categorias de autarquias locais criadas pela Constituição.

II. Começando pelas freguesias, enquanto categoria de autarquia local de nível inframunicipal, sabendo-se que cada freguesia é uma pessoa colectiva territorial (artigo 235.°, n.° 2), a Constituição diz-nos que têm os seguintes órgãos representativos (artigo 244.°):

(*i*) A assembleia de freguesia, enquanto órgão deliberativo (artigo 245.°, n.° 1), eleita por sufrágio universal, directo e secreto dos cidadãos recenseados no respectivo território paroquial, segundo o sistema proporcional (artigo 239.°, n.° 2)[958];

---

[958] Note-se que, tal como já antes se referiu (v. *supra*, n.° 25.2.2., II), se as freguesias tiverem uma população diminuta, a assembleia de freguesia é substituída pelo plenário dos cidadãos eleitores.

§25.° Poder local: as autarquias locais

(ii) A junta de freguesia que, sendo o órgão colegial executivo (artigo 246.°), não é eleita por sufrágio directo.

III. Os municípios, sendo igualmente cada um deles uma pessoa colectiva de base territorial (artigo 235.°, n.° 2), traduzem a autarquia local que tem uma implantação com mais forte tradição nacional, localizando-se a sua origem histórica em momento anterior à fundação da própria nacionalidade: antes de Portugal existir como Estado, já existiam municípios[959].

O município é, por outro lado, uma estrutura organizativa local comum à maioria dos Estados[960], encontrando-se a sua origem mais remota no Direito Romano.

Nos termos da Constituição, os municípios têm dois órgãos de natureza representativa (artigo 250.°):

(i) A assembleia municipal, órgão deliberativo (artigo 251.°), eleito por sufrágio universal e directo (artigo 239.°, n.° 2), integra também os presidentes das juntas de freguesia do respectivo universo territorial (artigo 251.°);

(ii) A câmara municipal, órgão executivo colegial do município (artigo 252.°), é também eleita por sufrágio universal e directo.

Não obstante a Constituição escrita se referir apenas a estes dois órgãos representativos, a verdade é que, por via informal, o presidente da câmara municipal se foi afirmando como principal órgão municipal, transformando--se, segundo a tradição e por efeito da força política de ser líder concelhio do partido vencedor, na estrutura nuclear municipal à luz da Constituição "não oficial": o presidente da câmara municipal afirmou-se, por via de um costume *contra constitutionem* (v. *supra*, n.° 15.4., V), como principal órgão municipal, derrogando a letra do artigo 250.°.

IV. As regiões administrativas, traduzindo uma categoria de autarquias locais de nível supramunicipal, apesar de previstas na Constituição, não se encontram ainda instituídas em concreto, pois dependem de lei que as crie simultaneamente (artigo 255.°) e de referendo com a intervenção da maioria dos cidadãos eleitores que, em sentido favorável, se pronuncie em termos nacionais e quanto a cada área regional (artigo 256.°, n.° 1)[961].

---

[959] Cfr. João Baptista Machado, *Participação e Descentralização...*, pp. 8-9.

[960] Cfr. Diogo Freitas do Amaral, *Curso...*, I, 3.ª ed., pp. 532 ss.

[961] Cfr. Jorge Cortês, *Regiões administrativas*, in *Dicionário Jurídico da Administração Pública*, VII, Lisboa, 1996, pp. 108 ss.; António Cândido de Oliveira, *As regiões admi-*

640   *Estruturas políticas infra-estaduais*

Neste último sentido, as respostas dadas à pergunta referente ao traçado de cada região em particular só se podem ter como válidas se for favorável o sentido da resposta à pergunta de alcance nacional sobre a instituição em concreto das regiões (artigo 256.°, n.° 2): se a maioria votar em sentido contrário à regionalização ou ao modelo global proposto de regionalização, não há que tomar em consideração a resposta face à instituição em concreto de cada região.

Por outro lado, uma vez que basta uma região em concreto não obter voto favorável para que, impossibilitada a instituição simultânea de todas as regiões, fique comprometida a regionalização, o regime traçado pelo artigo 256.° transferiu para as mãos do eleitorado a decisão final sobre a regionalização do Continente: a criação de regiões administrativas só será imperativa se, por um lado, o poder político tiver vontade e força para chegar a desencadear o referendo e, por outro lado, se o eleitorado assim o determinar.

Significa isto que a criação de regiões administrativas deixou de ser um imperativo constitucional, transformada que está em mera possibilidade facultada pela Constituição.

Se, todavia, vierem a ser instituídas em concreto as regiões administrativas, a Constituição determina que tenham os seguintes órgãos representativos (artigo 259.°):

(i) A assembleia regional, órgão deliberativo da região, é constituída por membros eleitos directamente por sufrágio universal e ainda por membros, em número inferior ao daqueles, eleitos pelo colégio formado pelos membros das assembleias municipais da mesma área que tenham sido designados por eleição directa (artigo 260.°);

(ii) A junta regional será, por sua vez, o órgão executivo colegial da região (artigo 261.°).

Prevê ainda a Constituição, sem impor a sua existência, que junto de cada região administrativa possa haver um representante do Governo (artigo 262.°.).

(b) Relacionamento inter-orgânico: o sistema de governo autárquico

V. O relacionamento entre os órgãos autárquicos parte do princípio geral definido no artigo 239.°, n.° 1: o órgão executivo colegial é responsável perante a assembleia dotada de poderes deliberativos.

---

nistrativas, a Constituição e o referendo, in *Estudos Jurídicos e Económicos em Homenagem ao Prof. Doutor António de Sousa Franco*, I, Coimbra, 2006, pp. 173 ss.

§25.° *Poder local: as autarquias locais* 641

Uma tal responsabilidade, assumindo indiscutível natureza política, pode traduzir-se, numa óptica abstracta, em duas faculdades:

(*i*) O órgão deliberativo pode fiscalizar a actuação do órgão executivo, encontrando-se este vinculado a responder perante aquele, a dar-lhe explicações, informações e esclarecimentos;

(*ii*) O órgão deliberativo pode efectivar essa responsabilidade política, apresentando e votando favoravelmente uma moção de censura contra o órgão executivo, suscitando-se aqui, todavia, duas diferentes interpretações:

(1) Há quem entenda que, retirando a confiança política ao órgão executivo, o órgão deliberativo autárquico pode determinar a demissão daquele, segundo um cenário típico de responsabilidade política *stricto sensu*[962];

(2) Em sentido contrário, entendem outros autores que a votação de tais moções de censura não envolve a possibilidade de demissão do órgão executivo[963], existindo aqui uma típica situação de responsabilidade institucional.

Resta esclarecer que a Constituição, apesar de se referir à responsabilidade do órgão executivo perante o órgão deliberativo, é omissa sobre em que consiste essa responsabilidade, tal como o ordenamento infraconstitucional guarda sobre a matéria total silêncio: a lei nada diz sobre a possibilidade de o órgão deliberativo autárquico, retirando a confiança política no órgão executivo autárquico, determinar a sua demissão.

E o silêncio da lei é capaz de ter a sua lógica, pois mostra-se "insólito", sempre que o órgão executivo é composto por titulares eleitos por sufrágio universal e directo – tal como sucede com a câmara municipal e o seu presidente – que, tendo esse órgão uma legitimidade política-democrática em tudo idêntica à assembleia deliberativa, deva aquele ser politicamente responsável perante esta, gozando esta assembleia até da faculdade de o destituir[964].

---

[962] Neste último sentido, cfr. GOMES CANOTILHO/VITAL MOREIRA, *Constituição...*, 3.ª ed., p. 892; DIOGO FREITAS DO AMARAL, *Curso...*, I, 3.ª ed., p. 578.

[963] Neste sentido, considerando que a votação de moções de censura é aqui "desprovida de quaisquer consequências jurídicas", cfr. MARCELO REBELO DE SOUSA, *Lições...*, I, p. 369. Aderindo a este último entendimento, cfr. JOÃO CAUPERS, *Lição das provas de agregação. Governo municipal – na fronteira da legitimidade com a eficiência?*, in *Themis – Revista da Faculdade de Direito da Universidade Nova de Lisboa*, Ano V, n.° 8, 2004, pp. 266 ss.; ANTÓNIO CÂNDIDO DE OLIVEIRA, *Democracia local*, p. 78.

[964] Neste sentido, cfr. JOÃO CAUPERS, *Lição das provas de agregação. Governo municipal...*, pp. 262 e 263.

642 Estruturas políticas infra-estaduais

Em qualquer caso, uma certeza existe: ainda que a Constituição fale em responsabilidade (política) do órgão executivo perante o órgão deliberativo (artigo 239.°, n.° 1), a ausência de norma legal habilitando a efectivação dessa faculdade através da possibilidade de demissão, enquanto exigência decorrente do artigo 237.°, n.° 1, que nega a existência de poderes dos órgãos autárquicos directamente fundados na Constituição (v. *supra*, n.° 25.2.1., IV e V), paralisa a efectividade de qualquer responsabilidade política *stricto sensu* – não há lei que habilite o órgão deliberativo a demitir o órgão executivo.

Haverá aqui, em síntese, uma mera responsabilidade institucional do órgão executivo perante o respectivo órgão deliberativo autárquico (v. *supra*, n.° 12.6., IV).

VI. Como se poderá, atendendo ao exposto, configurar o sistema de governo autárquico?

Não obstante a revisão constitucional de 1997 ter permitido ao legislador uma certa amplitude na margem de definição do processo de designação do presidente do órgão executivo autárquico, conferindo-lhe a possibilidade de escolher entre a solução que faz presidente o primeiro candidato da lista mais votada para a assembleia ou para o executivo (artigo 239.°, n.° 3)[965], atenuando os efeitos de uma igual legitimidade entre o órgão executivo e o órgão deliberativo[966], a verdade é que o modelo infraconstitucional vigente mantém a solução tradicional: o presidente da câmara municipal é o primeiro candidato da lista mais votada, eleita por sufrágio universal e directo, para a câmara municipal.

Ora, a responsabilidade política do órgão executivo perante o órgão deliberativo conduziu, num primeiro momento, ao entendimento de que a Constituição havia instituído um sistema de governo parlamentar[967].

Sucede, porém, que, desde muito cedo, após a entrada em vigor da Constituição, o modelo de relacionamento intra-orgânico – especialmente a nível municipal – sofreu significativas alterações:

(i) Assistiu-se, num primeiro momento, a "um empolamento do papel dos executivos em prejuízo das assembleias; dentro dos executivos,

---

[965] Cfr. Marcelo Rebelo de Sousa, *Lições...*, I, pp. 364-365; Carla Amado Gomes, *A eleição do presidente da câmara municipal em Portugal*, in *O Direito*, ano 133.°, 2001, n.° IV, em especial, pp. 904 ss.

[966] Cfr. Jorge Miranda/Rui Medeiros, *Constituição Portuguesa Anotada*, III, pp. 467 ss..

[967] Cfr. deputado Vital Moreira, in *Diário da Assembleia da República*, II, suplemento ao n.° 50, de 6 de Fevereiro 1982, p. 1062 – (3). E, igualmente no mesmo sentido, referindo-se ao modelo da versão original da Constituição, cfr. Marcelo Rebelo de Sousa, *Lições....*, I, p. 368.

§25.º *Poder local: as autarquias locais* 643

à criação de um mini-executivo, chamado de «vereadores a tempo inteiro», e, dentro deste mini-executivo, à presidencialização do executivo"[968];

(ii) A concentração infraconstitucional de poderes decisórios no presidente da câmara municipal, favorecendo a personificação da gestão municipal, a individualização de responsabilidades e uma mais eficiente gestão autárquica[969], foi acompanhada de um progressivo esvaziar da actividade colegial da câmara municipal, numa clara "deriva presidencialista"[970], em que as eleições municipais reflectem a presidencialização do sistema.

Não obstante o que resulta da Constituição "oficial", instituindo um cenário convencional de responsabilização de um órgão colegial executivo das freguesias perante o respectivo órgão colegial deliberativo e, ao nível municipal, um sistema parlamentar atípico[971], a verdade é que a Constituição "não oficial", especialmente ao nível municipal, acabou por instituir um genuíno sistema presidencialista[972].

VII. A evolução no sentido presidencialista do sistema governo municipal pode dizer-se que foi determinada por quatro principais ordens de factores:

(i) O protagonismo decisório do presidente da câmara municipal, assim como na definição da orientação política do município, sendo em torno da sua candidatura e do seu programa político que se estruturam as listas de candidatos aos restantes órgãos municipais;

---

[968] Cfr. deputado VITAL MOREIRA, in *Diário da Assembleia da República*, II, suplemento ao n.º 50, de 6 de Fevereiro 1982, p. 1062 – (3).

[969] Cfr. JOÃO CAUPERS, *Lição das provas de agregação. Governo municipal...*, p. 270.

[970] Cfr. JORGE MIRANDA/RUI MEDEIROS, *Constituição Portuguesa Anotada*, III, p. 468.

[971] Falando em sistema "parlamentar imperfeito", cfr. MARCELO REBELO DE SOUSA/JOSÉ DE MELO ALEXANDRINO, *Constituição da República Portuguesa. Comentada*, p. 375. Em sentido contrário, considerando o sistema de governo autárquico como sendo directorial, cfr. JORGE BACELAR GOUVEIA, *Manual...*, II, pp. 991-992.

[972] No mesmo sentido, falando em "presidencialismo municipal", apesar de reconhecer fenómeno idêntico ao nível das freguesias, cfr. ANTÓNIO CÂNDIDO DE OLIVEIRA, *Democracia local*, p. 95.

Em sentido contrário, afirmando a natureza parlamentar do sistema de governo municipal, apesar de lhe reconhecer "traços presidencializantes", cfr. MARCELO REBELO DE SOUSA, *Lições...*, I, p. 370.

644 *Estruturas políticas infra-estaduais*

(ii) A configuração política do presidente da câmara municipal, durante o período de monopólio partidário de apresentação de candidaturas, como líder local do respectivo partido, permitindo uma união pessoal entre a chefia concelhia do partido e a chefia camarária, reforçou a presidencialização do sistema;

(iii) O paralelismo de legitimidades entre o presidente da câmara municipal, a câmara municipal e a assembleia municipal projectou-se numa ausência infraconstitucional, por opção do legislador, de quaisquer mecanismos de responsabilidade política;

(iv) A subalternização do princípio da colegialidade ao nível camarário, transformando-se a câmara municipal, dominada por uma lógica de maioria/oposição presidencial, numa segunda assembleia do município ou mini-parlamento.

Todos estes factores conjugados geraram, em suma, o presidencialismo municipal vigente.

25.4. A intervenção do Estado sobre as autarquias locais

BIBLIOGRAFIA: José de Melo Alexandrino, *A problemática do controlo na administração local*, in *Direito Regional e Local*, n.º 8, 2009, pp. 22 ss.; Diogo Freitas do Amaral, *Curso...*, I, 3.ª ed., pp. 636 ss.; André Folque, *A Tutela Administrativa nas Relações entre o Estado e os Municípios*, pp. 235 ss.; Jorge Miranda/Rui Medeiros, *Constituição Portuguesa Anotada*, III, pp. 499 ss.; Paulo Otero, *O Poder de Substituição...*, II, pp. 692 ss. e 803 ss.

(a) A tutela administrativa

I. A autonomia local não representa, nem pode representar, qualquer forma de independência face ao Estado: as autarquias locais encontram-se sujeitas a um poder de controlo por parte do Estado, se situadas no Continente (artigo 199.º, alínea d)), ou da região autónoma, se situadas nos arquipélagos dos Açores e da Madeira (artigo 227.º, n.º 1, alínea m)).

Esse poder intra-administrativo de controlo, consubstanciando a figura da tutela administrativa, encontra o seu fundamento no artigo 242.º: a Constituição vincula o exercício de tutela administrativa sobre as autarquias locais, sem prejuízo de o artigo 242.º, determinando o modo como se exerce a tutela sobre as autarquias, limitar ou restringir a amplitude dos poderes de interven-

§25.º *Poder local: as autarquias locais*   645

ção intra-administrativa genericamente previstos nos artigos 199.º, alínea d), e 227.º, n.º 1, alínea m)[973].

II. Uma primeira manifestação da tutela administrativa sobre as autarquias locais envolve, segundo o preceituado no artigo 242.º, n.º 1, a faculdade de a entidade tutelar verificar o cumprimento da lei por parte dos órgãos autárquicos.

A Constituição, excluindo quaisquer mecanismos governamentais de fiscalização da oportunidade e da conveniência das decisões autárquicas[974], negando a possibilidade de existir uma tutela de mérito, resolveu criar aqui uma zona decisória exclusiva a favor das autarquias locais: uma vez que nem as entidades tutelares, nem os tribunais, podem controlar o mérito das decisões dos órgãos autárquicos, todos os aspectos decisórios situados fora da legalidade têm como única autoridade definidora das soluções as próprias autarquias locais, segundo o modelo de relacionamento interno entre o órgão executivo e o órgão deliberativo.

A tutela administrativa sobre as autarquias locais envolve sempre, única e exclusivamente, um controlo de legalidade.

E mesmo como tutela de legalidade, exclui-se qualquer possibilidade de a entidade tutelar fazer cessar ou modificar os actos das autarquias locais, apesar de não se poder reconduzir essa tutela a uma actividade meramente inspectiva[975].

Com efeito, a "verificação do cumprimento da lei" a que se refere o artigo 242.º, n.º 1, atribui ao legislador a faculdade de configurar três distintos mecanismos de exercício de tutela administrativa sobre as autarquias locais[976]:

   (i) Fiscalizar o desenvolvimento da actividade autárquica, promovendo inquéritos, sindicâncias e inspecções (: tutela inspectiva);

   (ii) Condicionar o exercício de certos poderes autárquicos e, deste modo, a validade dos respectivos actos, a um prévio controlo da legalidade sobre os projectos de decisão apresentados pela autarquia (: tutela integrativa *a priori*);

   (iii) Exercer um poder de controlo condicionante da eficácia de certos actos autárquicos a um prévio juízo administrativo de legalidade (: tutela integrativa *a posteriori*).

---

[973] Cfr. PAULO OTERO, *O Poder de Substituição...*, II, p. 803.

[974] Cfr. PAULO OTERO, *O Poder de Substituição...*, II, pp. 647 e 709.

[975] Para mais desenvolvimentos, cfr. PAULO OTERO, *O Poder de Substituição...*, II, p. 803 ss.

[976] Cfr. PAULO OTERO, *O Poder de Substituição...*, II, p. 806.

646 *Estruturas políticas infra-estaduais*

III. Uma segunda manifestação da tutela administrativa sobre as autarquias locais consiste na faculdade de, segundo o artigo 242.°, n.° 3, verificando-se a prática de acções ou omissões ilegais graves por parte dos órgãos autárquicos, se proceder à sua dissolução: trata-se da instauração do designado "regime de tutela".

Comportando uma "solução atómica", a dissolução dos órgãos autárquicos, se, por um lado, comprova que a entidade tutelar não dispõe de meios tutelares de intervenção directa dispositiva ou revogatória sobre as acções ou omissões ilegais das autarquias, vem demonstrar, por outro, que o órgão tutelar exerce a função de último garante da juridicidade[977], encontrando-se no "regime de tutela" um instrumento de garantia de subordinação da autonomia local aos princípios da juridicidade e da unidade da soberania do Estado[978].

Envolvendo este poder de dissolução dos órgãos autárquicos uma resposta às ilegalidades graves por eles praticadas, estamos aqui ainda diante de uma forma de tutela administrativa, desde logo pelo argumento sistemático resultante da Constituição: o artigo 242.°, n.° 3, prevendo a dissolução dos órgãos autárquicos insere-se numa disposição que trata da tutela administrativa.

Neste sentido, qualquer tentativa do legislador infraconstitucional de proceder a uma jurisdicionalização da dissolução dos órgãos autárquicos, num fenómeno de "fuga para o juiz"[979], isto é, de conferir aos tribunais o poder de dissolução de tais órgãos, traduzindo uma forma de exercício judicial da tutela "administrativa", convertida em verdadeira "tutela jurisdicional", deve entender-se violadora da reserva constitucional de Administração Pública emergente do artigo 242.° ou, em termos mais específicos, comporta a violação da competência administrativa do Governo (artigo 199.°, alínea d)) e das regiões autónomas (artigo 227.°, n.° 1, alínea m))[980].

---

[977] Cfr. Paulo Otero, *O Poder de Substituição...*, II, pp. 805-806.

[978] Cfr. Paulo Otero, *O Poder de Substituição...*, II, p. 755.

[979] Cfr. José Casalta Nabais, *A autonomia local*, p. 68, nota n.° 135.

[980] Neste sentido, defendendo a inconstitucionalidade de uma tal solução infraconstitucional de confiar aos tribunais a decisão sobre a dissolução dos órgãos autárquicos, cfr. André Folque, *A Tutela Administrativa nas Relações entre o Estado e os Municípios*, pp. 241 ss. Em sentido contrário, cfr. Diogo Freitas do Amaral, *Curso...*, I, 3.ª ed., pp. 638 ss. Suscitando já dúvidas sobre a inconstitucionalidade da solução da Lei n.° 27/96, de 1 de Agosto, de confiar aos tribunais a faculdade de dissolução dos órgãos autárquicos, cfr. Paulo Otero, *Direito Administrativo – Relatório*, Lisboa, 2001, p. 253.

§25.° Poder local: as autarquias locais

(b) O artigo 199.°, alínea g), como fundamento de um poder autónomo de intervenção

IV. Não se esgotam na tutela administrativa, no entanto, os poderes de intervenção do Estado sobre as autarquias locais que são dotados de natureza administrativa. Na realidade, independentemente da designada "tutela indirecta" em matéria financeira (v. *supra*, n.° 25.2.1., III), o já assinalado entrecruzar ou partilhar de ponderações envolvendo o interesse geral ou nacional protagonizado pelo Estado, relativamente aos interesses próprios das autarquias locais (v. *supra*, n.° 25.2.1. (b)), envolve o reconhecimento da titularidade de poderes de intervenção do Governo sobre a esfera das autarquias locais.

A ideia de que, em paralelo ao poder de tutela administrativa, o Governo é dotado de uma outra competência própria que lhe permite intervir em matérias sobre as quais existem também áreas de interesses titulados normalmente por entidades infra-estaduais encontra, por outro lado, expresso acolhimento a nível jurisprudencial[981].

Desde logo, o Parecer da Procuradoria-Geral da República n.° 53/87, de 22 de Outubro de 1987, reconhece que, ao lado dos poderes de tutela, existem "poderes autónomos do Governo" que lhe permitem agir para a defesa de "valores que relevam quer a nível local quer no plano nacional"[982]. Esta mesma concepção viria a ser acolhida pelo Supremo Tribunal Administrativo[983], sendo especificamente sintetizada no seu Acórdão da 1.ª Secção, de 14 de Março de 1991: "não se trata, quando o Governo defende o interesse geral, de exercício de um poder de tutela, mas do exercício de competência própria"[984].

V. O artigo 199.°, alínea g), permitindo ao Governo praticar todos os actos e tomar todas as providências, desde que necessários à promoção do desenvolvimento económico-social e à satisfação das necessidades colectivas, investe este órgão de uma competência cuja *ratio* apenas se entende num modelo de Administração de Estado social de Direito, sem qualquer

---

[981] Cfr. Paulo Otero, *O Poder de Substituição...*, II, p. 808.

[982] In *Boletim do Ministério da Justiça*, n.° 377, 1988, p. 143.

[983] Seguindo muito de perto o citado Parecer da Procuradoria-Geral da República n.° 53/87, de 22 de Outubro de 1987, cfr. Acórdão da 1.ª Secção do Supremo Tribunal Administrativo, de 25 de Novembro de 1990, in *Sciencia Ivridica*, n.° 235/237, 1992, pp. 145 ss.

[984] In *Acórdãos Doutrinais*, n.° 370, p. 1061.

648   *Estruturas políticas infra-estaduais*

paralelo quanto aos seus fins numa Administração clássica de figurino oitocentista[985].

Está aqui em causa uma competência que tem a sua base directa na concretização do modelo constitucional de Estado de Direito democrático, visando a implementação da cláusula de bem-estar social, cuja garantia e efectivação se encontram confiadas ao Governo[986].

Neste último sentido, ao invés dos poderes de intervenção intra-administrativa, visando a tutela governamental assegurar a legalidade da actuação das autarquias locais na prossecução de interesses próprios, o artigo 199.º, alínea g), partindo da existência de interesses gerais que se projectam simultaneamente em termos nacionais e locais (v. *supra*, n.º 25.2.1. (b)), confere ao Governo uma competência autónoma, directamente fundada na Constituição e visando a implementação de tarefas fundamentais do Estado[987]: verificando-se determinadas circunstâncias geradoras de perigo ou de efectiva lesão de valores referentes ao interesse geral cuja garantia compete pela Constituição em última instância ao Governo, este órgão encontra-se habilitado, segundo o artigo 199.º, alínea g), a "praticar *todos* os actos e a tomar *todas* as providências *necessárias*"[988].

A necessidade de articulação entre o artigo 242.º, n.º 1, e o artigo 199.º, alínea g), segundo os postulados de uma interpretação unitária e sistemática da Constituição de harmonia com um modelo de organização administrativa baseado no princípio da unidade no pluralismo, determina que nem o artigo 242.º, n.º 1, pode eliminar a relevância do artigo 199.º, alínea g), como possível fonte de intervenção governamental em relação à esfera decisória normal das autarquias locais, nem esta última disposição permite esquecer que o controlo da actividade administrativa autárquica nunca pode envolver a apreciação de questões de mérito.

VI. Quais as faculdades que, em síntese, o artigo 199.º, alínea g), habilita que o Governo exerça sobre as autarquias locais?

Tal como já tivemos oportunidade de desenvolver em anterior estudo[989], são três as principais situações geradoras de intervenção governamental:

---

[985] Cfr. Paulo Otero, *O Poder de Substituição...*, II, p. 827.

[986] Cfr. Paulo Otero, *Principales tendencias del Derecho de la organización administrativa em Portugal*, pp. 28-29.

[987] Cfr. Paulo Otero, *O Poder de Substituição...*, II, pp. 836-837.

[988] Cfr. Paulo Otero, *O Poder de Substituição...*, II, p. 827.

[989] Cfr. Paulo Otero, *O Poder de Substituição...*, II, pp. 835 ss.

§25.° *Poder local: as autarquias locais* 649

(*i*) Em situações de omissão autárquica de disciplina normativa de determinada matéria, o Governo goza da faculdade de, à luz do princípio da supletividade do Direito do Estado (v. *supra*, n.° 5.3. (c)), emanar actos normativos aplicáveis a título supletivo: trata-se de um corolário da unidade da soberania do Estado, associado agora à competência específica que o artigo 199.°, alínea g), confere ao Governo como garante do modelo constitucional de bem-estar;

(*ii*) Em casos de inércia reiterada das autarquias locais na implementação de valores fundamentais a que a Constituição atribui ao Estado a responsabilidade última, o artigo 199.°, alínea g), mostra-se passível de habilitar o Governo, enquanto principal guardião administrativo da prossecução de interesses gerais da colectividade, a exercer uma substituição integrativa que, envolvendo uma competência residual alicerçada na própria ideia de subsidiariedade, permite praticar actos administrativos sobre matérias normalmente a cargo das autarquias locais, isto sempre à luz dos limites decorrentes do princípio da necessidade;

(*iii*) Igualmente em situações de estado de necessidade administrativa, não pode deixar de se reconhecer como constitucionalmente fundada uma intervenção substitutiva extraordinária do Governo sobre as autarquias locais.

Em qualquer destas situações, conclua-se, o exercício da competência governamental tendente a suprimir a inércia das autarquias locais nunca envolve qualquer exigência de intervenção judicial habilitante[990]: o Governo, tal como possui uma autotutela declarativa relativamente aos particulares, enquanto manifestação ou fracção do exercício da soberania do Estado, goza também de autotutela intra-administrativa entre estruturas subjectivas integrantes da Administração Pública.

---

[990] Para mais desenvolvimentos, cfr. PAULO OTERO, *O Poder de Substituição...*, II, p. 843 ss.

ÍNDICE

CAPÍTULO II
Organização do Poder Político

SECÇÃO 1.ª
Princípios Fundamentais

SUBSECÇÃO A
*Princípios materiais da regulação constitucional
da organização do Poder político*

§12.° **Princípios de organização e funcionamento do poder político**....................... 11
  12.1. Princípio da separação e interdependência de poderes 11
    (a) O sentido imediato da separação de poderes 11
    (b) Interdependência e "governo moderado": a concepção de Montesquieu 13
    (c) Interdependência e "poder moderador": o contributo de Benjamin Constant 15
  12.2. Princípio da equiordenação dos órgãos constitucionais 17
    (a) Formulação do princípio e exemplificação 17
    (b) Limites e excepções 19
  12.3. Princípio da pluralidade de vinculações institucionais: solidariedade, coopera-
    ção e respeito institucional 21
    (a) Conceito e fundamento 21
    (b) Configuração operativa dos princípios da solidariedade, da cooperação e
    do respeito institucional 22
    (c) Pós-eficácia do princípio? 25
  12.4. Princípio da continuidade dos serviços públicos 26
  12.5. Princípio da auto-organização interna 29
  12.6. Princípio da responsabilidade 32
    (a) Formulação do princípio 32
    (b) Manifestações: política, civil, criminal, disciplinar e financeira 34
    (c) Limites 40
  12.7. Princípio maioritário 41
    (a) Os alicerces do princípio da maioria: a paradoxal força da minoria 41
    (b) Os órgãos colegiais e a dupla maioria do artigo 116.°, n.os 2 e 3 44
    (c) Idem: as excepções constitucionais à maioria simples 46

652   *Direito Constitucional Português*

12.8. Princípio da imodificabilidade da competência 49
   (a) Recorte constitucional da competência... 49
   (b) A flexibilidade das normas de competência: delegação e substituição 53
12.9. Princípio da competência dispositiva... 57
   (a) A amplitude da competência dispositiva.. 57
   (b) Os limites ao poder de praticar um acto: os pressupostos de exercício da
      competência dispositiva.. 59
   (c) Os limites ao poder de recusar a prática de um acto: vinculação de agir e
      actos de emanação obrigatória.. 60
   (d) Os limites ao poder de revogar um acto: exclusão da competência revoga-
      tória e actos irrevogáveis.. 63
   (e) Idem: os actos de designação de titular de órgão constitucional, os actos de
      graça e os restantes actos constitutivos de direitos e de interesses protegidos 66
12.10. Princípio do autocontrolo da validade... 69
   (a) Fundamento e formulação 69
   (b) Incompetência do acto e reposição da juridicidade............................. 71
   (c) Retroactividade da reposição da juridicidade: os limites 74

§13.° Princípios respeitantes aos titulares do poder político............................... 77
13.1. Princípio da legitimação democrática 77
13.2. Princípio da renovação.. 81
   (a) Renovação de cargos públicos e princípio republicano......................... 81
   (b) Idem: os limites à renovação sucessiva de mandatos........................... 84
   (c) A excepção à renovação: os titulares vitalícios................................. 86
13.3. Princípio da fidelidade à Constituição 87
   (a) Fidelidade e subordinação à Constituição: os deveres da fidelidade 88
   (b) Fidelidade e protecção da Constituição: outros deveres de fidelidade 90
   (c) Fidelidade, pluralismo e neutralidade.. 91
13.4. Princípio da responsabilidade pessoal... 93
   (a) Responsabilidade política, criminal, disciplinar e financeira................... 93
   (b) O problema especial da responsabilidade civil 96
13.5. Princípio da titularidade de situações funcionais... 99
   (a) Formulação e configuração... 99
   (b) Limitações 104
   (c) Situações pós-funcionais.. 105
   (d) Renunciabilidade do estatuto funcional.. 106
13.6. Princípio da proibição de acumulação de funções....................................... 107
   (a) O artigo 269.°, n.° 4: afloramento de um princípio geral?..................... 107
   (b) As incompatibilidades dos titulares de órgãos de soberania: coordenadas
      constitucionais... 108
   (c) Idem: os restantes titulares de cargos públicos................................. 111
   (d) Excepções à proibição de acumulação de funções............................. 112
13.7. Princípio da proibição do abandono de funções 113
13.8. Princípio da renunciabilidade ao cargo 116
   (a) Conceito, configuração e natureza da renúncia................................. 116
   (b) Limites da renúncia a cargos públicos 118

Índice 653

SUBSECÇÃO B
Princípios sobre as fontes reguladoras
da organização do Poder político

§14.° Princípio da não exclusividade da configuração formal do poder político.... 123
14.1. O propósito constitucional: o poder político formal 123
   (a) O exercício do poder segundo as formas previstas na Constituição 123
   (b) Constitucionalização do direito de necessidade constitucional: a incorporação do estado de excepção constitucional 125
   (c) Intervenção condicionada do eleitorado: a "domesticação" do titular da soberania.. 127
   (d) Maleabilidade de soluções constitucionais... 129
   (e) Síntese: o problema nuclear.. 131
14.2. Contestação teórica dos pressupostos constitucionais tradicionais.................... 132
   (a) O povo só pode exercer o poder nas formas e nos termos previstos na Constituição?... 132
   (b) O equívoco da força normativa da Constituição.. 135
   (c) A quebra do mito da omnipotência da Constituição escrita.......................... 137
14.3. Poder político informal: manifestações.. 140
  14.3.1. Poder constituinte informal 140
   (a) Poder constituinte informal: um poder originário e silencioso 140
   (b) Efeitos: a reformulação dos conceitos de Constituição e de inconstitucionalidade... 142
  14.3.2. O poder de exteriorização informal dos titulares de cargos públicos......... 144
   (a) Delimitação e configuração 144
   (b) Limites ao exercício... 147
  14.3.3. O "quarto poder": os meios de comunicação social entre a responsabilidade política difusa e os riscos para a democracia...................................... 148
  14.3.4. O "poder oculto" 151

§15.° Princípio da não exclusividade das fontes normativas formais na regulação do poder político 155
15.1. Enquadramento metodológico: os pressupostos... 155
15.2. Ordem axiológica suprapositiva e princípios jurídicos fundamentais 157
15.3. Permeabilidade do sistema jurídico à factualidade: efectividade e normatividade "não oficial".. 158
15.4. Idem: a juridificação de factos emergentes da actuação constitucional............. 162
   (a) Coordenadas do problema 162
   (b) Costume constitucional.. 164
   (c) Praxes, práticas e usos constitucionais 166
   (d) Convenções constitucionais.. 167
   (e) Precedentes constitucionais 169
15.5. Idem: a necessidade constitucional não incorporada 176
15.6. Excurso: a normatividade dos fenómenos revolucionários.................................. 180
   (a) Factualidade revolucionária e normatividade jurídica................................. 180
   (b) As lições da História.. 182

654   *Direito Constitucional Português*

§16.º Princípio da não exclusividade das fontes jurídico-políticas reguladoras do poder político............ 185
   16.1. Colocação do problema: a normatividade extrajurídica............ 185
   16.2. Normatividade técnico-científica 187
      (a) O problema político e constitucional: o risco de despolitização do Poder.... 187
      (b) Principais manifestações reguladoras............ 188
   16.3. Normatividade moral ou ética............ 193
      (a) Moral e Constituição............ 193
      (b) "Ética republicana" ou uma ética constitucional autónoma?............ 196
   16.4. Normatividade de trato social: as normas de cortesia constitucional............ 202

SECÇÃO 2.ª
Estruturas constitucionais da República

SUBSECÇÃO A
Órgãos de soberania

§17.º Presidente da República............ 209
   17.1. Definição e caracterização funcional: o artigo 120.º............ 209
      (a) Presidente: representa a República............ 210
      (b) Idem: garante político da Constituição............ 215
      (c) Idem: Comandante Supremo das Forças Armadas............ 219
      (d) Conclusão: a síntese caracterizadora do Presidente da República............ 221
   17.2. Estatuto............ 222
      17.2.1. Eleição............ 222
      17.2.2. Mandato............ 224
      (a) Início e termo do mandato............ 224
      (b) Antecipação do termo do mandato............ 226
      17.2.3. Substituição............ 227
      17.2.4. Responsabilidade criminal............ 230
      (a) Crimes praticados no exercício das suas funções............ 231
      (b) Crimes estranhos ao exercício das suas funções............ 234
   17.3. Competência: tipologia dos poderes............ 235
      (a) Quadro tipológico dos poderes............ 235
      (b) Competência de exercício vinculado............ 237
      (c) Competência de exercício condicionado............ 239
      (d) Competência de exercício livre............ 244
      (e) Idem: a competência administrativa interna............ 246
   17.4. Idem: promulgação e veto............ 247
      (a) Caracterização genérica............ 247
      (b) Regime do veto político............ 249
      (c) Regime do veto jurídico ou por inconstitucionalidade............ 251
   17.5. Estatutos "presidenciais" especiais............ 253
      (a) Presidente eleito............ 254

Índice 655

(b) Presidente interino 255
(c) Presidente substituído 257
(d) Ex-Presidente 258

§18.º Assembleia da República 261
18.1. Caracterização 261
  18.1.1. Definição 261
  18.1.2. Princípios gerais 262
    (a) Princípio do unicameralimo 262
    (b) Princípio da flexibilidade configurativa 263
    (c) Princípio da auto-organização interna 264
    (d) Princípio da dependência política do Presidente da República ... 265
    (e) Princípio da permeabilidade à instrumentalização governamental ... 267
    (f) Princípio da complexidade da organização interna 270
    (g) Princípio da permanência de funcionamento 272
    (h) Princípio da imunidade da sede parlamentar 273
18.2. Os Deputados 275
  18.2.1. Eleição 275
    (a) Candidatos a Deputados 275
    (b) Círculos eleitorais 276
    (c) Sistema eleitoral 277
  18.2.2. Mandato parlamentar 280
    (a) Duração: início e termo 280
    (b) Estatuto funcional 283
    (c) Natureza jurídico-política 284
  18.2.3. Organização: os grupos parlamentares 287
    (a) Conceito e qualificação 287
    (b) Regime jurídico 288
    (c) Natureza da figura 291
18.3. Organização interna 294
    (a) Plenário da Assembleia da República 294
    (b) Presidente da Assembleia da República 296
    (c) Mesa da Assembleia 298
    (d) Comissões parlamentares 299
    (e) Idem: Comissão Permanente da Assembleia da República 301
    (f) Outras estruturas orgânicas 302
18.4. Funcionamento 303
    (a) Tempo de funcionamento 303
    (b) Ordem do dia 304
    (c) O voto 306
18.5. Competência 307
  18.5.1. Tipos de competência 307
    (a) Competência normativa 308
    (b) Competência política 310
    (c) Competência administrativa interna (não normativa) 313
  18.5.2. Idem: a competência legislativa 315
    (a) Competência de reserva absoluta 316

656   *Direito Constitucional Português*

(b) Competência de reserva relativa.. 318
(c) Competência concorrencial... 319
18.5.3. Idem: a competência de fiscalização política............................ 322
(a) Objecto da fiscalização.. 322
(b) Instrumentos de fiscalização... 324
(c) Efeitos da fiscalização.. 326

§19.° Governo... 329
19.1. Caracterização.. 329
19.1.1. Configuração: o Governo como órgão autónomo..................... 329
(a) Da autonomia jurídica à dependência política........................... 329
(b) Da dependência à autonomia política...................................... 330
19.1.2. Função... 331
(a) Condução da política geral do país.. 331
(b) Órgão superior da Administração Pública................................ 336
19.1.3. Princípios gerais.. 341
(a) Princípio da complexidade organizativa e funcional interna.......... 341
(b) Princípio da unidade política intragovernamental...................... 344
(c) Princípio da solidariedade.. 345
(d) Princípio da tripla responsabilidade política imperfeita.............. 346
(e) Princípio da residualidade da competência: o artigo 199.°, alínea g)......... 348
19.2. Composição e formação.. 349
19.2.1. Composição constitucional do Governo: aspectos gerais........... 349
19.2.2. Primeiro-Ministro.. 350
(a) Nomeação... 350
(b) Competência... 354
(c) Responsabilidade política.. 359
(d) Termo e suspensão de funções.. 361
19.2.3. Ministros... 363
(a) Nomeação e cessação de funções... 363
(b) Competência: quadro geral.. 365
(c) Idem: a substituição do Primeiro-Ministro............................... 366
(d) Responsabilidade política.. 367
19.2.4. Outros membros do Governo... 368
(a) Vice-Primeiro-Ministro... 368
(b) Secretários de Estado... 368
(c) Subsecretários de Estado... 370
19.3. Funcionamento e vicissitudes... 371
19.3.1. Entrada em funções do Governo.. 371
(a) Tomada de posse... 371
(b) Apresentação e apreciação do Programa.................................. 372
19.3.2. Modalidades de funcionamento.. 374
(a) Funcionamento individual: a decisão de cada membro do Governo........... 374
(b) Funcionamento colegial: o Conselho de Ministros...................... 376
(c) Idem: os Conselhos de Ministros especializados........................ 378
19.3.3. Cessação de funções do Governo.. 379
(a) Causas decorrentes da intervenção da Assembleia da República.............. 380

Índice 657

(b) Acto voluntário do próprio Primeiro-Ministro 381
(c) Intervenção do Presidente da República 382
(d) Causas objectivas ou involuntárias 385
19.3.4. Remodelação governamental 385
19.3.5. Suspensão de funções do Governo 388
   (a) A inadmissibilidade da suspensão colectiva 388
   (b) Os limites da suspensão individual 390
19.4. Competência 392
   (a) Competência política 392
   (b) Competência legislativa 395
   (c) Competência administrativa 399
   (d) Idem: competência regulamentar 400
19.5. Estatutos especiais do Governo 403
   (a) Governos de gestão 403
   (b) Governos demissionários 405
   (c) Governos com Assembleia da República dissolvida 406

§20.° Tribunais 409
20.1. Caracterização 409
20.1.1. "Administrar a justiça em nome do povo": função dos tribunais 409
   (a) Objecto de actividade dos tribunais 409
   (b) Tribunais: representantes do povo? 415
20.1.2. Categorias de tribunais 417
   (a) Tribunais (internos e externos) e mecanismos não jurisdicionais 417
   (b) Elenco das diversas categorias 419
   (c) Tribunal Constitucional 421
   (d) Supremo Tribunal de Justiça e tribunais judiciais 423
   (e) Supremo Tribunal administrativo e demais tribunais administrativos e fis-
cais 425
   (f) Tribunal de Contas 426
20.1.3. Princípios gerais 427
   (a) Princípio da independência 427
   (b) Princípio da obrigatoriedade das decisões 430
   (c) Princípio da prevalência das decisões 431
   (d) Princípio do controle da validade do fundamento normativo de decisão 433
20.2. A competência dos tribunais para fiscalizar a constitucionalidade 434
20.2.1. Introdução à fiscalização da constitucionalidade 434
   (a) Conceito de inconstitucionalidade 434
   (b) Idem: a inconstitucionalidade pretérita 437
   (c) Tipos de fiscalização 440
   (d) Objecto da fiscalização 441
20.2.2. Fiscalização da constitucionalidade de actos normativos: a competência de
todos os tribunais 444
   (a) A competência dos tribunais portugueses sobre o Direito português 444
   (b) A competência dos tribunais estrangeiros sobre o Direito português e a competência dos tribunais portugueses sobre o Direito estrangeiro 445

658 Direito Constitucional Português

20.2.3. Idem: a competência do Tribunal Constitucional 448
    (a) A fiscalização concreta 448
    (b) A fiscalização abstracta: tipologia.. 451
    (c) Idem: fiscalização preventiva 452
    (d) Idem: fiscalização sucessiva.. 454
    (e) Idem: fiscalização por omissão.. 458
20.2.4. Fiscalização da constitucionalidade de actos não normativos 460
    (a) Actos não normativos públicos.. 460
    (b) Actos não normativos privados 462
20.3. A competência dos tribunais para fiscalizar a legalidade 463
  20.3.1. Introdução à fiscalização da legalidade... 463
    (a) Conceito de ilegalidade... 463
    (b) Tipos de fiscalização.. 466
    (c) Objecto da fiscalização 467
  20.3.2. Fiscalização da legalidade pelo Tribunal Constitucional....................... 468
    (a) A fiscalização concreta 468
    (b) A fiscalização abstracta: fiscalização preventiva 469
    (c) Idem: fiscalização sucessiva 470
  20.3.3. Fiscalização da legalidade pelos restantes tribunais: competência difusa
      genérica... 471
  20.3.4. Idem: competência específica dos restantes tribunais............................ 472
    (a) Competência dos Tribunais Judiciais.. 472
    (b) Competência dos Tribunais Administrativos... 473
    (c) Competência do Tribunal de Contas.. 473

SUBSECÇÃO B
Sistema de governo

§21.° Princípios do sistema de governo 477
21.1. Explicação prévia 477
21.2. Princípio do pluralismo orgânico-funcional: o equilíbrio do triângulo político 478
    (a) Explicação tradicional: o semipresidencialismo.................................... 479
    (b) Explicação adoptada: o parlamentarismo racionalizado 486
21.3. Princípio da permeabilidade factual: a juridificação da componente extraju-
    rídica.. 492
    (a) Os factores extrajurídicos: preliminares 492
    (b) Idem: o sistema partidário 493
    (c) Idem: a prática institucional.. 497
21.4. Princípio da flexibilidade do equilíbrio orgânico-funcional: a adaptabilidade
    do modelo 503
    (a) A transfiguração do parlamentarismo racionalizado em presidencialismo de
      Primeiro-Ministro... 503
    (b) Um sistema de governo aberto: síntese 504

Índice 659

SUBSECÇÃO C
Outros órgãos constitucionais da República

§22.° Órgãos da República de âmbito nacional... 509
  22.1. Conselho de Estado 509
    (a) Caracterização.. 509
    (b) Competência 511
    (c) Os Conselheiros de Estado 514
  22.2. Conselho Superior de Defesa Nacional..................................... 515
  22.3. Provedor de Justiça.. 519
    (a) Caracterização.. 519
    (b) Competência de incidência subjectivista............................. 522
    (c) Competência de incidência objectivista.............................. 525
  22.4. Conselho Superior da Magistratura... 527
    (a) Competência... 527
    (b) Composição 529
  22.5. Conselho Superior dos Tribunais Administrativos e Fiscais 530
  22.6. Procuradoria-Geral da República... 532
  22.7. Conselho Económico e Social... 534
  22.8. Excurso: autoridades administrativas independentes................ 538

§23.° Órgãos da República de âmbito local.. 541
  23.1. Representante da República para a região autónoma................. 541
    (a) Estatuto... 541
    (b) Competência: quadro geral.. 543
    (c) Idem: poderes relativos à formação do governo regional ... 544
    (d) Idem: poderes de assinatura e veto de diplomas regionais ... 546
    (e) Idem: poderes de defesa de juridicidade............................. 549
    (f) Idem: poderes inerentes e implícitos................................... 550
  23.2. Presidente da assembleia legislativa da região autónoma como substituto do Representante da República 551
  23.3. O governo regional como delegado do Governo da República..... 555
  23.4. Governador civil.. 558

SECÇÃO 3.ª
Estruturas políticas infra-estaduais

§24.° Regiões autónomas.. 563
  24.1. O sentido da autonomia regional... 563
    (a) A génese constituinte da autonomia regional 563
    (b) Fundamento da autonomia.. 566
    (c) Objectivos da autonomia 569
    (d) Limites da autonomia 571
  24.2. Estatutos regionais.. 572
    (a) Procedimento e natureza.. 573
    (b) Função e significado... 575

660 Direito Constitucional Português

24.3. O conteúdo da autonomia: as atribuições regionais.......................... 576
  24.3.1. Preliminares.. 576
  24.3.2. Autonomia legislativa: o poder legislativo regional 577
    (a) Breve evolução da autonomia legislativa.............................. 578
    (b) Competência legislativa exclusiva ou reservada..................... 581
    (c) Competência legislativa autorizada 583
    (d) Competência legislativa de desenvolvimento......................... 584
    (e) Competência legislativa estatutária...................................... 587
  24.3.3. Autonomia financeira e tributária: o poder financeiro regional.... 589
    (a) Quadro geral da autonomia financeira.................................. 590
    (b) Exercício poder tributário próprio.. 592
  24.3.4. Autonomia administrativa: o poder administrativo regional 594
    (a) Amplitude da autonomia administrativa................................ 594
    (b) Poder regulamentar regional.. 596
  24.3.5. Autonomia de intervenção internacional: poderes internacionais regionais 598
  24.3.6. Autonomia de participação: os poderes de participação regionais.... 599
    (a) Quadro geral dos mecanismos de participação....................... 599
    (b) Participação política.. 600
    (c) Participação no procedimento legislativo.............................. 601
    (d) Participação garantística da autonomia 602
24.4. Estrutura organizativa... 603
  24.4.1. Assembleia legislativa da região autónoma............................ 603
    (a) Caracterização.. 603
    (b) Deputados e organização interna... 605
    (c) Competência.. 606
  24.4.2. Governo regional 608
    (a) Caracterização.. 608
    (b) Competência 610
  24.4.3. Sistema de governo 612

§25.° **Poder local: as autarquias locais**.. 615
25.1. O sentido constitucional do "poder local" 615
    (a) Origem da expressão.. 615
    (b) Caracterização do poder local.. 617
25.2. Autonomia local: princípio constitucional 619
  25.2.1. Caracterização 619
    (a) Configuração do princípio da autonomia local....................... 619
    (b) A definição das atribuições autárquicas: entre os interesses "próprios" locais e o interesse geral nacional.............................. 622
    (c) Idem: o núcleo essencial da autonomia local 626
    (d) Espécies de autonomia... 628
  25.2.2. Manifestações da autonomia local 629
    (a) Autonomia política.. 629
    (b) Autonomia normativa 631
    (c) Autonomia financeira... 633
    (d) Autonomia administrativa (não normativa)............................ 634

25.3. Estrutura organizativa... 635
  25.3.1. As concepções em confronto na Assembleia Constituinte 635
  25.3.2. O modelo organizativo vigente 637
    (a) Categorias de autarquias locais.. 637
    (b) Relacionamento inter-orgânico: o sistema de governo autárquico 640
25.4. A intervenção do Estado sobre as autarquias locais 644
  (a) A tutela administrativa... 644
  (b) O artigo 199.º, alínea g), como fundamento de um poder autónomo de intervenção... 647

ÍNDICE.. 651